Anonymus

Gesangbuch zum gottesdienstlichen und häuslichen Gebrauch

in evangelischen Mennoniten-Gemeinden

Anonymus

Gesangbuch zum gottesdienstlichen und häuslichen Gebrauch
in evangelischen Mennoniten-Gemeinden

ISBN/EAN: 9783741172014

Hergestellt in Europa, USA, Kanada, Australien, Japan

Cover: Foto ©Lupo / pixelio.de

Manufactured and distributed by brebook publishing software (www.brebook.com)

Anonymus

Gesangbuch zum gottesdienstlichen und häuslichen Gebrauch

Gesangbuch

zum

gottesdienstlichen und häuslichen Gebrauch

in

Evangelischen Mennoniten-Gemeinden.

Zweite unveränderte Auflage.

Vorwort zur ersten Auflage.

Das neue Gesangbuch zum gottesdienstlichen und häuslichen Gebrauche in Evangelischen Mennoniten-Gemeinden, dessen Einführung in unsere pfälzischen Gemeinden auf der am 7 Juni 1854 in Eppstein bei Frankenthal abgehaltenen Versammlung von Predigern und Vorstehern allgemein beschlossen wurde, ist, — unter gewissenhafter Benutzung der bewährtesten Quellen und Hülfsmittel, sowie unter treuer, brüderlicher Handreichung derer, die an diesem Werke gearbeitet haben, — durch den gnadenreichen Segen des Herrn zu Stande gekommen. Ihm allein sei Lob, Preis und Ehre! .

Daß auch die Brüder in Baden und einige Gemeinden in den Vereinigten Staaten Nordamerika's sich an diesem Buche betheiligen, ist ein Gegenstand herzlicher Freude, indem dadurch thatsächlich kund gegeben wird, daß wir unter einander pflegen wollen die Einigkeit im Geiste durch das Band des Friedens, was nicht ohne reichen und lieblichen Segen bleiben kann.

Und indem nun allen theuern Brüdern diesseits und jenseits des Weltmeeres das gegenwärtige Gesangbuch dargeboten wird, ist nur noch der Wunsch auszusprechen, daß durch diese Lieder das Wort Gottes, das als die eigentliche Quelle derselbe ihnen vorgesetzt ist, reichlich unter uns wohnen möge, und daß wir uns beim öffentlichen Gottesdienste und in unseren Häuser mit diesen Liedern unter einander lehren und vermahnen, als mit Psalmen und Lobgesängen und geistlichen lieblichen Liedern, und so in Einem Geiste und wie aus Einem Munde dem Herrn singen in unseren Herzen.

Das verleihe der dreieinige Gott, der Vater, der Sohn und der heilige Geist, in Gnaden, und heilige dieses Werk, als menschliches Stückwerk, durch seinen Segen also, daß dasselbe den Seelen eine Gabe des Geistes sei zum ewigen Leben! Amen.

Inhalt.

		Nr.
I.	Allgemeine Gottesdienstlieder	1—13
	Anfang und Schluß des Gottesdienstes.	
II.	Von dem lebendigen Gott	14—38

    A. Gottes Wesen und Vollkommenheiten 14—26.
        Von dem dreieinigen Gott 14—17.
        Von der Herrlichkeit, Heiligkeit, Weisheit, Allmacht, Gerechtigkeit, Liebe, Langmuth, Güte, Treue und Gnade Gottes 18—26.
    B. Von der Schöpfung und göttlichen Weltregierung 27—38.

III.	Von der Sünde und Erlösung	39—49
IV.	Von der Ankunft Jesu Christi	50—59
	Adventslieder.	
V.	Von der Geburt und Menschwerdung Jesu Christi . . .	60—74
	Weihnachtslieder.	
VI.	Von dem Lehramt und Wandel Jesu Christi	75—80
VII.	Von dem Leiden und Sterben Jesu Christi	81—120
	Passionslieder.	
VIII.	Von der Auferstehung Jesu Christi	121—135
	Osterlieder.	
IX.	Von der Himmelfahrt und himmlischen Herrlichkeit Jesu Christi	136—148

    A. Himmelfahrtslieder 136—142.
    B. Von der himmlischen Herrlichkeit Jesu Christi 143—148.

X.	Von dem heiligen Geiste	149—163
	Pfingstlieder.	
XI.	Von der Gemeine Jesu Christi	164—183

    A. Von der Gemeine Jesu Christi überhaupt 164 bis 177.
    B. Von der Gemeinschaft der Heiligen 178—183.

Inhalt.

	Nr.
XII. Von der Ausbreitung des Evangeliums	184—195
Missionslieder.	
XIII. Von dem Worte Gottes	196—206
XIV. Von dem Predigtamte	207—224

    A. Predigerwahl 207—209,
    B. Bei der Einsetzung eines Predigers 210—215.
Anhang.
    Bei der Wahl und Einsetzung eines Diakonen oder Almosenpflegers 216.
    Apostolische Gemeine-Zucht 217—220.
    Bei der Einweihung eines Gotteshauses 221—224.

XV. Von der Buße und Bekehrung	225—242

    Erkenntniß des geistlichen Verderbens 225—227.
    Erweckung und Erleuchtung 228—229.
    Bußfertige Hinkehr zu Gott und dem Heilande 230—242.

XVI. Von dem Glauben und der Rechtfertigung	243—259
XVII. Von den heiligen Bundeszeichen	260—299

    A. Von der heiligen Taufe 260—273.
        1. Vor der Taufe 260—268.
        2. Nach der Taufe 269—273.
    B. Von dem heiligen Abendmahl 274—299.
        1. Bei der Vorbereitung 274—281.
        2. Bei der Feier des heil. Abendmahles 282—293.
        3. Nach der Feier des heil. Abendmahles 294 bis 299.

XVIII. Von dem Frieden Gottes	300—313
XIX. Allgemeine Gebet-, Lob- und Danklieder	314—344
(Das Gebet des Herrn 343. 344.)	
XX. Christensinn und Christenwandel	345—436

    1. Von der Liebe zu Gott und Christo 345—359.
    2. Von der Nachfolge Christi 360—371.
    3. Von der Heiligung und Gottseligkeit 372—386.
    4. Von dem himmlischen Sinne in täglicher Buße und Erneuerung 387—393.
    5. Von der Weisheit und Einfalt 394—396.
    6. Von der Wachsamkeit und Treue 397—399.
    7. Von der Demuth und Geduld 400—403.
    8. Von der Wahrhaftigkeit 404—409.
        (Vom Eid 406.)

Inhalt. VII

Nr.

9. Von der Genügsamkeit 407—408.
10. Von der Keuschheit und Mäßigkeit 409—410.
11. Von dem Vertrauen auf Gott 411—425.
12. Von der Nächstenliebe 426—436.
   A. Von der christlichen Bruderliebe 426—428.
   B. Von der allgemeinen Nächstenliebe 429—433.
   C. Von der Feindesliebe 434—436.

XXI. Vom Troste in Kreuz und Trübsal . . . . 437—466
   Trostlieder.

XXII. Vom äußeren Leben des Christen . . . . 467—549
  1. Vom christlichen Hausstande 467—470.
  2. Vom christlichen Ehestande 471—475.
    A. Brautstand 471.
    B. Ehestand 472—475.
  3. Von der Kinderzucht 476—478.
  4. Kinderlieder 479—488.
  5. Für Wittwen 489.
  6. Für Hochbetagte 490—491.
  7. Für Gesunde und Kranke 492—494.
    A. Dank für die Gesundheit 492.
    B. In Krankheit 493.
    C. Dank für die Genesung 494.
  8. Für Dienstboten 495.
  9. Berufslieder 496—497.
  10. Von der christlichen Obrigkeit 498—499.
  11. Krieg und Friede 500—501.
  12. In allgemeiner Noth 502—503.
  13. Jahreswechsel 504—513.
    A. Jahresschluß 504—506.
    B. Neujahr 507—513.
  14. Jahreszeiten 514—525.
    A. Frühling und Sommer 514—518.
      (Gewitter 518.)
    B. Erntelieder 519—523.
      (Bei Mißwachs und Theurung 523.)
    C. Herbst und Winter 524—525.
  15. Morgenlieder 526—533.
  16. Mittagslieder 534—536.
  17. Abendlieder 537—549.
    (Am Schluß der Woche, auch des Jahres 549.)

VIII Inhalt.

                                             Nr.

XXIII. Von den letzten Dingen . . . . 550—597
    1. Vorbereitung auf den Tod 550—555.
    2. Sterbelieder 556—566.
    3. Begräbnißlieder 567—578.
        A. Für Erwachsene 567—574.
        B. Für Kinder 575—577.
        C. Bei Einweihung eines Gottesackers 578.
    4. Von der Auferstehung der Todten 579—581.
    5. Vom Weltende und Weltgericht 582—586.
    6. Von der Herrlichkeit des ewigen Lebens 587—597.
Schlußlieder . . . . 598—600

Anhang
einiger Gebete für die häusliche Andacht.

                                               Seite

Morgen- und Abend-Gebet am Sonntage . . . . . . 559—560
Morgen- und Abend-Gebet auf alle Tage der Woche . . 561—569
Gebete für die Festzeiten 569
Gebete vor und nach der hl. Taufe . . . . 577—579
Gebete vor und nach dem hl. Abendmahle . . . . . 580—583
Gebet in mancherlei Kreuz und Trübsal 583
Gebet bei einem Gewitter 584
Gebete in Krankheit 585
Gebete am Sterbebette . . . . 585—588

Verzeichniß der Liederdichter 589
Melodien-Register 600
Lieder-Verzeichniß 604

Pfalm 96, 1. 2.

Singet dem Herrn ein neues Lied; singet dem Herrn
alle Welt; singet dem Herrn und lobet seinen Namen!

I. Allgemeine Gottesdienstlieder.
Anfang und Schluß des Gottesdienstes.

5. Mose 5, 12. Den Sabbathtag sollst du
halten, daß du ihn heiligest; wie dir der
Herr geboten hat.

Mel. Gott des Himmels und der Erden.

1. Hallelujah, schöner Morgen, Schöner, als man denken mag! Heute fühl ich keine Sorgen; Denn das ist ein lieber Tag, Der durch seine Lieblichkeit Recht das Innerste erfreut.

2. Süßer Ruhetag der Seelen, Sonntag, der voll Lichtes ist, Heller Tag in dunkeln Höhlen, Zeit, in der der Segen fließt, Stunde voller Seligkeit: Du vertreibst mir alles Leid.

3. Ach, wie schmeck ich Gottes Güte, Recht als einen Morgenthau, Da mein sehnendes Gemüthe wandelt auf der grünen Au. Da hat wohl die Morgenstund Edlen Schatz und Gold im Mund.

4. Ruht nur, meine Weltgeschäfte! Heute hab ich sonst zu thun. Denn ich brauche alle Kräfte, In dem höchsten Gott zu ruhn. Heut schickt keine Arbeit sich, Als nur Gotteswerk, für mich.

5. Wie soll ich mich heute schmücken, Daß ich Gott gefallen mag? Jesus wird die Kleider schicken, Die ich ihm zu Ehren trag. Sein Blut und Gerechtigkeit Ist das schönste Sonntagskleid.

6. Ich will in der Zionsstille Heute voller Arbeit sein; Denn da sammle ich die Fülle Von den höchsten Schätzen ein, Wenn mein Jesus meinen Geist Mit dem Wort des Lebens speist.

7. Herr, ermuntre meine Sinnen Und bereite selbst die Brust; Laß mich Lehr und Trost gewinnen, Gib zu deinem Manna Luft, Daß mir deines Wortes Schall Tief im Herzen wiederhall.

8. Segne deiner Knechte Lehren, Oeffne selber ihren Mund. Mach mit allen, die dich hören, Heute deinen Gnadenbund. Daß, wenn man hier bet't und singt, Solches in dein Herze bringt.

9. Gib, daß ich den Tag beschließe, Wie er angefangen ist. Segne, pflanze und begieße, Der du Herr des Sabbaths bist; Bis ich einst auf jenen Tag Ewig Sabbath halten mag!

Apostg. 17, 27. 28. Gott ist nicht ferne von einem jeglichen unter uns; denn in ihm leben, weben und sind wir.

Mel. Wunderbarer König.

2. Gott ist gegenwärtig! Lasset uns anbeten, Und in Ehrfurcht vor ihn treten! Gott ist in der Mitte! Alles in uns schweige, Und sich innigst vor ihm beuge! Wer ihn kennt, Wer ihn nennt, Schlag die Augen nieder; Kommt, ergebt euch wieder!

2. Gott ist gegenwärtig, Dem die Cherubinen Tag und Nacht gebeuget dienen; Heilig, heilig, heilig Singen ihm zur Ehre Aller Engel hohe Chöre. Herr, vernimm Unsre Stimm, Da auch wir Geringen Unsre Opfer bringen!

3. Wir entsagen willig Allen Eitelkeiten, Aller Erdenlust und Freuden. Da liegt unser Wille, Seele, Leib und Leben, Dir zum Eigenthum ergeben; Du allein Sollst es sein, Unser Gott und Herre; Dir gebührt die Ehre!

4. Majestätisch Wesen! Möcht ich recht dich preisen Und im Geist dir Dienst erweisen! Möcht ich, wie die Engel, Immer vor dir stehen, Und dich gegenwärtig sehen! Laß mich dir Für und für Trachten zu gefallen, Liebster Gott, in allen!

5. Luft, die alles füllet, Drin wir immer schweben, Aller Dinge Grund und Leben! Meer ohn' Grund und Ende, Wunder aller

Anfang und Schluß des Gottesdienstes.

Wunder, Ich senk mich in dich hinunter! Ich in bir, Du in mir. Laß mich ganz verschwinden, Dich nur sehn und finden!

6. Du durchbringest alles; Ach, mit deinem Lichte, Herr, berühre mein Gesichte! Wie die zarten Blumen Willig sich entfalten Und der Sonne stille halten: Laß mich so Still und froh Deine Strahlen fassen Und dich wirken lassen!

7. Mache mich einfältig, Innig, abgeschieden, Sanft und still in beinem Frieden; Mach mich reines Herzens, Daß ich deine Klarheit Schauen mag in Geist und Wahrheit. Laß mein Herz Ueberwärts, Wie ein Abler, schweben, Und in dir nur leben!

8. Herr, komm in mich wohnen, Laß mein Herz auf Erden Dir ein Heiligthum noch werden! Komm, du nahes Wesen, Dich in mir verkläre, Daß ich dich stets lieb und ehre; Wo ich geh, Sitz und steh, Laß mich dich erbliden Und vor bir mich bücken!

Pf. 119, 18. Oeffne mir die Augen, daß ich sehe die Wunder an deinem Gsetz.
Eigene Melodie.

3. Herr Jesu Christ, dich zu uns wend, Dein'n heilgen Geist du zu uns send: Mit Lieb und Gnad er uns regier, Und uns den Weg zur Wahrheit führ!

2. Thu auf den Mund zum Lobe dein, Bereit das Herz zur Andacht sein; Den Glauben mehr, stärk den Verstand, Daß uns dein Nam werd wohl bekannt.

3. Bis wir singen mit Gottes Heer: „Heilig, heilig ist Gott, der Herr!" Und schauen dich von Angesicht In ewgem Heil und selgem Licht.

4. Ehr sei dem Vater und dem Sohn, Sammt heilgem Geist in Einem Thron; Der heiligen Dreieinigkeit Sei Lob und Preis in Ewigkeit!

Apostg. 10, 33. Nun sind wir alle hier gegenwärtig vor Gott, zu hören alles, was dir von Gott befohlen ist.
Eigene Melodie.

4. Liebster Jesu, wir sind hier, Dich und dein Wort anzuhören; Lenke Sinnen und Begier Auf die süßen Himmelslehren, Daß die Herzen von der Erden Ganz zu dir gezogen werden!

2. Unser Wissen und Verstand Ist mit Finsterniß umhüllet, Wo nicht deines Geistes Hand Uns mit hellem Licht erfüllet. Gutes denken, thun und dichten, Mußt du selbst in uns verrichten.

3. O du Glanz der Herrlichkeit, Licht von Licht, aus Gott geboren! Mach uns allesammt bereit, Oeffne Herzen, Mund und Ohren. Unser Bitten, Flehn und Singen Laß, Herr Jesu, wohl gelingen!

2. Mose 20, 2. Haltet meine Sabbathe und fürchtet euch vor meinem Heiligthum. Ich bin der Herr.

Mel. Wie groß ist des Allmächtigen ꝛc.

5. Beschwertes Herz, leg ab die Sorgen, Erhebe dich, gebeugtes Haupt! Es kommt der angenehme Morgen, Da Gott zu ruhen hat erlaubt. Die Ruhe hat er vorgeschrieben Und seinem Dienst den Tag geweiht; Auf, auf, des Herrn Gebot zu üben, Verlier nicht wieder Gnadenzeit!

2. Auf, laß Egyptens eitles Wesen, Die Stoppeln und die Ziegel stehn! Du sollst des Herren Manna lesen, Du sollst in seinen Tempel gehn, Ihm zu bezahlen deine Pflichten, Froh zu vermehren seinen Ruhm, In tiefster Andacht zu verrichten Dein geistlich Werk und Priesterthum.

3. Mein Gott! ich bin vor dir erschienen Und gebe auf dein Winken Acht; Wie kann ich dir gefällig dienen, Wenn mich dein Geist nicht tüchtig macht? Wie mag mein Herz in dir sich freuen, Wenn er nicht stillt der Sünden Schmerz? Will seinen Weihrauch er nicht streuen, Wie soll ich opfern dir mein Herz?

4. Kann dir die Harfe lieblich klingen, Wenn sie dein Finger nicht berührt? Kann ich die finstre Nacht durchbringen, Wenn mich dein Licht nicht aufwärts führt? Kann ich ein reines Opfer werden, Wenn deine Flamm nicht in mich fährt, Mich hebet von dem Staub der Erden, In deiner Liebe mich verklärt?

5. Erkauft hat Jesus mich so theuer, Zu seinem Tempel mich

Anfang und Schluß des Gottesdienstes. 5

geweiht; Hier sei dein Heerd, hier sei dein Feuer, Die Fülle deiner Herrlichkeit! — Wie einst bei deiner Bundeslade, Sei hier dein Licht und Recht, dein Brot, Dein Heiligthum, dein Stuhl der Gnade Und Geistesfrucht auf dein Gebot.

6. Wenn sich des Lebens Werktag' enden, So ruh, von allem Frohndienst los, Mein Geist in deinen Vaterhänden, Mein Leib in seiner Mutter Schooß, Bis beide feiern einst dort oben, Wo man nichts denket oder thut, Als dich zu lieben, dich zu loben, Und ganz in deinem Frieden ruht!

Spr. 3, 6. Gedenke an ihn in allen Wegen: so wird er dich recht führen.

Mel. Alle Menschen müssen sterben.

6. Das ist eine selge Stunde, Jesu, da man dein gedenkt, Und sich recht von Herzensgrunde Tief in dein Erbarmen senkt! Wahrlich! nichts als Jesum kennen, Jesum suchen, finden, nennen: Das erfüllet unsre Zeit Mit der höchsten Seligkeit.

2. Jesu, deine Gnadenquelle Fließt so gern in's Herz hinein. Deine Sonne scheinet helle, Denn du willst genossen sein. Und bei aller Segensfülle Ist dein Wunsch und ernster Wille: Daß man, weil dein Brünnlein voll, Unaufhörlich schöpfen soll.

3. Nun, so wollst auch diese Stunde Du in unsrer Mitte sein. In dem Herzen, in dem Munde Leb und herrsche du allein. Laß uns deiner nie vergessen! Wie Maria still gesessen, Da sie deinen Mund gehört: Also mach uns eingekehrt!

Matth. 28, 20. Siehe, ich bin bei euch alle Tage bis an der Welt Ende.

Mel. Christus, der ist mein Leben.

7. Ach, bleib mit deiner Gnade Bei uns, Herr Jesu Christ! Daß uns hinfort nicht schade Des bösen Feindes List.

2. Ach, bleib mit deinem Worte Bei uns, Erlöser werth! Daß uns beid, hier und dorte, Sei Güt' und Heil bescheert.

3. Ach, bleib mit deinem Glanze Bei uns, du werthes Licht! Dein' Wahrheit uns umschanze, Damit wir irren nicht.

4. Ach, bleib mit beinem Segen Bei uns, du reicher Herr! Dein' Gnad und all Vermögen In uns reichlich vermehr.

5. Ach, bleib mit beinem Schutze Bei uns, du starker Held! Daß uns der Feind nicht trutze, Noch fäll die böse Welt.

6. Ach, bleib mit beiner Treue Bei uns, mein Herr und Gott! Beständigkeit verleihe, Hilf uns aus aller Noth!

Ps. 81, V. 8. Die lieblich sind deine Wohnungen, Herr Zebaoth! Meine Seele verlanget und sehnet sich nach den Vorhöfen des Herrn.

Mel. Weil des Himmels und der ic.

8. Thut mir auf die schöne Pforte, Führt in Gottes Haus mich ein! Ach, wie wird an biesem Orte Meine Seele fröhlich sein! Hier ist Gottes Angesicht, Hier ist lauter Trost und Licht.

2. Herr! ich bin zu dir gekommen, Komme du nun auch zu mir; Wo du Wohnung hast genommen, Da ist lauter Himmel hier; Zeuch in meinem Herzen ein, Laß es beinen Tempel sein.

3. Laß in Furcht mich vor bich treten, Heilige mir Leib und Geist, Daß mein Singen und mein Beten Dir ein lieblich Opfer heißt; Heilige mir Mund und Ohr, Zeuch bas Herz zu dir empor.

4. Mache mich zum guten Lande, Wenn bein Saatkorn in mich fällt; Gib mir Licht in bem Verstande, Und was mir wird vorgestellt, Präge meinem Herzen ein, Laß es mir zur Frucht gebeihn.

5. Stärk in mir ben schwachen Glauben; Laß bein theures Kleinod mir Nimmer aus bem Herzen rauben, Halte mir dein Wort stets für; Ja, bas sei der Morgenstern, Der mich führt zu meinem Herrn!

6. Rede, Herr, so will ich hören Und bein Wille werb erfüllt, Nichts laß meine Andacht stören, Wenn ber Brunn des Lebens quillt. Speise mich mit Himmelsbrot, Tröste mich in aller Noth.

7. Oeffne mir die Lebensauen, Daß mein Geist sich weiden kann; Laß mir Heil vom Himmel thauen, Zeige mir bie rechte Bahn Hier aus biesem Jammerthal Zu des Lammes Ehrensaal.

Anfang und Schluß des Gottesdienstes.

Joh. 14, 23. Wer mich liebt, der wird mein Wort halten und mein Vater wird ihn lieben, und wir werden zu ihm kommen und Wohnung bei ihm machen.

Mel. Alle Menschen müssen sterben.

9. Jesu! Seelenfreund der Deinen, Sonne der Gerechtigkeit, Wandelnd unter den Gemeinen, Die zu deinem Dienst bereit, Komm zu uns, wir sind beisammen, Gieße deine Geistesflammen, Gieße Licht und Leben aus Ueber dies dein Gotteshaus.

2. Komm, belebe alle Glieder, Du, der Deinen heilig Haupt; Treibe aus, was dir zuwider, Was uns deinen Segen raubt! Komm, entdeck uns in der Klarheit Gottes Herz voll Gnad und Wahrheit; Laß uns fühlen allzugleich: „Ich bin mitten unter euch!"

3. Laß sich die Gemüther lehren Zu dir, Glanz der Ewigkeit! Laß uns innigst nur begehren, Was uns dein Erbarmen beut. Laß dein Licht und Leben fließen Und in alle sich ergießen, Stärke deinen Gnadenbund, Herr, in jedes Herzens Grund!

4. Laß auch unsern Lehrer sehen Nur auf dich, Herr Jesu Christ!

Laß die Hörer tief verstehen, Daß du selbst zugegen bist, Mild in jedes Herz zu kommen. Was nicht wird von dir genommen, Taugt, und wär es noch so schön, Nicht in deine Himmelshöhn.

5. Komm, o Herr, in jede Seele, Laß sie deine Wohnung sein, Daß dir einst nicht eine fehle In der Gotteskinder Reihn. Laß uns deines Geistes Gaben Reichlich mit einander haben; Offenbare heilliglich, Haupt, in allen Gliedern dich!

6. Was von dir uns zugeflossen, Müsse Geist und Leben sein; Was die Seele hat genossen, Mache sie gerecht und rein. Komm, o Jesu, uns zu segnen, Jedem gnädig zu begegnen, Daß in ewger Lieb und Treu Jedes dir verbunden sei!

---

2. Mose 31, 13. Haltet meinen Sabbath; denn derselbe ist ein Zeichen zwischen mir und euch, auf eure Nachkommen, daß ihr wisset, daß ich der Herr bin, der euch heiliget.

Mel. O du Liebe meiner Liebe.

10. O wie freun wir uns der Stunde, Da wir dir, Herr

Jesu, nahn, um aus deinem heilgen Munde Lebensworte zu empfahn! Laß uns heute nicht vergebens Hörer bei nes Wortes sein; Schreibe selbst das Wort des Lebens Tief in unsre Herzen ein!

2. Sieh, wir sitzen dir zu Füßen, — Großer Meister, rede du! Sieh, wir hören deiner süßen Rede heilsbegierig zu. Lehr uns, wie wir selig werden, Lehr uns, wie wir unsre Zeit, Diese kurze Zeit auf Erden, Nützen für die Ewigkeit!

3. Lehr uns, wie wir dem Verderben Durch der Gnade Kraft entgehn; Wie wir, eh wir leiblich sterben, Wahrhaft geistlich auferstehn, Und nach deinem Wohlgefallen Denken, reden, leiden, thun, — Graben Weges dahin wallen, Wo wir nach der Arbeit ruhn.

4. Dazu öffn' uns das Verständniß, Wie den Jüngern du gethan; Zur lebendigen Erkenntniß Trag die Fackel du voran! Licht der Welt, das schon verscheuchte Manche dichte Finsterniß, — Licht der Welt, auch uns erleuchte, Denn im Licht geht man gewiß!

5. Gieß uns aber auch das Feuer Deiner Liebe in das Herz, Daß wir an dir immer treuer Hangen unter Freud und Schmerz. Keine Last sei uns beschwerlich, Die von dir uns aufgelegt, — Und uns alles leicht entbehrlich, Was mit dir sich nicht verträgt.

6. Nun so lege Licht und Liebe, Kraft und Feuer auf dein Wort; Laß es mit lebendgem Triebe In uns wirken fort und fort! Hilf uns, daß wir treu bewahren, Was wir in das Herz gefaßt, Und laß andre auch erfahren, Daß du Lebensworte hast!

———

Offenb. 22, 21. Die Gnade unseres Herrn Jesu Christi sei mit euch allen! Amen

Mel. Christus, der ist mein Leben.

11. Die Gnade sei mit allen, Die Gnade unsres Herrn, Des Herrn, dem wir hier wallen Und sehn sein Kommen gern.

2. Auf dem so schmalen Pfade Gelingt uns ja kein Tritt, Es geh denn seine Gnade Bis an das Ende mit.

Anfang und Schluß des Gottesdienstes.

3. Auf Gnade darf man trauen,
Man traut ihr ohne Reu; Und
wenn uns je will grauen, So
bleibt's: der Herr ist treu!

4. Die Gnade, die den Alten
Ihr Weh half überstehn, Wird
ja auch uns erhalten, Die wir
in unsrem flehn.

5. Wird stets der Jammer
größer, So glaubt und ruft man
noch: „Du mächtiger Erlöser,
Du kommst, so komme doch!"

6. Damit wir nicht erliegen,
Muß Gnade mit uns sein; Sie
flößet zu dem Siegen Geduld
und Glauben ein.

7. So scheint uns nichts ein
Schade, Was man um Jesum
mißt; Der Herr hat eine Gnade,
Die über alles ist.

8. Bald ist es überwunden,
Nur durch des Lammes Blut,
Das in den schwersten Stunden
Die größten Thaten thut.

9. Herr! laß es dir gefallen,
Noch immer rufen wir: „Die
Gnade sei mit allen, Die Gnade
sei mit mir!"

———

Joh. 15, 5. Ich bin der Weinstock, ihr
seid die Reben. Wer in mir bleibet, Ich in
ihm, der bringet viele Frucht; denn ohne mich
könnet ihr nichts thun.

Mel. Wie schön leucht't uns der ꝛc.

12. Herr Jesu Christe,
Gottes Sohn! Von deines Him=
mels hohem Thron Schau gnä=
dig auf uns nieder! Es ist ja
deines Geistes Kraft, Die Lieb
und Eintracht in uns schafft;
In dir sind wir ja Brüder!
Hilf uns, Komm uns Nun mit
Segen Selbst entgegen; Deine
Stärke Brauchen wir zu allem
Werke!

2. Ist etwas Gutes unter uns,
Ist's nicht die Frucht des eig=
nen Thuns, Du hast es uns
geschenket, Der du uns solche
Gnade gönnst, Herzprüfer, unsre
Herzen kennst, Und was ein je=
der denket. Prüfe, Siehe, Wie
wir's meinen; Im Vereinen Heil=
ger Flammen Schließ uns all
in dich zusammen!

3. Du, Herr, und deines Kreu=
zes Wort Sei unsres Bruder=
kreises Hort, Das einzge Ziel
der Seelen! Das meinen wir
in unsrem Geist; O daß uns

davon nichts abreißt, Laß deinen Geist nicht fehlen! Weihe, Segne Mit Gelingen Unser Singen, Flehn und Streben; Laß es werden Geist und Leben!

4. Wir fühlen all die Schwachheit noch, Uns drückt des Sündentriebes Joch, Dem kannst nur du entreißen. Daß in Gemeinschaft deine Kraft Gewaltger segnet, Größres schafft, Hast du ja selbst verheißen. Darum Mach nun Deine Wahrheit Uns zur Klarheit; Laß dich finden, Herr, in unsres Herzens Gründen!

5. Du Freund voll Milde und Geduld, Kehr bei uns ein mit deiner Huld, Und stille unser Sehnen! Dein Nahsein macht so froh, so reich! O laß dein: „Friede sei mit euch!" In unserm Kreis ertönen! Jesu! Geuß du Starke Triebe Heilger Liebe In uns alle, Daß dir unser Bund gefalle!

6. O Vater, zeuch uns kräftiglich, Daß wir im Sohn erkennen dich, Und werden deine Kinder! O Jesu, deine Gnad uns gib, Der du mit ewig treuer Lieb Aufsuchst verlorne Sünder! Geist des Herren, Deine Weihe uns erneue; Gottes Namen Werd in uns geheiligt! Amen.

Luk. 11, 28. Selig sind, die Gottes Wort hören und bewahren.

Mel. Liebster Jesu, wir sind hier.

13. Nun Gott Lob! es ist vollbracht, Singen, Beten, Lehren, Hören; Gott hat alles wohlgemacht, Drum laßt uns sein Lob vermehren! Unser Gott sei hoch gepreiset, Der uns Gnad um Gnad erweiset!

2. Friedlich gehen wir nach Haus; Bleib bei uns, du theurer Segen! Führ uns ein und führ uns aus, Heilger Geist, auf Gottes Wegen! Segne ferner, schirme, leite, Gib uns Sieg zum guten Streite!

3. Unsern Ausgang segne, Gott! Unsern Eingang gleichermaßen; Segne unser täglich Brot, Segne unser Thun und Lassen, Segne uns mit selgem Sterben, Und mach uns zu Himmelserben!

II. Von dem lebendigen Gott.

A. Gottes Wesen und Vollkommenheiten.

Luk. 2, 14. Ehre sei Gott in der Höhe, und Friede auf Erden, und den Menschen ein Wohlgefallen.

Eigene Melodie.

14. Allein Gott in der Höh sei Ehr Und Dank für seine Gnade, Darum, daß nun und nimmermehr Uns rühren kann ein Schade! Ein Wohlgefall'n Gott an uns hat; Nun ist groß Fried ohn' Unterlaß, All Fehd hat nun ein Ende.
2. Wir loben, preis'n, anbeten dich Für deine Ehr, wir danken, Daß du, Gott Vater, ewiglich Regierst ohn' alles Wanken! Ganz ungemessen ist dein Macht, Allzeit geschieht, was du bedacht; Wohl uns des feinen Herren!
3. O Jesu Christ, Sohn eingebor'n Deines himmlischen Vaters, Versöhner derer, die verlor'n, Du Stiller unsres Haders! Lamm Gottes, heilger Herr und Gott, Nimm an die Bitt von unsrer Noth: Erbarm dich unser aller!
4. O heilger Geist, du höchstes Gut, Allerheilsamster Tröster, Vor's Teufels Macht fortan behüt, Die Jesus Christ erlöset Durch große Mart'r und bittern Tod; Wend unsern Jammer ab und Noth, Darauf wir uns verlassen!

Offenb. 7, 11. 12. Und alle Engel fielen vor dem Stuhl auf ihr Angesicht und beteten Gott an, und sprachen: Amen, Lob und Ehre, und Weisheit, und Dank, und Preis, und Kraft, und Stärke sei unserm Gott von Ewigkeit zu Ewigkeit!

Mel. Wie schön leucht't uns 2c.

15. Hallelujah! Lob, Preis und Ehr Sei unserm Gott je mehr und mehr Für alle seine Werke! Von Ewigkeit zu Ewigkeit Sei von uns allen ihm bereit Dank, Weisheit, Kraft und Stärke. Klinget, Singet: Herrlich, gnädig, Heilig, heilig, Heilig ist Gott, Unser Herr, der Herr Zebaoth!

2. Hallelujah! Preis, Ehr und Macht Sei auch dem Gottes=lamm gebracht, In dem wir sind erwählet, Das uns mit seinem Blut erkauft, Damit besprenget und getauft, Und sich mit uns vermählet. Heilig, Selig Ist die Freundschaft Und Gemeinschaft, Die wir haben, Und darin wir uns erlaben.

3. Hallelujah! Gott, heilger Geist, Sei ewiglich von uns gepreis't, Durch den wir neu geboren; Der uns mit Glauben ausgezieret, Dem Bräutigam uns zugeführt, Den Hochzeittag erkoren. Heil uns! Heil uns! Da ist Freude, Da ist Weide, Da ist Manna Und ein ewig Hosianna!

4. Hallelujah! Lob, Preis und Ehr Sei unserm Gott je mehr und mehr Und seinem großen Namen! Stimmt an mit aller Himmelsschaar, Und singet nun und immerbar Mit Freuden: Amen! Amen! Klinget, Singet: Herrlich, gnädig, Heilig, heilig, Heilig ist Gott, Unser Herr, der Herr Zebaoth!

4. Mose 6, 24—26. Der Herr segne dich und behüte dich; der Herr lasse sein Angesicht leuchten über dir und sei dir gnädig; der Herr hebe sein Angesicht über dich, und gebe dir Friede.

Mel. Herr Jesu Christ, dich ꝛc.

16. Brunn alles Heils, dich ehren wir, Und öffnen unsern Mund vor dir! Aus deiner Gottheit Heiligthum Komm uns der Segen, dir zum Ruhm.

2. Der Herr, der Schöpfer, bei uns bleib, Er segne uns nach Seel und Leib; Vor allem Uebel Tag und Nacht Behüt uns seine heilge Macht.

3. Der Herr, der Heiland, unser Licht, Laß leuchten uns sein Angesicht, Damit wir glauben fest und frei, Daß er uns ewig gnädig sei.

4. Der Herr, der Tröster, ob uns schweb, Sein Antlitz über uns erheb, Daß uns sein Bild werd eingedrückt; Er geb uns Frieden unverrückt.

5. Jehovah, Vater, Sohn und Geist, O Segensbrunn, der ewig fleußt, Durchström uns Wandel, Herz und Sinn, Und nimm uns ganz zum Opfer hin!

Gottes Wesen und Vollkommenheiten.

Ps. 76, 26. Wenn ich nur dich habe, so frage ich nichts nach Himmel und Erde.
Mel. Wie schön leucht't uns ꝛc.

17. Was freut mich noch, wenn du's nicht bist, Herr, Gott, der doch mein Alles ist, Mein Trost und meine Wonne? Bist du nicht Schild: wer decket mich? Bist du nicht Licht: wo finde ich Im Finstern eine Sonne? Reine Reine Wahre Freude, Auch im Leibe, Auch für Sünden, Ist, Herr, außer dir zu finden.

2. Was freut mich noch, wenn du's nicht bist? Mein Herr, Erlöser, Jesu Christ, Mein Friede und mein Leben! Heilst du mich nicht: wo sind ich Heil? Bist du nicht mein: wo ist mein Theil? Gibst du nicht: wer wird geben? Meine Eine Wahre Freude, Wahre Weide, Wahre Gabe Hab ich, wenn ich Jesum habe.

3. Was freut mich noch, wenn du's nicht bist, O Geist, der uns gegeben ist Zum Führer der Erlösten? Bist du nicht mein: was sucht mein Sinn? Führst du mich nicht: wo komm ich hin? Hilfst du nicht: wer will trösten? Meine Eine Wahre Freude, Trost im Leibe, Heil für Schaden Ist in dir, o Gott der Gnaden!

———

Ps. 22, 27. Die Elenden sollen essen, daß sie satt werden, und die nach dem Herrn fragen, werden ihn preisen; euer Herz soll ewiglich leben.
Mel. Wachet auf, ruft uns die ꝛc.

18. Großer Gott, wir fallen nieder; Zwar du bedarfst nicht unsrer Lieder, Dein Lob ist unsre Seligkeit. Dir zum Preis sind wir geboren, Von dir erkauft, von dir erkoren; Wohl dem, der deinem Lob sich weiht! Zu deinem Lobe nur Ist alle Creatur. Selges Wesen, Laß uns dir nahn! Wir beten an; In Geist und Wahrheit sei's gethan!

2. Tag und Nacht mit Ehrfurcht dienen Dir Seraphim und Cherubinen, Der Engel Schaaren ohne Zahl; Hohe Geister, die dich kennen, Dich heilig, heilig, heilig nennen, Sie sinken nieder allzumal. Ihr Freudenquell bist du; Dir jauchzet alles zu: Amen, Amen! Auch wir sind dein, Und stimmen ein: Du Gott, bist unser Gott allein!

3. Droben knien vor beinem Throne Die Aeltesten mit goldner Krone, Der Erstgebornen selge Schaar, Sammt den unzählbaren Frommen, Die durch den Sohn zu dir gekommen; Sie bringen ihre Psalmen dar: Macht, Weisheit, Herrlichkeit, Preis, Dank in Ewigkeit! Amen, Amen! Auch wir sind dein, Und stimmen ein: Du, Gott, bist unser Gott allein!

4. Alle preisen deine Werke, Die Weisheit, Liebe, Huld und Stärke, Die über alles Denken geht. Treue, Langmuth, Licht und Segen Ist, Herr, in allen deinen Wegen, Kein Lob ist, das dich g'nug erhöht. Du bist dein eigner Ruhm; Dein eignes Heiligthum! Amen, Amen! Auch wir sind dein, Und stimmen ein: Du, Gott, bist unser Gott allein!

5. Durch dein Wollen muß bestehen, Was wir durch dich geschaffen sehen; Dein Werk ist groß und wunderbar. Was in Himmel, Meer und Erden Muß Zeuge deiner Weisheit werden, Stellt Züge deiner Weisheit dar. Dein Lob ist eingeprägt In alles, was sich regt. Amen, Amen! Auch wir sind dein, Und stimmen ein: Du, Gott, bist unser Gott allein!

6. Alle jene Millionen, Die als dein Volk auf Erden wohnen, Erheben dich, du selges Gut! Freuen sich, dich zu bekennen, Gott, ihren Heiland, dich zu nennen. Der sie erkauft durch Christi Blut. Du bist ihr ganzes Heil, Ihr Trost und herrlich Theil; Amen, Amen! Auch wir sind dein Und stimmen ein: Du, Gott, bist unser Gott allein!

7. Komm, in uns dich zu verklären, Daß wir dich würdiglich verehren; Nimm unser Herz zum Heiligthum, Daß es, ganz von dir gestillet, Von deiner Herrlichkeit erfüllet, Zerfließ in deiner Gottheit Ruhm. Dich unser höchstes Gut, Erhebe Geist und Muth; Amen, Amen! Hallelujah! Der Herr ist da, Groß, gut und seinem Volke nah!

Ps. 8, 2. Herr, unser Herrscher, wie herrlich ist dein Name in allen Landen, da man dir danket im Himmel.

Mel. O Gott, du frommer Gott.

19. Wie herrlich ist dein Ruhm, O Gott, in allen Landen! Die Himmel und ihr Heer

Sind durch dein Wort entstanden. Du sprichst und es geschieht, Gebeutst; so steht es da; Mit Allmacht bist du mir Und auch mit Güte nah.

2. Du bist der Herr der Kraft, Dich preisen Erd und Meere, Und Himmel predigen Die Wunder deiner Ehre. Dich bet ich dankbar an, Mein Heil kommt von dem Herrn; Du hörst des Menschen Flehn Und bist ihm niemals fern.

3. Ach, wenn ich deiner Huld, Mein Gott, gewürdigt werde, Was frag ich außer dir Nach Himmel und nach Erde? Im Himmel donnerst du, Und Schrecken füllt das Land; Doch fürcht ich nichts; denn du hältst mich an deiner Hand!

4. Seh ich den Himmel an, Den du, Herr, ausgebreitet, Der Sonne Majestät, Den Mond, den du bereitet, Dann sag ich: Herr, was ist Der Mensch, daß du sein denkst, Und daß du täglich uns Unzählig Gutes schenkst?

5. Wie Schafe läß'st du uns Auf grüner Aue weiden, Nährst uns mit Speis' und Trank, Füllst unser Herz mit Freuden. Du sahst mich, eh der Grund Der Welt geleget war, Staubst meiner Mutter bei, Als sie mich dir gebar.

6. Du wogst mein Glück mir ab, Und Leiden, mich zu üben; Und meiner Tage Zahl War auf dein Buch geschrieben. Du bist der Armen Schutz, Der Sünder Hort und Ruh; O Gott, der gern verzeiht, Wie groß und gut bist du!

7. Wem soll ich sonst vertraun, Als dir, du Gott der Götter? Wen ehren, als nur dich, Mein Heiland und Erretter? Wie sanft ist dein Befehl: „Gib mir dein Herz, mein Sohn! Und wandle meinen Weg! Ich bin dein Schild und Lohn!"

8. Herr, dein Gebot ist Heil, Dein Weg ist Fried und Leben; Wie sollt ich dir, dem Gott Der Liebe, widerstreben? Umsonst lockt mich die Welt, Die breite Straßen zieht; Ich hasse ihren Weg, Weil mich dein Auge sieht.

9. Auch wenn kein Mensch mich sieht, Will ich die Sünde fliehen, Denn du wirst aller Werk Vor dein Gericht einst ziehen. Ich will, wenn sich mein Fleisch Hinsehnt, wo du nicht bist, Beben-

ken, daß mein Leib, O Gott, dein Tempel ist!

10. Soll ich Lust, Gold und Ruhm Stolz zu erringen trachten? Nein, Herr, wenn du mich kennst, Mag mich die Welt verachten! Du bist es, dem zum Dienst Ich Leib und Seele weih; Hilf, daß mein Wandel stets Voll deines Ruhmes sei!

Jon. 4, 2. Ich weiß, daß du gnädig, barmherzig, langmüthig und von großer Güte bist, und lässest dich des Uebels reuen.

Mel. Wunderbarer König.

20. Unumschränkte Liebe, Gönne blöden Augen, Die sonst kaum auf Erden taugen, Daß sie in die Strahlen Deiner Langmuth blicken, Die den Erdkreis huldreich schmücken, Und zugleich Freudenreich Bösen und den Deinen Wie die Sonne scheinen.

2. Wasser, Luft und Erde, Ja, dein ganz Gebiete Ist ein Schauspiel deiner Güte. Deiner Langmuth Ehre Wird durch neue Proben Immer herrlicher erhoben. O wie weit, O wie breit Ueber Berg und Hügel Streckt sie ihre Flügel!

3. Was wir davon denken, Was wir sagen können, Ist ein Schatten nur zu nennen. Tag für Tag zu leiden, Tag für Tag zu dulden So viel Millionen Schulden, Und dazu Ohne Ruh Lieben für das Hassen: Herr! wer kann das fassen!

4. Du vergibest Sünde, Hörst der Sünder Flehen, Wenn sie weinend vor dir stehen; Deine Rechte dräuet, Und erbarmt sich wieder, Legt die Pfeile gerne nieder, Da man doch, Wenn du noch Sie kaum weggeleget, Dich zum Zorn erreget.

5. Herr, es hat noch keiner, Der zu dir gegangen, Statt der Gnade Recht empfangen. Wer zu deinen Füßen Sich mit Thränen senket, Dem wird Straf und Schuld geschenket. Unser Schmerz Rührt dein Herz, Und du willst der Armen Gnädig dich erbarmen.

6. König, sei gepriesen, Daß du so verschonest, Und uns nicht nach Werken lohnest. Deiner Hand sei Ehre, Die so wohl regieret, Und mit Ruhm das Scepter führet; Fahre fort, Zions Hort, Langmuth auszuüben Und die Welt zu lieben!

Gottes Wesen und Vollkommenheiten.

Eph. 1, 3. 4. Gelobet sei Gott und der Vater unsers Herrn Jesu Christi, der uns gesegnet hat mit allerlei geistlichem Segen in himmlischen Gütern durch Christum. Wie er uns denn erwählet hat durch denselbigen, ehe der Welt Grund geleget war.

Mel. Wer nur den lieben Gott ꝛc.

21. Geht hin, ihr gläubigen Gedanken, In's weite Feld der Ewigkeit, Erhebt euch über alle Schranken Der alten und der neuen Zeit; Erwägt, daß Gott die Liebe sei, Die ewig alt und ewig neu.

2. Der Grund der Welt war nicht geleget, Der Himmel war noch nicht gemacht, So hat Gott schon den Trieb geheget, Der mir das Beste zugedacht; Als ich noch nicht geschaffen war, Da reicht er mir schon Gnade dar.

3. Sein Rathschluß war: ich sollte leben Durch seinen eingebornen Sohn; Den wollt er mir zum Mittler geben, Den sandt er mir von seinem Thron, In dessen Blute soll ich rein, Geheiliget und selig sein.

4. Wie wohl ist mir, wenn mein Gemüthe Empor zu dieser Quelle steigt, Von welcher sich ein Strom der Güte Zu mir durch alle Zeiten neigt, Daß jeder Tag sein Zeugniß gibt: Gott hat mich je und je geliebt!

5. Wer bin ich unter Millionen Der Creaturen seiner Macht, Die in der Höh und Tiefe wohnen, Daß er mich bis hierher gebracht? Ich bin ja nur ein dürres Blatt, Ein Staub, der keine Stätte hat.

6. Ja freilich bin ich zu geringe Der herzlichen Barmherzigkeit, Womit, o Schöpfer aller Dinge, Mich deine Liebe stets erfreut; Ich bin, o Vater, selbst nicht mein, Dein bin ich, Herr, und bleibe dein!

7. Im sichern Schatten deiner Flügel Find ich die ungestörte Ruh. Der feste Grund hat dieses Siegel: Wer dein ist, Herr, den kennest du! Laß Erd und Himmel untergehn: Dies Wort der Wahrheit bleibet stehn.

8. Wenn in dem Kampfe schwerer Leiden Der Seele Muth und Kraft gebricht, So salbest du mein Haupt mit Freuden, So tröstet mich dein Angesicht; Da spür ich deines Geistes Kraft, Die in der Schwachheit alles schafft.

9. Die Hoffnung schauet in die Ferne Durch alle Schatten dieser Zeit; Der Glaube schwingt sich durch die Sterne Und sieht in's Reich der Ewigkeit; Da zeigt mir deine milde Hand Mein Erbtheil und gelobtes Land.

10. O sollt ich dich nicht ewig lieben, Der du mich unaufhörlich liebst? Soll ich mit Undank dich betrüben, Da du mir Fried und Freude gibst? Verließ ich dich, o Menschenfreund, So wär ich selbst mein ärgster Feind!

11. Ach, könnt ich dich nur besser ehren, Welch edles Loblied stimmt ich an; Es sollten Erd und Himmel hören, Was du, mein Gott, an mir gethan! Nichts ist so tröstlich, nichts so schön, Als, höchster Vater, dich erhöhn.

12. Doch nur Geduld, es kommt die Stunde, Da mein durch dich erlöster Geist Im höhern Chor mit frohem Munde Dich, Quell der Liebe, schöner preis't; Drum eilt mein Herz aus dieser Zeit, Und sehnt sich nach der Ewigkeit!

Ps. 25, 8. Der Herr ist gut und fromm, darum unterweiset er die Sünder auf dem Wege.

Eigene Melodie.

22. Der Herr ist gut, In dessen Dienst wir stehn, Wir dürfen ihn in Demuth Vater nennen; Wenn wir nur treu auf seinen Wegen gehn, So sehn wir ihn von zarter Liebe brennen. Dies Wort gibt uns im Kampfe Kraft und Muth: Der Herr ist gut!

2. Der Herr ist gut! er will der Sünder Schuld Nicht unerbittlich mit dem Schwerte rächen; Es ist bei ihm ein Reichthum der Geduld, Er heilet gern der Irrenden Gebrechen; Er segnet uns durch seines Sohnes Blut: Der Herr ist gut!

3. Der Herr ist gut und theilt sich willig mit, Sein Wesen ist ein Brunnen edler Gaben! Er geht uns nach und fragt bei jedem Schritt, Ob wir nicht was von ihm zu bitten haben? Wo ist ein Herr, der so mit Knechten thut? Der Herr ist gut!

4. Der Herr ist gut! kein Elend ist so groß, Er hat so Kraft, als Neigung, uns zu schützen; Umschließet uns der ewgen Liebe

Gottes Wesen und Vollkommenheiten.

Schooß, So können wir im stillen Frieden sitzen. Das macht sein Schutz, daß man hier sicher ruht: Der Herr ist gut!

5. Der Herr ist gut! wer dies im Glauben schmeckt, Wird nimmermehr aus seinem Dienste gehen; Hier wird erst recht, was Freiheit sei, entdeckt, Hier kann der Geist im rechten Adel stehen. Nichts ist umsonst, was hier der Glaube thut: Der Herr ist gut!

6. Der Herr ist gut! er sieht in Gnaden an Den armen Dienst der Knechte, die ihn lieben; Er gibt mehr Lohn, als man erwarten kann, Kein kühler Trunk ist unvergolten blieben, Er gibt dafür die ganze Segensfluth: Der Herr ist gut!

7. Der Herr ist gut und bleibt es bis zum Tod, Wir sollen ihm in seinen Armen sterben; Er will uns führen aus der letzten Noth Und alles, was er hat, uns lassen erben, Und Ruhe geben, wie er selber ruht: Der Herr ist gut!

8. Der Herr ist gut! fallt nieder vor dem Thron; Wir sind zum Segen herzlich eingeladen. Lobt unsern Gott, lobt seinen lieben Sohn, Lobt seinen heilgen Geist, den Geist der Gnaden; Lobt ihn für alles, was er ist und thut, Der Herr ist gut!

Pf. 81, 20. Wie groß ist deine Güte, die du verborgen hast denen, die dich fürchten, und erzeigest denen, die vor den Leu'en auf dich trauen.

Eigene Melodie.

23. Wie groß ist des Allmächtgen Güte! Ist der ein Mensch, den sie nicht rührt? Der mit verhärtetem Gemüthe Den Dank erstickt, der ihm gebührt? Nein, seine Liebe zu ermessen, Sei ewig meine größte Pflicht; Der Herr hat mein noch nie vergessen; Vergiß, mein Herz, auch seiner nicht.

2. Wer hat mich wunderbar bereitet? Der Gott, der meiner nicht bedarf. Wer hat mit Lanmuth mich geleitet? Er, dessen Rath ich oft verwarf. Wer stärkt den Frieden im Gewissen? Wer gibt dem Geiste neue Kraft? Wer läßt mich so viel Guts genießen? Ist's nicht sein Arm, der alles schafft?

3. Schau, o mein Geist, in jenes Leben, Zu welchem du erschaffen bist; Wo du, mit Herr-

lichkeit umgeben, Gott ewig sehn wirst, wie er ist. Du hast ein Recht zu diesen Freuden; Durch Gottes Güte sind sie dein. Sieh, darum mußte Christus leiden, Damit du könntest selig sein.

4. Und diesen Gott soll ich nicht ehren? Und seine Güte nicht verstehn? Er sollte rufen; ich nicht hören? Den Weg, den er mir zeigt, nicht gehn? Sein Will ist mir in's Herz geschrieben; Sein Wort bestärkt ihn ewiglich. Gott soll ich über alles lieben, Und meinen Nächsten gleich als mich.

5. Dies ist mein Dank, dies ist sein Wille. Ich soll vollkommen sein, wie er. So lang ich dies Gebot erfülle, Stell ich sein Bildniß in mir her. Lebt seine Lieb in meiner Seele: So treibt sie mich zu jeder Pflicht; Und ob ich schon aus Schwachheit fehle, Herrscht doch in mir die Sünde nicht.

6. O Gott! laß deine Güt' und Liebe Mir immerdar vor Augen sein! Sie stärk in mir die guten Triebe, Mein ganzes Leben dir zu weihn. Sie tröste mich zur Zeit der Schmerzen; Sie leite mich zur Zeit des Glücks;

Und sie besieg in meinem Herzen Die Furcht des letzten Augenblicks.

— · — · —

Ps. 40, 11. Deine Gerechtigkeit verberge ich nicht in meinem Herzen, von deiner Wahrheit und von deinem Heil rede ich, ich verhehle keine Güte und Treue nicht vor der großen Gemeine.

Mel. So führst du doch recht rc.

24. Gott ist getreu! er selbst hat's oft bezeuget; Hier ist sein Wort, das gilt doch ewiglich. Er hat zu mir sein Vaterherz geneiget, In keiner Noth will er verlassen mich. An meiner Treu ermangelt mancherlei; Das wußte, der mit mir den Bund gemacht, Und der mein Elend pünktlich überdacht, Und schenkt mir doch das Wort: Gott ist getreu!

2. Gott ist getreu! das hab ich deinem Munde Oft nicht geglaubt, du frommes Vaterherz! Ich ängstete mich in der Prüfungsstunde, Und häufete vergeblich meinen Schmerz; Eh ich's gedacht, da war die Noth vorbei. Das hab ich nun so oft und viel erlebt! O Schande, wenn mein Herz auf's neue bebt!

Gottes Wesen und Vollkommenheiten.

Ist's nicht noch heute wahr: Gott ist getreu?

3. Gott ist getreu! ich wag's des Wortes wegen Auch jetzt auf dich, o Vater, als dein Werk, Mein Jesus, auf dein Blut und Ostersegen, Gott heilger Geist, auf deine Gnad und Stärk! Ich bin nichts werth, o das bekenn ich frei! Weg, Eigenwerk, dein Schimmer reicht nicht weit! Mein Element ist nur Barmherzigkeit, Daraus entspringt der Trost: Gott ist getreu!

4. Gott ist getreu! ich fühl's an meiner Seele, An welcher er bisher so viel gethan; Weh mir, wenn ich sein treues Thun verhehle! Durch seinen Geist lieb ich die schmale Bahn, Sein Wort, sein Reich; und immer wird mir neu Sein Bild, wo ich's an seinen Kindern find; Ich bin nun nimmer, wie die Welt, so blind; Fehl ich: Gott zeigt's, Gott hilft; Gott ist getreu!

5. Gott ist getreu! wie oft hat er mein Flehen Nach Wunsch erhört in großer Kümmerniß! Worinnen ich noch muß auf Hoffnung säen: Geduld! das kommt zuletzt, zuletzt gewiß. Selbst mein Gefühl, daß ich so elend sei, Und meine Furcht vorm Rückfall wirket er, Nur daß er heftiger mich beten lehr, Und hilft doch immer durch: Gott ist getreu!

6. Gott ist getreu! will mich schon Trägheit quälen: Er trägt, er treibt, er schenkt mir neue Kraft. Gott ist getreu! will mir der Glaube fehlen, Läßt er sein Werk doch nicht, der alles schafft; Gott ist getreu! obgleich der Welt Geschrei, Und eigne Noth mich und viel andre kränkt, Kenn ich doch den, der alles weislich lenkt, Der mich auch kennt und liebt: Gott ist getreu!

7. Gott ist getreu! ach drücke die drei Worte, Dreieiniger Gott, doch tief in meinen Sinn, Mit welchen ich dann wohl an jedem Orte, Auf jeden Fall, in dir gewappnet bin. Es werde deine Treu mir stündlich neu! Nur laß auch mich dir immer treuer sein, Bis ich durch dich vollend't vor dir erschein, Und ewig rühmen kann: Gott ist getreu!

---

1. Cor. 10, 13. Es hat euch noch keine, denn menschliche Versuchung betreten; aber Gott ist getreu, der euch nicht läßt versuchen

über euer Vermögen, sondern macht, daß die Versuchung so ein Ende gewinne, daß ihr es könnet ertragen.

Eigene Melodie.

25. Gott ist getreu! Sein Herz, sein Vaterherz Verläßt die Seinen nie. Gott ist getreu! Im Wohlsein und im Schmerz Erfreut und trägt er sie. Mich decket seiner Allmacht Flügel! Stürzt ein, ihr Berge! fallt, ihr Hügel! Gott ist getreu!

2. Gott ist getreu! Er ist mein treuster Freund! Dies weiß, dies hoff ich fest. Ich weiß gewiß, Daß er mich keinen Feind Zu hart versuchen läßt. Er stärket mich, nach seinem Bunde, In meiner Prüfung trübster Stunde. Gott ist getreu!

3. Gott ist getreu! Er thut, was er verheißt. Er sendet mir sein Licht. Wenn dieses mir Den Weg zum Leben weis't, So irr und gleit ich nicht. Gott ist kein Mensch, er kann nicht lügen, Sein Wort der Wahrheit kann nicht trügen. Gott ist getreu!

4. Gott ist getreu! Er handelt väterlich, Und was er thut, ist gut; die Trübsal auch; Mein Vater bessert mich Durch alles, was er thut. Die Trübsal gibt Geduld und Stärke Zum Fleiß in jedem guten Werke. Gott ist getreu!

5. Gott ist getreu! Er hat uns selbst befreit Von unsrer Sündennoth Durch seinen Sohn, Durch dessen Heiligkeit Und blutgen Opfertod. Damit wir möchten nicht verderben, Ließ er den Eingebornen sterben. Gott ist getreu!

6. Gott ist getreu! Er, des ich ewig bin, Sorgt für mein ewig Wohl. Er rufet mich Zu seinem Himmel hin, Will, daß ich leben soll. Er reinigt mich von allen Sünden Und läßt mich Trost durch Christum finden. Gott ist getreu!

7. Gott ist getreu! Stets hat sein Vaterblick Auf seine Kinder Acht. Er sieht's mit Lust, Auch wenn ein irdisch Glück Sie froh und dankbar macht. Was uns zu schwer wird, hilft er tragen, Und endlich stillt er alle Klagen. Gott ist getreu!

8. Gott ist getreu! Mein Herz, was fehlt dir noch, Dich Gottes stets zu freun? Sei Gott getreu, Und fürchte nichts; mag doch Die Welt voll Falschheit

Gottes Wesen und Vollkommenheiten.

sein! Selbst falscher Brüder Neid und Tücke Gereicht am Ende mir zum Glücke. Gott ist getreu!

9. Gott ist getreu! Vergiß, o Seel, es nicht, Wie zärtlich treu er ist! Gott treu zu sein, Sei deine liebste Pflicht, Weil du so werth ihm bist. Halt fest an Gott, sei treu im Glauben; Laß nichts den starken Trost dir rauben: Gott ist getreu!

Jes. 54, 10. Es sollen wohl Berge weichen, und Hügel hinfallen; aber meine Gnade soll nicht von dir weichen, und der Bund meines Friedens soll nicht hinfallen, spricht der Herr, dein Erbarmer.

M el. Gott des Himmels und der ic.

26. Weicht ihr Berge, fallt, ihr Hügel! Gottes Gnade weicht mir nicht, Und der Friede hat das Siegel, Daß Gott seinen Bund nicht bricht, Dieses macht mich unverzagt, Weil es mein Erbarmer sagt.

2. Das sind Worte für die Blöden, Die sind alles Glaubens werth; Das heißt an die Herzen reden; Das ist Trost, wie man begehrt. Gottes Gnade weicht bir nicht, Weil es dein Erbarmer spricht.

3. Hier ist Kraft für alle Müden, Die so manches Elend beugt. Man find't Gnade, man hat Frieden, Welcher alles übersteigt. Mein Erbarmer, sprich mir du Dies in allen Nöthen zu!

4. Wenn mich meine Sünden schmerzen Und der Strafen lange Pein, Ach, so rede meinem Herzen Deinen Trost und Frieden ein, Daß bu mir in Jesu Christ Ewig ein Erbarmer bist.

5. Gib mir einen starken Glauben, Der dein Wort mit Freuden faßt; So kann mir der Tod nicht rauben, Was bu mir geschenket hast; Auch die Hölle nimmt mir nicht, Was mein Heiland mir verspricht.

B. Von der Schöpfung und göttlichen Weltregierung.

1. Joh. 5, 7. Drei sind, die da zeugen im Himmel: der Vater, das Wort und der heilige Geist, und diese drei sind Eins.

Mel. Herr Jesu Christ, dich rc.

27. O heilige Dreieinigkeit, O göttliche Selbstständigkeit! Du thust für uns der Wunder viel, Grundgütig ohne Maaß und Ziel.

2. Die Erd, der Himmel und das Meer Verkünden deine Macht und Ehr; Es zeugt der Berg, es zeugt das Thal, Daß du ein Herr bist überall.

3. Die Sonne geht uns täglich auf, Der Mond hält seinen Himmelslauf, Und alle Sterne sind bereit, Zu preisen deine Herrlichkeit.

4. Die Thier und Vögel in der Welt, Und was das Meer im Schooße hält, Zeigt uns in tausend Wundern an, Was deine Kraft und Weisheit kann.

5. Du hast den Himmel weit gestreckt, Mit Wolkenheeren überdeckt, Und seiner Wölbung Majestät Mit goldnen Sternen übersät.

6. Du bist's, der alle Welt regiert, Den Himmel und die Erde ziert, So herrlich, daß es um und an Kein Erdenmensch ergründen kann.

7. Wie mag doch unser blöder Sinn In deine Tiefen schauen hin, Da wir doch Dinge nicht verstehn, Womit wir allezeit umgehn.

8. Wie herrlich ist, Herr, und wie schön, Was du geschaffen, anzusehn! Doch wie viel lieblicher bist du, Herr Gott, in deiner ewgen Ruh!

9. Du trägst in dir dies große Rund; Dein Herrschen ist auf Erden kund; Doch größer, als dein Himmelszelt, Ist's, daß du Christum gabst der Welt.

10. O Vater, Sohn und heilger Geist, Dein Name, der allmächtig heißt, Sei uns gelobt in dieser Zeit, Sei hochgelobt in Ewigkeit!

Von der Schöpfung und göttlichen Regierung. 25

Pf. 19, 2. Die Himmel erzählen die Ehre Gottes, und die Veste verkündiget seiner Hände Werk.

Mel. Gott sei Dank in aller 2c.

28. Himmel, Erde, Luft und Meer, Aller Welten zahllos Heer, Jauchzen Gott, dem Schöpfer, zu, Meine Seele, sing auch du!

2. Ihn erhebt das Sonnenlicht, Wann es durch die Wolken bricht. Mondesglanz und Sternenpracht Loben Gott in stiller Nacht.

3. Seht, wie er das Land erquickt Und mit Lust und Segen schmückt! Wälder, Flur und jedes Thier Zeigen Gottes Finger hier.

4. Seht, wie fleugt der Vögel Schaar in den Lüften frisch und klar! Donner, Blitz, Dampf, Hagel, Wind Seines Willens Diener sind.

5. Seht, der Wasserwellen Lauf, Wie sie steigen ab und auf! Von der Quelle bis zum Meer Rauschen Sie des Schöpfers Ehr.

6. Ach, mein Gott, wie wunderbar Stellst du dich der Seele dar! Drücke stets in meinen Sinn, Was du bist, und was ich bin!

———

Joh. 1, 1. 3. Im Anfang war das Wort. — Alle Dinge sind durch dasselbe gemacht, und ohne dasselbe ist nichts gemacht, was gemacht ist.

Mel. O Gott, du frommer Gott.

29. O Gott! du gabst der Welt Im Anfang Licht und Leben; Nun hast du die Natur Mir als ein Buch gegeben, Drin viel zu lesen ist Von deiner großen Pracht, Von deiner weisen Huld, Von deiner Wundermacht.

2. O ewge Majestät, Vor dir will ich mich beugen! Von deiner Herrlichkeit Seh ich die Himmel zeugen; Ich seh die Sonne stehn, Sie spiegelt sich im Meer; Ich schau die Wolken an, Den Mond, das Sternenheer.

3. Die Luft, das Firmament Schufst du aus Finsternissen; Es träuft, sobald du willst, Von milden Regengüssen; Und wann dein Ruf gebeut, So blitzt und donnert weit Der Wetter Sturm und Nacht, Du Gott der Herrlichkeit!

4. Die Weisheit und die Kunst, Die Ordnung, das Regieren

Kann man auf jedem Blatt,
An jedem Steine spüren. Die
Mannigfaltigkeit, die doch zu-
sammenstimmt, Die macht, daß
Aug und Herz In Wunderfreude
schwimmt.

5. Die Weisheit bet ich an,
Die Macht rührt mein Gemüthe;
Doch ist's noch nicht genug, Ich
seh des Schöpfers Güte; Denn
kein Geschöpf ist da, Dem er
nicht Gutes thut; Ja, was er
macht und will, Ist alles köstlich gut.

6. O Gott, wie wohl wird
mir, Zu dir hinaufzusehen, Hoch
über alles weg Vor deinem
Thron zu stehen! Doch trübt die
Sündenschuld Mein armes Menschenherz, Und find ich keinen
Trost Bei dem geheimen Schmerz.

7. Hier schweigt der Himmel
still, Die Erde sagt nichts weiter,
Das tiefe Meer verstummt, Die
Sonne macht nicht heiter, Bis
daß ein andres Buch Ich noch
von oben her Zu meinem Trost
empfang, Und mich dein Geist
belehr.

8. Dies ist das heilge Buch,
Darinnen steht geschrieben: Das
Wort, das alles schuf, Kam in
die Welt mit Lieben, Voll Wahr-
heit, Gnad und Huld, Ward
Mensch hier in der Zeit, Mein
Leben, Licht und Trost, Gelobt
in Ewigkeit!

9. In deine Welt will ich
Und in dein Wort mich senken.
Die Schöpfung, Herr, soll mich
Zu Dank und Ehrfurcht lenken;
Doch deine Schrift, darin Dein
Sohn mir ward bewußt, Die
zieh mich ewig hin An deine
Vaterbrust!

—

Pf. 147, 5. Unser Herr ist groß und von
großer Kraft; und ist unbegreiflich, wie er regieret.

Mel. Es ist gewißlich an ꝛc.

30. Wenn ich, o Schöp-
fer! deine Macht, Die Weisheit deiner Wege, Die Liebe, die
für alle wacht, Anbetend überlege: So weiß ich, von Bewund-
rung voll, Nicht wie ich dich erheben soll, Mein Gott, mein
Herr und Vater!

2. Mein Auge sieht, wohin
es blickt, Die Wunder deiner
Werke. Der Himmel, prächtig
ausgeschmückt, Preis't dich, du
Gott der Stärke! Wer hat die
Sonn an ihm erhöht? Wer
kleidet sie mit Majestät? Wer
ruft dem Heer der Sterne?

Von der Schöpfung und göttlichen Regierung. 27

3. Wer mißt dem Winde seinen Lauf? Wer heißt den Himmel regnen? Wer schließt den Schooß der Erde auf, Mit Vorrath uns zu segnen? O Gott der Macht und Herrlichkeit! Gott, deine Güte reicht so weit, So weit die Wolken reichen!

4. Dich predigt Sonnenschein und Sturm, Dich preis't der Sand am Meere. Bringt, ruft auch der geringste Wurm, Bringt meinem Schöpfer Ehre! Mich, ruft der Baum in seiner Pracht, Mich, ruft die Saat, hat Gott gemacht; Bringt unserm Schöpfer Ehre!

5. Der Mensch, ein Leib, den deine Hand So wunderbar bereitet; Der Mensch, ein Geist, den sein Verstand, Dich zu erkennen, leitet; Der Mensch, der Schöpfung Ruhm und Preis, Ist sich ein täglicher Beweis Von deiner Güt und Größe.

6. Erheb ihn ewig, o mein Geist! Erhebe seinen Namen! Gott, Unser Vater, sei gepreis't, Und alle Welt sag Amen! Und alle Welt fürcht ihren Herrn, Und hoff auf ihn und dien ihm gern! Wer wollte Gott nicht dienen?

Eph. 5, 19. Redet unter einander von Psalmen und Lobgesängen und geistlichen Liedern, singet und spielet dem Herrn in eurem Herzen.

Mel. Mein Vater, sieh, ich ꝛc.

31. Ich singe dir mit Herz und Mund, Herr, meines Herzens Lust, Ich sing und mach auf Erden kund, Was mir von dir bewußt.

2. Ich weiß, daß du der Brunn der Gnad Und ewge Quelle seist, Daraus uns allen früh und spat Viel Heil und Gutes fleußt.

3. Was sind wir doch, was haben wir Auf dieser ganzen Erd, Das uns, o Vater, nicht von dir Allein gegeben werd?

4. Wer hat das schöne Himmelszelt Hoch über uns gesetzt? Wer ist es, der uns unser Feld Mit Thau und Regen netzt?

5. Wer wärmet uns in Kält und Frost, Wer schützt uns vor dem Wind, Wer macht es, daß man Oel und Most Zu seinen Zeiten find't?

6. Wer gibt uns Leben und Geblüt, Wer hält mit seiner Hand Den goldnen, edeln, werthen Fried In unserm Vaterland?

7. Ach, Herr, mein Gott, das kommt von dir, Du, du mußt alles thun, Du hältst die Wach an unsrer Thür Und läss'st uns sicher ruhn.

8. Du nährest uns von Jahr zu Jahr, Bleibst immer fromm und treu, Beschirmst uns mächtig in Gefahr Und stehst uns herzlich bei!

9. Du straffst uns Sünder mit Geduld Und schlägst nicht allzusehr, Ja, endlich nimmst du unsre Schuld Und wirfst sie in das Meer.

10. Wenn unser Herze seufzt und schreit, Wirst du gar leicht erweicht, Und gibst uns, was uns hoch erfreut Und dir zu Ehren reicht.

11. Du zählst, wie oft ein Christe wein Und was sein Kummer sei, Kein Zähr- und Thränlein ist so klein, Du hebst und legst es bei.

12. Du füllst des Lebens Mangel aus Mit dem, was ewig steht Und führst uns in des Himmels Haus, Wenn uns die Erd entgeht.

13. Wohlauf, mein Herze, sing und spring Und habe guten Muth, Dein Gott, der Ursprung aller Ding Ist selbst und bleibt dein Gut.

14. Er ist dein Schatz, dein Erb und Theil, Dein Glanz und Freudenlicht, Dein Schirm und Schild, dein Hülf und Heil, Schafft Rath und läßt dich nicht.

15. Was kränkst du dich in deinem Sinn Und grämst dich Tag und Nacht? Nimm deine Sorg und wirf sie hin Auf den, der dich gemacht.

16. Hat er dich nicht von Jugend auf Versorget und ernährt? Wie manchen schweren Unglückslauf Hat er zurückgekehrt!

17. Er hat noch niemals was versehn In seinem Regiment; Nein, was er thut und läßt geschehn, Das nimmt ein gutes End.

18. Ei nun, so laß ihn ferner thun Und red ihm nichts darein; So wirst du hier in Frieden ruhn Und ewig fröhlich sein.

Ps. 145, 1. Ich will dich erhöhen, mein Gott, du König, und deinen Namen loben immer und ewiglich.

Eigene Melodie.

32. Sollt ich meinem Gott nicht singen? Sollt ich

Von der Schöpfung und göttlichen Regierung

ihm nicht fröhlich sein? Denn ich seh in allen Dingen, Wie so gut er's mit mir meint. Ist's doch nichts, als lauter Lieben, Das sein treues Herze regt; Das ohn Ende hebt und trägt, Die in seinem Dienst sich üben. Alles Ding währt seine Zeit, Gottes Lieb in Ewigkeit.

2. Wie ein Adler sein Gefieder Ueber seine Jungen streckt, Also hat auch hin und wieder Mich des Höchsten Arm gedeckt. Alsobald im Mutterleibe, Da er mir mein Wesen gab, Und das Leben, das ich hab Und noch diese Stunde treibe. Alles Ding währt seine Zeit, Gottes Lieb in Ewigkeit.

3. Sein Sohn ist ihm nicht zu theuer; Nein, er gibt ihn für mich hin, Daß er mich vom ewgen Feuer Durch sein theures Blut gewinn; O du ungegründ'ter Brunnen, Wie will doch mein schwacher Geist, Ob er sich gleich hoch befleißt, Deine Tief ergründen können? Alles Ding währt seine Zeit, Gottes Lieb in Ewigkeit.

4. Seinen Geist, den edeln Führer, Gibt er mir in seinem Wort, Daß er werde mein Regierer Durch die Welt zur Himmelspfort, Daß er mir mein Herz erfülle Mit dem hellen Glaubenslicht, Das des Todes Reich zerbricht, Und die Hölle selbst macht stille. Alles Ding währt seine Zeit, Gottes Lieb in Ewigkeit.

5. Meiner Seele Wohlergehen Hat er ja recht wohl bedacht; Will dem Leibe Noth zustehen, Nimmt er's gleichfalls wohl in Acht, Wenn mein Können, mein Vermögen Nichts vermag, nichts helfen kann, Kommt mein Gott und hebt mir an, Sein Vermögen beizulegen. Alles Ding währt seine Zeit, Gottes Lieb in Ewigkeit.

6. Himmel, Erd und ihre Heere Hat er mir zum Dienst bestellt, Wo ich nur mein Aug hinkehre, Find ich, was mich nährt und hält. Thiere, Kräuter und Getreide, In den Gründen, in der Höh, In den Büschen, in der See, Ueberall ist meine Weide. Alles Ding währt seine Zeit, Gottes Lieb in Ewigkeit.

7. Wenn ich schlafe, wacht sein Sorgen Und ermuntert mein Gemüth, Daß ich alle liebe Morgen Schaue neue Lieb und Güt.

Wäre mein Gott nicht gewesen Hätte mich sein Angesicht Nicht geleitet, wär ich nicht Aus so mancher Angst genesen. Alles Ding währt seine Zeit, Gottes Lieb in Ewigkeit.

8. Wie so manche schwere Plage Wird vom Satan hergeführt, Die mich doch mein Lebetage Niemals noch bisher berührt; Gottes Engel, den er sendet, Hat das Böse, was der Feind Anzurichten war gemeint, In die Ferne weggewendet. Alles Ding währt seine Zeit, Gottes Lieb in Ewigkeit.

9. Wie ein Vater seinem Kinde Sein Herz niemals ganz entzeucht, Ob es gleich bisweilen Sünde thut und aus dem Wege weicht: Also hält auch mein Verbrechen Mir mein frommer Gott zu gut, Will mein Fehlen mit der Ruth Und nicht mit dem Schwerte rächen. Alles Ding währt seine Zeit, Gottes Lieb in Ewigkeit.

10. Seine Strafen, seine Schläge, Ob mir's gleich oft bitter scheint, Sind doch, wenn ich's recht erwäge, Schläge nur vom treusten Freund, Der mich liebet, mein gedenket, Und mich von der schnöden Welt, Die mich hart gefangen hält, Durch das Kreuze zu ihm lenket. Alles Ding währt seine Zeit, Gottes Lieb in Ewigkeit.

11. Das weiß ich für wahr und lasse Mir's nicht aus dem Sinn entgehn: Christenkreuz hat seine Maaße Und muß endlich stille stehn. Wenn der Winter ausgeschneiet, Tritt der schöne Sommer ein: Also wird auch nach der Pein, Wer's erwarten kann, erfreuet. Alles Ding währt seine Zeit, Gottes Lieb in Ewigkeit.

12. Weil denn weder Ziel noch Ende Sich in Gottes Liebe find't, Ei, so heb ich meine Hände Zu dir, Vater, als dein Kind: Bitte, wollst mir Gnade geben, Dich aus aller meiner Macht Zu umfangen Tag und Nacht, Hier in meinem ganzen Leben, Bis ich dich nach dieser Zeit Lob und lieb in Ewigkeit.

Ps. 146, 1. 2. Hallelujah! Lobe den Herrn, meine Seele. Ich will den Herrn loben, so lange ich lebe.

Eigene Melodie.

33. Lobe den Herrn, o meine Seele! Ich will ihn loben

bis zum Tod; Weil ich noch Stunden auf Erden zähle, Will ich lobsingen meinem Gott. Der Leib und Seel gegeben hat, Werde gepriesen früh und spat. Hallelujah, Hallelujah!

2. Fürsten sind Menschen, vom Weib geboren Und kehren um zu ihrem Staub; Ihre Anschläge sind auch verloren, Wenn nun das Grab nimmt seinen Raub. Weil dann kein Mensch uns helfen kann, Rufe man Gott um Hülfe an. Hallelujah, Hallelujah!

3. Selig, ja selig ist der zu nennen, Deß Hülfe der Gott Jakobs ist; Welcher vom Glauben sich nicht läßt trennen Und hofft getrost auf Jesum Christ. Wer diesen Herrn zum Beistand hat, Findet am besten Rath und That. Hallelujah, Hallelujah!

4. Dieser hat Himmel, Meer und Erden, Und was darinnen ist, gemacht. Alles muß pünktlich erfüllet werden, Was er uns einmal zugedacht. Er ist's, der Herrscher aller Welt, Welcher uns ewig Glauben hält. Hallelujah, Hallelujah!

5. Zeigen sich welche, die Unrecht leiden, Er ist's der ihnen Recht verschafft; Hungrigen will er zur Speis' bescheiden, Was ihnen dient zur Lebenskraft; Die hart Gebundnen macht er frei; Und seine Gnad ist mancherlei. Hallelujah, Hallelujah!

6. Sehende Augen gibt er den Blinden, Erhebt, die tief gebeuget gehn. Wo er kann einige Fromme finden, Die läßt er seine Liebe sehn. Sein' Aufsicht ist der Fremden Trutz; Wittwen und Waisen hält er im Schutz.

7. Aber der Gottvergessnen Tritte Kehrt er mit starker Hand zurück, Daß sie nur machen verkehrte Schritte, Und fallen selbst in ihren Strick. Der Herr ist König ewiglich. Zion, dein Gott sorgt stets für dich. Hallelujah! Hallelujah!

8. Rühmet, ihr Menschen den hohen Namen Deß, der so große Wunder thut. Alles, was Odem hat, rufe Amen, Und bringe Lob mit frohem Muth. Ihr Kinder Gottes, lobt und preis't Vater und Sohn und heilgen Geist. Hallelujah, Hallelujah!

Ps. 146, 2. Ich will meinem Gott lobsingen, weil ich hier bin.

Mel. Herzlich thut mich verlangen.

34. Du, meine Seele, singe, Wohl auf und singe schön Dem, welchem alle Dinge Zu Dienst und Willen stehn. Ich will den Herren droben Hier preisen auf der Erd; Ich will ihn herzlich loben, So lang ich leben werd.

2. Ihr Menschen, laßt euch lehren, Es wird euch nützlich sein; Laßt euch doch nicht bethören Die Welt mit ihrem Schein. Verlasse sich ja keiner Auf Fürsten Macht und Gunst, Weil sie, wie unser einer, Nichts sind, als nur ein Dunst.

3. Was Mensch ist, muß erblassen Und sinken in den Tod; Muß all sein Gut verlassen, Und werden Erd und Koth. Allda ist's dann geschehen Mit seinem klugen Rath, Und ist frei klar zu sehen, Wie schwach sei Menschenthat.

4. Wohl dem, der einzig schauet Nach Jakobs Gott und Heil! Wer dem sich anvertrauet, Der hat das beste Theil, Das höchste Gut erlesen, Den schönsten Schatz geliebt; Sein Herz und ganzes Wesen bleibt ewig unbetrübt.

5. Hier sind die starken Kräfte, Die unerschöpfte Macht; Das weisen die Geschäfte, Die seine Hand gemacht, Der Himmel und die Erde Mit ihrem ganzen Heer, Der Fisch unzählge Heerde Im großen, wilden Meer.

6. Hier sind die treuen Sinnen, Die niemand Unrecht thun, All denen Gutes gönnen, Die in der Treu beruhn. Gott hält sein Wort mit Freuden, Erfüllet, was er spricht: Und wer Gewalt muß leiden, Den schützt er im Gericht.

7. Er weiß viel tausend Weisen Zu retten aus dem Tod; Er nährt und gibet Speisen Zur Zeit der Hungersnoth; Macht schöne rothe Wangen Oft bei geringem Mahl, Und die da sind gefangen, Die reißt er aus der Qual.

8. Er ist das Licht der Blinden, Thut auf der Tauben Ohr, Und die sich schwach befinden, Gehn stark durch ihn hervor. Er liebet alle Frommen, Und wenn ihr Auge weint, Sehn sie, sobald sie kommen, An ihm den besten Freund.

9. Er ist der Fremden Hütte; Die Waisen nimmt er an, Erfüllt der Wittwen Bitte, Wird selbst ihr Trost und Mann. Die aber, die ihn hassen, Bezahlet er mit Grimm: Ihr Haus, und wo sie saßen, Stürzt er mit Ungestüm.

10. Ach, ich bin viel zu wenig, Zu rühmen seinen Ruhm. Der Herr ist ewger König, Ich eine welke Blum. Jedoch weil ich gehöre Gen Zion in sein Zelt, Ist's billig, daß ich ehre Sein Lob vor aller Welt.

Spr. 10, 22. Der Segen des Herrn macht reich ohne Mühe.

Eigene Melodie.

35.
Alles ist an Gottes Segen Und an seiner Gnad gelegen Ueber alles Geld und Gut; Wer auf Gott die Hoffnung setzet, Der behält ganz unverletzet Einen freien Heldenmuth.

2. Der mich hat bisher ernähret, Und mir manches Glück bescheeret, Ist und bleibet ewig mein; Der mich wunderlich geführet, Und noch leitet und regieret, Wird forthin mein Helfer sein.

3. Viel' bemühen sich um Sachen, Die nur Sorg und Unruh machen, Und ganz unbeständig sind? Ich begehr nach dem zu ringen, Was der Seele Ruh kann bringen, Und man jetzt so selten find't.

4. Hoffnung kann das Herz erquicken: Was ich wünsche, wird sich schicken, So es anders Gott gefällt; Meine Seele, Leib und Leben Hab ich seiner Gnad ergeben, Und ihm alles heimgestellt.

5. Er weiß schon nach seinem Willen Mein Verlangen zu erfüllen; Es hat alles seine Zeit; Ich hab ihm nichts vorzuschreiben, Wie Gott will, so muß es bleiben, Wenn Gott will, bin ich bereit.

6. Soll ich länger allhier leben, Will ich ihm nicht widerstreben; Ich verlasse mich auf ihn. Ist doch nichts, das lang bestehet, Alles Irdische vergehet, Und fährt wie ein Strom dahin.

Hos. 14, 10. Die Wege des Herrn sind
richtig; und die Gerechten wandeln darinnen,
aber die Uebertreter fallen darinnen.

Mel. Klage nicht, wenn Gottes ꝛc.

36. Gott will's machen,
daß die Sachen Gehen, wie es
heilsam ist. Laß die Wellen
ringsum schwellen, Wenn du
nur bei Jesu bist.

2. Wer sich kränket, weil er
denket, Jesus liege in dem
Schlaf, Wird mit Klagen nur
sich plagen, Daß der Unglaub
leide Straf.

3. Du Verächter! Gott, dein
Wächter Schläfet ja, noch schlum=
mert nicht. Zu den Höhen auf=
zusehen, Wäre deine Glaubens=
pflicht.

4. Im Verweilen und im
Eilen Bleibt er stets ein Vater=
herz; Laß dein Weinen bitter
scheinen Dein Schmerz ist ihm
auch ein Schmerz.

5. Glaub nur feste, daß das
Beste Ueber dich beschlossen sei.
Wenn dein Wille nur ist stille,
Wirst du von dem Kummer
frei.

6. Willst du wanken in Ge=
danken, Faß dich in Gelassen=
heit. Laß den sorgen, der auch
morgen Herr ist über Leid und
Freud.

7. Gottes Hände sind ohn
Ende; Sein Vermögen hat kein
Ziel. Ist's beschwerlich, scheint's
gefährlich, Deinem Gott ist nichts
zu viel.

8. Seine Wunder sind der
Zunder, Da der Glaube Fun=
ken fängt. Alle Thaten sind
gerathen Jedesmal, wie er's
verhängt.

9. Wann die Stunden sich ge=
funden, Bricht die Hülf mit
Macht herein, Und dein Grä=
men zu beschämen, Wird es un=
versehens sein.

10. Eignen Willen zu erfüllen,
Leidet sich's noch ziemlich wohl;
Da ist Plage, Noth und Klage,
Wo man leiden muß und soll.

11. Drum wohl denen, die
sich sehnen Nach der stillen
Willensruh! Wenn wir wollen,
was wir sollen, Fällt auch das
Vollbringen zu.

12. Hoch zu preisen sind die
Weisen, Die schon in der Uebung
stehn, Die das Leiden und die
Freuden Nur mit Hiobs Aug
ansehn.

13. Nun so trage deine Plage
Fein getrost und mit Geduld;

Wer das Leiden will vermeiden, Häufet seine Sündenschuld.

14. Die da weichen und das Zeichen Ihres Bräutigams verschmähn, Müssen fahren mit den Schaaren, Die zur linken Seite stehn.

15. Aber denen, die mit Thränen Küssen ihres Jesu Joch, Wird die Krone auf dem Throne Ihres Heilands werden noch.

16. Amen, Amen! in dem Namen Meines Jesu halt ich still; Es geschehe und ergehe, Wie und wann und was er will.

Ebr. 10, 37. 38. Noch über eine kleine Weile, so wird kommen, der da kommen soll, und nicht verziehen. Der Gerechte aber wird des Glaubens leben. Wer aber weichen wird, an dem wird meine Seele keinen Gefallen haben.

Eigene Melodie.

37. Soll es gleich bisweilen scheinen, Als wenn Gott verließ die Seinen, O so glaub und weiß ich dies: Gott hilft endlich doch gewiß.

2. Hülfe, die er aufgeschoben, Hat er drum nicht aufgehoben; Hilft er nicht zu jeder Frist, Hilft er doch, wenn's nöthig ist.

3. Gleichwie Väter nicht bald geben, Wonach ihre Kinder streben, So hält Gott auch Maaß und Ziel; Er gibt, wem und wann er will.

4. Seiner kann ich mich getrösten, Wenn die Noth am allergrößten; Er ist gegen mich, sein Kind, Mehr als väterlich gesinnt.

5. Will mir Satan bange machen: Ich kann seine Macht verlachen; Drückt mich schwer des Kreuzes Joch: Gott, mein Vater, lebt ja noch!

6. Mögen mich die Menschen kränken Und auf mein Verderben denken, Sind sie mir ohn Ursach feind? Gott im Himmel ist mein Freund.

7. Laß die Welt nur immer neiden! Will sie mich nicht länger leiden, Ei so frag ich nichts darnach: Gott ist Richter meiner Sach.

8. Will sie mich gleich von sich treiben, Muß mir doch der Himmel bleiben; Ist der Himmel mein Gewinn, Geb ich gern das Andre hin.

9. Welt, ich will dich gerne lassen, Was du liebest, will ich

hassen; Deine Güter bringen Noth: Lasse mir nur meinen Gott!

10. Ach Herr! wenn ich dich nur habe, Frag ich nichts nach andrer Gabe; Leget man mich in das Grab: Ach Herr! wenn ich dich nur hab!

Röm. 11, 33. 34. O welch eine Tiefe des Reichthums, beides der Weisheit und Erkenntniß Gottes! Wie gar unbegreiflich sind seine Gerichte, und unerforschlich seine Wege! Denn wer hat des Herrn Sinn erkannt? Oder wer ist sein Rathgeber gewesen?

Eigene Melodie.

38. So führst du doch recht selig, Herr, die Deinen, Ja selig, und doch meistens wunderlich! Wie könntest du es böse mit uns meinen, Da deine Treu nicht kann verleugnen sich? Die Wege sind oft krumm, und doch gerad, Darauf du läss'st die Kinder zu dir gehn, Da pflegt's oft wunderseltsam auszusehn; Doch triumphirt zuletzt dein hoher Rath.

2. Du willst dein Werk nicht auf Gesetze bauen, So die Vernunft und gute Meinung stellt; Du kanust den Knoten mit dem Schwert zerhauen, Und sanft auflösen, wie es dir gefällt. Du reißest wohl die stärksten Band' entzwei; Was sich entgegensetzt, muß sinken hin; Ein Wort bricht oft den allerhärtsten Sinn, Dann geht dein Fuß auch durch Umwege frei.

3. Was unsre Klugheit will zusammenfügen, Theilt dein Verstand in Ost und Westen aus; Was mancher unter Joch und Last will biegen, Setzt deine Hand frei an der Sterne Haus. Die Welt zerreißt, und du verknüpfst in Kraft; Sie bricht, — du baust; sie baut, — du reißest ein; Ihr Glanz muß dir ein dunkler Schatten sein; Dein Geist bei Todten Kraft und Leben schafft.

4. Wen die Vernunft oft fromm und selig preiset, Den hast du schon aus deinem Buch gethan; Und wem die Welt dies Zeugniß nicht erweiset, Den führst du in der Still doch himmelan: Den Tisch der Pharisäer läss'st du stehn Und speisest mit den Sündern, sprichst sie frei; Wer weiß, was öfters deine Absicht sei? Wer kann der tiefsten Weisheit Abgrund sehn?

5. Was alles ist, gilt nichts

vor beinen Augen; Was nichts ist, hast du, großer Gott, recht lieb; Der Worte Pracht und Ruhm mag dir nicht taugen, Du gibst die Kraft durch deines Geistes Trieb. Die besten Werke bringen dir kein Lob: Sie sind versteckt; der Blinde geht vorbei, Wer Augen hat, sieht sie, doch nie so frei; Die Sachen sind zu klar, der Sinn zu grob.

6. O Herrscher! sei von uns gebenedeiet, Der du uns tödtest und lebendig machst. Wenn uns dein Wort der Weisheit Schatz verleihet, So sehn wir erst, wie wohl du für uns wachst! Die Weisheit spielt mit uns, wir spielen mit; Bei uns zu wohnen, ist ihr lauter Lust; Die regel sich in deiner Vaterbrust Und gängelt uns mit zarter Kinder Schritt.

7. Du kennst, o Vater, wohl das schwache Wesen, Die Unmacht und der Sinnen Unverstand; Man kann uns fast an unsrer Stirne lesen, Wie es um schwache Kinder sei bewandt. Drum greifst du zu und hältst und trägest sie, Brauchst Vaterrecht und zeigest Muttertreu; Wo niemand meint, daß etwas deine sei, Da hegst du deine Schaaf und läss'st sie nie.

8. Also gehst du nicht die gemeinen Wege, Dein Fuß wird selten öffentlich gesehn, Damit du sehst, was sich im Herzen rege, Wann du in Dunkelheit willst mit uns gehn. Das Widerspiel legst du vor Augen dar Von dem, was du in deinem Sinne hast; Wer meint, er habe deinen Rath gefaßt, Der wird am End ein andres oft gewahr.

9. O Auge, das nicht Trug noch Heucheln leidet! Gib mir des scharfen Blickes Sicherheit, Der die Natur von Gnade unterscheidet, Das eigne Licht von deiner Heiterkeit. Laß doch mein thöricht Herz dich meistern nicht, Brich ganz entzwei den Willen, der sich liebt, Erweck die Lust, die sich nur dir ergibt Und tadelt nie dein heimliches Gericht.

10. So zieh mich denn hinein in deinen Willen Und trag und heg und führ dein armes Kind! Dein innres Zeugniß soll den Zweifel stillen, Dein Geist die Furcht und Lüste überwind! Du bist mein Alles, denn dein Sohn ist mein; Dein Geist regt sich

ganz kräftiglich in mir. Ich brenne nur nach dir in Heilsbegier; Wie oft erquickt mich deiner Klarheit Schein!

11. Drum muß die Creatur mir immer bienen; Kein Engel schämt nun der Gemeinschaft sich, Die Geister, die vor dir vollendet grünen, Sind meine Brüder und erwarten mich. Wie oft erquicket meinen Geist ein Herz, Das dich und mich und alle Christen liebt! Ist's möglich, daß mich etwas noch betrübt? Komm, Freudenquell! weich ewig, aller Schmerz!

III. Von der Sünde und Erlösung.

Jer. 14, 7. Ach Herr, unsere Missethaten haben es ja verdienet, aber hilf doch um deines Namens willen; denn unser Ungehorsam ist groß, damit wir wider dich gesündiget haben.

Eigene Melodie.

39. Ach Gott und Herr, Wie groß und schwer Sind meine vielen Sünden! Da ist niemand, Der helfen kann In dieser Welt zu finden.

2. Lief ich gleich weit Zu dieser Zeit, Bis an des Weltalls Enden Und wollt los sein Der Angst und Pein, Würd ich sie doch nicht wenden.

3. Zu dir flieh ich; Verstoß mich nicht, Wie ich's wohl hab verdienet. Ach, zürne nicht Mir im Gericht! Dein Sohn hat mich versühnet.

4. Soll's ja so sein, Daß Straf und Pein Auf Sünde folgen müssen, So fahr hie fort, Nur schone dort, Und laß mich ja jetzt büßen.

5. Gib, Herr, Geduld, Vergiß die Schuld, Verleih ein folgsam Herze, Daß ich doch nie Nach Angst und Müh Mein Heil durch Trotz verscherze.

6. Handle mit mir, Wie's dünket dir! Durch Gnade will ich's leiden. Wollst mich nur nicht

Dort ewiglich Von deiner Liebe scheiden!

Pſ. 130, 1. Aus der Tiefe rufe ich, Herr, zu dir.

Mel. Es iſt gewißlich an der Zeit.

40. Aus tiefer Noth ſchrei ich zu dir; Herr Gott, erhör mein Rufen! Dein gnädig Ohr neig her zu mir, Halt meiner Bitt es offen. Denn ſo du willt das ſehen an, Was Sünd und Unrecht iſt gethan; Wer kann, Herr, vor dir bleiben?

2. Bei dir gilt nichts, denn Gnad und Gunſt, Die Sünde zu vergeben. Es iſt doch unſer Thun umſonſt Auch in dem beſten Leben. Vor dir niemand ſich rühmen kann; Des muß dich fürchten jedermann Und deiner Gnade leben.

3. Darum auf Gott will hoffen ich, Auf mein Verdienſt nicht bauen. Auf ihn mein Herz ſoll laſſen ſich Und ſeiner Güte trauen, Die mir zuſagt ſein werthes Wort. Das iſt mein Troſt und treuer Hort; Des will ich allzeit harren.

4. Und ob es währt bis in die Nacht Und wieder an den Morgen; Doch ſoll mein Herz an Gottes Macht Verzweifeln nicht, noch ſorgen. So thut Iſrael rechter Art, Der aus dem Geiſt erzeuget ward Und ſeines Gottes harret.

5. Ob bei uns iſt der Sünden viel, Bei Gott iſt viel mehr Gnade. Sein' Hand zu helfen hat kein Ziel, Wie groß auch ſei der Schade. Er iſt allein der gute Hirt, Der Iſrael erlöſen wird Aus ſeinen Sünden allen.

Eph. 2, 11, 12. Gedenket daran, — daß ihr zu derſelben Zeit waret ohne Chriſto, fremde und außer der Bürgerſchaft Iſraels, — daher ihr keine Hoffnung hattet und waret ohne Gott in der Welt.

Mel. Herr, ich habe mißgehandelt.

41. Ach, was ſind wir ohne Jeſum? Dürftig, jämmerlich und arm. Ach, was ſind wir? voller Elend! Ach, Herr Jeſu, dich erbarm! Laß dich unſre Noth bewegen, Die wir dir vor Augen legen.

2. Ohne dich, getreuer Jeſu, Iſt hier alles Finſterniß, Und

gequält mit steten Schmerzen Durch der Sünde giftgen Biß. Mein Gewissen ist erwachet Und der Abgrund flammt und krachet!

3. Ohne dich, geliebter Jesu, Kommt man nicht durch diese Welt, Welche fast auf allen Wegen Unsern Füßen Netze stellt; Sie kann trotzen und kann heucheln Und hält uns mit ihrem Schmeicheln.

4. Ach, wie kraftlos, theurer Jesu, Richten sich die Kranken auf! Unsre Macht ist lauter Unmacht In dem müden Lebenslauf. Denn man sieht uns, da wir wallen, Oefters straucheln, oftmals fallen.

5. Darum stärk uns, liebster Jesu, Sei in Finsterniß das Licht; Oeffne unsre Herzensaugen, Zeig dein freundlich Angesicht. Strahl, o Sonn, mit Lebensblicken, So wird sich das Herz erquicken.

6. Tritt den Satan, starker Jesu, Unter unsern schwachen Fuß. Komm zu mir auch eingegangen Mit dem holden Friedensgruß, Daß ich Himmelsfreude spüre, Und kein Leid mich mehr berühre.

7. Faß uns an, o süßer Jesu, Führ uns durch die Pilgerstraß, Daß wir auf den rechten Wegen Gehen fort ohn Unterlaß. Laß uns meiden alle Stricke Und nicht wieder sehn zurücke.

8. Laß den Geist der Kraft, Herr Jesu, Geben unserm Geiste Kraft, Daß wir brünstig dir nachwandeln Nach der Liebe Eigenschaft; Ach Herr! mach uns selber tüchtig, So ist unser Leben richtig.

9. Dann wird Lob und Dank, Herr Jesu, Schallen aus des Herzens Grund, Dann wird alles triumphiren Und dir singen Herz und Mund; Dann wird auf der ganzen Erden Jesus hochgelobet werden!

Pf. 103, 15. Ein Mensch ist in seinem Leben wie Gras, er blühet wie eine Blume auf dem Felde.

Mel. Nun ruhen alle Wälder.

42. Was willst du, armes Leben, Dich trotzig noch erheben? Du mußt ohn Säumniß fort, Wie, ferne von der Erden, Die schnellen Wolken werden Zerflattert durch den rauhen Nord.

2. Das, was man um dich spüret,

Von der Sünde und Erlösung.

Was dich betrüglich zieret, Dein
Ansehn, deine Gunst, Ist nur
ein Haus der Plagen, Und
recht davon zu sagen: Ist nur
ein Schatten, Rauch und Dunst.

3. Drum weil ich ja muß
sterben, So will ich mich be=
werben Um ein recht gutes Gut,
Um ein standhaftes Leben, Das
Christus mir kann geben Durch
seiner Unschuld heilig Blut.

4. Herr Jesu, Schreck der
Höllen! Der du uns tausend
Stellen Im Himmel eingeräumt:
Nimm mich in deine Hände,
Weil meines Lebens Ende Viel=
leicht sich nahet ungesäumt.

5. Eil aus der finstern Höhle
Mit meiner armen Seele Und
bring mich in das Licht, Da
du, selbst Glanz und Sonne,
Mit Strahlen deiner Wonne
Verklärst mein blödes Angesicht.

6. So werd ich selber schauen,
Worauf wir hier nur bauen
Durch Glauben an dein Wort,
Und mit der Schaar der From=
men Aus Sturm und Wellen
kommen Zu dem gewünschten
Friedensport.

Röm. 8, 32. Welcher auch seines eigenen
Sohnes nicht hat verschonet, sondern hat ihn
für uns alle dahin gegeben; wie sollte er uns
mit ihm nicht alles schenken!

Mel. Werde munter, mein Gemüthe.

43. Ewge Liebe, mein
Gemüthe Waget einen kühnen
Blick In den Abgrund deiner
Güte; Send ihm einen Blick
zurück, Einen Blick voll Heiter=
keit, Der die Finsterniß zer=
streut, Die mein blödes Auge
drücket, Wenn es nach dem
Lichte blicket.

2. Ich verehre dich, o Liebe,
Daß du dich beweget hast Und
aus einem freien Triebe Den
erwünschten Schluß gefaßt, Der
im Fluch versenkten Welt Durch
ein theures Lösegeld, Durch des
eignen Sohnes Sterben Gnad
und Freiheit zu erwerben.

3. O, ein Rathschluß voll Er=
barmen, Voller Huld und Freund=
lichkeit, Der so einer Welt voll
Armen Gnade, Trost und Hülfe
beut, Liebe, die den Sohn nicht
schont, der in ihrem Schooße
wohnt, Um die Sünder zu er=
retten Aus den schweren Sün=
denketten!

4. Du hast auch, o weise Liebe,

Einen Weg dazu bestimmt, Darauf sich ein jeder übe, Der am Segen Antheil nimmt: Wer nur an den Mittler glaubt Und ihm treu ergeben bleibt, Der soll nicht verloren gehen, Sondern Heil und Leben sehen.

5. Diesen Glauben anzuzünden, Der selbst Gottes Gabe heißt, Lässest du dich willig finden, Deinen heilgen, guten Geist Denen, die gebeuget stehn, Die ihr Unvermögen sehn Und zum Thron der Gnade eilen, Gern und reichlich mitzutheilen.

6. Wo du nun vorhergesehen, Daß ein Mensch auf dieser Erd Deinem Geist nicht widerstehen, Noch sein Werk verhindern werd, Sondern ohne Heuchelschein Werd im Glauben feste sein: Diesen hast du auserwählet Und den Deinen zugezählet.

7. Du hast niemand zum Verderben Ohne Grund in Bann gethan; Die in ihren Sünden sterben, Die sind selber Schuld daran. Wer nicht glaubt an deinen Sohn, Der hat Fluch und Tod zum Lohn; Sein muthwillig Widerstreben Schließt ihn aus vom Heil und Leben.

8. Liebe, dir sei Lob gesungen Für den höchst gerechten Schluß, Den die Schaar verklärter Zungen Rühmen und bewundern muß, Den der Glaub in Demuth ehrt, Die Vernunft erstaunend hört Und umsonst sich unterwindet, Wie sie dessen Tief ergründet.

9. Liebe, laß mich dahin streben, Meiner Wahl gewiß zu sein. Richte selbst mein ganzes Leben So nach deinem Willen ein, Daß des Glaubens Frucht und Kraft, Den dein Geist in mir geschafft, Mir zum Zeugniß dienen möge, Ich sei auf dem Himmelswege.

10. Laß mich meinen Namen schauen In dem Buch des Lebens stehn; Alsdann werd ich ohne Grauen Selbst dem Tod entgegengehn. Keine Creatur wird mich, Als dein Erbgut, ewiglich Deiner Hand entreißen können, Noch von deiner Liebe trennen.

Jes. 55, 3. Ich will mit euch einen ewigen Bund machen, nämlich die gewissen Gnaden Davids.

Mel. So führst du doch recht selig rc.

44. O Liebesgluth, die Erd und Himmel paaret! O

Von der Sünde und Erlösung. 43

Wunderſee, drein ſich mein Geiſt verſenkt, Daß Gott noch Huld für ſeinen Feind bewahret, Und ſeine Gnad dem ſchnödſten Sünder ſchenkt! Wie tief er mich im Fluch und Blute fand: Sein ganzes All bringt in mein Nichts hinein, Er will in einem Wurm verkläret ſein, Und reicht zum Gnadenbunde mir die Hand.

2. Hier ſtaunt der Geiſter Schaar, die Seraphinen bedecken hier mit Flügeln ihr Geſicht; Der Ewigkeit Geheimniß iſt erſchienen, Hier kommt der Gottheit ganzer Rath an's Licht. Die Herrlichkeit, die mit dem Werkbund war geſchändet, bricht mit neuem Glanz hervor; Entriegelt ſteht das goldne Lebensthor, Gott ſelbſt ſtellt ſich zum Gut des Sünders dar.

3. Dies iſt der Mittelpunkt von Gottes Wegen, Der Tiefen Schlüſſel und des Wortes Kern. Hier trieft ein angenehmer Gnadenregen, Hier gehet auf ein heller Morgenſtern. Hier muß mein träger Sinn entzücket ſtehn, Hier findet nichts als Thorheit mein Verſtand, Und hab ich Kraft und Fleiß ſchon angewandt, Kann ich doch kaum ein wenig ſchimmern ſehn.

4. O Ewigkeit, laß deines Lichtes Strahlen Mich bringen auf die Spur der Weisheit hin, Um mir dein Bundsgeheimniß abzumalen, Wovon kein Fleiſch noch Blut verſteht den Sinn! Des Geiſtes Augenſalbe leg mir bei, Damit, was nie ein Menſch noch Engel denkt, Und was dein Wort von deinem Bunde ſchenkt, Mir nicht wie ein verſiegelt Buch mehr ſei!

5. Doch nimm zugleich Verſtand und Herz gefangen, Da ich mich jetzt zu deinen Füßen ſetz, Um bir als Bundesgott ſtets anzuhangen. Ach, ſpanne mich in deiner Liebe Netz! Zwing mich, zeuch mich, damit ich dir nachlauf; Und da du dich willſt gänzlich geben mir, So gib auch Kraft, daß ich mich gebe dir; — Herr Jeſu, zeuch mein ganzes Herz hinauf!

Offenb. 1, 8. Ich bin das A und das O, der Anfang und das Ende, ſpricht der Herr, der da iſt, und der da war, und der da kommt, der Allmächtige.
Mel. Jeſu, hilf ſiegen, du Fürſte ꝛc.

45. Jeſus iſt kommen! Grund ewger Freude! A und

O, Anfang und Ende steht da; Gottheit und Menschheit vereinen sich beide; Schöpfer, wie kommst du uns Menschen so nah! Himmel und Erde erzählet's den Heiden: Jesus ist kommen, Grund ewiger Freuden!

2. Jesus ist kommen, die lieblichste Krone Seines erhabenen Vaters ist hier, Holet sich Sünder und führt sie zum Throne. O der erstaunlichen Liebesbegier! Danket der Liebe, ergebt euch dem Sohne! Jesus ist kommen, die lieblichste Krone.

3. Jesus ist kommen; nun springen die Bande, Stricke des Todes die reißen entzwei. Seht, er erlöst uns vom knechtischen Stande! Er, der Sohn Gottes, er machet recht frei. Bringt uns zu Ehren aus Sünd und aus Schande. — Jesus ist kommen; nun springen die Bande.

4. Jesus ist kommen, der König der Ehren! Himmel und Erde, rühmt seine Gewalt! Dieser Beherrscher kann Herzen bekehren; Oeffnet ihm Thore und Thüren fein bald! Denkt doch, er will euch die Krone gewähren! Jesus ist kommen, der König der Ehren.

5. Jesus ist kommen, ein Opfer für Sünden; Sünden der ganzen Welt träget dies Lamm. Sündern die ewige Erlösung zu finden, Litt er und starb er am blutigen Stamm. Abgrund der Liebe, wer kann dich ergründen? Jesus ist kommen, ein Opfer für Sünden.

6. Jesus ist kommen, die Quelle der Gnaden; Komme, wen dürstet, und trinke, wer will! Holet für euren verderblichen Schaden Gnade aus dieser unendlichen Füll! Alle Verlornen sind hieher geladen; Jesus ist kommen, die Quelle der Gnaden.

7. Jesus ist kommen, der Fürste des Lebens; Sein Tod verschlinget den ewigen Tod; Gibt uns, — ach hört es doch ja nicht vergebens! — Ewiges Leben, der freundliche Gott. Glaubt ihm, so macht er ein Ende des Bebens. Jesus ist kommen, der Fürste des Lebens.

8. Jesus ist kommen, sagt's aller Welt Enden. Eilet, ach eilet zum Gnadenpanier! Treue gelobt ihm mit Herzen und Händen, Sprechet: wir leben und sterben bei dir. Herzensfreund,

Von der Sünde und Erlösung.

gürte mit Wahrheit die Lenden! Jesus ist kommen, sagt's aller Welt Enden.

Apostg. 4, 12. Und ist in keinem andern Heil, ist auch kein anderer Name den Menschen gegeben, darinnen wir sollen selig werden.

Mel. Es ist das Heil uns kommen her.

46. Such, wer da will, ein ander Ziel, Die Seligkeit zu finden. Mein Herz allein bedacht soll sein, Auf Christum sich zu gründen. Sein Wort ist wahr; sein Werk ist klar, Sein heilger Mund hat Kraft und Grund, All Feind zu überwinden.

2. Such, wer da will, Nothhelfer viel, Die uns doch nichts erworben: Hier ist der Mann, der helfen kann, Bei dem nie was verdorben. Uns wird das Heil durch ihn zu Theil. Uns macht gerecht der treue Knecht, Der für uns ist gestorben.

3. Ach, sucht doch den, laßt alles stehn, Die ihr das Heil begehret! Er ist der Herr und keiner mehr, Der euch das Heil gewähret. Sucht ihn all Stund von Herzensgrund. Sucht ihn

allein; denn wohl wird sein Dem, der ihn herzlich ehret.

4. Mein's Herzens Kron, mein Freudensonn Sollst du, Herr Jesu, bleiben. Laß mich doch nicht von deinem Licht Durch Eitelkeit vertreiben. Bleib du mein Preis; dein Wort mich speis'. Bleib du mein Ehr; dein Wort mich lehr, An dich stets fest zu gläuben.

5. Wend von mir nicht dein Angesicht; Laß mich im Kreuz nicht zagen. Welch nicht von mir, mein' höchste Zier; Hilf mir mein Leiden tragen. Hilf mir zur Freud nach diesem Leib; Hilf, daß ich mag nach dieser Klag Dir ewig dort Lob sagen.

Ebr. 1, 9. Du hast geliebet die Gerechtigkeit, und gehasset die Ungerechtigkeit; darum hat dich, o Gott, gesalbet dein Gott mit dem Oel der Freuden, über deine Genossen.

Mel. Seelenbräutigam.

47. Wer ist wohl wie du, Jesu, süße Ruh? Unter vielen auserkoren, Leben derer, die verloren, Und ihr Licht dazu, Jesu, süße Ruh.

2. Leben! das den Tod, Mich

aus aller Noth zu erlösen, hat geschmecket, Meine Schulden zugedecket, Und mich aus der Noth Hat geführt zu Gott.

3. Glanz der Herrlichkeit! Du bist vor der Zeit Zum Erlöser uns geschenket, Und in unser Fleisch gesenket In der Füll der Zeit, Glanz der Herrlichkeit!

4. Großer Siegesheld! Tod, Sünd, Höll und Welt Hast du herrlich überwunden, Und ein ewig Heil erfunden Für die Sünderwelt Durch dein Blut, o Held!

5. Höchste Majestät, König und Prophet! Deinen Scepter will ich küssen, Ich will sitzen dir zu Füßen, Wie Maria that, Höchste Majestät!

6. Laß mich deinen Ruhm, Als dein Eigenthum, Durch des Geistes Licht erkennen, Stets in deiner Liebe brennen Als dein Eigenthum, Allerschönster Ruhm.

7. Zeuch mich ganz zu dir, Daß dein Lieben mir Ganz durchströme Herz und Sinne, Und mein Elend ganz zerrinne, Süßes Heil, in dir, Wohne du in mir.

8. Deiner Sanftmuth Schild, Deiner Demuth Bild Mir anlege, in mich präge, Daß kein Zorn noch Stolz sich rege; Vor dir sonst nichts gilt, Als dein eigen Bild.

9. Steure meinem Sinn, Der zur Welt will hin, Daß ich nicht mög von dir wanken, Sondern bleiben in den Schranken; Sei du mein Gewinn, Gib mir deinen Sinn.

10. Wecke mich recht auf, Daß ich meinen Lauf Unverrückt zu dir fortsetze, Und mich nicht in seinem Netze Satan halte auf; Fördre meinen Lauf.

11. Deines Geistes Trieb In die Seele gib, Daß ich wachen mög und beten; Freudig vor dein Antlitz treten; Ungefärbte Lieb In die Seele gib.

12 Wenn der Wellen Macht In der trüben Nacht Will des Herzens Schifflein decken, Wollst du deine Hand ausstrecken; Habe auf mich Acht, Hüter in der Nacht.

13. Einen Heldenmuth, Der da Gut und Blut Gern um deinetwillen lasse, Und des Fleisches Lüste hasse, Gib mir, höchstes Gut, Durch dein theures Blut.

14. Soll's zum Sterben gehn,

Von der Sünde und Erlösung. 47

Wollst du bei mir stehn, Mich durch's Todesthal begleiten, Und zur Herrlichkeit bereiten, Daß ich einst mag sehn Mich zur Rechten stehn.

Ebr. 1, 3. Welcher, sintemal er ist der Glanz seiner Herrlichkeit, und das Ebenbild seines Wesens, und trägt alle Dinge mit seinem kräftigen Wort, und hat gemacht die Reinigung unsrer Sünden durch sich selbst, hat er sich gesetzt zu der Rechten der Majestät in der Höhe.

Mel. Nun ruhen alle Wälder.

48. Du Glanz vom ewigen Lichte, Von Gottes Angesichte, Du Herr der Herrlichkeit, Durch den Gott seine Milde Im reinsten Ebenbilde, Und alle Gnaden anerbeut!

2. In dir kann ich auf Erden Gerecht und heilig werden, Und ewig selig sein. Dir fern sein, ist Verderben, Qual, Finsterniß und Sterben, Unseligkeit und Höllenpein.

3. Ich gehe oder stehe, Ich jauchze oder flehe, Ich sei auch, wo ich bin: Wenn du nicht in mir bleibest, Nicht durch den Geist mich treibest, Sinkt alles zu dem Tode hin.

4. Komm, Jesu, meine Liebe! Entflamme meine Triebe Vom Himmel her für dich! Ach komm, mein ewig Leben, Mir Geist und Kraft zu geben! Komm, o mein Licht, erleuchte mich!

5. Verbinde mein Gemüthe Nach deiner Wundergüte Auf ewig, Herr, mit dir; Die Demuth sei die Würde, Die Sanftmuth meine Zierde, Dein Bild mein reichster Schmuck in mir!

6. Bei Freuden und bei Schmerzen Sprich du in meinem Herzen Des Vaters ewig Wort! Und laß, wenn du willst zeugen, Die Welt ganz in mir schweigen; Treib allen Lärm der Lüste fort.

7. Wie gut ist's, wo du wohnest! Wie schön ist's, wo du thronest! Da bleibt kein Gram, kein Tod. Ach, meine Seele thränet, Mein Geist verlangt und sehnet Sich hin zu dir, mein Herr und Gott!

8. Wohl denen, die dich sehen In deinem Hause stehen, Und Freudenopfer thun! Die loben dich beständig; Ihr Sabbath ist inwendig, wo sie von aller Sorge ruhn.

9. Wohl denen, die dich kennen, Dich ihre Stärke nennen, Die nimmermehr zerrinnt; Von Herzen dir nachwandeln, Nach deinem Worte handeln, Voll Glauben, Lieb und Hoffnung sind!

10. Dein heilig Angedenken Soll mich mit Freude tränken, Dein Lieben mach mich satt! Herr, wohn in meiner Seele, Damit ihr nichts mehr fehle! — Du bist's, in dem man alles hat.

Joh. 14. 6. Ich bin der Weg und die Wahrheit und das Leben; niemand kommt zum Vater, denn durch mich.

Mel. Es ist das Heil uns kommen her.

49. Du, Jesu, bist mein Himmelsweg! Durch dich steht alles offen; Wer dich erkennt, der hat den Steg Zur Seligkeit getroffen; Ach, laß mich, liebstes Heil, hinfür Doch ja den Himmel außer dir Auf keinem Wege hoffen!

2. Du bist die Wahrheit; dich allein Hab ich mir auserlesen; Denn ohne dich ist Tand und Schein, In dir ist Kraft und Wesen. Ach, mach mein Herz doch völlig frei, Daß es nur dir ergeben sei, Durch den es kann genesen!

3. Du bist mein Leben; deine Kraft Soll mich allein regieren; Dein Geist, der alles in mir schafft, Kann Leib und Seele rühren, Daß ich voll Kraft und Leben bin Mein Jesu, laß mich nun forthin Das Leben nicht verlieren!

4. Du bist mein allerschönstes Kleid, Mein Schmuck und mein Geschmeide; Du schmückst mich mit Gerechtigkeit, Gleich als mit reiner Seide. Ach gib, daß ich die schnöde Pracht, Womit die Welt sich herrlich macht, Als einen Unflath meide!

5. Du bist mein treuer Seelenhirt, Und selber auch die Weide; Du hast mich, als ich war verirrt, Gesucht mit großer Freude. Ach, nimm dein Schäflein nun in Acht, Damit es weder List noch Macht Von deiner Heerde scheide!

6. Du bist der holde Bräutigam, Dich will ich stets umfassen; Mein Hoherpriester und mein Lamm, Das sich hat schlachten lassen; Mein König, der mich ganz besitzt, Der mich mit sei-

Von der Sünde und Erlösung.

ner Allmacht schützt, Wenn mich die Feinde hassen.

7. Du bist mein auserwählter Freund, Der mir mein Herz beweget; Mein Bruder, der es redlich meint, Die Mutter, die mich pfleget; Mein Arzt, wenn ich verwundet bin, Der mich mit treuem Wärtersinn In meiner Schwachheit träget.

8. Du bist mein starker Held im Streit, Mein Panzer, Schild und Bogen, Mein Tröster in der Traurigkeit, Mein Schiff in Wasserwogen, Mein Anker, wenn ein Sturm entsteht, Mein sicher Compaß und Magnet, Der mich noch nie betrogen.

9. Was soll ich, Schönster, wohl von dir Noch weiter sagen können? Ich will dich stets mit Liebsbegier Mein Ein und Alles nennen; Denn was ich will, das bist du mir; Ach, laß mein Herze für und für Von deiner Liebe brennen!

IV. Von der Ankunft Jesu Christi.

Adventslieder.

Matth. 21, 5. Saget der Tochter Zion: Siehe, dein König kommt zu dir sanftmüthig, und reitet auf einem Esel und einem Füllen der lastbaren Eselin.

Eigene Melodie.

50. Wie soll ich dich empfangen? Und wie begegn' ich dir? O aller Welt Verlangen, O meiner Seele Zier! O Jesu, Jesu, setze Mir selbst die Fackel bei! Damit, was dich ergötze, Mir kund und wissend sei.

2. Dein Zion streut dir Palmen Und grüne Zweige hin, Und ich will dir in Psalmen Ermuntern meinen Sinn. Mein Herze soll dir grünen In stetem Lob und Preis, Und deinem Namen dienen, So gut es kann und weiß.

3. Was hast du unterlassen Zu

meinem Trost und Freud? Als Leib und Seele saßen In ihrem größten Leid; Als mir das Reich genommen, Da Fried und Freude lacht, Da bist du, mein Heil, kommen Und hast mich froh gemacht.

4. Ich lag in schweren Banden, Du kommst und machst mich los; Ich stand in Spott und Schanden, Du kommst und machst mich groß, Und hebst mich hoch zu Ehren, Und schenkst mir großes Gut, Das sich nicht läßt verzehren, Wie irdscher Reichthum thut.

5. Nichts, nichts hat dich getrieben Zu mir vom Himmelszelt, Als das geliebte Lieben, Damit du alle Welt In ihren tausend Plagen Und großen Jammerslast, Die kein Mund aus kann sagen, So fest umfangen hast.

6. Das schreib dir in die Herzen, Du hochbetrübtes Heer, Bei denen Gram und Schmerzen Sich häufen mehr und mehr; Seid unverzagt, ihr habet Die Hülfe vor der Thür; Der eure Herzen labet Und tröstet, steht allhier!

7. Ihr dürft euch nicht bemühen, Noch sorgen Tag und Nacht, Wie ihr ihn wollet ziehen Mit eures Armes Macht: Er kommt, er kommt mit Willen, Ist voller Lieb und Lust, All Angst und Noth zu stillen, Die ihm an euch bewußt.

8. Auch dürft ihr nicht erschrecken Vor eurer Sündenschuld. Nein, Jesus will sie decken Mit seiner Lieb und Huld. Er kommt, er kommt den Sündern Zum Trost und wahren Heil, Schafft, daß bei Gottes Kindern Verbleib ihr Erb und Theil.

9. Was fragt ihr nach dem Schreien Der Feind und ihrer Tück? Der Herr wird sie zerstreuen In einem Augenblick. Er kommt, er kommt, ein König, Dem alle Macht und List Der Feinde viel zu wenig Zum Widerstande ist.

10. Er kommt zum Weltgerichte, Zum Fluch dem, der ihm flucht; Mit Gnad und süßem Lichte Dem, der ihn liebt und sucht. Ach, komm, ach, komm, o Sonne! Und hol uns allzumal Zum ewgen Licht und Wonne In deinen Freudensaal.

———

Adventslieder.

Pſ. 89, 4. Des Herrn Wort iſt wahrhaftig, und was er zuſagt, das hält er gewiß.

Eigene Melodie.

51. Gott ſei Dank in aller Welt, Der ſein Wort beſtändig hält Und der Sünder Troſt und Rath Zu uns hergeſendet hat.

2. Was der alten Väter Schaar Höchſter Wunſch und Sehnen war, Und was ſie geprophezeit, Iſt erfüllt in Herrlichkeit.

3. Zions Hülf und Abrams Lohn, Jakobs Heil, der Jungfrau Sohn, Gott und Menſch, der ſtarke Held, Hat ſich treulich eingeſtellt.

4. Sei willkommen, o mein Heil! Hoſianna, du mein Theil! Richte du auch eine Bahn Dir in meinem Herzen an.

5. Zeuch, du Ehrenkönig, ein! Es gehöret dir allein. Mach es, wie du gerne thuſt, Rein von allem Sündenwuſt.

6. Gleichwie deine Ankunft war Voller Sanftmuth, ohn Gefahr; Alſo ſei auch jederzeit Deine Sanftmuth mir bereit.

7. Tröſte, tröſte meinen Sinn, Weil ich ſchwach und blöde bin, Und des Satans ſchlaue Liſt Sich ſo hoch an mir vernuißt.

8. Tritt der Schlange Kopf entzwei, Daß ich, aller Aengſten frei, Dir im Glauben um und an Selig bleibe zugethan.

9. Daß, wenn du, o Lebensfürſt Prächtig wiederkommen wirſt, Ich dir mög entgegengehn, Und vor dir gerecht beſtehn.

Pſ. 24, 9. Machet die Thore weit und die Thüren in der Welt hoch, daß der König der Ehren einziehe.

Eigene Melodie.

52. Macht hoch die Thür, die Thore weit! Es kommt der Herr der Herrlichkeit, Ein König aller Königreich', Ein Heiland aller Welt zugleich, Der Heil und Leben mit ſich bringt. Derhalben jauchzt, mit Freuden ſingt: Gelobet ſei mein Gott, Mein Schöpfer, reich von Rath!

2. Er iſt gerecht, ein Helfer werth, Sanftmüthigkeit iſt ſein Gefährt, Sein' Königskron iſt Heiligkeit, Sein Scepter iſt Barmherzigkeit; All unſre Noth zu End er bringt. Derhalben jauchzt, mit Freuden ſingt: Gelobet ſei

mein Gott, Mein Heiland, groß
von That!

3. O wohl dem Land, o wohl
der Stadt, So diesen König
bei sich hat! Wohl allen Herzen insgemein, Da dieser König
ziehet ein! Er ist die rechte
Freudensonn, Bringt mit sich
lauter Freud und Wonn. Gelobet sei mein Gott, Mein
Tröster früh und spat!

4. Macht hoch die Thür, die
Thore weit! Eu'r Herz zum
Tempel zubereit't! Die Zweig-
lein der Gottseligkeit Steckt auf
mit Andacht, Lust und Freud;
So kommt der König auch zu
euch, Ja, Heil und Leben mit
zugleich. Gelobet sei mein Gott,
Voll Rath, voll That, voll
Gnad!

5. Komm, o mein Heiland,
Jesu Christ; Des Herzens Thür
dir offen ist. Ach, zeuch mit deiner Gnade ein, Dein' Freundlichkeit auch uns erschein, Dein
heilger Geist uns führ und leit
Den Weg zur ewgen Seligkeit,
Und deinem Namen, Herr, Sei
ewig Preis und Ehr!

———

Luk. 3, 4. Bereitet den Weg des Herrn
und machet seine Steige richtig.

Eigene Melodie.

53. Mit Ernst, ihr Men-
schenkinder, Das Herz in euch
bestellt. Damit das Heil der
Sünder, Der große Wunderheld,
Den Gott aus Gnad allein Der
Welt zum Licht und Leben Gesendet und gegeben, Bei allen
kehre ein.

2. Bereitet doch sein tüchtig
Den Weg dem großen Gast;
Macht seine Steige richtig, Laßt
alles, was er haßt; Macht eben
Bahn und Pfad, Die Thale
rings erhöhet, Erniedrigt, was
hoch stehet, Was krumm ist,
macht gerad!

3. Ein Herz, das Demuth lie-
bet, Bei Gott am höchsten steht;
Ein Herz, das Hochmuth übet,
Mit Angst zu Grunde geht;
Ein Herz, das richtig ist Und
folget Gottes Leiten, Das kann
sich recht bereiten, In dem kommt
Jesus Christ.

4. Ach, mache du mich Armen
In dieser Gnadenzeit Aus Güte
und Erbarmen, Herr Jesu, selbst
bereit! Zeuch in mein Herz hinein Und wohn auf immer drin-

nen, So werden Herz und Sinnen Dir ewig dankbar sein.

Sach. 9. 9. Siehe, dein König kommt zu dir, ein Gerechter und ein Helfer, arm, und reitet auf einem Esel, und auf einem jungen Füllen der Eselin.

Mel. Großer Gott, wir loben dich.

54.
Sieh, bein König kommt zu bir! Seele, das sind frohe Worte. Sprich: mein König, komm zu mir! Sieh, ich öffne dir die Pforte. Zeuch mit deiner Sanftmuth ein! Was du findest, das ist dein.

2. Komm! ich bin dein Eigenthum, Und bereite bir die Pfade, Komm! bein Evangelium Sei mir stets ein Wort der Gnade! Du schickst ja das Wort voran, Daß mein König kommen kann.

3. Komm und räume alles aus, Was du hassest, was mich reuet; Komm und reinige dein Haus, Das die Sünde hat entweihet; Mache selbst mit beinem Blut Alles wieder rein und gut.

4. Komm in beinem Abendmahl, Das du uns zum Heil gegeben, Daß wir schon im Erbenthal Mit bir, als im Himmel, leben. Komm, Herr Jesu, leb in mir, Und mein Leben sei in bir!

5. Komm und bring den Tröster mit, Deinen Geist, der dich verkläret, Der mich im Gebet vertritt, Und des Königs Willen lehret, Daß ich bis auf jenen Tag: „Komm, Herr Jesu!" rufen mag.

1. Tim. 1, 15. Das ist je gewißlich wahr und ein theuer werthes Wort, daß Christus Jesus gekommen ist in die Welt, die Sünder selig zu machen.

Mel. Nun ruhen alle Wälder.

55.
Wie lieblich klingt's ben Ohren, Daß du bist Mensch geboren, Und mein Erlöser bist. Wie lieblich, wie erquickend, Wie selig, wie entzückend Ist doch dein Name, Jesus Christ!

2. Wie groß ist beine Stärke, Wie herrlich beine Werke, Wie heilig ist bein Wort; Wie ist bein Lob so tröstlich, Wie ist bein Blut so köstlich, Mein Fels des Heils, mein Lebenshort!

3. Wie reich sind beine Gaben, Wie hoch bist du erhaben

Auf beinem Königsthron! Es singen, jauchzen, bienen Dir alle Seraphinen, Du wahrer Gott und Menschensohn.

4. Wie bist du von den Banden Des Grabes auferstanden, Hast Höll und Tod besiegt; Bist unter Himmelsschaaren So herrlich aufgefahren, Bis alles dir zu Füßen liegt!

5. Wie süß ist deine Lehre, Wie groß ist deine Ehre, Wie herrschest du allein! Wer wollte nicht, o König, In Ehrfurcht unterthänig Und gern in deiner Gnade sein?

6. Erweitert Thor und Thüren, Laßt Ehrenpforten zieren, Empfangt ihn in der Welt! Geht jauchzend ihm entgegen, Dieweil zu eurem Segen Der Ehrenkönig Einzug hält.

7. Wer ist's, wer läßt sich hören Als König aller Ehren? — Der Herr der Herrlichkeit! Der ist es, der kommt prächtig, Der Herr, der stark und mächtig, Der Herr, der Sieger ist im Streit.

8. Erhöhet Thor und Thüren, Den König einzuführen! Wer ist's, der Einzug hält? Der König aller Ehren, Der Herr von Gottes Heeren, Der Ehrenkönig aller Welt!

9. Preis dir von allen Frommen! Du kommst, sei uns willkommen Im Namen unsers Herrn. Der Herr ist Gott, der Eine, Der uns erleucht't alleine Als unser Licht und Morgenstern!

Matth. 11, 6. Selig ist, der sich nicht an mir ärgert.

M e l. Befiehl du deine Wege.

56. Von Gnad und Wahrheit mächtig, Kommst du, Herr Jesu Christ! Doch nicht von außen prächtig, Obschon du König bist, Und allen Königreichen, Wie groß auch ihre Pracht, Befehlen kannst zu weichen: Doch birgst du deine Macht.

2. Du bist zu uns gekommen In der Erfüllungszeit Und hast an dich genommen Des Fleisches Niedrigkeit; Damit uns werd erwecket Die herrlichste Gewalt, So hast du dich bedecket Mit armer Knechtsgestalt.

3. Dein Ansehn wird verachtet, Die Welt hält es für schlecht; Und so wird noch betrachtet Ein jeder deiner Knecht'. Mit

Schimpf wird der belohnet Von der Vernunft der Welt, Bei welchem Demuth wohnet Und der nach dir sich hält.

4. Dein Geist woll uns entfernen Von äußerlichem Schein; Gib, daß von dir wir lernen, Von Herzen niedrig sein. Du, Höchster, wirst geringe, Und heischest nicht von mir, Zu lernen große Dinge, Nur sanften Muth von dir.

5. Komm in des Herzens Tempel Und mach uns doch geschickt, Zu folgen dem Exempel, Das man in dir erblickt! Sonst alles ist vergebens, Wo man nicht Demuth liebt; Die Richtschnur unsers Lebens Ist das, was du geübt.

6. Die Demuth ist die Kerze, Das überschöne Licht, Wodurch uns in das Herze Die Selbsterkenntniß bricht, Die uns kann unterweisen, Wie man die Welt verschmäht, Und die uns lehret preisen Des Höchsten Majestät.

7. Laß mich, o Jesu, streben Nach diesem, wie du mir befohlen hast zu leben, Komm's mir gleich seltsam für. Zwar bin ich viel zu wenig, Zu thun, was vor dir gilt; Du, Herr, bist unser König — Mach aus mir, was du willt!

Jes. 33, 22. Der Herr ist unser Richter, der Herr ist unser Meister, der Herr ist unser König, der hilft uns.

Mel. Großer Gott, wir loben dich.

57. Heil der Erde, Preis der Welt, Großer König, sei willkommen, Der sich bei uns eingestellt Und sein Reich hat eingenommen! Jesu, zeuch bei mir auch ein, Laß mich deine Wohnung sein!

2. Nimm mich, deinen Unterthan, Der sonst ohne dich verloren, Großer König, gnädig an! Ziehe ein zu unsern Thoren! Schau, der Weg ist dir bereit, König der Gerechtigkeit!

3. Auf! mein König kommt zu mir; Sollt ich denn nicht zu ihm kommen? Ja, auch ich will mit Begier Dir, o Heil und Trost der Frommen, Freudiglich entgegengehn Und dein süßes Lob erhöhn.

4. Herr gebiete, was du willt, Ich will niemals widerstreben; Dein Will ist mein Licht und Schild, Dir will ich gehorsam

leben; Gib mir, was bein Herz
befiehlt Und befiehl dann, was
du willt.

5. Hoffahrt, Pracht und eitlen
Sinn Leg ich, Herr, zu deinen
Füßen, Sink in Demuth vor
dich hin, Und will nichts als
Jesum wissen; Dich ergreif ich,
du bist mein, Und du willst es
ewig sein.

6. Deiner Hülfe will ich mich,
Ewger Helfer, ewig freuen;
Seel und Geist soll stetiglich
Oelzweig bir und Palmen streuen,
Oelzweig hoffnungsvoller Freud,
Palmen der Beständigkeit.

7. Hier auf Erden will ich bir
Hosianna täglich singen; Herz
und Mund soll für und für Lob
und Preis zum Opfer bringen.
Bis ich freudig vor bir steh:
Hosianna in der Höh!

Offenb. 22, 16. Ich bin die Wurzel des
Geschlechts Davids, ein heller Morgenstern.

Mel. Lobe den Herren, den mächtigen ꝛc.

58. König der Könige, sei
uns im Staube willkommen!
Nicht bei den Engeln erscheinest
du, nicht bei den Frommen;
Sünder sind's nur, Wo du
auf niedriger Spur Huldreich
den Einzug genommen.

2. Heil uns! das Leben will
arm und in Sanftmuth erschei=
nen; Herrlichkeit will mit dem
Elend sich liebend vereinen!
Ehre sei bir! Anders, Herr
würden ja wir Ewiglich nim=
mer bie Deinen.

3. Seliger Anblick! — Wie
mild auf den irdischen Auen
Läßt der Beherrscher der himm=
lischen Heere sich schauen! Seht,
er empfäht Liebevoll Gruß und
Gebet Aller, die kindlich ihm
trauen!

4. Komm zu den Deinen, o
Herr, bie dich innig begehren!
Feinde noch triffst du genug, bie
das Herz bir beschweren; Aber
bein Blick Scheucht sie allmäch=
lig zurück! Hilf uns, du König
ber Ehren!

5. Hebe bein Antlitz auf beine
versöhnte Gemeinde! Treibe hin=
weg die Verblendung, zernichte
bie Feinde, Bis wir befreit,
Ganz bir zum Dienste bereit,
Unsrem Erlöser und Freunde!

6 Pflanze die Palmen des
Glaubens im Grunde der See=
len, Wo mit ben Blüthen sich
reifende Früchte vermählen; Frie=

ben und Ruh, Siegende Hoff=
nung dazu, Laß dem Gemüthe
nicht fehlen!

7. Komm! Hosianna! — So
tönt dir's von Orten zu Orten.
Komm! Hosianna! — begrüß
uns mit gnädigen Worten! Dort,
nach dem Lauf, Thu uns in
Herrlichkeit auf, Jesu, die himm=
lischen Pforten!

Jes. 62, 11. Siehe, der Herr läßt sich
hören bis an der Welt Ende. Saget der Toch=
ter Zion: Siehe, dein Heil kommt; siehe, sein
Lohn ist bei ihm, und seine Vergeltung ist vor
ihm.

Mel. Mir nach, spricht Christus, ꝛc.

59. Zeuch, König, in die
Herzen ein, Die deiner liebend
hoffen! Zeig uns in deiner
Gnade Schein, Wie nun dein
Himmel offen. „Macht hoch die
Thür in aller Welt, Der Kö=
nig kommt, der starke Held!"

2. Willst du, Herr, unser armes
Herz Mit Himmelsreichthum
tränken? Willst du dich selbst
in unsern Schmerz Vom Thron
hernieder senken? Was ist's,
Herr Jesu, das dich trieb?
Hast du uns Sünder denn so
lieb?

3. „Also hat Gott die Welt
geliebt, (Die Welt? Auch mich,
den Armen?) Daß er den Ein=
gebornen gibt!" O himmlisches
Erbarmen! „Wer an ihn glaubt,
soll selig sein!" Ich auch? —
Ich glaube, ich bin dein!

4. Zeuch zu uns ein, zeuch uns
zu dir, Daß wir beisammen
bleiben! Was wär die Welt,
wärst du nicht hier, Die Schrek=
ken zu vertreiben? Im Leben
müßten wir allein, Im Tode
ganz verlassen sein.

5. Zeuch ein, Prophet, in unsre
Nacht! Dein helles Licht laß
scheinen, Daß wir, zum wahren
Tag erwacht, Nicht mehr im
Finstern weinen. In deinem
Licht sehn wir das Licht, Daß
keine Klarheit uns gebricht.

6. Zeuch, Hoherpriester, in das
Haus Des Herzens, drin zu
weilen! Was dir nicht dient,
das treib hinaus, Du willst dein
Haus nicht theilen! Nun nimm
uns ganz, nun nimm uns hin,
Dein sei Leib, Seele, Herz und
Sinn.

7. Du bist für uns als Opfer=
lamm Auf Golgatha gestorben;
Du hast voll Bluts am Kreu=
zesstamm Den Himmel uns er=

worden, Du gabst dein Leben für uns dar; Dein sei auch unser Leben gar!

8. Jetzt beten wir: „zeuch zu uns ein, Komm doch herab zur Erben!" Und wird der Lauf vollendet sein, Daß wir nun sterben werden, Dann rufe du: „zieht zu mir ein!" — Was wird das für ein Christfest sein!

V. Von der Geburt und Menschwerdung Jesu Christi.

Weihnachtslieder.

Tit. 2, 11. Es ist erschienen die heilsame Gnade Gottes allen Menschen.

Mel. Wer nur den lieben Gott läßt ꝛc.

60. Dies ist die Nacht, da mir erschienen Des großen Gottes Freundlichkeit. Das Kind, dem alle Engel dienen, Bringt Licht in meine Dunkelheit; Und dieses Welt- und Himmelslicht Weicht hunderttausend Sonnen nicht.

2. Laß dich erleuchten, meine Seele, Versäume nicht den Gnadenschein! Der Glanz in dieser kleinen Höhle Streckt sich in alle Welt hinein; Er treibet weg der Hölle Nacht, Der Sünden und des Kreuzes Nacht.

3. In diesem Lichte kannst du sehen Das Licht der klaren Seligkeit. Wenn Sonne, Mond und Stern' vergehen, Vielleicht noch in gar kurzer Zeit, Wird dieses Licht mit seinem Schein Dein Himmel und dein Alles sein.

4. Laß nur indessen helle scheinen Dein Glaubens- und dein Liebeslicht. Mit Gott mußt du es treulich meinen, Sonst hilft dir diese Sonne nicht. Willst du genießen diesen Schein, So darfst du nicht mehr dunkel sein.

5. Drum, Jesu, schöne Weihnachtssonne, Bestrahle mich mit deiner Gunst; Dein Licht sei

meine Weihnachtswonne Und lehre mich die Weihnachtskunst: Wie ich im Lichte wandeln soll Und sei des Weihnachtsglanzes voll.

Pf. 118, 24. Dies ist der Tag, den der Herr macht; laßt uns freuen, und fröhlich darinnen sein.

Eigene Melodie.

61. Dies ist der Tag, ben Gott gemacht! Sein werd in aller Welt gebacht; Ihn preise, was durch Jesum Christ Im Himmel und auf Erden ist.

2. Die Völler haben dein geharrt, Bis daß die Zeit erfüllet ward; Da sandte Gott von seinem Thron Das Heil der Welt, dich, seinen Sohn.

3. Wenn ich dies Wunder fassen will, So steht mein Geist vor Ehrfurcht still; Er betet an und er ermißt, Daß Gottes Lieb unendlich ist.

4. Damit der Sünder Gnad erhält, Erniedrigst du dich, Herr der Welt, Nimmst selbst an unsrer Menschheit Theil, Erscheinst im Fleisch und wirst uns Heil.

5. Dein König, Zion, kommt zu dir. "Ich komm, im Buche steht von mir: Gott, beinen Willen thu ich gern." Gelobt sei, der da kommt im Herrn!

6. Herr, der du Mensch geboren wirst, Immanuel und Friedefürst, Auf den die Väter hoffend sahn, Dich, Gott Messias, bet ich an.

7. Du, unser Heil und höchstes Gut, Vereinest dich mit Fleisch und Blut, Wirst unser Freund und Bruder hier, Und Gottes Kinder werden wir.

8. Gedanke voller Majestät! Du bist es, der das Herz erhöht. Gedanke voller Seligkeit! Du bist es, der das Herz erfreut.

9. Durch Eines Sünde fiel die Welt. Ein Mittler ist's, der sie erhält. Was zagt der Mensch, wenn der ihn schützt, Der in des Vaters Schooße sitzt.

10. Jauchzt, Himmel, die ihr ihn erfuhrt, Den Tag der heiligsten Geburt; Und Erde, die ihn heute sieht, Sing ihm, dem Herrn, ein neues Lied!

11. Dies ist der Tag, den Gott gemacht; Sein werd in aller Welt gebacht! Ihn preise, was durch Jesum Christ Im Himmel und auf Erden ist.

Luc. 1, 68. Gelobet sei der Herr, der Gott Israels; denn er hat besucht und erlöset sein Volk.

Eigene Melodie.

62. Gelobet seist du, Jesu Christ, Daß du Mensch geboren bist, Von einer Jungfrau, das ist wahr; Des freuet sich der Engel Schaar. Hallelujah, Hallelujah!

2. Des ewgen Vaters einig Kind Jetzt man in der Krippe findt. In unser armes Fleisch und Blut Verkleidet sich das ewge Gut. Hallelujah, Hallelujah!

3. Den aller Welt Kreis nie beschloß, Der liegt in Mariens Schoos: Er ist ein Kindlein worden klein, Der alle Ding erhält allein. Hallelujah, Hallelujah!

4. Das ewge Licht geht da herein, Gibt der Welt ein'n neuen Schein; Es leucht't wohl mitten in der Nacht, Und uns des Lichtes Kinder macht. Hallelujah, Hallelujah!

5. Der Sohn des Vaters, Gott von Art, Ein Gast in der Welt hie ward: Er führt uns aus dem Jammerthal, Und macht uns Erben in sein'm Saal. Hallelujah, Hallelujah!

6. Er ist auf Erden kommen arm, Daß er unser sich erbarm, Und in dem Himmel mache reich, Und seinen lieben Engeln gleich. Hallelujah, Hallelujah!

7. Das hat er alles uns gethan, Sein' groß' Lieb zu zeigen an. Des freu sich alle Christenheit, Und dank ihm des in Ewigkeit. Hallelujah, Hallelujah!

―――

Jes. 49, 13. Jauchzet, ihr Himmel, freue dich, Erde, lobet, ihr Berge, mit Jauchzen; denn der Herr hat sein Volk getröstet und erbarmet sich seiner Elenden.

Mel. Lobe den Herren, den mächtigen 2c.

63. Jauchzet, ihr Himmel! frohlocket, ihr Engel, in Chören, Singet dem Herren, dem Heiland der Menschen zu Ehren: Sehet doch da! Gott will so freundlich und nah Zu den Verlornen sich kehren.

2. Jauchzet, ihr Himmel! frohlocket, ihr Enden der Erden! Gott und der Sünder, die sollen zu Freunden nun werden. Friede und Freud Wird uns

verkündiget heut. Freuet euch, Hirten und Heerden!

3. Sehet dies Wunder, wie tief sich der Höchste hier beuget! Sehet die Liebe, die endlich als Liebe sich zeiget! Gott wird ein Kind, Träget und hebet die Sünd: Alles anbetet und schweiget.

4. Gott ist im Fleische! wer kann dies Geheimniß verstehen? Hier ist die Pforte des Lebens nun offen zu sehen: Gehet hinein, Eins mit dem Kinde zu sein, Die ihr zum Vater wollt gehen.

5. Hast du denn, Höchster, auch meiner noch wollen gedenken? Du willst dich selber, dein Herze der Liebe mir schenken! Sollt nicht mein Sinn Inngist sich freuen darin, Und sich in Demuth versenken?

6. König der Ehren, aus Liebe geworden zum Kinde, Dem ich auch wieder mein Herze in Liebe verbinde; Du sollst es sein, Den ich erwähle allein; Ewig entsag ich der Sünde.

7. Süßer Immanuel! werd auch geboren Inwendig; Komm doch, mein Heiland, und laß mich nicht länger elendig! Wohne in mir, Mach mich ganz Eines mit dir, Und mich belebe beständig!

8. Menschenfreund Jesu! dich lieb ich, dich will ich erheben; Laß mich doch einzig nach deinem Gefallen nur leben! Gib mir auch bald, Jesu, die Kindesgestalt, Völlig mich dir zu ergeben.

Ps. 126, 3. Der Herr hat Großes an uns gethan; des sind wir fröhlich.

Mel. Warum sollt ich mich denn grämen.

64. Fröhlich soll mein Herze springen Dieser Zeit, Da vor Freud Alle Engel singen. Hört es alle, die verloren! Jauchzend ruft Alle Luft: Christus ist geboren!

2. Heute geht aus seiner Kammer Gottes Held, Der die Welt Reißt aus allem Jammer. Gott wird Mensch, dir, Mensch, zu gute: Gottes Kind, Das verbind't Sich mit unserm Blute.

3. Sollt uns Gott nun können hassen, Der uns gibt, Was er liebt Ueber alle Maßen. Gott gibt, unserm Leid zu wehren, Seinen Sohn von dem Thron Seiner Macht und Ehren.

4. Sollte von uns sein gekehret, Der sein Reich Und zugleich Sich uns selbst verehret? Sollt uns Gottes Sohn nicht lieben, Der jetzt kömmt, Von uns nimmt, Was uns will betrüben!

5. Er nimmt auf sich, was auf Erden Wir gethan; Gibt sich an, Unser Lamm zu werden, Unser Lamm, das für uns stirbet, Und bei Gott Für den Tod Leben uns erwirbet.

6. Nun, er liegt in seiner Krippen, Ruft zu sich Mich und dich, Spricht mit süßen Lippen: Lasset fahren, liebe Brüder, Was euch quält! — Was euch fehlt, Bring ich alles wieder.

7. Ei, so kommt und laßt uns laufen, Stellt euch ein, Groß und klein, Kommt mit großen Haufen. Liebt den, der vor Liebe brennet; Schaut den Stern, Der uns gern Licht und Labsal gönnet.

8. Die ihr schwebt in großen Leiden: Sehet, hier Ist die Thür Zu den wahren Freuden. Faßt ihn wohl! er wird euch führen An den Ort, Da hinfort Euch kein Kreuz wird rühren.

9. Wer sich fühlt beschwert im Herzen, Wer empfind't Seine Sünd Und Gewissensschmerzen, Sei getrost! hier wird gefunden, Der in Eil Machet heil Auch die tiefsten Wunden.

10. Die ihr arm seid und elende, Kommt herbei, Füllet frei Eures Glaubens Hände! Hier sind alle guten Gaben, Und das Gold, Da ihr sollt Euer Herz mit laben.

11. Süßes Heil, laß dich umfangen, Laß mich dir, Meine Zier, Unverrückt anhangen! Du bist meines Lebens Leben! Nun kann ich Mich durch dich Wohl zufrieden geben.

12. Ich will dich mit Fleiß bewahren; Ich will bir Leben hier, Und mit dir heimfahren. Mit dir will ich endlich schweben, Voller Freud, Ohne Zeit, Dort im andern Leben:

Joh. 1, 14. Das Wort ward Fleisch und wohnte unter uns.

Mel. Nun danket alle Gott.

65. Du wesentliches Wort, Von Anfang her gewesen, Du Gott, von Gott gezeugt, Von Ewigkeit erlesen Zum Heil der

ganzen Welt: O mein Herr Jesu Christ, Willkommen, der du mir Zum Heil geboren bist!

2. Komm, o selbstständig Wort, Und sprich in meiner Seele, Daß mir's in Ewigkeit Am Troste nimmer fehle; Im Glauben wohn in mir, Und weiche von mir nicht; Laß mich auch nicht von dir Abweichen, schönstes Licht!

3. Was hat, o Jesu, dich Von Anfang doch bewogen? Was hat vom Himmelsthron Dich in die Welt gezogen? Ach, deine große Lieb, Und meine große Noth Hat beine Gluth entflammt, Die stärker, als der Tod.

4. Du bist das Wort, wodurch Die ganze Welt vorhanden, Und alle Dinge sind Durch dich zum Licht erstanden. Ach, so bin ich, mein Heil, Auch deine Creatur, Die, was sie ist und hat, Von dir empfangen nur.

5. Gib, daß ich dir zum Dienst Mein ganzes Herz ergebe, Und dir allein zum Preis Auf dieser Erde lebe; Ja, Jesu, laß mein Herz Ganz neugeschaffen sein, Und bis zum Tode dir Geheiligt sein allein.

6. Laß nichts bestehn in mir, Was du nicht selbst geschaffen; Reiß alles Unkraut aus; Zerbrich des Feindes Waffen; Was bös', ist nicht von dir, Das hat der Feind gethan; Du aber führe Herz Und Fuß auf ebner Bahn.

7. Das Leben ist in dir, Und alles Licht des Lebens; Laß beinen Glanz in mir, Mein Gott, nicht sein vergebens! Weil du das Licht der Welt, Sei meines Lebens Licht, O Jesu, bis mir dort Dein Sonnenglanz anbricht!

P. s. 95, 1. Kommt herzu, laßt uns dem Herrn frohlocken, und jauchzen dem Hort unsers Heils.

Mel. Dies ist der Tag, den Gott c.

66. Wir singen dir, Immanuel, Du Lebensfürst und Gnadenquell, Du Himmelsblum und Morgenstern, Du Jungfrau-Sohn, Herr aller Herrn!

2. Wir singen dir mit deinem Heer Aus aller Kraft Lob, Preis und Ehr, Daß du, o lang gewünschter Gast, Dich nunmehr eingestellet hast.

3. Von Anfang, da die Welt gemacht, Hat manches Herz nach dir gewacht; Auf dich ge-

hofft so lange Jahr' Der Väter und Propheten Schaar.

4. Ach, daß der Herr aus Zion käm Und unsre Bande von uns nähm! Ach, daß die Hülfe bräch herein! So würde Jakob fröhlich sein.

5. Nun, du bist hier, da liegest du, Hältst in dem Kripplein deine Ruh; Bist klein, und machst doch alles groß, Bekleidst die Welt, und kommst doch bloß.

6. Du kehrst in fremder Wohnung ein, Und sind doch alle Himmel dein; Trinkst Milch aus einer Mutterbrust, Und bist doch aller Engel Lust.

7. Du hast dem Meer sein Ziel gesteckt, Und wirst mit Windeln zugedeckt; Bist Gott, und liegst auf Heu und Stroh; Wirst Mensch, und bist doch A und O.

8. Du bist der Ursprung aller Freud, Und duldest so viel Herzeleid; Bist aller Heiden Trost und Licht, Suchst selber Trost, und findst ihn nicht.

9. Du bist der süßte Menschenfreund, Doch sind dir so viel Menschen feind: Herodis Herz hält dich für Greu'l, Und bist doch nichts als lauter Heil.

10. Ich aber, dein geringster Knecht, Ich sag es frei und mein' es recht: Ich liebe dich, doch nicht so viel, Als ich dich gerne lieben will.

11. Der Will ist da, die Kraft ist klein; Doch wird dir nicht zuwider sein Mein armes Herz, und was es kann, Wirst du in Gnaden nehmen an.

12. Bin ich gleich schwach und sündenvoll, Hab ich gelebt, nicht wie ich soll: So kommst du doch deswegen her, Daß sich der Sünder zu dir kehr.

13. Darum, so hab ich guten Muth, Du wirst auch halten mich für gut. O Jesu Christ, dein frommer Sinn Macht, daß ich so voll Trostes bin!

14. So faß ich dich nun ohne Scheu; Du machst mich alles Jammers frei, Du trägst den Zorn, verschlingst den Tod, Verkehrst in Freud all Angst und Noth.

15. Du bist mein Haupt, hinwiederum Bin ich dein Glied und Eigenthum, Und will, so viel dein Geist mir gibt, Stets dienen dir, wie dir's beliebt.

16. Ich will dein Hallelujah

hier Mit Freuden singen für und für; Und dort in deinem Ehrensaal Soll's schallen ohne Zeit und Zahl.

Jes. 9, 6. Uns ist ein Kind geboren, ein Sohn ist uns gegeben, welches Herrschaft ist auf seiner Schulter; und er heißt Wunderbar, Rath, Kraft, Held, Ewig-Vater, Friedefürst.

Mel. Nun sich der Tag geendet hat.

67. Immanuel! der Herr ist hier Und nimmt mein Fleisch an sich; Immanuel! ist Gott mit mir, Wer ist dann wider mich?

2. Also hat Gott die Welt geliebt, Daß er aus freiem Trieb Den eingebornen Sohn uns gibt, Wie hat er uns so lieb!

3. Was sein erbarmungsvoller Rath Schon in der Ewigkeit Von Jesu fest beschlossen hat, Das thut er in der Zeit.

4. Er, unser Heil und höchstes Gut, Der alle segnen kann, Nimmt, wie die Kinder, Fleisch und Blut, Doch ohne Sünde, an.

5. Du, wunderbarer Gottmensch, wirst Auch mir Rath, Kraft und Held, Mein Retter und mein Friedefürst, Du Heiland aller Welt.

6. Was mir zum Seligsein gebricht, Das Herr, erwarbst du mir: Versöhnung, Leben, Trost und Licht, Das hab ich nun an dir.

7. Dein Mangel wird mein reiches Theil, Dein Leiden stillt mein Leid; Durch deine Knechtsgestalt, mein Heil, Gewinn ich Herrlichkeit.

8. Gelobt sei Gott, gelobt sein Sohn In dieser Freudenzeit! Lobt, Engel, ihn vor seinem Thron! Erheb ihn, Christenheit!

Luk. 2, 12. Das habt zum Zeichen; ihr werdet finden das Kind in Windeln gewickelt und in einer Krippe liegend.

Mel. Allein Gott in der Höh sei Ehr.

68. Ich steh an deiner Krippe hier, O Jesu, du, mein Leben! Ich stehe, bring und schenke dir, Was du mir hast gegeben. Nimm hin, es ist mein Geist und Sinn, Herz, Seel und Muth; nimm alles hin, Und laß dir's wohlgefallen!

2. Da ich noch nicht geboren war, Da bist du mir geboren,

Und hast mich dir zu eigen gar, Eh ich dich kannt, erkoren. Eh ich durch deine Hand gemacht, Da hat dein Herze schon bedacht, Wie du mein wolltest werden.

3. Ich lag in tiefer Todesnacht, Du wurdest meine Sonne, Die Sonne, die mir zugebracht Licht, Leben, Freud und Wonne. O Sonne, die das werthe Licht Des Glaubens in mir zugericht't, Wie schön sind deine Strahlen!

4. Ich sehe dich mit Freuden an, Und kann nicht satt mich sehen; Und weil ich nun nicht weiter kann, So bleib ich sinnend stehen; O daß mein Sinn ein Abgrund wär, Und meine Seel ein weites Meer, Daß ich dich möchte fassen!

5. Wenn oft mein Herz in Nöthen weint Und keine Ruh kann finden, Rufst du mir zu: Ich bin dein Freund, Ein Tilger deiner Sünden, Dein Fleisch und Blut, der Bruder dein; Du sollst ja guter Dinge sein, Ich zahle deine Schulden.

6. Du fragest nicht nach Lust der Welt, Noch nach des Leibes Freuden. Du hast dich bei uns eingestellt, An unsrer Statt zu leiden; Suchst meiner Seele Herrlichkeit Durch dein selbsteignes Herzeleid, Das will ich dir nicht wehren.

7. Eins aber, hoff ich, wirst du mir, Mein Heiland, nicht versagen, Daß ich dich möge für und für In meinem Herzen tragen; Drum laß mich dir befohlen sein, Komm, komm und kehre bei mir ein Mit allen deinen Freuden.

8. Zwar sollt ich denken, wie gering Ich dich bewirthen werde; Du bist der Schöpfer aller Ding, Ich bin nur Staub und Erde; Doch bist du so ein frommer Gast, Daß du noch nie verschmähet hast Den, der dich gerne siehet.

---

2. Cor. 8, 9. Ihr wisset die Gnade unsers Herrn Jesu Christi, daß, ob er wohl reich ist, ward er doch arm um euretwillen, auf daß ihr durch seine Armuth reich würdet.

Mel. Nun sich der Tag geendet hat.

69. Lobt Gott, ihr Christen, allzugleich Vor seinem höchsten Thron! Der heut aufschließt sein Himmelreich Und schenkt uns seinen Sohn.

Weihnachtslieder.

2. Er kommt aus seines Vaters Schooß Und wird ein Kindlein klein, Er liegt dort elend, nackt und bloß In einem Krippelein.

3. Er äußert sich der Allgewalt, Wird niedrig und gering, Nimmt an sich eines Knechts Gestalt, Der Schöpfer aller Ding.

4. Er liegt an seiner Mutter Brust, Sie tränkt und pfleget ihn, Und Gottes Engel schau'n mit Lust Auf dieses Kindlein hin.

5. Gott sendet ihn vom Himmelszelt Als Davids Sohn herein; Hinfort soll jedes Volk der Welt Durch ihn gesegnet sein.

6. Er wechselt mit uns wunderbar, Wählt unser Fleisch zum Kleid; Und gibt uns seine Gottheit bar In seiner Herrlichkeit.

7. Er wird ein Knecht, und ich ein Herr, Das mag ein Wechsel sein! Wie könnte doch wohl freundlicher Das Jesus-Kindlein sein!

8. Heut schließt er wieder auf das Thor Zum schönen Paradeis; Der Cherub steht nicht mehr davor; Gott sei Lob, Ehr und Preis!

Lut. 2, 16. Sie kamen eilend, und fanden beide Mariam und Joseph, dazu das Kind in der Krippe liegend.

Mel. Mir nach, spricht Christus, unser ꝛc.

70. Hier liegt, den meine Seele liebt! Nun darf ich nicht mehr klagen, Wenn mich die schnöde Welt betrübt, Mir anthut Schmach und Plagen. Im Herzen lieget mir dies Kind, Bei dem man Trost und Rettung find't.

2. Es scheint wohl nur ein schwaches Kind, Liegt da In einer Krippen, Im Stall, und wo man Unflath find't; Doch seine süßen Lippen, Die hauchen ein in mich den Geist, Der uns den Weg zum Leben weist.

3. Räum auf, mein Herz, nimm willig an Dein Kreuz, das dir gebühret; Dies Kind, das dich erfreuen kann Und deine Seele zieret, O drück es fest an deine Brust, Und laß es stets sein deine Lust!

4. O wachse doch, du werthes Kind, In mir nach deiner Güte!

5*

O Kind, in dem man einzig
find't Das tröstliche Gemüthe,
Laß mich auch wachsen auf in
dir, Und gib mir deine Ju=
gendzier!

5. Du hast ja für die Ewig=
keit Dich hier mit mir vermäh=
let, Und mir darauf Gerechtig=
keit Und Unschuld zugezählet;
Drum scheu ich dein Gerichte
nicht, Weil du im Tod auch
bist mein Licht.

6. So nimmst du nun dage=
gen an Mein Alles, was ich
habe; Du zahlst, was ich nicht
zahlen kann, Und holst mich
aus dem Grabe. Für Dürftig=
keit gibst du mir dich, Und mit
dir alles ewiglich.

7. Du wirst schwach, daß ich
sei ein Mann, Hier ritterlich zu
kämpfen; Du nimmst mein
ganzes Elend an, Um meine
Noth zu dämpfen. Ich kann
es alles sagen nicht, Was du
mir worden bist, mein Licht!

8. Du bist mein All, was
will ich mehr In diesem kurzen
Leben? Dort werd ich schauen
deine Ehr, Wann du mir das
wirst geben, Was ich allhier in
Furcht und Noth Muß suchen
bis in meinen Tod.

9. Dies Eine will ich bitten
noch: Du wollest in mir wen=
den Das schwer gespannte Sün=
denjoch, Und dies mein Elend
enden. Ach, laß mich weiter
nicht dran ziehn, Und aller
Sündenlust entfliehn!

10. So werd ich voller Trost
und Freud In meinem Elend
werden, Vergessen all mein bitt=
'res Leid Und zeitliche Beschwer=
den. Wann du dann auch
kommst zum Gericht, Wirst du
mich doch verdammen nicht.

11. Das hilf uns allen, o
Herr Christ, Der du dazu ge=
boren, Und uns ein einger Hei=
land bist, Daß niemand sei
verloren, Der sich bekehrt und
dir vertraut, Und sich in deine
Liebe baut!

Luc. 19, 10. Des Menschen Sohn ist ge=
kommen, zu suchen und selig zu machen, das
verloren ist.

Mel. Ach, was soll ich Sünder machen.

71. Freuet euch, erlöste
Brüder! Denn des Vaters Wort
und Licht, Das durch alles Dun=
kel bricht, Bringet das Verlorne
wieder, Und in unser Fleisch und
Bein Hüllet sich die Liebe ein.

Weihnachtslieder.

2. Der die Himmel aufgebauet Und der Erde Grund gelegt, Der die Creaturen trägt, Ward als Mensch, wie wir, geschauet; Er, der alle Welt erfüllt, Ward in Armuth eingehüllt.

3. O wie brünstig ist dein Lieben, Daß du aus des Vaters Schooß kommst, zu theilen unser Loos, Und mit wunderbaren Trieben Uns, die wir im Staube gehn, Gleich den Engeln willst erhöhn!

4. Werde auch in uns geboren, Und durchleuchte du uns ganz, O du himmlisch reiner Glanz! Und dein Bild, das wir verloren, Kehre wieder bei uns ein, Daß wir Menschen Gottes sein!

5. Uns verlangt, auf dieser Erden Durch der Liebe Wunderkraft Zu des Lichtes Bürgerschaft Wiederum gebracht zu werden, Daß uns unser Vaterland künftig wieder sei bekannt.

6. Nun, dein paradiesisch Leben Dring mit deinem Gnadenschein Wieder mächtig in uns ein, Und wir werden uns erheben Zu der göttlichen Natur, Wenn wir folgen deiner Spur.

Ps. 33, 1. Freuet euch des Herrn, ihr Gerechten; die Frommen sollen ihn schön preisen.

Eigene Melodie.

72. O freuet euch alle — der Herr ist geboren! Die Krippe hat er sich zur Wiege erkoren. Ja, preiset ihn freudig für's große Erbarmen! Es schenkt sich der Höchste aus Gnaden uns Armen.

2. O öffnet dem Theuren doch alle die Herzen! Er stillet so gerne die Sorgen und Schmerzen! Empfanget den Höchsten mit freudigen Grüßen, So wird er euch laben mit Himmelsgenüssen.

3. O freuet euch über das göttliche Wunder! Der Ewige steiget vom Himmel herunter, Um sündigen Menschen die Gnade zu bringen: O lasset uns freudig dies Wunder besingen!

Mel. Wie groß ist des Allmächtigen ꝛc.

4. Wir preisen dich, o ewige Liebe, Dich, Jesus Christus, Gottes Sohn, Daß du aus gnadenvollem Triebe Verließest deinen Himmelsthron. Du kamst zur Seligkeit uns Armen, Von deinem Vater uns gesandt, Und hast mit göttlichem Erbarmen Zu den Verlornen dich gewandt.

5. Wir grüßen dich an diesem Feste, O Herr und Gott, im Erdenthal; Einst hoffen wir, als deine Gäste, Zu grüßen dich im Himmelssaal. Gib nur, daß wir dich brünstig lieben, Und treu auf deinen Wegen gehn, Dein Wort sei uns ins Herz geschrieben, Laß uns in deinem Lichte stehn!

6. Wir stimmen mit den Engelchören Dir freudig Lobgesänge an Am Tage, da du, Fürst der Ehren, Betratst die rauhe Erdenbahn! Ja, Dank und Preis sei dir gesungen, Du bist das Heil, das Licht der Welt! Dein Werk der Liebe ist gelungen, Hallelujah, du Siegesheld!

(Wird dieses Lied als Wechselgesang gebraucht; so folgen die Verse also auseinander: 1. 4. 2. 5. 3. 6.)

Jes. 60, 1. Mache dich auf, werde Licht; denn dein Licht kommt, und die Herrlichkeit des Herrn gehet auf über dir.

Mel. Herr, ich habe mißgehandelt.

73. Werde Licht, du Volk der Heiden, Und du, Salem, werde Licht! Siehe, welch ein Glanz der Freuden Ueber deinem Haupt anbricht! Gott hat derer nicht vergessen, Die in Finsterniß gesessen.

2. Dunkelheit, die mußte weichen, Als dies Licht erschien der Welt, Dem kein andres zu vergleichen, Welches alle Ding erhält. Die nach diesem Glanze sehen, Dürfen nicht im Finstern gehen.

3. Ach, wie waren wir verblendet, Ehe dieses Licht brach an! Ja, da hatte sich gewendet Schier vom Himmel Jedermann. Unsre Augen und Geberden Hingen einzig an der Erden

4. Irdisch waren die Gedanken, Thorheit hielt uns gar verstrickt, Satan macht' uns schändlich wanken, Wahre Tugend lag erstickt; Fleisch und Welt hatt' uns betrogen, Und vom Himmel abgezogen.

5. Gottes Rath war uns verborgen, Seine Gnade schien uns nicht; Klein' und Große mußten sorgen, Jedem fehlte es an Licht, Das zum rechten Himmelsleben Seinen Glanz uns sollte geben.

6. Aber als hervorgegangen Ist der Aufgang aus der Höh, Haben wir das Licht empfangen, Welches so viel Angst und Weh

Weihnachtslieder.

Aus der Welt hinweg getrieben, Daß nichts Dunkles überblieben.

7. Jesu, reines Licht der Seelen! Du vertreibst die Finsterniß; Alle, die dein Heil erwählen, Machst du nun im Gang gewiß; Jesu, deine Lieb und Segen Leuchten uns auf unsern Wegen.

8. Dieses Licht läßt uns nicht wanken Auf der rechten Glaubensbahn; Ewig, Herr, will ich dir danken, Daß du uns so wohlgethan, Und uns diesen Schatz geschenket, Der zu deinem Reich uns lenket.

9. Gib, Herr Jesu, Kraft und Stärke, Daß wir dir zu jeder Zeit Durch der Liebe Glaubenswerke Folgen in Gerechtigkeit, Und hernach in Freudenleben Heller als die Sterne schweben!

10. Dein Erscheinen müss' erfüllen Mein Gemüth in aller Noth; Dein Erscheinen müsse stillen Meine Seel auch einst im Tod. Herr, in Freuden und im Weinen Müsse mir dein Licht erscheinen!

11. Jesu, laß mich endlich gehen Freudig aus der bösen Welt, Dein so helles Licht zu sehen, Das mir dort schon ist bestellt, Wo wir sollen unter Kronen In der schönsten Klarheit wohnen.

---

4. Mos. 24, 17. Es wird ein Stern aus Jakob aufgehen, und ein Scepter aus Israel aufkommen.

Mel. Mein Vater, sieh, ich bringe dir.

74. Auf Seele, auf und säume nicht, Es bricht das Licht herfür! Der Wunderstern gibt dir Bericht, Der Held sei vor der Thür.

2. Geh aus von deinem Vaterland, Zu suchen solchen Herrn; Laß deine Augen sein gewandt Auf diesen Morgenstern.

3. Gib Acht auf diesen hellen Schein, Der aufgegangen ist Er führet dich zum Kind hinein, Das heißet Jesus Christ.

4. Er ist der Held aus Davids Stamm, Der alle Feinde schlägt; Er ist das theure Gotteslamm, Das unsre Sünde trägt.

5. Drum mache dich behende auf, Befreit von aller Last, Und laß nicht ab in deinem Lauf, Bis du dies Kindlein hast.

6. Halt dich im Glauben an das Wort, Das fest ist und gewiß; Das führet dich zum Lichte fort Aus aller Finsterniß.

7. Ersinke du vor seinem Glanz In tiefster Demuth ein, Und laß dein Herz erleuchten ganz Von solchem Freudenschein.

8. Gib dich ihm selbst zum Opfer dar Mit Geist, mit Leib und Seel, Und singe mit der Engel Schaar: „Hier ist Immanuel!"

9. O wunderbare Süßigkeit, Die dieser Anblick gibt Dem, dessen Herz dazu bereit, Daß es dies Kindlein liebt!

10. Die Engel in des Himmels Saal, Die freuen sich darob; Die Kinder Gottes allzumal, Sie bringen dir ihr Lob.

11. Hier ist das Ziel, hier ist der Ort, Wo man zum Leben geht; Hier ist des Paradieses Pfort, Die wieder offen steht.

12. Hier fallen alle Sorgen hin, Zur Lust wird alle Pein; Es wird erfreuet Herz und Sinn; — Dein Gott ist wieder dein!

13. Der zeigt dir einen andern Weg, Als du vorher erkannt, — Den stillen Ruh- und Friedenssteg Zum ewgen Vaterland.

VI. Von dem Lehramt und Wandel Jesu Christi.

Joh. 10, 11. Ich bin ein guter Hirte. Ein guter Hirte läßt sein Leben für die Schafe. Ein Miethling aber, der nicht Hirte ist, des die Schafe nicht eigen sind, siehet den Wolf kommen, und verläßt die Schafe, und fliehet; und der Wolf erhaschet und zerstreuet die Schafe.

Mel. Alle Menschen müssen sterben.

75. Einer ist der gute Hirte, Von dem Vater ausersehn, Dem, was sonst zum Abgrund irrte, Voller Sorgfalt nachzugehn. Einer soll die Welt belehren, Einer soll das Heil gewähren. Von der Gottheit Thron herab Bracht er seinen Hirtenstab.

2. Jesus ist der gute Hirte, Der die Völker gnadenvoll, Das Verführte, das Verirrte Zu den

Hürden sammeln soll. Längst zum Hirtenamt erkoren, Und zu rechter Zeit geboren, Tritt er zu der Thür herein, Aller Völker Heil zu sein.

3. Dieser Heiland, der Gerechte, Zeit des ewgen Lebens Pfad. Folg ihm, sündiges Geschlecht! Sein bewährter Friedensrath Will kein einzig Schaf verlieren, Will dich auf die Auen führen, Wo ein jedes freie Statt Und des Segens Fülle hat.

4. Wer kann das Gesetz erfüllen Mit der Selbstgerechtigkeit? — Sünde, Tod und Hölle brüllen, Wo nicht Jesus Gnade beut! Er nur zeigt die Friedenswege, Er erhält durch Zucht und Pflege, Was aus dieses Zeitlaufs Bann Sich nicht selbst erretten kann.

5. Die von Jesu zeugen müssen, Hirten, die sein Mund bestellt, Sollen nichts, als Jesum wissen, Der das Friedensscepter hält. Jesus ist die enge Pforte; Seelen, hört nur dessen Worte, Der im Glauben Jesum kennt, Und sonst keinen Mittler nennt!

6. Großer Hirte deiner Heerde, Treib die falschen Geister fort, Sende durch das Rund der Erde Deines Kreuzes Gnadenwort! Und dein Geist, der deinen Hüter, Theile deine selgen Güter, Licht und Frieden, Trost und Ruh, Allen deinen Schafen zu!

―――

Ebr. 12, 2. Lasset uns aufsehen auf Jesum, den Anfänger und Vollender des Glaubens.

Eigene Melodie.

76. Heiligster Jesu, Heiligungsquelle, Mehr als Kryftall rein, klar und helle, Du lautrer Strom der Heiligkeit! Der Glanz der hohen Cherubinen, Die Heiligkeit der Seraphinen Ist gegen dich nur Dunkelheit. Ein Vorbild bist du mir; Ach, bilde mich nach dir, Du mein Alles! Jesu, Jesu! Hilf mir dazu, Daß ich auch heilig sei, wie du!

2. O stiller Jesu! wie dein Wille Dem Willen deines Vaters stille Und bis zum Tod gehorsam war: So mache du auch gleichermaßen Mein Herz und Willen dir gelassen, Ach, stille meinen Willen gar! Mach mich dir gleich gesinnt, Wie ein gehorsam Kind, Stille, stille.

Jesu, Jesu! Hilf mir dazu, Daß ich fein stille sei, wie du.

3. Wachsamer Jesu! ohne Schlummer, In großer Arbeit, Müh und Kummer Bist du gewesen Tag und Nacht. Du mußtest täglich viel ausstehen, Des Nachts lagst du vor Gott mit Flehen, Du hast gebetet und gewacht. Gib mir auch Wachsamkeit, Daß ich zu dir allzeit Wach und bete! Jesu, Jesu! Hilf mir dazu, Daß ich stets wachsam sei, wie du.

4. Gütigster Jesu! o wie gnädig, wie liebreich bist du, wie gutthätig, Selbst gegen Feinde wie gelind! Dein Sonnenlicht erscheinet allen, Dein Regen muß auf alle fallen, Ob sie dir gleich undankbar sind. Mein Gott! ach, lehre mich, Damit hierinnen ich Dir nacharte. Jesu, Jesu! Hilf mir dazu, Daß ich auch gütig sei, wie du.

5. Du, sanfter Jesu, warst unschuldig, Und littest alle Schmach geduldig, Vergabst, und ließt nicht Rachgier aus. Niemand kann deine Sanftmuth messen, Bei der kein Eifer dich gefressen, Als der um deines Vaters Haus. Mein Heiland! ach, verleih Mir Sanftmuth und dabei Guten Eifer. Jesu, Jesu! Hilf mir dazu, Daß ich sanftmüthig sei, wie du.

6. Würdigster Jesu, Ehrenkönig! Du suchtest deine Ehre wenig Und wurdest niedrig und gering. Du wandeltest ertiest auf Erden, In Demuth und in Knechtsgeberden, Erhubst dich selbst in keinem Ding. Herr, solche Demuth lehr Auch mich je mehr und mehr Stetig üben! Jesu, Jesu! Hilf mir dazu, Daß ich demüthig sei, wie du.

7. O keuscher Jesu! all dein Wesen War züchtig, keusch und auserlesen, Voll ungefärbter Sittsamkeit. Gedanken, Reden, Glieder, Sinnen, Geberden, Kleidung und Beginnen War voller lauter Züchtigkeit. O mein Immanuel! Mach mir Geist, Leib und Seel Keusch und züchtig! Jesu, Jesu! Hilf mir dazu, So keusch und rein zu sein, wie du.

8. Nun, liebster Jesu, liebstes Leben! Mach mich in allem dir ergeben Und deinem heilgen Vorbild gleich! Gib, daß dein Geist mich ganz durchbringe, Daß ich viel Glaubensfrüchte bringe Und tüchtig werd zu deinem Reich.

Ach, zeuch mich ganz zu dir, Behalt mich für und für, Treuer Heiland; Jesu, Jesu! Laß mich, wie du Und wo du bist, einst finden Ruh.

---

1. Petri 2, 21. Christus hat uns ein Vorbild gelassen, daß ihr sollt nachfolgen seinen Fußstapfen.

Mel. Gott sei Dank in aller Welt.

77. Jesus Christus gab sich uns Selbst zum Vorbild alles Thuns; Sein Wort stellet ihn uns dar: Ich soll sein, wie Jesus war.

2. Sein Verleugnen lehrt mich, klein, Seine Demuth, niedrig sein; Seine Sanftmuth stete Huld; Sein Gehorsam die Geduld.

3. Wie er ohne Haß geliebt, Stets getröstet, nie betrübt, Und auch Feinden Guts gethan, Weist er mich zu Gleichem an.

4. Wenn er Gottes Willen that, Wenn er stets zum Vater bat, Wenn er nichts, als Wahrheit, sprach, Heißt das: folge du mir nach!

5. Wenn er allzeit standhaft blieb, Nur das Wort vom Reiche trieb, So bezeugt er mir dabei, Daß mir das ein Beispiel sei.

6. Wenn er mäßig aß und trank, Und es heiligte mit Dank, Spricht mir sein Exempel zu: Wie er lebte, lebe du!

7. Lieber Meister, lehr mich's nun! Ohne dich kann ich nichts thun. Unter deines Geistes Zucht Bringt mein Glaube solche Frucht.

8. Viele folgen ihrem Sinn; Aber, Herr, wo soll ich hin? Du bist Christus, Gottes Sohn; Wer dir folgt, hat großen Lohn!

9. Gabst du nach vollbrachtem Lauf Deinen Geist mit Beten auf, Gib auch, daß durch deine Treu Mein Tod, wie der deine sei!

Apostg. 10, 38. Jesus ist umher gezogen und hat wohlgethan.

Mel. Schmücke dich, o liebe Seele.

78. Heiland, deine Menschenliebe War die Quelle deiner Triebe, Die dein treues Herz bewogen, Dich in unser Fleisch gezogen, Dich mit Schwachheit überdecket, Dich vom Kreuz in's Grab gestrecket. O der ungemeinen Triebe Deiner treuen Menschenliebe!

2. Ueber seine Feinde weinen, Jedermann mit Hülf erscheinen, Sich der Blinden, Lahmen, Armen Mehr als väterlich erbarmen; Der Betrübten Klagen hören, Sich in andrer Dienst verzehren, Sterben voll der reinsten Triebe: Das sind Proben wahrer Liebe!

3. O du Zuflucht der Elenden! Wer hat nicht von deinen Händen Segen, Hülf und Heil genommen, Der gebeugt zu dir gekommen? O wie ist dein Herz gebrochen, Wenn dich Kranke angesprochen! O wie pflegtest du zu eilen, Das Gebetne mitzutheilen!

4. Die Betrübten zu erquicken, Zu den Kleinen dich zu bücken, Die Unwissenden zu lehren, Die Verführten zu bekehren, Sünder, die sich selbst verstocken, Ernst und liebreich zu dir locken: Das war täglich dein Geschäfte Mit Verzehrung deiner Kräfte.

5. O wie hoch stieg dein Erbarmen, Als du für die ärmsten Armen Dein unschätzbar theures Leben In den ärgsten Tod gegeben; Da zur Marter du erlesen, Aller Schmerzen Ziel gewesen, Und, den Segen zu erwerben, Als ein Fluch hast wollen sterben!

6. Deine Lieb hat dich getrieben, Sanftmuth und Gedult zu üben, Ohne Schellen, Drohen, Klagen Anbrer Schmach und Last zu tragen, Allen freundlich zu begegnen, Für die Lästerung zu segnen, Für der Feinde Schaar zu beten, Und die Mörder zu vertreten.

7. Demuth war bei Spott und Hohne Deines Lebens Schmuck und Krone; Diese machte dich zum Knechte Einem sündigen Geschlechte; Diese Demuth, gleich den Tauben Ohne Falsch, voll Treu und Glauben, Mit Gerechtigkeit gepaaret, Durch Vorsichtigkeit bewahret.

8. Herr, laß deine Liebe decken Meiner Sünden Meng und Flecken; Du hast das Gesetz erfüllet, Des Gesetzes Fluch gestillet; Laß mich wider dessen Stürmen Deiner Liebe Schild beschirmen; Heilge meines Herzens Triebe, Salbe sie mit deiner Liebe!

———

Luk. 2, 49. Wißt ihr nicht, daß ich sein muß in dem, das meines Vaters ist.

Mel. Christus, der ist mein Leben.

79. Wer war in seiner Jugend Ganz kindlich, fromm und mild, Ein Spiegel aller Tugend Und Gottes Ebenbild?

2. Du, Jesu, warst's alleine, Du, der im Tempel saß, Und sich und all das Seine Um Gottes Wort vergaß.

3. Fern von des Volkes Treiben, Darin man dich vermißt, Wolltest du in dem nur bleiben, Was deines Vaters ist.

4. Früh wolltest du bewahren Das herrliche Gebot, Das du in spätern Jahren Uns gabest: „Eins ist Noth!"

5. Die Weisheit ward ein Hörer, Die ewge Lieb ein Kind, Vor der die irdschen Lehrer Nur arme Schüler sind.

6. Wie weise war dein Fragen! Wie fromm hast du gehört, Was dich in Kindestagen Der Alten Mund gelehrt!

7. Wo Gottes Wort ertönet, Da ließ es dich nicht fort; O wären wir gewöhnet, Wie du, an Gottes Wort!

8. O wär es unsre Speise, Mit deinem Gott allein Daheim und auf der Reise In seinem Wort zu sein!

9. Bald zogest du hinunter Ins kleine Nazareth, Holdselig, still und munter, Gehorsam früh und spät.

10. Man wird nie Schönres lesen Von deiner Jugendbahn, Als: „Jesus ist gewesen Den Eltern unterthan."

11. An Weisheit, Geist und Gnade Nahm deine Seele zu; Nichts störte deine Pfade, Nichts trübte deine Ruh.

12. Nach dreißigjährger Stille Im kleinen Pilgerhaus Tratst du mit Gottes Fülle Frei in die Welt hinaus.

13. Denn du bist fest geblieben Im Einen fort und fort; Der Vater war dein Lieben, Dein Grund sein heilig Wort.

14. Herr, der du Sünderschaaren Dein Heil noch offenbarst: Bild uns nach deinen Jahren, Wie du hienieden warst?]

15. Die Alten mach zu Kindern, Und deine Kinderschaar Gleich dir zu Ueberwindern! — Amen, das werde wahr!

Marc. 10, 14. Lasset die Kindlein zu mir kommen, und wehret ihnen nicht; denn solcher ist das Reich Gottes.

Mel. Mir nach, spricht Christus, unser ꝛc.

80. Heil uns! des Vaters Ebenbild, Der nun im Himmel thronet, Hat hier auf Erden hehr und mild Gewandelt und gewohnet, Und seine Huld und Herrlichkeit Umhüllt ein schlichtes Pilgerkleid.

2. Er kam hernieder wunderbar, Die Menschen zu erlösen, Und wunderschön und freundlich war Sein Wort, sein Blick und Wesen. Ein stiller Glanz, ein himmlisch Licht Umfloß sein holdes Angesicht.

3. Er ging im Land umher, Sein Herz Voll Liebe und Erbarmen; Er heilte freundlich jeden Schmerz Und tröstete die Armen; Und was am lieblichsten erscheint: Er war der Kindlein Schirm und Freund.

4. Ihm ging, den Säugling in dem Arm, Die Mutterlieb entgegen; Frohlockend hüpft ein lauter Schwarm Von Kindlein an den Wegen, Und Jesus sah in stiller Ruh Dem fröhlichen Gewimmel zu.

5 Da rief ein Jünger: „laßt sie seyn!" Die Mütter sahn beklommen; Er aber sprach: „ich seh sie gern, O laßt sie zu mir kommen, Und seid auch ihr den Kindlein gleich, Denn ihrer ist das Himmelreich!"

6. Und sieh, die Kindlein drängten dann Sich um ihn voll Verlangen, Und Jesus nahm sie freundlich an Mit liebendem Umfangen, Hob sie empor auf Arm und Knie Und segnete und herzte sie.

7. O hätt' auch ich damals gelebt, Als er auf Erden wallte, Auch meine Thräne ihm gebebt, Wenn Preis und Dank ihm schallte: Getrost hätt' ihn auch ich begrüßt Und seine Segenshand geküßt!

8. Doch schauet er nicht ungesehn Voll Huld auf uns hernieder? Und einst von jenen Himmelshöhn Erscheint er herrlich wieder; Und sind wir dann den Kindlein gleich, Führt er uns in sein himmlisch Reich!

VII. Von dem Leiden und Sterben Jesu Christi.

Passionslieder.

Jes. 53, 7. Da er gestraft und gemartert ward, that er seinen Mund nicht auf, wie ein Lamm, das zur Schlachtbank geführet wird.

Eigene Melodie.

81. Ein Lämmlein geht und trägt die Schuld Der Welt und ihrer Kinder; Es geht und träget mit Geduld Die Sünden aller Sünder. Es geht dahin, wird matt und krank, Ergibt sich auf die Würgebank, Entzieht sich allen Freuden; Es nimmt auf sich Schmach, Hohn und Spott, Angst, Wunden, Striemen, Kreuz und Tod, Und spricht: „Ich will's gern leiden!"

2. Das Lämmlein ist der große Freund, Und Heiland unsrer Seelen, Den, den hat Gott zum Sünden-Feind, Und Sühner wollen wählen: „Geh hin, nimm dich der Sünder an, Dein Tod ist's, der sie retten kann Von meines Zornes Ruthen! Die Straf ist schwer, der Zorn ist groß, Du kannst und sollst sie machen los Durch Sterben und durch Bluten."

3. „Ja, Vater, ja, von Herzensgrund, Leg auf, ich will's gern tragen; Mein Wollen hängt an deinem Mund, Mein Wirken ist dein Sagen!" O Wunderlieb! o Liebesmacht! Du kannst, was nie ein Mensch gedacht, Gott seinen Sohn abbringen! O Liebe, Liebe, du bist stark! Du streckest den in Grab und Sarg, Vor dem die Felsen springen.

4. Du lässest ihn am Kreuzesstamm Der Sünden Greuel büßen, Du läss'st ihn schlachten als ein Lamm, Daß Herz und Adern fließen, Das Herze mit der Seufzer Kraft, Die Adern mit dem edeln Saft Des reinen Opferblutes. O süßes Lamm! was soll ich dir Erweisen dafür, daß du mir Erzeigest so viel Gutes?

5. Mein Lebetage will ich dich

Aus meinem Sinn nicht lassen;
Dich will ich stets, gleich wie
du mich, Mit Liebesarmen fas=
sen. Du sollst sein meines Her=
zens Licht, Und wenn mein Herz
im Tode bricht, Sollst du mein
Herz verbleiben. Ich will mich
dir, mein höchster Ruhm, Hie=
mit zu deinem Eigenthum Be=
ständiglich verschreiben.

6. Ich will von deiner Lieb=
lichkeit Bei Nacht und Tage
singen, Mich selbst auch dir zu
aller Zeit Zum Freudenopfer
bringen. Mein Born des Le=
bens soll sich dir Und deinem
Namen für und für In Dank=
barkeit ergießen; Und was du
mir zu gut gethan, Das will
ich stets, so tief ich kann, In
mein Gedächtniß schließen.

7. Auf, armes Herz, erweitre
dich! Dir soll ein Kleinod wer=
den; Kein Schatz, wie dieser,
findet sich Im Himmel und auf
Erden. Weg mit den Schätzen
dieser Welt, Und allem, was
dem Fleisch gefällt! Ich hab
ein Beßres funden: Herr Jesu
Christ, mein großes Gut Ist
dein für mich vergoßnes Blut,
Das Heil in deinen Wunden.

8. Das soll und will ich mir
zu Nutz In allen Zeiten machen;
Im Streite soll es sein mein
Schutz, In Traurigkeit mein
Lachen, In Fröhlichkeit mein
Saitenspiel, Und wenn mich
nichts erquicken will, Soll mich
dies Manna speisen. Im Durst
soll's meine Quelle sein, Mein
Umgang, wo ich bin allein, Zu
Haus und auf den Reisen.

9. Wann endlich ich soll tre=
ten ein In deines Reiches Freu=
den, so soll dies Blut mein
Purpur sein, Darein ich mich
will kleiden. Es soll sein mei=
nes Hauptes Kron, In welcher
ich will vor den Thron Des
ewgen Vaters gehen, Und dir,
dem er mich anvertraut, Als
eine wohlgeschmückte Braut Zu
deiner Seite stehen.

Ebr. 5, 7. Er hat in den Tagen seines
Fleisches Gebet und Flehen mit starkem Ge=
schrei und Thränen geopfert zu dem, der ihm
von dem Tode konnte aushelfen, und ist auch
erhöret, darum, daß er Gott in Ehren hatte.

Mel. Alle Menschen müssen sterben.

82. Laß, o Helfer unsrer
Seelen, Jesu, deine Seelennoth,
Und die Schmerzen, die dich

quälen, Wenn die Macht der Hölle droht, Wenn das Herz in dem Gedränge, Und von seiner Sünden Menge Nicht mehr weiß, wo aus und ein, — Unsren Seelen tröstlich sein!

2. Dich mit so viel Angst umgeben, Quell der Freuden, trauern sehn; Held, dich unter Furcht und Beben Sehn zum Kampfe willig gehn: Dies erfordert Dank und Thränen, Dies erregt mein heißes Sehnen; Laß, o laß in aller Pein Mir dein Zagen tröstlich sein!

3. Mich als Mittler zu vertreten, Mir in Kämpfen beizustehn, Ringest du für mich mit Beten, Und hältst weinend an mit Flehn. Nun darf ich in Kreuz und Zagen „Abba, lieber Vater!" sagen; O wie wird nun unterm Schrei'n Mir dein Kämpfen tröstlich sein!

4. Ja, du kämpfest mir zu gute, Wahres Leben! mit dem Tod, Und dein Schweiß, vermengt mit Blute, Lehrt mich deine große Noth. Wo die Sünder dich nicht merken, Kommt ein Engel, dich zu stärken. Laß, wenn Sünd und Hölle dräun, Mir dies Wunder tröstlich sein!

5. Schmach und Marter, Hohn und Wunden, Jammer, der dein Herz zerbricht, Hast du, Gottes Sohn, empfunden, Und die Menschen jammert's nicht! Ja, man läßt dich bis zum Scheiden, Tröster, ohne Tröstung leiden. Sprich mir durch dein Trostlosseln Trost in meinen Nöthen ein!

6 Grünes Holz ward mein Verderben Einst durch Adams Lust und Stolz; Drum, mich wieder zu erwerben, Hängest du am dürren Holz, Stirbst, wie ein verdammter Sünder, Für verlorne Menschenkinder. O Geheimniß, du allein Wirst mein Trost im Sterben sein!

7. Endlich wird in jenen Stunden, Da der Himmel traurig ist, Da der Welt ihr Licht verschwunden, Selbst dein Gott von dir vermißt. Schreckenvolle Dunkelheiten Jener finstern Ewigkeiten! Nun wird mich von eurer Pein Meines Mittlers Angst befrein!

8. Habe Dank, o Freund der Seelen, Daß du mir so wohl gethan! Nimm dich durch dein Seelenquälen Meiner Seele gnädig an! Dein Herz sei mit

meinem Herzen, Und mein Herz in Freud und Schmerzen Müss', o Jesu, dir allein Leben, und dir dankbar sein!

Luk. 22, 44. Und es kam, daß er mit dem Tode rang, und betete heftiger. Es ward aber sein Schweiß wie Blutstropfen, die fielen auf die Erde.

Mel. Schwing dich auf zu deinem ꝛc.

83. Jesu, Herr der Herrlichkeit! Was will's mit dir werden, Daß du liegst voll Angst und Leid Bebend auf der Erden? Daß dir Schweiß, vermengt mit Blut, Aus den Gliedern bringet, Und ein Engel Trost und Muth Dir, dem Tröster, bringet?

2. Vor dir siehst du so viel Pein, So viel bittres Leiden, Das dir Seele, Mark und Bein Wie ein Schwert will scheiden; Trägest aller Menschen Last, Und was ich begangen; Darum hast du keine Rast, Mußt zum Tod erbangen.

3. O was ist es, wenn auf's Herz Fällt des Todes Zagen, Wenn der Sünde Höllenschmerz Füllt den Geist mit Plagen! Drum mußt du dich, o Held, Auf der Erde winden, Denn auf dich alleine fällt Alle Last der Sünden.

4. Laß im Geiste mich bei dir, Heilger Jesu, stehen; Laß dein Leiden für und für Mich voll Reue sehen! Laß mich deine heilge Last Auch ein wenig tragen, Und, wenn mich das Leiben faßt, Nie bei dir verzagen!

5. O wie dürft ich armer Wurm Noch im Leichtsinn wallen, Da für mich der Todessturm, Herr, auf dich gefallen? Lehrt mich nicht dies Zorngericht Aller Sünde sterben, O so kann ein Andrer nicht Gnade mir erwerben.

6. Mahne mich, wie meine Noth Du auf dich genommen, Und wie über dich der Tod Für mich ist gekommen! Seh ich, wie durch deine Brust Todesschwerter schneiden, Dann wird auch die Sündenlust Ewig mir entleiben.

7. Hilf, o reicher Seelenfreund, Meiner armen Seele, Daß nicht länger mich der Feind Noch mit Sünden quäle! Laß mir deinen blutgen Schweiß Einst zu gute kommen, Wann ich von der Erde Kreis Werde weggenommen.

Jes. 53, 5. Die Strafe liegt auf ihm, auf daß wir Frieden hätten, und durch seine Wunden sind wir geheilet.

Mel. Alle Menschen müssen sterben.

84. Frommes Lamm, durch dessen Wunden Uns das ewge Heil bereit! Ach, wie fest wirst du gebunden Und dein reiner Leib entweiht! Deiner Mörder strenge Hände Wissen in der Wuth kein Ende; Doch du gibst mit stillem Sinn Dich in ihre Fesseln hin.

2. Mehr als zwölf der Legionen, Die um den erhabnen Thron Deines großen Vaters wohnen, Stehn bereit, o Menschensohn, Deine Ketten zu zerschlagen, Deine Feinde zu verjagen; Aber du verlangst es nicht, Daß man deine Bande bricht.

3. Du bist selber reich an Stärke, Kraft und Allmacht wohnt bei dir; Aber hier, in diesem Werke, Geht Geduld der Allmacht für; Denn sonst müßten Band und Schlingen Wie versengte Fäden springen, Und dein heller Gottesstrahl Stürzte deiner Feinde Zahl.

4. Treues Lamm! um meinetwillen Streckst du deine Hände dar; Um die Schriften zu erfüllen, Läss'st du von der frechen Schaar Allen Frevel an dir üben, Und dein unvergleichlich Lieben Nimmt die Fessel willig an, Die es doch vermeiden kann.

5. Habe Dank für diese Güte! Gib nun deinen Banden Kraft, Und befreie mein Gemüthe Von der Sünde schnöder Haft, Daß ich mich von ihren Stricken Lasse nimmermehr berücken, Daß ich, von dem Argen frei, Dir zum Dank verbunden sei.

6. Laß in meinen Lebenstagen Den durch dich erlösten Geist Keine andern Bande tragen, Als die du mich tragen heißst: Bande deiner Furcht und Liebe, Welche meinem Fleischestriebe Zaum und Ketten legen an, Daß ich dir nachwandeln kann!

7. Wär es, Heiland, dein Begehren, Daß ich, beines Geistes voll, Auch in Fesseln, Angst und Zähren Deinetwegen leiden soll: Ach, so laß mich in den Banden, In Gefängniß, Angst und Schanden, Ja in tiefster Todespein, Gleichwie du, gelassen sein!

Matth. 26, 36. Sehet euch hier, bis daß ich dorthin gehe und bete.

Mel. Marter Gottes, wer kann dein ꝛc.

85. Für uns ging der Herr in Todesnöthen In den Garten dort hinein, Wo wir ihn sehn weinend für uns beten Auch um unser Seligsein. O wie ward ihm unser Heil so sauer! Für uns überfiel ihn Höllenschauer, Für uns mußt er auf den Knien Bald erblassen, Bald erglühn.

2. Für uns ward sein Angstschweiß dort mit Thränen Und mit heißem Blut vermischt, Bis ein Engel Gottes unterm Stöhnen Sein geängstet Herz erfrischt. Für uns zitterte sein Leib im Büßen, Und sein Auge schwoll von Thränengüssen, Ja, der Sünde ganz Gericht Lag auf seinem Angesicht.

3. Für uns litt er solchen Hohn und Schläge, Die man nicht beschreiben kann. Wer ist, dessen Herz sich nicht bewege? Seht doch seinen Rücken an. Seht die Stirne, die, noch naß vom Büßen, Nun vom Dornenkranz wird rund gerissen! Dringt euch solche Angst und Pein, Sünder, nicht durch Mark und Bein?

4. Für uns sehn wir ihn das Fluchholz tragen So geduldig als ein Lamm, Das in solchen längst bestimmten Tagen Für uns auf die Schlachtbank kam. Für uns sehn wir seine Lippen beben, Für uns sich sein Herz in Lieb erheben; Für uns nahm er in der Pein Durstig Gall und Essig ein.

5. O du im Verscheiden und Erblassen Auserwähltes, ewges Licht! Möchten wir in's Herze so dich fassen, Daß auf unsrem Angesicht Sich von deinem Blicke das bewahrte, Was dein Kreuzestod uns offenbarte, Daß, wie wir dich sterben sehn, Wir auch einst zum Vater gehn!

6. Darum, o du Herze sonder Gleichen, Du in deiner Todesschön' Sollst uns nie aus unsern Augen weichen, Bis wir dich auf immer sehn! An dem Liede: „Jesus ist verschieden!" Sollen unsre Seelen nicht ermüden, Bis sie selig stimmen ein Mit der oberen Gemein'.

———

Joh. 11, 16. Laßt uns mitziehen, daß wir mit ihm sterben.

Mel. Herzlich thut mich verlangen.

86. Du meines Lebens Leben, Du meines Todes Tod! Für mich dahingegeben In tiefe Seelennoth, In Marter, Angst und Sterben, Aus heißer Liebesbegier, Das Heil mir zu erwerben: Nimm Preis und Dank dafür!

2. Ich will jetzt mit dir gehen Den Weg nach Golgatha; Laß mich im Geiste sehen, Was da für mich geschah! Mit innigzartem Sehnen Begleitet dich mein Herz; Und meine Augen thränen Um dich voll Liebesschmerz.

3. Ich komm erst zu der Stätte, Wo Jesus für mich rang, Und Blutschweiß beim Gebete Ihm aus den Gliedern drang. Den Tod, mit dem er ringet, Verdiente meine Seel; Der Schweiß, der aus ihm bringet, Ist mir ein Heilungsöl.

4. Mein Heiland wird verrathen, Geführt zu Spott und Qual; Ach, meine Missethaten, Die brachten allzumal Ihn vor's Gericht der Heiden Und in der Feinde Hand; ich war's, ich sollte leiden, Was da mein Bürg empfand.

5. Seht, welch ein Mensch! er stehet Geduldig wie ein Lamm, Und nun wird er erhöhet, Ein Fluch am Kreuzesstamm, Vollendet da sein Büßen Der Welt, auch mir zu gut; Aus Seite, Händ' und Füßen Strömt sein Versöhnungsblut!

6. Du flehst am Kreuz für Feinde; Mein Jesu, wer war ich? Du denkst an deine Freunde, Gedenk, Herr, auch an mich! Du machst den Schächer selig, Verheißest ihm dein Reich; Das macht mich Sünder fröhlich, Mich, der dem Schächer gleich.

7. Du klagst voll Angst im Herzen: „Mein Gott verlässet mich!" Du dürstest in den Schmerzen, Und niemand labet dich. Nun kommt der Leiden Ende; Du rufst: „Es ist vollbracht!" Empfiehlst in's Vaters Hände Den Geist. Es war vollbracht!

8. Ich seh mit Lieb und Beugen Des Heilands letzten Blick; Ich seh sein Haupt sich neigen, Das war mein ewges Glück. Mein Bürge stirbt; ich lebe, So

tobeswerth ich bin. Er gibt sich mir; ich gebe Mich ihm zu eigen hin.

9. O du, an den ich glaube, Und den mein Geist umfaßt, Der du im Todesstaube Für mich gelegen hast! Auf dein Verdienst und Leiden vertrau ich ganz allein; Darauf werd ich einst scheiden, Und ewig bei dir sein.

10. Erhalt mir deinen Frieden Und deines Heils Genuß, So lang ich noch hienieden In Schwachheit wallen muß; Bis endlich dir zu Ehren, Der mich mit Gott versöhnt, Dort in den obern Chören Mein Hallelujah tönt!

Jes. 63, 9. Er erlöste sie, darum, daß er sie liebete.

Eigene Melodie.

87. O du Liebe meiner Liebe, Du erwünschte Seligkeit! Die du dich aus höchstem Triebe In das jammervolle Leid Deines Leidens mir zu gute, Als ein Schlachtschaf eingestellt Und bezahlt mit deinem Blute Alle Missethat der Welt;

2. Liebe, die mit Schweiß und Thränen An dem Oelberg sich betrübt! Liebe, die mit Blut und Sehnen Unaufhörlich fest geliebt; Liebe, die den eignen Willen In des Vaters Willen legt, Und, den Fluch der Welt zu stillen, Treu die Last des Kreuzes trägt;

3. Liebe, die mit starkem Herzen Allen Spott und Hohn gehört; Liebe, die in Angst und Schmerzen Nicht der strengste Tod versehrt; Liebe, die sich liebend zeiget, Da sich Kraft und Athem end't; Liebe, die sich liebend neiget, Da sich Leib und Seele trennt;

4. Liebe, die mit ihren Armen Mich zuletzt umfangen wollt; Liebe, welche mit Erbarmen Mich so treulich und so hold Ihrem Vater übergeben, Die noch sterbend für mich bat, Daß ich ewig möchte leben, Weil mich ihr Verdienst vertrat;

5. Liebe, die mit so viel Wunden Meine Seel, als Jesu Braut, Unaufhörlich ihm verbunden Und auf ewig anvertraut; Liebe, laß auch meine Schmerzen, Meines Lebens Jammerpein In dem tiefverwund'ten Herzen Sanft in dir gestillet sein.

Passionslieder.

6. Liebe, die für mich gestorben, Und ein immerwährend Gut An dem Kreuzesholz erworben, Ach, wie denk ich an dein Blut! Ach, wie dank ich deinen Wunden, Du verwund'te Liebe du! Wenn ich in den letzten Stunden Sanft in deinen Armen ruh!

7. Liebe, die sich todt gekränket, Und für mein erkaltet Herz In ein kaltes Grab gesenket, Ach, wie dank ich deinem Schmerz! Habe Dank, daß du gestorben, Daß ich ewig leben kann, Und der Seelen Heil erworben! Nimm mich ewig liebend an!

Matth. 27, 29. Und flochten eine Dornenkrone, und setzten sie auf sein Haupt, und ein Rohr in seine rechte Hand, und beugten die Kniee vor ihm, und spotteten ihn, und sprachen: Gegrüßet seist du, der Juden König.

Mel. Herzlich thut mich verlangen.

88. Denk ich der Dornenkrone Um meines Heilands Haupt, So dankt dem Menschensohne Mein Herz, das an ihn glaubt. Es wallt von heißem Triebe, Ruft ihm bewundernd zu: O Jesu, welche Liebe! O welch ein Mensch bist du!

2. Mein Herr! das ist die Schande, Die mein Stolz hat verdient; Doch in so niederm Stande Hast du mich ausgesühnt. So wird die Schuld vergeben, Die Strafe geht dahin, Daß ich in jenem Leben Der Ehre fähig bin.

3. Mein Heil! was soll ich sagen? Ich bin auf ewig dein! Lehr mich für solche Plagen Dir herzlich dankbar sein. Mir sei vor deinem Throne Dein ewger Ruhm erlaubt, Und die erworbne Krone Des Lebens auf dem Haupt!

Jes. 53, 11. Darum, daß seine Seele gearbeitet hat, wird er seine Lust sehen und die Fülle haben.

Mel. Alle Menschen müssen sterben.

89. Jesu, meines Lebens Leben, Jesu, meines Todes Tod! Der du dich für mich gegeben In die tiefste Seelennoth, In das äußerste Verderben, Nur daß ich nicht möchte sterben: Tausend=, tausendmal sei dir, Liebster Jesu, Dank dafür.

2. Du, ach, du hast ausgestanden Lästerreden, Spott und Hohn, Speichel, Schläge, Strick und

Banden, Du gerechter Gottes-Sohn! Nur mich Armen zu erretten Von des Teufels Sündenketten. Tausend-, tausendmal sei dir, Liebster Jesu, Dank dafür.

3. Du hast lassen Wunden schlagen, Dich erbärmlich richten zu, Um zu heilen meine Plagen, Und zu bringen mich in Ruh. Ach, bu hast zu meinem Segen Lassen dich mit Fluch belegen. Tausend-, tausendmal sei dir, Liebster Jesu, Dank dafür.

4. Man hat dich sehr hart verhöhnet, Dich mit großem Schimpf belegt, Und mit Dornen gar gekrönet; Was hat bich dazu bewegt? — Daß bu möchtest mich ergötzen, Mir die Ehrenkron aufsetzen. Tausend-, tausendmal sei dir, Liebster Jesu, Dank dafür.

5. Du hast wollen sein geschlagen, Zu vertilgen meine Pein, Fälschlich lassen dich anklagen, Daß ich könnte sicher sein; Daß ich möchte trostreich prangen, Hast bu sonder Trost gehangen. Tausend-, tausendmal sei dir, Liebster Jesu, Dank dafür.

6. Du hast dich in Noth gestecket, Hast gelitten mit Gebuld, Gar den herben Tod geschmecket,

Um zu büßen meine Schuld; Daß ich würde losgezählet, Hast bu wollen sein gequälet. Tausend-, tausendmal sei dir, Liebster Jesu, Dank dafür.

7. Deine Demuth hat gebüßet Meinen Stolz und Uebermuth, Dein Tod meinen Tod versüßet, Es kommt alles mir zu gut; Dein Verspotten, dein Verspeien Muß zu Ehren mir gedeihen. Tausend-, tausendmal sei dir, Liebster Jesu, Dank dafür.

8. Nun, ich banke dir von Herzen, Jesu, für gesammte Noth! Für die Wunden, Für die Schmerzen, Für den herben, bittern Tod! Für dein Zittern, für dein Zagen, Für die tausendfachen Plagen, Für dein Ach und tiefe Pein Will ich ewig bankbar sein!

Matth. 27, 45. Und von der sechsten Stunde an ward eine Finsterniß über das ganze Land bis zu der neunten Stunde.

Mel. O du Liebe meiner Liebe.

90. Finsterniß entsteht auf Erben, Eh das Weltlicht Funken fängt; Finster muß der Erdkreis werden, Da der Herr am

Kreuze hängt. Christi Todesangst im Dunkeln Ist's, was trübe Wolken zieht, Eh man seiner Gottheit Funkeln Durch das Dunkel brechen sieht.

2. Er, des Tod die Sonne schwärzet, Hängt bei Wölfen als ein Lamm; Er, des Durst den Vater schmerzet, Trinkt aus einem Essigschwamm. Jedes Wort wird ihm verkehret, Dessen Worte ewig sind; Der der Menschen Tage mehret, Den erwürgt das Menschenkind.

3. Endlich krönest du das Ende Mit dem Ruf: "es ist vollbracht! Und hast in des Vaters Hände Deinen müden Geist vermacht. So wirst du zu Gottes Rechten Mir bereinst entgegensehn, Wann mein Geist aus allen Nächten Darf zum ewgen Lichte gehn!

4. Dein Haupt darf nicht eher winken, Bis es Zeit zur Lösung ist; Mir will Haupt und Hand entsinken, Wenn im Kreuz du ferne bist. Hilf, Herr, daß ich duld und schweige, Hebe mir das matte Haupt, Daß es sich nicht eher neige, Als du ihm zu ruhn erlaubt!

5. O wie hast du, Sohn er-

Liebe, Dich dem Vater für die Welt Aus unsäglich reinem Triebe Zum Versöhner dargestellt! Die Gerechtigkeit ergrimmte, Also, daß des Vaters Treu Gern den eignen Sohn bestimmte, Daß er hier der Mittler sei.

5. Ja, daß er dich auserkoren, Ist's, was nun die Erde weiß; Du wardst in der Zeit geboren, Schossest auf, gleich einem Reis, Bis du deine Zeit erfüllet Und Gerechtigkeit gelehrt, Und mit deinem Blut gestillet, Was der Sünder Herz beschwert.

7. Ach, ich schaue, Felsenbrecher, Wie dein Herz im Tode pocht, Und wie meiner Sünden Rächer Selbst dein Leben übermocht! Also bin ich für dein Sterben Dir auf ewig unterthan; — Der kann mich für's Leben werben, Der für Todte sterben kann!

- - - - -

Klagel. Jer. 1, 12. Euch sage ich allen, die ihr vorüber geht: Schauet doch und sehet, ob irgend ein Schmerz sei, wie mein Schmerz, der mich getroffen hat.

Mel. Nun ruhen alle Wälder.

91. O Welt, sieh hier dein Leben Am Stamm des

Kreuzes schweben, Dein Heil sinkt in den Tod! Der große Fürst der Ehren Läßt willig sich beschweren Mit Schlägen, Hohn und großem Spott.

2. Tritt her, und schau mit Fleiße, Sein Leib ist ganz mit Schweiße Des Blutes überfüllt. Aus seinem edlen Herzen, Vor unerschöpsten Schmerzen, Ein Seufzer nach dem andern quillt.

3. Wer hat dich so geschlagen, Mein Heil, und dich mit Plagen So übel zugericht't? Du bist ja nicht ein Sünder, Wie wir und unsre Kinder, Von Uebelthaten weißt du nicht.

4. Ich, ich, und meine Sünden, Die sich wie Körnlein finden des Sandes an dem Meer, Die haben dir erreget Das Elend, das dich schläget, Und das betrübte Marterheer.

5. Ich bin's, ich sollte büßen, An Händen und an Füßen Gebunden, in der Höll. Die Geißeln und die Banden, Und was du ausgestanden, Das hat verdienet meine Seel.

6. Du setzest dich zum Bürgen, Ja, lässest dich gar würgen Für mich und meine Schuld. Mir lässest du dich krönen Mit Dornen, die dich höhnen, Und leidest alles mit Geduld.

7. Ich bin, mein Heil, verbunden All Augenblick und Stunden Dir überhoch und sehr. Was Leib und Seel vermögen, Das soll ich billig legen Allzeit an deinen Dienst und Ehr.

8. Nun, ich kann nicht viel geben In diesem armen Leben, Eins aber will ich thun: Es soll dein Tod und Leiden, Bis Leib und Seele scheiden, Mir stets in meinem Herzen ruhn.

9. Ich will's vor Augen setzen, Mich stets daran ergötzen, Ich sei auch, wo ich sei Es soll mir sein ein Spiegel Der Unschuld und ein Siegel Der Lieb und unverfälschter Treu.

10. Wie heftig unsre Sünden Den frommen Gott entzünden, Wie Rach und Eifer gehn, Wie grausam seine Ruthen, Wie zornig seine Fluthen, Will ich aus deinem Leiden sehn.

11. Ich will darin erblicken, Wie ich mein Herz soll schmücken Mit stillem, sanftem Muth, Und wie ich die soll lieben, Die mich so sehr betrüben Mit Werke, So die Bosheit thut.

12. Wenn böse Zungen stechen, Mir Glimpf und Namen brechen, So will ich zähmen mich; Das Unrecht will ich dulden, Dem Nächsten seine Schulden Verzeihen gern und williglich.

13. Ich will mich mit dir schlagen An's Kreuz, und dem absagen, Was meinem Geist gelüst't. Was deine Augen hassen, Das will ich fliehn und lassen, So viel mir immer möglich ist.

14. Dein Seufzen und dein Stöhnen, Und die viel tausend Thränen, Die dir geflossen zu, Die sollen mich am Ende In deinen Schooß und Hände Begleiten zu der ewgen Ruh.

Gal. 3, 13. Christus hat uns erlöset vom Fluch des Gesetzes, da er ward ein Fluch für uns.

Mel. Sieh, hier bin ich, Ehrenkönig.

92. Setze dich, mein Geist, ein wenig, Schau dies Wunder, ach, wie groß! Sieh, dein Gott und Ehrenkönig Hängt am Kreuze nackt und bloß, Den sein Lieben Hat getrieben Zu dir aus des Vaters Schooß.

2. Daß dich Jesus liebt von Herzen, Kannst du hier am Kreuze sehn. Schau, wie alle Höllenschmerzen Ihn bis an die Seele gehn! Fluch und Schrecken Ihn bedecken; Höre doch sein Klaggetön!

3. Das sind meiner Sünden Früchte; Die, mein Heiland, ängsten dich; Diese schweren Zorngerichte, Ja, die Höll, verdiente ich; Diese Nöthen, Die dich tödten, Sollt ich fühlen ewiglich.

4. Doch du hast für mich besieget Sünde, Tod und Höllenmacht, Gottes ewgen Recht genüget, Seinen Willen ganz vollbracht Und mir eben Zu dem Leben Durch dein Sterben Bahn gemacht.

5. Ach, ich Sündenkind der Erden! Jesu, stirbst du mir zu gut? Soll dein Feind erlöset werden Durch dein eignes Herzensblut; Ich muß schweigen Und mich beugen Für dies unverdiente Gut.

6. Leib und Leben, Blut und Glieder, Alles gibst du für mich hin; Sollt ich dir nicht schenken wieder Alles, was ich hab und bin? Ich bin deine Ganz alleine; Dir verschreib ich Herz und Sinn.

7. Zeuch durch deines Todes

Kräfte Mich in deinen Tod hinein! Laß mein Fleisch und sein Geschäfte, Herr, mit dir gekreuzigt sein, Daß mein Wille Werde stille, Und die Liebe heiß und rein.

Jes. 50, 6. Ich hielt meinen Rücken dar denen, die mich schlugen, und meine Wangen denen, die mich rauften; mein Angesicht verbarg ich nicht vor Schmach und Speichel.

Mel. Herzlich thut mich verlangen.

93. O Haupt voll Blut und Wunden, Voll Schmerz und voller Hohn! O Haupt, zum Spott gebunden Mit einer Dornenkron! O Haupt, sonst schön gekrönet Mit höchster Ehr und Zier, Jetzt aber tief verhöhnet; Gegrüßet seist du mir!

2. Du edles Angesichte, Davor sonst schrickt und scheut Das große Weltgewichte, Wie bist du so bespeit? Wie bist du so erbleichet, Wer hat dein Augenlicht, Dem sonst kein Licht mehr gleichet, So schändlich zugericht't?

3. Die Farbe deiner Wangen Der rothen Lippen Pracht Ist hin und ganz vergangen: Des blassen Todes Macht Hat alles hingenommen, Hat alles hingerafft, Und daher bist du kommen Von deines Leibes Kraft.

4. Nun, was du, Herr, erduldet, Ist alles meine Last, Ich hab es selbst verschuldet, Was du getragen hast! Schau her, hier steh ich Armer, Der Zorn verdienet hat; Gib mir, o mein Erbarmer, Den Anblick deiner Gnad.

5. Erkenne mich, mein Hüter, Mein Hirte, nimm mich an! Von dir, Quell aller Güter, Ist mir viel Guts gethan; Dein Mund hat mich gelabet Mit Milch und süßer Kost, Dein Geist hat mich begabet Mit mancher Himmelslust.

6. Ich will hier bei dir stehen, Verachte mich doch nicht! Von dir will ich nicht gehen, Wann dir dein Herze bricht; Wann dein Haupt wird erblassen Im letzten Todesstoß, Alsdann will ich dich fassen In meinen Arm und Schooß.

7. Es dient zu meinen Freuden Und kommt mir herzlich wohl, Wenn ich in deinem Leiden, Mein Heil, mich finden soll. Ach, möcht ich, o mein

Leben, Zu deinem Kreuze hier Mein Leben von mir geben, Wie wohl geschähe mir.

8. Ich danke dir von Herzen, O Jesu, liebster Freund, Für deines Todes Schmerzen, Da du's so gut gemeint. Ach, gib, daß ich mich halte Zu dir und deiner Treu, Und wann ich nun erkalte, In dir mein Ende sei.

9. Wann ich einmal soll scheiden, So scheide nicht von mir, Wann ich den Tod soll leiden, So tritt du dann herfür; Wann mir am allerbängsten Wird um das Herze sein, So reiß mich aus den Aengsten Kraft deiner Angst und Pein.

10. Erscheine mir zum Schilde, Zum Trost in meinem Tod, Und laß mich sehn dein Bilde In deiner Kreuzesnoth. Da will ich nach dir blicken, Da will ich glaubensvoll Dich fest an mein Herz drücken. Wer so stirbt, der stirbt wohl.

Joh. 19, 5. Sehet, welch ein Mensch!
Eigene Melodie.

94. Seht, welch ein Mensch ist das! Ihr Menschen, kommt zusammen! Ihr Ungerechten, seht Die Unschuld hier verdammen! Ihr Sünder, merket auf, Hier seufzt die Heiligkeit, Hier hängt des Höchsten Sohn Im tiefsten Todesleid.

2. Seht, welch ein Mensch ist das! O Blicke voller Thränen, O Antlitz voller Schmach, O Lippen voller Sehnen! O Haupt voll Todesschweiß, O Seele voller Noth, O Herze voll Geduld, O Lieb voll Angst im Tod!

3. Seht, welch ein Mensch ist das! Ach, sehet seine Wunden! Habt ihr, ihr Sünder, nicht den Heiligsten gebunden? Sind eure Lüste nicht Die Dornen, die er trägt? Ist's eure Bosheit nicht, Die an das Kreuz ihn schlägt?

4. Seht, welch ein Mensch ist das! Ach, opfert Thränenfluthen; Denn eure Sünde macht Das Herz des Heilgen bluten! Geht nicht vorüber hier, Wo Schmerzen über Schmerz; Seht durch die offne Brust In eures Jesu Herz!

5. Seht, welch ein Mensch ist das! Ach ja, wir wollen sehen, Was dir, du Menschenfreund, Durch Menschen ist geschehen!

So lang ein Auge blickt, So lange soll die Pein, Die du für uns erträgst, Uns unvergessen sein.

6. Seht, welch ein Mensch ist das! Ach, sieh uns an in Gnaden! Wenn wir in Reu und Leid Beweinen unsern Schaden, So laß den Blick vom Kreuz In unsre Seele gehn, Und dein vergossnes Blut Für uns beim Vater flehn!

7. Seht, welch ein Mensch ist das! So wollen wir dich schauen, Und unsern ganzen Trost Auf dein Verdienst nur bauen. Wann nun dein Haupt sich neigt, So sterben wir mit dir; Wenn unser Auge bricht, Heil uns! dann leben wir.

Jer. 17, 14. Heile du mich, Herr, so werde ich heil; hilf du mir, so ist mir geholfen.

Mel. Werde munter, mein Gemüthe.

95. Sei mir tausendmal gegrüßet, Der mich je und je geliebt, Jesu, der du selbst gebüßet Das, womit ich dich betrübt! Ach, wie ist mir doch so wohl, Wann ich knien und liegen soll An dem Kreuze, da du stirbest Und um meine Seele wirbest!

2. Heile mich, o Heil der Seelen, Wo ich krank und traurig bin, Nimm die Schmerzen, die mich quälen, Und den ganzen Schaden hin, Den mir Adams Fall gebracht, Und ich selbsten mir gemacht! Wird, o Arzt, dein Blut mich netzen, Wird sich all mein Jammer setzen.

3. Schreibe deine blutgen Wunden Mir, Herr, in das Herz hinein, Daß sie mögen alle Stunden Bei mir unvergessen sein. Du bist doch mein schönstes Gut, Da mein ganzes Herze ruht. Laß mich hier zu deinen Füßen Deiner Lieb und Gunst genießen.

4. Diese Füße will ich halten Auf das Beste wie ich kann. Schaue meiner Hände Falten Und mich selber freundlich an Von des hohen Kreuzes Baum, Und gib meiner Bitte Raum! Sprich: laß all dein Trauern schwinden, Ich, ich tilg all deine Sünden!

Ebr. 13, 13. So lasset uns nun zu ihm hinausgehen außer dem Lager, und seine Schmach tragen.

Mel. Meinen Jesum laß ich nicht.

96. Seele, geh nach Golgatha, Setz dich unter Jesu

Kreuze Und bedenke, was dich da Für ein Trieb zur Buße reize; Willst du unempfindlich sein, O so bist du mehr als Stein.

2. Schaue doch das Jammerbild Zwischen Erd und Himmel hangen, Wie das Blut mit Strömen quillt, Daß ihm alle Kraft vergangen. Ach, der übergroßen Noth! Es ist ja mein Jesus todt.

3. O Lamm Gottes, ohne Schuld, Alles das hab ich verschuldet, Und du hast aus großer Huld Pein und Tod für mich erduldet. Daß ich nicht verloren bin, Gibst du dich an's Kreuze hin.

4. Unbeflecktes, Gotteslamm, Ich verehre deine Liebe. Schaue von des Kreuzes Stamm, Wie ich mich um dich betrübe. Dein im Blute wallend Herz Setzet mich in tiefsten Schmerz.

5. Ich kann nimmer, nimmermehr Diese Plagen dir vergelten; Du verbindest mich zu sehr: Alle Güter, tausend Welten, Alles wäre noch kein Dank Nur für deinen Gallentrank.

6. Nun, ich weiß noch was für dich: Ich will dir mein Herze geben. Dieses soll beständiglich Unter deinem Kreuze leben. Wie du mein, so will ich dein Lebend, leidend, sterbend sein.

7. Laß dein Herz mir offen stehn, Mach mich rein von aller Sünde; Darum will ich allzeit flehn, Wenn ich Kreuz und Noth empfinde; Wie ein Hirsch nach Wasser dürst't, Bis du mich erquicken wirst.

8. Kreuzige mein Fleisch und Blut, Lehre mich die Welt verschmähen; Laß mich dich, du höchstes Gut, Immer vor den Augen sehen; Führ in allem Kreuze mich Wunderlich und seliglich.

9. Endlich laß mich meine Noth Auch geduldig überwinden; Nirgend sonst wird mich der Tod Als in deinen Wunden finden. Wer sich hier ein Bette macht, Spricht zuletzt: es ist vollbracht!

(Die sieben Worte.)

Joh. 15, 7. So ihr in mir bleibet, und meine Worte in euch bleiben, werdet ihr bitten, was ihr wollt, und es wird euch widerfahren.

Mel. Jesu, hilf siegen, du Fürste des ꝛc.

97. Einiger Mittler und ewiger Priester, Der uns am

Kreuze so herrlich vertrat, Der noch den Vater für böse Geschwister Sterbend, mit Thränen und Schreien erbat: Fehlt es mir immer im Danken und Beten, Laß mich doch immer dein Fürwort vertreten!

2. Dank sei dir für die so zärtlichen Triebe, Die du der Mutter zum Besten noch fühlst, Da du sie sterbend der kindlichen Liebe Deines geliebten Johannes empfiehlst! Jesu, du liebst bis an's Ende die Deinen: Ach, so berathe auch mich und die Meinen!

3. Dank sei dir für die so tröstlichen Worte, Da du dem Schächer den Himmel versprachst, Weil du durch dieses die himmlische Pforte, Die mir die Sünde verschlossen, erbrachst! Sünder, kommt, freut euch der süßesten Reden, Denn sie sind wahrlich der Schlüssel zum Eden!

4. Dank sei dir, daß du noch bei dem Erblassen Riefest für mich das so tröstliche Wort: „Mein Gott, ach mein Gott, du hast mich verlassen!" Denn für mich Armen verließ er dich dort. Jesu, ich werde die Rede recht fassen: Gott wird mich niemals im Kreuze verlassen.

5. Jesu, Dank sei dir, bem Fürsten der Fürsten, Daß dich nur Essig und Galle getränkt! Weil nun bei deinem so kläglichen Dürsten Meine heilsdurstige Seele gedenkt: Kann mich das Dürsten der Hölle noch schrecken? Wollte nicht Jesus das Bitterste schmecken?

6. Dank sei dir für die Erfüllung der Schriften, Da du gerufen: „nun ist es vollbracht!" Weil du, ein ewig Erlösen zu stiften, Selbst dich zum heiligsten Opfer gemacht. Gott ist versöhnet, die Sünde getödtet, Weil dieses Blut in dem Himmel nun redet.

7. Dank sei dir, daß du so selig verschieden, Da du all unsere Sünden bezahlst! Dadurch erwarbst du uns Leben und Frieden, Daß du die Seele dem Vater befahlst. Dieses Wort heißet: der Gläubigen Seelen All in die Hände des Vaters befehlen.

8. Jesu, ich wünsche mit dir nur zu sterben, Jesu, mit dir nur vom Grab zu erstehn! Jesu, mit dir nur den Himmel zu

erben, Jesu, mit dir nur mich selig zu sehn, Jesu, bei dir nur auf ewig zu leben; Jesu, sprich Amen! nur du kannst es geben!

Luk. 23, 42. 43. Herr, gedenke an mich, wenn du in dein Reich kommst. — Wahrlich, ich sage dir, heute wirst du mit mir im Paradiese sein.

Mel. Nun ruhen alle Wälder.

98. Der Schächer, fluchbeladen, Kam sterbend noch zu Gnaden, Daß er noch Buße that, Noch glaubte, noch bekannte, Und, den die Welt verkannte, Als Herrn des Reichs der Himmel bat.

2. Das ist die Wundersache, Daß Jesus selig mache, Wer vorher Sünder war; Doch dient es nicht zum Grunde, Daß man die letzte Stunde Zum Beten, Buß und Glauben spar.

3. Zur Warnung soll mir's dienen; Die Gnade ist erschienen, Mit Gnade scherzt man nicht! Hing nicht der andre Schächer Am Kreuz auch als Verbrecher, Starb aber hin auf sein Gericht?

4. Wie gut ist frühe Buße, Und zu des Heilands Fuße Um sein Erbarmen flehn; Im Glauben Herr ihn nennen, Im Leben ihn bekennen, Im Leiden auf sein Leiden sehn!

5. Ich preise dein Erbarmen, Herr Jesu, der mich Armen In seine Gnade nahm! Erhalte mich hierinnen, Und nimm mich einst von hinnen Zu dir, wohin der Schächer kam.

6. Solang ich noch soll leben, Laß mir die Gnade geben, Was keine Welt mir gibt; Auf Gnade laß mich sterben, Aus Gnaden laß mich erben; Gedenke, daß du mich geliebt.

Jes. 53, 4. Fürwahr, er trug unsere Krankheit, und lud auf sich unsere Schmerzen.

Mel. O Gott, du frommer Gott.

99. Du großer Schmerzensmann, Bis auf den Tod geschlagen, Herr Jesu, dir sei Dank Für alle deine Plagen, Für deine Seelenangst, Für deine Band' und Noth, Für deine Geißelung, Für deinen bittern Tod.

2. Ach, das hat unsre Sünd und Missethat verschuldet, Was du an unsrer Statt Aus freier Lieb erduldet; Ach, unsre Sünde

bringt Dich an das Kreuz hinan! O unbeflecktes Lamm, Was hast du denn gethan?

3. Doch deines Herzens Lieb Erweiset unsern Herzen, Wie heiß du uns geliebt In deinen bittern Schmerzen! Du hast uns Gott versöhnt, Du hast der armen Welt, Die unterm Fluche lag, Den Segen hergestellt.

4. Dein Kampf ist unser Sieg, Dein Tod ist unser Leben; In deinen Banden ist Die Freiheit uns gegeben; Dein Kreuz ist unser Trost, Die Wunden unser Heil, Dein Blut das Lösegeld, Der armen Sünder Theil.

5. O hilf, daß wir uns auch Zum Kampf und Leiden wagen, Und unter unsrer Last Des Kreuzes nicht verzagen! Hilf tragen mit Geduld Durch deine Dornenkron, Wenn's kommen soll mit uns Zum Tode, Schmach und Hohn.

6. Dein Schweiß komm uns zu gut, Wenn wir im Schweiße liegen; Durch deinen Todeskampf Laß uns im Tode siegen; Durch deine Bande, Herr, Bind uns, wie dir's gefällt; Hilf, daß wir kreuzigen Durch dein Kreuz Fleisch und Welt.

7. Laß deine Wunden sein Die Heilung unsrer Sünden; Laß uns auf deinen Tod Den Trost im Tode gründen; O Jesu, laß an uns Durch deine Todespein Dein heiliges Verdienst Nie, nie verloren sein!

―――

Joh 1, 29. Siehe, das ist das Lamm Gottes, welches der Welt Sünde trägt.

Eigene Melodie.

100. O Lamm Gottes, unschuldig! Am Stamm des Kreuzes geschlachtet; Allzeit funden geduldig, Wiewohl du wurdest verachtet. All Sünd hast du getragen, Sonst müßten wir verzagen. Erbarm dich unser, o Jesu!

2. Von Herzen wir dir danken, Daß du ja so große Treue Gethan hast an uns Kranken; Ach gib uns selge Reue, Daß wir die Sünde meiden Zu Ehren deinem Leiden. Erbarm dich unser, o Jesu!

3. Stärk in uns das Vertrauen Durch dein unschuldiges Leiden. Laß fest darauf uns bauen, Und nichts mehr von dir uns scheiden; Und hilf uns selig sterben, Daß

mir den Himmel erben. Gib uns dein'n Frieden, o Jesu!

---

2. Tim. 2, 11. Sterben wir mit: so werden wir mit leben.

Mel. Wach auf, du Geist der ersten ꝛc.

101. Ach, sieh ihn dulden, bluten, sterben! O meine Seele, sag ihm Preis und Dank! Sieh Gottes eingen Sohn und Erben, Wie er für dich in Todesnoth versank! Wo ist ein Freund, der je, was er, gethan, Der so, wie er, für Sünder sterben kann?

2. Wie bitter waren jene Stunden, O Herr, und welche Lasten drückten dich! Wie quoll das Blut aus deinen Wunden! Und ach, es floß zum Heil und Trost für mich, Und ruft noch heute mir und allen zu, Daß du mich liebst, du treuer Heiland, du!

3. So sollt es sein: Du mußtest leiden; Dein Tod macht mir des Vaters Liebe kund. Er wird für mich ein Quell der Freuden, Ein Siegel auf den ewgen Friedensbund. So wahr dich Gott für uns Verlorne gibt, So wahr ist es, daß er mich herzlich liebt.

4. Dein bin ich nun und Gottes Erbe; Da seh ich in sein Vaterherz hinein. Wenn ich nun leide, wenn ich sterbe, Kann ich unmöglich je verloren sein. Wann Sonne, Mond und Erde untergehn, So bleibt mir ewig Gottes Gnade stehn.

5. Herr, auch dein Vorbild soll mich lehren; Ich folge dir, o gib mir Freudigkeit! Gern will ich deine Stimme hören, Und freudig thun, was mir dein Wort gebeut. Die Dankbarkeit bringt innigst mich dazu; Wer hat es mehr um mich verdient, als du?

6. Nie will ich mich an Feinden rächen: Auch dies lern ich, mein Heiland, hier von dir; Nie Gottes Willen widersprechen, Wär seine Führung noch so dunkel mir. Auf Dornen gingst du selbst zum Ziele hin; Ich folge dir, weil ich dein Jünger bin.

7. Was fürcht ich noch des Todes Schrecken? Du schliefest selbst im Grab, o Seelenfreund! Mag Erde mein Gebein bedecken, Wann mir des Todes Nacht zur Ruh erscheint: Dein Gott, der dir das Leben wieder gab, Der wälzet auch den Stein von meinem Grab.

8. Herr Jesu, nimm für deine Plagen Den Dank, den dir mein Herz im Staube bringt! Ein Tag soll es dem andern sagen, Bis dich mein Geist im Engelchor besingt; Dann preis' ich besser dich für deine Pein, Und alle Himmel stimmen jauchzend ein.

Joh. 19, 30. Es ist vollbracht!

Mel. Gott sei Dank in aller Welt.

102. Jesus Christus hat vollbracht, Was uns Sünder selig macht. Dieses Wort aus seinem Mund Thut uns sein Vermächtniß kund.

2. Sieh, er sprach dies Wort für dich, Sprach's für alle, sprachs für mich: Alles, alles ist vollbracht, Was die Sünder selig macht!

3. Alles hat er ausgesühnt, Alles hat er uns verdient; Alles, was uns Gott verhieß, Ist auf ewig nun gewiß.

4. Alle Sünden, aller Tod, Alles, was die Hölle droht, Alles, was uns schrecken kann, Ist vertilgt und abgethan.

5. Alle Schriften sind erfüllt, Des Gesetzes Fluch gestillt; Alle Gnade waltet hier, Allen Frieden haben wir.

———

Matth. 27, 51, 52. Der Vorhang im Tempel zerriß in zwei Stücke. Und die Erde erbebete und die Felsen zerrissen und die Gräber thaten sich auf.

Mel. Begraben laßt uns nun den Leib.

103. Nun, o Herr Jesu, ist's vollbracht! Der lichte Tag wird schwarze Nacht, Die Erde schüttert, kracht und bebt, Der Gräber Abgrund sich erhebt.

2. Des Tempels Vorhang reißt entzwei, In's Heiligste man siehet frei; Auch die Natur im Leib erscheint, Um ihren Gott und Schöpfer weint.

3. O stilles Lamm, das uns versühnt! O Liebe, die ich nicht verdient! Wie milde rinnt dein theures Blut Vom Kreuz hernieder, mir zu gut!

4. Sieh an den theuren Bräutigam, Der sich, o Mensch, am Kreuzesstamm An dein und aller Sünder Statt Aus Liebe so verblutet hat!

5. Ach, schau sein heilig Angesicht, Sonst schöner als der Sonne Licht! Sieh an den edeln, sanften Mund, Wie er erblaßt und schweigt jetzund!

Passionslieder.

6. Er hat zu uns sein Haupt geneigt, Sein Herz die offne Seite zeigt; Die Arme hält er ausgespannt, In Liebe gegen uns gewandt.

7. Hinzu, mein mattes Herz, hinzu! Vor diesem Kreuze kniee du! Denn hier erfrischt ein Himmelsthau Dir deines Herzens dürre Au.

8. Sein blutend Herz mir Leben schafft; Hier ist mein Heilbrunn, Trost und Kraft. Wo er den Schweiß im Garten ließ, Ist meiner Seele Paradies.

9. So bilde mir dein Leiden für, Herr Christ, wenn du mich holst zu dir! Wie du am Kreuze hingest todt, So zeig dich mir in aller Noth.

10. Kraft gebe mir dein Angstgeschrei, Dein letztes Wort mein Abschied sei, Womit auch ich den Geist geb auf, Wann nun vollbracht mein Lebenslauf.

11. Wann ich dann ausgeschlafen hab, Will ich erstehen aus dem Grab, Und bei dir in verklärtem Schein Kraft deiner Auferstehung sein.

―――

Phil. 2, 8. Er niedrigte sich selbst, und ward gehorsam bis zum Tode, ja zum Tode am Kreuz.

Mel. Herr Jesu, Gnadensonne.

104. Wenn mich die Sünden kränken, O mein Herr Jesu Christ, So laß mich wohl bedenken, Wie du gestorben bist, Und alle meine Schuldenlast Am Stamm des heilgen Kreuzes Auf dich genommen hast.

2. O Wunder ohne Maßen, Wenn man's betrachtet recht! Es hat sich martern lassen Der Herr für seinen Knecht; Es hat sich selbst mein Herr und Gott Für mich verlornen Menschen Gegeben in den Tod.

3. Was kann mir denn nun schaden Der Sünden große Zahl? Ich bin bei Gott in Gnaden; Die Schuld ist allzumal Bezahlt durch Christi theures Blut, Daß ich nicht mehr darf fürchten Der Hölle Qual und Gluth.

4. Drum sag ich dir von Herzen Jetzt und mein Leben lang, Für deine Pein und Schmerzen, O Jesu, Lob und Dank: Für deine Noth und Angstgeschrei, Für dein unschuldig Sterben, Für deine Lieb und Treu.

5. Herr, laß dein bittres Leiden Mich reizen für und für, Mit allem Ernst zu meiden Die sündliche Begier! Daß mir nie komme aus dem Sinn, Wie viel es dich gekostet, Daß ich erlöset bin.

6. Mein Kreuz und meine Plagen, Soll's auch sein Schmach und Spott, Hilf mir geduldig tragen; Gib, o mein Herr und Gott, Daß ich verleugne diese Welt Und folge dem Exempel, Das du mir vorgestellt.

7. Laß mich an andern üben, Was du an mir gethan, Und meinen Nächsten lieben, Gern dienen jedermann, Ohn Eigennutz und Heuchelschein, Und, wie du mir erwiesen, Aus reiner Lieb allein.

8. Laß endlich deine Wunden Mich trösten kräftiglich In meinen letzten Stunden, Und des versichern mich: Weil ich auf dein Verdienst nur trau, Du werdest mich annehmen, Daß ich dich ewig schau!

Joh. 17, 19. Ich heilige mich selbst für sie, auf daß auch sie geheiliget seien in der Wahrheit.
Mel. Herr Jesu Christ, dich zu uns wend.

105. Die Seele Christi

heilge mich, Sein Geist versetze mich in sich. Sein Leichnam, der für uns verwund't, Der mach mir Leib und Seel gesund.

2. Das Wasser, welches auf den Stoß Des Speers aus seiner Seite floß, Das sei mein Bad, und all sein Blut Erquicke mir Herz, Sinn und Muth.

3. Der Schweiß von seinem Angesicht Laß' mich nicht kommen in's Gericht; Sein ganzes Leiden, Kreuz und Pein, Das wolle meine Stärke sein.

4. O Jesu Christ, erhöre mich, Nimm und verbirg mich ganz in dich; Schließ mich in deine Wunden ein, Daß ich vorm Feind kann sicher sein!

5. Nimm mich in meiner letzten Noth Hinauf zu dir, mein Herr und Gott, Daß ich mit allen Heilgen dir Dort einst lobsinge für und für!

1. Pet. 2, 24. Welcher unsere Sünden selbst geopfert hat an seinem Leibe auf dem Holz, auf daß wir, der Sünde abgestorben, der Gerechtigkeit leben; durch welches Wunden ihr seid heil geworden.

Mel. Nun ruhen alle Völker.

106. Ich wünsch mir alle

Stunden Durch Jesu Blut und Wunden Ein froh und selig Herz; Gibt's bis auf sein Erscheinen Gleich manchmal noch zu weinen; Er kennt und heilt ja jeden Schmerz.

2. Ich fühle Liebesschauer, Wenn ich bedenk, wie sauer Er meine Schuld gebüßt. O würd er für sein Mühen Bei jedem Athemziehen Recht dankbarlich von mir gegrüßt!

3. So, wie er am verhöhntsten, So ist er mir am schönsten; Ich werd des Blicks nie satt, Und kann mich oft der Zähren Vor Rührung nicht erwehren, Weil er mein Herz verwundet hat.

4. Und wenn ich Psalmen singe, Muß sein Tod allerdinge Derselben Inhalt sein; Ich lobte seine Wunden Gern alle Tag und Stunden Wacht' auf und schliefe damit ein.

5. Ich seh im Geist mit Haufen Blutströpflein von ihm laufen Ich steh auf Golgatha. O himmlische Momente! O daß ich bleiben könnte Ums Kreuze, bis er wieder da!

6. Ich bin durch manche Zeiten, Wohl gar durch Ewigkeiten In meinem Geist gereist; Nichts hat mir's Herz genommen, Als da ich angekommen Auf Golgatha; — Gott sei gepreis't!

7. Auf diesem Orte steh ich, Von dieser Quelle geh ich Nun niemals mehr zurück. Er heft all meine Blicke Auf seine Marterstücke, Bis ihn dort schaut mein selger Blick.

Joh. 15, 13. Niemand hat größere Liebe, denn die, daß er sein Leben läßt für seine Freunde.

Mel. Werde munter, mein Gemüthe.

107. Der am Kreuz ist meine Liebe, Meine Lieb ist Jesus Christ! Weg, ihr argen Seelendiebe, Satan, Welt und Fleischeslüst'! Eure Lieb ist nicht von Gott, Eure Lieb ist gar der Tod. Der am Kreuz ist meine Liebe, weil ich mich im Glauben übe.

2. Der am Kreuz ist meine Liebe! Frevler, was befremdet's dich, Daß ich mich im Glauben übe? Jesus gab sich selbst für mich. So ward er mein Friedeschild, Aber auch mein Lebensbild. Der am Kreuz ist meine Liebe, Weil ich mich im Glauben übe.

3. Der am Kreuz ist meine Liebe; Sünde, du besiegst mich nicht. Weh mir, wenn ich den betrübe, Der für mich ging in's Gericht! Kreuzigt ich nicht Gottes Sohn? Trät ich nicht sein Blut mit Hohn? Der am Kreuz ist meine Liebe, Weil ich mich im Glauben übe.

4. Der am Kreuz ist meine Liebe! Schweig, Gewissen, zage nicht! Gott zeigt seine Liebestriebe, Wenn dich Sünd und Tod anficht. Schau, es floß auch dir zu gut Seines Sohnes theures Blut. Der am Kreuz ist meine Liebe, Weil ich mich im Glauben übe.

5. Der am Kreuz ist meine Liebe! Keine Trübsal, schwer und groß, Hunger, Blöße, Geiselhiebe, Nichts macht mich von Jesu los, Nicht Gewalt, nicht Gold und Ruhm, Engel nicht, kein Fürstenthum. Der am Kreuz ist meine Liebe, Weil ich mich im Glauben übe.

Hohel. 8, 6. Setze mich wie ein Siegel auf dein Herz, und wie ein Siegel auf deinen Arm. Denn Liebe ist stark wie der Tod.
Mel. Werde munter, mein Gemüthe.

108. Der am Kreuz ist meine Liebe, Er allein in dieser Welt! Ach, wenn er's doch ewig bliebe, Der mir jetzt so wohl gefällt! Nun, es bleibe fest dabei Und mir jede Stunde neu; Sei es heiter, sei es trübe: Der am Kreuz ist meine Liebe!

2. Zwar es ist mir unverborgen Dieser Liebe Kampf und Müh. Schmach, Verfolgung, Noth und Sorgen, Kreuz und Trübsal bringet sie. Ja, wenn er, mein Heiland, will, Ist kein bittrer Tod zu viel; Doch es komme noch so trübe: Der am Kreuz ist meine Liebe!

3. Lieber wähl ich diese Plage Und der Liebe schweren Stand Als ohn ihn die besten Tage Und der Ehren eitlen Tand. Heißt mich immer wunderlich, Spotte man auch über mich, Daß ich, was er haßt, nicht übe, Der am Kreuz ist meine Liebe!

4. Aber wolst ihr meine Stärke, Und was mich so muthig macht, Daß mein Herz des Fleisches Werke Und des Satans Grimm verlacht? Jesu Lieb ist mir gewiß, Seine Lieb ist stark und süß! Was ist, das mich noch betrübe? Der am Kreuz ist meine Liebe!

5. Diese Liebe lohnet endlich, Führet uns in's Vaterhaus, Ist zur letzten Zeit erkenntlich, Und theilt Kränz' und Kronen aus. Ach, ach wollte Gott, daß doch Alle Welt sich einmal noch Dieses in das Herz einschriebe: Der am Kreuz ist meine Liebe!

Zach. 13, 6. Was sind das für Wunden in deinen Händen?

Mel. Werde munter, mein Gemüthe.

109. Jesu, beine tiefen Wunden, Deine Qual und bittrer Tod Geben mir zu allen Stunden Trost in Leibs- und Seelennoth; Fällt mir etwas Arges ein, Denk' ich bald an deine Pein; Die erlaubet meinem Herzen, Mit der Sünde nicht zu scherzen.

2. Wenn sich will in Lüsten weiden Mein verderbtes Fleisch und Blut, So gedenk' ich an dein Leiden, Bald wird alles wieder gut. Kommt der Satan und setzt mir heftig zu, halt ich ihm für Deine Gnad und Gnadenzeichen; Bald muß er von bannen weichen.

3. Will die Welt mein Herze führen Auf die breite Sünden- bahn, Auf die viele sich verlieren Alsdann schau ich emsig an Deiner Marter Centnerlast, Die du ausgestanden hast. So kann ich in Andacht bleiben, Alle böse Lust vertreiben.

4. Ja, für alles, das mich kränket, Geben deine Wunden Kraft; Wenn mein Herz hinein sich senket, Fühl ich neuen Lebenssaft. Deines Trostes Süßigkeit Wend't in mir das bittre Leid, Der du mir das Heil erworben, Da du bist für mich gestorben.

5. Auf dich setz ich mein Vertrauen, Du bist meine Zuversicht; Dein Tod hat den Tod zerhauen, Daß er mich kann tödten nicht. Daß ich an dir habe Theil, Bringet mir Trost, Schutz und Heil; Deine Gnade wird mir geben Auferstehung, Licht und Leben.

6. Hab ich dich in meinem Herzen, Du Brunn aller Gütigkeit, So empfind ich keine Schmerzen Auch im letzten Kampf und Streit. Ich verberge mich in dich, Kein Feind kann verletzen mich. Wer sich legt an deine Wunden, Der hat glücklich überwunden.

Jef. 53. 7. Da er gestraft und gemartert ward, that er seinen Mund nicht auf, wie ein Lamm, das zur Schlachtbank geführet wird, und wie ein Schaf, das verstummet vor seinem Scherer, und seinen Mund nicht aufthut.

Eigene Melodie.

110. Marter Gottes, wer kann dein vergessen, Der in dir sein Wohlsein fand? Nein, wir wollen ewiglich ermessen Deiner Liebe theures Pfand! Unsre Seele soll sich davon nähren, Unser Ohr soll nie was Liebres hören; Täglich, stündlich wollen wir, Treuster Jesu, danken dir.

2. Ohne dich, was wären denn wir Armen? Wie betrübt, ist dir bekannt. O du Herz voll Liebe und Erbarmen, Das uns suchte, das uns fand: Laß uns nur die Kreuzeslust umwehen, Und dein Marterbild stets vor uns stehen, So geht uns bis an das Grab Nichts an Seligkeiten ab!

3. Die wir uns allhier beisammen finden, Schlagen unsre Hände ein, Uns auf deine Marter zu verbinden, Dir auf ewig treu zu sein; Und zum Zeichen, daß dies Lobgetöne Deinem Herzen angenehm und schöne, Sage: Amen! und zugleich: Friede, Friede sei mit euch!

---

1. Joh. 4, 19. Lasset uns ihn lieben; denn er hat uns erst geliebet.

Mel. Sei Lob und Ehr dem höchsten Gut.

111. Mein Jesu, der mich selig macht, Mein einiger Erlöser! Nichts Großes hat' die Welt erdacht, Dein Lieben ist noch größer. Gib, daß ich solcher Wundertreu Stets eingedenk von Herzen sei, Und deinen Tod bedenke!

2. Gekreuzigter, ach, wohn in mir! Du bist der Seele Leben. Belebe mich und laß zu dir Sich stets mein Herz erheben. Bau mich zu deinem ewgen Haus; Was unrein ist, das wirf hinaus; Mach mich zu Gottes Tempel!

3. Du hast mit meiner Seele dich, Herr, durch dein Blut vermählet; So arm ich bin, hast du doch mich Zum Eigenthum erwählet. Du hast dich mir in Ewigkeit Verlobt, und in der Gnadenzeit Durch ewge Huld vertrauet.

4. O Seele, wirf das Niedre hin, Sei Christo unterthänig! Du sollst sein eine Königin Vor einem Himmelskönig! Was unrein heißt, verlasse du; Nur Sklaven steht die Sünde zu, Nicht aber Zions Töchtern.

5. Ach, willst du deines Adels Glanz Durch Eitelkeit verscherzen? Verfluche nur die Sünde ganz, Und reiß sie aus dem Herzen, Damit du nicht im Himmelssaal Vor deines Königs Aug einmal Mit Furcht verstummen müssest!

6. O Jesu, gib du mir den Schmuck, Womit mein Geist sich kröne! Der Weltruhm ist der Seele Druck, Dein Bild ist ewge Schöne! Mach meinen Glauben stark und rein, Laß meine Liebe flammend sein, Die Hoffnung fest gegründet!

7. Herr, laß mich ganz allein nach dir Verlangen, beten, thränen; Bild mir dein ewig Leben für, Mich stets darnach zu sehnen! Es bleibe ewiglich dabei, Daß ich mit dir verbunden sei, Und von der Welt geschieden!

8. Was ich beginne, sinn und thu, Sei frei von Finsternissen; Dein Geist sei meine Kraft und Ruh, Und schärfe mein Gewissen. Schenkst du den Trübsalskelch mir ein, So laß ihn auch versüßet sein Durch's Heil aus deinen Wunden!

9. Laß mich auf deines Blutes Kraft Im Glauben einst entschlafen, Und weck nach treuer Ritterschaft Mich dann mit deinen Schafen, Die, wann sie von dem Grab erstehn, Mit dir hinauf zum Himmel gehn. Sprich: ja! ich spreche: Amen!

Röm. 5, 8. Darum preiset Gott seine Liebe gegen uns, daß Christus für uns gestorben ist, da wir noch Sünder waren.

Mel. Schmücke dich, o liebe Seele.

112. Sünder! freue dich von Herzen Ueber deines Jesu Schmerzen; Laß bei seinem Blutvergießen Stille Freudenzähren fließen. Er hat sich für dich gegeben! Such in seinem Tod das Leben. Nur von seinem Kreuze quillet, Was dein Herz auf ewig stillet.

2. Ach, wie groß ist dein Verderben! Ohne Jesum mußt du sterben. Blind und todt sind deine Kräfte, Sündethun ist dein Geschäfte; Dein Verdienst

ist Tod und Rache; Es ist aus mit deiner Sache! Ja, im Himmel und auf Erden Kann dir nicht geholfen werden.

3. Nichts kann all dein Opfer gelten Vor dem Richter aller Welten; Er, den Dornen einst gekrönet, Gottes Sohn, hat dich versöhnet; Seine Thränen, seine Wunden Haben Heil für dich gefunden, Und ihm bleibt allein die Ehre, Daß er deinen Tod zerstöre.

4. Fühlst du nun die Macht der Sünden, Wie sie deine Seele binden, Wie sie dein Gewissen quälen, Wie dein Jammer nicht zu zählen: O so komm mit deinen Ketten, Wage nicht, dich selbst zu retten; Sieh am Kreuze Jesum hängen; Er muß deine Fesseln sprengen!

5. Sünder macht der Heiland selig; Sein Erbarmen ist unzählig; Er gibt Buße, er gibt Glauben Auch dem Blinden, Lahmen, Tauben. Wer sich nur will retten lassen, Der soll das Vertrauen fassen: Gnade strömt aus Jesu Wunden, Gnad ist auch für mich gefunden!

6. Glaube nur dem Wort der Gnade, O so heilet bald dein Schade, Und des Mittlers zarte Liebe Schafft in dir ganz neue Triebe. Sind die Sünden erst vergeben, Dann kannst du auch heilig leben, Und der Gnade treues Walten Wird dich fördern und erhalten.

7. O so gib dem Sohn die Ehre, Daß ihm aller Ruhm gehöre; Suche nicht erst zu verdienen, Was am Kreuz vollbracht erschienen; Suche nicht, was schon gefunden, Preise fröhlich seine Wunden, Und bekenn es bis zum Grabe, Daß er dich erlöset habe.

———

2. Cor. 5, 21. Gott hat den, der von keiner Sünde wußte, für uns zur Sünde gemacht, auf daß wir würden in ihm die Gerechtigkeit, die vor Gott gilt.

Mel. Wie groß ist des Allmächtigen Güte.

113. O drückten Jesu Todesmienen Sich meiner Seel auf ewig ein! O möchte sündlich sein Versühnen In meinem Herzen kräftig sein! Denn ach, was hab ich ihm zu danken! Für meine Sünden floß sein Blut, Das heilet mich, den Armen, Kranken, Und kommt mir ewiglich zu gut.

2. Ein Glaubensblick auf Jesu Leiden Gibt auch dem blödsten Herzen Muth; Die Quelle wahrer Geistesfreuden Ist sein vergoßnes theures Blut, Wenn seine Kraft das Herz durchfließet, Sein Lieben unsern Geist durchbringt, Wenn seine Huld die Seel umschließet Und ihr sein Trostwort Frieden bringt.

3. Für mich starb Jesus; meine Sünden Sind's, die ihn in den Tod versenkt; Drum läßt er Gnade mir verkünden, Die mich mit Lebenswasser tränkt. O Strom der Liebe, klar und helle, Mein Herz soll offen stehn für dich; O unerschöpfte Friedensquelle, Ergieß ohn Ende dich in mich!

4. Herr Jesu! nimm für deine Schmerzen Mich Armen an, so wie ich bin! Ich setze dir in meinem Herzen Ein Denkmal deiner Liebe hin, Die dich für mich in Tod getrieben, Die mich aus meinem Jammer riß; Ich will dich zärtlich wieder lieben, Du nimmst es an, ich bin's gewiß.

5. Wann einst mein Herz wird stille stehen, So schließ mich in's Erbarmen ein; Dann werd ich dich von nahem sehen In deiner Klarheit ewgem Schein. Die Seele, die durch dich genesen, Ruht dann in deinen Armen aus, Und lässet gern den Leib verwesen; Er wird bereinst ihr neues Haus.

---

1. Joh. 1, 7. Das Blut Jesu Christi, seines Sohnes, macht uns rein von aller Sünde.

Mel. Herr Jesu Christ, dich zu uns wend.

114. Herr Jesu Christ, dein theures Blut Ist meiner Seele höchstes Gut, Das stärkt, das labt, das macht allein Mein Herz von allen Sünden rein.

2. Dein Blut, mein Schmuck, mein Ehrenkleid, Dein' Unschuld und Gerechtigkeit Macht, daß ich kann vor Gott bestehn, Und zu der Himmelsfreud eingehn.

3. O Jesu Christe, Gottes Sohn, Mein Trost, mein Heil, mein Gnadenthron, Dein theures Blut, dein Lebenssaft Gibt mir stets neue Stärk und Kraft.

4. Herr Jesu, in der letzten Noth, Wenn mich schreckt Teufel, Höll und Tod, So laß ja dies mein Labsal sein: Dein Blut macht mich von Sünden rein

Ebr. 12, 2. Welcher, da er wohl hätte mö=
gen Freude haben, erduldete er das Kreuz.

Mel. Wachet auf, ruft uns die Stimme.

115. Heil sei dir, du ewges Leben, Daß du dich in den Tod gegeben Für eine todesvolle Welt! O was konntest du behalten: Du konntest unermeßlich walten In deinem prächt=gen Himmelszelt! Das Heer der Ewigkeit Stand dir zum Dienst bereit, Alle Engel! Du wolltest nicht, Verbargst dein Licht Und gingst für Sünder in's Gericht.

2. Hier am Kreuze hängt die Liebe, Gleich einem Mörder, einem Diebe, Verhöhnt, zerschlagen und durchbohrt. Alle Schönheit ist vergangen, Die heilge Stirn, die blassen Wangen Sind von der Finsterniß umflort: Dein einzger Königsglanz Ist noch ein Dornenkranz; O du Liebe! Dein letztes Loos Ein Todesstoß, Darauf noch Blut und Wasser floß.

4. Also dankten dir's die Sünder, Daß du als todtentrißne Kinder Sie führen wolltest zu dem Thron! Also lohnt die Welt der Wahrheit! So hat sie deine Huld und Klarheit Verspien, verflucht, o Gottessohn! Was thatest du dafür? Verschloß die Lebensthür Sich den Sündern? Du Liebe, nein! Ach, du allein, Du konntest noch barmherzig sein.

4. Schau, der Vorhang ist zerrissen, Und aus den heilgen Finsternissen Blickt hell der Gnadenthron hervor. Tausend Jahr' stand er verhüllet: Nun ist des Himmels Recht erfüllet, Und freie Gnade steigt empor. Die Welt ist ausgesühnt, Das neue Leben grünt, Neu wird alles! Des Sohnes Blut Macht alles gut! O Sünder, fasset frohen Muth!

5. Ja, die Erde ist gereinigt, Und mit dem Himmel neu vereinigt, Seit dieses Blut vom Kreuze quoll Freue dich, o meine Seele, Bekenne willig deine Fehle, Und werde des Erbarmens voll, Das deinen Bann zerschlägt, Das dich vom Staube trägt In die Höhe! Du bist befreit! Du wirst erneut! Schau hell zur hellen Ewigkeit!

6. Christus ist für mich gestorben, Sonst wär ich ewiglich verdorben; Das sei mein ewger Lobgesang! Meine Pein hat er erlitten, Um meine Seele heiß gestritten, Bis er für sie zum

Passionslieder.

Siege drang. Wes Lieben ist so hehr? Sprich, Welt, wer ist wie er? Hallelujah! Gott nenn ich ihn, So lang ich bin; Mit ihm fahr ich in Frieden hin!

---

1. Joh. 3, 16. Daran haben wir erkannt die Liebe, daß er sein Leben für uns gelassen hat.

Eigene Melodie.

116. Ihr Augen, weint! Der Menschenfreund, Der Heilige, der Gerechte Wird verachtet, wird verschmäht, Stirbt den Tod der Knechte.

2. Ihr Augen, weint! Der Menschenfreund Trägt unerhörte Plagen. Ach, für unsre Missethat Wird er so geschlagen.

3. Ihr Augen, weint! Der Menschenfreund Verläßt sein theures Leben, Hat dem Vater seinen Geist Willig hingegeben.

4. Ihr Augen, weint! Der Menschenfreund Sinkt in des Grabes Höhle. Finsterniß und Gram bedeckt Seiner Jünger Seele.

5. O weint nicht mehr! Kann wohl der Herr In die Verwesung sehen? Nein, er wird nach kurzer Ruh Siegreich auferstehen!

Matth. 27, 50. Jesus schrie abermal laut und verschied.

Mel. Wer weiß, wie nahe ꝛc.

117. Es ist vollbracht, er ist verschieden! Mein Jesus schließt die Augen zu; Der Friedefürst schläft ganz in Frieden, Die Lebenssonne geht zur Ruh, Und sinkt in stille Todesnacht. O theures Wort: es ist vollbracht!

2. Es ist vollbracht, wie Gott gesprochen; Das ewge Wort muß sprachlos sein! Das Herz der Treue wird gebrochen, Den Fels des Heils umfaßt ein Stein; Die höchste Kraft ist nun verschmacht't. O wahres Wort: es ist vollbracht!

3. Es ist vollbracht, und meine Sünden Verdammen nun mein Herz nicht mehr; Denn Gnade hör ich mir verkünden Durch Jesu Blut vom Kreuze her. Nun ist getilgt der Hölle Macht. O süßes Wort: es ist vollbracht!

4. Es ist vollbracht! Mein Herzverlangen, Du allerliebste Liebe du, Dich wünschen Engel zu umfangen: Nimm auch in meinem Herzen Ruh, Wo Liebe dir ein Grab gemacht! Trostvolles Wort: es ist vollbracht!

VIII. Von der Auferstehung Jesu Christi.

Osterlieder.

Ps. 118, 15. 16. Man singet mit Freuden vom Sieg in den Hütten der Gerechten: Die Rechte des Herrn behält den Sieg; die Rechte des Herrn ist erhöhet; die Rechte des Herrn behält den Sieg.

Mel. Sollt ich meinem Gott nicht 2c.

121. Ueberwinder! nimm die Palmen, Die dein Volk dir heute bringt, Das mit frohen Osterpsalmen Den erkämpften Sieg besingt. Wo ist nun der Feinde Pochen, Und der Würger Mordgeschrei, Da des Todes Nacht vorbei Und sein Stachel ist zerbrochen? Tod und Teufel liegen da; Gott sei Dank, Hallelujah!

2. Stecke nun dein Siegeszeichen Auf der dunkeln Gruft empor! Was kann deinem Ruhme gleichen? Held und König, tritt hervor, Laß dir tausend Engel dienen! Denn nach harter Leidenszeit Ist dein Tag der Herrlichkeit, Höchste Majestät, erschienen; Erd und Himmel jauchzen da: Gott sei Dank, Hallelujah!

3. Theile, großer Fürst, die Beute Deiner armen Heerde mit, Die in froher Sehnsucht heute Vor den Thron der Gnade tritt. Deinen Frieden gib uns allen! O so jauchzet Herz und Muth, Weil das Loos uns wundergut Und auf's lieblichste gefallen. Freud und Wonne grünen da. Gott sei Dank, Hallelujah!

4. Laß, o Sonne der Gerechten, Deinen Strahl in's Herze gehn! Gib Erleuchtung deinen Knechten, Daß sie geistlich auferstehn. Hält der Schlaf uns noch gefangen, O so störe du den Lauf, Rufe mächtig: wachet auf! Denn die Schatten sind vergangen, Und der helle Tag istba. Gott sei Dank, Hallelujah!

5. Tilg in uns des Todes Grauen, Wann die letzte Stunde schlägt, Weil du denen, die dir

trauen, Schon die Krone beigelegt. Gib uns in den höchsten Nöthen, Gib uns mitten in der Pein Deinen Trost und Glauben ein, O so kann der Tod nicht tödten; Denn die Hoffnung blühet da. Gott sei Dank, Hallelujah!

6. Zeige, wenn der blöde Kummer Ueber Sarg und Grüften weint, Wie die Schwachheit nach dem Schlummer Dort in voller Kraft erscheint. Sind wir sterblich hier geboren, O so streift das kühle Grab Nur, was sterblich heißt, uns ab, Und der Staub ist unverloren; Unser Hirte hütet da. Gott sei Dank, Hallelujah!

7. Rufe die zerfallnen Glieder Endlich aus der dunkeln Nacht, Wann der Deinen Asche wieder In verklärtem Glanz erwacht. Dann wirst du die Krone geben, Dann wird unsre volle Brust, Herr, mit engelgleicher Lust Ewig deinen Sieg erheben, Und wir sprechen auch allda: Gott sei Dank, Hallelujah!

Apost. 3, 15. Den Fürsten des Lebens habt ihr getödtet. Den hat Gott auferwecket von den Todten, deß sind wir Zeugen.

Mel. Christus, der ist mein Leben.

122. Willkommen, Held im Streite, Aus deines Grabes Kluft! Wir triumphiren heute Um deine leere Gruft.

2. Der Feind wird Schau getragen Und heißt nunmehr ein Spott; Wir aber können sagen: Mit uns ist unser Gott!

3. In der Gerechten Hütten Schallt schon das Siegeslied, Du trittst selbst in die Mitten Und bringst den Osterfried.

4. Ach, theile doch die Beute Bei deinen Gliedern aus, Ach, komm, und bring noch heute Dein Heil in Herz und Haus.

5. Schwing deine Siegesfahnen Auch über unser Herz, Und zeig uns einst die Bahnen Vom Grabe himmelwärts.

6. Laß unser aller Sünden In's Grab verscharret sein, Uns einen Schatz hier finden, Der ewig kann erfreun.

7. Wir sind mit dir gestorben; So leben wir mit dir; Was uns dein Tod erworben, Das stell uns täglich für.

8. Wir wollen hier ganz fröhlich Mit dir zu Grabe gehn, Wenn wir nur dorten selig Mit dir auch auferstehn.

9. Der Tod kann uns nicht schaden, Sein Pfeil ist nunmehr stumpf: Wir stehn bei Gott in Gnaden, Und rufen schon: Triumph!

Apostg. 5, 30. 31. Der Gott unserer Väter hat Jesum auferwecket, welchen ihr erwürget habt und an das Holz gehänget. Den hat Gott durch seine rechte Hand erhöhet zu einem Fürsten und Heiland.

Mel. Allein Gott in der Höh sei Ehr.

123. Wach auf, mein Herz, die Nacht ist hin, Die Sonn ist aufgegangen! Ermuntre deinen Geist und Sinn, Den Heiland zu empfangen, Der heute durch des Todes Thor Gebrochen aus dem Grab hervor, Der ganzen Welt zur Wonne!

2. Sieh aus dem Grab der Sünden auf Und such ein neues Leben; Vollführe deinen Glaubenslauf Und laß dein Herz sich heben Gen Himmel, da dein Jesus ist, Und such, was droben, als ein Christ, Der geistlich auferstanden.

3. Quält dich ein schwerer Sorgenstein, Dein Jesus wird ihn heben. Es kann ein Christ bei Kreuzespein In Freud und Wonne leben. Wirf dein Anliegen auf den Herrn Und sorge nicht: er ist nicht fern, Weil er ist auferstanden.

4. Es hat der Löw aus Judas Stamm Heut siegreich überwunden, Und das erwürgte Gotteslamm Hat, uns zum Heil, gefunden Das Leben und Gerechtigkeit, Weil er nach überstandnem Streit Die Feinde Schau getragen.

5. Drum auf, mein Herz, fang an den Streit, Weil Jesus überwunden! Er wird auch überwinden weit In dir, weil er gebunden Der Feinde Macht, daß du aufstehst, Und in ein neues Leben gehst, Und Gott im Glauben dienest.

6. Scheu weder Teufel, Welt, noch Tod, Noch gar der Hölle Rachen. Dein Jesus lebt, es hat nicht Noth, Er ist noch bei den Schwachen Und den Geringen in der Welt Als ein gekrönter Siegesheld; Drum wirst du überwinden.

7. Ach, mein Herr Jesu, der du bist Vom Tode auferstanden,

Rett uns aus Satans Macht und List Und aus des Todes Banden! Daß wir zusammen insgemein Zum neuen Leben gehen ein, Das du uns hast erworben.

8. Sei hochgelobt in dieser Zeit Von allen Gotteskindern, Und ewig in der Herrlichkeit Von allen Ueberwindern, Die überwunden durch dein Blut! Herr Jesu, gib uns Kraft und Muth, Daß wir auch überwinden!

Joh. 14, 19. Ich lebe, und ihr sollt auch leben.

Mel. Soll ich meinem Gott nicht ꝛc.

124. Größter Morgen, der die Erde Nach der tiefsten Nacht belebt, Der sie nach dem Wort: „es werde!" Nochmals aus dem Nichts erhebt! Nach der Nacht voll düstrer Sorgen, Da man angst- und kummervoll Ohne Jesum leben soll, Bringt der allerschönste Morgen Jesum aus des Todes Thor, Jesum, unser Licht, hervor.

2. Seht! Der Stein ist abgehoben, Und kein Kriegsknecht hütet mehr; Blickt nun seligfroh nach oben: Jesus lebt, das Grab ist leer! Kommt und seht, wo er gelegen; Tuch und Binden findet ihr, Aber Jesus ist nicht hier. Engel rufen euch entgegen: „Sucht ihn, sucht den nicht im Grab, Der der Welt das Leben gab!"

3. Großes Haupt, so lebst du wieder? Nur auf wenig Tage tobt? Nun erwachen Siegeslieder Mit dem Ostermorgenroth! Engel müssen sie dir singen: „Den ihr suchet, Jesus lebt!" Und die Gruft hallt: „Jesus lebt!" Und die nahen Felsen klingen: „Gottes Sohn, der todt war, lebt!" Und die Welt ertönt: „er lebt!"

4. Lebt nun auf, ihr stillen Seelen, Die in Thränen ihr zerfloßt, Die ihr euch in Kummerhöhlen Ohne Licht und Kraft verschloßt! Lebt nun auf: er ist erstanden! Er, an den ihr doch geglaubt, Ist vom Tode nicht geraubt, Nein, er lebt, ist frei von Banden Und mit Klarheit angethan: Betet euren König an!

5. Jauchz, o Erde, Himmel, töne, Rühme, neugeschaffne Welt! Gott und Menschen sind versöhnet! Seht, wie glänzt der große Held, Der des Abgrunds und

zu Ewigkeit. Dein Loos ist lieblich bir gefallen, Und beinen Auserwählten allen Ist gleiche Herrlichkeit bereit. Du stellst auf bem Altar Dein Blut für alle bar Zur Versöhnung. Wir sollen rein, Auf ewig dein, Ein Priestervolk und Fürsten sein.

3. Du wirst mit beinem Lebensstabe Die Deinen auch aus ihrem Grabe Ausführen In des Himmels Licht. Dann schauen wir mit ewger Wonne Dich selbst, Herr Jesu, Gnadensonne, Von Angesicht zu Angesicht! Den Leib wird deine Hand Im neuen Vaterland Neu verklären. Dann sind wir frei Durch beine Treu! Du auf bem Thron machst alles neu.

4. O Auferstandner, sieh hernieder Auf beine Sünder, beine Brüder, Die noch im Todesthale stehn! Komm du, Geliebter, uns entgegen, Daß wir uns völlig freuen mögen, Und laß uns beine Klarheit sehn. Heil allen, die mit bir Schon auferstanden hier Durch den Glauben! Hier sind sie schon bem Tob entflohn. — Stärk uns ben Glauben, Gottes Sohn!

———

Luk. 24, 34. Der Herr ist wahrhaftig auferstanden.

Eigene Melodie.

127. Frühmorgens, ba bie Sonn aufgeht, Mein Heiland Christus aufersteht. Vertrieben ist der Sünden Nacht, Licht, Heil und Leben wiederbracht.

2. Nicht mehr, als nur brei Tage lang Mein Heiland bleibt in Todeszwang; Den britten Tag burch's Grab er bringt Und hoch die Siegesfahne schwingt.

3. Jetzt ist der Tag, da mich die Welt Am Kreuz mit Schmach gebunden hält. Drauf folgt der Sabbath in bem Grab, Darin ich Ruh und Frieden hab.

4. In Kurzem wach ich fröhlich auf, Mein Ostertag ist schon im Lauf. Ich wach auf burch des Herren Stimm, Veracht den Tod mit seinem Grimm.

5. Der Lebensfürst ben Tob besiegt, Da er selbst lobt im Grabe liegt; Er geht hervor in eigner Kraft, Und Tod und Höll an ihm nichts schafft.

6. O Wunder groß, o starker Held! Wo ist ein Feind, ben er nicht fällt? Kein Angststein liegt so schwer auf mir, Er wälzt ihn von bes Herzens Thür.

Osterlieder.

7. Lebt Christus, was bin ich betrübt? Ich weiß, daß er mich herzlich liebt; Und stürb auch alle Welt mir ab: G'nug, daß ich Christum bei mir hab.

8. Er nährt, er schützt, er tröstet mich; Sterb ich, so nimmt er mich zu sich. Wo er jetzt lebt, da muß ich hin, Weil seines Leib's ein Glied ich bin.

9. Durch seiner Auferstehung Kraft Komm ich zur Himmelsbürgerschaft; Durch ihn bin ich mit Gott versöhnt, Und mit Gerechtigkeit gekrönt.

10. Mein Herz darf nicht entsetzen sich; Gott und die Engel lieben mich. Die Freude, die mir ist bereit, Vertreibet Furcht und Traurigkeit.

11. Für diesen Trost, o großer Held, Herr Jesu, dankt dir alle Welt! Bis wir bereinst in höhrer Weis' Erheben beinen Ruhm und Preis.

Mark. 16, 6. Ihr suchet Jesum von Nazareth, den Gekreuzigten; er ist auferstanden, und ist nicht hier. Sehet da die Stätte, da sie ihn hinlegten.

Mel. Werde munter, mein Gemüthe.

128. Herr des Todes, Fürst des Lebens! Schwingst du deine Siegesfahn, Und hat sich der Tod vergebens Wider dich hervorgethan? Ja, nun tönt der Siegsgesang Dir, der Höll und Tod bezwang; Du hast Satans Reich verheeret, seine Pforten umgekehret.

2. Bei dem frühen Morgenrothe Gehst du aus der Gruft hervor, Und die Sonn als Lebensbote Steigt in vollem Glanz empor. Unsre Schuld hat eine Nacht Voller Finsterniß gebracht; Da du aber auferstanden, Ist nun Gnad und Licht vorhanden.

3. Wirf doch auch, du Ostersonne, Deine Strahlen in mein Herz, Und erfülle mich mit Wonne; Komm und töbte meinen Schmerz! Treib der Sünden Nacht von mir, Daß ich werd ein Licht in dir! Wer so leuchtet auf der Erden, Der soll dort zur Sonne werden.

4. Laß mich heut und alle Tage Mit dir geistlich auferstehn, Daß ich nicht Gefallen trage, Mit der argen Welt zu gehn, Die in Sündenketten lebt, Und an Eitelkeiten klebt, Sondern deines Siegs mich freue, Und mein Leben ganz erneue.

5. Ach, so lebst du nun, mein Leben, Trittst in Klarheit vor

Vaters Reich Werde deinem Bilde gleich.

7. Zeig mir deine Händ und Füße, Welche Thomas einst gesehn, Daß ich sie mit Demuth küsse, Weil es hier nicht ist geschehn, Und, von allen Sünden frei, Ewig dein Gefährte sei!

Col 1, 18. Er ist das Haupt des Leibes, nämlich der Gemeine; welcher ist der Anfang und der Erstgeborne von den Todten.

Mel. Was Gott thut, das ist wohlgethan.

131. Dauferstandner Siegesfürst, Du Leben aller Leben! Heut bringst du Frieden, da du wirst Zur Freude uns gegeben. Bracht unsre Noth Dich in den Tod, So bist du nun erstanden, Und frei von Todesbanden.

2. Nun geht uns fröhlich wieder auf Die rechte Gnadensonne, Die uns verschwand in ihrem Lauf, Gibt Strahlen neuer Wonne; Jetzt ist die Seel Mit Freudenöl Von dir gesalbet worden, Und steht im neuen Orden.

3. Die Kräfte deiner Majestät Durchbrechen Grab und Steine; Dein Sieg ist's, der uns mit erhöht Zum vollen Gnadenscheine; Des Todes Wuth, Der Hölle Gluth Hat alle Macht verloren, Und wir sind neugeboren.

4. O daß wir diesen theuren Sieg Lebendig möchten kennen, Und unser Herz bei diesem Krieg Lebendig möchte brennen! Denn anders nicht Kann dieses Licht Uns in das Leben führen, Als wenn wir Glauben spüren.

5. So brich denn selbst durch unser Herz, O Jesu, Fürst der Ehren, Und laß vorher uns himmelwärts Zu dir uns gläubig kehren, Daß wir in dir Die offne Thür Zur ewgen Ruhe finden, Und auferstehn von Sünden!

6. Ja, laß das wahre Auferstehn Uns in uns selbst erfahren, Und aus den Todesgräbern gehn, Daß wir den Schatz bewahren, Das theure Pfand, Das deine Hand Zum Siegen uns gegeben: So gehn wir ein zum Leben!

Röm. 6, 8. Sind wir aber mit Christo gestorben, so glauben wir, daß wir auch mit ihm leben werden.

Mel. Gott ist getreu! Sein Herz, 2c.

132. Mein Jesus lebt!

Osterlieder.

Es wich die bunkle Nacht, Als er vom Tod erstand. Ein Licht des Lebens drang in stiller Pracht Jetzt auf's geweihte Land; Da ward die Klage banger Leiden Zum Dank, zum Jubel heilger Freuden. Mein Jesus lebt!

2. Mein Jesus lebt! Er kam, der starke Held, Der Friedefürst voll Huld; Er brachte Leben in die todte Welt, Vergebung unsrer Schuld. Er, den zu uns die Liebe führte, Rang mit dem Tod und triumphirte. Mein Jesus lebt!

3. Mein Jesus lebt! Mit stiller Freudigkeit Wall ich nun meine Bahn, Geh festen Muths durch Noth, Gefahr und Streit Zu meinem Ziel hinan. Mich führt die Wahrheit, die er lehrte, Sein Heil, das mir sein Tod bewährte. Mein Jesus lebt!

4. Mein Jesus lebt! Wer ist's, der ihm mich raubt? Ich bin sein Siegeslohn! Hat ihn nicht Gott als unser Oberhaupt Gesetzt auf seinen Thron? Er schirmet nun die Seinen alle; Wer ihn umfaßt, kommt nie zu Falle. Mein Jesus lebt!

5. Mein Jesus lebt! Er hat das Todesthal Mir durch sein Licht erhellt. Bald leuchtet mir der ewgen Sonne Strahl In jener Heimathwelt; Dort ruh ich, sicher vor Gefahren, Im Kreise der verklärten Schaaren. Mein Jesus lebt!

6. Mein Jesus lebt! Wie ist der Lohn so groß, Den einst der Glaub erhält. Weg, eitle Lust! ich weiß ein bessres Loos, Als flüchtges Glück der Welt: Er will mir ewge Fülle geben, Der sprach: ich leb, und ihr sollt leben! Mein Jesus lebt!

Hiob 19, 25. Ich weiß, daß mein Erlöser lebt, und er wird mich hernach aus der Erde auferwecken.

Eigene Melodie.

133. Jesus, meine Zuversicht Und mein Heiland, ist im Leben! Dieses weiß ich, sollt ich nicht Darum mich zufrieden geben, Was die lange Todesnacht Mir auch für Gedanken macht?

2. Jesus, er, mein Heiland, lebt; Ich werd auch das Leben schauen, Sein, wo mein Erlöser schwebt; Warum sollte mir denn grauen? Lässet auch ein Haupt sein Glied, Welches es nicht nach sich zieht?

3. Ich bin durch der Hoffnung Band Zu genau mit ihm verbunden; Meine starke Glaubenshand Wird in ihn gelegt befunden, Daß mich auch kein Todesbann Ewig von ihm trennen kann.

4. Ich bin Fleisch, und muß daher Auch einmal zu Asche werden; Dieses weiß ich, doch wird er Mich erwecken aus der Erden, Daß ich in der Herrlichkeit Um ihn sein mög allezeit.

5. Einen Leib, von Gott erbaut, Wird die neue Welt mir geben. Dann wird der von mir geschaut, Der mich will zu sich erheben. Im verklärten Leib werd ich Jesum sehen ewiglich.

6. Dieser meiner Augen Licht Wird ihn, meinen Heiland, kennen; Ich, ich selbst, ein Fremder nicht, Werd in seiner Liebe brennen, Und die Schwachheit um und an Wird von mir sein abgethan.

7. Was hier kränkelt, seufzt und fleht, Wird dort frisch und herrlich gehen; Irdisch werd ich ausgesät, Himmlisch werd ich auferstehen; Hier sink ich natürlich ein, Dorten werd ich geistlich sein.

8. Seid getrost und hoch erfreut! Jesus trägt euch, meine Glieder. Gebt nicht Raum der Traurigkeit! Sterbt ihr: Christus ruft euch wieder, Wann einst die Posaune klingt, Die durch alle Gräber bringt.

9. Lacht der finstern Erbenkluft, Lacht des Todes und der Höllen! Denn ihr sollt euch durch die Luft Eurem Heiland zugesellen; Dann wird Schwachheit und Verdruß Liegen unter eurem Fuß.

10. Nur daß ihr den Geist erhebt Von den Lüsten dieser Erden, Und euch dem schon jetzt ergebt, Dem ihr zugesellt wollt werden, Schickt das Herze da hinein, Wo ihr ewig wünscht zu sein!

―――

Röm. 8, 11. So nun der Geist des, der Jesum von den Todten auferwecket hat, in euch wohnet; so wird auch derselbige, der Christum von den Todten auferwecket hat, eure sterblichen Leiber lebendig machen.

Mel. Jesus, meine Zuversicht.

134. Jesus lebt, mit ihm auch ich! Tod, wo sind nun deine Schrecken? Er, er lebt, und wird auch mich Von

Osterlieder.

den Todten auferwecken. Er verklärt mich in sein Licht; Dies ist meine Zuversicht.

2. Jesus lebt! ihm ist das Reich Ueber alle Welt gegeben; Mit ihm werd auch ich zugleich Ewig herrschen, ewig leben. Gott erfüllt, was er verspricht; Dies ist meine Zuversicht.

3. Jesus lebt! wer nun verzagt, Lästert ihn und Gottes Ehre, Gnade hat er zugesagt, Daß der Sünder sich bekehre. Gott verstößt in Christo nicht; Dies ist meine Zuversicht.

4. Jesus lebt! sein Heil ist mein; Sein sei auch mein ganzes Leben. Reines Herzens will ich sein, Und den Lüsten widerstreben. Er verläßt den Schwachen nicht; Dies ist meine Zuversicht.

5. Jesus lebt! ich bin gewiß: Nichts soll mich von Jesu scheiden, Keine Macht der Finsterniß, Keine Herrlichkeit, kein Leiden. Er gibt Kraft zu dieser Pflicht; Dies ist meine Zuversicht.

6. Jesus lebt! nun ist der Tod Mir der Eingang in das Leben. Welchen Trost in Todesnoth Wird er meiner Seele geben, Wenn sie gläubig zu ihm spricht: Herr, Herr, meine Zuversicht!

Luk. 24, 32. Brannte nicht unser Herz in uns, da er mit uns redete auf dem Wege, als er uns die Schrift öffnete?

Mel. Alle Menschen müssen sterben.

135. Trauernd und mit bangem Sehnen Wandern zwei nach Emmaus; Ihre Augen sind voll Thränen, Ihre Seelen voll Verdruß; Man hört ihre Klageworte, Doch es ist von ihrem Orte Unser Jesus gar nicht weit, Und vertreibt die Traurigkeit.

2. Ach, es gehn noch manche Herzen Ihrem stillen Kummer nach; Sie bejammern ihre Schmerzen, Ihre Noth und Ungemach! Manches wandelt ganz alleine, Daß es nur zur G'nüge weine, — Doch mein Jesus ist dabei, Fragt: was man so traurig sei?

3. Oft schon hab ich's auch empfunden: Jesus läßt mich nie allein; Jesus stellt zu rechten Stunden Sich mit seinem Beistand ein. Wenn ich mich in Leid verzehre, Gleich als ob er ferne wäre, O so ist er mehr als nah, Und mit seiner Hülfe da.

4. Treuster Freund von allen

Freunden, Bleibe ferner noch bei mir! Sucht die Welt mich anzufeinden, Ach, so sei du auch allhier! Wenn mich Trübsalswetter schrecken, Wollst du mächtig mich bedecken; Komm, in meinem Geist zu ruhn! Was du willst, das will ich thun.

5. Bin ich traurig und betrübet, Herr, so ruf mir in den Sinn, Daß mich deine Seele liebet, Und daß ich dein eigen bin. Laß dein Wort mich fester gründen, Laß es auch mein Herz entzünden, Daß es voller Liebe brennt Und stets besser dich erkennt.

6. Tröst auch andre, die voll Jammer Einsam durch die Fluren gehn, Oder in der stillen Kammer Tief bekümmert zu dir flehn! Wenn sie von der Welt sich trennen, Daß sie satt sich weinen können, Sprich dann ihren Seelen zu: „Liebes Kind, was trauerst du?"

7. Hilf, wann es will Abend werden Und der Lebenstag sich neigt, Wann dem dunkeln Aug auf Erden Nirgends sich ein Helfer zeigt; Bleib alsdann in unsrer Mitten, Wie dich deine Jünger bitten, Bis du sie getröstet hast; — Bleibe, bleibe, theurer Gast!

IX. Von der Himmelfahrt und himmlischen Herrlichkeit Jesu Christi.

A. Himmelfahrtslieder.

Ps. 47, 6. Gott fähret auf mit Jauchzen, und der Herr mit heller Posaune.

Mel. Wie schön leucht't uns der ꝛc.

136. O wundergroßer Siegesheld, Du Sündenträger aller Welt, Heut hast du dich gesetzet Zur Rechten Gottes in der Kraft, Der Feinde Schaar gebracht zur Haft, Bis auf den Tod verletzet. Mächtig, Prächtig Triumphirst du Und regierst

Himmelfahrtslieder.

bu, Lob und Leben Sind dir, Jesu, übergeben.

2. Dir dienen alle Cherubim; Viel tausend hohe Seraphim Dich Siegesfürsten loben; Du hast den Segen wiederbracht, Und dich mit Majestät und Pracht Auf Gottes Thron erhoben. Klinget, Singet Freudenlieder! Fallet nieder, Rühmt und ehret Ihn, der auf gen Himmel fähret!

3. Du, Herr, bist unser Haupt, und wir Sind beine Glieder; nur von dir Kommt auf uns Heil und Leben. Trost, Friede, Freude, Licht und Kraft, Und was dem Herzen Labsal schafft, Wird uns durch dich gegeben. Neige, Beuge Mein Gemüthe, Ewge Güte, Dich zu preisen, Und mich dankbar zu erweisen!

4. Zeuch, Jesu, zeuch uns ganz zu dir! Hilf, daß wir künftig für und für Nach beinem Reiche trachten. Laß unsern Wandel himmlisch sein, Daß wir der Erden eiteln Schein Und Ueppigkeit verachten; Unart, Hoffahrt Laß uns meiden, Christlich leiden, Wohl ergründen, Wo die Gnade sei zu finden.

5. Sei, Jesu, unser Schirm und Hort, Und gründ uns auf bein göttlich Wort, So sind wir nie verlassen. Laß suchen uns, was broben ist; Auf Erden wohnet Trug und List Und Feinde, die uns hassen. Lügen, Trügen, Angst und Zagen, Ach, wie plagen, Ach, wie quälen Sie so viele Christenseelen!

6. Herr Jesu, komm, bu Gnadenthron, Du Siegesfürst, Held, Davids Sohn, Komm, stille mein Verlangen! Du bist uns allen ja zu gut Durch bein vergoßnes theures Blut In's Heiligthum gegangen. Dafür Soll dir Von uns allen Dank erschallen. Nimm am Ende, Herr, uns auf in beine Hände!

---

1. Petr. 3, 22. Welcher ist zur Rechten Gottes in den Himmel gefahren, und sind ihm unterthan die Engel, und die Gewaltigen, und die Kräfte.

Mel. Alle Menschen müssen sterben.

137. Siegesfürst und Ehrenkönig! Höchstverklärte Majestät! Alle Himmel sind zu wenig, Du bist brüber hoch erhöht. Sollt ich nicht zu Fuß bir fallen, Nicht mein Herz vor Freude wallen, Wenn mein

Glaubensaug betracht't Deine Herrlichkeit und Macht.

2. Seh ich dich gen Himmel fahren, Seh ich dich auf Gottes Thron, Seh ich, wie der Engel Schaaren Jauchzen dir, dem ewgen Sohn! Sollt ich nicht zu Fuß dir fallen, Nicht mein Herz vor Freude wallen, Da der Himmel jubilirt, Daß mein König triumphirt?

3. Weit und breit, du Himmelssonne, Deine Klarheit sich ergießt, Daß ein Strom von ewger Wonne Durch die Himmelsgeister fließt. Prächtig wirst du aufgenommen, Jauchzend heißt man dich willkommen; Schau, dein armes Kind steht hier, Ruft auch Hosianna dir!

4. Sollt ich deinen Kelch nicht trinken, Da ich deine Klarheit seh? Sollt mein Muth noch wollen sinken, Da ich deine Macht versteh? Meinem König will ich trauen, Nicht vor Welt und Teufel grauen, Nur in Jesu Namen mich Beugen hier und ewiglich.

5. Geist und Kraft nun überfließen: Laß sie fließen auch auf mich, Bis zum Schemel deinen Füßen Alle Feinde legen sich! Herr, zu deinem Scepter wende Alles bis zum Weltenende; Mache dir auf Erden Bahn, Alle Herzen unterthan!

6. Nun erfüllst du aller Orten Alles durch dein Nahesein; Meines Geistes ewge Pforten Stehn dir offen: komm herein! Komm, du König aller Ehren! Komm, bei mir auch einzukehren; Ewig in mir leb und wohn, Als in deinem Himmelsthron!

7. Scheidend bringst du mir dein Leben, Gott und Himmel innig nah. Lehr mich nur im Geiste schweben, Gleich als stündst du vor mir da, Fremd der Welt, von Zeit und Sinnen Bei dir abgeschieden drinnen, Mit gen Himmel hingerückt, Wo mich Jesus nur entzückt.

Eph. 1, 22. Gott hat alle Dinge unter seine Füße gethan, und hat ihn gesetzt zum Haupt der Gemeine über alles.

Mel. All Ernst, ihr Menschenkinder.

138. Der Herr fährt auf gen Himmel, Zu seines Vaters Thron! Aus niedrem Weltgetümmel Schwingt sich der Menschensohn. Lobsingt, Lobsinget Gott! Lobsingt, ihr Nationen,

Dem Herrscher aller Thronen, Dem Herren Zebaoth!

2. Der Herr wird aufgenommen In königlicher Pracht; Des freun sich alle Frommen, Er hat sie frei gemacht. Der Himmel neigt sich ihm; Der Seraphinen Chöre Lobsingen seiner Ehre, Und alle Cherubim.

3. Wir wissen nun vom Siege, Der unser Haupt erhöht; Wir wissen zur Genüge, Wie man zum Himmel geht. Der Heiland geht voran, Will uns zurück nicht lassen; Er zeiget uns die Straßen, Er bricht uns sichre Bahn.

4. Wir sollen himmlisch werden, Der Herr bestellt den Ort; Wir gehen von der Erden Getrost zum Himmel fort. Ihr Herzen, macht euch auf! Wo Jesus hingegangen, Dahin sei das Verlangen, Dahin geh euer Lauf!

5. Laßt uns zum Himmel bringen Mit herzlicher Begier; Laßt uns voll Inbrunst singen: Dich, Jesu, suchen wir! Dich, o du Gottessohn, Dich Weg, dich wahres Leben, Dem alle Macht gegeben, Dich unsres Hauptes Kron!

6. Fahr hin mit deinen Schätzen, Du trügerische Welt! Wir fliehn aus deinen Netzen; Dort ist, was uns gefällt! Der Herr ist unsre Zier, Der Herr ist unsre Wonne; Zu unsrer Lebenssonne, Zu Jesu ziehen wir!

7. Wann wird es doch geschehen, Wann kommt die liebe Zeit, Daß wir ihn werden sehen In seiner Herrlichkeit? Du Tag, wann wirst du sein, Da wir zu seinen Füßen Anbetend ihn begrüßen? O Tag, brich bald herein!

Ps. 110, 4. Der Herr hat geschworen, und wird ihn nicht gereuen: Du bist ein Priester ewiglich, nach der Weise Melchisedechs.

Mel. Es ist gewißlich an der Zeit.

139. Herr Jesu, deiner Glieder Ruhm, Du starkes Haupt der Schwachen! Du hast ein ewges Priesterthum, Kannst allzeit selig machen. Du bist es, der Gebet erhört, Und der des Glaubens Wunsch gewährt, Sobald wir zu dir kommen.

2. Du läss'st durch deine Himmelfahrt Den Himmel offen sehen; Du hast den Weg geoffen-

bart, Wie wir zum Vater gehen. Der Glaube weiß und ist gewiß, Du habest uns im Paradies Die Stätte zubereitet.

3. Du gingst in's Heiligthum hinein Kraft deiner heilgen Wunden, Und hast ein ewges Seligsein, Verherrlichter, erfunden! Du hast allein durch deine Macht Uns die Gerechtigkeit gebracht, Die unaufhörlich währet.

4. Ging unser Haupt zum Himmel ein, So werden auch die Glieder Gewiß nicht ausgeschlossen sein; Du bringst sie alle wieder. Sie werden da sein, wo du bist, Und dich verklärt, Herr Jesu Christ, Mit ewger Wonne sehen.

5. Zeuch uns dir nach! so laufen wir! Laß uns ein himmlisch Wesen In Worten, Werken und Begier Von nun an, Herr, erlesen. Zeuch unser Herz dem Himmel zu, Damit wir Wandel, Schatz und Ruh Nur in dem Himmel haben.

6. Was droben ist, laß künftighin Uns unablässig suchen; Was eitel heißt, das lehr uns fliehn, Was sündlich ist, verfluchen. Weg, Welt! dein Schatz und Freudenschein Ist viel zu elend, zu gemein Für himmlische Gemüther!

7. O Kleinod, das im Himmel strahlt, Nach dir will ich nur laufen! O Perle, die kein Weltkreis zahlt, Dich will ich hier noch kaufen! O Erbtheil voll Zufriedenheit, O Himmel voller Seligkeit, Sei mein aus Jesu Gnaden!

Joh. 17, 24. Vater, ich will, daß, wo ich bin, auch die bei mir seien, die du mir gegeben hast.

Mel. Es ist gewißlich an der Zeit.

140. Auf Christi Himmelfahrt allein Ich meine Nachfahrt gründe Und allen Zweifel, Angst und Pein Hiemit stets überwinde; Denn weil das Haupt im Himmel ist, Wird seine Glieder Jesus Christ Zur rechten Zeit nachholen.

2. Weil er gezogen himmelan Und große Gab empfangen, Mein Herz auch nur im Himmel kann, Sonst nirgends, Ruh erlangen; Denn wo mein Schatz gekommen hin, Da ist auch stets mein Herz und Sinn; Nach ihm mich sehr verlanget.

3. Ach, Herr, laß diese Gnade

mich von deiner Auffahrt spüren, Daß mit dem wahren Glauben ich Mög meine Nachfahrt zieren, Und dann einmal, wann dir's gefällt, Mit Freuden scheiden aus der Welt; Herr, höre dies mein Flehen!

Eph. 4, 8. Er ist aufgefahren in die Höhe, und hat das Gefängniß gefangen geführet, und hat den Menschen Gaben gegeben.

Mel. Wachet auf, ruft uns die Stimme.

141. Thut euch auf, ihr Himmelspforten! Der Menschensohn ist König worden, Er, der da trug die Dornenkron! Aus dem tiefen Todesthale, Im Leuchten seiner Wundenmale Fährt er empor zu Gottes Thron. Er hat die Welt versöhnt, Und ist mit Preis gekrönt Von dem Vater; Er hat vollbracht, Was Gott bedacht, Und sein ist ewig alle Macht.

2. Beug in Ehrfurcht deine Kniee, O Sündervolk der Erd, und siehe, Was du an deinem Jesus hast! Einst als armes Kind geboren, Und doch vor allen auserkoren, War er dein Pilgrim und dein Gast; Ein Kreuz sein Sterbebett, Ein Fels die Ruhestätt Auf sein Sterben; Dein Fluch ward sein, Sein Heil ward dein, Und damit geht er himmelein.

3. Gib ihm freudig hin dein Alles! Der Tilger deines Sündenfalles Ist König über alle Welt. Vor dem Löwen Juda's neigen Sich aller Heldenengel Reigen, Wenn er durchfährt das Himmelszelt. Doch süßer klingt das Wort, Daß er uns bleibt hinfort Lamm und Bräutgam; Und selig geht Nun das Gebet: „Allherrscher, Priester und Prophet!"

4. Also, du am Kreuz Erblaßter, Du von der schnöden Welt Gehaßter, Sei du des Glaubens Eigenthum! Dir nach wird kein andrer kommen, Und wer dein Hirtenwort vernommen, Sieht sich nach keinem andern um. Du bist des Vaters Sohn, Und dir gebührt der Thron, Großer Jesu! Wahrheit und Gnad Und Wunderthat Stehn dir zur Seit im Königsrath.

5. Bitt für uns! — Auf deine Bitte Strömt Segen aus der ewgen Hütte, Weil du der Hohepriester bist. Walt ob uns! wen du magst schirmen, Der siegt in allen Wetterstürmen, Weil ein Allherrscher mit ihm

ist; Und du, Prophet, verleih, Daß sein Geist in uns sei Als ein Tröster! Was fehlt uns dann? Den trifft kein Bann, Der dein sich freun und rühmen kann.

6. Heiligkeit ist deine Zierde; Barmherzigkeit heißt deine Würde, Und Wiederbringung ist dein Thun. Lebensfürst, bring deine Glieder Durch Zucht und Gnaden alle wieder, Bis sie In deiner Liebe ruhn! Dann wird ein Lobgetön Am Siegstag dich erhöhn: Hallelujah Dem Menschensohn Auf Gottes Thron! Wir alle sind sein Schmerzenslohn.

Offenb. 5, 5. Siehe, es hat überwunden der Löwe, der da ist vom Geschlecht Juda, die Wurzel Davids.

Mel. Lobe den Herren, den mächtigen rc.

142. Lamm, das gelitten, und Löwe, der siegreich gerungen! Blutendes Opfer und Held, der die Hölle bezwungen! Brechendes Herz, Das sich aus irdischem Schmerz Ueber die Himmel geschwungen!

2. Du hast in schauriger Tiefe das Höchste vollendet, Gott in die Menschheit gehüllt, daß sein Licht uns nicht blendet. „Würdig bist du," Jauchzt dir die Ewigkeit zu, „Preises und Ruhms, der nicht endet!"

3. Himmlische Liebe, die Namen der Erde nicht nennen! Fürst deiner Welten, den einst alle Zungen bekennen! Gingest du nicht Selbst In der Sünder Gericht, Sünder entlassen zu können?

4. Wunder der Liebe! der einzige Reine von allen Eint sich mit Seelen, die sündig im Staube hier wallen, Trägt ihre Schuld, Hebt mit unendlicher Huld Das, was am tiefsten gefallen!

5. Menschensohn, Heiland, in dem sich das ewge Erbarmen Milde zu eigen gegeben den schuldigen Armen, Dir an der Brust Darf nun in Leben und Lust Jeder Erstarrte erwarmen.

6. Mir auch ist süß überwindend dein Rufen ertönet; Herr, auch mein feindliches Herz hat dein Lieben versöhnet; Ja, deine Hand, Zu dem Verirrten gewandt, Hat mich mit Gnade gekrönet.

7. Lobe den Herrn, meine Seele! er hat dir vergeben,

Heilt dein Gebrechen, legt in dich ein ewges Leben! Frieden im Streit, Wonnen im irdischen Leid Weiß dir dein Heiland zu geben.

8. Schmilz, o mein dankender Laut, in die seligen Chöre Seiner Gemeinde, getrennt noch durch Länder und Meere, Doch von dem Band Himmlischer Liebe umspannt, Eins zu des Ewigen Ehre!

9. Jauchze, Natur, in des Frühlings beginnendem Wehen! Singe, du Welt, die das Werk der Erlösung gesehen! Jauchze, du Heer Dort am krystallenen Meer: „Ehre sei Gott in den Höhen!"

B. Von der himmlischen Herrlichkeit Jesu Christi.

Offenb. 19, 16. Und hat einen Namen geschrieben auf seinem Kleide und auf seiner Hüfte also: Ein König aller Könige und ein Herr aller Herren.

Mel. Schmücke dich, o liebe Seele.

143. König, dem kein König gleichet, Dessen Ruhm kein Lob erreichet, Dem als Gott das Reich gebühret, Der als Mensch das Scepter führet, Dem das Recht gehört zum Throne, Als des Vaters ewgem Sohne, Den so viel Vollkommenheiten Krönen, zieren und begleiten!

2. Himmel, Erde, Luft und Meere, Nebst dem ungezählten Heere Der Geschöpfe in den Feldern, In den Seen, in den Wäldern Sind, Herr über Tod und Leben, Dir zum Eigenthum gegeben. Thiere, Menschen, Geister scheuen, Menschensohn, dein mächtig Dräuen.

3. In des Gnadenreiches Grenzen Sieht man dich am schönsten glänzen, Wo viel tausend treue Seelen Dich zu ihrem Haupt erwählen, Die durch's Scepter deines Mundes, Nach dem Recht des Gnadenbundes, Sich von dir regieren lassen Und, wie du, das Unrecht hassen.

4. In dem Reiche deiner Ehren Kann man stets dich loben hören Von dem himmlischen Geschlechte, Von der Menge deiner Knechte, Die dort ohne Furcht und Grauen Dein verklärtes Antlitz schauen, Die dich uner-

müdet preisen Und dir Ehr und Dienst erweisen.

5. O Monarch, in deinen Reichen Ist dir niemand zu vergleichen An dem Ueberfluß der Schätze, An der Ordnung der Gesetze, An Vollkommenheit der Gaben, Welche deine Bürger haben. Du beschützest deine Freunde, Du bezwingest deine Feinde.

6. Herrsche auch in meinem Herzen Ueber Zorn, Furcht, Lust und Schmerzen. Laß mich deinen Schutz genießen; Gläubig dich in's Herze schließen, Ehren, fürchten, loben, lieben Und mich im Gehorsam üben; Hier mit ringen, dulden, streiten, Dort mit herrschen dir zur Seiten.

———

Ebr. 1, 8. Gott, dein Stuhl währet von Ewigkeit zu Ewigkeit; das Scepter deines Reiches ist ein richtiges Scepter.

Mel. O wie selig sind die Seelen.

144.

Jesus Christus herrscht als König! Alles ist ihm unterthänig, Alles legt ihm Gott zu Fuß. Jede Zunge soll bekennen, Jesus sei der Herr zu nennen, Dem man Ehre geben muß.

2. Fürstenthümer und Gewalten, Mächten, die die Thronwacht halten, Geben ihm die Herrlichkeit. Alle Herrschaft dort im Himmel, Hier, im irdischen Gelümmel, Ist zu seinem Dienst bereit.

3. Engel und erhabne Thronen, Die beim ewgen Lichte wohnen, — Nichts ist gegen Jesum groß. Alle Namen hier auf Erden, Wie sie auch vergöttert werden: Sie sind Theil' aus seinem Loos.

4. Gott des Weltalls großer Meister, Hat die Engel wohl als Geister Und als Flammen um den Thron; Sagt er aber je zu Knechten: „Setze dich zu meiner Rechten?" Nein, er sprach es zu dem Sohn!

5. Gott ist Herr; der Herr ist Einer, Und demselben gleichet keiner, Nein, der Sohn nur ist ihm gleich; Dessen Stuhl ist unumstößlich, Dessen Leben unauflöslich, Dessen Reich ein ewges Reich.

6. Gleicher Macht und gleicher Ehren, Thront er unter lichten Chören Ueberm Glanz der Cherubim. In der Welt und Himmel Enden Hat er alles in den

Händen, Denn der Vater gab es ihm.

7. Nur in ihm, — o Wundergaben! — Können wir Erlösung haben, Die Erlösung durch sein Blut. Hört's! das Leben ist erschienen, Und ein ewiges Versühnen Kommt in Jesu uns zu gut.

8. Alles dieses nicht alleine: Die begnadigte Gemeine Hat auch ihn zu ihrem Haupt. Er hat sie mit Blut erkaufet, Zu dem Himmelreich getaufet, Und sie lebet, weil sie glaubt.

9. Gebt, ihr Sünder, ihm die Herzen! Klagt, ihr Kranken, ihm die Schmerzen! Sagt, ihr Armen, ihm die Noth! Er kann alle Wunden heilen; Reichthum weiß er auszutheilen, Leben schenkt er nach dem Tod.

10. Komm, zum Tod verdammt Geschlechte! Der Gerechte macht Gerechte, Tilgt der Sünden Noth und Spott; Komm! du wirst noch angenommen; Komm getrost! er heißt dich kommen; Sag ihm nur: mein Herr und Gott!

11. Eil! es ist nicht Zeit zum Schämen. Willst du Gnade? du sollst nehmen! Willst du leben? es soll sein! Willst du erben? du sollst's sehen! Soll der Wunsch auf's höchste gehen: Willst du Jesum? — Er ist dein!

12. Allen losgekauften Seelen Soll's an keinem Gute fehlen, Denn sie glauben, Gott zum Ruhm. Werthe Worte! theure Lehren! Möcht doch alle Welt dich hören, Süßes Evangelium!

13. Zwar auch Kreuz drückt Christi Glieder Hier auf kurze Zeit darnieder, Und das Leiden geht zuvor; Nur Gedulb! es folgen Freuden; Nichts kann sie von Jesu scheiden, Und ihr Haupt zieht sie empor.

14. Ihnen steht der Himmel offen, Welcher über alles Hoffen, Ueber alles Wünschen ist. Die geheiligte Gemeine Weiß, daß eine Zeit erscheine, Da sie ihren König küßt.

15. Auch bis dahin gibt er Nahrung, Leitung, Heilung und Bewahrung, Denn er pflegt und liebet sie. Ja, bei seinem Kreuzesflamme Fraget sie, wer nun verdamme? Denn sie rühmet: Gott ist hie!

16. Jauchz ihm, Menge heilger Knechte! Rühmt, vollende

Gerechte, Und du Schaar, die Palmen trägt! Und die Märt'rer mit der Krone, Und du Chor vor seinem Throne, Der die Gottesharfen schlägt!

17. Ich auch auf den tiefsten Stufen, Ich will glauben, zeugen, rufen, Ob ich schon noch Pilgrim bin: Jesus Christus herrscht als König! Alles sei ihm unterthänig! Ehret, liebet, lobet ihn!

———

Joh. 16, 7. Es ist euch gut, daß ich hingehe. Denn so ich nicht hingehe, so kommt der Tröster nicht zu euch.

Mel. Wie schön leucht't uns der 2c.

145. Hallelujah! wie lieblich stehn Hoch über uns die Himmelshöhn! Seit du im Himmel sitzest! Seit du vom ew'gen Zion dort Aussendest dein lebendig Wort Und deine Heerde schützest! Fröhlich, Selig Schaut der Glaube Von dem Staube Auf zum Sohne: Meine Heimath ist am Throne!

2. Die Sterne leuchten ohne Zahl; Was ist ihr tausendfacher Strahl? Was ist der Glanz der Sonne? Ein Schatten nur von jenem Licht, Das dir vom holden Angesicht Ausgeht mit ew'ger Wonne! Spende, Sende Deine hellen Lebensquellen Reichlich nieder, Großes Haupt, auf deine Glieder!

3. Verhüllt den Erdkreis düstre Nacht: Ich weiß, daß dort ein Auge wacht, Das einst um uns geweinet, Das einst für uns im Tode brach; Es ist dein Aug, es bleibet wach, Bis neu die Sonne scheinet. O wer Nunmehr Nimmer klagte, Nimmer zagte, Seit du wachest, Und aus Nächten Tage machest!

4. Wohin wir ziehn durch Land und Meer: Ein Himmel neigt sich drüber her, Dein Himmel voller Gnaden. Da steigt erhörlich das Gebet, Da wallt man sicher früh und spät Vor Feindeslist und Schaden. Keiner Deiner Auserwählten, Geistbeseelten Bleibt verlassen; Treu will ihn dein Arm umfassen.

5. Befällt uns Krieg und Hungersnoth, Verbreitet Pestilenz den Tod: Getrost, du lebst im Himmel! Du hilfst und sorgest immerdar, Und rettest deine treue Schaar Aus allem Weltgetümmel. Schlagen, Plagen Sich die Sünder: Deine Kinder Flehn

Von der himmlischen Herrlichkeit Jesu Christi.

und hoffen; Deine Freistatt ist uns offen.

6. Da fliehn wir hin mit allem Schmerz, Dahin, wenn sich das arme Herz Abhärmt in bittrer Reue. Du brichst nicht das zerstoßne Rohr, Und wenn der Docht sein Oel verlor, So tränkst du ihn auf's neue. Im Licht Soll nicht Eine fehlen Von den Seelen, Die zum Leben Dir dein Vater übergeben.

7. O selger König, Jesu Christ! Wie wundervoll und heilig ist, Was uns in dir geschenket! In dir, der seine Sünder schirmt, Bleibt unser Anker, wenn es stürmt, Auf ewig eingesenket. Hier, hier Sind wir Festgebunden; Unsre Stunden Fliehen eilig; Dann hinauf zum Dreimal-Heilig!

Ps. 110. 1. Der Herr sprach zu meinem Herrn: Setze dich zu meiner Rechten.

Eigene Melodie.

146. Hoch über Erde, Welt und Zeit Thronst du zu Gottes Rechten, Ihm gleich an Macht und Herrlichkeit, Zum Heile der Gerechten.

2. Dir ist in die durchgrabne Hand Das Scepter übergeben; Du herrschest über Meer und Land, Und über Tod und Leben.

3. Allwaltend schauest du vom Thron Auf deine Menschen nieder; Schaust liebend du, der Liebe Sohn, Auf die erlösten Brüder.

4. Wie heiter macht mich dieser Blick Zu dir, dem Hocherhöhten; Er gibt mir Licht im Mißgeschick, Und Trost in allen Nöthen.

5. Er zeigt die sichre Zuflucht mir In Trübsals-Ungewittern; Versöhnt durch dich, vereint mit dir, Wie könnt ich sorgen, zittern?

6. Wenn ich zu dir, Herr Jesu Christ, Das bange Herz erhebe, Dann fühl ich, daß du wahrlich bist Der Weinstock, ich die Rebe.

7. Da trink ich neue Lebenskraft Aus deinen reichen Füllen, Die Sorgen meiner Pilgerschaft Vor dir, mein Gott, zu stillen.

8. Wie vor dem Morgenstrahl die Nacht, Muß schnell mein Kummer schwinden; Ich kann

in deiner Lieb und Macht Ruh, Trost und Frieden finden.

9. Der Pfad durch's dunkle Thal der Zeit Sei vor nicht meinen Füßen: Laß deiner Nähe Freundlichkeit Nur stets mich hier genießen!

10. Ein Fels ist mir die Zuversicht, So lang ich hier noch walle: Das Haupt läßt seine Glieder nicht, Pflegt, liebt und schützt sie alle.

Ebr. 8, 1. Wir haben einen solchen Hohenpriester, der da sitzet zu der Rechten auf dem Stuhl der Majestät im Himmel.

Mel. Alle Menschen müssen sterben.

147. Großer Mittler, der zur Rechten Seines großen Vaters sitzt, Und die Schaar von seinen Knechten In dem Reich der Gnade schützt; Dem auf dem erhabnen Throne, In der königlichen Krone Aller weiten Himmel Heer Bringt in Demuth Preis und Ehr!

2. Dein Erlösungswerk auf Erden Und dein Opfer ist vollbracht. Was vollendet sollte werden, Ist geschehn durch deine Macht. Gnad und Fried ist uns erworben, Da du für die Welt gestorben, Und dein siegreich Auferstehn Läßt uns in die Freiheit gehn.

3. Nunmehr ist es dein Geschäfte, In dem obern Heiligthum Die erworbnen Lebenskräfte Durch dein Evangelium Allen denen mitzutheilen, Die zum Thron der Gnaden eilen; Nun wird uns durch deine Hand Heil und Segen zugewandt.

4. Die durch dich zum Vater kamen, Derer denkest du mit Lust, Trägest eines jeden Namen Priesterlich auf deiner Brust. Du vertrittst, die an dich glauben, Daß sie nichts dir möge rauben, Bittest in des Vaters Haus Ihnen eine Wohnung aus.

5. Doch vergissest du der Armen, Die der Welt noch dienen, nicht, Weil dein Herz dir von Erbarmen Ueber ihrem Elend bricht. Daß dein Vater ihrer schone, Daß er nicht nach Werken lohne, Daß er ändre ihren Sinn, Ach, da zielt dein Bitten hin.

6. Zwar in deines Fleisches Tagen, Als die Sünden aller Welt Noch auf deinen Schultern lagen, Hast du dich vor Gott

gestellt, Bald mit Flehen, bald mit Weinen Für die Sünder zu erscheinen; O in welcher Niedrigkeit batest du zu jener Zeit!

7. Aber nun wird deine Bitte Von der Allmacht unterstützt, Seit in der vollkommnen Hütte Die verklärte Menschheit sitzt. Nun kannst du des Feindes Klagen Majestätisch niederschlagen, Und nun macht dein redend Blut Unsre böse Sache gut.

8. Großer Mittler, sei gepriesen, Daß du in dem Heiligthum So viel Treu an uns bewiesen; Dir sei Ehre, Dank und Ruhm. Laß uns dein Verdienst vertreten, Wenn wir zu dem Vater beten; Schließt die Lippen uns der Tod, Sprich für uns in letzter Noth!

Hbr. 7, 25. Er kann selig machen immerdar, die durch ihn zu Gott kommen, und lebet immerdar, und bittet für sie.

Mel. Schmücke dich, o liebe Seele.

148. An dein Bluten und Erbleichen, An dein Opfer ohne Gleichen, An dein priesterliches Flehen Mahnet mich des Geistes Wehen. Und so wünsch ich, ewge Güte, Für mein Leben eine Blüthe, Einen Ruhm an meinem Grabe: Daß ich dich geliebet habe.

2. Hoherpriester ohne Tadel! Lebensfürst von großem Adel! Licht und Herrlichkeit entfalten, Segnen heißt dein hohes Walten. Segnend trittst du mir entgegen; Und so wünsch ich einen Segen, Einen Ruhm an meinem Grabe: Daß ich dich geliebet habe.

3. Elend bin ich und verdorben, In der Sünde fast erstorben. Sünder können nichts verdienen, Nichts vergüten, nichts versühnen. Willst du in der ewgen Hütte Mich vergessen in der Bitte, Nicht auf deinem Herzen tragen: Muß ich sterben und verzagen.

4. Du nur giltst im Heiligthume; Und zu deiner Wunden Ruhme, Weil du für die Sünder littest, Gibt der Vater, was du bittest. Wenn schon Zornesflammen lodern, Darfst du noch Erbarmen fodern, Hülfe, wo die Engel trauern, Leben in des Todes Schauern!

5. O wie groß ist dein Ver-

mögen! Priesteramtes kannst du pflegen, Welten auf dem Herzen tragen, Sünd und Hölle niederschlagen, Gräber öffnen, Todte wecken, Sie mit Himmelsblüthe decken, Und hinauf zum ewgen Leben Auf der Rettershand erheben!

6. Was ist Reichthum, Lust und Ehre, Was ein Ueberfluß wie Meere, Wenn du, Herr, mich nicht erkennest, Nicht im Heiligthume nennest? Selger Pilger, dem die Kunde Tiefer tönt im Herzensgrunde: Christus, meine Lebensfonne, Denket mein im Haus der Wonne!

7. Lieben will ich, flehn und Loben, Bis der Vorhang weggeschoben; Dann zu dir, du Ewigtreuer! — Jesus Christus, denke meiner! Eines schenke mir hienieden: Deinen Geist und deinen Frieden, Und den Ruhm an meinem Grabe: Daß ich dich geliebet habe!

X. Von dem heiligen Geiste.

Pfingstlieder.

Röm. 8, 26. Der Geist hilft unserer Schwachheit auf.

Mel. Wie schön leucht't uns der ꝛc.

149. O heilger Geist, Kehr bei uns ein Und laß uns deine Wohnung sein, O komm, du Herzenssonne! Du Himmelslicht, laß beinen Schein Bei uns und in uns kräftig sein Zu steter Freud und Wonne! Sonne, Wonne, Himmlisch Leben Willst du geben, Wenn wir beten; Zu dir kommen wir getreten.

2. Gib Kraft und Nachdruck deinem Wort, Laß es wie Feuer immerfort In unsern Herzen brennen, Daß wir Gott Vater, seinen Sohn, Dich, beider Geist in einem Thron, Für wahren Gott erkennen. Bleibe, Treibe Und behüte, Das Gemüthe, Daß

wir glauben Und im Glauben standhaft bleiben.

3. Du Quell, draus alle Weisheit fleußt, Die sich in fromme Seelen geußt, Laß deinen Trost uns hören, Daß wir in Glaubenseinigkeit Auch andre In der Christenheit Dein wahres Zeugniß lehren. Höre, Lehre, Daß wir können Herz und Sinnen Dir ergeben, Dir zum Lob und uns zum Leben.

4. Steh uns stets bei mit deinem Rath, Und führ uns selbst den rechten Pfad, Die wir den Weg nicht wissen. Gib uns Beständigkeit, daß wir Getreu dir bleiben für und für, Wenn wir auch leiden müssen. Schaue, Baue, Was zerrissen Und beflissen, Dir zu trauen, Und auf deinen Trost zu bauen.

5. Laß uns dein' edle Balsamkraft Empfinden, und zur Ritterschaft Dadurch gestärket werden; Auf daß wir unter deinem Schutz Begegnen aller Feinde Trutz Mit freudigen Geberden; Laß dich Reichlich Auf uns nieder, Daß wir wieder Trost empfinden, Alles Unglück überwinden.

6. O starker Fels und Lebenshort! Laß uns dein himmelsüßes Wort In unsern Herzen brennen, Daß wir uns mögen nimmermehr Von deiner weisheitsreichen Lehr Und deiner Liebe trennen. Fließe, Gieße Deine Güte in's Gemüthe, Daß wir können Christum unsern Heiland nennen.

7. Du süßer Himmelsthau, laß dich In unsre Herzen kräftiglich Und schenk' uns deine Liebe; Daß unser Sinn verbunden sei Dem Nächsten stets mit Liebestreu Und sich darinnen übe. Kein Neid, Kein Streit Dich betrübe, Fried und Liebe Müssen schweben, Fried und Freude wirst du geben.

8. Gib, daß in reiner Heiligkeit Wir führen unsre Lebenszeit, Sei unsres Geistes Stärke, Daß uns hinfort sei unbewußt Die Eitelkeit, des Fleisches Lust, Und seine todten Werke. Rühre, Führe Unser Sinnen Und Beginnen Von der Erden, Daß wir Himmelserben werden.

———

Röm. 8, 15. Ihr habt nicht einen knechtlichen Geist empfangen, daß ihr euch abermal fürchten müßtet; sondern ihr habt einen kindlichen Geist empfangen, durch welchen wir rufen: Abba, lieber Vater!

Eigene Melodie.

150. Komm, o komm, du Geist des Lebens, Wahrer Gott von Ewigkeit! Deine Kraft sei nicht vergebens, Sie erfüll uns jederzeit, So wird Geist und Licht und Schein In dem dunkeln Herzen sein.

2. Gib in unser Herz und Sinnen, Weisheit, Rath, Verstand und Zucht, Daß wir anders nichts beginnen, Als nur, was dein Wille sucht'. Dein Erkenntniß werde groß, Und mach uns vom Irrthum los.

3. Zeige, Herr, die Wohlfahrtsstege, Führ uns auf des Heiles Bahn. Räume ferner aus dem Wege, Was im Lauf uns hindern kann. Wirke Reu an Sünden Statt, Wenn der Fuß gestrauchelt hat.

4. Laß uns stets dein Zeugniß fühlen, Daß wir Gottes Kinder sind, Die auf ihn alleine zielen, Wenn sich Noth und Trangsal find't; Denn des Vaters Liebestruh Ist uns allewege gut.

5. Reiz uns, daß wir zu ihm treten Frei mit aller Freudigkeit. Seufz auch in uns, wenn wir beten, Und vertritt uns allezeit: So wird unsre Bitt erhört Und die Zuversicht vermehrt.

6. Wird uns dann um Trost auch bange, Daß das Herz oft rufen muß: Ach, mein Gott, mein Gott, wie lange? O so mach doch den Beschluß! Sprich der Seele tröstlich zu, Und gib Muth, Geduld und Ruh.

7. O du Geist der Kraft und Stärke, Du gewisser, neuer Geist! Fördre in uns deine Werke, Wenn der Satan Macht beweist. Schenk uns Waffen in dem Krieg, Und erhalt in uns den Sieg.

8. Herr, bewahr auch unsern Glauben, Daß kein Teufel, Tod noch Spott Uns denselben möge rauben; Du bist unser Schutz und Gott. Sagt das Fleisch gleich immer: nein! Laß dein Wort gewisser sein.

9. Wenn wir endlich sollen sterben, So versichre uns je mehr, Als des Himmelreiches Erben, Jener Herrlichkeit und Ehr, Die Gott gibt durch Je-

Pfingstlieder.

sum Chriſt, Und die unaus=
ſprechlich iſt.

2. Cor. 5, 5. Der uns zu demſelbigen
(Leben) bereitet, das iſt Gott der uns das
Pfand, den Geiſt, gegeben hat.

Mel. Werde munter, mein Gemüthe.

151. O du allerſüßſte
Freude, O du allerſchönſtes Licht!
Der du uns in Lieb und Leide
Unbeſuchet läſſeſt nicht; Geiſt
des Höchſten, höchſter Fürſt!
Der du hältſt und halten wirſt
Ohn Aufhören alle Dinge, Höre,
höre, was ich ſinge!

2. Du biſt ja die beſte Gabe,
Die ein Menſch nur nennen
kann; Wenn ich dich erwünſch
und habe, Geb ich alles Wün=
ſchen dran. Ach, ergib dich,
komm zu mir In mein Herze,
das du dir, Eh ich in die Welt
geboren, Selbſt zum Tempel
auserkoren!

3. Du wirſt aus des Him=
mels Throne Wie ein Regen
ausgeſchütt't, Bringſt vom Va=
ter und vom Sohne Nichts als
lauter Segen mit: Laß doch, o
du werther Gaſt, Gottes Se=
gen, den du haſt Und verwaltſt
nach deinem Willen, Mich an
Leib und Seele füllen!

4. Du biſt weiſ' und voll Ver=
ſtandes, Was geheim iſt, iſt dir
kund; Zählſt den Staub des
kleinen Sandes, Gründſt des
tiefen Meeres Grund; Nun, du
weißt auch Zweifels frei, Wie
verderbt und blind ich ſei; Drum
gib Weisheit und vor allen, Wie
ich möge Gott gefallen.

5. Du biſt heilig, läſſ'ſt dich
finden, Wo man reines Herzens
iſt, Fleuchſt hingegen Schand
und Sünden, Weil du lauter
Klarheit biſt. Waſche du, o
Gnadenquell, Meine Seele rein
und hell; Laß mich fliehen, was
du flieheſt, Gib mir, was du
gerne ſieheſt.

6. Du biſt, wie ein Schäflein
pfleget, Frommen Herzens, ſanf=
ten Muths; Bleibſt im Lieben
unbeweget, Thuſt uns Böſen
alles Guts. Ach, verleih und
gib mir auch dieſen eblen Sinn
und Brauch, Daß ich Freund
und Feinde liebe, Keinen, den
du liebſt, betrübe.

7. Mein Hort, ich bin wohl
zufrieden, Wenn du mich nur
nicht verſtößſt; Bleib ich von
dir ungeſchieden, Ei, ſo bin ich
g'nug getröſt't. Laß mich ſein
dein Eigenthum, Ich verſprech

hinwiederum, Hier und dort all mein Vermögen Dir zu Ehren anzulegen.

8. Ich entsage, Herr, bem allen, Was dir deinen Ruhm benimmt, Meiner Seel soll nichts gefallen, Als was dein Gebot bestimmt. Was der Satan will und sucht, Will ich halten als verflucht. Ich will seinen schnöden Wegen Mich mit Ernst zuwider legen.

9. Nur allein, daß du mich stärkest, Und mir treulich stehest bei; Hilf, mein Helfer, wo du merkest, Daß mir Hülfe nöthig sei. Brich des bösen Fleisches Sinn, Nimm den alten Willen hin, Daß er sich in dir erneue, Und mein Gott sich meiner freue.

10. Sei mein Retter, führ mich eben; Wenn ich sink, mein Stab sei du; Wenn ich sterbe, sei mein Leben; Wenn ich lieg, sei meine Ruh; Wenn ich wieder aufersteh, O so hilf mir, daß ich geh hin, da du in ewigen Freuden Wirst die Auserwählten weiden.

———

Gal. 5, 22. Die Frucht aber des Geistes ist Liebe, Freude, Friede, Geduld, Freundlichkeit, Gütigkeit, Glaube, Sanftmuth, Keuschheit.

Mel. Sollt ich meinem Gott nicht singen.

152. Geist der Kraft, der Zucht und Liebe, Der sich in die Frommen senkt, Und die Wohlthat seiner Triebe Gottergebnen Seelen schenkt, Seelen, die das Arge hassen, Und den Vorsatz festgestellt, Daß sie sich von Fleisch und Welt Nicht mehr wollen treiben lassen: Laß auch mich in Freud und Pein Deiner Triebe fähig sein!

2. Laß dein Licht den Sinn erfüllen, Zu erkennen meine Pflicht; Neige aber auch den Willen Durch dein mächtiges Gewicht, Meine Pflichten zu vollbringen. Wenn mir Kraft und Nachdruck fehlt, Wenn mich Kält und Ohnmacht quält, So laß Kräfte mich durchbringen, Und regiere meinen Geist, Das zu thun, was du mich heißst.

3. Treibe mich zu Christi Wunden, Wenn mein Sündenelend groß; Treib mich in Versuchungsstunden In der Gnade sichern Schooß. Treib mich an, getrost zu kämpfen, Und durch

einen ernsten Streit Mit Gebet und Wachsamkeit Meinen ärgsten Feind zu bekämpfen; Treib mich auf der heilgen Bahn Stets zum Lauf und Wachsthum an!

4. O wie sanft ist dieses Treiben, Und wie kräftig doch dabei! Es läßt niemand müßig bleiben, Es macht von der Trägheit frei; Es bezwingt mit Liebeskräften Das gefesselte Gemüth, Daß es sich mit Lust bemüht, Treu zu sein in Lichtsgeschäften; Es läßt weder Rast noch Ruh, Ja, es nimmt beständig zu.

5. Geist der Kraft, der Zucht und Liebe! Treib auch mich zum Guten an; Mach durch deine starken Triebe Mir zum Laufen freie Bahn! So geh ich in Spott und Leiden, In die tiefste Schmach hinab; So geh ich durch Tod und Grab Zu des Paradieses Freuden. Ach, wie süß, o Geist der Zucht, Ist mir deiner Triebe Frucht!

———

Joel 3, 2. Ich will zu derselbigen Zeit beides über Knechte und Mägde meinen Geist ausgießen.

Mel. Warum soll ich mich denn &c.

153. Höchster Tröster, komm hernieder! Geist des Herrn, Sei nicht fern, Salbe Jesu Glieder! Er, der nie sein Wort gebrochen, Jesus, hat Deinen Rath Seinem Volk versprochen.

2. Schöpfer unsers neuen Lebens, Jeder Schritt, Jeder Tritt Ist ohn dich vergebens. Ach, das Seelenwerk ist wichtig! Wer ist wohl, Wie er soll, Treu zu handeln tüchtig.

3. Weck uns auf vom Sündenschlafe, Rette doch Heute noch Die verlornen Schafe. Reiß die Welt aus dem Verderben, Laß sie nicht Im Gericht Der Verstockung sterben.

4. Geist der Weisheit, gib uns allen Durch dein Licht Unterricht, Wie wir Gott gefallen. Lehr uns recht vor Gott zu treten, Sei uns nah Und sprich: ja! Wenn wir gläubig beten.

5. Hilf den Kampf des Glaubens kämpfen; Gib uns Muth, Fleisch und Blut, Sünd und Welt zu dämpfen. Laß uns Trübsal, Kreuz und Leiden, Angst und Noth, Schmerz und Tod Nicht von Jesu scheiden.

6. Hilf uns nach dem Besten streben; Schenk uns Kraft, Tugendhaft Und gerecht zu leben.

Gib, daß wir nie stille stehen; Treib uns an, Froh die Bahn Deines Worts zu gehen.

7. Sei in Schwachheit unsre Stütze, Steh uns bei, Mach uns frei In der Prüfungshitze. Führ, wenn Gott uns nach dem Leibe Sterben heißt, Unsern Geist Freudig in die Freude.

Eph. 4, 30. Betrübet nicht den heiligen Geist Gottes, damit ihr versiegelt seid auf den Tag der Erlösung.

Mel. Ich bete an die Macht der Liebe.

154. O Gott! o Geist! o Licht des Lebens, Das uns im Todesschatten scheint! Du scheinst und lockst so lang vergebens, Weil Finsterniß dem Lichte feind. O Geist, dem keiner kann entgehen, Dich laß ich meinen Jammer sehen!

2. Entdecke alles, und verzehre, Was nicht in deinem Lichte rein; Wenn mir's gleich noch so schmerzlich wäre; Die Wonne folgt nach der Pein. Du kannst mein Herz, voll dunkler Falten, In Jesu Klarheit umgestalten.

3. Dem Sündengift kann ich nicht steuern; Das ist dein Werk, du Quell des Lichts! Du mußt von Grund auf mich erneuern, Sonst hilft mein eignes Trachten nichts. O Geist, sei meines Geistes Leben! Ich kann mir selbst kein Gutes geben.

4. Du Athem aus der ewgen Stille! Durchwehe sanft der Seele Grund; Füll mich mit aller Gottesfülle; Und da, wo Sünd und Gräuel stund, Laß Glauben, Lieb und Ehrfurcht grünen, In Geist und Wahrheit Gott zu dienen.

5. O Geist! du Strom, der uns vom Sohne Eröffnet, und krystallenrein Aus Gottes und des Lammes Throne In stille Herzen fließt hinein: Sieh flehend hier mich niedersinken; Gib Lebenswasser mir zu trinken.

6. Es hilft kein Wollen, Laufen, Zwingen; Ich halte mich nur eingekehrt, Und lasse mich von dir durchbringen, O Kraft, die mein Gemüth begehrt! Auch mein Begehren sinket nieder In dir und wird zum Frieden wieder.

7. Mein Wirken, Wollen und Beginnen Sei kindlich folgsam beinem Trieb; Bewahr mein Herz und alle Sinnen Unlabelich in Gottes Lieb; Laß mich

Pfingstlieder.

bein Beten, Lehren, Kämpfen In mir auf keine Weise dämpfen.

8. Ich laß mich dir, und bleib Indessen Von allem abgewandt, dir nah; Will Sünde, Welt und mich vergessen, Dies innigst glauben: Gott ist da! O Gott, o Geist, o Licht des Lebens! Man harret deiner nie vergebens.

Hesek. 36, 26. Ich will euch ein neues Herz und einen neuen Geist in euch geben.
Mel. O du Liebe meiner Liebe.

155. Geist des Glaubens, Geist der Stärke, Des Gehorsams und der Zucht, Schöpfer aller Gotteswerke, Träger aller Himmelsfrucht! Geist, der einst der heilgen Männer, Kön'ge und Prophetenschaar, Der Apostel und Bekenner Trieb und Kraft und Zeugniß war!

2. Rüste du mit deinen Gaben Auch uns schwache Kinder aus, Kraft und Glaubensmuth zu haben, Eifer für des Herren Haus; Eine Welt mit ihren Schätzen, Menschengunst und gute Zeit, Leib und Leben dran zu setzen, Ju dem großen, heilgen Streit.

3. Gib uns Abrahams gewisse, Feste Glaubenszuversicht, Die durch alle Hindernisse, alle Zweifel siegend bricht; Die nicht bloß dem Gnadenbunde Trauet froh und unbewegt, Auch das Liebste jede Stunde Gott zu Füßen niederlegt.

4. Gib uns Josephs keusche Sitten, Wenn die Welt ohn Scham und Zucht Uns durch Dräuen oder Bitten In ihr Netz zu ziehen sucht. Lehr uns fliehen, lehr uns meiden Diese üppge Potiphar, Ihren Haß geduldig leiden, Gott getreu sein immerdar.

5. Gib uns Mose's brünstges Beten Um Erbarmung und Geduld, Wenn durch freches Uebertreten Unser Volk häuft Schuld auf Schuld. Laß uns nicht mit kaltem Herzen Unter den Verdorbnen stehn, Nein, mit Mose's heilgen Schmerzen Für sie seufzen, weinen, flehn.

6. Gib uns Davids Muth, zu streiten Mit den Feinden Israels, Sein Vertraun in Leidenszeiten Auf den Herren, seinen Fels; Feindesliebe und Freundestreue, Seinen königlichen Geist, Und ein Herz, das

voller Reue Gottes Gnade sucht und preist.

7. Gib Elias' heilge Strenge, Wenn den Götzen dieser Zeit Die verführte, blinde Menge Tempel und Altäre weiht: Daß wir nie vor ihnen beugen Haupt und Knie, auch nicht zum Schein, Sondern fest, als deine Zeugen, Dastehn, wenn auch ganz allein.

8. Gib uns der Apostel hohen, Unbewegten Zeugenmuth, Aller Welt, trotz Spott und Drohen Zu verkünden Christi Blut. Laß die Wahrheit uns bekennen, Die uns frei und froh gemacht; Gib, daß wir's nicht lassen können, — Habe du die Uebermacht!

9. Schenk uns gleich dem Stephan Frieden Mitten in der Angst der Welt, Wenn das Loos, das uns beschieden, In den schwersten Kampf uns stellt. In dem rasenden Getümmel Schenk uns Glaubensheiterkeit; Oeffn' im Sterben uns den Himmel, Zeig uns Jesu Herrlichkeit!

10. Geist des Glaubens, Geist der Stärke, Des Gehorsams und der Zucht, Schöpfer aller Gotteswerke, Träger aller Himmelsfrucht, — Geist, du Geist der heilgen Männer, Kön'ge und Prophetenschaar, Der Apostel und Bekenner, — Auch bei uns werd offenbar!

Apostg. 2, 4. Sie werden alle voll des heiligen Geistes.

Mel. Wunderbarer König.

156. Komm vom höchsten Throne! Odem Gottes, wehe, Komm, und unser Herz durchgehe! Sieh, wir harren deiner! Gib uns deine Fülle Bei der Herzen Sabbathstille! Laß geschehn, Was wir flehn; Schenk uns allzusammen Deine heilgen Flammen!

2. Schon hauchst du hernieder, Mild uns zu bewegen, Und wir spüren deinen Segen. Ja, du bist zugegen! Sanftes, lindes Glühen Fühlen wir uns still durchziehen; Jeder Trieb Athmet Lieb, Und ein feurig Loben Zieht das Herz nach oben.

3. Gott von großen Thaten! O der Wunderwerke, Gott der Liebe, Gott der Stärke! Preis sei dir, dem Schöpfer, Dessen Allmachtshände Walten, wirken sonder Ende! Deine Treu Schafft

Pfingstlieder.

uns neu; Nun wird, was verloren, Neu aus dir geboren!

4. Einer nur ist Mittler! Jesu Lob erschalle, Betet an, ihr Völker alle! Alles ist versöhnet; Heil wird unser Schade Durch den Brunnen ewger Gnade. Jesu Huld Tilgt die Schuld Todeswürdger Sünder; Durch ihn sind wir Kinder.

5. Wir sind Gottes Erben; Rühm es, o Gemeine, Tempelhaus lebendger Steine! Es ist zu Gott alles! Himmel rühm's und Erde, Schöner, als beim ersten „Werde!" Heilger Geist, Sei gepreist! Wollst auch uns verklären Zu des Vaters Ehren!

6. Ehre sei Jehovah In der Fern und Nähe, In den Tiefen, in der Höhe, Ihm, dem Gott des Bundes! Was er angefangen, Wird noch einst vollendet prangen, Sanft und hehr Wirket er, Daß sich alles Alle Herrlich neugestalte!

7. O der großen Hoffnung! Ewge Lieb und Güte, Wie erfreust du das Gemüthe! Selige Erfüllung, Wann durch Schöpfungswellen An dem Ziel der Ewigkeiten Lobgesang, Feierklang Ihm, nur ihm ertönet, Der uns Gott versöhnet!

8. Geist des neuen Lebens, Sende Friedensboten, Daß aufstehen alle Todten! Bleibe in uns wohnen, Edler Geist der Wahrheit! Gib uns täglich volle Klarheit, Glaubensmuth, Liebesgluth, Zungen, die nicht schweigen, Herzen, die sich beugen!

---

1. Cor. 12, 11. Dies aber alles wirkt derselbige einige Geist, und theilt einem jeglichen seines zu, nachdem er will.

Mel. Gott sei Dank in aller Welt.

157. Geist vom Vater und vom Sohn, Weihe dir mein Herz zum Thron! Schenke dich mir immerdar, So wie einst der Jünger Schaar!

2. Geist der Wahrheit, leite mich! Eigne Leitung täuschet sich, Da sie leicht des Wegs verfehlt, Und den Schein für Wahrheit wählt.

3. Geist des Lichtes, mehr in mir Meinen Glauben für und für, Der mich Christo einverleibt, Und durch Liebe Früchte treibt.

4. Geist der Andacht, schenke

mir Salbung, Inbrunst, Feu'r von dir; Laß mein Bitten innig, rein, Und vor Gott erhörlich sein.

5. Geist der Liebe, Kraft und Zucht! Wenn mich Welt und Fleisch versucht, O dann unterstütze mich, Daß ich ringe, rette mich!

6. Geist der Heiligung, verklär Jesum in mir mehr und mehr, Und erquicke innerlich Durch den Frieden Gottes mich!

7. Geist der Hoffnung, führe du Mich dem Himmelserbe zu; Laß mein Herz sich deiner freun, Und in Hoffnung selig sein!

Joh. 15, 26. Wenn aber der Tröster kommen wird, welchen ich euch senden werde vom Vater, der Geist der Wahrheit, der vom Vater ausgehet, der wird zeugen von mir.

Mel. Alt Ernst, ihr Menschenkinder.

158. O Geist, den wir empfangen Vom Vater und vom Sohn, Der du bist ausgegangen Von Christi Himmelsthron; Komm, nimm dich unser an; Komm, mache uns lebendig; Komm, heile uns inwendig; Führ uns auf ebner Bahn!

2. Du kommst beseelend nieder, Auf das, was tobt und wild, Erneufst Verlornes wieder Zu Gottes Ebenbild. Wend uns durch Buß und Reu Von Sünden, von der Erden, Damit wir himmlisch werden; Schaff unsre Herzen neu!

3. Du Finger Gottes, schreibe Dein Lebenswort in mich! Du Kraft des Höchsten, treibe Mein Herz beständiglich! O Kraft, die alles schafft, Du kannst uns mächtig machen; Ach, schenke doch uns Schwachen Die rechte Lebenskraft!

4. Laß uns nach dem nur streben, Was Gott gefallen kann, Und fang ein ewig Leben In unsern Herzen an. Laß Christi heilges Bild In uns Gestalt gewinnen, Bis uns in allen Sinnen Sein Will und Wort erfüllt!

5. Droht uns der Trübsal Wetter, Ist Welt und Feind erbost, So sei du unser Retter, Du einig wahrer Trost! Weih uns zu Priestern ein, Zu Königen im Streiten, Zu Helden in dem Leiden, Zu Siegern in der Pein!

6. Lehr uns ob dem erröthen, Was heimlich schandbar heißt,

Pfingstlieder.

Und jede Lust ertödten, Die uns zur Hölle reißt. Gib Liebe, fromm und zart, Ein Niedrigsein von Herzen, Gelassenheit bei Schmerzen; Ein Hoffen rechter Art!

7. Laß uns dich nie betrüben! Schmück unsre Seelen aus Mit Früchten, die auch drüben Bestehn im Vaterhaus. Ja, mach uns allezeit In Heiligkeit rechtschaffen; Laß unsre Glieder Waffen Sein der Gerechtigkeit!

8. Ach, laß uns dich behalten In allem unsrem Thun, Wir leben, wir erkalten, Wir wandeln oder ruhn! Geist Gottes, bleib uns nah! Wir feiern oder schaffen, Wir wachen oder schlafen, So sei du gnädig ba!

9. Herr, laß hier unsre Glieder Nur deine Tempel sein; Und droben füg uns wieder In Salems Mauern ein! Erzeig uns hier dein Licht Gehelm in stillem Hoffen; Dann, wann der Himmel offen, Ja Gottes Angesicht!

Joh. 20, 22. Nehmet hin den heilgen Geist.
Mel. Mein Vater, sieh, ich bringe dir.

159. Herr, gib mir deinen heilgen Geist, Den dein geliebter Sohn, Der treue Zeuge, mir verheißt Vom hohen Himmelsthron!

2. Laß mein Herz deinen Tempel sein, Den dieser Geist dir weiht; So werd ich von der Sünde rein, Und von dem Fluch befreit.

3. Er zünde mächtiglich in mir Der Liebe Feuer an, Daß ich, o treuer Schöpfer, dir Mich gänzlich opfern kann.

4. Die Weisheit, die von oben ist, Die flöße er mir ein, Dir, höchstes Gut, in Jesu Christ Recht unterthan zu sein.

5. Er schaff in mir ein reines Herz, Versiegle deine Huld; So trag ich Elend, Kreuz und Schmerz Mit freudiger Geduld.

6. Dein Geist der Wahrheit leite mich Zu aller Wahrheit an; Dein Geist des Trostes beweise sich, Wie er erquicken kann!

7. O heilger Geist! du ziehest nie In falsche Seelen ein; Du suchst nur und erwählest die, Die sich der Einfalt weihn!

8. Fall in mein Herz, du göttlich Licht! Du himmlisch Feuer, komm! Du ewge Liebe, laß

mich nicht, Und mach mich redlich fromm!

9. Vertreib, was fleischlich ist, in mir, Tilg aus der Lüste Spur, Und gib in Gnaden mir dafür Die göttliche Natur!

10. Mach mich zu Gottes Heiligthum, Wo man dir Opfer bringt, Und wo dein Name, Werk und Ruhm In frohen Liedern klingt!

11. Wie selig muß die Seele sein, Die hier schon in der Zeit Dir darf bekennen: du bist mein, O Geist der Herrlichkeit!

12. Drum bis zum Ablauf meiner Zeit, Ruf ich im Staub zu dir: Ruh auf mir, Geist der Herrlichkeit, Ach, wohn und bleib in mir!

Joh. 16, 13. 14. Denn er wird nicht von ihm selbst reden; sondern was er hören wird, das wird er reden. Derselbige wird mich verklären; denn von dem Meinen wird er es nehmen und euch verkündigen.

Mel. Alle Menschen müssen sterben.

160. Geist des Lebens! heilge Gabe, Du, der Seelen Licht und Trost, Erntesegen, aus dem Grabe Unsers Heilands aufgesproßt, Uns gesandt vom Himmelsthrone, Vom erhöhten Menschensohne, Geist der Kraft und Herrlichkeit: Mache dir mein Herz bereit!

2. Einst bist du herabgefahren Als ein Sturmwind aus den Höhn, Ließest dich in wunderbaren Feuerzungen herrlich sehn; Aber jetzo wehst du stille, Ohne Zeichen, ohne Hülle, Auf der Erde nah und fern, Als ein Athemzug des Herrn.

3. Ihn, den armen Nazarener, Der gering auf Erden ging, Ihn, den Mittler und Versöhner, Der am Kreuz die Welt umfing, Allen Herzen zu verklären, — Ihn, den großen Gott der Ehren, Dessen Herz von Liebe flammt, Groß zu machen, ist dein Amt.

4. Ja, du nimmst es von dem Seinen, Wenn du Lebensworte sprichst, Wenn du bald durch Flehn und Weinen, Bald durch Psalmen Herzen brichst. Du bist seines Wesens Spiegel, Seiner Werk' und Worte Siegel, Zeuge, daß er lebt und liebt, Zeuge, daß er Leben gibt.

5. Ja, dein Strafen und Erschüttern, Das des Lebens Grund

erregt, Das, wie Strahlen aus Gewittern, Stolze Geister niederschlägt, Mahnet, ihm das Herz zu geben; Und dein gnadenvolles Weben Richtet in dem Glaubenslauf Matte Kniee tröstend auf.

6. Was die Welt nicht kann erlangen, Was kein eitles Auge sieht, Soll von dir ein Herz empfangen, Das die Lust der Erde flieht: Frieden, von dem Kreuze quillend, Frieden, alle Klagen stillend, Hellen Blick in Gottes Rath, Frucht aus Jesu blutger Saat.

7. Was die Welt uns nie gelehret, Lehrest du den Glauben thun: Beten, bis der Herr erhöret, Und in stiller Hoffnung ruhn. Fleht die Seele bang und schwächlich, Ach, dann seufzest unaussprechlich Du durch alle Himmel hin, Und er kennet deinen Sinn.

8. Was kein Mensch, kein Manneswille, Keine Kraft der Welt vermag, Wirkst du mühelos und stille, Geist des Herrn, am Gnadentag. Buße gibst du, Glauben, Liebe, Sanftmuth, Demuth, keusche Triebe; Ach, wer ändert, reinigt sich, Bleibt beim Heiland, ohne dich?

9. O du Pfad des neuen Bundes, Geist des Vaters, mild und rein, Heilger Odem seines Mundes, Zeuch in unsre Herzen ein! Leib und Seele, Haupt und Glieder, Kehren aus dem Tode wieder, Wo sich deine Gotteskraft Einen Sitz und Tempel schafft.

10. O wer innig möchte dürsten Und zum Gnadenthrone gehn, Würde bald vom Lebensfürsten Dich, du höchstes Gut, erflehn! Selig, wer von dir geleitet, Sich auf Christi Tag bereitet, Wer dich, wann sein Stündlein schlägt, Unbetrübt im Herzen trägt!

11. Droben soll, wie Gottes Sterne, Leuchten Christi Jüngerschaar; O wer strebt aus dieser Ferne nach dem großen Jubeljahr? Lehr uns, Herr, der Welt entrinnen, Hall in Jesu Herz und Sinnen, Zeig uns hier im Glauben ihn, Stell uns dort zum Schauen hin!

Von dem heiligen Geiste.

Hesek. 34. 26. Ich will auf sie regnen lassen zu rechter Zeit; das sollen gnädige Regen sein.

Mel. Herr, ich habe mißgehandelt.

161. Komm, du sanfter Gnadenregen! Komm du Geist der Herrlichkeit! Komm, du Segen aller Segen! Mache du mich selbst bereit, Dich mit wartendem Verlangen Hier begierig zu empfangen!

2. Fülle mich mit deinen Gaben. Ach, komm selbst zu mir herein! Denn ich muß dich selber haben, Laß mich deine Wohnung sein. Laß in deinem Licht mich sehen, Und aus Kraft in Kräfte gehen!

3. So kann ich den Herrn erkennen, Der mein Gottversöhner ist, Und ihn freudig Heiland nennen, Meinen Herrn und meinen Christ; Ja, so darf ich Abba beten Und als Kind zum Vater treten.

Röm. 8, 14. Welche der Geist Gottes treibt, die sind Gottes Kinder.

Mel. Mit Ernst, ihr Menschenkinder.

162. Zeuch ein zu deinen Thoren, Sei meines Herzens Gast, Der du, da ich verloren, Mich neu geboren hast! O hochgeliebter Geist Des Vaters und des Sohnes, Mit beiden gleiches Thrones, Mit beiden gleich gepreis't!

2. Zeuch ein, laß mich empfinden Und schmecken deine Kraft, Die Kraft, die uns von Sünden Hülf und Errettung schafft! Entsündge meinen Sinn, Daß ich mit reinem Geiste Dir Ehr und Dienste leiste, Die ich dir schuldig bin.

3. Du bist ein Geist, der lehret, Wie man recht beten soll: Dein Beten wird erhöret, Dein Singen klinget wohl; Es steigt zum Himmel an, Es steiget sonder Ende, Bis der sich zu uns wende, Der allen helfen kann.

4. Du bist ein Geist der Freuden, Das Trauern liebst du nicht, Erleuchtest uns im Leiden Mit deines Trostes Licht. Ach ja, wie manches Mal Hast du mit süßen Worten Mir aufgethan die Pforten Zum goldnen Freudensaal!

5. Du bist ein Geist der Liebe, Ein Freund der Freundlichkeit, Willst nicht, daß uns betrübe Zorn, Zank, Haß, Neid und

Streit. Der Feindschaft Feind du bist, Willst, daß durch Liebesflammen Sich wieder thu zusammen, Was voller Zwietracht ist.

6. Du, Herr, hast selbst in Händen Die ganze weite Welt, Kannst Menschenherzen wenden, Wie dir es wohlgefällt: So gib doch deine Gnad Zu Fried und Liebesbanden, Verknüpf in allen Landen, Was sich getrennet hat.

7. Beschirm die Obrigkeiten Von deinem Himmelsthron; Gib uns getroste Zeiten; Schmück als mit einer Kron Die Alten mit Verstand, Mit Frömmigkeit die Jugend, Mit Gottesfurcht und Tugend Das Volk im ganzen Land.

8. Erfülle die Gemüther Mit reiner Glaubenszier, Die Häuser und die Güter Mit Segen für und für; Vertreib den bösen Geist, Der dir sich widersetzet, Und, was dein Herz ergötzet, Aus unserm Herzen reißt.

9. Richt unser ganzes Leben Allzeit nach deinem Sinn, Und wann wir's sollen geben Der Hand des Todes hin; So hilf uns mächtig aus, Auf daß wir fröhlich sterben Und nach dem Tod ererben Des ewgen Lebens Haus.

———

Joh. 14, 26. Der Tröster, der heilige Geist, welchen mein Vater senden wird in meinem Namen, derselbige wird es euch alles lehren, und euch erinnern alles deß, das ich euch gesagt habe.

Mel. Wie schön leucht't uns der 2c.

163. Komm, Gottes Geist, komm, höchster Gast, Herr, den der Himmel nicht umfaßt, Noch dieser Kreis der Erde! Komm, offenbare dich auch mir, Gott heilger Geist, daß ich in dir Ein Geist mit Christo werde! Leite Heute Geist und Sinnen, Mein Beginnen Und mein Leben, Deiner Liebe nachzustreben!

2. Komm, theures Gut, komm, höchster Schatz! Komm in mein Herz und schaffe Platz, Dich gläubig einzunehmen! Ich glaube fest, mein Heil und Licht, Du theurer Tröster, wirst dich nicht Der armen Hütte schämen. Eile, Heile Herz und Seele Mit dem Oele Deiner Gnaden, Mache gut den Sündenschaden!

3. Entzünd in mir die Liebesgluth, Und mache brünstig Geist und Muth, Du Flamme reiner

Liebe! Laß mich mit dir versiegelt sein, Damit in Noth und Todespein Ich steten Glauben übe. Rühre, Führe Mein Gemüthe, Gottes Güte Zu erkennen, Christum meinen Herrn zu nennen!

4. Erquicke mich, du sanfter Wind, Du Brunn, wo Lebenswasser rinnt, Du süße Freudenquelle, Die allen Durst der Seelen stillt, Und aus der Gottheit Tiefe quillt Ganz rein und ewig helle! Fließe, Gieße Deine Gaben, Mich zu laben, Wenn ich sitze In der Angst und Seelenhitze!

5. Sei meiner Ohnmacht Kraft und Macht, Mein helles Licht in dunkler Nacht, Mein Weg, wenn ich verführet! Mein Lehrer in Unwissenheit, Mein starker Beistand in dem Streit, Bis mich die Wonne zieret! Schütze, Stütze, Herr, mich Schwachen, Stark zu machen Meinen Glauben, Laß mir nichts die Krone rauben!

6. Hilf mir in meiner letzten Noth, Versüße mir den bittern Tod; Wenn Herz und Augen brechen, So sei du meines Lebens Licht; Laß, wenn die Zunge nicht mehr spricht, Dein Seufzen für mich sprechen. Laß mich Endlich Selig scheiden Zu den Freuden Aller Frommen; Ach, wann werd ich dahin kommen!

XI. Von der Gemeine Jesu Christi.

A. Von der Gemeine Jesu Christi überhaupt.

¶ Ps. 87, 1–3. Sie ist fest gegründet auf den heiligen Bergen. Der Herr liebet die Thore Zions, über alle Wohnungen Jakobs. Herrliche Dinge werden in dir geprediget, du Stadt Gottes.

Mel. Wachet auf, ruft uns die Stimme.

164. Gottes Stadt steht fest gegründet Auf heilgen Bergen; es verbindet Sich wider sie die ganze Welt: Dennoch steht sie, und wird stehen, Man wird mit Staunen an ihr sehen, Wer hier die Hut und Wache hält. Der Hüter Israels Ist ihres helles Fels. Hallelujah! Lobsingt und sprecht: Wohl dem Geschlecht, Das in ihr hat das Bürgerrecht.

2. Zions Thore liebt vor allen Der Herr mit gnädgem Wohlgefallen, Macht ihre Riegel stark und fest, Segnet, die darinnen wohnen, Weiß überschwänglich dem zu lohnen, Der ihn nur thun und walten läßt. Wie groß ist seine Huld! Wie trägt er mit Geduld All die Seinen! O Gottes Stadt, Du reiche Stadt, Die solchen Herrn und König hat!

3. Große, heilge Dinge werden In dir gepredigt, wie auf Erden Sonst unter keinem Volk man hört. Gottes Wort ist deine Wahrheit, Du hast den Geist und hast die Klarheit, Die alle Finsterniß zerstört. Da hört man fort und fort Das theure, werthe Wort Ewger Gnade. Wie lieblich tönt, Was hier versöhnt, Und dort mit ewgem Leben krönt!

4. Auch die nichts davon vernommen, Die fernsten Völker werden kommen, Und in die Thore Zions gehn. Denen, die im Finstern saßen, Wird auch der Herr noch predgen lassen, Was einst für alle Welt geschehn. Wo ist der Gottessohn? Wo ist sein Gnadenthron? Wird man fragen. Dann kommt die Zeit Wo weit und breit Erscheint der Herr in Herrlichkeit.

5. Darum stellet ein die Klagen: Man wird noch einst zu Zion sagen: Wie mehrt sich deiner Bürger Zahl! Voll Erstaunen wird man schauen, Wie Gott sein Zion mächtig bauen Und herrlich weitern wird einmal. Erhebet Herz und Sinn! Es ist die Nacht schier hin Für die Heiden; Es kommt ihr Tag, Sie werden wach, Und Israel folgt ihnen nach!

6. Gottes Stadt, du wirst auf Erden Die Mutter aller Völker werden, Die ewges Leben fanden hier! Welch ein Jubel, wie im Reigen, Wird einst von dir zum Himmel steigen! Die Lebensbrunnen sind in dir! In dir das Wasser quillt, Das alles Dürsten stillt. Hallelujah! Von Sünd und Tod, Von aller Noth, Erlöst nur Einer: Zions Gott.

———

Matth. 10, 16. Siehe, ich sende euch wie Schafe mitten unter die Wölfe.

Mel. Alle Menschen müssen sterben.

165. Schauet an die selgen Männer, Die sich Christus auserwählt, Die als Streiter und Bekenner Er mit seinem Geist beseelt! Die einst Fischer, Zöllner waren, Denen wollt er offenbaren Seine Klarheit in der Zeit, Seinen Rath der Ewigkeit.

2. Mitten unter Welt und Feinde Sandt er mächtig sie hinein, Daß sie in der Kreuzgemeinde Ehren Säulen sollen sein; Ja, sie werden einst erscheinen Gleich den hellsten Edelsteinen, Drauf in Herrlichkeit erhöht Salems goldne Mauer steht!

3. „Wer euch höret, wird mich hören; Wer euch schmäht, verschmähet mich!" Also sprach der Herr der Ehren, Und dies Wort gilt ewiglich. Ja, ihr Zeugniß ist das seine, Und die heilige Gemeine Glaubet ihrem treuen Mund Wie dem Herrn, der auferstund.

4. Ferne von der Ehrsucht Locken, Und von Weltbefleckung rein, In Gefahren unerschrocken, Lebten sie dem Herrn allein. Freudig strebten sie gen Himmel; Ueber alles Weltgetümmel Blieb erhoben Herz und Geist, Suchte nicht, was zeitlich heißt.

5. Gründlich in des Geistes Klarheit, Nach des Fleisches Meinung nicht, Maßen alles sie voll Wahrheit, Und ihr Urtheil stand im Licht. In getroster Hoffnung fröhlich, Stark im Flehn, in Trübsal selig, Auf den ewgen Fels gestellt, Ueberwanden sie die Welt.

6. O daß ich, wie diese waren, Mich befänd auch in dem Stand! Vater, laß auch mich erfahren Deine starke Gnadenhand! Jesu, mache mich lebendig, Gib, o Geist, daß ich beständig Bis zum Tod durch deine Kraft Uebe gute Ritterschaft!

7. Ohne dich bin ich nicht tüchtig, Gutes in der Welt zu thun; Was da gut und groß und wichtig, Muß auf dir, mein Gott beruhn. Ich will in die Luft nicht schlagen, Nein, den Kampf auf Jesum wagen; Drum gib mir dein Schwert, o Held, Dann behalte ich das Feld!

8. Fort mit jenem Wahn der Weisen, Dem dein Kreuz nur

Von der Gemeine Jesu Christi überhaupt.

Thorheit ist! Jene Weisheit will ich preisen, Die da preiset Jesum Christ! Deinem Wort nur will ich trauen, Und auf deine Wunden schauen, Wenn der Feind dein Wort verkehrt Und dein Zeugniß uns verwehrt.

9. Jesu, großer Weltbezwinger, Dessen Arm die Schwachen hob, Daß dir wehrlos arme Jünger Noch erringen Sieg und Lob: Laß dein Heil auch uns erscheinen; Daß wir kämpfen als die Deinen; Mach dein Volk an Glauben reich, Und das End dem Anfang gleich!

Luk. 14, 23. Gehe aus auf die Landstraßen und an die Zäune, und nöthige sie, hereinzukommen, auf daß mein Haus voll werde.

Mel. Es ist gewißlich an der Zeit.

166. O Vater, der die arge Welt In seinem Sohn geliebet, Der Schutz verspricht und Glauben hält, Und viel Erbarmen übet. Dir dank ich für die Christenheit, Die du in dieser Gnadenzeit Aus allen Menschen sammelst!

2. Du gabst durch Jesum deinen Bund, Und sprachst: „ich auf zum Leben!" Du thust ihr deine Liebe kund, Die Sünden will vergeben. Sie lag im Tod, — du sahst die Noth, Heilst sie durch Christi Blut und Tod Aus unverdienter Gnade.

3. Du hast ihr deinen Lebensschein, Den heilgen Geist, verheißen; Der soll beständig in ihr sein, Soll sie zu Jesu weisen, Ihr Licht sein in der Finsterniß, Ihr Führer zu dem Paradies, Ihr Trost und ihre Stärke.

4. Du willst sie dir zum Heiligthum, Zum reinen Tempel machen; Sie ist dein Volk, du bist ihr Ruhm, Du willst sie selbst bewachen. O kleine Heerde, hoffe still! Dein Gott und lieber Vater will das Reich dir selbst bescheiden.

5. Du willst auf einem Felsengrund Dir die Gemeine gründen; Der Weltgrimm und der Hölle Bund Soll sie nicht überwinden. Ihr Heiland ist ihr Felsenhort, Der sie durch Geist, durch Blut und Wort Dir, Vater, ganz geheiligt.

6. Sie ist's, die du berufst so mild Aus allem Volk der Erde; Verordnest sie, daß sie dem Bild

Jes. 49, 16–16. Zion aber spricht: Der Herr hat mich verlassen, der Herr hat meiner vergessen. Kann auch ein Weib ihres Kindleins vergessen, daß sie sich nicht erbarme über den Sohn ihres Leibes? Und ob sie desselbigen vergäße, so will ich doch deiner nicht vergessen. Siehe, in die Hände habe ich dich gezeichnet; deine Mauern sind immerdar vor mir.

Mel. Werde munter mein Gemüthe.

170. Zion klagt mit Angst und Schmerzen, Zion, Gottes werthe Stadt, Die er trägt in seinem Herzen, Die er sich erwählet hat. „Ach," spricht sie, wie hat mein Gott Mich verlassen in der Noth, Und läßt mich so harte pressen, Meiner hat er ganz vergessen!

2. Der Gott, der mir hat versprochen Seinen Beistand jederzeit, Der läßt sich vergebens suchen Jetzt in meiner Traurigkeit. Ach will er denn für und für So gar grausam zürnen mir? Kann und will er sich der Armen Jetzt nicht, wie vorhin, erbarmen?" —

3. „Zion, o du Vielgeliebte," Sprach zu ihr des Herren Mund, „Zwar du bist jetzt die Betrübte, Seel und Geist ist dir verwundt; Doch stell alles Trauern ein! Wo mag eine Mutter sein, Die ihr eigen Kind kann hassen Und aus ihrer Sorge lassen?

4. Ja, wenn du gleich möchtest finden Einen solchen Mutterssinn, Da die Liebe kann verschwinden, So bleib ich doch, der ich bin. Meine Treu bleibt gegen dir, Zion, o du meine Zier! Du hast mir mein Herz besessen, Deiner kann ich nicht vergessen.

5. Laß dich nicht den Satan blenden, Der sonst nichts als schrecken kann; Siehe, hier in meinen Händen Hab ich dich geschrieben an. Wie mag es denn anders sein? Ich muß ja gedenken dein; Deine Mauern will ich bauen Und dich fort und fort anschauen.

6. Du bist stets mir vor den Augen, Du liegst mir in meinem Schooß, Wie die Kindlein, die noch saugen; Meine Treu zu dir ist groß. Dich und mich kann keine Zeit, Keine Noth, Gefahr und Streit, Ja, der Satan selbst nicht scheiden. — Bleib getreu in allen Leiden!"

Jes. 54, 4. Fürchte dich nicht, denn du sollst nicht zu Schanden werden; werde nicht blöde, denn du sollst nicht zu Spott werden.

Mel. Werde munter, mein Gemüthe.

171. Zion, gib dich nur zufrieden! Gott ist noch bei dir darin; Du bist nicht von ihm geschieden, Er hat einen Vatersinn. Wenn er straft, so liebt er auch, Dies ist sein geliebter Brauch. Zion lerne dies bedenken! Warum willst du dich so kränken?

2. Treiben dich die Meereswellen Auf der wilden, tiefen See, Wollen sie dich gar zerschellen, Mußt du rufen: Ach und Weh! Schweig! dein Heiland still dazu, Gleich als schlafend in der Ruh: Zion, laß dich nicht bewegen! Diese Fluth wird bald sich legen.

3. Berg, und Felsen mögen weichen, Ob sie noch so feste stehn, Ja, die ganze Welt desgleichen Möchte gar auch untergehn. Dennoch hat es keine Noth In dem Leben und im Tod; Zion du kannst doch nicht wanken Aus den vorgeschriebenen Schranken.

4. Müssen schon allhier die Thränen Oft dein Trank und Speise sein; Stimmt dein Seufzen und dein Stöhnen Auch in deine Lieder ein; Kränkt der Neid dir Herz und Muth, Kommst du hier um Hab und Gut: Zion, laß dir doch nicht grauen, Du kannst deinem Gott vertrauen.

5. Droht man dir mit Schmach und Banden, Mit viel Qual und Herzeleid, Dennoch wirst du nicht zu Schanden, Denk nur an die Ewigkeit! Sei getrost und wohlgemuth, denn der Herr ist's, der es thut; Zion, auf Gott mußt du merken! Der wird dich in Schwachheit stärken.

6. Freue dich, es kommt das Ende Und der Abend schon herbei; Gib dich nur in Gottes Hände, Der macht dich von allem frei. Für die Trübsal, Spott und Hohn Gibt er dir die Freudenkron! Zion, Gott, dein Schutz, wird wachen, und die Welt zu Schanden machen.

7. Hallelujah! deine Wonne Bricht nun bald mit Macht herfür, Denn die schöne Gnadensonne, Jesus Christus, naht zu dir, Gibt dir einen Freudengruß Und den ewgen Friedenskuß. Zion! wo ist nun dein

Klagen? Nur von Freuden sollst du sagen!

Matth. 9, 38. Bittet den Herrn der Ernte, daß er Arbeiter in seine Ernte sende.

Eigene Melodie.

172. Wach auf, du Geist der ersten Zeugen, Der Wächter, die auf Zions Mauer stehn, Die Tag und Nächte nimmer schweigen, Und die getrost dem Feind entgegen gehn; Ja, deren Schall die ganze Welt durchbringt, Und aller Völker Schaaren zu dir bringt.

2. O daß doch bald dein Feuer brennte! O möcht es doch in alle Lande gehn! Ach, Herr gib doch in deine Ernte Viel Knechte, die in treuer Arbeit stehn. O Herr der Ernte, siehe doch darein: Die Ernt ist groß, die Zahl der Knechte klein!

3. Dein Sohn hat ja mit klaren Worten Uns diese Bitte in den Mund gelegt. O siehe wie an allen Orten Sich deiner Kinder Herz und Sinn bewegt, Dich herzinbrünstig darum anzuflehn; Drum hör, o Herr, und sprich: es soll geschehn!

4. O gib dein Wort mit großen Schaaren, Die in der Kraft Evangelisten sei'n; Laß eilend Hülf uns widerfahren Und brich in Satans Reich und Macht hinein. O breite, Herr, auf weitem Erdenkreis Dein Reich bald aus zu deines Namens Preis.

5. Ach, daß die Hülf aus Zion käme, O daß dein Geist, so wie dein Wort verspricht, Dein Volk aus dem Gefängniß nähme! O würd es doch nur bald vor Abend licht! Ach, reiß, o Herr, den Himmel bald entzwei, Und komm herab zur Hülf, und mach uns frei.

6. Ach laß dein Wort recht schnelle laufen; Es sei kein Ort ohn dessen Glanz und Schein. Ach, führe bald dadurch mit Haufen Der Heiden Füll in alle Thore ein! Ja, wecke doch auch Israel bald auf, Und also segne deines Wortes Lauf!

7. O beßre Zions wüste Stege; Und was dein Wort im Laufe hindern kann, Das räum, ach, räum aus jedem Wege! Vertilg, o Herr den falschen Glaubenswahn. Von Miethlingen mach die Gemeine frei, Daß sie ein wahrer Garten Gottes sei.

Von der Gemeine Jesu Christi überhaupt. 167

Offenb. 8, 4. 5. Und der Rauch des Räuchwerks vom Gebet der Heiligen ging auf von der Hand des Engels vor Gott. Und der Engel nahm das Rauchfaß, und füllete es mit Feuer vom Altar, und schüttete es auf die Erde. Und da geschahen Stimmen und Donner und Blitze und Erdbeben.

Mel. Mache dich, mein Geist, bereit.

173. Bet gemeine, heilge dich Mit dem heilgen Oele! Jesu Geist ergieße sich Dir in Herz und Seele! Laß den Mund alle Stund Vom Gebet und Flehen Heilig übergehen.

2. Das Gebet der frommen Schaar, Was sie fleht und bittet, Das wird auf dem Rauchaltar Vor Gott ausgeschüttet; Und da ist Jesus Christ Priester und Versühner Aller seiner Diener.

3. Kann ein einziges Gebet Einer gläubgen Seelen, Wenn's zum Herzen Gottes geht, Seines Zwecks nicht fehlen: Was wird's thun, Wenn sie nun Alle vor ihn treten Und vereinigt beten?

4. Wenn die Heilgen dort und hier, Große mit den Kleinen, Engel, Menschen mit Begier Alle sich vereinen, Und es geht Ein Gebet Aus von ihnen allen, Wie muß das erschallen!

5. O der unerkannten Macht Von der Heilgen Beten! Ohne das wird nichts vollbracht, So in Freud als Nöthen. Schritt vor Schritt Wirkt es mit, Wie zum Sieg der Freunde, So zum Sturz der Feinde.

6. O so betet alle drauf! Betet immer wieder! Heilge Hände hebet auf, Heiligt eure Glieder! Bleibet stät Im Gebet, Das zu Gott sich schwinget, Durch die Wolken bringet.

7. Betet, daß die letzte Zeit Wohl vorübergehe, Daß man Christi Herrlichkeit Offenbaret sehe; Stimmet ein Insgemein Mit den Engelchören: Komm, du Herr der Ehren!

8. Wird ein lautrer Sinn vorher In der Seele glimmen, So macht aus den Bitten er Donner, Blitz und Stimmen; Diese gehn In die Höhn, Daß die Feinde beben, Daß die Todten leben.

―――

Luc. 9, 62. Wer seine Hand an den Pflug legt und siehet zurück, der ist nicht geschickt zum Reiche Gottes.

Eigene Melodie.

174. Fahre fort, fahre fort, Zion, fahre fort im Licht! Mache deinen Leuchter helle,

Laß die erste Liebe nicht! Suche stets die Lebensquelle: Zion, bringe durch die enge Pfort; Fahre fort, fahre fort!

2. Leide dich, leide dich! Zion, leide ohne Scheu Trübsal, Angst, mit Spott und Hohne; Sei bis in den Tod getreu, Siehe auf die Lebenskrone! Zion, wenn du fühlst der Schlange Stich, Leide dich, leide dich!

3. Folge nicht, folge nicht, Zion, folge nicht der Welt, Wenn sie dich sucht groß zu machen; Achte nicht ihr Gut und Geld! Ernst im Beten, ernst im Wachen, Sieh dich für, wenn sie viel Lust verspricht, Folge nicht, folge nicht!

4. Prüfe recht, prüfe recht, Zion, prüfe recht den Geist, Der dir ruft nach beiden Seiten! Thue nicht, was er dich heißt; Laß nur deinen Stern dich leiten! Zion, bleibe, das, was gut und schlecht, Prüfe recht, prüfe recht!

5. Dringe ein, dringe ein, Zion, bringe ein in Gott! Stärke dich mit Geist und Leben, Sei nicht wie die andern tobt; Sei du gleich den grünen Reben! In die Gotteskraft, für Heuchelschein, Dringe ein, dringe ein!

6. Brich herfür, brich herfür, Zion, brich herfür in Kraft! Laß die Bruderliebe brennen; Zeige, was der in dir schafft, Der dich als sein Volk will kennen! Auf, er selbst hat aufgethan die Thür; Brich herfür, brich herfür!

7. Halte aus, halte aus, Zion, halte deine Treu, Laß nicht lau und träg dich finden! Auf, das Kleinod rückt herbei! Auf, verlasse was da hinten; Zion in dem letzten Kampf und Strauß, Halte aus, halte aus!

Ps. 91, 1. 2. Wer unter dem Schirm des Höchsten sitzet und unter dem Schatten des Allmächtigen bleibet, der spricht zu dem Herrn: Meine Zuversicht und meine Burg, mein Gott, auf den ich hoffe.

Eigene Melodie.

175. Ein' feste Burg ist unser Gott, Ein gute Wehr und Waffen, Er hilft uns frei aus aller Noth, Die uns jetzt hat betroffen. Der alt' böse Feind Mit Ernst er's jetzt meint; Groß Macht und viel List Sein grau=

Von der Gemeine Jesu Christi überhaupt. 169

sam Rüstung ist; Auf Erd'n ist nicht sein's Gleichen.

2. Mit unsrer Macht ist nichts gethan, Wir sind gar bald verloren. Es streit't für uns der rechte Mann, Den Gott selbst hat erkoren. Fragst du, wer der ist? Er heißt Jesus Christ, Der Herr Zebaoth, Und ist kein andrer Gott; Das Feld muß er behalten.

3. Und wenn die Welt voll Teufel wär Und wollt'n uns gar verschlingen, So fürchten wir uns nicht so sehr, Es soll uns doch gelingen. Der Fürst dieser Welt, Wie sau'r er sich stellt, Thut er uns doch nichts; Das macht, er ist gericht't: Ein Wörtlein kann ihn fällen.

4. Das Wort sie sollen lassen stahn, Und kein'n Dank dazu haben! Er ist bei uns wohl auf dem Plan Mit seinem Geist und Gaben. Nehmen sie den Leib, Gut, Ehr, Kind und Weib: Laß fahren dahin, Sie haben's kein'n Gewinn; Das Reich muß uns doch bleiben!

Jer. 46, 27. Aber du, mein Knecht Jakob, fürchte dich nicht, und du, Israel, verzage nicht.

Mel. Ein feste Burg ist unser Gott.

176. Verzage nicht, du kleine Schaar, Ob auch die Feinde schnauben, Halt dich an Gott in der Gefahr Und stehe fest im Glauben! Sein helles Auge wacht Auch in der Mitternacht. Gewaltig ist sein Arm; Der Widersacher Schwarm Schlägt seine Hand zu Boden.

2. Mag immerhin ihr stolzer Mund Viel neue Satzung lehren, Den alten, tiefen Glaubensgrund Der Christen umzukehren: So weichen wir doch nicht Von Gott und seinem Licht. Es wird die Höllenpfort Sein seligmachend Wort Doch nimmermehr bezwingen.

3. Wir ziehn den Harnisch Gottes an, Umgürten unsre Lenden, Und stehn, mit Wahrheit angethan, Das Geistesschwert in Händen. Des Heilands reine Lehr Ist unsre Waff' und Wehr; Christi Gerechtigkeit Ist unser Panzerkleid, Und unser Schild der Glaube.

4. Du Glaubensherzog, Jesu Christ, Hilf uns dein Wort be-

wahren, Und wächst der Feinde Macht und List, So stärk uns in Gefahren! Held Gottes, dein Panier Richt auf, wir folgen dir! In deiner heilgen Hut Steh! Ehre, Gut und Blut Der treuen Kampfgenossen.

Luf. 12, 32. Fürchte dich nicht, du kleine Heerde; denn es ist eures Vaters Wohlgefallen, euch das Reich zu geben.

Eigene Melodie.

177. Verzage nicht, o Häuflein klein! Obschon die Feinde Willens sein, Dich gänzlich zu verstören, Und suchen deinen Untergang, Davon dir wird ganz angst und bang; Es wird nicht lange währen.

2. Das tröste dich, daß deine Sach Ist Gottes; dem befiehl die Rach, Und laß allein ihn walten; Er wird durch seinen lieben Sohn, Der ihm so werth, dir helfen schon, Dich und sein Wort erhalten.

3. So wahr Gott Gott ist, und sein Wort, Muß Teufel, Welt und Höllenpfort, Und was dem thut anhangen, Endlich werden zu Hohn und Spott; Gott ist mit uns und wir mit Gott! Den Sieg woll'n wir erlangen.

4. Drum sei getrost, du kleines Heer! Streit ritterlich für Gottes Ehr, Und lasse dir nicht grauen! Gott wird den Feinden nehm'n den Muth; Daß sie sterben in ihrem Blut, Wirst du mit Augen schauen.

5. Amen, das hilf, Herr Jesu Christ! Dieweil du unser Schutzherr bist, Hilf uns durch deinen Namen! So wollen wir, als dein' Gemein', Dich loben und dir dankbar sein, Und fröhlich singen: Amen!

B. Von der Gemeinschaft der Heiligen.

Joh. 13, 34. Ein neu Gebot gebe ich euch, daß ihr euch unter einander liebet, wie ich euch geliebet habe, auf daß auch ihr einander lieb habet.

Mel. O du Liebe meiner Liebe.

178. Herz und Herz vereint zusammen, Sucht in Gottes Herzen Ruh; Lasset eure Liebesflammen Lobern auf den Heiland zu! Er das Haupt, wir seine Glieder; Er das Licht und wir der Schein; Er der Meister, wir die Brüder; Er ist unser, wir sind sein!

2. Kommt, ach, kommt, ihr Gnadenkinder, Und erneuert euren Bund! Ihn, der unser Ueberwinder, Liebet treu von Herzensgrund! Und wenn eurer Liebeskette Festigkeit und Stärke fehlt, O so flehet um die Wette, Bis sie Jesus wieder stählt!

3. Tragt es unter euch, ihr Glieder, Auf so treues Lieben an, Daß ein jeder für die Brüder Auch das Leben lassen kann! So hat uns der Herr geliebet, So vergoß er dort sein Blut; Denkt doch, wie es ihn betrübet, Wenn ihr selbst euch Eintrag thut!

4. Einer reize doch den andern, Kindlich, leidsam und gering Unsrem Heiland nachzuwandern, Der für uns am Kreuze hing! Einer soll den andern wecken, Alle Kräfte Tag für Tag Ohne Sträuben darzustrecken, Daß er ihm gefallen mag.

5. Hallelujah, welche Höhen, Welche Tiefen reicher Gnad, Daß wir dem in's Herze sehen, Der uns so geliebet hat! Daß der Vater aller Geister, Der der Wunder Abgrund ist, Daß du, unsichtbarer Meister, Uns so fühlbar nahe bist!

6. Ach, du holder Freund, vereine Deine dir geweihte Schaar, Daß sie sich so herzlich meine, Wie's dein letzter Wille war! Ja, verbinde in der Wahrheit, Die du selbst im Wesen bist, Alles, was von deiner Klarheit In der That erleuchtet ist!

7. So wird dein Gebet erfüllet: Daß der Vater alle die, Denen du dein Herz enthüllet, Auch in seine Liebe zieh; Und daß, wie du eins mit ihnen, Also sie auch eines sei'n, Sich

in wahrer Liebe bienen Und einander gern erfreun.

8. Liebe, hast du es geboten, Daß man Liebe üben soll, O so mache doch die todten, Trägen Geister lebensvoll! Zünde an die Liebesflamme, Daß ein jeder sehen kann: Wir, als die von einem Stamme, Stehen auch für einen Mann.

9. Laß uns so vereinigt werden, Wie du mit dem Vater bist, Bis schon hier auf dieser Erden Kein getrenntes Glied mehr ist; Und allein von deinem Brennen Nehme unser Licht den Schein; Also wird die Welt erkennen, Daß wir deine Jünger sei'n.

Philip. 3, 14. Ich jage nach dem vorgesteckten Ziel, nach dem Kleinod, welches vorhält die himmlische Berufung Gottes in Christo Jesu.

Mel. Mit Ernst, ihr Menschenkinder.

179. Kommt, Kinder, laßt uns gehen, Der Abend kommt herbei; Es ist gefährlich stehen In dieser Wüstenei. Kommt, stärket euren Muth, Zur Ewigkeit zu wandern, Von einer Kraft zur andern; Es ist das Ende gut.

2. Es soll uns nicht gereuen Der schmale Pilgerpfad, Wir kennen ja den Treuen, Der uns gerufen hat. Kommt, folgt und trauet dem: Ein jeder sein Gesichte Mit ganzer Wendung richte Fest nach Jerusalem.

3. Der Ausgang, der geschehen Ist uns fürwahr nicht leid. Es soll noch besser gehen Zur Abgeschiedenheit. Nein, Kinder, seid nicht bang! Verachtet tausend Welten, Ihr Locken und ihr Schelten, Und geht nur euren Gang.

4. Geht's der Natur entgegen, So geht's, wie Gott es will; Die Fleisch und Sinne pflegen, Die kommen nicht zum Ziel! Verlaßt die Creatur Und was euch sonst will binden; Ja, laßt euch selbst dahinten; Es geht durch's Sterben nur.

5. Man muß wie Pilger wandeln, Frei, bloß und gänzlich leer; Viel sammeln, halten, handeln, Macht unsern Gang nur schwer: Wer will, der trag sich todt; Wir reisen abgeschieden, Mit wenigem zufrieden Und was man braucht zur Noth.

6. Schmückt euer Herz auf's Beste Weit mehr als Leib und

Haus; Wir sind hier fremde Gäste Und ziehen bald hinaus. Gemach bringt Ungemach; Ein Pilger muß sich schicken, Sich bulden und sich bücken Den kurzen Pilgertag.

7. Ist unser Weg gleich enge, Gar einsam, krumm und schlecht, Der Dornen wohl in Menge Und manches Kreuze trägt: Es ist doch nur ein Weg! Laßt sein, wir gehen weiter, Wir folgen unsrem Leiter Und brechen durch's Geheg.

8. Was wir hier hören, sehen, Das hören, sehn wir kaum; Wir lassen's da und gehen, Es irret uns kein Traum. Wir gehn in's Ewige ein; Mit Gott muß unser Handel Im Himmel unser Wandel Und Herz und alles sein.

9. Wir wandeln eingekehret, Verachtet, unbekannt, Man stehet, kennt und höret Uns kaum im fremden Land; Und höret man uns ja, So höret man uns singen Von all den großen Dingen, Die auf uns warten da.

10. Kommt, Kinder, laßt uns gehen; Der Vater gehet mit! Er selbst will bei uns stehen In jedem sauren Tritt; Er will uns machen Muth, Mit süßen Sonnenblicken Uns locken und erquicken; — Ach, ja, wir haben's gut!

11. Ein jeder munter eile! Wir sind vom Ziel noch fern. Schaut auf die Feuersäule, Die Gegenwart des Herrn! Das Aug nur eingekehrt, Da uns die Liebe winket Und dem, der folgt und sinket, Den wahren Ausgang lehrt.

12. Kommt, laßt uns munter wandern; Wir gehen Hand in Hand; Eins freuet sich am andern In diesem fremden Land. Kommt, laßt uns kindlich sein, Uns auf dem Weg nicht streiten! Die Engel uns begleiten Als unsre Brüderlein.

13. Und sollt ein Schwacher fallen, So greif der Stärkre zu; Man trag und helfe allen, Man pflanze Fried und Ruh. Kommt, schließt euch fester an! Ein jeder sei der Kleinste, Doch auch wohl gern der Reinste Auf unsrer Pilgerbahn.

14. Kommt, laßt uns munter wandern, Der Weg kürzt immer ab; Ein Tag, der folgt dem andern, Bald fällt das Fleisch in's Grab. Nur noch ein wenig Muth,

Nur noch ein wenig treuer, Von allen Dingen freier, Gewandt zum ewgen Gut.

15. Es wird nicht lang mehr währen; Halt't noch ein wenig aus! Es wird nicht lang mehr währen, So kommen wir nach Haus. Da wird man ewig ruhn. Wenn wir mit allen Frommen Daheim zum Vater kommen: Wie wohl, wie wohl wird's thun!

16. Drauf wollen wir's denn wagen, Es ist wohl wagenswerth, Und gründlich dem absagen, Was aufhält und beschwert. Welt, du bist uns zu klein; Wir gehn durch Jesu Leiten Hin in die Ewigkeiten; — Es soll nur Jesus sein!

Joh. 17, 22. Ich habe ihnen gegeben die Herrlichkeit, die du mir gegeben hast, daß sie eins sein, gleichwie wir eins sind.

Mel. Nun sich der Tag geendet hat.

180. Herr, der du einst gekommen bist, In Knechtsgestalt zu gehn, Des Weise nie gewesen ist, Sich selber zu erhöhn:

2. Komm, führe unsre stolze Art In deine Demuth ein! Nur wo sich Demuth offenbart, Kann Gottes Gnade sein.

3. Der du noch in der letzten Nacht, Eh du für uns erblaßt, Den Deinen von der Liebe Macht So schön gepredigt hast:

4. Erinnre deine kleine Schaar, Die sich so leicht entzweit, Daß beine letzte Sorge war Der Glieder Einigkeit.

5. Du opfertest die Jünger noch Dem Vater im Gebet; O würden unsre Herzen doch Oft im Gebet erhöht!

6. Der du um unsre Seligkeit Mit blutgem Schweiße rangst, Und thränenvoll im bangen Streit Des Todes Macht bezwangst:

7. Bezwing auch unsern stolzen Sinn, Der nichts von Demuth weiß, Und führ ihn in die Liebe hin Zu beiner Liebe Preis!

8. Gekreuzigter, den seine Lieb In Noth und Tod geführt, Ach, würd auch unsrer Liebe Trieb Zum Tode treu verspürt!

9. Drum leit auf beiner Leidensbahn Uns selber an der Hand, Weil bort nur mit regieren kann, Wer hier mit überwand!

Von der Gemeinschaft der Heiligen.

Eph. 4, 15. Lasset uns aber rechtschaffen sein in der Liebe, und wachsen in allen Stücken an dem, der das Haupt ist, Christus.

Mel. Alles ist an Gottes Segen.

181. Jesu, der du bist alleine Haupt und König der Gemeine, Segne mich, dein armes Glied. Wollst mir neuen Einfluß geben Deines Geistes, dir zu leben; Stärke mich durch deine Güt.

2. Ach, dein Lebensgeist durchdringe, Gnade, Kraft und Segen bringe Deinen Gliedern allzumal, Wo sie hier zerstreuet wohnen Unter allen Nationen, Die du kennest überall.

3. O wie lieb ich, Herr, die Deinen, Die dich suchen, die dich meinen! O wie köstlich sind sie mir! Du weißt, wie mich's oft erquicket, Wenn ich Seelen hab erblicket, Die sich ganz ergeben dir.

4. Ich umfasse, die dir dienen, Ich vereinge mich mit ihnen, Und vor deinem Angesicht Wünsch ich Zion tausend Segen; Stärke sie in beinen Wegen, Führ sie selbst nach deiner Pflicht.

5. In der argen Welt sie rette, Und den Satan bald zertrete Gänzlich unter ihre Füß: Tödte durch den Geist von innen Fleischeslust, Natur und Sinnen; Sei nur du den Deinen süß.

6. Die in Kreuz und Leiden leben, Stärke, daß sie ganz ergeben Ihre Seel in deine Hand; Laß sie dadurch werden kleiner, Und von allen Schlacken reiner, Lauterlich in dich gewandt!

7. Laß die Deinen noch auf Erden Ganz nach deinem Herzen werden, Mache deine Kinder schön: Abgeschieden, klein und stille, Sanft, einfältig, wie dein Wille, Und wie du sie gern willst sehn.

8. Sonderlich gedenke derer, Die es, Herr, von mir begehren, Daß ich für sie beten soll. Auf dein Herz will ich sie legen; Gib du jedem solchen Segen, Wie es noth; du kennst sie wohl.

9. Ach, besuch zu dieser Stunde Ihre Herzen, und im Grunde Sie erfreu in dir allein. Zeuch mit deinen Liebeszügen Ihre Lust und ganz Vergnügen Wesentlich in dich hinein.

10. Ach, du hast uns theu'r erworben, Da du bist am Kreuz

gestorben; Denke, Jesu, wir sind dein! Halt uns fest, so lang wir leben, Und in dieser Wüste schweben; Laß uns nimmermehr allein.

11. Bis wir einst mit allen Frommen Dort bei dir zusammen kommen, Und, von allen Flecken rein, Da vor deinem Throne stehen, Uns in dir, dich in uns sehen, Ewig eins in dir zu sein!

Apostg. 4, 32. Die Menge aber der Gläubigen war ein Herz und eine Seele.

Mel. Wie schön leucht't uns der 2c.

182. Ein Herz und eine Seele war Der ersten Christenjünger Schaar, Als Glieder eines Leibes. Und wie es war und wie es ist, Wo du der Herr bist, Jesu Christ, So werd es und so bleib es! Lehre, Mehre Glauben, Liebe Und die Triebe, Die uns treiben, Unverrückt in dir zu bleiben.

2. O du, der unsre Armuth kennt! Des Herz in Liebe zu uns brennt! Laß uns dein Wort genießen; Das nähr und pfleg und stärk uns hier, Daß du in uns und wir in dir Uns aneinander schließen. Daß wir in dir, Durch dich leben, Wie die Reben Auszuschlagen, Und einander uns zu tragen.

3. Weil du so herzlich alle liebst, Weil du so reichlich allen gibst, Geduld hast, wenn sie fehlen, So sei auch aller Herz ein Herz, Des Einen Freud, des Andern Schmerz, Bewege aller Seelen. Gleiche, Reiche Gnadengabe, Alle labe, Und vereine Die gesegnete Gemeine!

Joh. 3, 18. Meine Kindlein lasset uns nicht lieben mit Worten noch mit der Zunge, sondern mit der That und mit der Wahrheit.

Eigene Melodie.

183. Ihr Kinder des Höchsten, Wie steht's um die Liebe? Wie folgt man dem wahren Vereinigungstriebe? Bleibt ihr auch im Bande der Einigkeit stehn? Ist keine Zertrennung der Geister geschehn? Der Vater im Himmel kann Herzen erkennen, Wir dürfen uns Brüder ohn Liebe nicht nennen, Die Flamme des Höchsten muß lichterloh brennen.

2. Sobald wir von oben auf's neue geboren, So sind wir von

Christo zu Brüdern erkoren. Ein Vater, ein Glaube, ein Geist, eine Tauf, Ein voller zum Himmel gerichteter Lauf Kann unsere Herzen vollkommen verbinden, Wir können nichts anders als Seligkeit finden; Verdacht, Neid und Aergerniß müssen verschwinden.

3. Die Mutter, die droben ist, hält uns zusammen, Und schickt uns herunter die himmlischen Flammen. Kein Unterschied findet hier einige Statt, Weil Demuth die Herzen vereiniget hat. Wo Eigenheit, Zank und Haß können regieren, Da kann man den Funken der Liebe nicht spüren, Da muß man den Eingang zum Himmel verlieren.

4. Was ich bin, mein Bruder, das bist du auch worden; Wir beide sind Erben des Himmels geworden. Ein jeder mit allen zum Vaterland bringt, Und alles nach einem stets kämpfet und ringt. Wir müssen bereit sein, für Brüder zu sterben, Wie Jesus uns auch so gemacht hat zu Erben; Ein Glied fühlt und leidet des andern Verderben.

5. Ach, laßt uns einander er-innern und führen, Daß wir nicht die Krone des Lebens verlieren, Und müssen wir kämpfen wohl gar bis auf's Blut, So stehn wir vereinigt auf unserer Hut. Das Schreien der Kinder wird wahrlich erhöret, Durch völlige Eintracht wird Babel zerstöret. Wer ist's, der verbundenen Geistern was wehret?

6. Drum lasset uns lieben und freuen von Herzen, Versüßen einander die Leiden und Schmerzen; Dringt kräftig, ihr Geister, in eines hinein, Vermehret die Strahlen vom göttlichen Schein. Das lässet der Vater sich segnend gefallen, Sein Ruhm kann im Lobe so herrlich erschallen, Wenn Kinder, von Liebe entzündet, nur lallen.

7. In jener Welt wird es noch herrlicher gehen, Da wird vor dem Vater die Brüderschaft stehen, Die hier sich in Jesu, dem himmlischen Freund, Zu einem unsterblichen Bunde vereint. Ach, gebet einander die Herzen und Hände! Ach, flehet, daß Jesus den Segen uns sende, So kennet die Liebe nicht Wechsel noch Ende!

XII. Von der Ausbreitung des Evangeliums.

Missionslieder.

Offenb. 15, 4. Alle Heiden werden kommen und anbeten vor dir; denn deine Urtheile sind offenbar geworden.

Mel. Es ist gewißlich an der Zeit.

184. Wir sind vereint, Herr Jesu Christ, In deinem heilgen Namen; Der Menschensohn allein du bist, Der säet guten Samen. Der Acker ist die ganze Welt! O pflanze selbst im wüsten Feld Dir deines Reiches Kinder!

2. Ja, Erstgeborner, ewger Fürst Der Könige auf Erden! Von allen Heiden sollst und wirst Du angebetet werden. Das glauben und drum hoffen wir, Die du zum Werke rufst, von dir Auch unsrer Saat Gedeihen.

3. Schon sproßt manch Sämlein, zart und still, Verspricht einst vollen Weizen. Wir banken, und solch Danken will Alsdann zum Bitten reizen: Klein ist dein Garten noch zur Zeit, Die Wildniß rings so öd und weit, O Heiland, hilf uns weiter!

4. Gib uns durch beines Geistes Kraft, Herr Jesu, heiße Liebe, Die Eintracht, Muth und Eifer schafft, Daß sich ein jeder übe, Für sich und andre stets zugleich Nach dem verheißnen Gottesreich Vor allem Ding zu trachten.

5. Was wird's doch einst für Freude sein, Wann deine Schnitter ernten, Und alle dann sich ewig freun, Die dein zu harren lernten! Wir harren deiner; siege du In deinen Gliedern, bis die Ruh Für Gottes Volk erscheinet!

Matth. 8, 11. Viele werden kommen vom Morgen und vom Abend, und mit Abraham und Isaak und Jakob im Himmelreich sitzen.

Mel. Befiehl du deine Wege.

185. Der du zum Heil erschienen Der allerärmsten Welt, Und von den Cherubinen Zu Sündern dich gesellt; Den sie mit frechem Stolze Verhöhnt für

Missionslieder.

seine Huld, Als du am dürren Holze Versöhntest ihre Schuld!

2. Damit wir Kinder würden, Gingst du vom Vater aus, Nahmst auf dich unsre Bürden, Und bautest uns ein Haus. Von Westen und von Süden, Von Morgen ohne Zahl Sind Gäste nun beschieden Zu deinem Abendmahl.

3. Im schönen Hochzeitkleide, Von allen Flecken rein, Führst du zu deiner Freude Die Völkerschaaren ein; Und welchen nichts verkündigt, Kein Heil verheißen war, Die bringen nun entsündigt Dir Preis und Ehre dar.

4. Du hast dem ärmsten Sklaven, Wo heiß die Sonne glüht, Wie deinen andern Schafen, Zu Liebe dich gemüht, Und selbst den öden Norden, Den ewges Eis bedrückt, Zu deines Himmels Pforten Erbarmend hingerückt.

5. Drum kann nicht Ruhe werden, Bis deine Liebe siegt; Bis dieser Kreis der Erden Zu deinen Füßen liegt; Bis du im neuen Leben Die ausgesöhnte Welt, Dem, der sie dir gegeben, Vor's Angesicht gestellt.

6. Und siehe, tausend Fürsten, Mit Völkern ohne Licht, Stehn in der Nacht, und dürsten Nach deinem Angesicht! Auch sie hast du gegraben In deinen Priesterschild, Am Brunnquell sie zu laben, Der dir vom Herzen quillt.

7. So sprich dein göttlich: Werde! Laß deinen Odem wehn, Daß auf der finstern Erde Die Todten auferstehn; Daß, wo man Götzen fröhnet, Und vor den Teufeln kniet, Ein willig Volk, versöhnet, Zu deinem Tempel zieht.

8. Wir rufen, du willst hören; Wir fassen, was du sprichst; Dein Wort muß sich bewähren, Womit du Fesseln brichst. Wie viele sind zerbrochen! Wie viele sind's noch nicht! O du, der's uns versprochen, Werd aller Heiden Licht!

Hes. 37, 5. So spricht der Herr von diesen Gebeinen: Siehe, Ich will einen Odem in euch bringen, daß ihr sollt lebendig werden.

Mel. Jesus, meine Zuversicht.

186. Sieh, ein weites Todtenfeld, Voller dürrer Todtenbeine! Ach, kein Sonnenstrahl erhellt Diese Nacht mit frohem

Scheine. Hüter! ist die Nacht bald hin? Wird dein Morgen bald erblühn?

2. Blick ich hin auf Israel, Ist noch alles fast erstorben. Ach, dein Volk, Immanuel, Das du dir mit Blut erworben, Sieh, wie blind, wie fern von dir! Wie ein Schlachtfeld liegt es hier.

3. Schau ich deine Christenheit, Die Herr, deinen Namen träget: Ach, was seh ich weit und breit! Tausend Kräfte wild beweget, Wenige, die für dich glühn, Und in deinem Dienst sich mühn.

4. Und die große Heidenwelt Ist noch finster und verdunkelt; Hie und da nur schwach erhellt; Lichtes Schimmer einzeln funkelt; Millionen sind noch fern Von dem Reiche meines Herrn!

5. O wann bricht der Frühling an Nach den langen Wintertagen? Herr, du bist es, der da kann Zu den Todtenbeinen sagen: „Rauschet, reget, füget euch, Seid ein Lob für Gottes Reich!"

6. Herr, so sprich dein Lebenswort Ueber alle Todtenbeine! Odem Gottes, wehe fort, Daß sich alles neu vereine! Mache alles wieder neu, Alles Alte geh vorbei!

Jef. 21, 11. Hüter! ist die Nacht schier hin? Hüter! ist die Nacht schier hin?

Mel. Alle Menschen müssen sterben.

187. Hüter! ist die Nacht verschwunden? Hüter! ist die Nacht schier hin? Ach, wir zählen alle Stunden, Biß die Morgenwolken blühn, Biß die Finsterniß entweichet, Biß der Sterne Schein erbleichet, Und der Sonne warmer Strahl Leuchtet über Berg und Thal.

2. Seht ihr nicht der Berge Spitzen Tauchen aus des Nebels Nacht? Durch der dunkeln Wolken Ritzen Bricht der Frühschein an mit Macht. Aus der Todesschatten Höhle Reißt sich manche Heidenseele Los, entschleiert ihr Gesicht Gottes wunderbarem Licht.

3. O du Gott der Macht und Stärke! Sieh uns hier verwundert stehn Ueber deinem großen Werke, Das vor unserm Blick geschehn! Manches Thor hast

Missionslieber.

du entriegelt, Viele Seelen dir versiegelt; Gab'st uns für das Heidenland Manches theure Unterpfand.

4. Immer tiefer, immer weiter In das feindliche Gebiet Dringt das Häuflein deiner Streiter, Dem voran dein Banner zieht. Wo wir's kaum gewagt zu hoffen, Stehn nun weit die Thüren offen; Mühsam folgt der schwache Tritt Deinem raschen Siegesschritt.

5. Langsam und durch Schwierigkeiten Waren wir gewohnt zu gehn; Plötzlich bricht in alle Weiten Deine Hand aus lichten Höhn! Staunend sehn wir dein Beginnen; Keine Zeit ist's, lang zu sinnen. Geh voran! wir folgen nach, Wo dein Arm die Bahnen brach.

6. Breitest du in unsern Tagen, Herr, dein Werk noch weiter aus: Laß uns muthig Steine tragen Zu dem großen Tempelhaus! Aber laß es unsern Seelen Nicht an tieferer Gründung fehlen! Gib uns den Verläugnungssinn; Nimm die Herzen völlig hin!

7. Ach! wenn wir uns selber suchen, Und nicht deine Ehr allein, Müßtest du uns nicht verfluchen? Könnte unser Thun gedeihn? Schenk uns einen reinen Eifer; Mach uns lauterer und reifer! Brich des eignen Geistes Thun; Laß in deinem Sinn uns ruhn!

8. Welch ein Segen wird ersprießen, Wenn wir gehn an deiner Hand! Wenn uns deine Quellen fließen, Grünet bald das dürre Land. Nationen aller Orten Strömen her zu deinen Pforten, Fallen auf ihr Angesicht, Jubeln laut im ewigen Licht!

Matth. 19, 29. Wer verläßt Häuser, oder Brüder, oder Schwestern, oder Vater, oder Mutter, oder Weib, oder Kinder, oder Aecker, um meines Namens willen, der wird es hundertfältig nehmen, und das ewige Leben ererben.

Eigene Melodie.

188. Süß ist's, für ein ewiges Leben Erdengut, Leib und Blut Jesu hinzugeben. Pilger sind wir noch hienieden; Droben hat Eine Stadt Uns der Herr beschieden.

2. Tausend gehn zu ihren Thoren Selig ein, Werden sein

Ewig unverloren. Auch die Herrlichkeit der Heiden, Kommt, und wird Eingeführt In die Stadt der Freuden.

3. Darum rufen sie dem Hüter: „Ist die Nacht Schier vollbracht? Wo sind unsre Güter?" Doch getrost! der ewgen Gnade Sonnenschein Glänzt herein Auf die finstern Pfade.

4. Unsre Brüder sind gegangen Ueber's Meer Weit umher, Haben angefangen; Gute Botschaft ist verkündet, Gottes Macht Hat gewacht, Feuer angezündet.

5. Gnade weht an ihren Orten; Manches Herz, Hart wie Erz, Ist schon weich geworden. Denn das Wort von Christi Leiden Kann allein Mark und Bein, Geist und Seele scheiden.

6. Das muß edle Früchte tragen, Das erneut Unsre Freud In den bösen Tagen; Daß man darauf möge warten, Gibt uns Gott Ohne Noth Keinen Rosengarten.

7. Selig, wen von Welt und Sünden Christus reißt, Und ihn heißt Seinen Tod verkünden; Denn es ist die beste Gabe, Theuerwerth, Ihm bescheert Mit dem Wanderstabe.

8. Selig, wer im Kampf bestehet, Glauben hält, Und in's Feld Guten Samen säet! Nach dem Weinen, nach dem Ringen Wird er nun Friedlich ruhn, Und viel Garben bringen.

9. Jesu, süßes Licht der Seele, Tritt herzu, Salb uns du Mit dem Freudenöle! Was du dir an uns ersehn, Was du willst Und befiehlst, Müsse dir geschehen.

Matth. 24, 14. Es wird gepredigt werden das Evangelium vom Reich in der ganzen Welt zu einem Zeugniß über alle Völker.

Mel. Sieh, hier bin ich, Ehrenkönig.

189. Sieh, hier sind wir, Heilger Meister, Herr und König, Jesus Christ, Dem die Schaar der Himmelsgeister Freudig unterthänig ist! — Vor dir stehen, Zu dir flehen Wir, weil du der Hirte bist.

2. Treuer Hirte deiner Heerde, Komm von deinem Heiligthum, Und verkläre deine Erde Bald durch deines Namens Ruhm! Laß in allen Ländern schallen, Herr, dein Evangelium!

3. Süßes Wort der ewgen Wahrheit, Friedensbotschaft von dem Herrn, Evangelium voller Klarheit, Lichte unsern Erdenstern, Daß der Sünde Nacht verschwinde Von der Erde Grenzen fern!

4. Ach, so kalt ist es und trübe Noch in deiner Christenheit, Weil dein Volk, du ewge Liebe, Noch nicht frohen Weihrauch streut! Laß nicht sterben, Nicht verderben Uns in Herzenslauigkeit!

5. Gib uns Glauben, Muth und Treue, Hör, o Jesus, unser Flehn! Gib uns deinen Geist auf's neue, Laß den Lebensodem wehn! Hab Erbarmen Mit uns Armen, Daß wir nicht verloren gehn!

6. Gib uns heiliges Erglühen, Deinem Dienst uns ganz zu weihn; Laß den Erdkreis dir erblühen, Und bald eine Heerde sein! Komm, erscheine! Nimm das Deine! Zeuch in alle Herzen ein!

Luk. 10, 2. Die Ernte ist groß, der Arbeiter aber ist wenig; bittet den Herrn der Ernte, daß er Arbeiter aussende in seine Ernte.

Mel. Wachet auf, ruft uns die Stimme.

190. Einer ist's, an dem wir hangen, Der für uns in den Tod gegangen, Und uns erkauft mit seinem Blut. Unsre Leiber, unsre Herzen Gehören dir, o Mann der Schmerzen, In deiner Liebe ruht sich's gut! Nimm uns zum Eigenthum, Bereite dir zum Ruhm Deine Kinder! Verbirg uns nicht Das Gnadenlicht Von deinem heilgen Angesicht.

2. Nicht wir haben dich erwählet; Du selbst hast unsre Zahl gezählet, Nach deinem ewgen Gnadenrath. Unsre Kraft ist schwach und nichtig, Und keiner ist zum Werke tüchtig, Der nicht von dir die Stärke hat. Drum brich den eignen Sinn, Denn Armuth ist Gewinn Für den Himmel! Wer in sich schwach, Folgt, Herr, dir nach Und trägt mit Ehren deine Schmach.

3. O Herr Jesu, Ehrenkönig! Die Ernt ist groß, der Schnitter wenig, Drum sende treue Zeugen aus; Send auch uns hinaus in Gnaden, Viel frohe Gäste einzuladen Zum Mahl in deines Vaters Haus. Wohl dem, den deine Wahl Beruft zum Abendmahl In Reich Gottes! Da ruht der Streit, Da währt

die Freud, Heul, gestern und in Ewigkeit.

4. Schau auf deine Millionen, Die noch im Todesschatten wohnen, Von beinem Himmelreiche fern! Seit Jahrtausenden ist ihnen Kein Evangelium erschienen, Kein gnadenreicher Morgenstern. Glanz der Gerechtigkeit, Geh auf, denn es ist Zeit! Komm, Herr Jesu! Zeuch uns voran, Und mach uns Bahn; Gib deine Thüren aufgethan.

5. Deine Liebe, deine Wunden, Die uns ein ewges Heil erfunden, Dein treues Herz, das für uns fleht, Wollen wir den Seelen preisen, Und auf dein Kreuz so lange weisen, Bis es durch ihre Herzen geht. Denn kräftig ist dein Wort; Es richtet und durchbohrt Geist und Seele; Dein Joch ist süß, Dein Geist gewiß, Und offen steht bein Paradies.

6. Heiland! beine größten Dinge Beginnest du still und geringe; Was sind wir Armen, Herr, von dir? Aber du wirst für uns streiten, Und uns mit deinen Augen leiten; Auf deine Kraft vertrauen wir. Dein Senftorn, arm und klein, Wächst endlich ohne Schein Doch zum Baume, Weil du, Herr Christ, Sein Hüter bist, Dem es von Gott vertrauet ist.

Jes. 49. 6. Ich habe dich zum Licht der Heiden gemacht, daß du seist mein Heil bis an der Welt Ende.

Mel. Christus, der ist mein Leben.

191. Herr Jesu! dich zu loben, Sind wir vor dir vereint, Du hast bein Licht erhoben, Daß es den Heiden scheint.

2. Hoch über alle Hügel Ragt schon dein Berg empor; Der Glaube schwingt die Flügel, Es jauchzt der Heiden Chor.

3. Herr Jesu! mehr zu flehen, Nahn wir uns deinem Thron. Wir möchten alle sehen Als beiner Schmerzen Lohn.

4. Du starker Hort! im Glauben Ist freudig unser Geist; Wer will den Sieg uns rauben, Den schon dein Wort verheißt?

5. Liegt Zion gleich verfallen, Der Eckstein fällt doch nicht; Balb schallt's durch finstre Hallen: „Wach auf, es kommt dein Licht!"

———

Joh. 10, 16. Sie werden meine Stimme hören, und wird Eine Heerde und Ein Hirte werden.

Mel. Großer Gott, wir loben dich.

192. Eine Heerde und Ein Hirt! Wie wird dann dir sein, o Erde, Wenn sein Tag erscheinen wird! Freue dich, du kleine Heerde; Mach dich auf und werde Licht! Jesus hält, was er verspricht.

2. Hüter! ist der Tag noch fern? Schon ergrünt es auf den Weiden, Und die Herrlichkeit des Herrn Nahet dämmernd sich den Heiden. Blinde Pilger flehn um Licht. Jesus hält, was er verspricht.

3. Komm, o komm, getreuer Hirt, Daß die Nacht zum Tage werde! Ach, wie manches Schäflein irrt fern von dir und deiner Heerde! Kleine Heerde, zage nicht: Jesus hält, was er verspricht.

4. Sieh, das Heer der Nebel flieht Vor des Morgenrothes Helle, Und der Sohn der Wüste kniet dürstend an der Lebensquelle; Ihn umleuchtet Morgenlicht. Jsus hält, was er verspricht.

5. Gräber stehen aufgethan; Rauscht verdorrete Gebeine! Macht dem Bundesengel Bahn! Großer Tag des Herrn erscheine! Jesus ruft: es werde Licht! Jesus hält, was er verspricht.

5. O des Tags der Herrlichkeit! Jesus Christus, du die Sonne, Und auf Erden weit und breit Licht und Wahrheit, Fried und Wonne! Mach dich auf, es werde Licht! Jesus hält, was er verspricht.

Ps. 96, 1. Jauchzet dem Herrn, alle Welt, singet, rühmet und lobet.

Mel. Alle Menschen müssen sterben.

193. Bringet her dem Herrn, ihr Brüder, Ehr und Stärke bringt dem Herrn! Bringt ihm Lob und Freudenlieder! Herzenstöne hört er gern. Und sein Engel flieg und hole Vom Altar die glühnde Kohle, Weihe Mund und Lippen ein, Redner seines Ruhms zu sein!

2. Bringt dem Herrn des Räucherwerks Schaalen, Bringt ihm her Gebet und Flehn! Und mit holden Gnadenstrahlen Wird sein Aug herniedersehn. Wenn des Beters Opfer steigen, Wird sein

Ohr, sein Herz sich neigen, Wird sein Machtbefehl ergehn, Und sein Ruf: „es soll geschehn!"

3. Bringt von dargeliehnen Pfunden Eurem Herrn den Wucher her! Wen er fromm und treu erfunden, Dem verleiht er künftig mehr. Sollt ein Knecht des Lehnherrn Gaben Schnöd im Erdgewühl vergraben? — Wuchert! wer ging einst nicht gern Ein zur Freude seines Herrn?

4. Bringet her von eurer Habe, Was das Werk des Herrn vermehrt! Weise brachten einst zur Gabe Gold dem Herrn und Goldeswerth. Er bedurft es; ihm zur Steuer War für sie kein Schatz zu theuer. Hört: der Herr bedarf's! — wohlan, Wer ist, der hier zaudern kann?

5. Bringet her aus freiem Triebe! Frohe Geber sieht er gern. Was an Armen thut die Liebe, Wißt, das leihet sie dem Herrn. Er vergilt des Bechers Labung Mild mit himmlischer Begabung, Fühlt in seinem Kleinsten mit, Was ihm wohlthat, was er litt.

6. Würdig ist der Herr, zu nehmen Ehr und Preis in Ewigkeit; Auch kein Scherflein darf sich schämen, Das sich seiner Ehre weiht. Reichthum, Weisheit, Kraft und Stärke, Alles diene seinem Werke! Auf, o Volk, sein Eigenthum, Jeder Odem sei sein Ruhm!

Ps. 98, 3. Aller Welt Enden sehen das Heil unseres Gottes.

Mel. Jesu, meine Freude.

194. Gottes Winde wehen, Gottes Ströme gehen In den Ozean; Wolken ziehn und ferne Wandeln Sonn und Sterne Ihre Heldenbahn. Also fort Läuft Gottes Wort, Schneller, als der Wolken Heere, Als der Strom der Meere.

2. Durch der Erde Weiten Muß es sich verbreiten Segnend, als ein Licht, Bis des Herrn Erkenntniß, Seines Heils Verständniß Durch die Seele bricht. Tief und hehr Ist's Wellenmeer; Voller soll die Gnade quillen, Alle' Welt erfüllen.

3. Siehst du sündetrunken Und im Tod versunken Völker ohne Zahl; Siehst du auf den Höhen Götzenbilder stehen, Gräuel in dem Thal: Dermaleins Wird,

hellen Scheins, Jesu Heil die Berge krönen, Und das Thal versöhnen.

4. Siehst du auf die kleinen Einzelnen Gemeinen Fern im Osten hin, Wo zerstreute Pilger Für den Sündentilger Still ein Volk erzieh'n: Groß wird sein, Was nun so klein; Aus dem Völklein sollen werden Mächtige Völkerheerden.

5. Hörst du noch die Rotten Blinder Sünder spotten Ueber Christi Blut; Siehst du seine Zeugen Leiden, sterben, schweigen: Endlich wird's doch gut! Bald vergeht, Was Jesum schmäht. Die ihm glauben, dulden, dienen, Werden ewig grünen.

6. Laßt uns nicht ermatten Unter seinem Schalten, Unter seinem Thron! Wirket, weil ihr lebet, Betet, Helft und gebet Für den Menschensohn! Jesus lebt! Das Haupt erhebt, Brüder, die ihr ihn erkennet, Seinen Namen nennet!

---

4. Mos. 14, 21. So wahr als ich lebe, so soll alle Welt der Herrlichkeit des Herrn voll werden.

Mel. Wie schön leucht't uns der ꝛc.

195. Wes ist das Fest? zu wem empor Schallt der Gemeine heilger Chor Mit frohen Feierliedern? Es gilt des großen Königs Ruhm, Dem Priester in dem Heiligthum, Dem Haupt von vielen Gliedern! Droben Loben Ihn, den Meister, Reine Geister; Aber Sünder Preisen ihn als Gottes Kinder.

2. „Wann ich dereinst erhöhet bin, Will Ich sie alle zu mir ziehn!" So hat sein Mund gesprochen. O süßes Licht, o selges Wort, Das geht durch Erd und Himmel fort, Der Tag ist angebrochen! Zeuget! Beuget Euch, ihr Höhen! Inseln, Seen, Länder, Meere, Kinder Gottes, bringt ihm Ehre!

3. Es thut's ein Tag dem andern kund, Es tönt aus tausendfachem Mund Das Wort von seinem Lichte; Und wendet sich ein Sonnenjahr, So glänzen auf dem Dankaltar Viel neue Lebensfrüchte: Neue, Treue Schwestern, Brüder, Christi Glieder, Hörer, Lehrer, Seines Reiches Ruhm und Mehrer!

4. Und Saaten, für den Sohn gesät, Viel Liebesgaben, viel Gebet, Viel Wunder seiner Gnade;

Und Hoffnung, wo nicht Hoffnung schien, In dürren Wüsten frisches Grün, Und neugebahnte Pfade. Hosianna Davids Sohne Auf dem Throne! Sieggekrönet Jauchzt sein Volk, das er versöhnet.

5. Fest wie die Sonne steht dein Thron! So singen wir, o Gottessohn, Am Tage deiner Ehren. Weit reckst du von des Vaters Haus Das Scepter deines Reiches aus, Und niemand wird dir's wehren! Machtvoll, Prachtvoll, Unabwendlich Wird doch endlich, Herr, den Deinen Ganz dein hoher Rath erscheinen.

6. Nicht Macht und Weisheit dieser Welt, Nicht, was dem klugen Fleisch gefällt, Das hast du nicht erkoren; Dein Lebenswort, Dein Geist und Blut, Das ist's, was alle Wunder thut, Was bir uns neu geboren. Helle Quelle Ewger Wahrheit, Gieße Klarheit, Kraft und Milde In des Todes Nachtgefilde!

7. „Ich komme bald!" so zeugest du; O komm und weck aus todter Ruh, Die noch dein Heil nicht kennen! Daß alle gläubig auferstehn, Dem Bräutigam entgegengehn, Daß alle Lampen brennen! Laß uns! Laß uns Treue Hände Bis zum Ende Vor dir heben, Bis du kommst, den Lohn zu geben!

XIII. Von dem Worte Gottes.

Amos 8, 11. Siehe, es kommt die Zeit, spricht der Herr Herr, daß ich einen Hunger in das Land schicken werde; nicht einen Hunger nach Brod, oder Durst nach Wasser, sondern nach dem Wort des Herrn.

Mel. Wer nur den lieben Gott rc.

196. Frag deinen Gott! hör, was er zeuget In seinem Wort, weil hier sein Geist Nie seinen Willen dir verschweiget, Wenn du ihn nicht von selber weißt. Dämpf nicht des Geistes Unterricht; Frag deinen Gott, da hol Bericht!

2. Frag deinen Gott, laß ihn

dich führen, So wird die Morgenröth aufgehn; Du wirst ihr Leuchten reichlich spüren, Und bald im Tageslichte stehn. Drum frage deinen Willen nicht; Frag deinen Gott, da hol Bericht!

4. Des Höchsten Ausspruch kann nicht trügen, Nichts Dunkles ist im Sonnenlicht! Die Creaturen können lügen, Und lügt dein Herz oft selber nicht? Was suchst du in und außer dir? — Frag deinen Gott, sein Wort ist hier!

4. Wohl! wenn dein Wille mit dem Worte Des Einzigweisen stimmet ein, So kann in keinem Stand noch Orte Sein Wille dir zuwider sein. Der Vater ist des Kindes Hort, Das mit ihm eins wird durch sein Wort.

Ebr. 1, 1. 2. Nachdem vor Zeiten Gott — geredet hat durch die Propheten, hat er in diesen Tagen zu uns geredet durch den Sohn.

N. L. Es ist gewißlich an der Zeit.

197. Wir Menschen sind zu dem, o Gott, Was geistlich ist, untüchtig; Dein Wesen, Wille und Gebot Ist viel zu hoch und wichtig. Wir wissen's und ver-stehen's nicht, Wenn uns dein göttlich Wort und Licht Den Weg zu dir nicht weiset.

2. Drum sind vor Zeiten ausgesandt Propheten, deine Knechte; Sie machten deinem Volk bekannt Dein Heil und deine Rechte. Zuletzt ist selbst dein eigner Sohn, O Vater, von des Himmels Thron, Gekommen, uns zu lehren.

3. Für solches Heil sei, Herr, gepreist! Laß es uns niemand rauben, Und gib uns deinen guten Geist, Daß wir dem Worte glauben, Und alles, was dein Wort gebeut, Mit Treue, Lust und Emsigkeit Zu deiner Ehre üben.

4. Hilf, daß der losen Zweifler Spott Uns nicht vom Wort abwende; Wer dich verachtet, großer Gott, Der nimmt ein schrecklich Ende. Gib selbst zu deinem Zeugniß Kraft, Daß deine Lehre in uns haft, Und reichlich bei uns wohne!

5. Der Sam' am Wege wird sofort Vom Teufel weggenommen; Auf Fels und Steinen kann das Wort Niemals zum Wurzeln kommen; Und wenn es unter Dornen fällt Der Sorg

und Wollust dieser Welt, So muß es bald ersticken.

6. Ach, hilf, Herr, daß wir werden gleich Dem reichen guten Lande, Und an des Geistes Kräften reich In jedem Amt und Stande! Daß wir Frucht bringen in Geduld, Bewahren deine Lehr und Huld In feinen, guten Herzen.

7. Eröffne, Herr, uns Ohr und Herz, Dein Zeugniß recht zu fassen, Daß wir's in Freuden und im Schmerz Nicht aus dem Herzen lassen. Laß uns nicht Hörer nur allein, Nein, Thäter auch des Wortes sein, Frucht hundertfältig bringen.

8. Dein Wort laß allerwegen sein Die Leuchte unsrer Füße, Daß seine Kraft und milden Schein Geist, Sinn und Herz genieße; Daß es uns gebe Trost in Noth, Und seliglich uns aus dem Tod Zum ewgen Leben führe.

9. Laß sich dein Wort zu deiner Ehr, Gott Vater, weit ausbreiten! Hilf, Jesu, daß uns deine Lehr Erleuchten mög und leiten! O heilger Geist, dein göttlich Wort Laß in uns wirken fort und fort Trost, Hoffnung, Lieb und Glauben!

Ps. 19, 2–15. Die Himmel erzählen die Ehre Gottes, und die Feste verkündiget seiner Hände Werk. Ein Tag sagt es dem andern, und eine Nacht thut es kund der andern. Es ist keine Sprache noch Rede, da man nicht ihre Stimme höre u. s. w.

Mel. Wer weiß, wie nahe mir mein ꝛc.

198. Die Himmel rühmen Gottes Ehre, Verkünden seiner Hände Werk; Ihn preisen alle Sternenheere Und loben seine Macht und Stärk. Ein Tag sagt es dem andern an, Von Nacht zu Nacht wird's kund gethan.

2. In jeder Sprache, jeder Rede Erschallt das Lob des großen Herrn, Im Blüthenfeld, in kahler Oede, Im weiten Weltkreis nah und fern. Jehovah's großer Nam und Ruhm Läuft mit dem Evangelium.

3. So wie des Tages Held, die Sonne, Im Brautschmuck ihrer vollen Macht Das Land erfüllt mit Lust und Wonne, Daß Berg und Thal und Hügel lacht: So leuchtet herrlich, hell und rein Das Wort des Herrn in's Herz hinein.

4. Sein Zeugniß macht die Thoren weise, Erhellt des Auges

dunkeln Stern, Erhebl das Herz zu Gottes Preise, Zum Preis des großen, guten Herrn. Es macht den Geist gewiß, und frei Von Sündenlast und Heuchelei.

5. Viel köstlicher, als große Habe Des Goldes, das der Eiteln Hort, Viel süßer, als die süße Gabe Des Honigseims ist, Herr, dein Wort. Dein Knecht hat Lehr und großen Lohn In Zeit und Ewigkeit davon.

6. Gerechter Gott! wer kann es merken, Da sich's das Herz so gern verhehlt, Wie oft er sich in Wort und Werken Und in Gedanken hat verfehlt? O Herr, vergib, ich fleh zu dir, Auch die verborgnen Fehler mir!

7. Und dann bewahre mich in Gnaden Vor frechem Stolz und Uebermuth; Bewahre mich vor Seelenschaden, Erhalte mich in deiner Hut; So werd ich ohne Wandel, rein, Der Missethat unschuldig sein.

8. Laß das Gespräch dir wohlgefallen, Das hier mein armes Herz dir bringt; Hör auf des Mundes kindlich Lallen, Wenn er dein heilig Lob besingt. Erhalte mich bei deinem Wort, Du mein Erlöser und mein Hort!

Ps. 119, 103. Dein Wort ist meinem Munde süßer denn Honig.

Mel. Schmücke dich, o liebe Seele.

199. Prediger der süßen Lehre, Die ich mit Erstaunen höre! Großer Arzt der Menschenkinder, Du Evangelist der Sünder, Du Prophet des neuen Bundes, Laß die Worte deines Mundes, Deine Stimme an die Heerden Mir zu Geist und Leben werden!

2. Deiner Weisheit Offenbarung Mache mir zur Herzensnahrung! Sende deines Geistes Treiben, Mir dein Wort in's Herz zu schreiben. Dies nur kann mich trösten, lehren, Heil und Kräfte mir gewähren; Dies nur kann vom ewgen Leben Mir gewisse Kunde geben.

3. Herr, dein Wort ist allgewaltig, Wunderbar und mannigfaltig. Es entdecket meine Blöße, Meiner Sünden Meng und Größe; Es erquicket nach dem Weinen, Läßt die Sonne wieder scheinen, Schlägt den Stolz und Zweifel nieder, Und erhebt zum Himmel wieder.

4. Lehre mich dein Wort betrachten, Mit Begierde darauf achten; Lehre mich's im Geist

verstehen, Laß es mir zu Herzen gehen. Mache, daß ich's fröhlich glaube, Keinen Zweifel mir erlaube, Daß ich's mit Gehorsam ehre, Und sonst keine Stimme höre.

5. Was die Welt bekennt und lehret, Was mein Herz erdenkt und ehret, Was der böse Geist erdichtet, Wird von Gottes Wort gerichtet. Weg mit euch, ihr falschen Geister! Mir genügt an Einem Meister; Ihm alleine darf ich glauben; Sein Wort soll mir niemand rauben.

6. Selig, selig sind die Seelen, Die sich sonst kein Licht erwählen, Als allein das Wort des Lebens! Diese glauben nicht vergebens, Weil sie Gottes Rath ergründen Und sein Herz im Worte finden. O ein unschätzbares Wissen! Andre Weisheit kann ich missen.

7. Licht und Kraft und Muth und Freude, Wahrer Trost im tiefsten Leide, Schutz vor allerlei Gefahren, Und ein ewiges Bewahren: Das sind dieses Wortes Früchte; Alles andre wird zunichte, Alles Andre muß vergehen: Gottes Wort bleibt ewig stehen!

Luk. 21, 33. Himmel und Erde werden vergehen, aber meine Worte vergehen nicht.

Mel. Sollt es gleich bisweilen scheinen.

200. Treuer Meister, beine Worte Sind die rechte Himmelspforte; Deine Lehren sind der Pfad, Der uns führt zu Gottes Stadt.

2. O wie selig, der dich höret, Wer von dir will sein gelehret, Wer in Demuth jede Stund Horcht auf deinen treuen Mund!

3. Herr, bein Wort mir nicht verhehle! Rede laut zu meiner Seele, Hilf ihr halten bis zum Tod Deiner Liebe Machtgebot!

4. Hilf mir mich im Lieben üben, Und Gott über alles lieben; Lehr den Nächsten inniglich Mich auch lieben, gleichwie mich.

5. Laß mich, Jesu, bir auf Erden Aehnlich in der Demuth werden; Geuß mir beine Sanftmuth ein, Laß mich klug in Einfalt sein.

6. Also wird kein Feind mich binden, Also werd ich Ruhe finden, Also werd ich in der Zeit Weise für die Ewigkeit.

Von dem Worte Gottes.

2. Cor. 1, 20. Alle Gottes Verheißungen sind Ja in Ihm, und sind Amen in Ihm, Gott zu Lobe durch uns.

Mel. Jesu, meine Freude.

201. Wort des höchsten Mundes, Engel unsres Bundes, Wort, du warst nie stumm! Bald, da wir gefallen, Ließest du erschallen Evangelium, — Eine Kraft, Die Glauben schafft, Eine Botschaft, die zum Leben Uns von dir gegeben.

2. Was sein Wohlgefallen Vor der Zeit uns allen Fest bestimmet hat; Was die Opferschatten Vorgebildet halten, Das vollführt dein Rath. Was die Schrift Verspricht, das trifft Alles ein in Jesu Namen, Und ist Ja und Amen.

3. Alles ist vollendet; Jesu Gnade wendet Alle Straf und Schuld. Jesus ist gestorben, Jesus hat erworben Alle Gnad und Huld. Auch ist dies Fürwahr gewiß: Jesus lebt in Preis und Ehre; O erwünschte Lehre!

4. Uns in Sünde Todten Machen Jesu Boten Dieses Leben kund. Lieblich sind die Füße, Und die Lehren süße, Theuer ist der Bund. Aller Welt Wird vorgestellt Durch der guten Botschaft Lehre, Daß sie sich bekehre.

5. Kommt, zerknirschte Herzen, Die in bittern Schmerzen Das Gesetz zerschlug! Kommt zu dessen Gnaden, Der, für euch beladen, Alle Schmerzen trug! Jesu Blut Stärkt euern Muth; Gott ist hier, der euch geliebet, Und die Schuld vergibet.

6. Dieser Grund bestehet; Wenn die Welt vergehet, Fällt er doch nicht ein. Darauf will ich bauen, So soll mein Vertrauen Nur in Jesu sein. Auch will ich Nun würdiglich In der Kraft, die mir gegeben, Meinem Jesu leben.

7. Jesu, deine Stärke Schaffet diese Werke; Stehe du mir bei! Nichts soll uns nun scheiden. Hilf, daß auch mein Leiden Dir zur Ehre sei. Laß auch mich Dereinst auf dich, Als ein Kind, mit dir zu erben, Froh und selig sterben!

Jak. 1, 21. Nehmet das Wort an mit Sanftmuth, das in euch gepflanzet ist, welches kann eure Seelen selig machen.

Mel. Komm, o komm, du Geist ꝛc.

202. Theures Wort aus

Gottes Munde, Das mir Himmelsfrüchte trägt, Dich allein hab ich zum Grunde Meiner Seligkeit gelegt. In dir treff ich alles an, Was zu Gott mich führen kann.

2. Will ich einen Vorschmack haben Von den Freuden jener Welt, Bist du, meinen Geist zu laben, Mir zur Nahrung dargestellt: Lebensbrot, das bin ich hier, Lebenswasser beutst du mir.

3. Geist der Gnaden, der im Worte Mich an Gottes Herze legt, Oeffne mir des Himmels Pforte, Daß mein Geist hier recht erwägt, Was für Schätze Gottes Hand Durch sein Wort ihm zugesandt!

4. Gib dem Saatkorn einen Acker, Der die Frucht nicht schuldig bleibt; Mache mir die Augen wacker, Und was hier dein Finger schreibt, Präge mir im Herzen ein; Laß den Zweifel ferne sein.

5. Was ich lese, laß mich merken; Was du lehrest, laß mich thun. Wird dein Wort den Glauben stärken, Laß es nicht dabei beruhn, Sondern gib, daß er dabei Auch durch Liebe thätig sei.

6. Hilf, daß alle meine Wege Nur nach dieser Richtschnur gehn. Was ich hier zum Grunde lege, Müsse wie ein Felsen stehn, Daß mein Geist auch Rath und That In den größten Nöthen hat.

7. Laß dein Wort mir einen Spiegel, Jesu, deines Vorbilds sein! Drück darauf dein Gnadensiegel, Drück es meinem Herzen ein, Daß ich fest im Glauben steh, Bis ich dort zum Schauen geh.

Luk. 8, V. 11. 15. Es ging ein Sämann aus, zu säen seinen Samen. — Der Same ist das Wort Gottes. — Das aber auf dem guten Lande, sind die das Wort hören und behalten in einem feinen, guten Herzen, und bringen Frucht in Geduld.

Mel. Werde munter mein Gemüthe.

203. Guter Säemann!

beine Gänge Sieht und spürt man weit und breit, Denn du hast in großer Menge Deinen Samen ausgestreut. Ja, es ist beinah kein Ort, Wo dein göttlich Lebenswort Unter uns seit alten Tagen Nicht wird reichlich vorgetragen.

2. Aber ach, wie wenig Felder

Nehmen diesen Samen an, Und was finden sich für Wälder, Da man gar nicht pflügen kann! Dorn und Disteln sind der Ort, Wo das theure Lebenswort Im Gedränge muß ersticken Und sich lassen unterdrücken.

3. Das am Wege wird zertreten, Und die Vögel fressen's bald; Das auf harten Felsenbeeten Macht die Hitze welt und alt. Doch ist auch noch gutes Land, Das durch deine Segenshand, Wenn die Saat in Aehren bringet, Hundertfältig Früchte bringet.

4. Jesu, der du unsre Herzen Dir zum Ackerland bestimmt: Laß uns nicht dein Heil verscherzen In der argen, blinden Welt! Laß uns wachsen und gedeihn Und mit Früchten dich erfreun! Ach, wer Ohren hat, zu hören, Hör, und thu nach deinen Lehren!

5. Wehre du des Satans Listen, Hall uns wacker Geist und Sinn, Denn sonst nimmt er deinen Christen Schnell dein Wort vom Herzen hin! Steure aller Sicherheit, Daß wir uns zu aller Zeit, Herr, im Glauben an dich halten, Und in keiner Noth erkalten.

6. Reiße, wär es auch mit Schmerzen, Uns der Weltlust Dornen aus, Sonst erstickt die Saat im Herzen, Und nichts Gutes wird daraus. Ach, wo solche Felder sind, Muß der Same gar geschwind Durch des Unkrauts Macht ersterben, Und der Acker selbst verderben.

7. Jesu, gib, daß wir uns mühen, Dir ein gutes Land zu sein Wo die Keime nicht nur blühen Als ein heitrer Christenschein, Sondern wo auch jedermann Nach der Blüthe sehen kann, Daß die Saat lebendig bleibet, Und gesunde Früchte treibet!

8. Laß es jedem Korn gelingen, Das in unsre Herzen fällt; Laß es tausend Früchte bringen Mitten in der bösen Welt! Wo ein Herz in deinem Reich Sieht dem guten Felde gleich, Das entreiß der Welt behende, Und erhalt es bis zum Ende.

9. Endlich, Herr, wann wir auf Erden Nach der Zeiten schnellem Lauf Selbst zu einem Saatkorn werden, Das die Felder nehmen auf: Ach, so laß uns

friedlich ruhn, Bis wir unsern Eintritt thun In die schönen Himmelsauen, Und die Freudenernte schauen!

Pf. 119, 105. Dein Wort ist meines Fußes Leuchte und ein Licht auf meinem Wege.

Mel. O du Liebe meiner Liebe.

204. Herr, dein Wort, die edle Gabe, Diesen Schatz erhalte mir! Denn ich zieh ihn aller Habe Und dem größten Reichthum für. Wenn dein Wort nicht mehr soll gelten, Worauf soll der Glaube ruhn? Mir ist's nicht um tausend Welten, Aber um dein Wort zu thun.

2. Hallelujah, Ja und Amen! Herr, du wollest auf mich sehn, Daß ich mög in deinem Namen Fest bei deinem Worte stehn! Laß mich eifrig sein beflissen, Dir zu dienen früh und spat, Und zugleich zu deinen Füßen Sitzen, wie Maria that.

Pf. 119, 111. Deine Zeugnisse sind mein ewiges Erbe; denn sie sind meines Herzens Wonne.

Mel. Wie soll ich dich empfangen.

205. Wohl dem, der Jesum liebet Und dessen Himmelswort! Nie, nie wird der betrübet Von Satans List und Mord. Wo Jesus sich befindet, Da stehet alles wohl; Wer sich auf Jesum gründet, Der lebet lebensvoll.

2. Bist du vielleicht verirret, Suchst Ruhe hier und dort? Hat dich die Welt verwirret? Komm, hier ist Gottes Wort! Das wird dir klärlich weisen Die rechte Lebensbahn, Darauf du müssest reisen, Wenn du willst himmelan.

3. Bist du vielleicht betrübet, Und wirst du fort und fort Durch Kreuz und Noth geübet? Komm, hier ist Gottes Wort! Dies wird dein Herz erquicken, Daß, wenn gleich Höll und Welt Dich wollten unterdrücken, Du doch behältst das Feld!

4. Hast du dich lassen blenden, Suchst Licht am dunkeln Ort, Und irrest aller Enden? Komm, hier ist Gottes Wort! Dies macht, daß auch die Blinden Zum wahren Lebenssteg Sich wieder können finden Von ihrem finstern Weg.

5. Und wirst du auch geführet Im Geist durch einen Ort,

Wo nur der Tod regieret, Komm, hier ist Gottes Wort! Damit wirst du besiegen Die härtste Seelennoth, Und nimmermehr erliegen, Dem letzten Feind, dem Tod.

6. Hülf, Jesu, daß ich liebe Dein seligmachend Wort, Und stets darin mich übe! Hilf, o mein Seelenhort, Daß ich's in meinem Herzen Bewahr durch deine Huld, Damit in Kreuz und Schmerzen Es Frucht bring in Geduld!

Ps. 119, 49. 50. Gedenke deinem Knechte an dein Wort, auf welches du mich lässest hoffen. Das ist mein Trost in meinem Elend; denn dein Wort erquicket mich.

Mel. Was Gott thut, das ist 2c.

206. Dein Wort, o Herr, ist milder Thau Für trostbedürftge Seelen. Laß keinem Pflänzchen deiner Au Den Himmelsbalsam fehlen! Erquickt durch ihn, Laß jedes blühn, Und in der Zukunft Tagen Dir Frucht und Samen tragen.

2. Dein Wort, ist Herr, ein Flammenschwert, Ein Blitz, der Felsen splittert, Ein Feuer, das im Herzen zehrt, Und Mark und Bein erschüttert. O laß dein Wort Noch fort und fort Der Sünde Macht zerscheitern, Und alle Herzen läutern!

3. Dein Wort ist uns der Morgenstern Für unsre Pilgerreise. Es führt auch Thoren hin zum Herrn, Und macht die Einfalt weise. Dein Himmelslicht Erlösch uns nicht, Und leucht in jede Seele, Daß keine dich verfehle!

4. Ich suchte Trost, und fand ihn nicht: Da ward das Wort der Gnade Mein Labsal, meine Zuversicht, Das Licht auf meinem Pfade; Das zeigte mir Den Weg zu dir, Und leuchtet meinen Schritten Bis zu den ewgen Hütten.

5. Nun halt ich mich mit festem Sinn Zu dir, dem sichern Horte; Wo wend'te ich mich anders hin? Herr, du hast Lebensworte! Noch hör ich dein „Komm, du bist mein!" Das rief mir nicht vergebens Dein Wort des ewgen Lebens.

6. Auf immer gilt dein Segensbund, Dein Wort ist Ja und Amen. Nie weich es uns aus Herz und Mund, Und nie

von unserm Samen! Laß immerfort Dein helles Wort In allen Lebenszeiten Uns trösten, warnen, leiten!

7. O sende bald von Ort zu Ort Den Durst nach beinen Lehren, Den Hunger aus, dein Lebenswort Und beinen Geist zu hören; Ja, send ein Heer Von Meer zu Meer, Der Herzen Durst zu stillen, Und dir dein Reich zu füllen!

XIV. Von dem Predigtamte.

A. Predigerwahl.

Apostg. 1, 24. Herr, aller Herzen Kündiger, zeige an, welchen du erwählet hast.

Mel. Befiehl du deine Wege.

207. Du kennst, o Herr, die Deinen In beinem Gnadenreich, Versäumest ihrer keinen, Bewachst sie allzugleich. Ihr Wesen und ihr Sinnen, Ihr Wandel und Geschick, Ihr Werk von auß- und innen Liegt hell vor beinem Blick.

2. Wer schaut in bein Erwählen, Wie du bie Geister führst? Wer ahnt es, wie du Seelen Zu beinem Dienst erkürst, Wenn du mit lichten Augen Ein Sünderherz dir nimmst, Und, daß es bir soll taugen, Zum Werk des Amts bestimmst?

3. Wohlan, so gib uns Kunde, O Priesterkönig du: Wem fällt in dieser Stunde Dein hohes Urtheil zu? Wen hast du bir erwählet Für uns erbarmungsvoll, Daß er, von bir beseelet, Die Heerde weiden soll?

4. O gib im Weltgewirre Uns einen Himmelsblick; Laß uns nicht in der Irre, Und ordne dies Geschick! Schenk uns von beinem Herzen Den rechten Glaubensmann, Der bich, o Mann der Schmerzen, Im Geist verkünden kann!

5. Wenn du ihn uns gegeben,

So gib den Geist ihm auch;
Durchweh sein Amt und Leben
Mit deinem Lebenshauch, Und
schmelz uns allzusammen, Daß
Lobt verbleibe keins, Mit deinen
Liebesflammen, O Jesu, ganz in
eins!

2. Mos. 4, 13. Mein Herr, sende, welchen du senden willst.

Mel. Wie schön leucht't uns der ꝛc.

208. Herr, leite unsre Lehrerwahl, Bestimme selbst aus dieser Zahl Den Hirten deiner Heerde! Du kennst der Seelen tiefsten Grund; Du weißt, wer mit dem Gnadenpfund Am besten wuchern werde. Jesu, Gib du, Der du strittest, Für uns littest Todesschmerzen, Einen Mann nach deinem Herzen.

2. Laß uns jetzt mit Ergebenheit, In fester Glaubenseinigkeit Auf deine Führung bauen, Uns deinem heilgen Throne nahn, Das Loos aus deiner Hand empfahn Mit freudigem Vertrauen. Kindlich, Gläubig Laß uns allen Wohlgefallen Deine Wege, Deiner Weisheit treue Pflege.

3. Gib mit dem Loos auch Geisteskraft Und Muth zur treuen Ritterschaft Dem, den du willst erwählen! Laß deine Weisheit auf ihm ruhn, Laß ihn nur deinen Willen thun, Laß Liebe ihn beseelen! Jesus Christus, Nun entscheide Uns zur Freude, Wer da werde Hirt und Lehrer deiner Heerde!

Spr. 16, 33. Loos wird geworfen in den Schoos; aber es fällt, wie der Herr will.

Mel. Jesu, meine Freude.

209. Sprich, Herr, Ja und Amen, Wenn in deinem Namen Wir das Werk vollziehn! Ach, du treuer Führer, Göttlicher Regierer, Segne das Bemühn! Jehovah, Sei uns jetzt nah, Laß das Loos uns lieblich fallen, Uns zum Segen allen!

2. Herr, wir arme Sünder Sollen deine Kinder, Deine Erben sein! Gib, daß diese Heerde Auch einst selig werde, Führ sie zu dir ein! Wirf das Loos Selbst in den Schoos! Herr, daß diese Heerde Treu geweidet werde!

B. Bei der Einsetzung eines Predigers.

2 Tim. 4, 2 f. Predige das Wort, halte an, es sei zu rechter Zeit, oder zur Unzeit; strafe, drohe, ermahne mit aller Geduld und Lehre. — Du aber sei nüchtern allenthalben, eide dich, thue das Werk eines evangelischen Predigers, richte dein Amt redlich aus.

Eigene Melodie.

210. Umgürte die, o Gott, mit Kräften In ihrem Amt, Beruf und Stand, Die zu des Predigtamts Geschäften Dein gnadenvoller Ruf gesandt! Lehr du sie, dann sind sie gelehret; Erneure, die du, Herr, bekehret; Hilf ihnen selbst, so wird allein Ihr Amt an uns gesegnet sein!

2. Laß auf ihr Pflanzen, Säen, Bauen Des Geistes Kraft von oben her Zum reichlichsten Gedeihen thauen; Breit aus dein Reich je mehr und mehr. Mach sie zum Vorbild uns im Wandeln, Begleite du ihr Thun und Handeln; Mach sie für jeden Fall bereit Mit Weisheit, Muth und Tapferkeit.

3. Gib, daß von deiner ganzen Heerde, Die du selbst ihnen anvertraut, Kein einziges verloren werde; Mach auch die Wüsten angebaut; Laß in der umgebrochnen Erden Dein Wort zur Saat des Lebens werden, Daß es auf jener Ernte Tag Frucht hundertfältig bringen mag.

4. Dein Wort laß einem Strome gleichen, Der mächtig durch die Lande fleußt, Dem alle Felsen müssen weichen, Der alle Dämme niederreißt; Der alles reinigt, alles bessert, Der alle dürren Gründe wässert, Der alle harten Felder zwingt, Und in die tiefsten Risse bringt.

5. Reich ihnen deines Geistes Waffen, Der Feinde Grimm zu widerstehn; Laß sie beim Bitten und Bestrafen Auf Menschengunst und Furcht nicht sehn; Gib, wenn sie lehren, Ueberzeugung, Gib, wenn sie warnen, tiefe Beugung; Gib, wenn sie trösten, Kraft und Licht Und felsenfeste Zuversicht!

6. O Herr, wir trauen deiner Liebe, Die bis hierher mit Rath und That Die Deinen aus Erbarmungstriebe In ihrem Amt geleitet hat! Du wirst das Deine selbst bewachen, Und deinen Se-

gen größer machen; Der Hirten sind die Schafe nicht, Nein, dein sind sie, o Seelenlicht!

7. Wir sind mit deinem Blut erkaufet, Drum denke an dein theures Blut; Wir sind in deinen Tod getaufet, So schütze dein erstrittnes Gut! Dein Vater hat uns dir erwählet, Und uns zu seinem Volk gezählet; Wir blicken, Herr, getrost auf dich: Weid und erhöh uns ewiglich!

---

2. Cor. 5, 20. So sind wir nun Bollschafter an Christus Statt, denn Gott vermahnet durch uns.

Mel. Wie schön leucht't uns der ꝛc.

211. O Jesu, Herr der Herrlichkeit, Du König deiner Christenheit, Du Hirte deiner Heerde! Du siehst auf die erlöste Welt, Regierst sie, wie es dir gefällt, Sorgst, daß sie selig werde. Von dir Sind wir Auch erwählet, Zugezählet Den Erlösten, Die du segnen willst und trösten.

2. O wohl dem Volke, das du liebst, Und dem du treue Hirten gibst, Die es zum Himmel führen; Die auf des Lebens rechter Bahn Nach deinem Vorbild gehn voran, Und deine Lehre zieren! Treue Hirten Laß den Seelen Niemals fehlen, Und die Heerden Mit den Hirten selig werden!

3. Wir nehmen hier von deiner Hand Den Lehrer, den du uns gesandt; Herr, segne sein Geschäfte! Die Seelen, die sich ihm vertraun, Durch Lehr und Leben zu erbaun, Gib Weisheit ihm und Kräfte. Mächtig Steh ihm Stets zur Seite, Daß er streite, Bet und wache, Sich und andre selig mache.

4. Herr, deinen Geist laß auf ihm ruhn, Lehr ihn sein Amt mit Freuden thun, Wend ab, was ihn betrübet! Gib, wenn er deine Wahrheit lehrt, Uns stets ein Herz, das folgsam hört, Und sich im Guten übet! Stärke Lehrer Und Gemeine! Laß sie deine Treue sehen Und auf deinen Wegen gehen.

5. Wenn einst dein großer Tag erscheint, Laß unsern Lehrer, unsern Freund Uns dir entgegenführen! Die Seelen sind ihm zugezählt; O gib, daß dort ihm keine fehlt, Laß keine ihn verlieren! Vor dir, Richter,

Wird der Lehrer Und der Hö=
rer Jauchzend stehen, Und zu
deiner Freud eingehen.
6. Sei uns gesegnet, Knecht
des Herrn! Du kommst im
Namen unsres Herrn, In Jesu
Christi Namen. O reich uns
deine Freundeshand! Führ uns
zum ewgen Vaterland, Gott mit
dir! Amen, Amen! Segne Va=
ter, diese Stunde! Laß dem Bunde
Treu uns leben, Bis wir uns
zu dir erheben!

Apostg. 20, 28. So habt nun Acht auf
euch selbst, und auf die ganze Heerde, unter
welche euch der heilige Geist gesetzet hat zu
Bischöfen, zu weiden die Gemeine Gottes,
welche er durch sein eigenes Blut erworben hat.

Mel. Liebster Jesu, wir sind hier.

212. Herr, hier stehet
unser Hirt, Um sein Amt nun
anzutreten, Darin er uns wei=
den wird; Höre sein und unser
Beten: — Sein Gebet, uns recht
zu lehren, Unser Flehn, ihn recht
zu hören!

2. Gib ihm Kraft aus deinen
Höhn, Das Verwundete zu hei=
len, Dem Verirrten nachzugehn,
Den Betrübten zuzueilen, Sün=

der heilsam zu erschrecken, Und
die Trägen zu erwecken.
3. Deinen Geist vom Himmels=
thron Laß durch ihn uns un=
terweisen, Daß wir dich und
deinen Sohn Stets durch Wort
und Wandel preisen, Und im
Diener die Gemeine Sich mit
dir, o Herr, vereine.
4. Ruf ihm zu: so hab nun
Acht Auf dich selbst und auf die
Heerde! Daß, wenn er für
andre wacht, Er nicht selbst
verwerflich werde, Und wir stets
an seinen Werken Seiner Rede
Salbung merken.

---

1. Tim. 4, 14. Laß nicht aus der Acht die
Gabe, die dir gegeben ist durch die Weissagung,
mit Handauflegung der Aeltesten.

Mel. Jesu, meine Freude.

213. Jesus, schau, her=
nieder, Gieße heute wieder Aus
den heilgen Geist, Mit ihm
Kraft und Treue, Durch die
heilige Weihe In des Lehrers
Geist! — Geist, der ihn Zur
Quelle hin, Wo die Wahrheit
quillet, leitet Und das Wort ihm
deutet.

2. Jesus Christus, sende Durch

Bei der Einsetzung eines Predigers.

des Dieners Hände Deinem Knechte Muth, Frei von dir zu zeugen, Nie von dir zu schweigen, Kostet's auch sein Blut. Deine Hand, Die ihn gesandt, Wolle ihn beständig stärken Zu des Amtes Werken.

3. Mache deinem Knechte Deines Bundes Rechte, Deinen Willen kund. Laß durch Thun und Lehren Immer ihn vermehren Dein geliehnes Pfund, Damit nicht Dein Strafgericht Ihn und uns verstoßen müsse In die Finsternisse!

4. Heiliger Bewährer, Mache unsern Lehrer Heilig und bewährt! Hilf ihm treu vollenden, Gürte seine Lenden Mit des Geistes Schwert! Cherubim und Seraphim Müssen ihn vor den Gefahren Seines Amts bewahren!

5. Göttlicher Bekehrer, Gib ihm solche Hörer, Die mit Herzenslust Seine Stimme hören, Sich zu dir bekehren Von der Sünde Wust, Und die ihn, Mit treuem Sinn, Als ein Werkzeug Gottes lieben, Und ihn nicht betrüben!

6. Gib, daß alle Glieder Der Gemeine wieder Ihn im Himmel sehn, Und sie ihm zur Seiten, Voll von Seligkeiten, Deinen Ruhm erhöhn. Laß ihn dort, Nach deinem Wort, Helle leuchten, wie die Sonne, In des Himmels Wonne!

———

Jes. 62, 6. O Jerusalem, ich will Wächter auf deine Mauern bestellen, die den ganzen Tag und die ganze Nacht nimmer stille schweigen sollen, und die des Herrn gedenken sollen, auf daß bei euch kein Schweigen sei.

Mel. Alle Menschen müssen sterben.

214. Wächter Zions, tritt im Glauben Auf des Tempels Zinne hin! Rufe, daß die geistlich Tauben Hören, und die Sünde fliehn. Predige mit Macht die Worte: „Gehet ein zur engen Pforte! Wahrheit, Weg und Leben ist Unser Heiland Jesus Christ."

2. Strafe stolze, freche Sünder; Die Gebeugten tröste du! Neugeborne Gotteskinder Leite ihrem Ziele zu. Tröste, wenn Geliebte sterben. Zieh die Jugend vom Verderben; Pflanz in ihre zarte Brust Eine Wehr vor böser Lust!

3. Sei ein solcher Hirt und

Lehrer, Der die reine Wahrheit lehrt, Und der jeden seiner Hörer Mit der rechten Speise nährt. Predige das Wort vom Kreuze, Daß es deine Hörer reize, Zum Gekreuzigten zu nahn, Leben, Frieden zu empfahn!

4. Ahme Jesu Hirtentreue Gern in allen Stücken nach. Sanftmuth und Geduld verleihe Dir der Herr in Kreuz und Schmach. Sei ein Vorbild deiner Heerde, Damit sie gedrungen werde, Den Verläugnungsweg zu gehn, Welt und Sünden zu verschmähn!

5. Wache, sei ein ernster Beter, Ganz gib dich für Brüder hin, Nach dem Beispiel frommer Väter, Ohne Geiz und Miethlingssinn! Wirst du deines Amtes Pflichten Vor und in dem Herrn verrichten, Dann wird dir gewiß zu Theil Dein und vieler Seelen Heil!

6. Gib ihm Kraft, nach deinem Willen, Jesus Christ, dein Knecht zu sein, Deine Rechte zu erfüllen, Ganz sich deinem Dienst zu weihn! Mache durch sein Wort aus Sündern Schaaren von geliebten Kindern. Segne, Vater, sein Bemühn; Lasse die Gemeine blühn!

Jes. 58, 1. Rufe getrost und schone nicht; erhebe deine Stimme wie eine Posaune, und verkündige meinem Volk ihr Uebertreten und dem Hause Jakobs ihre Sünde.

Eigene Melodie.

215. Ruft getrost, ihr Wächterstimmen, Ruft getrost und schonet nicht! Christus will ein Zeugniß haben; Wenn's die Prediger vergraben, Ach, das ist ein groß Gericht! Ruft getrost, ihr Wächterstimmen, Rufet laut und schonet nicht!

2. Wahrlich, Steine müßten reden, Wenn der Mund der Lehrer schweigt! Ja, die Felsen dieser Erden Müssen lauter Zeugen werden, Wenn kein Mensch von Christo zeugt! Wahrlich, Steine müssen reden, Wenn der Mund der Lehrer schweigt!

3. Darum auf, ihr Kinder Gottes, Bittet um den heilgen Geist! Wollt ihr euch nach Christus nennen, So müßt ihr ihn frei bekennen, Daß sein Name wird gepreis't! Darum auf, ihr Knechte Gottes, Bittet um den heilgen Geist!

4. Seid ihr Stimmen in der Wüste, So verweist die Welt

Bei der Wahl und Einsetzung eines Diakonen.

auf's Wort, Führt die Kranken und Gesunden Zu des Heilands Blut und Wunden, Als dem einzgen Gnadenhort! Seid ihr Stimmen in der Wüste, Nun, so weist die Welt auf's Wort!

Anhang.

Bei der Wahl und Einsetzung eines Diakonen oder Almosenpflegers.

1. Tim. 3, 13. Welche wohl dienen, die erwerben ihnen selbst eine gute Stufe und eine große Freudigkeit im Glauben, in Christo Jesu.

Mel. Gott sei Dank in aller Welt.

216. Stell, o Herr, nach deinem Sinn Einen Bruder vor uns hin, Der da liebe, weil du liebst, Der da gebe, weil du gibst.

2. Einen Bruder, des Gemüth Keusch von deinem Feuer glüht, Daß er ohne Geldgewinnst Dir sich heiliget zum Dienst.

3. Einen Bruder, frei vom Bann, Der die Schwachen tragen kann, Der von dir die Stärke borgt, Und die Armen treu versorgt.

4. Einen Mann, des sanfter Muth Auf dem Priesterthume ruht, Daß du, beinem Gott zum Ruhm, Selber führst im Heiligthum!

5. Schenk uns, Jesu, solch ein Herz, Das für deinen Todesschmerz Dir sich weiht zum Diakon, Dirzu sammeln deinen Lohn.

6. Und wenn du ihn dir gewählt, Sei's dein Geist, der ihn beseelt, Gürt ihn deine Jesuskraft Zur getreuen Ritterschaft.

7. Gib ihm eine offne Thür, Geh ihm stets in Gnaden für; Schütze ihn vor Kreuzesflucht, Gib ihm hundertfache Frucht.

8. Heilige Dreieinigkeit, Walt ob uns in dieser Zeit, Daß ein jedes Früchte treib Als ein Glied an Christi Leib!

Von dem Predigtamte.

Apostolische Gemeine-Zucht.

Matth. 18, 17, 18. Höret er die Gemeine nicht: so halte ihn als einen Heiden und Zöllner. Wahrlich, ich sage euch: Was ihr auf Erden binden werdet, soll auch im Himmel gebunden sein; und was ihr auf Erden lösen werdet, soll auch im Himmel los sein.

Mel. Was Gott thut, das ist wohlgethan.

217. Herr, der du priesterlich und hehr Durch goldne Leuchter wandelst, Und gnädig zu des Vaters Ehr Mit den Gemeinen handelst, Sie nährst und pflegst, Sie leitest und trägst, Auf Segensau'n sie weidest Und sie mit Heil bekleidest:

2. Mach uns nach deinem ewigen Bund Den Spruch zum hellen Spiegel: „Es steht der feste Gottesgrund Und hat dies heilge Siegel: Wer seine ist, Weiß Jesus Christ, Und wer ihn will bekennen, Soll sich vom Unrecht trennen!"

3. Gib, dir zu tragen rechte Frucht, Uns deinen Geist der Gnade, Den Geist der Liebe, Kraft und Zucht, Daß uns der Feind nicht schade, Und mach uns frei Von Heuchelei, Von Eitelkeit, die lüget, Von Lauigkeit, die trüget.

4. Es sei kein Glied in deiner Schaar, Das Aergernisse buhlet, Wenn sich ein andres am Altar Und deinem Wort verschuldet. Der Herzen Trieb Sei deine Lieb, Und doch sei bei dem Frieden Uns auch dein Salz beschieden.

5. O Jesu, halte die Gemein' In Gnaden unbefleckett, Doch laß den Geist auch mächtig sein, Der jeden Sünder schrecket, Wenn er sich schminkt Und sicher dünkt, Indeß er Lüsten fröhnet Und deine Zucht verhöhnet!

6. Wer dich umfaßt, den halten wir Fest in Geschwisterarmen; Wer sich im Trotze trennt von dir, Des wollst du dich erbarmen! Doch solch ein Mann Verbleibt im Bann, Bis er vor dir sich beuget, Und seine Schuld bezeuget.

7. Du bist ein Licht und wohnst im Licht, Das scheid' uns von der Sünde! Gerechtigkeit, Herr, und Gericht Sind deines Thrones Gründe. O mach uns bang Vor'm Untergang, Damit uns deine Gnade Geleit auf ewgem Pfade!

Apostolische Gemeine-Zucht.

Röm. 16, 17. Ich ermahne aber euch, lieben Brüder, daß ihr aufsehet auf die, die da Zertrennung und Aergerniß anrichten, neben der Lehre, die ihr gelernet habt, und weichet von denselbigen.

Mel. Ach, was soll ich Sünder machen.

218. Herr, erhalte die Gemeine, Die du dir mit Blut erkauft Und in deinen Tod getauft! Laß sie ewig sein die deine, Rein und heilig, dir zum Ruhm, Dein geschmücktes Heiligthum!

2. Gib, daß alle ihre Glieder Deinen Gnadenrath verstehn, Willig deine Wege gehn! Bringe die Verirrten wieder! Einige, die sich getrennt! Suche, wer dich noch nicht kennt!

3. Laß Geduld und Liebe blühen, Auf daß keins das andre haßt, Jedes trägt des andern Last, All die Sünd und Thorheit fliehen, Keins sich so beträgt und stellt, Wie die Kinder dieser Welt!

4. Jesus Christus, gib den Hirten Ernst und Weisheit, Lieb und Licht Reichlich zu der schweren Pflicht, Nachzugehen den Verirrten, Und zu strafen die da blind, Frech und ohne Buße sind!

5. Gib, daß sie in allen Dingen Stets dein Wort zu Rathe ziehn, Eigensinn und Willkür fliehn. Laß es ihnen wohl gelingen, Den geraden Weg zu gehn, Und wie Felsen fest zu stehn!

6. Gib, daß deines Wortes Lehrer, Fliehend falscher Lehre Wind, Wachsam auf die Heerde sind Und erbauen ihre Hörer! Schaffe, daß kein Sturm der Welt Der Gemeine Kämpfer fällt!

Eph. 5, 25—27. Christus hat geliebet die Gemeine, und hat sich selbst für sie gegeben, auf daß er sie heiligte, und hat sie gereiniget durch das Wasserbad im Wort, auf daß er sie ihm selbst darstellete eine Gemeine, die herrlich sei, die nicht habe einen Flecken oder Runzel, oder des etwas, sondern daß sie heilig sei und unsträflich.

Mel. Nun ruhen alle Wälder.

219. O Herr, der einst umnachtet Von Haß war, tief verachtet, Du Fürst der Herrlichkeit! Hilf deiner kleinen Heerde, Bei Ruh und bei Beschwerde, Zur innigsten Verbundenheit!

2. Ja, laß in der Gemeine Zum Preise, daß sie deine Stets deinen Frieden wehn, Und freu dich unsrer Flammen, Die aus dir selber stammen Und wieder in dein Herze gehn!

3. Ach, wären unsre Triebe

So voll von deiner Liebe, Daß man sie strahlen säh Aus allem Thun und Handeln, Daß sie uns stärkt im Wandeln, Nach deinem Willen je und je!

4. Nun, das ist unsre Bitte, Du Fürst in unsrer Mitte: Zeig beine Gegenwart! Mach bein Gebot uns wichtig, Das Herz zum Folgen tüchtig, Und heilge unsre ganze Art!

---

1. Cor. 10, 12. Darum, wer sich läßt dünken, er stehe, mag wohl zusehen, daß er nicht falle.

M : L. Klage recht, wenn Gottes Gnade.

220. Wer sich bünken läßt zu stehen, Hüte wohl sich vor dem Fall! Es umschleicht uns, wo wir gehen, Der Versucher überall.

2. Sicherheit hat viel' betrogen, Schlafsucht thut ja nimmer gut; Wen sie täuschend übermogen, Der verlieret Kraft und Muth.

3. Falsche Freiheit bringt Verderben, Knechtschaft ist ihr sichrer Lohn; Wahre Freiheit zu erwerben, Flehe stets zu Gottes Sohn!

4. Petrus, welcher sich vermessen, Mit dem Herrn in Tod zu gehn, Hat der Warnung kaum vergessen, So muß er in Thränen stehn.

5. Ist der Geist auch noch so willig, Bleibt das Fleisch doch immer schwach; Gibst du nach, so trifft dich billig Deiner Feigheit bittre Schmach.

6. Wohl dem, der mit Furcht und Zittern Ringet nach dem Seligsein, Der ist sicher vor Gewittern, Die auf sichre schlagen ein.

7. Wohl dem, der mit Wachen, Flehen Wandelt auf der schmalen Bahn! Der wird unbeweglich stehen, Wann der Arge stürmt heran.

8. Selig ist, wer seine Lenden Immer läßt umgürtet sein, Wer dem Licht in seinen Händen Stets bewahret hellen Schein!

9. Selig, wer mit reinem Oele Seine Lampe früh versieht! Der errettet seine Seele, wenn der Bräutigam einzieht.

10. O du Hüter deiner Kinder, Der du schlummerst nicht noch schläfst, Mache mich zum Ueberwinder! Weh, wenn du mich schlafend träfst!

11. Sei du Wecker meiner

Sinnen, Laß mich stündlich wach=
sam sein, Daß ich, wann ich
muß von hinnen, Wachend auch
mag schlafen ein.

Bei der Einweihung eines Gotteshauses.

Ps. 26, 8. Herr, ich habe lieb die Stätte
deines Hauses und den Ort, da deine Ehre
wohnet.

Mel. Wie schön leucht't uns der ꝛc.

221. Gott Vater, aller
Dinge Grund! Gib deinen Va=
ternamen kund An diesem heil=
gen Orte! Wie lieblich ist die
Stätte hier! Die Herzen wallen
auf zu dir; Hier ist des Him=
mels Pforte! Wohne, Throne
Hier bei Sündern, Als bei Kin=
dern, Voller Klarheit; Heilge uns
in deiner Wahrheit!

2. Sohn Gottes, Herr der
Herrlichkeit! Dies Gotteshaus
ist dir geweiht; O laß bir's
wohlgefallen! Hier schalle dein
lebendig Wort, Dein Segen walte
fort und fort In diesen Frie=
denshallen! Einheit, Reinheit
Gib den Herzen; Angst und
Schmerzen Tilg in Gnaden, Und
nimm von uns allen Schaden.

3. Gott, heilger Geist, du wer=
thes Licht, Wend her bein gött=
lich Angesicht, Daß wir erleuch=
tet werden! Geuß über uns
und dieses Haus Dich mit all=
mächtgen Flammen aus, Mach
himmlisch uns auf Erden: Leh=
rer, Hörer, Kinder, Väter, Frü=
her, später Gehl's zum Sterben;
Hilf uns Jesu Reich ererben!

4. Dreieinger Gott! Lob, Dank
und Preis Sei dir vom Kinde
bis zum Greis Für dies dein
Haus gesungen! Du hast's ge=
schenkt und auferbaut, Dir ist's
geheiligt und vertraut Mit Her=
zen, Häuden, Zungen. Ach, hier
Sind wir Noch in Hüllen; Herr,
wir bitten: Stell uns droben
In den Tempel, dich zu loben!

Offenb. 21, 3. Siehe da, eine Hütte
Gottes bei den Menschen.

Mel. Wachet auf, ruft uns die Stimme.

222. Der im Heiligthum

du wohnest, Und über Cherubinen thronest, Jehovah, unser starker Hort! Dein Stuhl ist der weite Himmel, Die Erde, deiner Füße Schemel, Umschließet dich an keinem Ort. Du hoch Erhabener! Allgegenwärtiger! Schenk uns Gnade, Wenn hier zur Stund Der Schwachen Mund Dich preis't, du aller Freuden Grund!

2. Siehe, da ist Gottes Hütte, Wo du erscheinst in unsrer Mitte Durch deinen Geist, in deinem Wort! Wo sich sammeln deine Schaaren, Dein Wort treu hören und bewahren, Ein Gotteshaus ist solcher Ort; Wo du dir auch voll Gnad Einweihst Im Wasserbad Deine Sünder, Und stärkst sie all Im Abendmahl Zum Gang nach deinem Freudensaal.

3. Auch dies Haus hast du gegründet, Daß da dein Name werd verkündet, Und du dich hier uns offenbarst. Bilde hier dir viele Kinder, Des Wortes Thäter, Ueberwinder, Die du in deinem Buch bewahrst. Dein ewig bleibend Wort, Hier schall es fort und fort, Rein und mächtig! Dies Haus ist dein; Weih selbst es ein, Dein Wort, dein Geist erhalt es rein!

4. Nun denn, mit vereinten Zungen Sei, Herr, dein Lob von uns besungen, Der du so viel an uns gethan! Du schenkst alles mit dem Sohne, Nach treuem Kampf die Lebenskrone; Im Staube beten wir dich an. Dreieinger Herr und Gott, Hilf uns aus aller Noth! Hosianna! Bald singen wir, Verklärt vor dir, Im obern Tempel für und für.

---

1. Petr. 2, 6. Siehe da, ich lege einen auserwählten, köstlichen Eckstein in Zion; und wer an ihn glaubt, der soll nicht zu Schanden werden.

Mel. Jesu, hilf siegen, du Fürste re.

223. Köstlicher Eckstein, in Zion geleget, Auf dem der Tempel Jehovah's besteht; Du, den kein Feind und kein Wetter beweget, Du, der im Strome der Zeit nicht vergeht: Lege dich, deinen Erlösten zur Freude, Gnadenvoll unter dies neue Gebäude!

2. Trägest du nicht seit des Anbeginns Tagen Alles, was treu sich erbauet auf dir? Können wir klagen, verderben und zagen, Wenn wir es glauben: „In-

manuel hier! — ?" Mächtiger Träger des ewigen Bundes, Sei deinem Hause der Pfeiler des Grundes!

3. Immerdar stehe dein Auge hier offen, Das wie die Sonne die Herzen durchschaut, Wenn hier im Glauben, im Lieben und Hoffen Deine Gemeine sich friedsam erbaut! Laß uns dein Reich hier bepflanzen, begießen, Und das Gedeihen von oben genießen!

4. Jesu, du Heiland! am heiligen Orte bleibe der Heerd' und dem Hirten du nah, Daß aus dem theuern, unsterblichen Worte Jedes die Kräfte des Lebens empfah, Keines die Taufe vergeblich erlange, Keins zum Gerichte das Nachtmahl empfange!

5. O laß uns frei von Befleckung und Wehen, Fest auf den Felsen des Heiles gestellt, Friedefürst, einst vor dem Auge dir stehen, Wann du erscheinest als Richter der Welt! Was uns unmöglich, das kannst du gewähren; Komm und vollend uns, du König der Ehren!

———

1. Mos. 28, 17. Wie heilig ist diese Stätte! Hier ist nichts anders, denn Gottes Haus, und hier ist die Pforte des Himmels.

Mel. Großer Gott, wir loben dich.

224. Ach, wie heilig ist der Ort! Ach, wie selig ist die Stätte! Hier, hier ist des Himmels Pfort; Hier erhöret Gott Gebete; Hier erschallt sein theures Wort; O wie heilig ist der Ort!

2. Hell war in des Zöllners Haus, Weil er Christum aufgenommen; Und hier rufet Jesus aus: Selig sind, die zu mir kommen! Derer Herzen nimmt er ein, Daß sie seine Tempel sei'n.

3. O welch Heil ist bis hieher Diesem Hause widerfahren! Wenn der Herr nicht bei uns wär, Der sich uns will offenbaren: Woher hätten wir den Geist, Der den Weg zum Himmel weis't?

4. O wie lieblich, o wie schön Sind des Herren Gottesdienste! Laßt uns froh zu ihnen gehn; Hier erlangt man zum Gewinnste Einen Schatz, der ewig währt, Den kein Rost noch Raub verzehrt.

5. Bleibe bei uns, liebster Gast; Speis' uns gnädig mit dem Worte, Das du uns gegeben hast, Jesu, stets an diesem Orte! Zions Mauern sollen stehn, Bis die Welt wird untergehn!

XV. Von der Buße und Bekehrung.

Röm. 5, 12. Durch Einen Menschen ist die Sünde gekommen in die Welt und der Tod durch die Sünde, und ist also der Tod zu allen Menschen durchgedrungen, dieweil sie alle gesündiget haben.

Mel. Herr, ich habe mißgehandelt.

225. Ach, mein Jesu, welch Verderben Wohnet nicht in meiner Brust! Denn mit andern Adamserben Bin ich voller Sündenlust. Ja, ich muß es wohl bekennen, Ich bin Fleisch von Fleisch zu nennen.

2. Wie verkehrt sind meine Wege, Wie verderbt mein alter Sinn, Der ich zu dem Guten träge, Aber schnell zum Bösen bin; Ach, wer wird mich von den Ketten Dieses Sündentodes retten?

3. Hilf mir durch den Geist der Gnaden Aus der angestammten Noth; Heile meinen Seelenschaden, Herr, durch deinen Kreuzestod! Schlage du die Sündenglieder Meines alten Adams nieder.

4. Ich bin schwach und von der Erden, Weiß in mir nicht Hülfe mehr; Soll ich frei und lebend werden, Herr, so kommt's von oben her. Dein Geist muß mir Kraft gewähren, Mich von Grund aus neu gebären.

5. Schaffe, Herr, ein reines Herze, Einen neuen Geist in mir, Daß ich ja nicht länger scherze Mit der Sünde Lustbegier. Laß mich merken ihre Tücke, Und zerreißen ihre Stricke.

6. Lehr mich wachen, beten, ringen, Und mein böses Fleisch und Blut Unter deinem Kreuze zwingen, Denn es thut mir nimmer gut. Was nicht kann dein Reich ererben, Laß in deinem Tod ersterben.

Von der Buße und Bekehrung. 213

7. Netze mich durch jene Krone, Die mir droben beigelegt, Daß ich meiner niemals schone, Wenn und wo ein Feind sich regt, Sondern hilf mir tapfer kämpfen, Teufel, Welt und Fleisch zu dämpfen.

8. Sollt ich aber unterliegen, O so hilf mir wieder auf; Laß in deiner Kraft mich siegen, Daß ich meinen Glaubenslauf Unter deinen Siegeshänden Möge ritterlich vollenden!

1. Mos. 8, 21. Das Dichten des menschlichen Herzens ist böse von Jugend auf.

Mel. Allein Gott in der Höh sei Ehr.

226. Ach, Gott, es hat mich ganz verderbt Der Aussatz meiner Sünden, Die mir von Adam angeerbt; Wo soll ich Rettung finden? Es ist mein Elend viel zu groß, Es liegt vor deinen Augen bloß, Wie tief mein Herz verdorben.

2. Es ist verdorben mein Verstand, Mit Finsterniß umhüllet; Der Will ist von dir abgewandt, Mit Selbstsucht angefüllet, Und die Begierden sind geneigt, Die Lust die aus dem Herzen steigt, Im Werke zu vollbringen.

3. Wer kann aussprechen solchen Greul, Der Seel und Leib beflecket? Wer macht uns von der Seuche heil, Die uns hat angestecket? Der sichre Mensch bedenkt das nicht, Es mangelt ihm an Sinn und Licht, Er denkt nicht an's Genesen.

4. Ich aber komm in wahrer Reu, Und bitte dich von Herzen: O Jesu, mache du mich frei Von meinen Sündenschmerzen, Von dem, was mich bisher beschwert, Und meine Lebenskraft verzehrt! Sonst muß ich untersinken.

5. Wen soll ich anders rufen an, Als dich, mein Heil und Leben? Du bist allein der rechte Mann, Der mir kann Rettung geben. Durch deine Wunden werd ich rein, Durch dich nur kann ich selig sein, Und froh vor Gott erscheinen.

6. Du weißt, o Jesu, meine Noth; Du kannst, nach deinem Willen, Vertilgen meinen Seelenlob, Und allen Jammer stillen. Ja, Herr, du willst, ich traue fest, Daß du mich nicht in Angst verläss'st! Du heißst und bist ja Jesus.

214 Von der Buße und Bekehrung.

Hes. 16, 6. Ich ging vor dir über, und sahe dich in deinem Blute liegen, und sprach zu dir, da du so in deinem Blute lagest: Du sollst leben! Ja, zu dir sprach ich, da du so in deinem Blute lagest: Du sollst leben!

Eigene Melodie.

227. Ach, was bin ich, mein Erretter Und Vertreter Bei dem unsichtbaren Licht! Sieh, ich lieg in meinem Blute; Ja, das Gute, So ich will, das thu ich nicht.

2. Ach, was bin ich, mein Erbarmer! Sieh, ich Armer Bin ein Strohhalm nur im Wind; Wie ein Weberschifflein schießet, So verfließet Aller Menschen Thun geschwind.

3. Ach, was bin ich, mein Erlöser? Täglich böser Find ich meiner Seele Stand. Drum, mein Helfer, nicht verweile; Jesu, eile, Reiche mir die Gnadenhand!

4. Ach, wann wirst du mich erheben Zu dem Leben? Komm, ach, komm und hilf mir doch! Elend kann dich bald bewegen; Lauter Segen Wirst du lassen fließen noch.

5. Sündlich sind, Herr, unsre Herzen, Das bringt Schmerzen; Ja, es ist mir leid dazu. Sieh, wie mich die Sünden quälen, Arzt der Seelen, Schaffe meinem Herzen Ruh!

6. Gib, daß mir der Tod nicht schade; Herr, gib Gnade, Laß mich sein dein liebes Kind, Ein demüthiges und kleines, Aber reines, Das zuletzt doch Ruhe find't.

Ps. 143, 2. Gehe nicht in's Gericht mit deinem Knechte; denn vor dir ist kein Lebendiger gerecht.

Mel. Sei Lob und Ehr dem höchsten 2c.

228. O Mensch, ermuntre deinen Sinn! Wie lange willst du schlafen? Auf, auf! die Stunden gehn dahin, Schon nahen Gottes Strafen; Vor ihm besteht der Sünder nicht, Und geht er mit dir in's Gericht, Wo willst du Rettung finden?

2. Das eitle Wesen dieser Zeit Hat dich mit Nacht bedecket, Daß aus dem Schlaf der Sicherheit Dich keine Warnung wecket. Du freuest dich der trägen Ruh und drückest gern die Augen zu, Dem Lichte zu entweichen.

3. Gott rufet laut, du schlummerst fort; Er droht dir, doch

Von der Buße und Bekehrung.

vergebens; Er zeiget dir in seinem Wort Die Strafen jenes Lebens; Du aber merkest wenig drauf, Fährst fort in deinem Sündenlauf, Willst keinen Führer leiden!

4. Dein Heiland weinet über dich, Du lachst zu deinen Sünden! Er sucht und locket dich zu sich, Du läss'st dich nimmer finden! Er fleht, du nimmst kein Bitten an! Er thut mehr als ein Bruder kann, Du spottest seiner Liebe!

5. Du siehst, wie mancher Sünder fällt, Wenn Gott die Strafe sendet, Doch bleibest du ein Kind der Welt, Von ihrem Tod verblendet! Des Nächsten Sturz erschreckt dich nicht; Du glaubst, daß Gottes Zorngericht Dich niemals treffen werde. —

6. Gott! laß in mir nach deiner Huld Der Gnade Licht entbrennen, Damit ich meiner Sünden Schuld Recht gründlich mög erkennen. O Jesu, Glanz der Herrlichkeit! Durchleuchte meine Sicherheit, Daß ich mein Elend schaue.

7. O heilger Geist! laß deinen Strahl Durch meine Seele bringen; Hilf, daß ich endlich mög einmal Den Sündenschlaf bezwingen. Gott, thu mir Herz und Augen auf, Daß mich der sichre Sündenlauf Nicht zur Verdammniß führe!

Eph. 5, 14. Wache auf, der du schläfst, und stehe auf von den Todten, so wird dich Christus erleuchten.

Eigene Melodie.

229. Erleucht mich, Herr, mein Licht! Ich bin mir selbst verborgen, Und kenne mich noch nicht; Ich merke dieses zwar, Ich sei nicht, wie ich war; Indessen fühl ich wohl, Ich sei nicht, wie ich soll.

2. Ich lebt in sichrer Ruh, Und wußt von keinen Sorgen Vor diesem; aber nun hat Jammer mich umfaßt, Daß ich mir selbst zur Last; Was vormals meine Freud, Macht mir nun Herzeleid.

3. Kein zeitlicher Verlust Erreget diese Schmerzen, So viel ist mir bewußt. — Ich misse keinen Freund, Auch drücket mich kein Feind; Mein Leib hat, was er will, Gesundheit, Hüll und Füll.

4. Nein, es ist Seelenpein!

Es kommt mir aus dem Herzen, Und bringt durch Mark und Bein. Dies Eine liegt mir an, Daß ich nicht spüren kann, Ob ich ein wahrer Christ, Und du mein Heiland bist?

5. Es ist nicht so gemein, Ein Christ zu sein, als heißen; Ich weiß, daß der allein Des Namens würdig ist, Der seine liebste Lust Durch Christi Kraft zerbricht, Und lebt sich selber nicht.

6. Hier, sorg ich, fehlt es mir: Die Lieb ist noch nicht richtig Zu dir, Herr Jesu Christ! Drum geh ich im Gewirr So traurig, blöd und irr, Und suche Weltgunst mehr, Als dich und deine Ehr. —

7. Mein Herz, entschließ dich nun, Ich muß es endlich wagen! Ich komm nicht eh' zur Ruh. Sagst du hiemit der Welt, Und was dem Fleisch gefällt, Nein ab und Christo an, So ist die Sach gethan.

8. Du Aermster! solltest du Dem König dich versagen, Dem alles stehet zu, Der dich erkauft mit Blut, Und dir nur Gutes thut? Ach, wer ihn einmal kennt, Des Wohlsein nimmt kein End!

9. Das ist des Glaubens Wort Und dürstendes Verlangen: Herr Jesu, sei mein Hort. Versöhner, Herr und Schild, Und führ mich, wie du willt! Dein bin ich, wie ich bin; Nimm mich zu eigen hin!

10. Thu, was du willst, mit mir! Werd ich nur zugerichtet Zu deiner Ehr und Zier, Von deinem Geist geweiht, Mit deinem Heil bekleid't, Geheiligt um und an: Wohl mir, so ist's gethan!

Ps. 102, v. 2. Herr, höre mein Gebet, und laß mein Schreien zu dir kommen. Verbirge dein Antlitz nicht vor mir in der Noth, neige deine Ohren zu mir; wenn ich dich anrufe, so erhöre mich bald.

Mel. Allein Gott in der Höh sei Ehr.

230. Herr Jesu Christ, du höchstes Gut, Du Brunnquell aller Gnaden! Sieh doch, wie ich in meinem Muth Mit Schmerzen bin beladen, Und in mir hab der Pfeile viel, Die im Gewissen ohne Ziel Mich armen Sünder quälen.

2. Erbarm dich mein bei sol-

cher Last, Nimm sie von meinem Herzen, Dieweil du sie gebüßet hast Am Kreuz mit Todesschmerzen; Auf daß ich nicht mit großem Weh In meinen Sünden untergeh, Noch ewiglich verzage.

3. Fürwahr, wenn alles mir kommt ein, Was ich mein' Tag' begangen, So fällt mir auf das Herz ein Stein, Und hält mich Furcht umfangen; Ja, ich weiß weder aus noch ein, Und müßte gar verloren sein, Wenn ich dein Wort nicht hätte.

4. Doch durch bein theures Wort erwacht Mein Herz zu neuem Leben; Erquickung hat es mir gebracht, Ich darf nicht trostlos beben, Dieweil es Gnade dem verheißt, Der sich mit tief zerknirschtem Geist Zu dir, o Jesu, wendet.

5. So komm ich jetzt zu dir allhie In meiner Noth geschritten, Und will dich mit gebeugtem Knie Von ganzem Herzen bitten: Vergib es mir doch gnädiglich, Was ich mein Lebtag wider dich Auf Erden hab gesündigt!

6. Vergib mir's doch, o Herr, mein Gott, Um beines Namens willen! Du wollst in mir die große Noth Der Uebertretung stillen, Daß sich mein Herz zufrieden geb, Und dir hinfort zu Ehren leb In kindlichem Gehorsam.

7. Stärk mich mit deines Geistes Muth; Heil mich mit deinen Wunden; Wasch mich mit deiner Gnade Fluth In meinen letzten Stunden, Und nimm mich einst, wann dir's gefällt In wahrem Glauben von der Welt Zu beinen Auserwählten!

Pf. 32, 5. Darum bekenne ich dir meine Sünde, und verhehle meine Missethat nicht. Ich sprach: Ich will dem Herrn meine Uebertretung bekennen. Da vergabest du mir die Missethat meiner Sünde.

Mel. Sei Lob und Ehr dem höchsten ic.

231. O Vater der Barmherzigkeit, Ich falle dir zu Fuße! Verstoß ben nicht, der zu dir schreit Und thut noch endlich Buße; Was ich begangen wider dich, Verzeih mir alles gnädiglich Durch deine große Güte!

2. Durch deiner Allmacht Wunderthat Nimm von mir, was mich quälet; Durch deine Weisheit schaffe Rath, Worin es mir

sonst fehlet: Gib Willen, Mittel, Kraft und Stärk, Daß ich mit dir all meine Werk Anfange und vollende.

3. O Jesu Christe, der du hast Am Kreuze für mich Armen Getragen aller Sünden Last, Wollst meiner dich erbarmen! O wahrer Gott, o Davids Sohn, Erbarm dich mein und mein verschon, Sieh an mein kläglich Rufen!

4. Laß deiner Wunden theures Blut, Dein' Todespein und Sterben Mir kommen kräftiglich zu gut, Daß ich nicht muß verderben. Bitt du den Vater, daß er mir Im Zorn nicht lohne nach Gebühr, Wie ich es hab verschuldet.

5. O heilger Geist, du wahres Licht, Regierer der Gedanken, Wenn mich die Sündenlust anficht, Laß mich von dir nicht wanken! Verleih, daß nun und nimmermehr Begier nach Wollust, Geld und Ehr In meinem Herzen herrsche!

6. Und wenn mein Stündlein kommen ist, So hilf mir treulich kämpfen, Daß ich des Satans Trotz und List Durch Christi Sieg mag dämpfen, Auf daß mir Krankheit, Angst und Noth, Und dann der letzte Feind, der Tod, Nur sei die Thür zum Leben!

Jes. 43, 11. 12. Ich, ich bin der Herr, und ist außer mir kein Heiland. Ich habe es verkündiget, und habe auch geholfen.

Mel. Allein Gott in der Höh sei Ehr.

232. Wo soll ich hin? wer hilfet mir? Wer führet mich zum Leben? Zu niemand, Herr, als nur zu dir, Will ich mich frei begeben; Du bist's, der das Verlorne sucht; Du segnest das, was sonst verflucht; Hilf, Jesu, dem Elenden!

2. Herr, meine Sünden ängsten mich, Der Todesleib mich plaget, O Lebensgott, erbarme dich, Vergib mir, was mich naget. Du weißt es wohl, was mir gebricht, Ich fühl's, doch sagen kann ich's nicht; Hilf, Jesu, dem Betrübten!

3. Du sprichst: ich soll mich fürchten nicht; Du rufst: „Ich bin das Leben!" Drum ist mein Trost auf dich gericht't, Du kannst mir alles geben. Im Tode kannst du bei mir stehn, Im Kampf als Sieger vor mir

Von der Buße und Bekehrung.

gehn! Hilf, Jesu, dem Zerknirschten!

4. Du bist der Arzt, der Kranke trägt, Auf dich will ich mich legen. Du bist der Hirt, der Schwache pflegt, Erquicke mich mit Segen. Ich bin gefährlich krank und schwach, Heil und verbind, hör an die Klag: Hilf, Jesu, dem Zerschlagnen!

5. Ich thue nicht, Herr, was ich soll, Wie kann ich doch bestehen? Es drücket mich, das weißt du wohl, Wie wird es endlich gehen? Elender, ich, wer wird mich doch Erlösen von des Todes Joch? Ich danke Gott durch Christum!

Jes. 45, 22. Wendet euch zu mir, so werdet ihr selig, aller Welt Ende; denn ich bin Gott, und keiner mehr.

Mel. Auf meinen lieben Gott.

233. Wo soll ich fliehen hin, Weil ich beschweret bin Mit vielen großen Sünden? Wo kann ich Rettung finden? Wenn alle Welt herkäme, Mein' Angst sie nicht wegnähme.

2. O Jesu, voller Gnad! Auf dein Gebot und Rath Kommt mein betrübt Gemüthe Zu betner großen Güte; Laß du auf mein Gewissen Ein Gnadentröpflein fließen!

3. Ich, dein betrübtes Kind, Werf alle meine Sünd, So viel auch in mir stecken, Und mich so heftig schrecken, In deine tiefen Wunden, Wo ich stets Heil gefunden.

4. Durch dein unschuldig Blut, Die theure Gnadenfluth, Wasch ab all meine Sünde; Mit Trost mein Herz verbinde, Und ihr nicht mehr gedenke, In's Meer sie tief versenke.

5. Du bist es, der mich tröst't, Weil du mich hast erlöst. Was ich gesündigt habe, Hast du verscharrt im Grabe; Da wolltest du's verschließen, Da wird's auch bleiben müssen.

6. Ist meine Schuld auch groß, So werd ich ihr doch los, Wenn ich dein Blut auffasse, Und mich darauf verlasse. Wer sich zu dir nur findet, All Angst ihm bald verschwindet.

7. Mir mangelt zwar sehr viel; Doch was ich haben will, Ist alles mir zu gute Erlangt mit deinem Blute, Damit ich überwinde Tod, Teufel, Höll und Sünde.

8. Und wenn des Satans Heer Mir ganz entgegen wär, Darf ich doch nicht verzagen; Mit dir kann ich sie schlagen. Dein Blut darf ich nur zeigen, So muß ihr Trotz bald schweigen.

9. Darum allein auf dich, Herr Christ, verlaß ich mich. Jetzt kann ich nicht verderben; Dein Reich muß ich ererben; Denn du hast mir's erworben, Da du für mich gestorben.

10. Ach, führ mein Herz und Sinn Durch deinen Geist dahin, Daß ich mög alles meiden, Was mich und dich kann scheiden, Damit an deinem Leibe Ein Glied ich ewig bleibe.

11. Amen! zu aller Stund Sprech ich aus Herzensgrund! Du wollest mich doch leiten, Herr Christ, zu allen Zeiten, Auf daß ich deinen Namen Ewig lobpreise. Amen!

Luk. 18, 13. Der Zöllner stand von ferne, wollte auch seine Augen nicht aufheben gen Himmel, sondern schlug an seine Brust, und sprach: Gott, sei mir Sünder gnädig!

Eigene Melodie.

234. Ach, was soll ich Sünder machen? Ach, was soll ich fangen an? Mein Gewissen klagt mich an; Es beginnet aufzuwachen. Dies ist meine Zuversicht: Meinen Jesum laß ich nicht!

2. Zwar es haben meine Sünden Meinen Jesum oft betrübt; Doch weiß ich, daß er mich liebt, Und er läßt sich gnädig finden. Drum ob mich die Sünd ansicht: Meinen Jesum laß ich nicht!

3. Ob zwar schweres Kreuz und Leiden, So bei Christen oft entsteht, Mir sehr hart entgegengeht, Soll mich's doch von ihm nicht scheiden. Jesus ist mein helles Licht: Meinen Jesum laß ich nicht!

4. Ich weiß wohl, daß unser Leben Oft nur als ein Nebel ist; Denn wir hier zu jeder Frist Mit dem Tode sind umgeben. Doch ob heut das Herz mir bricht: Meinen Jesum laß ich nicht!

5. Durch ihn will ich wieder leben; Denn er will zu rechter Zeit Wecken mich zur Seligkeit, Und sie mir aus Gnaden geben. Muß ich schon erst vor's Gericht: Meinen Jesum laß ich nicht!

Von der Buße und Bekehrung.

6. Mein, o Jesu, sollst du bleiben, Bis ich komme an den Ort, Welcher ist des Himmels Pfort, Da du dann wirst einverleiben Meine Seel in deinem Licht: Meinen Jesum laß ich nicht!

Ps. 139, 7. Wo soll ich hingehen vor deinem Geist? und wo soll ich hinfliehen vor deinem Angesicht?

Eigene Melodie.

235. Herr, ich habe mißgehandelt, Und mich drückt der Sünden Last; Ich bin nicht den Weg gewandelt, Den du mir gezeiget hast; Jetzt möcht ich vor deinem Schrecken Gern die bange Seele decken.

2. Doch wie könnt ich dir entfliehen? Du wirst allenthalben sein. Wollt ich über Meere ziehen, Stieg ich in die Gruft hinein, Hätt' ich Flügel gleich den Winden! Dennoch würdest du mich finden.

3. Drum muß ich es nur bekennen: Herr, ich habe mißgethan, Darf mich nicht dein Kind mehr nennen; Ach, nimm mich zu Gnaden an! Richte nicht der Sünden Menge, Herr, nach des Gesetzes Strenge.

4. Siehe, wie mein Auge thränet Ueber meine Sündenschuld! Siehe, wie mein Herz sich sehnet, Gott, nach deiner Vaterhuld! Willst du nicht mein Flehn erhören, Und mir Gnad und Trost gewähren?

5. Ja, ich hoffe; hingegeben Hat sich Christus in den Tod, Mir zur Rettung und zum Leben, Hat mich dir versöhnt, o Gott! Seines Heils darf ich mich trösten Mit den Schaaren der Erlösten.

6. Laß nun deinen Geist mich leiten, Stets zu thun, was dir gefällt; Laß mich unermüdet streiten Mit der Sünde, mit der Welt; Laß mich nimmer wieder wanken, So will ich dir ewig danken.

2. Tim. 2, 19. Der feste Grund Gottes bestehet, und hat dieses Siegel: Der Herr kennet die Seinen; und: Es trete ab von der Ungerechtigkeit, wer den Namen Christi nennet.

Eigene Melodie.

236. Wer sich auf seine Schwachheit steu'rt, Der bleibt in Sünden liegen. Wer nicht Herz, Sinn und Muth erneu'rt,

Wird sich gewiß betrügen. Den Himmelsweg Und schmalen Steg Hat er nie angetreten, Er weiß auch nicht In Gottes Licht, Was Kämpfen sei und Beten.

2. Was jetzt die Welt nur Schwachheit heißt, Ist ihrer Bosheit Stärke; Dadurch vermehrt der böse Geist Sehr mächtig seine Werke. Auf, Seele, auf! Richt beinen Lauf Zur Allmacht, die dich rettet; Des Heilands Blick Zerreißt die Strick', Womit du angekettet.

3. Der erste Schritt im Christenthum Macht von der Sünde scheiden; Denn bei dem wahren Glaubensruhm Muß man die Wellust meiden. Wenn Christi Geist Die Seele reißt Aus ihren Todesbanden, So spürt sie Kraft, Die Jesus schafft, Mit dem sie auferstanden.

4. Mein Heiland! fördre selbst dein Werk, Laß mich gekräftigt werden; Es ist Gerechtigkeit und Stärk' Mein bestes Theil auf Erden. Du machst gerecht Uns, dein Geschlecht, Und willst zugleich uns stärken, Daß wir in dir Des Glaubens Zier, Die Macht der Gnade merken.

5. Brich durch, o starker Got-tessohn, Damit auch wir durchbrechen, Laß uns in dir, o Gnadenthron, Nicht mehr von Schwachheit sprechen, Wenn deine Hand Das theure Pfand Des Geistes uns gegeben, Dadurch wir, frei Von Heuchelei, Im Streit stets siegreich leben.

6. Gib Kraft, wo keine Kraft mehr ist, Gib Kraft, das Fleisch zu dämpfen! Gib Kraft, wenn Satans Macht und List Uns schwächen will im Kämpfen! Wenn uns die Welt Viel Netze stellt, Gib Kraft, sie zu vernichten; So wird in Noth, Ja, selbst im Tod Uns deine Kraft aufrichten.

Sach. 1, 3. Kehret euch zu mir, spricht der Herr Zebaoth; so will ich mich zu euch kehren, spricht der Herr Zebaoth.

Eigene Melodie.

237. Kehre wieder, kehre wieder, Der du dich verloren hast! Sinke reuig bittend nieder Vor dem Herrn mit deiner Last! Wie du bist, so darfst du kommen, Und wirst gnädig aufgenommen, Sieh, der Herr kommt dir entgegen, Und sein

Von der Buße und Bekehrung.

heilig Wort verspricht Dir Vergebung, Heil und Segen; Kehre wieder, zaudre nicht!

2. Kehre aus der Welt Zerstreuung In die Einsamkeit zurück, Wo in geistiger Erneuung Deiner hart ein neues Glück, Wo sich bald die Stürme legen, Die das Herz so wild bewegen, Wo des heilgen Geistes Mahnen Du mit stillem Beben hörst, Und von neuem zu den Fahnen Deines treuen Herrn dich kehrst.

3. Kehre wieder, irre Seele! Deines Gottes treues Herz Beut Vergebung deinem Fehle, Balsam für den Sündenschmerz. Sieh auf ihn, der voll Erbarmen Dir mit ausgestreckten Armen Winket von dem Kreuzesstamme; Kehre wieder, fürchte nicht, Daß der Gnädge dich verdamme, Dem sein Herz vor Liebe bricht!

4. Kehre wieder, neues Leben Trink in seiner Liebeshuld! Bei dem Herrn ist viel Vergeben, Große Langmuth und Geduld. Faß ein Herz zu seinem Herzen: Er hat Trost für alle Schmerzen, Er kann alle Wunden heilen, Macht von allen Flecken rein; Darum kehre ohne Weilen Zu ihm um und bei ihm ein!

5. Kehre wieder, endlich kehre In der Liebe Heimath ein! In die Fülle aus der Leere, In das Wesen aus dem Schein; Aus der Lüge in die Wahrheit, Aus dem Dunkel in die Klarheit, Aus dem Tode in das Leben, Aus der Welt in's Himmelreich! Doch, was Gott bir heut will geben, Nimm es heute, — kehre gleich!

Pf. 51, 11. Verbirge dein Antlitz von meinen Sünden, und tilge alle meine Missethat.

Mel. Es ist das Heil und kommen her.

238. Ich will von meiner Missethat Zum Herren mich bekehren; Du wollest selbst mir Hülf und Rath hiezu, o Gott, bescheeren, Und beines guten Geistes Kraft, Der neue Herzen in uns schafft, Aus Gnaden mir gewähren.

2. Der Mensch kann von Natur doch nicht Sein Elend selbst empfinden, Ist ohne beines Geistes Licht Blind, taub und todt in Sünden; Verkehret ist Sinn,

Will und Thun; Des großen Jammers wollst du nun, O Vater, mich entblnden!

3. Herr, klopf in Gnaden bei mir an, Und führ mir wohl zu Sinnen, Was Böses ich vor dir gethan! Du kannst mein Herz gewinnen, Daß ich aus Kummer und Beschwer Laß über meine Wangen her Viel heiße Thränen rinnen.

4. Wie hast du doch auf mich gewandt Den Reichthum deiner Gnaden! Mein Leben dank ich deiner Hand; Du gabst auf allen Pfaden Mir manches Gut, nebst Kleid und Brod; Du machtest, daß mir keine Noth Bisher hat können schaden.

5. Du hast in Christo mich erwählt Tief aus des Todes Fluthen; Es hat mir sonst auch nicht gefehlt An Irgend einem Guten; Zuweilen warb ich auch dabei, Daß ich nicht sicher lebt und frei, Gestäupt mit Vatersruthen.

6. Hab ich mich denn bis jetzt vor dir Gehorsams auch beflissen? Ach nein! ein Andres saget mir Mein Herz und mein Gewissen; Darin ist leider nichts gesund, An allen Orten ist es wund, Von Sünd und Reu zerrissen.

7. Bisher hab ich in Sicherheit Fast unbesorgt geschlafen, Gedacht: es hat noch lange Zeit, Gott pflegt nicht bald zu strafen; Er fähret nicht mit unsrer Schuld So strenge, denn es hat Geduld Der Hirte mit den Schafen.

8. Dies alles jetzt zugleich erwacht; Mein Herz will mir zerspringen! Ich fühle deines Donners Macht Und Feuer auf mich bringen; Es regt sich wider mich zugleich Des Todes und der Hölle Reich, Die wollen mich verschlingen!

9. Wo bleib ich denn in solcher Noth? Nichts helfen Thor und Riegel! Wo flieh ich hin? o Morgenroth, Hätt' ich doch deine Flügel! Verbirg du mich, o fernes Meer! Bedecket mich, fallt auf mich her, Ihr Klippen, Berg und Hügel!

10. Ach, nur umsonst! und könnt ich gleich Bis in den Himmel steigen, Könnt ich mich auch hinab in's Reich Der tiefsten Hölle beugen: So würde mich doch deine Hand Da finden und von meiner SchandUndgroßenSünde zeugen.

Von der Buße und Bekehrung.

11. Herr Christ! ich fleh zu dir allein, Du hast mein Heil erfunden; Laß mich in dir verborgen sein Und bleiben alle Stunden; Du liegtest ja, o Gotteslamm, Der Menschen Sünd am Kreuzesstamm Mit deinen heilgen Wunden!

12. Wie werd ich mich mein Lebenlang Nun vor der Strafe scheuen, Durch beines guten Geistes Zwang, Den du mir wollst verleihen, Daß er von aller Sündenlist Und dem, was dir zuwider ist, Helf ewig mich befreien.

Ps. 51, 12–14. Schaffe in mir, Gott, ein reines Herz, und gib mir einen neuen gewissen Geist. Verwirf mich nicht von deinem Angesicht, und nimm deinen heiligen Geist nicht von mir. Tröste mich wieder mit deiner Hülfe, und der freudige Geist erhalte mich.

Mel. Sei Lob und Ehr dem höchsten ꝛc.

239. Schaff in mir, Gott, ein reines Herz! Mein Herz ist ganz verderbet; Es fühlt von Sünden großen Schmerz, Die ihm sind angeerbet, Und die's noch thut ohn viele Scheu; Ach, mache, daß es wieder sei, Wie du es einst erschaffen!

2. Gib mir auch einen neuen Geist, Der, wie du, sei gesinnet, Der dir anhänget allermeist, Und, was du willst, beginnet. Gib, daß ich hasse Fleisch und Blut, Den Glauben üb in sanftem Muth, Zucht, Demuth, Hoffnung, Liebe.

3. Verwirf vor deinem Angesicht, Ob ich es gleich verdienet, Mich, o getreuer Vater, nicht, Weil Jesus mich versühnet! Laß nimmer, nimmer, nimmermehr Mich fallen, als dein Kind, so sehr, Daß du es von dir wärfest!

4. Den heilgen Geist nimm nicht von mir; Den bösen Geist vertreibe, Daß ich, als nie entführt von dir, Stets deine sei und bleibe. Beherrsche du Herz, Sinn und Muth Durch deinen Geist, so geht es gut Im Leben und im Sterben.

5. Mit deiner Hülfe tröste mich, Hilf, und vergib die Sünden; Und sucht dann meine Seele dich, So laß dich von ihr finden, Und dein Verdienst, Herr Jesu Christ, Darinnen Trost

und Leben ist, Trotz Sünde, Tod und Teufel!

6. Dein heilger Geist erquicke mich Mit seinem Freudenöle, Damit Verzweiflung ewiglich Fern sei von meiner Seele; Sei du mein Freund, o Herr, allein! Ach, laß mich ganz dein eigen sein, Und führe mich gen Himmel!

Luk. 15, 2. Dieser nimmt die Sünder an und isset mit ihnen.

Eigene Melodie.

240. Mein Heiland nimmt die Sünder an, Die unter ihrer Last der Sünden Kein Mensch, kein Engel trösten kann, Die nirgends Ruh und Rettung finden. Sie, denen selbst die Welt zu klein, Die bang des Richters Auge scheun, Sie, denen längst der Stab gebrochen, Die schon der Hölle zugesprochen, Sehn diese Freistatt aufgethan: Mein Heiland nimmt die Sünder an.

2. Sein mehr als mütterliches Herz Trieb ihn von seinem Thron auf Erden; Ihn drang der Sünder Noth und Schmerz, An ihrer Statt ein Fluch zu werden; Er senkte sich in ihre Noth, Und schmeckte den verdienten Tod. Nun, da er denn sein eigen Leben Zur theuern Zahlung hingegeben, Und seinem Vater g'nug gethan, So heißt's: er nimmt die Sünder an.

3. Nun ist sein väterlicher Schooß Ein sichres Schloß gejagter Seelen; Er spricht sie von dem Urtheil los, Und endet bald ihr ängstlich Quälen; Es wird ihr ganzes Sündenheer Wie in ein unergründlich Meer Durch sein Verdienst hinabgesenket; Der Geist, der ihnen wird geschenket, Führt sie zu Gott auf ebner Bahn: Mein Heiland nimmt die Sünder an.

4. So bringt er sie zum Vater hin In seinen blutbeflossnen Armen, Und dieses neigt des Vaters Sinn Zu lauter ewigem Erbarmen. Er nimmt sie auf an Kindes Statt, Ja alles, was er ist und hat, Wird ihnen eigen übergeben; Und selbst die Thür zum ewgen Leben Wird ihnen huldreich aufgethan: Mein Heiland nimmt die Sünder an.

5. O solltest du sein Herze sehn, Wie sich's nach armen Sündern sehnet, Sowohl wenn

Von der Buße und Bekehrung.

sie noch irre gehn, Als wenn ihr Auge vor ihm thränet! Wie streckt er sich nach Zöllnern aus! Wie eilt er in Zachäi Haus! Wie sanft stillt er dort Magdalenen Den Strom der bittern Reuethränen, Und denkt nicht, was sie sonst gethan! Mein Heiland nimmt die Sünder an.

6. Wie freundlich blickt er Petrum an, Ob er gleich noch so tief gefallen! Und dies hat er nicht nur gethan, Da er auf Erden mußte wallen; Nein, er ist immer einerlei, Gerecht und fromm und ewig treu; Und wie er unter Schmach und Leiden, So ist er auf dem Thron der Freuden Den Sündern liebreich zugethan: Mein Heiland nimmt die Sünder an.

7. So komme denn, wer Sünder heißt, Und wen sein Sündengreuel betrübet, Zu dem, der keinen von sich weis't, Der sich gebeugt zu ihm begibet! Wie? willst du dir im Lichte stehn Und ohne Roth verloren gehn? Willst du der Sünde länger dienen, Da, dich zu retten, er erschienen? O nein, verlaß die Sündenbahn! Mein Heiland nimmt die Sünder an.

8. Komm nur mühselig und gebückt, Komm nur, so gut du weißt zu kommen! Wenn gleich die Last dich niederdrückt, Du wirst auch kriechend angenommen. Sieh, wie sein Herz dir offen steht, Und wie er dir entgegengeht! Wie lang hat er mit vielem Flehen Sich brünstig nach dir umgesehen; So komm denn, armer Mensch, heran! Mein Heiland nimmt die Sünder an.

9. Sprich nicht: ich hab's zu arg gemacht, Ich hab die Güter seiner Gnaden Zu lang und schändlich durchgebracht; Er hat mich oft umsonst geladen. Wofern du's jetzt nur redlich meinst, Und deinen Fall mit Ernst beweinst, So soll ihm nichts die Hände binden, Und du sollst dennoch Gnade finden. Er hilft, wenn sonst nichts helfen kann: Mein Heiland nimmt die Sünder an.

10. Doch sprich auch nicht: es ist noch Zeit, Ich muß erst diese Lust genießen; Gott wird ja eben nicht schon heut Die offne Gnadenpforte schließen. Nein, weil er ruft, so höre du Und greif mit beiden Händen zu! Wer seiner Seele Heut

verträumet, Der hat die Gnadenzeit versäumet; Dem wird hernach nicht aufgethan! Heut komm: heut nimmt dich Jesus an!

11. Ja, zeuch uns selber recht zu dir, Holdselig süßer Freund der Sünder! Erfüll mit sehnender Begier Auch uns und alle Adamskinder. Zeig uns bei unserm Seelenschmerz Dein aufgeschloßnes Liebesherz; Und wenn wir unser Elend sehen, So laß uns ja nicht stille stehen, Bis daß ein jeder sagen kann: Gottlob, auch mich nimmt Jesus an!

Ebr. 10, 23. Lasset uns halten an dem Bekenntniß der Hoffnung, und nicht wanken; denn er ist treu, der sie verheißen hat.

Eigene Melodie.

241. Allein zu dir, Herr Jesu Christ, Mein' Hoffnung steht auf Erden; Ich weiß, daß du mein Tröster bist; Kein Trost mag sonst mir werden. Kein Engel ist im Himmelszelt, Kein Mensch ist in der weiten Welt, Der mir aus Nöthen helfen kann; Dich ruf ich an, Dich ruf ich an, Von dem ich Hülfe kann empfahn.

2. Mein' Schuld ist schwer und übergroß, Und reuet mich von Herzen; Derselben mach mich frei und los Durch deinen Tod und Schmerzen, Und nimm dich mein beim Vater an, Der du genug für uns gethan; So werd ich los der Sündenlast; Mein Glaube faßt, Mein Glaube faßt, Was du mir, Herr, versprochen hast.

3. Ach, stärk durch dein' Barmherzigkeit In mir das recht' Vertrauen, Auf daß ich deine Freundlichkeit Mög inniglich anschauen; Daß ich vor allem liebe dich, Und meinen Nächsten gleich als mich; Und sende Hülfe mir am End, Damit behend, Damit behend Des Teufels List sich von mir wend!

4. Ehr sei Gott in dem höchsten Thron, Dem Vater aller Güte, Und Jesu Christ, dem liebsten Sohn, Der uns allzeit behüte; Und auch dem werthen heilgen Geist, Der allzeit uns Hülfe leist, Daß wir zum Lob ihm sei'n bereit, Hier in der Zeit, Hier in der Zeit, Und einst auch in der Ewigkeit.

Von der Buße und Bekehrung.

Spr. 23, 26. Gib mir, mein Sohn, dein Herz; und laß deinen Augen meine Wege wohlgefallen.

Eigene Melodie.

242. Mein Vater, sieh, ich bringe dir Das Herze zum Geschenk; Du forderst dieses ja von mir, Des bin ich eingedenk.

2. "Gib mir, mein Sohn, dein Herz! sprichst du, Das ist mir lieb und werth; Du findest anders auch nicht Ruh Im Himmel und auf Erd."

3. Nun du, mein Vater, nimm es an, Mein Herz, veracht es nicht! Ich geb's, so gut ich's geben kann; Kehr zu mir dein Gesicht!

4. Zwar ist es voller Sündenwust Und voller Eitelkeit, Des Guten aber unbewußt, Und wahrer Frömmigkeit.

5. Doch aber sieht es nun in Reu, Kennt seinen Uebelstand, Und trägt jetzt vor den Dingen Scheu, Dran Lust zuvor es fand.

6. Zermalme meine Härtigkeit, Mach mürbe meinen Sinn, Daß ich in Seufzen, Reu und Leid Und Thränen ganz zerrinn.

7. Sodann nimm mich, Herr Jesu Christ, Tauch mich tief in dein Blut! Ich glaub, daß du gekreuzigt bist Der Welt und mir zu gut.

8. Stärk meine schwache Glaubenshand, Zu fassen auf dein Blut, Als der Vergebung Unterpfand, Das alles machet gut.

9. Schenk mir, nach deiner Jesushuld, Gerechtigkeit und Heil; Nimm auf dich meine Sündenschuld Und meiner Strafe Theil.

10. In dich wollst du mich kleiden ein, Dein' Unschuld ziehn mir an, Daß ich, von allen Sünden rein, Vor Gott bestehen kann.

11. Gott, heilger Geist, nimm du auch mich In die Gemeinschaft ein! Ergieß um Jesu willen dich Tief in mein Herz hinein!

12. Dein göttlich Licht gieß in mich aus, Und reichlich Gottes Lieb; Lösch Finsterniß, Haß, Falschheit aus, Schenk mir stets deinen Trieb!

13. Hilf, daß ich sei von Herzen treu Im Glauben meinem Gott, Daß mich im Guten nicht mach scheu Der Welt List, Macht und Spott.

14. Hilf, daß ich sei von Her-

zen fest In Hoffnung und Geduld, Daß, wenn nur du mich nicht verläss'st, Mich tröste keine Huld.

15. Hilf, daß ich sei von Herzen rein In Lieb und Freundlichkeit, Daß ich nichts thu zum Augenschein, Nein, wie's dein Herz erfreut.

16. Hilf, daß ich sei von Herzen schlicht, Aufrichtig und doch klug; Mein Wort, mein Werk und Angesicht Sei ohne List und Trug!

17. Nimm dir, o Gott, zum Tempel ein Mein Herz hier in der Zeit, Und laß es deine Wohnung sein In alle Ewigkeit!

18. Dir geb ich's ganz zu eigen hin! Brauch's, wie es dir gefällt! Ich weiß es, daß ich deine bin, Ja, dein, und nicht der Welt.

19. Weg, Welt! Weg, Sünd! dir geb ich nicht Mein Herz; nur, Jesu, dir Ist dies Geschenke zugericht't; Behalt es für und für!

XVI. Von dem Glauben und der Rechtfertigung.

Röm. 3, 24. Wir werden ohne Verdienst gerecht aus seiner Gnade, durch die Erlösung, so durch Christum Jesum geschehen ist.

Eigene Melodie.

243. Es ist das Heil uns kommen her Von Gut und lauter Gnaden. Die Werke taugen nimmermehr, Zu heilen unsern Schaden. Der Glaub sieht Jesum Christum an, Der hat für alle g'nug gethan; Er ist der Mittler worden.

2. Was das Gesetz geboten hat, Da man's nicht konnt erfüllen, Erhub sich Zorn und große Noth, Die niemand konnte stillen. Vom Fleisch wollt nicht heraus der Geist, Drauf das Gesetz bringt allermeist; Es war mit uns verloren.

3. Es war ein falscher Wahn dabei, Gott hab's darum gegeben, Als ob wir könnten selber frei Darnach vollkommen leben; So ist es nur ein Spiegel zart,

Der uns zeigt an die sündge Art, In unserm Fleisch verborgen.

4. Nicht möglich war's, dieselb Unart Aus eigner Kraft zu lassen, Wiewohl es oft versuchet ward; Doch mehrt sich Sünd ohn' Maßen, Denn sie nahm Ursach am Gebot; Das bräute mir den ewgen Tod, Weil ich den Sünden diente.

5. Doch mußt's Gesetz erfüllet sein, Sonst wär'n wir all verdorben; Drum schickt Gott seinen Sohn herein, Der für uns ist gestorben. Das ganz' Gesetz hat er erfüllt, Damit den großen Zorn gestillt, Der über uns ging alle.

6. Und weil es nun erfüllet ist Durch den, den Gott erlesen, So lerne jetzt ein frommer Christ Des Glaubens rechtes Wesen; Der spricht: du lieber Herre mein, Dein Tod soll mir das Leben sein; Du hast für mich bezahlet!

7. Daran ich keinen Zweifel trag, Dein Wort kann nicht betrügen; Nun sagst du, daß kein Mensch verzag, Des wirst du nimmer lügen: Wer glaubt an mich, und wird getauft, Dem ist der Himmel schon erkauft, Daß er nicht werd verloren.

8. Gerecht vor Gott sind die allein, Die dieses Glaubens leben; Doch wird des Glaubens heller Schein Durch Werke kund sich geben. Der Glaub ist wohl mit Gott daran, Und an der Liebe siehet man, Daß du aus Gott geboren.

9. Die Sünde, durch's Gesetz erkannt, Schlägt das Gewissen nieder; Das Evangelium kommt zur Hand, Und stärkt den Sünder wieder. Er spricht: nun kreuch zum Kreuz herzu! Du findest doch nicht Rast noch Ruh In des Gesetzes Werken.

10. Die Werk' gewißlich kommen her Aus einem rechten Glauben; Denn das kein rechter Glaube wär, Dem man die Werk' wollt rauben. Doch macht allein der Glaub gerecht! Die Werke sind des Nächsten Knecht', Dran wir den Glauben merken.

11. Die Hoffnung harrt der rechten Zeit, Was Gottes Wort zusage; Wann das geschehen soll zur Freud, Setzt Gott kein Ziel noch Tage; Er weiß wohl, wann's am besten ist, Und braucht

an uns nicht arge List; Des
soll'n wir ihm vertrauen.

12. Ob sich's anließ, als wollt
er nicht, So laß dich's nicht er=
schrecken, Denn wo er ist am
besten mit, Da will er's nicht
entdecken. Sein Wort laß dir
gewisser sein, Und ob dein Herz
spräch lauter nein, So laß dir
doch nicht grauen!

13. Sei Lob und Ehr mit ho=
hem Preis, Um dieser Wohl=
that willen, Gott Vater, Sohn
und heilgem Geist! Der woll
mit Gnad erfüllen, Was er in
uns begonnen hat Durch seine
süße Wunderthat; Geheiligt sei
sein Name!

14. Sein Reich zukomm, sein
Will auf Erd G'scheh, wie im
Himmelsthrone; Das täglich
Brot uns heute werd, Und
unsrer Schuld verschone, Wie wir
auch unsern Schuldnern thun;
Laß uns nicht in Versuchung
nun; Lös' uns vom Uebel! Amen.

Phil. 1, 6. Ich bin desselbigen in guter
Zuversicht, daß, der in euch angefangen hat
das gute Werk, der wird es auch vollführen,
bis an den Tag Jesu Christi.

Mel. Sei Lob und Ehr dem höchsten ꝛc.

244. O Gottes Sohn,
Herr Jesu Christ, Du meiner
Seele Leben! Was mir zum
Glauben nöthig ist, Kann ich
mir selbst nicht geben; Drum
hilf du mir von oben her, Den
wahren Glauben mir gewähr,
Und daß ich drin verharre.

2. Lehr du und unterweise mich,
Daß ich den Vater kenne, Daß
ich, o Jesu Christe, dich Den
Sohn des Höchsten nenne; Daß
ich zugleich den heilgen Geist,
Der uns den Weg zum Him=
mel weist, Von ganzem Herzen
ehre.

3. Laß mich vom großen Gna=
denheil Die recht' Erkenntniß
finden: Wie der nur an dir
habe Theil, Dem du vergibst
die Sünden; Daß ich es such,
wie sich's gebührt; Du bist der
Weg, der mich recht führt, Die
Wahrheit und das Leben.

4. Gib, daß ich traue deinem
Wort, Es wohl zu Herzen fasse,
Daß sich mein Glaube immer=
fort Auf dein Verdienst verlasse;
Daß mein lebendger Glaube
mir Gerechtigkeit verleih vor
dir, Wenn ich in Sünden zage.

5. Laß meinen Glauben trö=
sten sich Des Bluts, das du
vergossen, Und halt in deiner

Gnade mich beständig eingeschlossen. Gib, daß im Glauben ich die Welt, Und was die Welt am höchsten hält, Allzeit für Schaden achte.

6. Ist auch mein Glaub ein Senfkorn klein, So daß ich ihn kaum merke, Wollst du doch in mir mächtig sein, Daß deine Gnad mich stärke, Die das zerstoßne Rohr nicht bricht, Und auch das Docht, das glimmet, nicht Auslöschet in den Schwachen.

7. Hilf, daß ich stets sorgfältig sei, Den Glauben zu behalten, Ein gut Gewissen auch dabei, Und daß ich so mög walten, Daß ich sei lauter jederzeit, Ohn Anstoß, mit Gerechtigkeit Erfüllt und ihren Früchten.

8. Herr, durch den Glauben wohn in mir, Laß ihn sich immer stärken, Daß er sei fruchtbar für und für Und reich an guten Werken; Daß er sei thätig durch die Lieb, Mit Freuden und Geduld sich üb, Dem Nächsten treu zu dienen.

9. Insonderheit gib mir die Kraft, Daß vollends bei dem Ende Ich übe gute Ritterschaft, Zu dir allein mich wende In meiner letzten Stund und Noth, Des Glaubens End durch deinen Tod, Die Seligkeit erlange.

10. Du hast entzündet, Jesu Christ, Das Fünklein in mir Schwachen, Drum was von Glauben in mir ist, Das wollst du stärker machen; Was du begonnen hast, vollführ Bis an das Ende, daß bei dir Auf Glauben folge Schauen.

Eph. 2, 8. Aus Gnaden seid ihr selig geworden, durch den Glauben; und dasselbige nicht aus euch, Gottes Gabe ist es.

Mel. Wer nur den lieben Gott 2c.

245. Aus Gnaden soll ich selig werden; Herz, glaubst du's, oder glaubst du's nicht? Was willst du dich so blöd geberden? Ist's Wahrheit, was die Schrift verspricht, So muß auch dieses Wahrheit sein: Aus Gnaden ist der Himmel dein!

2. Aus Gnaden! hier gilt kein Verblenen, Die eignen Werke fallen hin. Der Mittler, der im Fleisch erschienen, Hat diese Ehre zum Gewinn: Daß uns sein Tod das Heil gebracht, Und uns aus Gnaden selig macht.

236 Von dem Glauben und der Rechtfertigung.

Phil. 3, 9. Ich habe nicht meine Gerechtigkeit, die aus dem Gesetz, sondern die durch den Glauben an Christum kommt.

Eigene Melodie.

247. Christi Blut und Gerechtigkeit, Das ist mein Schmuck und Ehrenkleid; Damit will ich vor Gott bestehn, Wenn ich zum Himmel werd eingehn.

2. Das heilige, unschuldge Lamm, Das an dem rauhen Kreuzesstamm Für meine Seel gestorben ist, Erkenn ich für den Herrn und Christ.

3. Ich glaube, daß sein theures Blut Das allerunschätzbarste Gut, Und daß es Gottes Schätze füllt Und ewig in dem Himmel gilt.

4. Und würd ich durch des Herrn Verdienst Auch noch so treu in seinem Dienst, Gewänn's auch allem Bösen ab Und stürb der Sünde bis zum Grab;

5. So will ich, wann ich zu ihm komm, Nicht denken mehr an gut und fromm, Sondern: da kommt ein Sünder her, Der gern um's Lösgeld selig wär!

6. Wird dann die Frage vorgebracht. Was hast du in der Welt gemacht? So sprech ich: Dank sei meinem Herrn! Konnt ich was Gut's thun, that ich's gern.

7. Und weil ich wußte, daß sein Blut Die Sünd wegschwemmt mit seiner Fluth, Und daß man nicht muß willgen ein, Ließ ich mir's eine Freude sein.

8. Wenn nun kam eine böse Lust, So dankt ich Gott, daß ich nicht mußt; Ich sprach zur Lust, Zum Stolz und Geiz: Dafür hing unser Herr am Kreuz.

9. So lang ich noch hienieden bin, So ist und bleibet das mein Sinn: Ich will die Gnad in Jesu Blut Bezeugen mit getrostem Muth.

10. Gelobet seist du, Jesu Christ, Daß du ein Mensch geboren bist, Und hast für mich und alle Welt Bezahlt ein ewig Lösegeld!

11. Du Ehrenkönig, Jesu Christ! Des Vaters einger Sohn du bist; Erbarme dich der ganzen Welt, Und segne, was sich zu dir hält!

Von dem Glauben und der Rechtfertigung. 237

Jes. 1, 41. Wir haben den Meßiam gefunden.

Mel. O daß ich tausend Zungen ꝛc.

248. Ich habe nun den Grund gefunden, Der meinen Anker ewig hält; Wo anders, als in Jesu Wunden? Da lag er vor der Zeit der Welt, Der Grund, der unbeweglich steht, Wenn Erd und Himmel untergeht.

2. Es ist das ewige Erbarmen, Das alles Denken übersteigt, Des, der mit offnen Liebesarmen Sich zu dem armen Sünder neigt, Dem allemal das Herze bricht, Wir kommen oder kommen nicht.

3. Wir sollen nicht verloren werden, Gott will, uns soll geholfen sein; Deswegen kam sein Sohn auf Erden Und nahm hernach den Himmel ein; Deswegen klopft er für und für So stark an unsers Herzens Thür.

4. O Abgrund, welcher alle Sünden Durch Christi Tod verschlungen hat! Das heißt die Wunde recht verbinden; Da findet kein Verdammen statt, Weil Christi Blut beständig schreit: Barmherzigkeit! Barmherzigkeit!

5. Darein will ich mich gläubig senken, Dem will ich mich getrost vertraun; Und wenn mich meine Sünden kränken, Nur bald nach Gottes Herzen schaun; Da findet sich zu aller Zeit Unendliche Barmherzigkeit.

6. Wird alles andre weggerißen, Was Seel und Leib erquicken kann; Darf ich von keinem Troste wissen, Und scheine völlig ausgethan; Ist die Errettung noch so weit: Mir bleibet doch Barmherzigkeit.

7. Beginnt das Irdische zu drücken, Ja, häuft sich Kummer und Verdruß, Daß ich mich noch in vielen Stücken Mit eitlen Dingen mühen muß; Werd ich dadurch oft sehr zerstreut: So hoff ich auf Barmherzigkeit.

8. Muß ich an meinen besten Werken, Darinnen ich gewandelt bin, Viel Unvollkommenheit bemerken, So fällt wohl alles Rühmen hin. Doch ist auch dieser Trost bereit: Ich hoffe auf Barmherzigkeit.

9. Es gehe mir nach beßen Willen, Bei dem so viel Erbarmen ist; Er wolle selbst mein Herze stillen, Damit es das nur nicht vergißt. So stehet es in

Lieb und Leib In, durch und auf Barmherzigkeit.

10. Bei diesem Grunde will ich bleiben, So lange mich die Erde trägt. Das will ich denken, thun und treiben, So lange sich mein Herz noch regt. So sing ich einst in Ewigkeit: O Abgrund der Barmherzigkeit!

———

2. Tim. 1, 12. Ich weiß, an welchen ich glaube, und bin gewiß, daß er kann mir meine Beilage bewahren bis an jenen Tag.

Mel. Wie soll ich dich empfangen.

249. Ich weiß, an wen ich glaube, Ich weiß, was fest besteht, Wenn alles hier im Staube Wie Staub und Rauch verweht; Ich weiß, was ewig bleibet, Wo alles wankt und fällt, Wo Wahn die Weisen treibet, Und Trug die Klugen hält.

2. Ich weiß, was ewig dauert, Ich weiß, was nie verläßt; Auf ewgen Grund gemauert, Steht diese Schutzwehr fest. Es sind des Heilands Worte, Die Worte, fest und klar. An diesem Felsenhorte Halt ich unwandelbar.

3. Auch kenn ich wohl den Meister, Der mir die Feste baut: Es ist der Herr der Geister, Auf den der Himmel schaut, Vor dem die Seraphinen Anbetend niederknien, Um den die Heilgen dienen! — Ich weiß, ich kenne ihn.

4. Das ist das Licht der Höhe, Das ist mein Jesus Christ, Der Fels, auf dem ich stehe, Der diamanten ist; Der nimmermehr kann wanken, Mein Heiland und mein Hort, — Die Leuchte der Gedanken, Die leuchtet hier und dort.

5. Er, den man blutbedecket Am Abend einst begrub; Er, der, von Gott erwecket, Sich aus dem Grab erhub; Der meine Schuld versöhnet, Der seinen Geist mir schenkt, Der mich mit Gnade krönet, Und ewig mein gedenkt.

6. Drum weiß ich, was ich glaube, Ich weiß, was fest besteht, Und in dem Erbenstaube Nicht mit zu Staub verweht. Es bleibet mir im Grauen Des Todes ungeraubt; Es schmückt auf Himmelsauen Mit Kronen einst mein Haupt.

———

Röm. 5, 1. Nun wir denn sind gerecht geworden durch den Glauben; so haben wir Frieden mit Gott durch unsern Herrn Jesum Christ.

Mel. Ach, mein Herr Jesu, dein 2c.

250. Was uns mit Frieden und Trost erfüllt, Was unsre Seelen alleine stillt, Was wir immer müssen im Herzen finden, Ist die Versöhnung für unsre Sünden Durch Jesu Blut.

2. Wer auf das Opfer des Lamms vertraut, Der hat gewiß nicht auf Sand gebaut, Sondern auf den Felsen, der ewig stehet; Denn wenn die Welt auch zu Grunde gehet, So bleibet er.

3. Wer aber auf eigne Werke sieht, Und sich auf die Art um Gnade müht, Die doch Gott umsonst gibt, der wird zu Schanden, Und bleibt gewißlich in seinen Banden, Verfehlt sein Heil.

4. Gott will den Menschen nicht gnädig sein, Als nur in Christo Jesu allein, Der für unsre Sünden am Kreuz gehangen, Und für die Sünder hat Gnad empfangen, Zur Seligkeit.

5. Verachtet man Gottes eingen Sohn, So ist es ja der verdiente Lohn, Daß man unterm Zorn muß liegen bleiben! Denn denen nur, die an Jesum glauben, Ist Heil bereit.

6. Jesu, wir bitten von Herzensgrund (Du bist der Stifter vom neuen Bund) Für die Gottesheerden, ach, laß uns finden Gnade, uns alle auf dich zu gründen Als Einen Mann!

7. Was du gefunden, das halte fest, Und was sich noch nicht so ganz verläßt Auf die freie Gnade, das bring zurechte. O daß kein einziges bleiben möchte Auf falschem Grund!

Jes. 45, 24. Im Herrn habe ich Gerechtigkeit und Stärke.

Mel. Befiehl du deine Wege.

251. Das ist mein Ruhm und Segen, Mein ewiger Gewinn, Daß ich kann Glauben hegen, Daß ich erlöset bin. Auch ist die Furcht verschwunden, Ich weiß, der Herr vergibt; Ich les' in seinen Wunden, Daß er mich Sünder liebt.

2. Ach, unsre Sünden bringen Uns bittres Herzeleid; Doch das verkehrte Ringen Der Selbstge-

rechtigkeit Beraubet die Gemüther Des unschätzbaren Theils An dem Genuß der Güter Des freigeschenkten Heils.

3. Die ihr die Ruhestunden Noch sucht in eigner Wahl, Nicht in den blutgen Wunden: Ihr machet euch nur Qual; Ihr bleibt in euern Ketten; All eure Müh und Noth Vermag euch nicht zu retten Von dem gewissen Tod.

4. Nichts tilgt, was wir verschuldet, Nichts hilft und macht uns rein, Als was der Herr erduldet, Sein theures Blut allein. Dies ist das Bad, das rechte, Das alles Falsch ertränkt, Und das dem Sündenknechte Die selge Freiheit schenkt.

5. Drum ladet mit Verlangen Er alle Sünder ein, Das Leben zu empfangen, Der Gnade froh zu sein; Der seine Liebe schenket Den Seinen allerwärts, Wenn sich ihr Herz versenket In sein erbarmend Herz.

6. Je weniger man Gutes, Je ärmer man sich weiß, Je mehr fühlt man des Blutes Unschätzbar hohen Preis; Je mehr läßt er uns fassen, Wie er uns liebt, wie sehr, Und wem er viel erlassen, Der liebt ihn desto mehr.

7. O brächte doch der Treue Des Heilands jedermann Sein Elend voller Reue! Er nimmt die Sünder an. Er läßt ja voll Erbarmen Den Himmel, eilt herbei, Auf daß er allen Armen Sein Heil umsonst verleih!

---

1. Cor. 3, 11. Einen andern Grund kann niemand legen, außer dem, der gelegt ist, welcher ist Jesus Christus.

Mel. Wer nur den lieben Gott ꝛc.

252. Ich weiß von keinem andern Grunde, Als den der Glaub in Christo hat; Ich weiß von keinem andern Bunde, Von keinem andern Weg und Rath: Als daß man elend, arm und bloß Sich legt in seines Vaters Schooß.

2. Ich bin zu meinem Heiland kommen, Und eil ihm immer besser zu; Ich bin auch von ihm aufgenommen, Und finde bei ihm wahre Ruh; Er ist mein Kleinod und mein Theil, Und außer ihm weiß ich kein Heil.

3. Ich bleib in Christo nun erfunden, Und bin in ihm gerecht und rein. — Bleib ich mit ihm

Von dem Glauben und der Rechtfertigung.

nur stets verbunden, So kann ich immer sicher sein; Gott sieht auch mich in Christo an, — Wer ist's, der mich verdammen kann?

4. Ich fühle noch in mir die Sünde; Doch schaden kann sie mir nicht mehr, Weil ich in Christo mich befinde; Wohl aber beuget sie mich sehr. Ich halte nichts gering und klein, Sonst dringt ein sichres Wesen ein.

5. Ich kämpfe gegen mein Verderben Im Glauben und in Christi Kraft; Der alte Mensch muß täglich sterben, Der noch nicht todt am Kreuze haft't. Dies aber macht mich rein und klein, Und lehrt zu Jesu ernstlich schrei'n.

6. Und weil ich so in Christo bleibe, Stets vor ihm wandelnd auf ihn seh, Das Wort des Friedens fröhlich treib, Und unablässig zu ihm fleh, So bleib ich stets im Grunde stehn; Da kann mein Wachsthum vor sich gehn.

7. Ich bleib im tiefsten Demuthsgrunde, Und will von Christo nimmer gehn; Ich bleib im allgemeinen Bunde, In allgemeiner Liebe stehn, Und hang

an Christo ganz allein; Dies soll mein Grund auf ewig sein.

8. O Jesu, laß mich bei dir bleiben, O Jesu, bleibe du in mir! Laß deinen guten Geist mich treiben, Daß ich im Glauben folge dir! Laß mich stets fromm und wachsam sein, So reißet nichts den Grund mir ein!

Matth. 9, 2. Sei getrost, mein Sohn, deine Sünden sind dir vergeben.

Mel. Nun ruhen alle Wälder.

253. Die Sünden sind vergeben! Das ist ein Wort zum Leben Für den gequälten Geist. Sie sind's in Jesu Namen; In ihm ist Ja und Amen, Was Gott uns Sündern je verheißt.

2. Das ist auch mir geschrieben; Auch ich bin von dem Lieben, Weil Gott die Welt geliebt; Auch ich kann für die Sünden Bei Gott noch Gnade finden; Ich glaube, daß er mir vergibt.

3. Mein Hauptgesuch auf Erden Soll die Vergebung werden; So wird mein Tod nicht schwer. O in den Sünden sterben, Ist ewiges Verderben;

Denn wer will dann bestehen, wer?

4. Hier ist die Zeit der Gnaden, Der Angst sich zu entladen, Auf Gottes Wort zu ruhn, Die Seele zu erretten, Zu glauben und zu beten, Und das in Jesu Namen thun.

5. Gott, gib, daß meiner Seele Der Trost doch niemals fehle, Daß du die Schuld vergibst! Wenn ich mich betend beuge, So sei dein Geist mein Zeuge, Daß du dein Kind in Christo liebst.

6. Wann ich von hinnen scheide, So mach mir das zur Freude, Daß ich begnadigt bin. Im Glauben der Vergebung, In Hoffnung der Belebung Geh ich alsdann im Frieden hin.

Jak. 5, 11. Der Herr ist barmherzig und ein Erbarmer.

Mel. Mir nach, spricht Christus, ꝛc.

254. O Gottes Lamm! mein Element Ist einzig dein Erbarmen; Dein Herz, das zu mir wallt und brennt Mit offnen Liebesarmen; Dein Blut, wie es am Kreuze floß, Und alle Welt mit Heil begoß.

2. Ich weiß von keinem andern Trost, Ich müßt in Sünden sterben. Der Feind ist wider mich erbost, Die Welt will mich verderben; Mein Herz ist unrein, blind und todt; O dieses Elend! große Noth!

3. Die eigene Gerechtigkeit, Das Thun der eignen Kräfte Macht mir nur Schand und Herzeleid, Verzehrt die Lebenssäfte. O nein, es ist kein andrer Rath, Als der, den dein Erbarmen hat.

4. Wie wohl, o Gott, wie wohl ist mir, Wenn ich darein versinke, O Lebensquell, wenn ich aus dir Trost und Erquickung trinke, Wenn dein Erbarmen mich bedeckt, Und wenn mein Herz Vergebung schmeckt!

5. Da lebt mein Geist, ist froh und satt, Hat alles, was ihm fehlet. Bald aber wird er kalt und matt, Wenn er sich selber quälet, Wenn dein Erbarmen ihm entgeht, Wenn er auf fremdem Grunde steht.

6. Drum bleibe du mein Element, Du selbst und dein Erbarmen; Und wie mein Glaube dich erkennt, So kenne du mich Armen! Ich leb in deiner Gnad allein; Ich will in dir erfunden sein.

Von dem Glauben und der Rechtfertigung. 243

7. Das Element der armen Welt: Stolz, Geiz und Fleisches= Lüste, Und was sie sonst für wichtig hält, Das ist mir dürr und wüste, Das ist mir Galle, Gift und Pein; Dein Heil ist ewig süß und rein.

8. Mein erster Athem, den ich zieh, Wenn ich vom Schlaf er= wache, Ist dein Erbarmen und die Müh, Die ich dir täglich mache, Und die du schon auf mich gewandt, Seit deine Lieb am Kreuz gebrannt. —

9. Wenn ich von meinem Bett aufsteh, So tret ich in's Erbar= men; Und wenn ich bald gen Himmel seh, Mein Himmel ist Erbarmen! Und wenn ich kniee fällt mein Sinn, O Gott, in dein Erbarmen hin!

10. Ich wasche mich, Imma= nuel, In Gnade und Erbarmen. In dir erschein ich rein und hell; Mein Kleid ist dein Er= barmen. Ich eß' und trinke diese Kost; Erbarmen ist mein Brot und Most.

11. Ich sitz und geh, und was ich thu, So thu ich's im Erbar= men. Mein Fels, mein Grund und meine Ruh, Mein Ziel ist dein Erbarmen; Es ist mir Füh= rer, Licht und Kraft, Mein Wohnhaus in der Pilgerschaft.

12. Leg ich des Abends mich zur Ruh, Mein Bett ist dein Erbarmen: Das reicht auf al= len Seiten zu! Es wärmt mich dein Erbarmen. In diese Decke hüll ich mich; Wie sanft, wie süße schläft es sich!

13. Erwach ich in der stillen Nacht, So lieg ich im Erbar= men. Wenn mich die Unruh schlaflos macht, So wiegt mich dein Erbarmen. Erschreckt mich Traum und Finsterniß: Erbar= men leuchtet mir gewiß.

14. Ja, bis in's Grab und vor's Gericht Begleitet mich Erbarmen; Von Tod und Hölle weiß ich nicht; Mein Leben heißt Erbarmen! Hierin beschließ ich auch den Lauf, Und fahre ster= bend zu dir auf.

15. Und wenn ich vor dem Throne bin, Dein Anschaun zu genießen, So reißt mich dein Erbarmen hin, Im Loben zu zerfließen. Du bist's, für den mein Herz entbrennt, Du bleibst mein ewges Element!

Marc. 9, 24. Ich glaube, lieber Herr, hilf
meinem Unglauben.

Mel. Der reich, wie nahe ꝛc.

255. Ich glaube, —
Herr, hilf meinem Glauben! —
Daß du der große Jesus bist,
Der unsrem Feind den Raub
zu rauben, Vom hohen Himmel
kommen ist. O mach in diesem
Glauben stark Mein Herz und
all mein Lebensmark!

2. Der Glaube machet arme
Sünder In Freuden groß, und
dennoch klein. Sie sollen Gottes
liebe Kinder, Geschwister seines
Sohnes sein. Herr, schenke
solchen Glauben mir! Um solches
Glück ruf ich zu dir.

3. Der Glaub ist thätig durch
die Liebe: Wer glaubt, der liebet
auch gewiß. Die Liebe gibt
ihm Liebestriebe, Er lebt nicht
mehr in Finsterniß Er hat und
liebt des Geistes Zucht; Herr,
hilf zur Wurzel und zur Frucht!

4. Der Glaube flieht das Weltgetümmel,
Das eitle Wesen dieser
Welt, Indem er sich zum
ewgen Himmel, Als wenn er
ihn schon sähe, hält. Er ziehet
an den neuen Sinn: Herr, dieser
Sinn ist mein Gewinn!

5. Der Glaube stärkt in Noth
und Schmerzen, Und zeuget einen
Heldenmuth. Durch ihn
wohnt Christus in dem Herzen;
Man fühlt die Kraft von seinem
Blut, Und spricht: das Himmelreich
ist mein! — Herr, laß
mich immer gläubig sein!

6. Der Glaube machet Lust
zum Sterben, Versüßt des Todes
Angst und Pein; Er machet
uns zu Christi Erben, Und
führet uns zum Frieden ein;
Die Seele fährt in ihre Ruh;
Herr Jesu, hilf mir auch dazu!

7. Der Glaube hat ein edles
Ende, Das ist der Seelen Seligkeit.
Man drückt den Freunden
noch die Hände, Und spricht:
nun seid auch ihr bereit! Ich
gehe vor, folgt munter nach!
Herr, gib mir diese Glaubenssprach!

8. Der Glaub ist noth. Es
ist unmöglich, Daß man sonst
Gott gefallen kann. Doch ist
sein Vaterherz beweglich; Er
gibt, klopft man nur herzlich an,
Den Glauben gern in reichem
Maaß. Herr, gib! ich bitt ohn
Unterlaß.

9. Ich glaube; Herr, hilf mir
zum Glauben! O mach ihn

von der besten Art, Daß mir
kein Feind ihn könne rauben,
Und daß ich bleibe drin be=
wahrt, Bis ich nach aller Glau=
benszeit Dich schauen darf in
Ewigkeit!

———

Matth. 21, 21. Wahrlich, ich sage euch,
so ihr Glauben habt und nicht zweifelt: so
werdet ihr nicht allein solches mit dem Feigen=
baum thun; sondern so ihr werdet sagen zu
diesem Berge: Hebe dich auf und wirf dich
in's Meer: so wird es geschehen.

Mel. Alle Menschen müssen sterben.

256. Du sollst glauben,
und du Armer Gibst dich ban=
gen Zweifeln hin? Du sollst
beten zum Erbarmer, Und dir
fehlt der Kindessinn? Kind=
lich mußt du hier vertrauen;
Dort wirst du den Ausgang
schauen. Jesu Ausgang ward
erst klar, Als er auferstanden
war.

2. Glaube gibt der Andacht
Flügel, Glaube hebt zu Gott
empor, Glaube bricht des Gra=
bes Riegel, Selbst der Ewig=
keiten Thor; Glaube geht durch
Flamm und Fluthen, Ließ die
Zeugen Jesu bluten, Und sie
überwanden weit, Sicher ihrer
Seligkeit.

3. Glaube hilft die Welt be=
siegen, Macht die schwerste Prü=
fung leicht; Alles muß ihm
unterliegen, — Selbst die Macht
der Sünde weicht. Ob du schon
im Kampf erlagest, Und nun an
dir selbst verzagest: Kämpfe
stärker, kämpfe fort, Denn der
Herr ist Schutz und Hort!

4. Willst du im Vertraun er=
müden, Wenn die Hülfe noch
verzieht? Stehe fest in Gottes
Frieden, Der die rechte Zeit er=
sieht! Den hat Täuschung nie
betroffen, Der gehorsam blieb
im Hoffen. Glaube fest: der
alles schafft, Gibt dir auch zum
Glauben Kraft.

5. Hast du nicht schon oft er=
fahren, Wie er dir zur Seite
stand? Hast du nicht des Wun=
derbaren Wunderausgang oft
erkannt? Mußt du denn ihn
immer sehen, Ganz des Ewgen
Rath verstehen? — Selig, se=
lig, die nicht sehn, Und doch fest
im Glauben stehn!

———

1. Joh. 3, 19–21. Daran erkennen wir, daß wir aus der Wahrheit sind, und können unser Herz vor ihm stillen. Daß, so uns unser Herz verdammet, daß Gott größer ist, denn unser Herz und erkennet alle Dinge. Ihr Lieben, so uns unser Herz nicht verdammet, so haben wir eine Freudigkeit zu Gott.

Mel. Alle Menschen müssen sterben.

257. Schweiget, bange Zweifel, schweiget! Mein Erbarmer ist getreu, Und sein Geist in mir bezeuget, Daß ich Gott versöhnet sei. Mir drohn nicht der Hölle Flammen, Und will mich mein Herz verdammen, Dennoch täuscht mich nicht sein Schmerz: Gott ist größer, als mein Herz.

2. Er, der das Verborgne kennet, Kennt auch mich, und weiß allein, Wie das Herz von Sehnsucht brennet, Ganz sich seinem Dienst zu weihn; Schaut den Kummer meiner Seele, Der mich bengt, so oft ich fehle, Und nicht meiner Zweifel Wahn, Meinen Glauben fleht er an.

3. Und wie nie sein Urtheil wanket, Wankt auch nie sein ewger Rath. Rühmt, o Christen, danket, danket! Groß ist, was er an uns that. Uns, den Sündern, den Verlornen, Gab er seinen Eingebornen; Wahrlich, alles, alles gibt Er, der uns im Sohne liebt!

4. Mir auch ist sein Sohn gegeben, Durch den Glauben ist er mein. Ja, ich weiß, ich werde leben Und in ihm einst selig sein. Mich sah Gott von seinem Throne, Mich erwählt er in dem Sohne, Eh noch seiner Allmacht Ruf Mich und alle Wesen schuf.

5. Wer will ferner den verklagen, Den Gott selber auserwählt? Wer darf zu verdammen wagen, Den er zu den Seinen zählt? Hier ist Gott, nichts kann mich schrecken, Seine Gnade will mich decken; War ich gleich der Sünde Knecht, Er, mein Gott, spricht mich gerecht.

6. Theuer bin ich ihm erworben, Heil mir, hier ist Jesus Christ! Er, der auch für mich gestorben, Auch für mich erstanden ist; Der zur Rechten Gottes sitzet, Auf mich sieht, mich mächtig schützet, Mich vertritt, mich nie verstößt, Mich aus aller Noth erlöst.

7. Trotz der Welt und ihres Spottes, Trotz der Höll und

ihrer Wuth! Mir bleibt doch die Liebe Gottes, Hält mich fest in treuer Hut. Was will je von ihm mich scheiden? Nein, ich werd in allen Leiden Mehr, als bloß geduldig sein, Mich vor Gott auch ihrer freun.

8. Laß denn rauhe Wetter stürmen! Alles um mich her sei Nacht! Gott, mein Gott wird mich beschirmen, Der für meine Wohlfahrt wacht. Ob ich lang auch hülflos bliebe, Leitet doch mich seine Liebe Durch die Nacht, drum fürcht ich nichts, In die Wohnungen des Lichts.

9. Reichthum sucht zwar zu bethören, Hinzuziehn zu niederm Geiz; Blendend ist der Glanz der Ehren, Süß der Wollust falscher Reiz. Schlüpfrig sind des Glückes Pfade, Schmeichelnd ist der Hohen Gnade, Eitles Lob führt leicht von Gott, Und noch leichter bittrer Spott.

10. Dennoch weiß ich: Schmerz und Freuden, Tod und Leben, Lob und Schmach Werden mich von Gott nicht scheiden; Gott ist stark, bin ich auch schwach. Gunst der Großen, Haß der Feinde, Lockungen der falschen Freunde, Nichts erschüttert meine Treu, Gottes Liebe steht mir bei.

11. Fest will ich an Jesu halten, Wird auch alles mir geraubt; Gottes Gnade laß ich walten, Und erhebe froh mein Haupt. G'nug, daß meiner der gedenket, Der mir seinen Sohn geschenket, Und mich nimmermehr verläßt. Dieser Fels bleibt ewig fest!

Pf. 89, 3. Ich sage also: Daß eine ewige Gnade wird aufgehn, und du wirst deine Wahrheit treulich halten im Himmel.

Mel. Mein Vater, sieh, ich bringe dir.

258. Die Gnade wird doch ewig sein, Die Wahrheit doch gewiß, Bräch auch des Himmels Feste ein, Wenn Gott sie fallen ließ.

2. Gott ist kein Mensch, den etwas reut, Und sein Wort bricht er nie; Die Gnade währt nicht kurze Zeit, Nein, ewig währet sie!

3. Hat er uns Gnade zugesagt, So bleibt er fest dabei, Und wenn uns Furcht und Zweifel plagt, So bleibt er doch getreu.

4. Mein Herz, so lege dich getröst't Auf diese Gnade hin, Daß

Gott mich ewig nicht verstößt,
Weil ich in Jesu bin!

5. In Jesu liegt der Gnade
Grund, Da nimmt der Glaube
Theil; Mein Heiland, an dem
Kreuz verwund't, Macht meine
Seele heil.

6. O Gnade, daß mein Glaube
dich Recht herzhaft fassen könnt,
So lang, bis meine Seele sich
Von meinem Leibe trennt!

7. Herr, deine Gnade mache
mich In mir recht arm und
klein! Denn nur in dir allein
kann ich Erst groß und herr=
lich sein.

8. Herr, lasse nichts von mir
geschehn, Die Gnade sei denn
mit; Laß deine Gnade mit mir
gehn Bis zu dem letzten Schritt.

9. Kommt dann dein großer
Tag herbei, So laß ihn Aufer=
stehn, Daß deine Gnade ewig
sei, Mich auch im Himmel sehn!

———

Röm. 8, 23. 24. Es ist hier kein Unter=
schied; sie sind allzumal Sünder, und mangeln
des Ruhmes, den sie an Gott haben sollten;
und werden ohne Verdienst gerecht durch die
Erlösung, so durch Christum Jesum geschehen ist.

R cl. Christus, der ist mein Leben.

259. Was ist des Men=

schen Leben? Ach, Schuld ge=
häuft auf Schuld! Bei Gott
ist viel Vergeben Und namen=
lose Huld.

2. In Tugendstolz sich blä=
hen, Was ist's, als Tugendspott?
Zehn Fehle sind geschehen Vor
einem Werk in Gott.

3. Herr, zögen nur Gerechte
Zum Himmel, thatenschwer, Nur
fehllos treue Knechte: Dein
Himmel bliebe leer.

4. Die Krüppel, Lahmen,
Blinden Rufst du mit mildem
Ton; Sie kommen her und
finden, Ihr Plätzchen wartet
schon.

5. Und ihre Schmach verhül=
let Der Gnade Feierkleid, Und
ihren Mangel füllet Des Herrn
Barmherzigkeit.

6. O Trost der Erbenpilger,
Den Christus uns erwarb, Da
er als Sündentilger Am Kreuze
für uns starb!

7. O friedevoller Glaube! Dein,
dein bedarf mein Herz: Sonst
sänkt es hin zum Raube Dem
hoffnungslosen Schmerz.

8. Denn, Herr, auch meiner
Seele Wird ihre Last zu schwer.
Wer zählet meine Fehle Von
meiner Jugend her?

Von der heiligen Taufe.

9. Tilg aus mit deinem Blute
All' Sünden und Vergehn. Es
komm auch mir zu Gute Des
Opferblutes Flehn.

10. O übersieh das Alte! Dein
bin ich, wie ich bin. Herr, nimm
mich und gestalte Mich ganz
nach deinem Sinn!

XVII. Von den heiligen Bundeszeichen.

A. Von der heiligen Taufe.

1. Vor der Taufe.

Matth. 3, 13. Zu der Zeit kam Jesus aus Galiläa an den Jordan zu Johannes, daß er sich von ihm taufen ließe.

Eigene Melodie.

260. Christ, unser Herr, zum Jordan kam, Nach seines Vaters Willen; Die Tauf er von Johannes nahm, All' Recht' so zu erfüllen; Da wollt er stiften uns ein Bad Zur Reinigung von Sünden, Ertränken auch den bittern Tod Durch's Blut der heilgen Wunden; Es galt ein neues Leben.

2. Die Jünger heißt der Herre Christ: Geht hin, all' Welt zu lehren, Daß sie verlor'n in Sünden ist, Sie soll zur Buß sich kehren! Wer glaubet und sich taufen läßt, Soll dadurch selig werden; Ein neugeborner Mensch er heißt, Der nicht mehr könne sterben; Den Himmel soll er erben.

3. Das Aug hier Wasser sieht allein, Der Glaub das Wort betrachtet, Des Bundes Pfand, Des Blutes Schein Vom Lamm, für uns geschlachtet; Er schaut in ihm die heilge Fluth, Von Christi Blut gefärbet, Die allen Schaden machet gut, Von Adam her geerbet, Und die wir selbst begangen.

Mark. 16, 16. Wer da glaubet und getauft wird, der wird selig werden; wer aber nicht glaubet, der wird verdammet werden.

Mel. Wie schön leucht't uns der ꝛc.

261. Das große Fest der Seligkeit, Das Gottes Gnade Sündern beut, Erscheint uns herrlich wieder. Drum loben wir, o Vater, dich! Zu deinem Preis erheben sich Der Andacht heilge Lieder. O Freud, Die heut Uns erscheinet, Da vereinet Diese Seelen Sich das gute Theil erwählen!

2. Da haben sie sich hingestellt, Um öffentlich vor aller Welt Dir, Vater, zu bekennen, Daß sie aus festem Glaubensgrund Mit Mund und Herz, mit Herz und Mund Den ihren Heiland nennen, Den sie Nun nie Mehr betrüben, Den sie lieben, Dem sie leben, Dem sie völlig sich ergeben.

3. Wir hoffen, glauben und vertraun; O laß uns denn die Wonne schaun, Da sie sich vor bir beugen, Daß sie fortan dem Herrn der Welt, Den du zum Mittler hast bestellt, Dem Heilgen treu sich zeigen, Der Gut und Blut Hingegeben Und sein

Leben, Um vom Bösen Sie auf ewig zu erlösen!

———

Gal. 3, V. 27. Ihr seid alle Gottes Kinder durch den Glauben an Christum Jesum. Denn wie viele euer getauft sind, die haben Christum angezogen.

Mel. Wachet auf, ruft uns die Stimme.

262. Sieh, o Vater, gnädig nieder Auf Christi, deines Sohnes, Glieder, Die er mit seinem Blut erkauft! Reuevoll wir vor dich treten, Gib uns, was wir von dir erbeten, Daß wir, mit deinem Geist getauft, Ganz deinem Dienst uns weihn, Von Sünden werden rein; Großer Mittler! Schenk Kraft und Gnad Durch dieses Bad, Das deine Huld bescheeret hat.

2. Dein Befehl bracht uns zusammen, Zünd in uns an der Liebe Flammen, Zieh uns dir nach, so laufen wir! Führe uns auf frische Auen, Laß uns dein holdes Antlitz schauen, Es dürstet unsre Seel nach dir: Du bist der Müden Ruh, Du deckest Sünden zu, Heilest Wunden; Bethesda's Fluth, Dein theu-

Von der heiligen Taufe.

res Blut, Erneuert Herzen, Sinn und Muth!

3. O der feierlichen Stunde, Wo wir zu deinem Gnadenbunde Des Wassers Zeichen jetzt empfahn! Da wir uns mit dir verbinden, Laß uns der Taufe Kraft empfinden Und freudig wallen himmelan! O Vater, Sohn und Geist, Was uns dein Wort verheißt, Bleibet ewig! Stärk unsern Bund, Daß Herz und Mund Stets deine Ehre machen kund!

Matth. 10, 32. Wer mich bekennet vor den Menschen, den will ich bekennen vor meinem himmlischen Vater.

Mel. Liebster Jesu, wir sind hier.

263. Gott, der segnend niederschaut, Hört, was unsre Lippen reden. Selig, wer auf ihn vertraut! Seine Kraft erquickt die Blöden; Selig, wen er redlich findet, Der des Herzens Tief ergründet!

2. Weih er selbst, dem ihr euch weiht, Euch zu seines Bund's Genossen! Fest auf Zeit und Ewigkeit Sei der heilge Bund geschlossen! O daß kein Betrug der Sünde Euer Herz je untreu finde!

3. Tretet durch die Taufe ein In die gläubige Gemeine; Erntet Segen, schöpft Gedeihn, Wachst an Gnad in dem Vereine! Euch und uns will Christus geben Volle G'nüg und ewges Leben.

4. Laßt von eurem Glauben nicht, Laßt euch nicht von Jesu trennen! Vor des Vaters Angesicht Muß er euch einst auch bekennen; Dann empfaht vor Gottes Throne Seiner Treuen Ehrenkrone.

5. Nimm sie hin zum Eigenthum, Du, dem sie sich übergeben! Ihre Wahl, ihr Lebensruhm Sei und bleibe, dir zu leben. Festlich weiht die ernste Stunde Sie auf ewig deinem Bunde.

6. Gründe, stärk, erhalte sie; Treu im Glauben, Hoffen, Lieben, Muß ihr Herz dich nie, o nie Durch des Bund's Bruch betrüben! Hilf, daß er zu deinem Preise Sich in Kraft und That erweise!

7. „Ob auch wankt der Berge Grund, Ob die Hügel niederstürzen, Fest besteht mein Friedensbund, Nichts soll meine Gnade kürzen, —" Spricht der Herr;

wir sprechen: Amen! In des ewig Treuen Namen.

1. Joh. 3, 23. Das ist sein Gebot, daß wir glauben an den Namen seines Sohnes Jesu Christi, und lieben uns untereinander, wie er uns ein Gebot gegeben hat.

Mel. Seelenbräutigam.

264. Von des Himmels Thron Sende, Gottes Sohn, Deinen Geist, den Geist der Stärke, Gib uns Kraft zum heilgen Werke, Dir uns ganz zu weihn, Ewig dein zu sein!

2. Mach uns ganz bereit, Gib uns Freudigkeit, Unsern Glauben zu bekennen, Und dich unsern Herrn zu nennen, Dessen theures Blut Uns auch floß zu gut.

3. Richte Herz und Sinn Zu dem Himmel hin, Daß, zu dir das Herz erhoben, Tief bewegt wir es geloben, Deine Bahn zu gehn, Wellust zu verschmähn.

4. Wenn wir betend nahn, Segen zu empfahn, Wollest du auf unsre Bitten Uns mit Gnade überschütten, Licht und Kraft und Ruh Ströme dann uns zu.

5. Gib auch, daß dein Geist,

Wie dein Wort verheißt, Unauflöslich uns vereine Mit der gläubigen Gemeine, Bis wir dort dich sehn Und dein Lob erhöhn!

Matth. 11, 28. Kommet her zu mir alle, die ihr mühselig und beladen seid, ich will euch erquicken.

Mel. Alle Menschen müssen sterben.

265. Ach, wohin, wenn schwer belastet, Seufzend unter hartem Joch, Hier das Herz, das nirgends rastet, Aengstlich klagt: o fänd ich doch Ruhe, Trost und Seelenfrieden? Ach, wohin, um für den Müden Zu erlangen jenes Heil, Aller Seelen bestes Theil?

2. „Kommet her zu mir, Geliebte!" Rufet Christus, „kommt zu mir! Kommt doch alle, Tiefbetrübte, Friede, Trost und Ruh ist hier! Ruh dem nagenden Gewissen, Trost in bangen Kümmernissen, Gottesfrieden, der euch noth, Heil im Leben, Heil im Tod!"

3. Deine Stimme ward vernommen, Heiland, siehe, diese Schaar Ist zu dir, zu dir gekommen! Des werde heute wahr, Daß an diesem Wunderbade

Deiner Liebe, deiner Gnade Die Verheißung wird erfüllt, Und der Seelen Durst gestillt!

———

Apostg. 2, 88. Thut Buße, und lasse sich ein jeglicher taufen auf den Namen Jesu Christi zur Vergebung der Sünden; so werdet ihr empfangen die Gabe des heiligen Geistes.

Mel. Wie schön leucht't uns der ꝛc.

266. Die Buße kniet voll wahrer Reu, Vertrauend auf des Heilands Treu, O Vater, vor dir nieder! O heb sie auf zur Seligkeit, Die deine Huld dem Sünder beut, Gib ihr die Ruhe wieder! Das Herz, Von Schmerz Schwer beklommen, Ist gekommen, Um zu finden Die Vergebung seiner Sünden.

2. Du willst ja nicht des Sünders Tod, Sei noch so groß die Schuld, die Noth, Du willst, daß er voll Reue Das Leben such, das Leben find, Und selig als dein liebend Kind Sich deiner Gnade freue. Sieh hier Vor dir Solche Herzen Voller Schmerzen, Voller Wehmuth, Arm am Geist, in tiefster Demuth!

3. O Vater, Vater, nimm sie an, Wie du es immer hast gethan! Ihr Flehen werd erhöret! Sie waren, wie der Thorheit Sohn, Aus deinem Vaterhaus entflohn; Doch sie sind heimgekehret, Weil hier Von dir Der gesendet, Der vollendet, Allen Herzen, Ruhe gibt in ihren Schmerzen.

———

Matth. 28, 19. 20. Gehet hin, und lehret alle Völker, und taufet sie im Namen des Vaters und des Sohnes und des heiligen Geistes; und lehret sie halten alles, was ich euch befohlen habe.

Mel. Wie soll ich dich empfangen.

267. Kommt, Menschen, laßt euch lehren Den Weg der Seligkeit! Das Wort des Herrn zu hören, Seid immerdar bereit. Durch's Hören kommt der Glaube, Der selig machen kann, Der von dem Erdenstaube Euch führet himmelan.

2. Wer sich zum Eigenthume Dem Heiland übergibt Und lebt zu seinem Ruhme, Der wird von ihm geliebt. Dem gibt er seinen Frieden, Dem gibt er seinen Geist, Und er wird schon hienieden Mit Himmelskraft gespeist.

3. Wer den, der uns erkaufet, Erkennt, bekennt und preist; Wer glaubet, wird getaufet Auf Vater, Sohn und Geist: Und er empfängt im Bade Der Taufe volles Heil; Denn Gottes freie Gnade Wird herrlich ihm zu Theil.

4. Der alte Mensch muß sterben Im heilgen Wasserbad; Der neue nur kann erben, Was Gott verheißen hat: Das ist das ewge Leben, Das Christus uns errang, Als er, dahingegeben, Des Todes Macht bezwang!

5. So nahet, theure Seelen, Zur Taufe gläubig hin! Ihr wollt den Herrn erwählen: Ach, so umfasset ihn! Ergebt ihm eure Herzen! Er macht sie neu und rein. In Freuden wie in Schmerzen Will er euch alles sein.

6. Die Seelen, die hier stehen, O Heiland, sie sind dein! Es ist ihr Wunsch und Flehen, Auf dich getauft zu sein, Die Sünde zu begraben In ihres Mittlers Tod, Und mit des Geistes Gaben Geschmückt zu sein von Gott.

7. Dreieiniger, erfülle Der Herzen heißes Flehn! Gieß deines Geistes Fülle Auf sie von deinen Höhn! Mach sie im Wasserbade Von ihren Sünden rein; Gib ihnen deine Gnade, Dir ewig treu zu sein!

———

Joh. 3, V. u. 5. Wahrlich, wahrlich, ich sage dir: Es sei denn, daß jemand von neuem geboren werde, kann er das Reich Gottes nicht sehen. — Wahrlich, wahrlich, ich sage dir: es sei denn, daß jemand geboren werde aus dem Wasser und Geist, so kann er nicht in das Reich Gottes kommen.

Mel. Sei Lob und Ehr dem höchsten ꝛc.

268. In Gottes Reich geht niemand ein, Er sei denn neu geboren, Sonst ist er bei dem besten Schein Mit Seel und Leib verloren. Was fleischliche Geburt verderbt, In der man nichts als Sünde erbt, Das muß Gott neu erschaffen.

2. Soll man mit Gott, dem höchsten Gut In der Gemeinschaft leben, Muß er ein neues Herz und Muth Und neue Kräfte geben; Denn nur sein göttlich Ebenbild Ist's, was alleine vor ihm gilt; Und dies muß er erneuern.

3. Ach, Vater der Barmherzigkeit! Was Jesus uns erworben, Als er zu unsrer Seligkeit Am Kreuz für uns gestorben Und wieder auferstanden ist, So

daß du nun versöhnet bist:
Das laß uns auch genießen!

4. Dein heilger Geist gebär uns neu, Und ändre die Gemüther; Mach uns vom Sündendienste frei, Schenk uns des Himmels Güter! Dann laß die göttliche Natur, Die edle neue Creatur In uns beständig bleiben!

5. O Herr, laß deine Vaterhuld Uns jederzeit bedecken; Dann kann uns weder Sündenschuld, Noch Zorn und Strafe schrecken. Mach uns der Kindschaft hier gewiß, Und schenk' uns dort das Paradies, Das Erbe deiner Kinder!

---

2. Nach der Taufe.

Offenb. 3, 11. Halte, was du hast, daß niemand deine Krone nehme.

Eigene Melodie.

269. Bleibet treu, ihr Hochbeglückten, Haltet fest, was ihr erwarbt! Fühlet, fühlet Im entzückten Herzen, welchen Tod ihr starbt! Wie ihr aus dem Bad der Taufe Zu dem Leben seid erhöht, Wo der Liebe heilgem Laufe Ewge Wonne offen steht.

2. Eins ist noth! was ihr gefunden, O das ist das gute Theil! Christus ist mit euch verbunden, Ihr mit ihm; des Lebens Heil Ist auf immer euch geborgen, Bleibt ihr treu auf eurer Bahn. Da wird Gott als Vater sorgen, Wo der Mensch nicht sorgen kann.

3. Alles, alles wird gelingen, Trachtet ihr nur jederzeit Nach des Himmelreiches Dingen Und nach der Gerechtigkeit Eures Gottes, der euch liebte, Eh das Leben ihr gesehn, Dessen Herz sich tief betrübte, Sah er in der Irr' euch gehn.

4. Doch er war und blieb euch gnädig, Rief durch Christum euch zurück, Macht' euch aller Sünden ledig, Schuf ein neues ewges Glück! Haltet fest, was ihr erhalten, Daß die Krone nimmer fällt, Laßt den treuen Heiland walten, — Ueberwunden ist die Welt!

Röm. 6, 2. Wisset ihr nicht, daß alle, die wir in Jesum Christ getaufet sind, die sind in seinen Tod getauft?

Mel. O daß ich tausend Zungen hätte.

270. Ich bin getauft auf deinen Namen, Gott Vater, Sohn und heilger Geist! Ich bin gezählt zu deinem Samen, Zum Volk, das dir geheiligt heißt. Ich bin in Christi Tod versenkt; Ich bin mit seinem Geist beschenkt.

2. Du hast zu deinem Kind und Erben, Mein lieber Vater, mich erklärt. Du hast die Frucht von deinem Sterben, Mein treuer Heiland, mir gewährt. Du willst in aller Noth und Pein, O heilger Geist, mein Tröster sein.

3. Doch habe ich dir Furcht und Liebe, Treu und Gehorsam zugesagt. Ich habe, Herr, aus reinem Triebe Dein Eigenthum zu sein gewagt! Hingegen sagt ich bis in's Grab Der Sünde schnödem Dienste ab.

4. Mein treuer Gott! auf deiner Seite Bleibt dieser Bund wohl feste stehn. Wenn aber ich ihn überschreite, So laß mich nicht verloren gehn. Nimm mich, dein Kind, zu Gnaden an, Wenn ich hab einen Fall gethan!

5. Ich gebe dir an diesem Tage Leib, Seel und Geist zum Opfer hin; Der Welt auf immer ich entsage, O nimm Besitz von meinem Sinn! Es sei in mir kein Tropfen Blut, Der nicht, Herr, deinen Willen thut!

6. Weich, Fürst der Welt, von mir auf immer! Ich bleibe mit dir unvermengt! Mich reizt nicht dein Verführungsschimmer, Der ich mit Jesu Blut besprengt. Weicht, Sünde, Welt! du Satan, weich! Gott hört es: ich entsage euch.

7. Laß diesen Vorsatz nimmer wanken, Gott Vater, Sohn und heilger Geist! Halt mich in deines Bundes Schranken; Bis mich dein Wille sterben heißt; So leb ich dir, so sterb ich dir, So lob ich dich dort für und für!

---

1. Petri 3, 21. Welches (Wasser) nun auch uns selig macht in der Taufe, die durch jenes bedeutet ist, nicht das Abthun des Unraths am Fleisch, sondern der Bund eines guten Gewissens mit Gott, durch die Auferstehung Jesu Christi.

Mel. Befiehl du deine Wege.

271. Der Herr hat mich erkaufet Mit seinem theuern Blut;

Von der heiligen Taufe.

Ich bin auf ihn getaufet, Er ist mein höchstes Gut, Und ich bin ganz sein eigen, Vom Vater ihm geschenkt. Mein Mund kann nicht verschweigen, Was mein Herz von ihm denkt.

2. O hätt' ich tausend Zungen, Zu loben ihn, nur ihn! Wohl mir! ihm ist's gelungen, Mein Herz zu sich zu ziehn. Er sprach: gib mir's mit Freuden, Ich nehm es an zum Lohn Für meine bittren Leiden! Ich gab's; er hat es schon.

3. Er hat's und soll's behalten, Denn ihm gehört's allein; Es soll, bis zum Erkalten, Nur ihm geweihet sein. Er hat es ganz besessen, Ich denke stets daran, Und kann es nie vergessen, Was er an mir gethan.

4. Mir kommt's nicht aus dem Herzen, Daß Jesus für mich starb, Daß er mit tausend Schmerzen Am Kreuze mich erwarb. Gottlob! ich hab erkennet Des Wunders Wichtigkeit; Mein Herz ist mir entbrennet Von zarter Dankbarkeit.

5. Ihr Menschen, dankt's dem Schöpfer, Daß er gestorben ist! Wie? daß der Thon den Töpfer So schmählich oft vergißt? Will niemand sein gedenken? Nun, so gedenk ich sein! Will niemand sich ihm schenken? Ich will doch seine sein!

6. Herr, diese Grundgedanken Schuf selbst dein Geist in mir; Laß mich doch nimmer wanken, Erhalt mein Herz bei dir! Schließ es dem Weltgetümmel Und aller Sünde zu; Ich bin schon wie im Himmel, Wenn ich in dir nur ruh.

Offenb. 2, 10. Sei getreu bis an den Tod, so will ich dir die Krone des Lebens geben.

Eigene Melodie.

272. Stärk uns, Mittler, dein sind wir! Sieh, wir alle flehen, Laß, o laß, Barmherziger, Uns dein Antlitz sehen! Wach über unsre Seelen! Wir kommen alle, Herr, zu dir, Denn dein Eigenthum sind wir! Heiliger Schöpfer, Gott! Heiliger Mittler, Gott! Heiliger Gott, Lehrer und Tröster! Dreieiniger Gott, Laß uns standhaft bleiben In dem theuren Gnadenbund Der heilgen Taufe!

2. Lockt uns die verderbte Welt Hin zu ihren Lüsten, Dann,

Herr, wollst du uns mit Kraft Aus der Höhe rüsten! Hilf streiten uns und siegen! Die Triebe zu verbotner Lust Dämpfe du in unsrer Brust! Heiliger Schöpfer, Gott! Heiliger Mittler, Gott! Heiliger Gott, Lehrer und Tröster! Dreieiniger Gott, Laß uns standhaft bleiben In dem theuren Gnadenbund Der heilgen Taufe!

3. In der Todesnoth laß uns, Deine Theu'r-Erlösten, Unsers Glaubens Zuversicht Unaussprechlich trösten! Zähl uns zu deinen Kindern! Führ uns in's Reich des Friedens ein, Wo sich alle deiner freun! Heiliger Schöpfer, Gott! Heiliger Mittler, Gott! Heiliger Gott, Lehrer und Tröster! Dreieiniger Gott, Laß uns standhaft bleiben In dem theuren Gnadenbund Der heilgen Taufe!

1. Cor. 6, 11. Ihr seid abgewaschen, ihr seid geheiliget, Ihr seid gerecht geworden durch den Namen des Herrn Jesu und durch den Geist unsers Gottes.

Mel. Ringe recht, wenn Gottes Gnade.

273. Ich bin, Herr, zu bir gekommen, Wie du es befohlen hast, Und du hast mich angenommen, In dir halt ich süße Rast!

2. Dieser Leib ist dir gegeben, Diese Glieder sind nun dein; Dein soll auch das ganze Leben, Dein das Herz auf ewig sein!

3. Gott, nun trag ich deinen Namen! Bin, Dreieinger, dir getauft: Bin getrennt vom Schlangensamen, Jesus hat mich theu'r erkauft.

4. Jetzt getauft zum ewgen Gliede An dem heilgen Leib des Herrn, Ist auf Erden mein der Friede, Und mein Himmel ist nicht fern!

B. Von dem heiligen Abendmahl.

1. Von der Vorbereitung.

Matth. 5, 6. Selig sind, die da hungert und dürstet nach der Gerechtigkeit, denn sie sollen satt werden.

Eigene Melodie.

274. Schmücke dich, o liebe Seele, Laß die dunkle Sündenhöhle! Komm an's helle Licht gegangen, Fange herrlich an zu prangen! Denn der Herr, voll Heil und Gnaden, Will dich jetzt zu Gaste laden: Der den Himmel kann verwalten, Will jetzt Herberg in dir halten.

2. Eil, wie Gottverlobte pflegen, Deinem Seelenfreund entgegen, Der mit seinen Gnadengaben Nun dein armes Herz will laben. Thu ihm auf die Geistespforten! Sprich zu ihm mit frohen Worten: Komm, ich will dich mit Verlangen Als den liebsten Gast empfangen!

3. Ach, wie hungert mein Gemüthe, Menschenfreund, nach deiner Güte! Ach, wie pfleg ich oft mit Thränen Mich nach deinem Mahl zu sehnen! Ach, wie pfleget mich zu dürsten Nach dem Trank des Lebensfürsten!

Wünsche stets, daß meine Seele Sich durch dich mit Gott vermähle.

4. Herr, ich freue mich mit Beben, Daß du mir dich selbst willst geben, Mir dein Leben zu gewähren, Und mich mit dir selbst zu nähren. Unerforschlich heilge Weise! Wunderbare Seelenspeise! O wer darf sich unterwinden, Dies Geheimniß zu ergründen?

5. Jesu, meine Lebenssonne, Jesu, meine Freud und Wonne! Jesu, du mein ganz Beginnen, Lebensquell und Licht der Sinnen: Hier fall ich zu deinen Füßen: Laß mich würdiglich genießen Diese deine Himmelsspeise, Mir zum Heil und dir zum Preise!

6. Herr, es hat dein treues Lieben Dich vom Himmel hergetrieben, Daß du willig hast dein Leben In den Tod für uns gegeben; Daß du hast ganz unverdrossen, Herr, dein Blut für uns vergossen, Das uns jetzt kann kräftig tränken, Deiner Liebe zu gedenken.

7. Jesu, wahres Brot des Lebens; Hilf, daß ich doch nicht vergebens, Oder gar zu meinem Schaden Sei zu deinem Tisch geladen. Laß bei diesem Trank und Essen Mich dein Lieben recht ermessen, Daß ich einst, wie jetzt auf Erden, Mög dein Gast im Himmel werden!

Matth. 22, 9. Gehet hin auf die Straßen, und ladet zur Hochzeit wen ihr findet.

Mel. Wie groß ist des Allmächtigen x.

275. Du ladest, Herr, zu deinem Tische Hier jeden Erdenpilger ein; Da soll, daß sich sein Herz erfrische, Der ärmste dir willkommen sein. So komm ich denn mit meinem armen Und kranken Herzen auf dein Wort; Mich ruft dein göttliches Erbarmen, Und treibet jeden Zweifel fort.

2. So schuldbefleckt und tief verstricket Auch noch mein Herz ist in der Welt; So oft es auch, von Wahn berücket, Noch strauchelt und in Sünden fällt: Willst du doch nicht das Urtheil sprechen, Willst löschen nicht das schwache Licht, Willst das zerstoßne Rohr nicht brechen, Und gehst nicht mit mir in's Gericht.

3. Du kennest wohl der Menschen Herzen, Und siehst auch meine ganze Schuld; Drum ludst du auf dich meine Schmerzen, Trugst meine Krankheit mit Geduld. So schau ich dich am Kreuzesstamme, Verhöhnt, gemartert auch für mich! Herr, beine heilge Liebesflamme Entzünd mein kaltes Herz für dich!

4. Nun senk ich muthig mein Verschulden In deiner Gnade tiefes Meer; Du blickst mich an mit ewgen Hulden, Und freudig schau ich um mich her: Wer will, die du erwählt, verklagen? Ist Gott nicht hier und macht gerecht? Wer will noch zu verdammen wagen Des Höchsten freigesprochnen Knecht?

5. Ist Christ nicht hier für uns gestorben? Ja mehr, auch für uns auferweckt? Er hat uns ewges Heil erworben, Und alle Sünden zugedeckt! Zur Rechten Gottes hoch erhaben, Vertritt er uns, der treue Hort; Erfüllt von seines Geistes Gaben, Reißt uns der Glaube mächtig fort.

6. Wohlan, so tretet in die

Von dem heiligen Abendmahl.

Schranken, Ihr Leiden alle dieser Zeit! Wir kämpfen muthig, ohne Wanken Mit ihm und überwinden weit! Wohlan, so hasse, drohe, dränge Mit aller deiner Macht, o Welt: Du schreckst sie nicht, die kleine Menge, Die das Panier des Kreuzes hält!

7. Wohlan, entfalte deine Schrecken, Du letzter Feind, der uns noch droht! Des guten Hirten Stab und Stecken Ist unser Trost in Todesnoth! Er leitet uns zu Himmelsauen, Die der krystallne Strom durchfließt, Wo wir ihn unverhüllet schauen, Und ewig sein das Herz genießt!

Jes. 55, 1. Wohlan alle, die ihr durstig seid, kommt her zum Wasser; und die ihr nicht Geld habt, kommt her, kaufet und esset; kommt her und kaufet ohne Geld und umsonst, beides Wein und Milch.

Mel. Wer weiß, wie nahe ꝛc.

276. Ich will zu Jesu Tische gehen: Wie gut ist's, hier ein Gast zu sein! Er könnte mich ja wohl verschmähen, Doch ladet er mich freundlich ein; Er spricht: wer Durst und Hunger hat, Der eß' und trinke hier sich satt!

2. O Heiland, das ist ein Erbarmen! O großer König, das ist Huld! Du nimmst an deinen Tisch die Armen, Und denkest nicht an ihre Schuld. Mein Durst und Hunger treibt mich hin, Weil ich so arm als andre bin.

3. Nicht, daß ich irgend würdig wäre, Nicht, daß ich einen Lohn verdient! Dein Ruf allein gibt mir die Ehre, Mein Ruhm ist der: ich bin versühnt! So komm ich, bin ich's gleich nicht werth! Ich, Herr, bedarf's, — du hast's begehrt.

4. Du rufst: „kommt, ich will euch erquicken!" Auf dieses Wort, Herr, bin ich hie. Dir will ich meine Seufzer schicken, Dir beug ich innig meine Knie, Und glaube dir in meiner Noth; Bei dir nur find ich Lebensbrot!

5. Ja, dieses steht auf deinem Tische, Da find ich es im Ueberfluß; Ich komme, daß ich mich erfrische, Weil ich ja sonst verschmachten muß. Du gibst das Leben außer dir Hab ich das Leben nicht in mir.

6. Dein Leib ist eine rechte

Speise, Dein Blut, Herr, ist ein rechter Trank! — Das stärkt auf wunderbare Weise Die Seelen, welche matt und krank. Der Glaube trauet beinem Mund, Und ißt und trinket sich gesund.

7. So kommt der Todte zu dem Leben, So steht der Schwache fröhlich auf; So kann die Hoffnung sich erheben, So kommt der Glaub in neuen Lauf, Und geht in Liebeskraft einher, Die ferne sonst vom Sünder wär.

8. O Jesu, hast du mir erlaubet, Zu diesem Mahle hinzugehn: So gib mir auch ein Herz, das glaubet, Und fest im Glauben kann bestehn! Zeug auch durch deinen Geist in mir: „Wie du geglaubt, geschehe dir!" —

9. Ich danke dir mit Freudenthränen: O Heiland, wie erquickest du! Wie stillest du des Herzens Sehnen! Wie schaffst du müden Seelen Ruh! — Herr, führ uns einst zum Himmel ein, Auch dort an deinem Tisch zu sein!

Jes. 55, 7. Der Gottlose lasse von seinem Wege und der Uebelthäter seine Gedanken, und bekehre sich zum Herrn, so wird er sich seiner erbarmen; und zu unserm Gott, denn bei ihm ist viel Vergebung.

Mel. Sei Lob und Ehr dem höchsten rc.

277. Gott, dein Erbarmen rühmen wir, Daß du noch willst vergeben; Denn viel Vergebung ist bei dir, Und du hast Lust am Leben. Dies sagst du uns als Vater zu; Aus dem Verderben rettest du, Und krönest uns mit Gnaden.

2. Ja, du erlässest uns die Schuld, Du heilest die Gebrechen; Du läss'st das Wort von deiner Huld Uns in die Herzen sprechen: Daß wir, die Fluch und Tod verdient, Nun seien durch den Tod versühnt Mit deinem theuren Blute.

3. Hier hat der Glaube Macht und Fug, Getrost das Heil zu fassen; Ihm ist dein Wort zum Grund genug, Sich ganz drauf zu verlassen. Der Geist des Herrn versiegelt dies, Und macht durch Frieden uns gewiß; — Das Herz fühlt, daß es lebe.

4. Es thut mir wohl, ja ewig wohl, Was mir dein Wort ver-

Von dem heiligen Abendmahl.

kündigt: Daß ich nun Frieden haben soll, Weil Jesus mich entsündigt. Sein Blut und Wort macht mich gesund; Mein Herz ist voll, Drum geht der Mund Von Dank und Loben über.

5. Herr, gib mir Ernst und Wachsamkeit, Die Gnade zu bewahren! Wie leicht kann man durch Sicherheit In sein Verderben fahren! O schenk mir täglich neue Kraft Zur Uebung guter Ritterschaft, Und hilf dem Glauben siegen!

6. Ich bin dein Kind, doch bin ich schwach, Kann unversehens fallen; Ach, deine Gnade geh mir nach, Wie deinen Kindern allen! Sie leite mich auf jedem Tritt, Und führe mit dem letzten Schritt Mich ein zum ewgen Leben.

Spr. 9, 5. Kommt, zehret von meinem Brot, und trinket des Weins, den ich schenke. — Matth. 11, 28.

Mel. Es ist nicht schwer, ein Christ ꝛc.

278. „Kommt her zu mir!" du süßes Wort, Durchdringe mir den tiefsten Grund der Seele! Vergeß' ich dein, so flieht der Friede fort Und aller Trost, daß ich mich täglich quäle. Ich muß vergehn, wenn ich dies Wort verlier: „Kommt her zu mir!"

2. Das ist dein Ruf, o Gottes Sohn! Du liebest mich, es ist dir ernst von Herzen; Du änderst das auch nicht auf deinem Thron, Was du mir einst verbürgt mit Todesschmerzen. Wir sind versöhnt! aus Gnaden hören wir: „Kommt her zu mir!"

3. Du gibst uns deinen Leib, dein Blut, Für alle Welt gegeben und vergossen; Der Glaube ißt und trinkt mit frohem Muth, Und lebt von dir, weil er dich selbst genossen. Was hält mich auf? ich geh! dein Tisch zeugt hier: „Kommt her zu mir!"

4. Scheut sich mein Herz, zu dir zu gehn, Aus Furcht und Schaam vor seiner Schuld und Blöße; Erschrickt es oft, die Sünden anzusehn In ihrer Zahl, in ihrer Schmach und Größe, — So faß ich fest das Gnadenwort von dir: „Kommt her zu mir!"

5. Du bist ein Arzt, der Herzen heilt! Ich fühle wohl in mir mein kränklich Wesen; Mein Elend ist durch's ganze Herz

zertheilt; Da seufz ich oft: wie kann ich noch genesen? — Mein Balsam, Herr, ist dann das Wort von dir: „Kommt her zu mir!"

6. So komm ich denn mit Zuversicht: Wer zu dir kommt, den wirst du nicht verstoßen. Ich traue dem, was mir dein Wort verspricht; Dein Sühnungsblut ist auch für mich geflossen; Drum rufst du uns, o meiner Seele Zier: „Kommt her zu mir!"

7. Erquicke mich, wie du gesagt! Laß Leben mich in meinem Tode finden, Und wenn mich Sünde, Welt und Satan plagt, So rette mich, du Tilger meiner Sünden, Und halte stündlich mir die Worte für: „Kommt her zu mir!"

8. Bleibt's nicht in meinem Herzen still, Weil noch der Feind dem Glauben Netze legel, Weil auch die Welt mich noch bezaubern will, Weil noch ein Rest der alten Lust sich reget, — So rufe du vor meines Herzens Thür: „Komm her zu mir!"

9. O Wort, von dem man leben mag, An dir kann sich die kranke Seele weiden! — Herr, wann du einst an deinem großen Tag Gerechte wirst von den Verlornen scheiden, Dann schenk mir nur das Eine Wort von dir: „Komm her zu mir!"

―――

1. Cor. 11, 26—28. So oft ihr von diesem Brot esset und von diesem Kelch trinket, sollt ihr des Herrn Tod verkündigen, bis daß er kommt. Welcher nun unwürdig von diesem Brot isset, oder von dem Kelch des Herrn trinket, der ist schuldig an dem Leib und Blute des Herrn. Der Mensch prüfe aber sich selbst, und also esse er von diesem Brot und trinke von diesem Kelch.

Mel. Begraben laßt uns zu den ꝛc.

279. Herr, der du als ein stilles Lamm Am martervollen Kreuzesstamm Zur Tilgung meiner Sündenlast Dich auch für mich geopfert hast!

2. Hier feir' ich deinen bittern Tod, Hier nährst du mich mit Himmelsbrot, Hier ist das unschätzbare Gut, Das du mir gibst: dein Leib und Blut.

3. O Heiland, hilf mir, daß ich ja Mit tiefer Ehrfurcht dir mich nah! O Herr, mein Mund empfahe nicht Des Lebens Speise zum Gericht!

Von dem heiligen Abendmahl. 265

4. Mein Herr und Gott, ich glaub an dich, Und weiß gewiß, du segnest mich. Wenn wir im Glauben dir uns nahn, Willst du uns gnädig nehmen an.

5. Ich Erd und Asche bin's nicht werth, Daß so viel Heil mir widerfährt; Du willst, Erhabner, nicht verschmähn, Zu meinem Herzen einzugehn!

6. Mein Herz steht offen: richte du Dir's selbst zu deiner Wohnung zu; Wirf alle Laster ganz hinaus, Schmück es mit jeder Tugend aus.

7. Du kommst: gesegnet seist du mir! Du bleibst in mir, ich bleib in dir; Ich end in dir einst meinen Lauf; Du weckst mich von den Todten auf.

8. O wie so großen Segen gibt Dein Bundesmahl dem, der dich liebt! Ihm ist's ein Pfand der Seligkeit, Ein Siegel der Gerechtigkeit.

9. Wie brünstig du, mein Jesu, liebst, Bezeugt dies Pfand, das du mir gibst. Nichts scheidet ferner dich und mich; Mich liebest du, ich liebe dich.

10. Dich, Herr, dich lieb ich unverrückt, Wenn Weltlust lockt, wenn Drangsal drückt; Verschmachtet Leib und Seele mir, Doch lieb ich dich und bleib in dir.

11. Und wenn du mich, o Lebensfürst, Zur Seligkeit vollenden wirst, Erquickt mit Freuden ohne Zahl Mich dort dein ewges Abendmahl!

Ebr. 2, 16. 17. Er nimmt nirgend die Engel an sich, sondern den Samen Abrahams nimmt er an sich. Daher mußte er allerdinge seinen Brüdern gleich werden, auf daß er barmherzig würde und ein treuer Hohepriester vor Gott, zu versöhnen die Sünde des Volks.

Mel. Großer Gott, wir loben dich.

280. Jesus nimmt die Sünder an! Saget doch dies Trostwort allen, Welche fern von rechter Bahn Auf verkehrtem Wege wallen. Hier ist, was sie retten kann: Jesus nimmt die Sünder an!

2. Keiner Gnade sind wir werth: Doch hat er in seinem Worte liebreich sich dazu erklärt. Sehet nur, die Gnadenpforte Ist hier völlig aufgethan: Jesus nimmt die Sünder an'!

3. Wenn ein Schaf verloren

ist, Suchet es ein treuer Hirte; Jesus, der uns nie vergißt, Suchet treulich das Verirrte, Daß es nicht verderben kann. Jesus nimmt die Sünder an!

4. Kommet alle, kommet her, Kommet, ihr betrübten Sünder! Jesus rufet euch, und er Macht aus Sündern Gottes Kinder. Glaubt es doch und denkt daran: Jesus nimmt die Sünder an!

5. Ich Betrübter komme hier, Und bekenne meine Sünden: Laß, mein Heiland, mich bei dir Gnade und Vergebung finden, Daß dies Wort mich trösten kann: Jesus nimmt die Sünder an!

6. Ich bin ganz getrosten Muths: Ob die Sünden blutroth wären, Müssen sie kraft deines Bluts Sich in Schneeweiß doch verkehren, Daß ich gläubig sprechen kann: Jesus nimmt die Sünder an!

7. Jesus nimmt die Sünder an: Mich auch hat er angenommen, Und den Himmel aufgethan, Daß ich selig zu ihm kommen Und auf den Trost sterben kann: Jesus nimmt die Sünder an.

Offenb. 3, 20. Siehe, ich stehe vor der Thür und klopfe an. So jemand meine Stimme hören wird, und die Thür aufthun, zu dem werde ich eingehn und das Abendmahl mit ihm halten und er mit mir.

Mel. Wachet auf, ruft uns die Stimme.

281. Herr, du wollst uns vorbereiten Zu deines Mahles Seligkeiten: Sei mitten unter uns, o Gott! Laß uns, Leben zu empfahen, Mit glaubensvollem Herzen nahen, Und sprich uns frei von Sünd und Tod. Wir sind, o Jesu, dein; Dein laß uns ewig sein! Amen! Amen! Anbetung dir! Gib uns, wie hier, Einst dort dein Abendmahl bei dir!

2. Nehmt und eßt zum ewgen Leben Das Brot, das euch der Herr will geben; Die Gnade Jesu sei mit euch; Nehmt und trinkt zum ewgen Leben Den Kelch des Heils, auch euch gegeben; Erringt, ererbt des Mittlers Reich! Wacht! eure Seele sei Bis in den Tod getreu! Amen! Amen! Der Weg ist schmal, Klein ist die Zahl, Die dort eingeht zum Abendmahl!

Von dem heiligen Abendmahl.

2. Bei der Feier des heiligen Abendmahles.

Joh. 10, 9. So jemand durch mich eingehet, der wird selig werden, und wird ein- und ausgehen und Weide finden.

Mel. Sei Lob und Ehr dem höchsten ꝛc.

282. Wie unaussprechlich gut bist du, O Heiland, den wir preisen! An welchem Tisch voll Heil und Ruh Willst du die Deinen speisen! Die Segenskraft der Erdenzeit, Die Freudenmacht der Ewigkeit Hast du daran gestiftet.

2. Die Hungrigen verschmachten nicht; Das Gute fließt in Strömen. Die Armen finden Trost und Licht; Du, Geber, heißt sie nehmen. Wenn jemand gläubig niedersinkt, Recht zuversichtlich ißt und trinkt, So freut sich deine Liebe.

3. Dein Leib im Brot, dein Blut im Wein Zeigt uns dein Todesleiden; Das Feuer deiner Todespein, Dein Ringen, dein Verscheiden, Dein ganzes Thun, dein ganzer Schmerz Zieht unsre Herzen in dein Herz; Da ruhn die müden Seelen.

4. Du liebst! Wer diesen Strahl ersieht, Dem scheint die rechte Sonne; Wen deine Liebe kräftig zieht, Der lebt in Geist und Wonne. Wer dies Geheimniß recht versteht, Und darauf zum Altare geht, Den kannst du recht erquicken.

5. Du läss'st der Seelen keine leer, Die nach Vergebung dürsten; Die Schwachen fühlen immer mehr Die Kraft vom Lebensfürsten; Und wer sein Herz nur offen hat, Den machst du selig, machst ihn satt, Er geht von Freuden über.

6. Laß uns bei jedem Nachtmahl laut, Herr, deinen Tod verkünden, Bis unser Aug in Klarheit schaut Dich Tilger unsrer Sünden! Dann singen in der neuen Welt Wir, zu der großen Schaar gesellt, Den Psalm von deiner Liebe.

Von den heiligen Bundeszeichen.

Matth. 26, 26. 27. Da sie aber aßen, nahm Jesus das Brot, dankte und brach es und gab es den Jüngern und sprach: Nehmet, esset; das ist mein Leib. Und er nahm den Kelch und dankte, gab ihnen den und sprach: Trinket alle daraus; das ist mein Blut des neuen Testamentes, welches vergossen wird zur Vergebung der Sünden.

Mel. Ich bete an die Macht der ꝛc.

283. Mein Jesu, der du vor dem Scheiden In deiner letzten Trauernacht Uns hast die Früchte deiner Leiden In einem Testament vermacht: Es preisen gläubige Gemüther Dich, Stifter dieser hohen Güter!

2. So oft wir dieses Mahl genießen, Wird dein Gedächtniß bei uns neu; Man kann aus frischen Proben schließen, Wie brünstig deine Liebe sei. Dein Blut, dein Tod und deine Schmerzen Erneuern sich in unsern Herzen.

3. Es wird dem zitternden Gewissen Ein neues Siegel aufgedrückt, Daß unser Schuldbrief sei zerrissen, Daß unsre Handschrift sei zerstückt, Daß wir Vergebung unsrer Sünden In deinen blutgen Wunden finden.

4. Das Band wird fester angezogen, Das dich und uns zusammenhält; Es fühlt die Freundschaft, längst gepflogen, Auf neue Stützen sich gestellt; Wir werden mehr in solchen Stunden Mit dir zu Einem Geist verbunden.

5. Dies Brot kann wahre Nahrung geben, Dies Blut erquicket unsern Geist; Es mehrt sich unser innres Leben, Wenn unser Glaube dich genießt. Wir fühlen neue Kraft und Stärke In unsrem Kampf und Glaubenswerke.

6. Wir treten in genaure Bande Mit deines Leibes Gliedern ein; Wir müssen all' in solchem Stande Ein Herr und Eine Seele sein; Der Geist muß mehr zusammenfließen, Da wir Ein Fleisch und Blut genießen.

7. Dein Fleisch muß uns zum Pfande dienen, Daß unser Fleisch, jetzt schwachheitsvoll, Einst herrlich aus dem Staube grünen Und unverweslich werden soll, Ja, daß du uns ein ewig Leben Nach diesem kurzen werdest geben.

8. O theures Lamm, solch eble Gaben Hast du in dieses Mahl gelegt! Da wir dich selbst zur Speise haben, Wie wohl ist unser

Geist gepflegt! Dies Mahl ist unter allen Leiben Ein wahrer Vorschmack jener Freuden.

9. Dir sei Lob, Ehr und Preis gesungen! Ja, solche Liebe, warm und rein, Verdient, daß aller Engel Zungen Zu ihrem Ruhm geschäftig sei'n. Wird unser Geist zu dir erhoben, So wird er dich vollkommen loben.

Joh. 21, 12. Spricht Jesus zu ihnen: kommt und haltet das Mahl.

Mel. Schmücke dich, o liebe Seele.

284. Komm, mein Herz, in Jesu Leiden Deinen Hunger satt zu weiden. Stille hier dein sehnlich Dürsten In dem Mahl des Lebensfürsten. Daß ich einen Heiland habe Und in seinem Heil mich labe Und in sein Verdienst mich kleide: Das ist meines Herzens Freude.

2. Zwar ich hab ihn alle Tage, Wenn ich ihn im Herzen trage. Er ist auf der Himmelsreise Täglich meine Seelenspeise. Daß ich einen Heiland habe, Bleibt mein Alles bis zum Grabe; Und ich mag nichts andres wissen, Als sein Leiden zu genießen.

3. Aber ich will mit Verlangen Auch sein Abendmahl empfangen. Darf ich da mich ihm verbinden, Werd ich's tiefer noch empfinden: Daß ich einen Heiland habe, Der am Kreuz und in dem Grabe, Wie sein Wort mir sagt und schreibet, Mein Erlöser war und bleibet.

4. Ach, wie werd ich oft so müde! Wie entweicht der süße Friede! Sünd und Welt kann mich verwunden, Wenn mir dieses Licht entschwunden: Daß ich einen Heiland habe, Der mit seinem Hirtenstabe Sanft und mild und voll Vergeben, Mir nichts ist, als Heil und Leben.

5. O ich Sünder, ich Verlorner, Ich in Sünden schon Geborner! Was wollt ich vom Troste wissen, Wäre dies mir weggerissen: Daß ich einen Heiland habe, Dessen Fleisch und Blut mich labe! Besser wär es, nie geboren, Als dies theure Wort verloren.

6. Sei gesegnet, ewge Liebe, Daß du mir aus treuem Triebe, Da das Mißtraun mich vergiftet, Solch ein Denkmal selbst gestiftet: Daß ich einen Heiland habe, Der den Gang

zum Kreuz und Grabe, Ja, den Schritt in Todes Rachen Gern gethan, mich los zu machen.

7. Heilges Brot, sei mir gesegnet, Weil mir der mit dir begegnet, Dessen heilge Todeswunden Die Erlösung mir erfunden, Daß ich einen Heiland habe, Der erblaßt und todt im Grabe Auch für meine Schuld gelegen, Will ich schmecken und erwägen.

8. Heilger Wein, sei mir gesegnet, Weil mir der mit dir begegnet, Dessen Blut mich lässet finden Die Vergebung aller Sünden! Daß ich einen Heiland habe, Der die arme Seele labe: Muß nicht bloß mein Dürsten stillen, Und mein Herz mit Wonne füllen?

9. Er befiehlt's, mich satt zu essen, Meines Jammers zu vergessen. Er gebeut's, mich satt zu trinken, Ganz in Freude zu versinken, Daß ich einen Heiland habe, Der sich selbst zur Opfergabe, Ja, zur Nahrung und zum Leben Mir aus ewger Huld gegeben.

10. Gott! was brauch ich mehr zu wissen? Ja, was will ich mehr genießen? Wer kann nun mein Heil ermessen? Werd ich das nur nie vergessen: Daß ich einen Heiland habe! Ich bin frei vom Tod und Grabe. Wenn mich Sünd und Hölle schrecken, So wird mich mein Heiland decken.

11. Will hinfort mich etwas quälen, Oder mir wird etwas fehlen, Oder wird die Kraft zerrinnen: So will ich mich nur besinnen, Daß ich einen Heiland habe, Der vom Kripplein bis zum Grabe, Bis zum Thron, wo man ihn ehret, Mir, dem Sünder, zugehöret!

Joh. 6, 54. Wer mein Fleisch isset und trinket mein Blut, der hat das ewige Leben, und ich werde ihn am jüngsten Tage auferwecken.

Mel. Wie schön leucht't uns der 2c.

285. O Fels des Heils, o Gotteslamm! Für meine Sünd am Kreuzesstamm Gemartert und geschlachtet, Dein Leiden ist ein Garten mir, Der Früchte träget für und für, Wonach die Seele schmachtet. Wo ich Stets mich Wohl erquicke, Und erblicke Seelenweide, Ja, die Wurzel aller Freude.

2. Dein Fleisch soll Lebensbrot mir sein, Dein Blut macht mich von Sünden rein, Dein Kreuz, das ist mein Stecken, Der mir in Schwachheit Stütze ist, Ein Born, aus dem das Leben fließt, Ein Schild, der mich kann decken, Mächtig, Wenn ich Uebertreter Sina's Wetter Seh mit Zagen, Wenn mich Satan will verklagen.

3. Wie lieblich ist dein Liebesmahl! Da seh ich, mit welch großer Qual Die Liebe dich umhüllet. Da werd ich, als aus deiner Hand, Mit deinem heilgen Gnadenpfand Erquickt, mit Lust erfüllet, Wenn du, Jesu, In Erbarmen Dich der armen Seele schenkest, Und an die Verheißung denkest.

4. Wer bin ich, o du Gotteslamm, Daß du starbst an dem Kreuzesstamm, Zum Heil mich einzuladen! Ein Sünder, der verdiente Pein; Mich armen Sünder führst du ein Zur Tafel deiner Gnaden, Deiner Reinen Himmelsgaben, Welche laben Das Verlangen, Das auf Hoffnung war gefangen.

5. Ich habe den geschloßnen Bund So oft gerissen in den Grund, Und mein Gelübb' verlassen. Die Schuld ist groß, der Glaube klein, Doch willst du mir versöhnet sein, Und nimmermehr mich hassen. Dein Wort, Mein Hort, Bleibt beständig, Wie abwendig Ich gewesen; Neu soll ich durch dich genesen.

6. Drum sinkt vor dir ein lebig Herz, Das nichts dir bringt als Sündenschmerz, In Selbstverläugnung nieder. Ich bin mir selber gram, daß ich, Mein Herr, so oft verlassen dich, In Demuth komm ich wieder. Willig Bin ich, Dir auf's neue Huld und Treue Zu verschreiben, Wenn dein Geist mich nur wird treiben.

7. Ach, komm mit deinem Frieden dann, Ich will dir bringen, was ich kann, Was du mir erst gegeben. Willst du noch mehr, so gib es mir, Ich will es wieder bringen dir, Der Weinstock gibt den Reben Kräfte, Säfte, Die von innen Raum gewinnen, Aufwärts bringen, Daß sie reife Früchte bringen.

8. Stärk meinen Glauben, um das Kleid Der ewigen Gerechtigkeit Freimüthig anzuziehen. Ich komm in fester Zuversicht, Dein Bundessiegel fehlt ja nicht,

Du hast es mir verliehen, Daß ich fröhlich Darf erscheinen, Denn in beinen Offnen Wunden Hab ich Gnade neu gefunden.

9. Von bir hab ich das Priesterthum, Daß ich in's innre Heiligthum Darf unverhüllet gehen. Den Vorhang riß bein Tob entzwei, Ich barf als Bundsgenosse frei Vor Gottes Antlitz stehen. Grämen, Schämen Hat ein Ende, Weil die Hände Sind burchgraben, Die für mich bezahlet haben.

10. Hier ist die Liebe mein Panier, Dein Liebesaltar brennt in mir, Du hast mein Herz genommen. Du hast mir Lebensbrot geschenkt, Ich werb aus Ebens Strom getränkt; Du wirst balb selber kommen, Und mich Ewig Dir vereinen, In dem reinen Parabeise, Wo bu Manna gibst zur Speise.

11. Gib nur, baß so wie sich für jetzt Mein Herz in beiner Füll ergötzt, Es in bir möge bleiben; Vom Bund, ben ich erneuert hab, Wirb bann mich weber Furcht noch Grab, Die Hölle selbst nicht treiben. Ich will Nun still Dir ergeben In bir leben. Tausenb Welten Können gegen bich nichts gelten.

Joh. 6, 55. Mein Fleisch ist bie rechte Speise, und mein Blut ist ber rechte Trank.

Mel. Alle Menschen müssen sterben.

286.

Freu bich, Seele, rühm unb preise; Christus sei bein Lobgesang! Wahrlich, wahrlich, eine Speise Ist sein Fleisch, sein Blut ein Trank! Jener Leib, ber für mein Leben Warb zum Opfer hingegeben; Jenes Blut auf Golgatha, Das ber Richter fließen sah.

2. Das vor uns kein Vorhang becket, Allerheiligstes bes Sohns, Klarheit Christi, bie nicht schrecket, Sanfter Glanz des Gnabenthrons! Ja, bir nah ich, bank unb preise! Wahrlich, meiner Seele Speise Ist sein Fleisch, sein Blut ist Trank! Ist sein Fleisch, sein Blut ist Trank!

3. Immer gnabenreich im Geben, Gibst bu, Herr ber Herrlichkeit, Mir, bem Tobeserben, Leben, Leben beiner Ewigkeit! Mich, ber ich verwesen werbe, Mich erweckst bu aus ber Erbe, Daß ich lebe, baß ich frei Von bem anbern Tobe sei.

Von dem heiligen Abendmahl.

4. Nicht nur daß ich ewig lebe, Sondern, Herr, mit dir vereint, Auch zu dir mich ganz erhebe, Ganz mit dir, der lebt, vereint! Dank', erlöste Seele, preise! Wahrlich, Christus ist die Speise! Sein genieß ich, voll Vertraun, Daß ich ihn werd ewig schaun.

5. Preis dem Heiliger der Sünder! Sing dem Herrn, erlöste Schaar! Macht ist er und Ueberwinder! Rath ist er und Wunderbar! Hosianna, er ist Leben! Das will er mir ewig geben. Preis ihm, er wird sein und war! Rath ist er und Wunderbar!

Ps. 95, 2. Laßt uns mit Danken vor sein Angesicht kommen, und mit Psalmen ihm jauchzen.

Mel. Werde munter, mein Gemüthe.

287. Voller Ehrfurcht, Dank und Freuden Komm ich, Herr, auf dein Gebot, Und gedenk an deine Leiden Und an deinen Martertod. Ich schau hin nach Golgatha, Wo dein Opfertod geschah, Sehe dich in deinem Blute, Wie du littest mir zu gute.

2. Gnadenvoll willst du mir schenken Deinen Leib, dein theures Blut. Drum so laß mich wohl bedenken, Was hier deine Liebe thut, Und verleihe, daß ich nicht Ess' und trinke zum Gericht, Was du doch zum Heil und Leben Mir im Abendmahl willst geben.

3. Wirke heilige Gedanken In der Seele, dich dich ehrt. Halte meinen Sinn in Schranken, Wenn mich Furcht und Zweifel stört. Fühl ich meiner Sünden Noth, So erquicke mich dies Brot, Welches allen Hunger stillet, Und mein Herz mit dir erfüllet.

4. Ohne dich ist ja kein Leben; Gib mir neue Lebenskraft! Ich bin mit Gefahr umgeben; Du bist's, der mir Hülfe schafft. Arm am Geist komm ich zu dir; Laß dein Abendmahl auch mir, Bei so mancher Last auf Erden, Herr, zu großer Stärkung werden.

5. Laß mich deine Liebe schmecken Und die Güter jener Welt; Oder wenn je Furcht und Schrecken Mich dabei noch überfällt: So verleihe mir dein Blut Einen rechten Freudenmuth, Daß ich meinen Trost im Glauben Mir durch niemand lasse rauben.

18

6. Tief will ich's zu Herzen fassen, Daß dein Tod mein Leben ist, Keinen meiner Brüder hassen, Der mit mir Ein Brot genießt. Deiner will ich mich erfreun, Bis ich werde bei dir sein, Und die Fülle deiner Gaben, Meinen Gott und alles haben.

Joh. 6, 35. Ich bin das Brot des Lebens. Wer zu mir kommt, den wird nicht hungern; und wer an mich glaubt, den wird nimmermehr dürsten.

Mel. Es ist gewißlich an der Zeit.

288. Du Lebensbrot, Herr Jesu Christ! Darf dich ein Sünder haben, Der nach dem Himmel schmachtend ist, Und sich an dir will laben, So bitt ich nun in Demuth dich: Komm selber und bereite mich, Daß ich recht würdig werde!

2. Auf grüner Aue wollest du, Herr, diesen Tag mich leiten, Den frischen Wassern führen zu, Den Tisch für mich bereiten. Ich bin zwar sündig, matt und krank, — Doch laß mich beinen Gnadentrank Aus deinem Kelch genießen!

3. Herr, du bist selbst das Himmelsbrot! Du wollest mir verleihen, Daß ich, geheilt von aller Noth, Mich deiner mög erfreuen. Dein Unschuldskleid bedecke mich, Auf daß ich möge würdiglich Zu deinem Tische gehen!

4. Tilg allen Haß und allen Neid, Aus meinem bösen Herzen; Laß mich die Sünd in dieser Zeit Bereuen recht mit Schmerzen! Du hingst für uns am Kreuzesstamm; O du vieltheures Osterlamm, Ach, laß dich recht genießen!

5. Zwar bin ich deiner Huld nicht werth, Weil ich vor dir erscheine Mit Sünden allzuviel beschwert, Die schmerzlich ich beweine. In solcher Trübsal tröstet mich, Herr Jesu, daß du gnädiglich Des Sünders dich erbarmest.

6. Ich bin ein sündenkrankes Kind, Laß deine Hand mich heilen! Erleuchte mich, denn ich bin blind! Träg bin ich, hilf mir eilen! Ich bin verdammt, erbarme dich! Ich bin verloren, suche mich, Und stille meinen Jammer!

7. Du Lebensbrot, Herr Jesu Christ, Komm selbst, dich mir zu schenken! Das Blut, das

Von dem heiligen Abendmahl.

mir vergossen ist, Woll auch mich Schwachen tränken! Ich bleib in bir und du in mir, — Drum wirst du, meiner Seele Zier, Auch mich einst auferwecken.

uns deine Hand Bis in das Vaterland! Dort vereinigt Uns allzumal Im Hochzeitssaal Das große Himmelsabendmahl.

———

Joh. 6, 51. Ich bin das lebendige Brod, vom Himmel gekommen. Wer von diesem Brot essen wird, der wird leben in Ewigkeit. Und das Brot, das ich geben werde, ist mein Fleisch, welches ich geben werde für das Leben der Welt.

Mel. Wachet auf, ruft uns die ꝛc.

289. Sieh uns, beine Gäste, nahen, Das Mahl der Liebe zu empfahen, Das Himmelskraft den Seelen reicht! Volle G'nüg und ewges Leben Willst du in beiner Lieb uns geben, Der keine Lieb auf Erden gleicht. Gabst du nicht uns zu gut Dahin dein Fleisch und Blut? Du Erbarmer! Dank, Dank sei bir, O Jesu, hier, Und einst beim Himmelsmahl dafür!

2. Hoffnungsvoll, auf beinen Wegen, Gehn wir der Herrlichkeit entgegen, Die du uns dort bereitet hast; Und in Kraft der Geistesspeise Trägt jeder gern zu deinem Preise Dein sanftes Joch, die leichte Last. So führ

Luk. 5, 31. 32. Die Gesunden bedürfen des Arztes nicht, sondern die Kranken. Ich bin gekommen zu rufen die Sünder zur Buße und nicht die Gerechten.

Mel. Herzlich thut mich verlangen.

290. Wen hast du bir geladen, Mein Heiland, mild und gut, Zu deinem Tisch der Gnaden? — Nicht, die voll Kraft und Muth, Die Reichen nicht und Satten Sind bir willkommen drau; — Die Kranken und die Matten Rufst du voll Huld heran.

2. Da dürfen wir es wagen, Und treten mit heran; Wir müßten wohl verzagen, Ging's nur die Starken an. Bei dir, dem guten Hirten, Stell'n wir voll Muth uns ein: Du willst ja den Verirrten Von Herzen gnädig sein.

3. Es sei dir, unserm Fürsten, Fortan das Herz geweiht Mit Hungern und mit Dürsten Nach der Gerechtigkeit. — Ach, laß

uns doch genießen Das wahre Himmelsbrot, Und Lebensbäche fließen Auf uns bis in den Tod!

4. Laß uns darnieder sinken An deinem Sühnaltar, Und reiche uns zu trinken Den Kelch des Lebens dar! Wenn auf der Pilgerreise Das Herz so matt und krank, Ist das die rechte Speise, Ist das der rechte Trank.

5. Wer glaubensvoll genossen Den Leib, dazu das Blut, Für unsre Schuld vergossen, Der hat es ewig gut; Der ist vom Fluch entbunden, Der jedem Sünder droht, Hat Trost in schweren Stunden Und in der letzten Noth.

Jer. 31, 25. Ich will die müden Seelen erquicken, und die bekümmerten Seelen sättigen.

Mel. Ein Lämmlein geht und trägt ꝛc.

291. Ich komme, Herr, und suche dich, Mühselig und beladen: O mein Erbarmer, würdge mich Des Wunders deiner Gnaden! Ich liege hier vor deinem Thron, Sohn Gottes und des Menschen Sohn, Mich deiner zu getrösten. Ich fühle meiner Sünden Müh; Ich suche Ruh und finde sie Im Glauben der Erlösten.

2. Dich bet ich zuversichtlich an: Du bist das Heil der Sünder; Du hast die Handschrift abgethan, Und wir sind Gottes Kinder. Ich denk an deines Leidens Macht Und an dein Wort: Es ist vollbracht! Du hast mein Heil verdienet. Du hast für mich dich dargestellt; Gott war in dir, und hat die Welt In dir mit sich versühnet.

3. So freue dich, mein Herz, in mir!' Er tilget deine Sünden, Und läßt an seinem Tische hier Dich Gnad um Gnade finden. Du rufst, und er erhört dich schon, Spricht liebreich: „Sei getrost, mein Sohn! Die Schuld ist dir vergeben. Du bist in meinen Tod getauft, Und du wirst dem, der dich erkauft, Von ganzem Herzen leben."

4. „Dein ist das Glück der Seligkeit: Bewahr es hier im Glauben, Und laß durch keine Sicherheit Dir deine Krone rauben! Sieh, ich vereine mich mit dir; Ich bin der Weinstock: bleib an mir, So wirst du Früchte bringen. Ich helfe dir, ich stärke dich, Und durch die

Von dem heiligen Abendmahl.

Liebe gegen mich Wird dir der Sieg gelingen."

5. Ja, Herr, mein Glück ist dein Gebot, Ich will es treu erfüllen, Und bitte dich durch deinen Tod Um Kraft zu meinem Willen. Laß mich von nun an eifrig sein, Mein ganzes Herz dir, Herr, zu weihn Und deinen Tod zu preisen; Laß mich den Ernst der Heiligung Durch eine wahre Besserung Mir und der Welt beweisen!

Pf. 23, 5. Du bereitest vor mir einen Tisch gegen meine Feinde.

Mel. O wie selig sind die Seelen.

292. Heilger Tisch, den Jesus decket, Der mich tröstet und erschrecket! Was erreget sich in mir! Ach, ich sehe vor mir schweben Fluch und Segen, Tod und Leben; Höll und Himmel seh ich hier!

2. Doch ich komme, Brunn der Gnaden, Weil du selber mich geladen. Labe beinen armen Gast! Ziere mich mit weißer Seide, Mit dem schönen Ehrenkleide, Das du selbst erworben hast!

3. Freund, vor Tausenden erkoren! Suche mich, ich bin verloren; Leite mich, ich bin verirrt; Löse mich, ich bin gebunden; Heile mich, ich bin voll Wunden; Weide mich, o treuer Hirt!

4. Speise mich, den Hunger quälet; Tränke mich, den Durst entseelet; Rette mich, ich bin in Noth! Sei mein Licht, ich bin betrübet; Freund, den meine Seele liebet, Sei mein Leben! ich bin todt.

5. Nun, ich werfe meine Glieder Und mein Herz vor dir darnieder; Ach, verwirf mich Armen nicht! Rede nicht mit mir im Grimme, Höre meiner Seufzer Stimme, Wenn sie durch die Wolken bricht.

6. Heilger Leib, sei mir willkommen, Der mein Kreuz auf sich genommen! Sei gesegnet, heilges Blut! Lebenswasser, Brot des Lebens, Tränk mich, speis' mich nicht vergebens! Bleibe du mein höchstes Gut!

Luk. 14, 17. Kommt, denn es ist alles bereit.

Mel. Alle Menschen müssen sterben.

293. Freuet euch, als

Jesu Gäste, Christen, tretet vor den Herrn! Labet euch vor ihm auf's beste; Eßt und trinkt! er sieht es gern. Jesus ist's, der uns erquicket; Er belebet und entzücket Hier mit Lebensbrot und Wein, Und will selber in uns sein.

2. Kommt, Geliebte! hier umstrahlet Uns des Heilands Freundlichkeit; Aus des Himmels Höhn erschallet Jenes Wort: es ist bereit! Daß uns seine Gnadengaben In der Zeit schon himmlisch laben, Und er, unser Seelenfreund, Innigst sich mit uns vereint.

3. Jesus sprach dort zu den Seinen: „Meinen Frieden laß ich euch!" Wenn wir nun vor ihm erscheinen, Ist er uns auch friedensreich. Freuet euch! o selge Stunde, Wenn aus seinem holden Munde Friede und sein Freudengeist Hier auf seine Gäste fleußt!

4. Ja, du bist der Deinen Freude, Unbeflecktes Gotteslamm! Gibst uns Fried und Freud im Leibe, Als der Seelen Bräutigam, Freude über Miterlöste, Fried und Freude an dem Feste, Wo wir Gottes Wunder sehn, Die in Ewigkeit bestehn.

5. Ja, den Vorschmack jener Wonne, Wo der Auserwählten Schaar Jener Glanz der Gnadensonne Einst umleuchtet immerdar, — Solches finden hier die Frommen, Wenn sie zu dem Tische kommen, Wo sie Jesus neu belebt, Und das Herz in sich erhebt.

6. Blicket auf! denn lieblich Wesen Zeigt sich nach dem Jammerthal, Dort, wo Leib und Seel genesen Bei dem großen Abendmahl, Wo sich unser Kampf in Palmen, Unser Klagelied in Psalmen, Unsre Angst in Freude kehrt, Die dann ewig, ewig währt!

3. Nach der Feier des heiligen Abendmahles.

1. Cor. 9, 15. Gott sei Dank für seine unaussprechliche Gabe.

Mel. O daß ich tausend Zungen hätte.

294. Dank, ewig Dank sei deiner Liebe, Erhöhter Mittler, Jesu Christ! Gib, daß ich deinen Willen übe, Der du für mich gestorben bist, Und laß die Größe deiner Pein Mir immer in Gedanken sein!

2. Wie kann ich dich genug erheben, Ich, der ich Zorn und Tod verdient? Ich soll nicht sterben, sondern leben, Weil du mich selbst mit Gott versühnt. Du, der Gerechte, starbst für mich; Wie preis' ich, Herr, wie preis' ich dich!

3. Heil mir! mir ward das Brot gebrochen; Ich trank, Herr, deines Bundes Wein; Voll Freude hab ich dir versprochen, Dir, treuster Jesu, treu zu sein. Noch einmal, Herr, gelob ich's dir! Schenk du nur deine Gnade mir!

4. Laß, Herr, mich dankbar stets ermessen, Die mir zu Gut getragne Last, Und deiner Liebe nie vergessen, Die du an mir bewiesen hast; Laß meinen Glauben thätig sein Und mir zur Heilgung Kraft verleihn.

5. Hilf mir das Böse überwinden, Und stärke mich zu jeder Pflicht; Bewahre mich vor neuen Sünden, Verlaß mich in Versuchung nicht; Und dein für mich vergoßnes Blut Schenk mir im Todeskampfe Muth.

6. So soll denn weder Spott noch Leiden, Noch Ehre, Gut und Lust der Welt Mich, Herr, von deiner Liebe scheiden, Die selbst im Tode mich erhält. Du bist und bleibest ewig mein; O laß mich deiner würdig sein!

Ps. 103, 2. Lobe den Herrn, meine Seele, und vergiß nicht, was er dir Gutes gethan hat.

Mel. Christus, der ist mein Leben.

295. Wie könnt ich sein vergessen, Der mein noch nie vergaß? Kann ich die Lieb ermessen, Dadurch mein Herz genas?

2. Ich lag in bittern Schmerzen; Er kommt und macht mich frei, Und stets quillt aus dem Herzen Ihm neue Lieb und Treu.

3. Wie sollt ich ihn nicht lieben, Der mir so hold sich zeigt? Wie jemals ihn betrüben, Der so zu mir sich neigt?

4. Er, der an's Kreuz erhoben, Getragen meine Schmach, Ruft er mir nicht von oben: Komm, folge du mir nach?

5. Ihn will ich ewig lieben, Der mir aus Todesnacht, Von meinem Schmerz getrieben, Unsterblichkeit gebracht.

6. Der noch zur letzten Stunde Mir reicht die treue Hand, Daß mich kein Feind verwunde In Lauf zum Heimathland.

7. Er gibt zum heilgen Pfande Mir seinen Leib, sein Blut, Hebt mich aus Nacht und Schande, Füllt mich mit Himmelsmuth:

8. Will selber in mir thronen Mit süßem Gnadenschein; Sollt ich bei ihm nicht wohnen? In ihm nicht selig sein?

9. Bei Freuden und bei Schmerzen Durchleuchte mich dein Bild, Wie du, o Herz der Herzen, Geblutet hast so mild!

10. Mein Lieben und mein Hoffen, Mein Dulden weih ich dir; Laß mir die Heimath offen, Und dein Herz für und für!

Ps. 50, 23. Wer Dank opfert, der preiset mich; und da ist der Weg, daß ich ihm zeige das Heil Gottes.

Mel. Allein Gott in der Höh' rc.

296. O Jesu, dir sei ewig Dank Für deine Treu und Gaben! Ach, laß durch diese Speis' und Trank Mich auch das Leben haben; Sei mir willkommen, edler Gast, Der du mich nicht verschmähet hast! Wie soll ich dir's verdanken?

2. Herr Jesu Christ! du kannst allein Mir Geist und Seele laben. Nun bin ich dein, und du bist mein Mit allen deinen Gaben. Ich hab, was Sünd und Tod besiegt, Den Gnadenquell, der nie versiegt, Wo Trost und Leben quillet.

3. Laß mich auch ewig sein in dir; Laß dir allein mich leben, Und bleib du ewig auch in mir! Mein Heil, du wirst mir's geben, Daß ich durch diese Speis' und Trank Genese, der ich matt und krank, Nur dir hinfort zu dienen.

Von dem heiligen Abendmahl.

Ps. 106, 1. Danket dem Herrn, denn er ist freundlich, und seine Güte währet ewiglich.

Mel. Wach auf, mein Herz, und ꝛc.

297. O Jesu, meine Wonne, Du meine Seelen-Sonne, Du Freundlichster auf Erden, Laß mich dir dankbar werden!

2. Wie kann ich g'nugsam schätzen Dies himmlische Ergötzen, Und diese theuren Gaben, Die mich gestärket haben!

3. Wie soll ich bir's verdanken, O Herr, daß du mich Kranken Gespeiset und getränket, Ja, selbst dich mir geschenket?

4. Ich lobe dich von Herzen Für alle deine Schmerzen, Für beine Schläg und Wunden, Die du für mich empfunden.

5. Dir dank ich für bein Leiben, Den Ursprung meiner Freuden; Dir dank ich für bein Sehnen Und beine heißen Thränen.

6. Dir dank ich für bein Lieben, Das standhaft ist geblieben; Dir dank ich für bein Sterben, Das mich bein Reich läßt erben.

7. Jetzt schmecket mein Gemüthe Dein' übergroße Güte; Das theure Pfand der Gnaden Tilgt allen meinen Schaden.

8. Herr, laß mich nicht vergessen, Wie du mir zugemessen, Die wahre Himmelsspeise, Daß mein Gemüth dich preise!

9. Du wollest doch die Sünde, Die ich noch in mir finde, Aus meinem Herzen treiben, Und kräftig in mir bleiben.

10. Nun bin ich losgezählet Von Sünden, und vermählet Mit dir, mein liebstes Leben; Was kannst du Werthres geben?

11. Laß, Liebster, meine Seele Doch stets in dieser Höhle Des Leibes mit Verlangen An beiner Liebe hangen!

12. Laß mich die Sünde meiden, Laß mich gedulbig leiden, Laß mich mit Andacht beten, Und von der Welt abtreten!

13. Im Handeln, Wandeln, Essen Laß nimmer mich vergessen, Wie herrlich ich beglücket, Wie selig ich erquicket!

14. Nun kann ich nicht verberben! Drauf will ich selig sterben, Und freudig auferstehen, O Jesu, dich zu sehen!

Offenb. 5, 12. Das Lamm, das erwürget ist, ist würdig zu nehmen Kraft, und Reichthum, und Weisheit, und Stärke, und Ehre, und Preis, und Lob.

Mel. Was Gott thut, das ist ꝛc.

298. Dein Tisch hat mir das Herz gelabt, — Herr Jesu, sei gepriesen! Wie herrlich hast du mich begabt, Wie Großes mir erwiesen! Was bring ich dir, Mein Heil, dafür? O laß es mir gelingen! — Dir, Jesu, will ich singen.

2. Wie wohl ist mir auf diesem Mahl, Wie satt ist meine Seele! Da stillt sich des Gewissens Qual, Man fühlt, daß uns nichts fehle; Da wird man so Von Herzen froh, Wie die genesnen Kranken. — Dir, Jesu, will ich danken.

3. Des Herrn Tod wird bei diesem Brot Und diesem Kelch verkündigt; Ich rühme seinen Opfertod, Womit er uns entsündigt. — Mir soll kein Feind, So stark er scheint, Die Zuversicht mehr rauben. — Dir, Jesu, will ich glauben.

4. Du bist mein Herr, das ist dein Ruhm, Den will ich dir nicht nehmen. Soll dein erlöstes Eigenthum Sich seines Heilands schämen? O nein, mein Gott! Der Welt ihr Spott Soll mich von dir nicht kehren. — Dich, Jesu, will ich ehren.

5. Ich will nicht selbst mein eigen sein, Dein will ich lieber bleiben; Du wollest nur mich dir, als dein, In's Buch des Lebens schreiben. Nimm, was ich bin, Zu eigen hin! Ich will mich selbst verleugnen, Mich Jesu zuzueignen.

6. Du hast mich bis zum Tod geliebt; Es liebt ja niemand größer, Als der sein eigen Leben gibt; — Das thatst du, mein Erlöser. Entzünde mich, So lieb ich dich, Und bleibe dir verschrieben! — Dich, Jesu, will ich lieben.

7. Du hast es wohl um mich verdient, Daß ich nur dir soll leben; Dein Fleisch und Blut, das mich versühnt, Hast du mir ja gegeben. Leb du in mir, Und ich in dir, Wie an dem Stock die Reben! — Dir, Jesu, will ich leben.

8. Laß mich kein Leiden dieser Zeit Von deiner Liebe scheiden! Ist's doch nicht werth der Herrlichkeit Und jener Himmelsfreu-

ten! Dir häng ich an; Die Welt mag dann Mich hassen, lästern, meiden. — Dir, Jesu, will ich leiden.

9. Kommt dann die Sterbens=zeit herzu Und meine letzten Schmerzen, Dann, liebster Jesu, bleibe du Mein letzter Trost im Herzen! Nimm du mich auf Nach meinem Lauf, Und laß mich bei dir erben! — Dir, Jesu, will ich sterben.

Gal. 2, 20. Ich lebe aber; doch nun nicht ich, sondern Christus lebt in mir. Denn was ich jetzt lebe im Fleisch, das lebe ich in dem Glauben des Sohnes Gottes, der mich geliebet hat, und sich selbst für mich dargegeben.

Mel. Nun danket alle Gott.

299. O Liebe du! für mich Gingst du in Todesschmer=zen? O daran kenn ich dich! So spricht dein Herz zu Her=zen, Wenn ich seh deine Qual, Als du zum Tode gingst Und blutbedeckt am Pfahl Des rau=hen Kreuzes hingst.

2. „Für mich! für mich! Für mich!" Hallt's tausendfach mir wieder; Dann fall ich inniglich Bewegt am Kreuze nieder. Mein Heiland! dich gabst du Für deine Brüder hin. — Gib, daß ich Gleiches thu In selbstvergessnem Sinn!

3. Nein, niemand hatte noch Für andre größre Liebe! So leg mir auf dein Joch, Beherr=sche meine Triebe! Herr, stärke meine Kraft, — Halt Herz und Sinne wach; In treuer Jün=gerschaft Laß mich dir folgen nach!

XVIII. Von dem Frieden Gottes.

Phil. 4, 4. Freuet euch in dem Herrn allewege, und abermal sage ich: Freuet euch.

Eigene Melodie.

300. Jesu, meine Freude, Meines Herzens Weide, Jesu, meine Zier! Ach, wie lang, ach, lange Ist dem Herzen bange, Und verlangt nach dir! Gottes Lamm, Mein Bräutigam, Außer dir soll mir auf Erden Nichts sonst lieber werden.

2. Unter deinem Schirmen Bin ich vor den Stürmen Aller Feinde frei. Laß von Ungewittern Rings die Welt erzittern: Jesus steht mir bei! Wenn die Welt In Trümmer fällt, Wenn mich Sünd und Hölle schrecken: Jesus wird mich decken!

3. Trotz des Satans Lauern, Trotz des Todes Schauern, Trotz der Furcht dazu! Zürne, Welt, und tobe: Ich steh hier und lobe Gott in sichrer Ruh. Seine Macht Hält mich in Acht; Erd und Abgrund müssen schweigen, Und vor ihm sich neigen.

4. Weg mit allen Schätzen; Du bist mein Ergötzen, Jesu, meine Lust! Weg, ihr eiteln Ehren, Die das Herz verkehren, Bleibt mir unbewußt! Elend, Noth, Kreuz, Schmach und Tod Soll mich, ob ich viel muß leiden, Nicht von Jesu scheiden.

5. Gute Nacht, o Wesen, Das die Welt erlesen, Mir gefällst du nicht! Gute Nacht, ihr Sünden, Bleibet weit dahinten, Kommt nicht mehr an's Licht! Gute Nacht, Du Stolz und Pracht; Dir sei ganz, du gottlos Leben, Gute Nacht gegeben!

6. Weicht, ihr Trauergeister, Denn mein Freudenmeister, Jesus, tritt herein! Denen, die Gott lieben, Muß auch ihr Betrüben Lauter Segen sein. Duld ich schon Hier Spott und Hohn: Dennoch bleibst du auch im Leibe, Jesu, meine Freude!

Ps. 124, 7. Unsere Seele ist entronnen, wie ein Vogel dem Strick des Voglers, der Strick ist zerrissen und wir sind frei.

Mel. Nun ruhen alle Wälder.

301. Nun ist der Strick

zerrissen, Das ängstliche Gewissen Ist alles Kummers frei! Die Wunden sind verbunden Durch Christi Blut und Wunden. Die Gnade schafft nun alles neu.

2. Der falsche Wille wollte Gar lang nicht, wie er solle, Zerbrechen ganz und gar; Da war ein Widerstreben, Er wollte sicher leben, Und achtete nicht die Gefahr.

3. Er wollte sich verstecken, Sich bald mit Freiheit decken, Bald mit Gesetzlichkeit. Doch ward bei mir beschlossen, Beständig, unverdrossen Zu stehen wider ihn im Streit.

4. Wie mußt ich bitter kriegen! Was andern ein Vergnügen, War meine größte Last. Ich mußt auf beiden Seiten Mit Lust und Aengsten streiten; — Nun aber hab ich Ruh und Rast.

5. Ich spür ein neues Leben, Vom strengen Widerstreben Der falschen Lust befreit. Ich stehe gottgelassen, Mir nichts mehr anzumaßen, Was er nicht selber mir gebeut.

6. Sein Wille ist mein Wille, Ich sitz in süßer Stille Der Sicherheit und Ruh; Was mich zuvor gequälet, Das liegt nun wie entseelet; Der Geist des Friedens spricht mir zu.

7. Wie wird mein Herz erhoben, Im Geist den Herrn zu loben, Für seine große Gnad, Die er an mir, dem Armen, Aus herzlichem Erbarmen Von Zeit zu Zeit erwiesen hat!

8. Ich lebe nun im Frieden, Ganz frei und abgeschieden, In einer andern Welt; Der Jammer ist vergessen, Es wölbt sich unermessen Ob mir ein selges Himmelszelt.

9. Wie ist die Ruh so süße, Die ich nunmehr genieße, Nach langem Kampf und Streit, Da ich den Heiland habe, Und mich ohn' Ende labe An seiner Lieb und Freundlichkeit!

1. Tim. 1. 16. Mir ist Barmherzigkeit widerfahren.

Mel. O daß ich tausend Zungen ic.

302. Mir ist Erbarmung widerfahren, Erbarmung, deren ich nicht werth! Das zähl ich zu dem Wunderbaren; Mein stolzes Herz hat's nie begehrt. Nun weiß ich das, und bin erfreut, Und rühme die Barmherzigkeit.

2. Ich hatte nichts als Zorn verdienet, Und soll bei Gott in Gnaden sein; Gott hat mich mit sich selbst versühnet, Und macht durch's Blut des Sohns mich rein, Nicht durch's Verdienst der Creatur, — Erbarmung ist's, Erbarmung nur.

3. Das muß ich dir, mein Gott, bekennen, Das rühm ich, wenn ein Mensch mich fragt; Ich kann es nur Erbarmung nennen, So ist mein ganzes Herz gesagt; Ich beuge mich, und bin erfreut, Und rühme die Barmherzigkeit.

4. Dies laß ich kein Geschöpf mir rauben, Dies soll mein einzig Rühmen sein; Auf dies Erbarmen will ich glauben; Auf dieses bet ich auch allein; Auf dieses bau ich in der Noth; Auf dieses hoff ich noch im Tod.

5. Gott, der du reich bist an Erbarmen, Nimm dein Erbarmen nicht von mir, Und führe durch den Tod mich Armen Durch meines Heilands Tod zu dir; Da bin ich ewig hoch erfreut, Und rühme die Barmherzigkeit!

Joh. 10, 27. 28. Meine Schafe hören meine Stimme, und ich kenne sie und sie folgen mir; und ich gebe ihnen das ewige Leben, und sie werden nimmermehr umkommen, und niemand wird sie mir aus meiner Hand reißen.

Eigene Melodie.

303. Wie herrlich ist's, ein Schäflein Christi werden, Und in der Huld des treusten Hirten stehn! Kein höhrer Stand ist auf der ganzen Erden, Als unverrückt dem Lamme nachzugehn. Was alle Welt nicht geben kann, Das trifft ein solches Schaf bei seinem Hirten an.

2. Hier findet es die angenehmsten Auen, Hier wird ihm stets ein frischer Quell entdeckt. Kein Auge kann die Gnaden überschauen, Die es allhier in reicher Fülle schmeckt. Hier wird ein Leben mitgetheilt, Das unaufhörlich ist und nie vorübereilt.

3. Wie läßt sich's da so froh und ruhig sterben, Wenn hier das Schaf im Schooß des Hirten liegt! Es darf sich nicht vor Höll und Tod entfärben, Sein treuer Hirt hat Höll und Tod besiegt. Büßt gleich der Leib die Regung ein, So wird die Seele doch kein Raub des Mörders sein.

Von dem Frieden Gottes.

4. Das Schäflein bleibt in seines Hirten Händen, Wenn gleich vor Zorn der ganze Abgrund schnaubt. Es wird es ihm kein wilder Wolf entwenden, Weil er allmächtig ist, an den es glaubt. Es kommt nicht um in Ewigkeit, Und wird im Todesthal von Furcht und Qual befreit.

5. Wer leben will und gute Tage sehen, Der halte sich zu dieses Hirten Stab! Hier wird sein Fuß auf süßer Weide gehen, Da ihm die Welt vorhin nur Träber gab; Hier wird nichts Gutes mehr vermißt, Dieweil der Hirt ein Herr der Schätze Gottes ist.

6. Doch dies ist nur der Vorschmack größrer Freuden; Es folget noch die lange Ewigkeit! Da wird das Lamm die Seinen herrlich weiden, Wo der krystallne Strom das Wasser beut. Da siehet man erst klar und frei, Wie schön und auserwählt ein Schäflein Christi sei.

2 u L. 10, 20. Darinnen freuet euch nicht, daß euch die Geister unterthan sind: Freuet euch aber, daß eure Namen im Himmel geschrieben sind.

M el. Wie groß ist des Allmächtgen ec.

304. Ich bin im Himmel angeschrieben, Und Gottes Kindern zugezählt; Mich hatte schon sein brünstig Lieben Von Ewigkeit dazu erwählt. Nun ruh ich sanft in seinen Armen, Mein Vater blickt mich freundlich an; Ich weiß von nichts, als von Erbarmen, Dadurch ich ihm gefallen kann.

2. Das danke ich dem guten Hirten; So selig hat er mich gemacht. Mit Schmerzen sucht er mich Verirrten, U.:b gab auf meine Wege acht. „Komm, Schäflein," hieß es, „kehre wieder!" — Ich hörte es, und kehrte um, Warf mich mit Thränen vor ihm nieder, Und gab mich ihm zum Eigenthum.

3. Wie war ich ihm so hoch willkommen! Wie freute sich sein Hirtenherz! Wie zärtlich ward ich aufgenommen! Wie bald wich'da mein Seelenschmerz! Er wusch mich rein, verband die Wunden, Und legte mich in's Vaters Schooß; Da hieß es:

du haſt Gnade funden, Und biſt von Schuld und Strafe los!

4. Das waren die Erquickungs=zeiten, Die Tage längſtgewünſch=ter Ruh; Da floß ein Strom von Seligkeiten Mir aus des Mittlers Wunden zu. Der Va=ter hieß mich Kind und Erbe, Der Sohn ſprach: Du biſt mir vertraut! — O, rief ich, wenn ich jetzo ſterbe, So ſterbe ich als Chriſti Braut!

5. Nun bin ich noch bei ihm in Gnaden; Nichts raubt mir meines Jeſu Huld; Mein Elend ſelbſt kann mir nicht ſchaden, Denn er hat göttliche Geduld. Je mehr ich meine Ohnmacht ſehe, Je mehr wird mir die Gnade groß. Und wenn ich dann nur brünſtig flehe, So wird mein Herz des Kummers los.

6. So geht es hier durch tiefe Wege Nach jenen Zions=Höhen zu, Und nur auf dieſem ſchma=len Stege Gelang ich zu der Sabbathsruh. Dann ſoll man in den obern Chören Mein Loblied bis in Ewigkeit Aus dem ver=klärten Munde hören. — Herr, mache mich dazu bereit.

———

Pſ. 23, 1-6. Der Herr iſt mein Hirte; mir wird nichts mangeln. Er weidet mich auf einer grünen Aue, und führet mich zum friſchen Waſſer; er erquicket meine Seele; er führt mich auf rechter Straße, um ſeines Namens willen ꝛc.

Mel. Wachet auf, ruft uns die Stimme.

305. Jeſu Chriſt, mein Licht und Leben! Leib, Seel und Geiſt ſei dir ergeben, Denn du gibſt Heil und Frieden mir. Mir, dem Sünder, dem Verlornen, Durch dich zum Leben Auser=kornen, Eröffneſt du die Him=melsthür. Du biſt mein treuer Hirt, Da mir nie mangeln wird Süße Weide. Jeſu, mein Licht! Verlaß mich nicht, Bis ich dich ſchau von Angeſicht.

2. Du führſt mich zur friſchen Quelle, Sie fließt ſo reichlich, ſanft und helle; Mein dürſtend Herz wird hier erquickt. Du zeigſt mir die rechten Straßen, Willſt Tag und Nacht mich nicht verlaſſen, Bis daß ich gänzlich hingerückt, Wo ewige Sicherheit, Wo Freud und Herrlichkeit Grünt und blühet. Jeſu, mein Licht! Verlaß mich nicht, Bis ich dich ſchau von Angeſicht.

3. Wall ich auch auf finſtern Wegen, Fehlt mir das Licht auf

Von dem Frieden Gottes.

rauhen Stegen: Ich zag und fürchte mich doch nicht. Du, Herr, gibst mir das Geleite, Du wandelst treulich mir zur Seite, Und sendest mir dein Himmelslicht. Dein sanfter Hirtenstab Wehrt allen Schrecken ab; Hallelujah! Jesu, mein Licht! Verlaß mich nicht, Bis ich dich schau von Angesicht.

4. Hab ich Jesum nur zum Freunde, So fürcht ich nicht die Macht der Feinde; Sie können mir nicht Schaden thun. Himmelsbrot ist meine Speise, Und er läßt auf der Pilgerreise Mich sanft in seinen Armen ruhn. Wenn Jesus mit mir zieht, So werd ich nie zu müd Auf der Wallfahrt. Jesu, mein Licht! Verlaß mich nicht, Bis ich dich schau von Angesicht.

5. Du stärkst mich in allem Leiden, Du salbst mein Haupt mit Oel der Freuden, Gibst Kräfte mir zum heilgen Streit. Du schenkst voll ein Gnad und Leben, Gibst als der Weinstock deinen Reben Saft und Gedeihn zur Fruchtbarkeit. Huld und Barmherzigkeit, Licht, Wonn und Himmelsfreud Wird mir folgen. Jesu, mein Licht! Verlaß mich nicht, Bis ich dich schau von Angesicht.

6. Amen! ewig werd ich bleiben Bei Jesu; nichts, nichts kann mich treiben Aus meines Hirten Arm und Schooß. Laß, o Herz, dein Lied erschallen: Mein Loos ist lieblich mir gefallen, Denn Jesus selber ist mein Loos! Er tilget meine Schuld; Ich bleib in seiner Huld. Hosianna! Jesus, mein Licht, Verläßt mich nicht, Bis ich ihn schau von Angesicht!

—

2. Cor. 5. 15. Er ist darum für alle gestorben, auf daß die, so da leben, hinfort nicht ihnen selbst leben, sondern dem, der für sie gestorben und auferstanden ist.

Mel. Wie schön leucht't uns der 2c.

306. Es ist Etwas, des Heilands sein, „Ich dein, o Jesu, und du mein!" In Wahrheit sagen können; Ihn seinen Bürgen, Herrn und Ruhm, Und sich sein Erb und Eigenthum Ohn' allen Zweifel nennen. Fröhlich, Selig Sind die Seelen, Die erwählen, Ohn' Bedenken Ihrem Jesu sich zu schenken!

2. Schau an die Welt mit ihrer Lust, Und alle, die an ihrer Brust In heißer Liebe liegen! Sie essen, und sind doch nicht satt, Sie trinken, und das Herz bleibt matt, Denn es ist lauter Trügen. Träume, Schäume, Stich im Herzen, Höllenschmerzen, Ewges Quälen Ist die Lust betrogner Seelen.

3. Ganz anders ist's, bei Jesu sein, Mit seinen Heerden aus und ein, Auf seinen Matten gehen! Auf diesen Auen ist die Lust, Die Gottesmenschen nur bewußt, Im Ueberfluß zu sehen. Hülle, Fülle Reiner Triebe, Süßer Liebe, Fried und Leben, Stärke, Licht und viel Vergeben.

4. Schau, armer Mensch, zu diesem Glück Ruft dein Erlöser dich zurück Von jenem Grundverderben. Er kam deswegen in die Welt, Und gab für dich das Lösegeld Durch Leiden und durch Sterben. Laß dich Willig Doch umarmen! Sein Erbarmen, Schmach und Leiden Sind ein Meer voll Seligkeiten.

5. Ach, kannst du den Immanuel So vor der Thüre deiner Seel Vergeblich klopfen lassen? Soll seine unzählbare Pein Gerad an dir verloren sein? — Das heißt sein Leben hassen! Arme Seele! Komm und wende Dich behende Zu den Wunden, Die dein Hirt für dich empfunden!

6. Er hält die süße Ewigkeit, Wenn du ihn aufnimmst, dir bereit; Ja, hier schon auf der Erden Soll dir bei jedem Schritt und Tritt Trost, Friede, Licht und Leben mit Zum frohen Pfande werden. Kronen, Thronen, Hosianna, Heimlich's Manna, Siegespalmen, Folgen auf die Kreuzespsalmen. —

7. Von Stund an kann ich nicht mehr mein, Der Welt und ihrer Lüste sein, Die mich bisher gebunden! Mein Herr, den ich so sehr betrübt, Der aber mich so viel geliebt, Der hat mich überwunden! Nimm mich Gänzlich, Herr, schon heute Dir zur Beute, Und zum Lohne Deiner blutgen Dornenkrone!

8. Ach, mach mich von mir selber frei Und stehe mir in Gnaden bei; Stärk meinen schwachen Willen Durch deines werthen Geistes Kraft, Zu üben gute Ritterschaft, Den Vorsatz zu erfüllen: Bis ich Endlich, Schön geschmücket, Und ent-

Von dem Frieden Gottes. 291

rücket Allem Leiden, Bei dir darf in Salem weiden!

Apostg. 10, 36. Ihr wisset wohl von der Predigt, die Gott zu den Kindern Israel gesandt hat, und verkündigen lassen den Frieden durch Jesum Christum, welcher ist ein Herr über alles.

Mel. Sieb, hier bin ich, Ehrenkönig.

307. Die Beschwerden Dieser Erden Häufen sich noch immerzu, Und im Streiten Dieser Zeiten Hat man nirgends wahre Ruh; Wo ist Friede Für uns Müde? Du bist's, treuer Jesu, du!

2. Sünden schmerzen Oft im Herzen, Und kein Fried ist im Gebein; Unverbunden Sind die Wunden; Jesu, dein Blut heilt allein. Dein Versühnen Macht uns grünen, Du mußt unser Friede sein!

3. In der Eile Fahren Pfeile Von dem Satan auf uns dar; Jesus schützet, Glaube nützet Als ein Schild uns in Gefahr; So wird Frieden Uns beschieden, Weil der Heiland Sieger war.

4. Uns betriegen Mord und Lügen Zwar von außen in der Welt; Doch von innen Kann's gewinnen, Wer Geduld und Glauben hält. Nichts heißt Schade, Wenn nur Gnade Unser Herz zufrieden stellt.

5. O Erlöser, Noch viel größer Ist der Friede jener Stadt! Da sind Psalmen, Da sind Palmen, Die ein Ueberwinder hat. Nimm mich Müden Hin im Frieden; Dort wird niemand lebenssatt.

Matth. 3, 17. Siehe, eine Stimme vom Himmel herab sprach: Dies ist mein lieber Sohn, an welchem ich Wohlgefallen habe.

Eigene Melodie.

308. Jesus ist das schönste Licht, Jesus ist des Vaters Freude, Welcher selber von ihm spricht: „Er ist meine Lust und Weide!" Jesus ist die süße Kraft, Die mit Liebe mich entzündet, Da mein Herz alleine findet, Was mir Ruh und Freude schafft.

2. Jesus wird von mir gesucht, Jesus wird von mir begehret; Alles, alles sei verflucht, Was mich in dem Suchen störet! Sagt mir nichts von Lust der Welt! Sagt mir nichts von guten Tagen! Wollt ihr

aber ja was sagen: Sagt, wie Jesus mir gefällt!

3. O ihr Freunde, saget mir, Wo ich finde, den ich meine, Den ich suche für und für? Saget ihm, ich sei nun seine! Sagt, ich sei von ihm entbrannt, Und mit Liebesmacht durchdrungen; Saget ihm, wie ich gerungen, Da ich seinen Zug erkannt!

4. Jesu, Jesu, meine Ruh! Jesu, Jesu, laß dich finden! Jesu, ach, du wollst mich, du, Ewig fest mit dir verbinden! Jesu, meiner Freuden Ziel, Nur auf dich gehn meine Triebe; Denn ich find in deiner Liebe Alles, was ich wünsch und will.

5. Nenn mich nur ein Glied der Braut, Deiner auserwählten Taube! Mache mich dir recht vertraut, Mache; daß ich standhaft glaube! Jesu, Jesu, nimm mich auf! Ich will dein alleine heißen, Mich von allen Dingen reißen, Die verhindern meinen Lauf!

6. Sage nicht, o Creatur, Daß ich dir noch sei verbunden! Nun hab ich die reine Spur Meines Bräutigams gefunden! Was von dir noch an mir klebt, Soll nicht immer in mir bleiben, Jesus wird es schon vertreiben, Wenn er mich zu sich erhebt.

7. Oft hast du mich angeblickt, Und gelabt mit deinen Gaben; Doch ich bin nicht g'nug erquickt, Herr, ich muß dich selber haben! Jesu, brich in mir herfür! Jesu, werde mir zur Sonne! Jesu, Jesu, meine Wonne! Jesu, ach, ergib dich mir!

Luk. 24, 36. Da sie aber davon redeten, trat er selbst, Jesus, mitten unter sie und sprach zu ihnen: Friede sei mit euch!

Eigene Melodie.

309. Ach, mein Herr Jesu! dein Nahesein Bringt großen Frieden in's Herz hinein, Und dein Gnadenanblick macht uns so selig, Daß auch's Gebeine darüber fröhlich Und dankbar wird.

2. Wir sehn dein freundliches Angesicht, Voll Huld und Gnade, wohl leiblich nicht; Aber unsre Seele kann's schon gewahren, Du kannst dich fühlbar g'nug offenbaren, Auch ungesehn.

3. O wer nur immer bei Tag und Nacht Dein zu genießen recht wär bedacht! Der hätt'

ohne Ende von Glück zu sagen, Und Leib und Seele müßt immer fragen: Wer ist wie du?

4. Barmherzig, gnädig, geduldig sein, Uns täglich reichlich die Schuld verzeihn, Heilen, stillen, trösten, erfreun und segnen, Und unsrer Seele als Freund begegnen, Ist deine Lust.

5. Ach, gib an deinem kostbaren Heil Uns alle Tage vollkommnen Theil; Und laß unsre Seele sich immer schicken, Aus Noth und Liebe nach dir zu blicken Ohn' Unterlaß!

6. Und wenn wir weinen, so tröst uns bald Mit deiner blutgen Todesgestalt; Ja, die laß uns immer vor Augen schweben Und dein wahrhaftiges In-uns-leben Zu sehen sein.

7. Ein herzlich Wesen und Kindlichkeit Sei unsre Zierde zu aller Zeit: Und die Blutbesprengung aus deinen Wunden Erhalt uns solche zu allen Stunden, Bei Freud und Leid.

8. So werd'n wir bis in Himmel hinein Mit dir vergnügt wie die Kindlein sein. Muß man gleich die Wangen noch manchmal netzen, Wenn sich das Herz nur an dir ergötzen Und stillen kann.

9. Du reichst uns deine durchgrabne Hand, Die so viel Treue an uns gewandt, Daß wir beim Dranbenken beschämt dastehen, Und unser Auge muß übergehen Vor Lob und Dank.

Joh. 14, 27. Den Frieden lasse ich euch; meinen Frieden gebe ich euch. Nicht gebe ich euch, wie die Welt gibt. Euer Herz erschrecke nicht, und fürchte sich nicht.

Eigene Melodie.

310. Wie wohl ist mir, o Freund der Seele, Wenn ich in deiner Liebe ruh! Ich steig aus dunkler Schwermuthshöhle, Und eile deinen Armen zu. Da muß die Nacht des Trauerns scheiden, Wenn mit der Fülle selger Freuden Die Liebe strahlt aus deiner Brust. Hier ist mein Himmel schon auf Erden! Dem muß ja volle G'nüge werden, Der in dir suchet Ruh und Lust.

2. Die Welt mag sich mir feindlich zeigen: Es sei also; ich acht es nicht. Will sie sich freundlich zu mir neigen: Ich flieh ihr trügend Angesicht. In dir

vergnügt sich meine Seele, Du bist mein Freund, den ich erwähle, Du bleibst mein Freund, wenn Freundschaft weicht; Der Welt Haß kann mich doch nicht fällen, Weil in den stärksten Trübsalswellen Mir deine Treu den Anker reicht.

3. Will mich die Last der Sünden drücken, Blitzt auf mich des Gesetzes Weh: So eil ich, Herr, auf dich zu blicken, Und steige gläubig in die Höh; Ich fliehe, Herr, zu deinen Wunden; Da hab ich schon den Ort gefunden, Wo mich kein Fluchstrahl treffen kann. Tritt alles wider mich zusammen: Du bist mein Heil, wer will verdammen? Die Liebe nimmt sich meiner an!

4. Lenkst du durch Wüsten meine Reise: Ich folg, und lehne mich auf dich; Du gibst mir aus den Wolken Speise, Und tränkest aus den Felsen mich. Ich traue deinen Wunderwegen, Sie enden sich in Lieb und Segen. Genug, wenn ich dich bei mir hab! Ich weiß, wen du willst herrlich zieren Und über Sonn und Sterne führen, Den führest du zuvor hinab.

5. Der Tod mag andern düster scheinen: Ich seh ihn an mit frohem Muth; Denn du, mein Leben, hassest keinen, Des Herz und Leben in dir ruht. Wie kann des Weges Ziel mich schrecken, Da aus der Nacht, die mich wird decken, Ich eingeh in die Sicherheit? Mein Licht, so will ich denn mit Freuden Aus dieser finstern Wildniß scheiden Zur Ruhe deiner Ewigkeit!

Col. 3, 3. 4. Ihr seid gestorben und euer Leben ist verborgen mit Christo in Gott. Wenn aber Christus, euer Leben, sich offenbaren wird, dann werdet ihr auch offenbar werden mit ihm in der Herrlichkeit.

Eigene Melodie.

311. Es glänzet der Christen inwendiges Leben, Obgleich sie von außen die Sonne verbrannt; Was ihnen der König des Himmels gegeben, Ist keinem, als ihnen nur selber bekannt; Was niemand verspüret, Was niemand berühret, Hat ihre erleuchteten Sinne gezieret Und sie zu der göttlichen Würde geführet.

2. Sie scheinen von außen oft arm und geringe, Ein Schauspiel der Engel, ein Eckel der

Welt; Doch innerlich sind sie voll herrlicher Dinge, Der Zierrath, die Krone, die Jesu gefällt; Das Wunder der Zeiten, Die hier sich bereiten, Dem König, der unter den Lilien weidet, Zu dienen, mit heiligem Schmucke bekleidet.

3. Sonst sind sie wohl Adams natürliche Kinder, Und tragen das Bildniß des Irdischen auch: Sie leiden am Fleische, wie andere Sünder, Sie essen und trinken nach nöthigem Brauch; In leiblichen Sachen, Im Schlafen und Wachen, Sieht man sie vor andern nichts Sonderlichs machen, — Nur daß sie die Thorheit der Weltlust verlachen.

4. Doch innerlich sind sie aus göttlichem Stamme, Die Gott durch sein mächtig Wort selber gezeugt, Ein Funken, entzündet von göttlicher Flamme, Ein Leben, von oben her freundlich gesäugt; Die Engel sind Brüder, Die ihre Loblieder Mit ihnen holdselig und inniglich singen, Das muß denn ganz herrlich und prächtig erklingen!

5. Sie wandeln auf Erden, und leben im Himmel; Sie bleiben ohnmächtig, und schützen die Welt; Sie schmecken den Frieden bei allem Getümmel, Sie kriegen, die Aermsten, was ihnen gefällt. Sie stehen in Leiden, Und bleiben in Freuden; Sie scheinen ertödtet den äußeren Sinnen, Und führen das Leben des Glaubens von innen.

6. Wenn Christus, ihr Leben, wird offenbar werden, Wenn er sich einst dar in der Herrlichkeit stellt, So werden sie mit ihm, als Fürsten der Erden, Auch herrlich erscheinen zum Wunder der Welt. Sie werden regieren, Mit ihm triumphiren, Den Himmel als prächtige Lichter auszieren; Da wird man die Freude gar offenbar spüren.

7. Frohlocke, du Erde, und jauchzet, ihr Hügel, Dieweil du den göttlichen Samen genäuß'st; Denn das ist des Ewigen göttliches Siegel, Zum Zeugniß, daß er dir noch Segen verheißt! Du sollst noch mit ihnen Auf's prächtigste grünen, Wenn erst ihr verborgenes Leben erscheinet, Wonach sich dein Seufzen mit ihnen vereinet.

8. O Jesu, verborgenes Leben der Seelen, Du heimliche Zierde

der innern Welt, Laß deinen verborgenen Weg uns erwäh=len, Wenn gleich uns die Bürde des Kreuzes entstellt! Hier übel genennet Und wenig erkennet, Hier heimlich mit Christo im Vater gelebet, Dort öffentlich mit ihm im Himmel geschwebet!

Jes. 64, 18. O daß du auf meine Gebote merktest: so würde dein Friede sein wie ein Wasserstrom.

Mel. Jesu, meine Freude.

312. Jesus, unser Friede! Labsal für uns Müde, Süßer Herr und Christ, Dessen mild Erbarmen Allen geistlich Armen Ihre Zuflucht ist! Du, nur du Bleibst unsre Ruh; Dir, o treuer Fürst des Lebens, Traut man nicht vergebens!

2. Quelle aller Geister, Aller Weisheit Meister, Aller Güte Meer! Schöpfer meiner Seele! Wenn ich dich verfehle, Bleibt mein Herze leer. Nur an dir Genüget mir. Ruf mir, daß ich zu dir eile, Und mich nicht verweile!

3. O wie sind die Triebe Deiner Jesusliebe So vollkommen rein! Tief in ihrem Wesen, Ewig auserlesen, Ohne falschen Schein; Immer neu und immer treu; Süßer, als man kann empfinden, Größer, als die Sünden.

4. Laß in diesen Trieben, Laß in deinem Lieben Meine Seel ruhn! Du kannst uns nicht trügen; Schenke dies Vergnü=gen Mir, mein Jesu, nun! O wie reich Und engelgleich Kann ein Mensch schon hier auf Er=ben Durch dein Lieben werden!

5. Gib mir, daß mein Herze Nie mit Sündern scherze, Nie mit Lust der Welt; Daß mein Wunsch und Wille Darin nur sich stille, Was dir wohlgefällt! Geist und Sinn Soll immerhin Nur in dir und deinen Gaben Licht und Weisheit haben.

6. Was sich in mir reget, Was mein Herz beweget, Was mein Geist gedenkt, Was mein Hoffen nähret, Was mein Wunsch be=gehret, Was mir Friede schenkt, Soll allein Mein Jesus sein! Er, das Ziel all meiner Triebe, Jesus, meine Liebe!

7. Du, mein Licht, erscheine! Du, mein Trost alleine, Komm, erquicke mich! Komm, daß meine Seele Sich nicht länger quäle,

Von dem Frieden Gottes.

Komm, und zeige bich! Nimm mich mir Und gib mich bir! Du, ber sich für mich gegeben, Werde ganz mein Leben!

8. Wenn mein Geist verschieben, Gib ihm Ruh und Frieden In bem obern Zelt! Dort ist sanfte Stille, Dort ist süße Fülle, Die kein Gram vergällt. Höre mich! Ich bitte dich; Gib mir, Herr, in beinem Namen Ewge Ruhe! Amen.

Röm. 8, 29. Welche er zuvor versehen hat, die hat er auch verordnet, daß sie gleich sein sollten dem Ebenbilde seines Sohnes, auf daß berselbe der Erstgeborne sei unter vielen Brüdern.

Mel. Es glänzet der Christen rc.

313. Ermuntert die Herzen, erweckt die Gemüther, Ihr, die ihr als Glieder am Oberhaupt hängt! Erwäget den Reichthum der herrlichen Güter, Den Jesus dem Glauben zur Nahrung geschenkt; Sehl, sterbliche Sünder, Die werden ihm Kinder, Als Töchter und Söhne von Neuem geboren, Zum ewigen Leben aus Gnaden erkoren!

2. Ja, Vater! es hat uns bein ewiges Lieben In Christo vor Grünbung der Welt schon erwählt; Du hast unsre Namen im Himmel geschrieben, Und uns mit bem Sohne ber Liebe vermählt. O Gott aller Gnaden, Du heilst unsern Schaden! Wir geben uns bankend den treuesten Häuben Zum Gründen, zum Stärken, zum Kräftigen, Vollenden.

3. Ist uns nun der König des Lebens gewogen, So bient uns der Himmel, die Erbe, das Meer; Die Engel, sie kommen mit Freuden gezogen, Und lagern sich flammend zum Schutz um uns her. Sie lieben die Kinder, Uns Alte nicht minder; Sie bienen und wachen in Nächten und Tagen, Bis daß sie uns jauchzend gen Himmel getragen.

4. O Liebe, wie hast bu die Deinen erhoben, Da du bich uns selber und alles ergibst! O Vater, das Köstlichste hier und bort oben Ist, daß bu in Christo uns väterlich liebst! O Tiefe! o Weite! O Höhe! o Breite! O seliger Abgrund unendlicher Freude! Da finden bie Seelen vollkommene Weibe.

5. Dein Vaterherz bringt bich, für alles zu sorgen; Du kennst

das Bedürfniß, und weißest auch Rath. Du sorgest für heute, du waltest für morgen, Sorgst herrlich für Seel und für Leib mit der That. Ja, Vater, wir spüren Dein Segensregieren! Du krönst uns mit Gnaden im Leben und Sterben, Und lässest uns endlich dein Himmelreich erben.

6. Ihr seligen Armen, seht, alles ist euer! Ihr lebet in Christus, und Christus in euch: Er achtet euch, seine Begnadigten, theuer, Und macht euch an Herrlichkeit selber sich gleich. Genießt nun als Freie, Was Jesus, der Treue, Als Segen in irdschen und himmlischen Dingen Euch wollte durch blutiges Sterben erringen!

7. O möchten wir gänzlich der Liebe gewohnen, Die hier uns im Sohne so gnädig umarmt! Wie mildiglich weiß sie nicht unser zu schonen, Gleichwie sich ein Vater der Kinder erbarmt! Es gehn ihr zu Herzen All unsre Schmerzen; Sie heilt, sie verbindet, sie hebet und träget, Bis sie uns dort ewig als Liebe verpfleget.

XIX. Allgemeine Gebet-, Lob- und Danklieder.

Jes. 6, 3. Heilig, heilig, heilig ist der Herr Zebaoth, alle Lande sind seiner Ehre voll.

Eigene Melodie.

314. Herr Gott, dich loben wir! Herr Gott, wir danken dir! Dich, Gott Vater in Ewigkeit, Ehret die Welt weit und breit; All' Engel und Himmelsheer', Und was dienet beiner Ehr, Auch Cherubim und Seraphim Singen immer mit hoher Stimm: Heilig ist unser Gott! Heilig ist unser Gott! Heilig ist unser Gott! Der Herre Zebaoth! :,:

2. Dein' göttlich' Macht und Herrlichkeit Geht über Erd und

Himmel weit; Der heiligen zwölf Boten Zahl Und die lieben Propheten all', Die theuren Märt'rer allzumal Dich loben, Herr, mit großem Schall; Die ganze werthe Christenheit Rühmt dich auf Erden allezeit; Dich, Vater, Gott im höchsten Thron, Und deinen rechten eingen Sohn, Den heilgen Geist und Tröster werth Mit rechtem Dienst sie lobt und ehrt.

3. Du König der Ehren, Jesu Christ! Gott Vaters ewger Sohn du bist; Der Jungfrau Leib nicht hast verschmäht, Zu erlösen das menschliche Geschlecht. Du hast dem Tod zerstört sein' Macht, Und alle Christen zum Himmel bracht. Du sitzest zur Rechten Gottes gleich, Mit aller Ehr in's Vaters Reich; Ein Richter du zukünftig bist Ueber alles, was tobt und lebend ist.

4. Nun hilf uns, Herr, den Dienern dein, Die durch dein Blut erlöset sein: Laß uns im Himmel haben Theil Mit den Heilgen am ewgen Heil! Hilf deinem Volk, Herr Jesu Christ, Und segne, was dein Erbtheil ist. Regiere sie zu aller Zeit, Und heb sie hoch in Ewigkeit!

Herr Gott, wir loben täglich dich, Und deinen Namen steticlich, Den ehren wir in dieser Zeit Und dort in aller Ewigkeit!

5. Behüt uns heut, o treuer Gott! Vor aller Sünd und Missethat! Sei uns gnädig, o Herre Gott! Sei uns gnädig in aller Noth; Zeig uns deine Barmherzigkeit, Wie unsre Hoffnung zu dir steht; Auf dich hoffen wir, lieber Herr! In Schanden laß uns nimmermehr! Heilig ist unser Gott! :,: :,: Der Herre Zebaoth! :,: Amen.

Ps. 136, V. 4. Danket dem Herrn aller Herren; denn seine Güte währet ewiglich: der große Wunder thut allein.

Eigene Melodie.

315. Nun danket alle Gott Mit Herzen Mund und Händen, Der große Dinge thut An uns und allen Enden; Der uns von Mutterleib Und Kindesbeinen an Unzählig viel zu gut Bis hieher hat gethan.

2. Der ewig reiche Gott Woll uns bei unserm Leben Ein immer fröhlich Herz Und edlen Frieden geben, Und uns in seiner Gnad Erhalten fort und

fort, Und uns aus aller Noth
Erlösen hier und dort.

3. Lob, Ehr und Preis sei
Gott, Dem Vater und dem
Sohne Und dem, der beiden
gleich Im höchsten Himmelsthrone, Dem dreieinigen Gott;
Als es anfänglich war Und ist
und bleiben wird Jetzund und
immerbar.

Ps. 57, 8—10. Gott, mein Herz ist bereit,
daß ich singe und lobe. Wache auf, Psalter
und Harfe; frühe will ich aufwachen. Herr,
ich will dir danken unter den Völkern.

Eigene Melodie.

316. Lobe den Herren,
den mächtigen König der Ehren,
Meine geliebete Seele, das ist
mein Begehren. Kommet zu
Hauf! Psalter und Harfe, wacht
auf! Lasset den Lobgesang hören!

2. Lobe den Herrn, der alles
so herrlich regieret, Der, wie auf
Flügeln des Adlers, dich sicher
geführet, Der dich erhält, Wie
es dir selber gefällt. Hast du
nicht dieses verspüret?

3. Lobe den Herren, der künst-
lich und fein dich bereitet, Der
dir Gesundheit verliehen, dich
freundlich geleitet. In wie viel
Noth Hat nicht der gnädige Gott
Ueber dir Flügel gebreitet!

4. Lobe den Herren, der beinen Stand sichtbar gesegnet,
Der aus dem Himmel mit
Strömen der Liebe geregnet!
Denke daran, Was der Allmächtige kann, Der dir mit Liebe
begegnet.

5. Lobe den Herren; was in
mir ist, lob seinen Namen!
Alles, was Odem hat, lobe mit
Abrahams Samen! Er ist dein
Licht; Seele, vergiß es ja nicht!
Lob ihn in Ewigkeit! Amen.

(Psalm 103.)

Ps. 103, 1. Lobe den Herrn, meine Seele
und was in mir ist, seinen heiligen Namen.

Eigene Melodie.

317. Nun lob, mein'
Seel, den Herren, Was in mir
ist, den Namen sein, Des Gnaden stets sich mehren; Vergiß es
nicht, o Herze mein! Er hat
die Schuld vergeben, Heilt deine
Schwachheit groß, Beschirmt dein
armes Leben, Nimmt dich in

seinen Schoos. Mit Trost dich
überschüttet, Verjüngt dem Ad=
ler gleich; Schafft Recht und
treu behütet, Die leiden für sein
Reich.

2. Er hat uns wissen lassen
Sein heilig Recht und sein Ge=
richt, Auch seine Güt ohn' Maa=
ßen; Ihm mangelt's an Erbar=
mung nicht. Den Zorn läßt er
bald fahren, Straft nicht nach
unsrer Schuld, Will Gnade
nimmer sparen, Zeigt Blöden
seine Huld; Sein Mitleid ist so
labend Für die, so fürchten ihn;
So fern der Ost vom Abend,
Ist unsre Sünde hin.

3. Wie Väter sich erbarmen,
Wenn ihre schwachen Kinder
schrei'n, So thut der Herr uns
Armen, Wenn wir ihn fürchten
kindlich rein. Gott kennt uns
arme Knechte, Er weiß, wir
sind nur Staub, Ein nichtiges
Geschlechte, Wie Blum und fal=
lend Laub; Der Wind darüber
wehet, So ist es nimmer da;
Also der Mensch vergehet, Sein
End, das ist ihm nah.

4. Die Gottesgnad alleine Bleibt
stet und fest in Ewigkeit, Sie
bleibt bei der Gemeine, Die steht
in seiner Furcht bereit; Sein
Bund ist nicht veraltet, Er herrscht
im Himmelreich. Ihr starken
Engel, waltet Des Lobs und
dient zugleich Dem großen Herrn
zu Ehren, Und treibt sein heilig
Wort! Mein Herz soll auch
vermehren Sein Lob an allem
Ort.

5. Sei Lob und Preis mit Eh=
ren Gott Vater, Sohn und
heilgem Geist! Der woll in
uns vermehren, Was er aus
Gnaden uns verheißt, Daß wir
ihm fest vertrauen, Uns grün=
den ganz auf ihn Und kindlich
auf ihn bauen Mit Herzen,
Muth und Sinn; Daß wir ihm
treu anhangen Bis zu der letz=
ten Stund. Das laß er uns
erlangen! Amen von Herzens=
grund!

---

5. Mos. 32, 3. Ich will den Namen des
Herrn preisen. Gebt unserm Gott allein die
Ehre.

Eigene Melodie.

318. Sei Lob und Ehr
dem höchsten Gut, Dem Vater
aller Güte, Dem Gott, der alle
Wunder thut, Dem Gott, der
mein Gemüthe Mit seinem rei=
chen Trost erfüllt, Dem Gott,

ber allen Jammer stillt; Gebt unserm Gott die Ehre!

2. Es danken dir die Himmelsheer', O Herrscher aller Thronen; Und die in Lüften, Land und Meer In deinem Schalten wohnen, Die preisen deine Schöpfersmacht, Die alles also wohl bedacht. Gebt unserm Gott die Ehre!

3. Was unser Gott geschaffen hat, Das will er auch erhalten; Darüber will er früh und spat Mit seiner Gnade walten. In seinem ganzen Königreich Ist alles recht und alles gleich; Gebt unserm Gott die Ehre!

4. Ich rief dem Herrn in meiner Noth: „Ach Gott, vernimm mein Schreien!" Da half mein Helfer mir vom Tod, Ließ Trost mir angedeihen. Drum dank ich, Gott, drum dank ich dir, Ach, danket, danket Gott mit mir, Gebt unserm Gott die Ehre!

5. Der Herr ist nun und nimmer nicht Von seinem Volk geschieden; Er bleibet ihre Zuversicht, Ihr Segen, Heil und Frieden. Mit Mutterhänden leitet er Die Seinen stetig hin und her. Gebt unserm Gott die Ehre!

6. Wenn Trost und Hülfe mangeln muß, Die alle Welt erzeiget, So kommt, so hilft der Ueberfluß, Der Schöpfer selbst, und neiget Die Vateraugen denen zu, Die nirgendwo sonst finden Ruh. Gebt unserm Gott die Ehre!

7. Ich will dich all mein Leben lang, O Gott, von nun an ehren; Man soll, Gott, deinen Lobgesang An allen Orten hören; Mein ganzes Herz ermuntre sich, Mein Geist und Leib erfreue dich; Gebt unserm Gott die Ehre!

8. Ihr, die ihr Christi Namen nennt, Gebt unserm Gott die Ehre! Ihr, die ihr Gottes Macht bekennt, Gebt unserm Gott die Ehre! Die falschen Götzen macht zu Spott, Der Herr ist Gott, der Herr ist Gott! Gebt unserm Gott die Ehre!

9. So kommet vor sein Angesicht, Mit Jauchzen Dank zu bringen, Bezahlet die gelobte Pflicht, Und laßt uns fröhlich singen; Gott hat es alles wohl bedacht Und alles, alles recht gemacht! Gebt unserm Gott die Ehre!

Allgemeine Gebets-, Lob- und Danklieder.

Pf. 90, 7. 8. Ihr Völker, bringet her dem Herrn, bringet her dem Herrn Ehre und Macht; bringet her dem Herrn die Ehre seines Namens.

Mel. Mein Vater, sieh, ich bringe dir.

319. Nun danket all' und bringet Ehr, Ihr Menschen in der Welt, Ihm, den da preist der Engel Heer Allzeit im Himmelszelt!

2. Ermuntert euch und singt mit Schall Gott, unserm höchsten Gut, Der seine Wunder überall Und große Dinge thut.

3. Der uns von Mutterleibe an frisch und gesund erhält, Und wo kein Mensch mehr helfen kann, Sich selbst zum Helfer stellt.

4. Der, ob wir ihn gleich hoch betrübt, Doch bleibet gütgen Muths, Die Straf erläßt, die Schuld vergibt Und thut uns alles Guts.

5. Er gebe uns ein fröhlich Herz, Erfrische Geist und Sinn Und werf all Angst, Sorg, Furcht und Schmerz In Meerestiefe hin.

6. Er lasse seinen Frieden ruhn Auf unserm Vaterland; Er gebe Glück zu unserm Thun Und Heil in allem Stand.

7. Er lasse seine Lieb und Güt Um, bei und mit uns gehn; Was aber ängstet und bemüht, Gar ferne von uns stehn.

8. So lange dieses Leben währt, Sei er stets unser Heil; Und wann wir scheiden von der Erd, Verbleib er unser Theil.

9. Er drücke, wenn das Herze bricht, Uns selbst die Augen zu Und zeig uns drauf sein Angesicht Dort in der ewgen Ruh.

Pf. 148, 1–5. Lobet, ihr Himmel, den Herrn, lobet ihn, alle seine Engel; lobet ihn, alles sein Heer. Lobet ihn, Sonne und Mond; lobet ihn, alle leuchtenden Sterne. Lobet ihn, ihr Himmel allenthalben! und die Wasser, die oben am Himmel sind: die sollen loben den Namen des Herrn.

Eigene Melodie.

320. Wunderbarer König, Herrscher von uns allen, Laß dir unser Lob gefallen! Deine Vatergüte Hast du lassen fließen, Ob wir schon dich oft verließen. Hilf uns noch, Stärk uns doch, Daß die Stimm erklinge Und das Herz dir singe!

2. Himmel, lobe prächtig Deines Schöpfers Stärke Mehr, als aller Menschen Werke. Großes

Licht der Sonne, Sende deine Strahlen, Die das große Rund bemalen. Lobet gern, Mond und Stern! Seid bereit zu ehren Einen solchen Herren.
3. O du, meine Seele, Singe fröhlich, singe, Singe deine Glaubenslieder! Was da Odem holet, Jauchze, preise, klinge! Wirf dich in den Staub darnieder! Er ist Gott Zebaoth! Er nur ist zu loben Hier und ewig droben.
4. Hallelujah bringe, Wer den Herren kennet, Wer den Herren Jesum liebet! Hallelujah singe, Welcher Christum nennet, Sich von Herzen ihm ergiebet! O wohl dir! Glaube mir, Endlich wirst du droben Ohne Sünd ihn loben.

Ps. 103, 13. Wie sich ein Vater über Kinder erbarmet, so erbarmet sich der Herr über die, so ihn fürchten.

Eigene Melodie.

321. Womit soll ich dich wohl loben, Mächtiger Herr Zebaoth? Sende mir dazu von oben Deines Geistes Kraft, mein Gott; Denn ich kann mit nichts erreichen Deine Gnad und Liebeszeichen. Tausend=, tausendmal sei dir, Großer König, Dank dafür!

2. Herr! entzünde mein Gemüthe, Daß ich deine Wundermacht, Deine Gnade, Treu und Güte Froh erhebe Tag und Nacht, Da von deinen Gnadengüssen Leib und Seele zeugen müssen. Tausend=, tausendmal sei dir, Großer König, Dank dafür!

3. Denk ich, wie ich dich verlassen, Wie ich häufte Schuld auf Schuld, So möcht ich aus Scham erblassen Vor der Langmuth und Geduld, Womit du, o Gott, mich Armen Hast getragen aus Erbarmen! Tausend=, tausendmal sei dir, Großer König, Dank dafür!

4. Ach ja, wenn ich überlege, Mit was Lieb und Gütigkeit Du durch so viel Wunderwege Mich geführt die Lebenszeit, So weiß ich kein Ziel zu finden, Noch die Tiefen zu ergründen. Tausend=, tausendmal sei dir, Großer König, Dank dafür!

5. Du, Herr, bist mir nachgelaufen, Mich zu reißen aus der Gluth; Denn da mit der Sünder Haufen Ich nur suchte irdisch Gut, Hießest du auf das mich achten, Wonach man zuerst soll trachten. Tausend=, tausend=

mal sei dir, Großer König, Dank dafür!

6. O wie hast du meine Seele Stets gesucht, zu dir zu ziehn! Daß ich nicht mein Heil verfehle, Soll ich zu den Wunden fliehn, Die mich ausgesöhnet haben Und mir Kraft zum Leben gaben. Tausend-, tausendmal sei dir, Großer König, Dank dafür!

7. Ja, Herr, lauter Gnad und Wahrheit Sind vor deinem Angesicht! Du, da trittst hervor in Klarheit, In Gerechtigkeit, Gericht, Lässest uns in deinen Werken Deine Güt und Allmacht merken. Tausend-, tausendmal sei dir, Großer König, Dank dafür!

8. Bald mit Lieben, bald mit Leiden Kamst du, Herr, mein Gott, zu mir: Nur mein Herze zu bereiten, Ganz sich zu ergeben dir, Daß mein gänzliches Verlangen Möcht an deinem Willen hangen. Tausend-, tausendmal sei dir, Großer König, Dank dafür!

9. Wie ein Vater nimmt und gibet; Nachdem's Kindern nützlich ist, So hast du mich auch geliebet, Herr, mein Gott, zu jeder Frist Und dich meiner angenommen, Wenn's auf's äußerste gekommen. Tausend-, tausendmal sei dir, Großer König, Dank dafür!

10. Mich hast du auf Adlersflügeln Oft getragen väterlich, In den Thälern, auf den Hügeln Wunderbar errettet mich; Schien mir alles zu zerrinnen, Warb ich doch der Hülfe innen. Tausend-, tausendmal sei dir, Großer König, Dank dafür!

11. Fielen Tausend mir zur Seiten Und zur Rechten zehnmal mehr, Ließest du mich doch begleiten Durch der Engel starkes Heer, Daß den Nöthen, die mich drangen, Ich jedennoch bin entgangen. Tausend-, tausendmal sei dir, Großer König, Dank dafür!

12. Vater! du hast mir erzeiget Lauter Gnad und Gütigkeit; Und du hast zu mir geneiget, Jesu, deine Freundlichkeit; Und durch dich, o Geist der Gnaden, Werd ich stets noch eingeladen. Tausend-, tausendmal sei dir, Großer König, Dank dafür!

13. Tausendmal sei dir gesungen, Herr, mein Gott, solch

306　Allgemeine Gebet=, Lob= und Danklieder.

Lobgesang, Weil es mir bisher gelungen; Ach, laß meines Lebens Gang Ferner noch durch Jesu Leiten Nur gehn in die Ewigkeiten; Da will ich, Herr, für und für Ewig, ewig danken dir!

Ps. 150, 6. Alles, was Odem hat, lobe den Herrn. Hallelujah.

Eigene Melodie.

322. O daß ich tausend Zungen hätte Und einen tausendfachen Mund! So stimmt ich damit in die Weite Aus allertiefstem Herzensgrund Ein Loblied nach dem andern an Von dem, was Gott an mir gethan.

2. O daß doch meine Stimme schallte Bis dahin, wo die Sonne steht! O daß mein Blut mit Jauchzen wallte, So lang es durch die Adern geht! Ach, wäre jeder Puls ein Dank Und jeder Odem ein Gesang!

3. Was schweigt ihr denn, ihr, meine Kräfte? Auf, auf, braucht allen euren Fleiß, Und stehet munter im Geschäfte Zu Gottes, meines Herren, Preis! Mein Leib und Seele, schicke dich, Und lobe Gott herzinniglich!

4. Ihr grünen Blätter in den Wäldern, Bewegt und regt euch doch mit mir! Ihr schwanken Gräschen in den Feldern, Ihr Blumen, laßt doch eure Zier Zu Gottes Ruhm belebet sein, Und stimmet lieblich mit mir ein!

5. Ach, alles, alles, was ein Leben Und einen Odem in sich hat, Soll sich mir zum Gehülfen geben; Denn mein Vermögen ist zu matt, Die großen Wunder zu erhöhn, Die allenthalben um mich stehn.

6. Lob sei dir, allerliebster Vater, Für Leib und Seele, Hab und Gut! Lob sei dir, mildester Berather, Für alles, was dein Lieben thut, Daß mir in reiner weiten Welt Beruf und Wohlsein ist bestellt!

7. Mein treuster Jesu! sei gepriesen, Daß bein erbarmungsvolles Herz Sich mir so hülfreich hat erwiesen, Und mich durch Blut und Todesschmerz Von Satans Macht und List befreit, Und dir zum Eigenthum geweiht.

8. Auch dir sei ewig Ruhm und Ehre, O heilig werther Gottes=Geist Für deines Trostes süße Lehre, Die mich ein Kind

des Lebens heißt! Was Gutes soll durch mich gedeihn, Das wirkt dein göttlich Licht allein.

9. Wer überströmet mich mit Segen? Bist du es nicht, o reicher Gott? Wer schützet mich auf meinen Wegen? Du, mächtiger Gott Zebaoth! Du trägst mit meiner Sündenschuld Unsäglich gnädige Gebuld.

10. Vor andern küss' ich deine Ruthe, Womit du mich gezüchtigt hast; Wie viel thut sie mir doch zu gute! Wie ist sie eine sanfte Last! Sie macht mich fromm und zeugt dabei, Daß ich bei dir in Gnaden sei.

11. Ich hab es ja mein Lebetage Schon viele tausendmal gespürt, Daß du mich unter vieler Plage Getreulich hast hindurchgeführt; Denn in der größten Gefahr ward ich dein Trostlicht stets gewahr.

12. Wie soll ich nun nicht voller Freuden In deinem steten Lobe stehn? Wie wollt ich auch im tiefsten Leiden Nicht triumphirend einher gehn? Und fiel auch selbst der Himmel ein, So will ich doch nicht traurig sein.

13. Ich will von deiner Güte singen, So lange sich die Zunge regt; Ich will dir Freudenopfer bringen, So lange sich mein Herz bewegt: Ja, wenn der Mund wird kraftlos sein, So stimm ich noch mit Seufzen ein.

14. Ach, nimm das arme Lob auf Erden, Mein Gott, in allen Gnaden hin! Im Himmel soll es besser werden, Wenn ich bei deinen Engeln bin; Da sing ich dir im höhern Chor Viel tausend Hallelujah vor!

Ps. 118, 14. Der Herr ist meine Macht und mein Psalm und ist mein Heil.

Mel. Sei Lob und Ehr dem höchsten ꝛc.

323. O Gott, du bist mein Psalm und Heil! Laß sich mein Herz entzünden, Damit es auch in seinem Theil Mag deinen Ruhm verkünden! Laß die Gerechten sich erfreun; Die Frommen müssen fröhlich sein, Und deiner Gnade leben!

2. Schreib deinen Namen in mich ein, Und laß, bis ich erkalte, Nur das stets meine Freude sein, Daß ich zu dir mich halte, Und setze meine Zuversicht Auf dich allein, auf Menschen nicht, Und all dein Walten preise!

3. Herr Zebaoth, du Gott der Treu! Ach, lasse mich empfinden, Wie lieblich deine Wohnung sei, Wo du vergibst die Sünden; Wo sich nach Finsterniß und Noth In dir, Herr, dem lebendgen Gott, So Leib als Seele freuen!

4. Laß mich auch in Erfahrung sehn, Wie aus der Nacht der Schmerzen Gerechten muß das Licht aufgehn Und Heil den frommen Herzen. Mein Jesus ist der Brunn des Heils; Laß mich aus ihm auch meinestheils Mit Freuden Wasser schöpfen!

5. Du hast die Sünder dir vertraut, Ihr Elend nicht gescheuet; Hast Gottes Tempel uns erbaut Und ihn mit Blut geweihet. Herr, wie du unser dich gefreut, So laß mein Herz in Ewigkeit Sich nur an dir erfreuen!

6. Wenn du, erhabner Lebensfürst, Den Himmel sammt der Erden verneut erscheinen lassen wirst, Und offenbar wirst werden: Dann gib, daß ich in Seligkeit, Voll himmlischer Zufriedenheit, Dein Antlitz schauen möge!

7. Wirst du einst, die entschlafen sind, Die durch dein Blut Erlösten, So wie die Mutter herzt ihr Kind, Nach Angst und Weinen trösten: So laß auch mich getröstet sein! Dann wird, Herr, unser Sterbgebein Wie Laub im Frühling grünen.

8. Dann wird der Mund des Jauchzens voll, Die Zunge voller Rühmen, Denn wandellose Freude soll Das lichte Haupt beblümen. Hier säen wir mit Thränen aus; Dort sollen wir im Vaterhaus Mit tausend Wonnen ernten.

9. Ach, laß zu jener Herrlichkeit Uns einst mit Ehren gehen, Und unsre dunkle Thränenzeit Im Lichte bald verwehen! Hilf uns, o Vater, durch den Tod, Hilf uns, du freudenreicher Gott, Durch Jesum Christum! Amen.

Jer. 31, 20. Ist nicht Ephraim mein theurer Sohn und mein trautes Kind? Denn ich gedenke noch wohl daran, was ich ihm geredet habe: Darum bricht mir mein Herz gegen ihn, daß ich mich seiner erbarmen muß, spricht der Herr.

Mel. O daß ich tausend Zungen hätte.

324. Herr von unendlichem Erbarmen, Du unergründ

Allgemeine Gebet-, Lob- und Danklieder.

lich Liebesmeer! Ich danke dir mit andern Armen, Mit einem ganzen Sünderheer Für deine Huld in Jesu Christ, Die vor der Welt gewesen ist.

2. Für dein so allgemein Erlösen, Für die Bezahlung aller Schuld, Für deinen Ruf an alle Bösen, Und für das Wort von deiner Huld; Ja, für die Kraft in deinem Wort Dankt dir mein Herze hier und dort.

3. Für deinen heilgen Geist der Liebe, Der Glauben wirkt in unserm Geist, Weil doch des Glaubens Kraft und Triebe Ein Werk der Allmacht Gottes heißt; Für die Befestigung darin Dankt dir mein neu geschaffner Sinn.

4. Für dein so tröstliches Versprechen, Daß deine Gnade ewig sei; Wenn Berge bersten, Hügel brechen, So bleibt dein Bund und deine Treu; Wenn Erd und Himmel weicht und fällt, So lebt doch Gott, der Glauben hält.

5. Für deine theuren Bundeszeichen, Die Siegel deiner wahren Schrift, Kann, Herr, mein Lob dich nicht erreichen: Du hast ein Denkmal drin gestift't Der Wunder-Gnade in der Zeit, Wofür ich dank' in Ewigkeit.

6. Ja, Mund und Herze soll dir danken; Doch bittet auch mein Herz und Mund: Laß weder Mund noch Herze wanken, Und gründ mich fest auf diesen Grund; Erhalte nur durch deine Treu Auch bis an's Ende mich dabei!

7. Und fechten Satan, Welt und Lüste Mich in dem bösen Stündlein an, Gib, daß ich mit dem Schild mich rüste, Der Satanas Pfeile dämpfen kann. Doch weil ich schwach, so lasse du Nicht allzuschwere Prüfung zu!

8. Laß mir dein allgemein Erbarmen, Das allgemeine Lösegeld, Den allgemeinen Ruf der Armen, Den allgemeinen Trost der Welt, Die Mittel, welche allgemein, Den festen Grund des Glaubens sein!

9. Du gabst ja mir auch solche Gnaden, Auch ich, ich habe Theil daran. Ich lag ja mit in gleichem Schaden, Für mich ist ja genug gethan; An deinem Worte, Trost und Heil Gehört mir mein besondres Theil.

10. An diesem kann ich nun erkennen, Daß ich dein Kind in

Gnaden bin; Du willst mir selbst die Ehre gönnen, Du gabst den Sohn für mich dahin; Er war den Sündern zugezählt, In dem die Sünder auserwählt.

11. Laß mich in Liebe heilig leben, Unsträflich dir zum Lobe sein; Versichere mein Herz darneben, Es reiße keine Lust noch Pein Mich von der Liebe Gottes hin, Weil ich in Christo Jesu bin.

12. Tod, Leben, Trübsal, Angst und Leiden, Was Welt und Hölle in sich schließt, Nichts soll mich von der Liebe scheiden, Die da in Christo Jesu ist. Ja, Amen! Vater aller Treu, Zähl mich den Auserwählten bei!

Ps. 147, 1. Lobet den Herrn, denn unsern Gott loben, das ist ein köstliches Ding; solches Lob ist lieblich und schön.

Eigene Melodie.

325.

Großer Gott, wir loben dich! Herr, wir preisen beine Stärke! Vor dir neigt die Erde sich, Und bewundert beine Werke. Wie du warst vor aller Zeit, So bleibst du in Ewigkeit!

2. Heiliger Gott Zebaoth! Heilger Herr der Himmelsheere! Starker Helfer in der Noth! Himmel, Erde, Luft und Meere Sind erfüllt mit beinem Ruhm; Alles ist bein Eigenthum!

3. Auf dem ganzen Erdenkreis Loben Große dich und Kleine. Dir, Gott Vater, dir zum Preis Singt die heilige Gemeine, Und verehrt auf seinem Thron Deinen eingebornen Sohn.

4. Sie verehrt den heilgen Geist, Welcher uns mit seinen Lehren Und mit Troste kräftig speist, Dich, den Herrscher voller Ehren! Der mit dir, o Jesu Christ, Und dem Vater Eines ist!

5. Du, des Vaters ewger Sohn, Hast die Menschheit angenommen, Bist, o Herr, von beinem Thron Zu uns in die Welt gekommen! Du hast uns bein Reich gebracht: Uns von Sünde frei gemacht!

6. Nun kann zu der Gnade Thron Jeder freien Zugang finden: Wer da glaubet an den Sohn, Hat Vergebung seiner Sünden; Denn des Lammes theures Blut Spricht für uns beim Vater gut.

7. Stehe benn, o Herr, uns

bet, Die wir dich in Demuth bitten: Sprich von aller Schuld uns frei, Da du auch für uns gelitten; Nimm uns nach vollbrachtem Lauf Zu dir in den Himmel auf!

8. Alle Tage wollen wir Deinen heilgen Namen preisen, Und zu allen Zeiten dir, Ehre, Lob und Dank erweisen. Gib, daß wir in allem Thun Nur in deinem Willen ruhn!

9. Herr, erbarm, erbarme dich! Ueber uns, Herr, sei dein Segen! Deine Güte zeige sich, Daß wir lauter preisen mögen! Auf dich hoffen wir allein, Laß uns nicht verloren sein!

(Psalm 34.)

Ps. 34, 2. Ich will den Herrn loben allezeit, sein Lob soll immerdar in meinem Munde sein. — Ps. 66, 2.

Mel. Nun lob, mein' Seel den ꝛc.

326. Man lobt dich in der Stille, Du großer, hocherhabner Gott! Des Rühmens ist die Fülle Vor deinem Thron, Herr Zebaoth! Du bist doch hier auf Erden Der Frommen Zuversicht; In Trübsal und Beschwerden Läss'st du die Deinen nicht. Drum soll dich täglich ehren Mein Mund vor jedermann, Und deinen Ruhm vermehren, So lang er lallen kann!

2. Es müsse dein sich freuen, Wer deine Macht und Gnade kennt, Und stets dein Lob erneuen, Wer dich in Christo Vater nennt! Dein Name sei gepriesen, Der große Wunder thut, Und der auch mir erwiesen, Was mir ist nutz und gut. Nun, dies ist meine Freude, Zu hängen fest an dir, Daß nichts von dir mich scheide, So lang ich walle hier!

3. Herr, du hast deinen Namen Sehr herrlich in der Welt gemacht, Und eh wir flehend kamen, Hast du schon längst an uns gedacht. Du hast mir Gnad erzeiget; Herr, wie vergelt ich's dir? Ach, bleibe mir geneiget, Dein Segen ruh auf mir! Den Kelch des Heils erheben Will ich dann allezeit, Und preisen dich im Leben, Und dort in Ewigkeit!

Pf. 29, v. 1. 2. Bringet her dem Herrn, ihr Gewaltigen, bringet her dem Herrn Ehre und Stärke, bringet dem Herrn Ehre seines Namens, betet an den Herrn im heiligen Schmuck.

Mel. Es ist das Heil uns kommen her.

327. Bringt her dem Herrn Lob, Dank und Ehr Aus freudigem Gemüthe! Ein jeder Gottes Ruhm vermehr Und preise seine Güte! Ach, lobet, lobet alle Gott, Der uns befreiet aus der Noth, Und danket seinem Namen!

2. Lobt Gott und rühmet allezeit Die großen Wunderwerke, Die Majestät und Herrlichkeit, Die Weisheit, Kraft und Stärke, Die er beweist in aller Welt, Und dadurch alle Ding erhält: Drum danket seinem Namen!

3. Lobt Gott, der uns erschaffen hat; Leib, Seele, Geist und Leben Aus lauter väterlicher Gnad Uns allen hat gegeben; Der uns durch seine Engel schützt, Und täglich gibet, was uns nützt: Drum danket seinem Namen!

4. Lobt Gott, er schenkt uns seinen Sohn, Der für uns ist gestorben, Und uns die ewige Lebenskron Durch seinen Tod erworben; Der worden ist der Hölle Gift, Und Frieden hat mit Gott gestift't: Drum danket seinem Namen!

5. Lobt Gott, der in uns durch den Geist Den Glauben angezündet, Und alles Gute noch verheißt, Uns stärket, kräftigt, gründet; Der uns 'erleuchtet durch sein Wort, Regiert und treibet fort und fort: Drum danket seinem Namen!

6. Lobt Gott, der auch das gute Werk, So in uns angefangen, Vollführen wird und geben Stärk, Das Kleinod zu erlangen, Das er hat allen dargestellt, Und seinen Gläubgen vorbehält: Drum danket seinem Namen!

7. Lobt Gott, ihr starken Seraphim, Ihr Fürsten und ihr Thronen! Es loben Gott mit heller Stimm, Die hier auf Erden wohnen! Lobt Gott und preist ihn früh und spat! Ja, alles, was nur Odem hat, Das danke seinem Namen!

Jer. 29, 13. 14. Ihr werdet mich suchen und finden. Denn so ihr mich von ganzem Herzen suchen werdet: so will ich mich von euch finden lassen, spricht der Herr.

Eigene Melodie.

328. Sieh, hier bin ich, Ehrenkönig, Lege mich vor deinen Thron. Schwache Thränen, Kindlich Sehnen Bring ich bir, du Menschensohn. Laß dich finden, Laß dich finden Von mir, der ich Asch und Thon!

2. Sieh doch auf mich, Herr, ich bitt dich, Lenke mich nach deinem Sinn. Dich alleine Ich nur meine; Dein erkaufter Erb ich bin. Laß dich finden, Laß dich finden! Gib dich mir und nimm mich hin.

3. Herr, erhöre! Ich begehre Nichts, als deine freie Gnad, Die du gibest, Den du liebest, Und der dich liebt in der That. Laß dich finden, Laß dich finden! Der hat alles, wer dich hat.

4 Himmelssonne, Seelenwonne, Unbeflecktes Gotteslamm! All mein Sinnen Und Beginnen Suchet dich, o Bräutigam! Laß dich finden, Laß dich finden, Starker Held aus Davids Stamm!

5. Hör, wie kläglich, Wie beweglich Dir die arme Seele singt, Wie bemüthig Und wehmüthig Deines Kindes Stimme klingt! Laß dich finden, Laß dich finden! Denn mein Herze zu dir bringt!

6. Dieser Zeiten Eitelkeiten, Reichthum, Wollust, Ehr und Freud Sind nur Schmerzen Meinem Herzen, Welches sucht die Ewigkeit. Laß dich finden, Laß dich finden! Großer Gott, ich bin bereit!

Jak. 1, 17. Alle gute Gabe und alle vollkommene Gabe kommt von oben herab, von dem Vater des Lichts, bei welchem ist keine Veränderung noch Wechsel des Lichts und Finsterniß.

Eigene Melodie.

329. O Gott, du frommer Gott, Du Brunnquell guter Gaben, Ohn' den nichts ist, was ist, Von dem wir alles haben: Gesunden Leib gib mir, Und daß in solchem Leib Die Seele unverletzt, Rein das Gewissen bleib.

2. Gib, daß ich thu mit Fleiß, Was mir zu thun gebühret, Wozu mich dein Befehl In meinem Stande führet. Gib, daß ich's thue bald, Zu der Zeit, da

ich soll; Und wenn ich's thu, so gib, Daß es gerathe wohl.

3. Hilf, daß ich rede stets, Womit ich kann bestehen. Laß kein unnützes Wort Aus meinem Munde gehen, Und wenn in meinem Amt Ich reden soll und muß, So gib den Worten Kraft Und Nachdruck, ohn' Verdruß.

4. Find't sich Gefährlichkeit, So laß mich nicht verzagen. Gib einen Heldenmuth, Das Kreuz hilf selber tragen. Gib, daß ich meinen Feind Mit Sanftmuth überwind, Und wenn ich Raths bedarf, Auch guten Rath erfind.

5. Laß mich mit jedermann In Frieb und Freundschaft leben, So weit es christlich ist. Willst du mir etwas geben An Reichthum, Gut und Geld, So gib auch dies dabei, Daß von unrechtem Gut Nichts untermenget sei.

6. Soll ich auf dieser Welt Mein Leben höher bringen, Durch manchen sauern Tritt Hindurch in's Alter bringen, So gib, o Herr, Geduld; Vor Sünd und Schand bewahr, Auf daß ich tragen mag Mit Ehren graues Haar.

7. Laß mich an meinem End Auf Christi Tod abscheiden: Die Seele nimm zu dir Hinauf zu deinen Freuden, Dem Leib ein Räumlein gönn Bei frommer Christen Grab, Auf daß er seine Ruh An ihrer Seite hab.

8. Wenn du die Todten wirst An jenem Tag erwecken, Wollst du auch deine Hand Zu meinem Grab ausstrecken. Laß hören deine Stimm, Ruf meinen Leib hervor, Und führ ihn schön verklärt Zum auserwählten Chor!

9. Gott Vater, dir sei Preis Hier und im Himmel droben! Herr Jesu, Gottes Sohn, Dich will ich allzeit loben! Gott, heilger Geist, dein Ruhm Erschall je mehr und mehr; Dreieinger Herr und Gott, Dir sei Lob, Preis und Ehr!

Ps. 13, 6. Ich will dem Herrn singen, daß er so wohl an mir thut.

Mel. Wach auf, du Geist der ersten rc.

330. Dir, dir, Jehovah, will ich singen! Denn wo ist doch ein solcher Gott wie du? Dir will ich meine Lieder bringen; Ach, gib mir deines Geistes Kraft dazu, Daß ich es thu im Namen Jesu Christ, So wie es dir durch ihn gefällig ist!

2. Zeuch mich, o Vater, zu dem Sohne, Damit dein Sohn mich wieder zieh zu dir! Dein Geist in meinem Herzen wohne Und leuchte mir in allen Dingen für; So hebt er auch mein Herz zu dir empor, Daß ich dir Psalmen sing im höhern Chor.

3. Dein Geist kann mich bei dir vertreten Mit Seufzern, die ganz unaussprechlich sind; Der lehret mich recht gläubig beten, Gibt Zeugniß meinem Geist, daß ich dein Kind Und ein Miterbe Jesu Christi sei, Daher ich, Abba, lieber Vater! schrei.

4. Wenn dies aus meinem Herzen schallet Durch deines heilgen Geistes Kraft und Trieb, So bricht dein Vaterherz und wallet Ganz brünstig gegen mich vor heißer Lieb; Daß mir's die Bitte nicht versagen kann, Die ich nach deinem Willen hab gethan.

5. Was mich dein Geist selbst bitten lehret, Dem neiget sich dein gnädger Wille zu, Das wird gewiß von dir erhöret, Weil ich's im Namen deines Sohnes thu, Durch welchen ich dein Kind und Erbe bin, Und nehme von dir Gnad um Gnade hin.

6. Wohl mir, daß ich dies Zeugniß habe! Drum bin ich voller Trost und Freudigkeit, Und weiß es, alle gute Gabe, Die ich von dir verlanget jederzeit, Die gibst du, und thust überschwänglich mehr, Als ich verstehe, bitte und begehr.

7. Wohl mir! ich bitt in Jesu Namen, Der mich zu deiner Rechten selbst vertritt, In ihm ist alles Ja und Amen, Was ich von dir im Geist und Glauben bitt. Wohl mir! Lob dir, jetzt und in Ewigkeit, Daß du mir schenkest solche Seligkeit!

---

1. Tim. 2, 1—4. So ermahne ich nun, daß man vor allen Dingen zuerst thue Bitte, Gebet, Fürbitte und Danksagung für alle Menschen, für die Könige und für alle Obrigkeit, auf daß wir ein ruhiges und stilles Leben führen mögen in aller Gottseligkeit und Ehrbarkeit. Denn solches ist gut, dazu auch angenehm vor Gott, unserm Heilande, welcher will, daß allen Menschen geholfen werde, und zur Erkenntniß der Wahrheit kommen.

Mel. Nun ruhen alle Wälder.

331. Herr, höre! Herr, erhöre! Breit deines Namens Ehre An allen Orten aus! Behüte alle Stände; Durch deiner

Allmacht Hände, Beschütz Gemeine, Land und Haus.

2. Ach, laß bein Wort uns allen Noch ferner reichlich schallen Zu unsrer Seelen Nutz! Bewahr uns vor den Rotten, Die deiner Wahrheit spotten, Beut allen beinen Feinden Trutz.

3. Gib du getreue Lehrer Und unverbroßne Hörer, Die beide Thäter sei'n: Auf Pflanzen und Begießen Laß dein Gedeihen fließen Und Früchte reichlich ernten ein.

4. Du wollst uns hoch beglücken Mit hellen Gnadenblicken Auf unsern Fürsten sehn; Ihn schützen auf dem Throne, Auf seinem Haupt die Krone In vollem Glanze lassen stehn.

5. Laß alle, die regieren, Ihr Amt getreulich führen! Schaff jedermann sein Recht; Daß Fried und Treu sich müssen In unsrem Lande küssen; Ja, segne Mann, Weib, Herrn und Knecht.

6. Erhalt in jeder Ehe, Beim Glücke wie beim Wehe, Rechtschaffne Frömmigkeit. In Unschuld und in Tugend Gedeihe unsre Jugend, Zu beines Reiches Dienst bereit.

7. O Vater, wend in Gnaden Krieg, Feuer, Wasserschaden Und Sturm und Hagel ab! Bewahr des Landes Früchte Und mache nicht zu nichte, Was bei ne milde Hand uns gab.

8. Laß alle giftigen Seuchen Von unsern Grenzen weichen, Gib uns gesunde Luft. Laß Mißwachs, theure Zeiten Sich nicht bei uns verbreiten, Da nach dem Brot der Hunger ruft.

9. Gebenke voll Erbarmen Der Leidenden und Armen; Verirrte bring herein. Die Wittwen und die Waisen Wollst du mit Troste speisen, Wenn sie zu dir um Hülfe schrei'n.

10. Komm als ein Arzt den Kranken, Und die im Glauben wanken, Laß nicht zu Grunde gehn. Die Alten heb und trage, Damit sie ihre Plage Gebuldig können überstehn.

11. Die Reisenden beschütze; Bleib der Verfolgten Stütze; Die Sterbenden begleit Mit beinen Engelschaaren, Daß sie im Frieden fahren Zu Zions Freud und Herrlichkeit.

12. Nun, Herr, du wirst erfüllen, Was wir nach beinem Willen In Demuth jetzt begehrt. Wir sprechen gläubig Amen In

unsers Jesu Namen, So ist gewiß der Wunsch gewährt!

Jes. 38, 17. Siehe, um Trost war mir sehr bange. Du aber hast dich meiner Seele herzlich angenommen, daß sie nicht verdürb'; denn du wirfst alle meine Sünde hinter dich zurück.

Eigene Melodie.

332. Herr Jesu, Gnadensonne, Wahrhaftes Lebenslicht! Laß Leben, Licht und Wonne Mein blödes Angesicht Nach deiner Gnad erfreuen Und meinen Geist erneuen; Mein Gott, versag mir's nicht!

2. Vergib mir meine Sünden Und wirf sie hinter dich; Laß allen Zorn verschwinden Und hilf mir gnädiglich. Laß deine Friedensgaben Mein armes Herze laben; Ach, Herr, erhöre mich!

3. Vertreib aus meiner Seelen Den alten Adamssinn, Und laß mich dich erwählen, Daß ich mich künftighin Zu deinem Dienst ergebe Und dir zu Ehren lebe, Weil ich erlöset bin.

4. Beförbre dein Erkenntniß In mir, mein Seelenhort, Und öffne mein Verständniß Durch dein heilges Wort, Damit ich an dich gläube Und in der Wahrheit bleibe, Zum Trotz der Höllenpfort!

5. Mit deiner Kraft mich rüste, Zu kreuzgen die Begier Und alle bösen Lüste, Auf daß ich für und für Der Sündenwelt absterbe Und nach dem Fleisch verderbe Hingegen leb in dir.

6. Ach, zünde deine Liebe In meiner Seele an, Daß ich aus innrem Triebe Dich ewig lieben kann, Und dir zum Wohlgefallen Beständig möge wallen Auf rechter Lebensbahn.

7. Nun, Herr, verleih mir Stärke, Verleih mir Kraft und Muth! Denn das sind Gnadenwerke, Die dein Geist schafft und thut; Hingegen all mein Sinnen, Mein Lassen und Beginnen Ist böse und nicht gut.

8. Darum, du Gott der Gnaden, Du Vater aller Treu, Wend allen Seelenschaden Und mach mich täglich neu! Gib, daß ich deinen Willen Getreulich mög erfüllen, Und steh mir kräftig bei.

318 Allgemeine Gebet=, Lob= und Danklieder.

Pf. 25, 1. 2. Nach dir, Herr, verlanget mich. Mein Gott, ich hoffe auf dich. Laß mich nicht zu Schanden werden, daß sich meine Feinde nicht freuen über mich.

Mel. Frühmorgens, da die Sonn ꝛc.

333. Nach dir, o Gott, verlanget mich, Mein Gott, ich denke stets an dich; Zieh mich nach dir, nach dir mich wend, Aus Zion deine Hülfe send!

2. Die Sonnenblum folgt ihrer Sonn, So folg ich dir, o meine Wonn; Nur wünsch ich, daß ich könnte hier Ganz frei von Sünden folgen dir.

3. Doch leider hat der Sünde Gift Solch Uebel in mir angestift't, Daß sich der matte Geist nicht kann Davor recht schwingen himmelan.

4. Ach, wer wird mich befreien doch Von meinem schweren Sündenjoch? O Herr, ich sehne mich nach dir: Befreie mich und hilf du mir!

5. Es ist mein Will nach dir gericht't, Doch das Vollbringen mir gebricht; Und wenn ich auch hab Guts gethan, Klebt doch Unreines noch daran.

6. Gedenke, daß ich bin dein Kind, Vergib und tilge meine Sünd, Daß ich zu dir mit freiem Lauf Mich schwingen könne himmelauf.

7. Den Sinn der Welt rott in mir aus, Sei du nur Herr in meinem Haus; Den Schild des Glaubens mir verleih, Und brich des Feindes Pfeil entzwei.

8. Nach dir, mein Gott, laß mir forthin Gerichtet sein den ganzen Sinn; Ich eigne dich mir gänzlich zu, Und such in dir nur meine Ruh.

9. Hinweg, hinweg, du schnöde Lust, Bleib mir auf ewig unbewußt! Was fortan mich vergnügen soll, Des ist allein der Himmel voll.

10. Ach, alles, was mich reißt von dir, Du höchstes Gut, das treib von mir; In dir, mein Gott, in dir allein Laß hinfort meine Freude sein!

— — —

1. Thess. 5, 17. 18. Betet ohne Unterlaß. Seid dankbar in allen Dingen; denn das ist der Wille Gottes in Christo Jesu an euch.

Mel. Der nur den lieben Gott ꝛc.

334. Gott! gib mir deinen Geist zum Beten, Zum Beten ohne Unterlaß, Getrost im Glauben hinzutreten, Wenn ich bein Wort mit Freuden fass', Und auch im Glauben hinzutnien, Wenn ich in Furcht und Jammer bin.

2. Im Schrecken über meine Sünde Sei dies mein Ruf: erbarme dich! So oft ich mich so schwach empfinde, Sei dies mein Seufzer: stärke mich! Sink ich, so werde dies mein Flehn: Herr, hilf, sonst muß ich untergehn!

3. Fühlt Seel und Leib ein Wohlergehen, So treib es mich zum Dank dafür; Lässt du mich deine Werke sehen, So sei mein Rühmen stets von dir; Und bin ich in der Welt nicht Ruh, So steig mein Sehnen himmelzu.

4. Ist der Versucher in der Nähe, So lehr mich ihn im Beten fliehn; Wenn ich den Bruder leiden sehe, So lehr mich bitten auch für ihn; Und in der Arbeit meiner Pflicht Vergesse dein die Seele nicht.

5. Am Abend heiß mich mit dir reden, Am Morgen auch noch sein bei dir; Und sterb ich, laß in letzten Nöthen Noch seufzen deinen Geist in mir; Weckst du mich einst, so bet ich dann Dich ewig auch im Himmel an.

Matth. 6, 19. 20. Ihr sollt euch nicht Schätze sammeln auf Erden, da sie die Motten und der Rost fressen, und da die Diebe nach graben und stehlen. Sammlet euch aber Schätze im Himmel, die da weder Motten noch Rost fressen, und da die Diebe nicht nach graben, noch stehlen.

Mel. Sollt es gleich bisweilen 2c.

335. Urquell aller Seligkeiten, Die in Strömen sich verbreiten Durch der Schöpfung weit Gebiet, Vater, hör mein flehend Lied!

2. Nicht um Güter dieser Erde, Des erhabnen Geists Beschwerde, Um die Weltlust komm ich nicht, Vater, vor dein Angesicht!

3. Schätze, die mich nicht verlassen, Wenn ich sterbend werd erblassen, Tugenden, des Christen werth, Sind es, die mein Herz begehrt.

4. Geber aller guten Gaben! Festen Glauben möcht ich haben, Wie ein Meerfels unbewegt, Wenn an ihn die Woge schlägt;

5. Lieb, aus deinem Herzen stammend, Immer rein und immer flammend, Liebe, die dem Feind verzeiht Und dem Freund das Leben weiht;

6. Hoffnung, die mit hohem

Haupte, Wenn die Welt ihr alles raubte, Hinblick, wo sie wonnevoll Alles wieder finden soll;

7. Starken Muth im Kampf des Christen Mit der Welt und ihren Lüsten; Sieg dem Geist, und wenn er siegt, Demuth, die im Staub sich schmiegt;

8. Duldung, alle Lebensplagen Mit Gelassenheit zu tragen; Stilles Harren, bis der Tod Mich erlöst auf dein Gebot;

9. Seelenruhe, Muth im Sterben, Wann die Lippen sich entfärben, Und der letzte Seufzer spricht: O mein Jesu, laß mich nicht!

10. Willst du, Herr von meinem Leben, Diese Seligkeit mir geben, So wird auch die Leidensnacht Mir zum heitern Tag gemacht.

11. Immer will ich beten, ringen, Stille harren, Dank dir bringen, Bis dein Ruf einst meinen Geist Zu dir, Vater, kommen heißt.

12. Seele, gib dich nun zufrieden: Jesus kommt und stärkt die Müden; Nur vergiß nie sein Gebot: „Sei getreu bis in den Tod!"

Joh. 17, V. 10. Ich bitte für sie, und bitte nicht für die Welt, sondern für die, die du mir gegeben hast, denn sie sind dein. — Und ich bin in ihnen verklärt.

Mel. Jesu, hilf siegen, du Fürste rc.

336.

Jesu! hilf beten und bete, du Treuer, Durch mich und in mir in allerlei Noth; Eigenes Opfer mit eigenem Feuer Rettet uns nicht vom Verderben und Tod! Nein, nur dein Opfer mit Danken und Flehen Darf bis in's innerste Heiligthum gehen.

2. Jesu, hilf beten, ach, Jesu, hilf beten! Siehe, mir mangelt's an Weisheit und Kraft; Wirst du mich, Mittler, nicht selber vertreten, Ist es mit Beten vergeblich geschafft. Soll es gelingen, so mußt du mich lehren, Und muß dein Geist mir das Abba gewähren.

3. Jesu, hilf beten, ach, bleibe mir günstig! Tilge die Unlust, und wecke mich auf; Mache mich munter, andächtig und brünstig, Bringe das Wirken des Glaubens in Lauf. Mache mein Räuchwerk durch deine Hand steigen, Laß dein begleitendes Fürwort nicht schweigen.

Allgemeine Gebet-, Lob- und Danklieder. 321

4. Jesu, hilf beten, ach, laß es gelingen! Richte Gedanken und Worte mir ein; Laffe mein Beten im Sterben und Ringen Heftiger, kräftiger, kindlicher sein! Beten kann retten aus jeglichen Nöthen Und aus dem Tode selbst: — Jesus hilft beten!

Luk. 11, 9. 10. Bittet, so wird euch gegeben; suchet, so werdet ihr finden; klopfet an, so wird euch aufgethan. Denn wer da bittet, der nimmt; und wer da suchet, der findet, und wer da anklopfet, dem wird aufgethan.

Mel. Herr Jesu Christ, dich zu ꝛc.

337. Gott, Vater in dem Himmel! sprich Dein Wort des Segens über mich, Daß ich im Frieden jeden Tag Beginnen und vollenden mag.

2. Herr! was mir deine Hand bestimmt, Was sie mir spendet oder nimmt, Glück oder Weh, das gelte mir, Als Segen und Geschenk von dir.

3. Gib mir ein Herz, durch Gnade fest, Das dich in allem walten läßt, Und unbedingt mit Kindesmuth In deinem Vater=willen ruht.

4. Hilf, daß ich züchtig, klug und treu In Worten, Sinn und Werken sei, Und alles, was zur Sünde räth, In mir beflege durch Gebet.

5. Laß deines Sohnes Gnadenschein Beständig mir im Herzen sein; Sein Leben, Wort und Kreuzesbild Sei meiner Seele Sonn und Schild.

6. Fällt mir in's Herz dein Lebenswort, Dann wirke du, daß es sofort Im Innern aufkeimt, Wurzel schlägt Und Frucht für dich und andre trägt.

7. Bedroht mich Trübsal und Gefahr, So rette du mich immerdar; Und laß mich, wenn ich Hülfe fand, Demüthig küssen deine Hand.

8. Sinkt aus der Hand mein Wanderstab, Geh ich in's finstre Thal hinab, So nimm, o Gott, mein Heiland, dann Dich meiner Seele herzlich an.

9. Schenk mir im letzten Augenblick Ein Vorgefühl von jenem Glück, Das du nach Tagesschweiß und Last Den Deinen dort bereitet hast.

322 Allgemeine Gebet=, Lob= und Danklieder.

Pf. 119, 94. Ich bin dein, hilf mir; denn ich suche deine Befehle.

Mel. Christus, der ist mein Leben.

338. So lang ich hier noch walle, Soll dies mein Seufzer sein, Ich sprech bei jedem Falle: „Herr, hilf mir, ich bin dein!"

2. Wenn Morgens ich erwache Und schlafe Abends ein, Befehl ich Gott die Sache: „Herr, hilf mir, ich bin dein!"

3. Geh ich an die Geschäfte, So bitt ich zum Gedeihn Ihn um Verstand und Kräfte: „Herr, hilf mir, ich bin dein!"

4. Will sich mein Fleisch vergehen, Betrogen von dem Schein, So halt ich an mit Flehen: „Herr, hilf mir, ich bin dein!"

5. Wenn mich die Sünden kränken, So kann ich noch allein An den Versühner denken: „Herr, hilf mir, ich bin dein!"

6. Fühl ich mich schwach im Beten, Und ist mein Glaube klein, Soll mich sein Geist vertreten: „Herr, hilf mir, ich bin dein!"

7. Wenn ich in Leidenstagen Bei seiner Ruthe wein', So will ich kindlich sagen: „Herr, hilf mir, ich bin dein!"

8. Will Satan mich berauben, Und macht die Welt mir Pein, Ruf ich getrost im Glauben: „Herr, hilf mir, ich bin dein!"

9. Macht auch mein Herz mir Grauen, Der Herr sei nicht mehr mein, So seufz' ich voll Vertrauen: „Herr, hilf mir, ich bin dein!"

10. In meinen letzten Stunden Schätz' ich mich heil und rein Durch meines Heilands Wunden: Er hilft mir, ich bin sein!

Eph. 6, 18. Betet stets in allem Anliegen mit Bitten und Flehen im Geist, und wachet dazu mit allem Anhalten und Flehen für alle Heiligen.

Mel. Jesu, meine Freude.

339. Kommt und laßt uns beten! Oft vor Gott zu treten, Ist der Christen Pflicht. Ruft! der Gott der Ehren Wird als Vater hören; Ruft mit Zuversicht! Naht zum Herrn! Er sieht es gern, Wenn die Kinder vor ihn treten. Kommt und laßt uns beten!

2. Betet, daß die Heerde Nicht zerstreuet werde, Die an Jesu

hält; Betet für die Freunde, Betet für die Feinde, Für die ganze Welt. Trotzt das Heer Der Hölle sehr, So trotzt seinem kühnen Schnauben Mit Gebet und Glauben!

8. Geh in deine Kammer, Klage Gott den Jammer, Der dich zaghaft macht: Gott hat auf die Seinen Allzeit, wenn sie weinen, Als ihr Hüter Acht. Gottes Herz Fühlt unsern Schmerz; Er kann es nicht lang ertragen, Daß wir jammernd klagen.

4. Wenn ich zu ihm fliehe, Wenn ich vor ihm kniee, Naht er sich zu mir. Wenn ich ihn mit Sehnen Such in heißen Thränen, Spricht er: „Ich bin hier; Was dir fehlt Und was dich quält, Deine Leiden, deine Sorgen Sind mir nicht verborgen."

5. Jesu, heilger Beter, Der für Missethäter Noch am Kreuze bat: Bitt auch auf dem Throne, Daß Gott den verschone, Der gesündigt hat! Du allein kannst Mittler sein; Du kannst alle Gnad erbitten: Denn du hast gelitten.

Jer. 30, 21. Der ist der, so mit willigem Herzen zu mir nahet?

Mel. Es ist gewißlich an der Zeit.

340. Herr! wie du willst, so schick's mit mir Im Leben und im Sterben; Allein zu dir steht mein' Begier, Laß mich, Herr, nicht verderben! Erhalt mich nur in deiner Huld, Sonst wie du willst; gib mir Geduld: Dein Will, der ist der beste.

2. Zucht, Ehr und Treu verleih mir, Herr, Und Lieb zu deinen Worten; Behüt mich, Herr, vor falscher Lehr, Und gib mir hier und dorten, Was dient zu meiner Seligkeit; Wend ab all' Ungerechtigkeit In meinem ganzen Leben.

3. Soll ich einmal nach deinem Rath Von dieser Welt abscheiden, Verleih mir, Herr, nur deine Gnad, Daß es gescheh mit Freuden. Mein Leib und Seel befehl ich dir; O Herr, ein selig End gib mir Durch Jesum Christum! Amen.

324 Allgemeine Gebet-, Lob- und Danklieder.

Ps. 38, 22. Verlaß mich nicht, Herr, mein Gott, sei nicht ferne von mir.

Mel. O Gott, du frommer Gott.

341. Ach, Gott, verlaß mich nicht! Gib mir die Gnadenhände; Ach, führe mich, dein Kind, Daß ich den Lauf vollende Zu meiner Seligkeit! Sei du mein Lebenslicht, Mein Stab, mein Hort, mein Schutz; Ach, Gott, verlaß mich nicht!

2. Ach, Gott, verlaß mich nicht! Regiere du mein Wallen; Ach, laß mich nimmermehr In Sünd und Schande fallen! Gib mir den guten Geist, Gib Glaubenszuversicht, Sei meine Stärk und Kraft; Ach, Gott, verlaß mich nicht!

3. Ach, Gott, verlaß mich nicht! Ich ruf aus Herzensgrunde: Ach, Höchster, stärke mich In jeder bösen Stunde! Wenn mir Versuchung naht Und meine Seel ansicht, So weiche nicht von mir: Ach, Gott, verlaß mich nicht!

4. Ach, Gott, verlaß mich nicht! Komm gnädig mir entgegen; Ach, Vater, kröne doch Mit reichem Himmelssegen Die Werke meines Amts, Die Werke meiner Pflicht, Zu thun, was dir gefällt; Ach, Gott, verlaß mich nicht!

5. Ach, Gott, verlaß mich nicht! Ich bleibe bir ergeben; Hilf mir, o großer Gott, Recht glauben, christlich leben Und selig scheiden ab, Zu sehn dein Angesicht; Hilf mir in Noth und Tod; Ach, Gott, verlaß mich nicht!

Ps. 25, 5. Leite mich in deiner Wahrheit und lehre mich; denn du bist der Gott, der mir hilft; täglich harre ich deiner.

Mel. Mit Ernst, ihr Menschenkinder.

342. Laß mich zu allen Zeiten, Mein Gott, ich bitte dich, Nur deine Wahrheit leiten, Und führe selber mich! O Herr, du bist ja mein, Ein Gott, der Hülfe sendet, Der meinen Jammer endet; Ich harre täglich dein.

2. Gedenk an dein Erbarmen, An deine Gütigkeit, Die uns verlornen Armen Das Heil vom Himmel beut! Vergiß in deinem Rath Die Sünden meiner Jugend, Als ich den Weg der Tugend So thöricht übertrat!

3. Um deiner Güte willen Gedenke du daran, Was meinen Fluch zu stillen, Dein Lieben

selbst gethan! Ach, Jesu, du bist treu; Ich falle dir zu Fuße: Gib du mir wahre Buße Und ernste Herzenstreu!

4. Laß über meine Sünden Mich eine Traurigkeit, Die göttlich ist, empfinden, Und nicht ein weltlich Leid! Dann wirkt sie eine Reu, Die niemand je gereuet, Den Schmerz, der mich erfreuet: Daß ich erlöset sei.

5. Bereite mich auf Erden; Laß mich in dieser Zeit Des Trostes fähig werden Und jener Seligkeit. Versiegle du in mir Durch deines Geists Belebung Die tröstliche Vergebung Der Sünden für und für!

6. Gib mir den Geist der Liebe, Der Sanftmuth und der Huld, Den Geist der Demuthstriebe, Der Stärke, der Geduld; Laß mich, als Gottes Kind, Stets kindlich-eifrig beten Und mich den Geist vertreten, Deß Seufzer „Amen" sind!

7. Hilf, daß ich deinen Willen Von ganzem Herzen thu; Denn diesen recht erfüllen, Bringt wahre Seelenruh. Mach meinen Geist gewiß; Tilg Irrthum und Betrügen, Neid, Bitterkeit und Lügen; Vertreib die Finsterniß!

8. Der Friede, den Gott schenket, Geht über die Vernunft; Der tröstet, wenn man denket An Christi Wiederkunft; Der walte nah und fern, Bewahr uns Herz und Sinnen Von außen und von innen In Christo, unserm Herrn!

9. Kommt einst die letzte Stunde (Bald ist vielleicht sie da!), So sei im Geist und Munde Mir nur dein Name nah, Daß ich sanft sterben mag Nach Kämpfen und Ermüden. — Dann wecke mich im Frieden An deinem großen Tag!

(**Das Gebet des Herrn.**)

Matth. 6, 6. Wenn du betest: so gehe in dein Kämmerlein, und schließe die Thür zu, und bete zu deinem Vater im Verborgenen; und dein Vater, der in das Verborgene siehet, wird dir's vergelten öffentlich.

Mel. Großer Gott, wir loben dich.

343. Wenn das Herz, voll Angst und Leid, Voll von Kümmerniß sich kränket, Trostlos in der Einsamkeit, Seine Trübsal überdenket: O dann eilet zum Gebet, Fleht zu Gottes Majestät!

2. Betet nicht nach Heidenart, Die viel eitle Worte sprechen! Gottes Vaterherz ist zart, — Auch ein Seufzer kann es brechen. — Ein Gebet, das Jesus lehrt, Wird gewiß von ihm erhört.

3. „Unser Vater!" beten wir, Der du hoch im Himmel sitzest, Und die Deinen, wenn sie dir Kindlich dienen, pflegst und schützest, Deines Namens Herrlichkeit Sei uns heilig allezeit!

4. Zu uns komme, Herr, dein Reich! — Wie im Himmel, so auf Erden Soll dein Wille auch zugleich Gern von uns vollzogen werden! Gib uns heute bis zum Tod Geistlich, leiblich unser Brot.

5. Schenke uns nach deiner Huld Alle Missethat und Sünden; Laß die Seelen ihrer Schuld Völlige Vergebung finden. Wie dem Nächsten wir verzeihn, Wollst du uns auch gnädig sein!

6. In Versuchung führ uns nicht! Laß uns niemals unterliegen; Gib die Kraft, die uns gebricht, Alles Böse zu besiegen! — Heilger Vater, steh uns bei,

Mach uns von dem Argen frei! —

7. Wer mit fester Zuversicht, Glaubensvoll in Jesu Namen Diese sieben Worte spricht, Kann mit Freuden sagen! Amen! Amen, ja, es soll geschehn, Wenn wir so zum Vater flehn!

(Das Gebet des Herrn.)

Luk. 11, 1–4. Herr, lehre uns beten. Er aber sprach zu ihnen: Wenn ihr betet, so sprechet: Unser Vater im Himmel ꝛc.

Mel. Bleibet treu, ihr Heißgeliebten.

344. Großer Gott, der du im Himmel Willst uns allen Vater sein: Schau herab auf das Gewimmel Der verlornen Kinder dein! Wollest gnadenreich dich wenden Her zu uns mit Herz und Ohr; Sieh, zu dir an allen Enden Heben wir die Händ empor!

2. Deinen heilgen Namen schreibe Fest in unsre Herzen ein, Daß sein edler Klang vertreibe Alle Sünde, Sorg und Pein. Lasse deinen Namen brennen Als ein Licht in dieser Nacht; — Dich, du Ewiger, zu nennen, Gib, daß rings die Welt erwacht!

3. Laß dein Reich auf Erden kommen, Breite deine Grenzen aus; Komme selbst, um in den Frommen Dir zu bau'n ein festes Haus. In der unsichtbaren Halle Mach uns allen Brüdern gleich; — Herr, verleihe, daß wir alle Thun Gewalt dem Himmelreich!

4. Deinen Willen laß geschehen Aller Enden, hier und dort; Laß auf Erden nicht vergehen Unsern Schatz, dein heilig Wort. Laß im Himmel nicht verklingen Deiner Engel Lobgesang. Laß es beinem Werk gelingen, Daß es habe seinen Gang.

5. Unser täglich Brot bescheere Heut uns nach Barmherzigkeit; Und dem bösen Feinde wehre, Der mit Unfall ist bereit. Nimm von uns die schweren Sorgen, Mach uns nicht verzagt und krank, Und erfrische jeden Morgen Unsern Geist zu Lob und Dank.

6. Herr, vergib uns unsre Sünden, Nimm hinweg die Missethat, Daß wir können laut verkünden Deinen gnadenvollen Rath. Wenn du hast uns zugemessen Statt der Strafen deine Huld, Wollen wir auch gern vergessen Unserm Nächsten jede Schuld.

7. Laß in des Versuchers Stricke Nimmer unsre Seelen gehn; Deinen starken Engel schicke, Daß wir fest im Glauben stehn. Laß uns weichen nicht noch wanken Von der schmalen Kreuzesbahn; Nicht in Worten noch Gedanken Laß den Feind an uns heran.

8. Wolltest endlich uns erlösen Von dem Uebel dieser Zeit, Von dem Dienst und Fluch des Bösen, Von der Noth und Eitelkeit; Von der Sorge, von dem Zweifel, Von der Menschen Schmach und Spott, Von der Welt, von Tod und Teufel; — Hilf uns aus, du starker Gott!

9. Dir gebührt das Reich der Reiche, Dir die Kraft und Herrlichkeit, A und O, der Ewiggleiche, Anfang, Ende aller Zeit! Herr, in beinem großen Namen Wird all unser Werk bestehn. Sprich du selber Ja und Amen; Amen, ja, es soll geschehn!

XX. Christensinn und Christenwandel.

1. Von der Liebe zu Gott und Christo.

Ps. 73, 25. 26. Wenn ich nur dich habe, so frage ich nichts nach Himmel und Erde. Wenn mir gleich Leib und Seele verschmachtet; so bist du doch, Gott, allzeit meines Herzens Trost und mein Theil.

Mel. Jesu, meine Freude.

345. Allgenugsam Wesen, Das ich hab erlesen Mir zum höchsten Gut! Du vergnügst alleine, Völlig, innig, reine Seele, Geist und Muth. Wer dich hat, Ist still und satt; Wer dir kann im Geist anhangen, Darf nichts mehr verlangen.

2. Wem du dich gegeben, Kann im Frieden leben, Er hat, was er will. Wer im Herzensgrunde Lebt mit dir im Bunde, Liebet und ist still. Bist du da, Uns innig nah, Muß das Schönste bald erbleichen, Und das Beste weichen.

3. Höchstes Gut der Güter, Ruhe der Gemüther, Trost in aller Pein! Was Geschöpfe haben, Kann den Geist nicht laben, Du vergnügst allein. Was ich mehr Als dich begehr, Kann mein Seligsein nur hindern Und den Frieden mindern.

4. Was genannt mag werden Droben und auf Erden, Alles reicht nicht zu. Einer nur kann geben Freude, Trost und Leben, Eins ist Noth: nur du! Hab ich dich Nur wesentlich, So mag Seel und Leib verschmachten: Ich will's doch nicht achten.

5. Komm, du selges Wesen, Das ich mir erlesen, Werd mir offenbar! Meinen Hunger stille, Meinen Grund erfülle Mit dir selber gar! Ich bin dein, Sei du auch mein, Bis du wirst in jenem Leben Dich mir völlig geben.

Ps. 18, 2. 3. Herzlich lieb hab ich dich, Herr, meine Stärke; Herr mein Fels, meine Burg, mein Erretter, mein Gott, mein Hort, auf den ich traue, mein Schild und Horn meines Heils und mein Schutz.

Eigene Melodie.

346. Herzlich lieb hab ich dich, o Herr! Ich bitte, sei von mir nicht fern Mit

Von der Liebe zu Gott und Christo.

deiner Hülf und Gaben. Die ganze Welt erfreut mich nicht, Nach Erd und Himmel frag ich nicht, Wenn ich nur dich kann haben. Und wenn mir gleich mein Herz zerbricht, Bist du doch meine Zuversicht, Mein Theil, der mir das Herze tröst't, Der durch sein Blut mich hat erlöst. Herr Jesu Christ, Herr Jesu Christ! Mein Gott und Herr, mein Gott und Herr! In Schanden laß mich nimmermehr!

2. Es ist ja dein Geschenk und Gab Mein Leib und Seel, und was ich hab In diesem armen Leben. Damit ich's brauch zum Lobe dein, Zum Nutz und Dienst des Nächsten mein, Wollst du mir Gnade geben! Behüt mich, Herr, vor falscher Lehr, Des Satans Mord und Lügenwehr; In allem Kreuz erhalte mich, Auf daß ich's trag geduldiglich. Herr Jesu Christ, Herr Jesu Christ! Mein Herr und Gott, mein Herr und Gott! Tröst meine Seel in Todesnoth!

3. Ach, Herr, laß einst die Engel dein Am letzten End die Seele mein In Abrahams Schooß tragen! Den Leib laß im Schlaf- kämmerlein Gar sanft, ohn' einge Qual und Pein, Ruhn bis zum jüngsten Tage! Alsdann vom Tod erwecke mich, Daß meine Augen sehen dich In aller Freud, o Gottes Sohn, Mein Heiland und mein Gnadenthron! Herr Jesu Christ, Herr Jesu Christ! Erhöre mich, erhöre mich! Ich will dich preisen ewiglich!

Offenb. 22, 13. 16. 17. Ich bin das A und das O, der Anfang und das Ende. Ich bin die Wurzel des Geschlechts Davids, ein heller Morgenstern. Und der Geist und die Braut sprechen: Komm! Und wer es höret, der spreche: Komm!

Eigene Melodie.

347. Wie schön leucht't uns der Morgenstern, Voll Gnad und Wahrheit von dem Herrn, Aus Juda aufgegangen! Du Davids Sohn aus Jakobs Stamm, Mein König und mein Bräutigam, Nur du bist mein Verlangen: Lieblich, Freundlich, Schön und mächtig, Groß und prächtig, Reich an Gaben, Hoch und wundervoll erhaben!

2. O meine Perl und werthe Kron, Du Gottes- und des Menschen Sohn, Ein hochge-

4. Ich werb ihn auch lassen nicht, Wenn ich nun dahin gelanget, Wo vor seinem Angesicht Frommer Christen Glaube pranget. Ewig glänzt mir dort sein Licht; Meinen Jesum laß' ich nicht!

5. Nicht nach Welt, nach Himmel nicht Meine Seel in mir sich sehnet; Jesum wünscht sie und sein Licht, Der mich hat mit Gott versöhnet, Der mich frei macht vom Gericht; Meinen Jesum laß' ich nicht!

6. Jesum laß' ich nicht von mir, Geh ihm ewig an der Seiten; Christus wird mich für und für Zu dem Lebensbrunnen leiten. Selig, wer mit mir so spricht: Meinen Jesum laß' ich nicht!

Joh. 17, 26. Ich habe ihnen deinen Namen kund gethan, und will ihnen kund thun, auf daß die Liebe, damit du mich liebest, sei in ihnen, und ich in ihnen.

Eigene Melodie.

350. O wie selig sind die Seelen, Die mit Jesu sich vermählen, Die sein Lebenshauch durchweht, Daß ihr Herz mit heißem Triebe Stündlich nur auf seine Liebe Und auf seine Nähe geht!

2. O wer fasset ihre Würde, Die bei dieses Leibes Bürde Im Verborgnen schon sie schmückt! Alle Himmel sind zu wenig Für die Seele, der der König Solches Siegel aufgedrückt.

3. Wenn die Seraphim mit Schrecken Sich vor seinem Glanz bedecken, Spiegelt sich sein hohes Licht In der Seele, die ihn kennet Und von seiner Liebe brennet, Mit enthülltem Angesicht.

4. Nach Jehovahs höchsten Ehren Wird in allen Himmelschören Nichts, das herrlicher, geschaut, Als ein Herz, das er erlesen, Und mit dem das höchste Wesen Sich zu Einem Geist vertraut.

5. Drum, wer sollte sonst was lieben, Und sich nicht beständig üben, Dieses Königs Freund zu sein? Muß man gleich dabei was leiden, Sich von allen Dingen scheiden, Bringt's ein Tag doch wieder ein.

6. Schenke, Herr, auf meine Bitte Mir ein göttliches Gemüthe, Einen königlichen Geist, Mich als dir verlobt zu tragen,

Allem freudig abzusagen, Was nur Welt und irdisch heißt!

7. So will ich mich selbst nicht achten; Sollt auch Seel und Leib verschmachten, Bleib ich Jesu doch getreu; Sollt ich keinen Trost erblicken, Will ich mich damit erquicken, Daß ich meines Jesus sei.

8. Ohne Fühlen will ich trauen, Bis die Zeit kommt, ihn zu schauen, Und vorbei die letzte Nacht, Da mein Geist zum obern Leben Aus der Tiefe darf entschweben, Und nach seinem Bild erwacht.

Joh. 14, 21. Wer mich liebet, der wird von meinem Vater geliebet werden, und ich werde ihn lieben, und mich ihm offenbaren.

Mel. O daß ich tausend Zungen 2c.

351. Ich will dich lieben meine Stärke, Ich will dich lieben, meine Zier! Ich will dich lieben mit dem Werke Und immerwährender Begier; Ich will dich lieben, schönstes Licht, Bis mir das Herz im Tode bricht!

2. Ich will dich lieben, o mein Leben, Als meinen allerbesten Freund; Ich will dich lieben und erheben, So lange mich dein Glanz bescheint; Ich will dich lieben, Gotteslamm, Du ewge Lieb am Kreuzesstamm!

3. Ach, daß ich dich so spät erkennet, Du hochgelobte Liebe du, Und dich nicht eher mein genennet, Du höchstes Gut und wahre Ruh! Es ist mir leid, ich bin betrübt, Daß ich dich hab so spät geliebt.

4. Ich lief verirrt und war verblendet, Ich suchte dich und fand dich nicht; Ich hatte mich von dir gewendet, Und liebte das geschaffne Licht; Nun aber ist's durch dich geschehn, Daß ich dich mir hab ausersehn.

5. Ich danke dir, du wahre Sonne, Daß mir dein Glanz hat Licht gebracht; Ich danke dir, du Himmelswonne, Daß du mich froh und frei gemacht! Ich danke dir, du heilger Mund, Daß du mich machest ganz gesund.

6. Erhalte mich auf deinen Stegen, Und laß mich nicht mehr irre gehn; Laß meinen Fuß auf deinen Wegen Nicht straucheln oder stille stehn; Erleuchte mir die Seele ganz, Du reiner, starker Himmelsglanz!

7. Gib meinen Augen süße

Thränen, Gib meinem Herzen reine Gluth; Laß meine Seele sich gewöhnen; Zu üben das, was Liebe thut. Laß meinen Geist, Sinn und Verstand Nur immer dir sein zugewandt.

8. Ich will dich lieben, meine Krone, Auch in der allergrößten Noth; So lang ich in der Hütte wohne, Will ich dich lieben, Herr und Gott; Ich will dich lieben, schönstes Licht, Bis mir das Herz im Tode bricht!

Hohel. 8, 2. Mein Freund ist mein, und ich bin sein.

Mel. Mein Heiland nimmt die ꝛc.

352. Beschränkt, ihr Weisen dieser Welt, Die Freundschaft nur auf eures Gleichen, Und leugnet, daß sich Gott gesellt Zu denen, die ihn nicht erreichen! Ist Gott schon alles, und ich nichts, Ich Schatten, er der Quell des Lichts, Er noch so stark, ich noch so blöde, Er noch so rein, ich noch so schnöde, Er noch so groß, ich noch so klein: Mein Freund ist mein, und ich bin sein.

2. Mein gnädiger Immanuel, Mein Mittler wußte Rath zu finden, Sich meiner liefgefallnen Seel, Die ihn herabzog, zu verbinden. Er, dem ich nichts vergelten kann, Sah meine Noth und Armuth an; Er kam vom Himmel auf die Erde, Daß er mein Freund und Helfer werde, Verwandt mit mir, mein Fleisch und Bein: Mein Freund ist mein, und ich bin sein.

3. Gott, welcher seinen Sohn mir gab, Gewährt mir alles mit dem Sohne; Nicht nur sein Leiden, Kreuz und Grab, Auch seinen Thron und seine Krone. Ja, was er redet, hat und thut, Sein Wort und Geist, sein Fleisch und Blut, Was er gewonnen und erstritten, Was er geleistet und gelitten, Das alles räumet er mir ein: Mein Freund ist mein, und ich bin sein.

4. Ich finde Segen, Heil und Ehr Bei unsrem Bund, auf seinem Pfade; Er heischet von mir sonst nichts mehr, Als Glauben, und ich nichts als Gnade. O wohl der Wahl, die dies gefügt! Sie reut mich nie; ich bin vergnügt In ihm, der mich erwählt zum Frieden. Drum bleibt's bei Beiden ungeschieden Ein Herz und Mund, ein Ja

Von der Liebe zu Gott und Christo.

und Nein! Mein Freund ist mein, und ich bin sein.

5. Zwar kann er aller Christen Muth Mit seiner Liebe sattsam weiden; Wir dürfen um das höchste Gut Nicht eifern, Noch einander neiden. Durch unsern gröbesten Genuß Erschöpft sich nicht sein Ueberfluß. Drum will ich ihn zwar keinem läugnen, Doch mir vor allen andern eignen. Welt, zank dich um das Mein und Dein: Mein Freund ist mein, und ich bin sein.

6. Mein Freund ist meiner Seele Geist, Mein Freund ist meines Lebens Leben; Nach ihm nur, der mich seine heißt, Und sonst nach keinem will ich streben. O selger Bund! mein Herz ergibt Sich willig ihm, der so mich liebt! Was kann er Besseres gewähren? Was kann ich Höheres begehren, Als ganz mit ihm verwandt zu sein? Mein Freund ist mein, und ich bin sein.

7. Ohn' ihn ist mir der Himmel trüb, Die Erd ein Kerker, eine Hölle; Dagegen schafft mir seine Lieb In Wüsten eine Himmelsquelle. Ohn' ihn ist mir trotz aller Meng', Die Zeit zu lang, Die Welt zu eng Ich bin, wenn alle Freunde fliehen, Wenn selbst die Brüder sich entziehen, Zwar einsam, aber nicht allein: Mein Freund ist mein, und ich bin sein.

8. Sein ist mein Leib, sein ist mein Geist, Die er erschuf und auch erlöste, Die er beschirmet tränkt und speist, Bis er bort beide ewig tröste. Sein ist mein Denken, Muth und Sinn, Sein ist, was ich vermag und bin; Was ich von Geist und Kräften habe, Ist alles seine Gnabengabe: Die macht mich auch von Undank rein. Mein Freund ist mein, Und ich bin sein.

9. Sein ist mein Werk, sein ist mein Ruhm; Mich sucht er, eh ich ihn gefunden; Ich hatte sonst zum Eigenthum Nur Sünde, Fluch und Seelenwunden. Doch hat mein Freund auch diese Last Mit seinem Kreuz auf sich gefaßt; Er nimmt die aufgehäuften Strafen, Die nach des Richters Spruch mich trafen, Und senkt sie in sein Grab hinein. Mein Freund ist mein, und ich bin sein.

10. Sein ist mein Glück und meine Zeit, Sein ist mein Ster-

ben und mein Leben, Zu seinem Ehrendienst geweiht, Von ihm bestimmt und ihm ergeben. Ich möge reden, wirken, ruhn: Mein Freund soll alles in mir thun. Sein sind auch alle meine Schmerzen, Die er so zärtlich nimmt zu Herzen; Er fühlt und endet meine Pein. Mein Freund ist mein, und ich bin sein.

11. Nun zürn' und stürme jeder Feind, Er soll mir keine Furcht erwecken. Und ist der Richter selbst mein Freund, Kann sein Gerichtstag mich nicht schrekken. Ob Erd und Himmel bricht und kracht, Ob Leib und Seele mir verschmacht't, Ob mein Gebeine muß verwesen, Bin ich doch ewig dann genesen, Und geh zu seinem Frieden ein. Mein Freund ist mein, und ich bin sein!

höchste Freud und Wonne! Du weißest, daß ich rede wahr, Vor dir ist alles sonnenklar, Ja, klarer als die Sonne. Herzlich Such ich Dir vor allen Zu gefallen; Nichts auf Erden kann und soll mir lieber werden.

2. Dies ist mein Schmerz, dies kränket mich, Daß ich nicht gnug kann lieben dich, Wie ich dich lieben wollte; Täglich zu neuer Lieb entzündt, Je mehr ich lieb, je mehr ich find, Daß ich dich lieben sollte: Von dir Laß mir Deine Güte In's Gemüthe Lieblich fließen, So wird sich die Lieb ergießen.

3. Durch deine Kraft treff ich das Ziel, Daß ich, so viel ich kann und will, Dir allezeit anhange. Nichts auf der ganzen weiten Welt, Nicht Pracht, Lust, Ehre, Freud und Geld, Und was ich sonst erlange, Kann mich Ohn' dich Gnugsam laben; Ich muß haben Reine Liebe, Tröstung, wenn ich mich betrübe.

4. Denn wer dich liebt, den liebest du, Schaffst seinem Herzen Fried und Ruh, Erfreuest sein Gewissen. Es geh ihm wie es woll auf Erd, Wenn

---

1. Cor. 2, 9. Das kein Auge gesehen hat, und kein Ohr gehört hat, und in keines Menschen Herz gekommen ist, das hat Gott bereitet denen, die ihn lieben.

Mel. Wie schön leucht't uns rc.

353. O Jesu, Jesu, Gottes Sohn, Mein Bruder und mein Gnadenthron, Mein'

Von der Liebe zu Gott und Christo.

Kreuz ihn noch so hart beschwert, Soll er doch dein genießen. Endlich Wird sich Nach dem Leibe Volle Freude Bei dir finden; Dann muß alles Trauern schwinden.

5. Kein Ohr hat jemals es gehört, Kein Mensch gesehen noch gelehrt, Es kann's niemand beschreiben: Was denen dort für Herrlichkeit Bei dir und von dir ist bereit, Die in der Liebe bleiben! Was hier Von dir Wird gegeben, Unser Leben Zu ergötzen, Ist dagegen nichts zu schätzen.

6. Drum laß' ich billig dies allein, O Jesu, meine Freude sein, Daß ich dich herzlich liebe; Daß ich in dem, was dir gefällt, Was mir dein Wort vor Augen hält, Aus Liebe stets mich übe; Bis ich Endlich Werd abscheiden, Und mit Freuden Zu dir kommen, Aller Trübsal ganz entnommen.

7. Da werd ich deine Freundlichkeit, Die hochgelobt in Ewigkeit, In reiner Liebe schmecken, Und sehn dein lieblich Angesicht Mit unverwandtem Augenlicht, Ohn' alle Furcht und Schrecken. Reichlich Werd ich Dann erquicket, Und geschmücket Mit der Krone Stehn vor deinem Himmelsthrone.

Joh. 14, 15. Liebet ihr mich, so haltet meine Gebote.

Mel. O wie selig sind die Seelen.

354. Großer König, den ich ehre, Der durch seines Geistes Lehre Angezündet mir sein Licht, Der jetzt und zu allen Zeiten Durch viel tausend Gütigkeiten An viel tausend Herzen spricht!

2. Soll ich nicht daran gedenken, Dir mich wiederum zu schenken, Der du treulich mich bewachst, Und auch an dem trübsten Tage Meines Herzens bange Klage Schnell zu Licht und Freude machst?

3. Herr! mein Herz will ich dir geben; Dir soll es auf's neue leben, Denn du forderst es von mir; Dir soll es sich ganz verbinden Und den angewohnten Sünden Ganz entsagen für und für.

4. Laß mich deinen Geist erneuen, Dir zu einem Tempel weihen, Der auf ewig heilig sei. Ach, vertilge doch darinnen Eitle Lust und Furcht der Sin-

22

nen; Mache mich vollkommen frei!

5. Laß mich kräftig von der Erden himmelwärts gezogen werden, Zeuch, o zeuch mich ganz zu dir; Daß ich ganz zu dir bekehret, Ganz von deinem Geist verkläret, Täglich habe dich in mir.

6. Mach mein Herz zu einem Garten, Wo der Tugend schönste Arten Stehn in voller Lieblichkeit; Oeffne drin die Lebensquelle, Die ohn' Ende sauft und helle Fließet in die Ewigkeit.

7. Nun so will ich dir mein Leben, Jesu, ganz zu eigen geben, Stehe mir in Gnaden bei; Gib, daß ich zu allen Stunden Inniglich mit dir verbunden, Dir zur ewgen Freude sei.

———

1. Joh. 4, 9. Daran ist erschienen die Liebe Gottes gegen uns, daß Gott seinen eingebornen Sohn gesandt hat in die Welt, daß wir durch ihn leben sollen.

Eigene Melodie.

355. Ich bete an die Macht der Liebe, Die sich in Jesu offenbart; Ich geb mich hin dem freien Triebe, Mit dem ich heiß geliebet ward; Ich will nun statt an mich zu denken, In's Meer der Liebe mich versenken.

2. Wie bist du mir so sehr gewogen, Und wie verlangt dein Herz nach mir! Durch Liebe sanft und stark gezogen, Neigt sich mein Alles auch zu dir. Du, traute Liebe, gutes Wesen, Du, du hast mich, ich dich erlesen!

3. Ich fühl's, du bist's, dich muß ich haben; Ich fühl's, ich muß für dich nur sein; Nicht im Geschöpf, nicht in den Gaben — Mein Ruhplatz ist in dir allein! Hier ist die Ruh, hier ist Vergnügen; Drum folg ich deinen selgen Zügen.

4. Für dich ist ewig Herz und Leben, Erlöser, du mein einzig Gut! Du hast für mich dich hingegeben Zum Heil durch dein Erlösungsblut. Du Heil des schweren, tiefen Falles, Für dich ist ewig Herz und alles!

5. Ich liebt' und lebte recht im Zwange, Als ich mir lebte ohne dich. Ich wollte dich nicht, ach, so lange; Doch liebtest du und suchtest mich! O wenn doch dies der Sünder wüßte, Sein Herz wohl bald dich lieben müßte!

Von der Liebe zu Gott und Christo.

6. O Jesu, daß dein Name bliebe Im Herzen! drück ihn tief hinein! Möcht' beine treue Jesus=Liebe In Herz und Sinn gepräget sein! In Wort und Werk, in allem Wesen Sei Jesus und sonst nichts zu lesen!

7. In deinem theuren, heilgen Namen Eröffnet sich des Vaters Herz; Da find' ich lauter Ja und Amen, Und Trost und Heilung für den Schmerz. O daß dies jeder Sünder wüßte, Sein Herz gar bald dich lieben müßte!

8. Lob sei dem hohen Jesusnamen, In dem der Liebe Quell entspringt, Von dem hier alle Bächlein kamen, Aus dem die selge Schaar dort trinkt! Wir beugen uns mit ohne Ende; Wir falten mit die frohen Hände.

Weil ich in ihm besitze, Was einer Seele nütze, Was einem Menschen köstlich ist!

2. Das Herz kann nichts ergründen, Das nicht in ihm zu finden, Da wird es satt und voll; Denn dies ist Gottes Wille, Daß alle Gottesfülle In ihm leibhaftig wohnen soll.

3. Ich harre und begehre Ohn' Jesum keiner Ehre Und keines andern Lichts; Von Weisheit, von Ergötzen, Von Herrlichkeit und Schätzen Begehr ich ohne Jesum nichts.

4. Nur er soll mir auf Erden Zur Kunst und Weisheit werden, Mein Leitstern in der Zeit, Mein Schatz, der ewig währe, Mein Frieden, meine Ehre, Mein Himmel, meine Seligkeit.

5. Wird einst die Seele scheiden, Daß sie aus diesem Leiden In Salems Thore tritt, Bring ich als Schmuck und Krone Sonst nichts vor Gottes Throne, Denn meines Jesu Namen mit.

6. Wenn ich das Weltgetümmel, Die Erde und den Himmel, Nur Jesum nicht verlier, So kann ich im Erkalten Das Beste doch behalten; An diesem Schatz genüget mir.

Col. 2, 8. u. 9. In welchem (Christo) verborgen liegen alle Schätze der Weisheit und Erkenntniß. — In ihm wohnet die ganze Fülle der Gottheit leibhaftig.

Mel. Nun ruhen alle Wälder.

356. Mein Alles, was ich liebe, Mein Alles, was ich übe, Sei mein Herr Jesus Christ,

22*

7. Ihr Selgen ohne Mängel, Ihr lichten Gottesengel, Ihr habt dies selbst bezeugt! Ihm jauchzen alle Geister, Es sind vor ihrem Meister Der Auserwählten Knie' gebeugt.

8. Ihm will ich mich ergeben, In diesem Namen leben Und in ihm gläubig sein; In ihm auch herzlich lieben, Gedulb in ihm nur üben, In Jesu bet ich auch allein.

9. Ich will in Jesu sterben, Ich will in Jesu erben, In Jesu auferstehn, In ihm gen Himmel fahren, Und mit den selgen Schaaren In seinem Licht ihn ewig sehn.

10. Weil ich zu allen Stunden Durch ihn mit Gott verbunden, Bei Gott und in Gott bin, So sei in Jesu Namen Auch dieses Lied nun Amen! Mein Heiland, nimm mich bald dahin!

Ps. 37, 4. Habe deine Lust an dem Herrn; der wird dir geben, was dein Herz wünschet.

Mel. Marter Gottes, wer kann rc.

357. Eines wünsch ich mir vor allem andern, Eine Speise früh und spät; Selig läßt's im Thränenthal sich wandern, Wenn dies Eine mit uns geht: Unverrückt auf einen Mann zu schauen, Der mit blutgem Schweiß und Todesgrauen Auf sein Antlitz niedersank, Und den Kelch des Vaters trank.

2. Ewig soll er mir vor Augen stehen, Wie er als ein stilles Lamm Dort so blutig und so bleich zu sehen, Hängend an des Kreuzes Stamm; Wie er bürstend rang um meine Seele, Daß sie ihm zu seinem Lohn nicht fehle, Und dann auch an mich gedacht, Als er rief: es ist vollbracht!

3. Ja, mein Jesu, laß mich nie vergessen Meine Schuld und deine Huld! Als ich in der Finsterniß gesessen, Trugest du mit mir Gedulb; Hattest längst nach meinem Schaf getrachtet, Eh es auf des Hirten Ruf geachtet, Und mit theurem Lösegeld Mich erkauft von dieser Welt.

4. Ich bin dein! sprich du darauf ein Amen! Treuster Jesu, du bist mein! Drücke deinen süßen Jesusnamen Brennend in mein Herz hinein! Mit dir alles thun und alles lassen, In

dir leben und in dir erblaſſen;
Das ſei biß zur letzten Stund
Unſer Wandel, unſer Bund!

---

1. Joh. 2. 16—17. Habt nicht lieb die
Welt, noch was in der Welt iſt. So jemand
die Welt lieb hat, in dem iſt nicht die Liebe
des Vaters. Denn alles, was in der Welt iſt
(nämlich des Fleiſches Luſt und der Augen
Luſt und hoffärtiges Leben), iſt nicht vom Va=
ter, ſondern von der Welt. Und die Welt
vergehet mit ihrer Luſt; wer aber den Willen
Gottes thut, der bleibet in Ewigkeit.

Mel. Wer weiß, wie nahe mir ꝛc.

358. Ach, ſagt mir nichts
von Gold und Schätzen, Von
Pracht und Schönheit dieſer Welt!
Es kann mich ja kein Ding er=
götzen, Das mir die Welt vor
Augen ſtellt. Ein jeder liebe,
was er will, Ich liebe Jeſum,
der mein Ziel.

2. Denn er allein iſt meine
Freude, Mein Gold, mein Schatz,
mein ſchönſtes Bild, An dem ich
meine Augen weide, Und finde,
was mein Herz mir ſtillt. Ein
jeder liebe, was er will, Ich liebe
Jeſum, der mein Ziel.

3. Die Welt vergeht mit ih=
ren Lüſten, Des Fleiſches Schön=
heit dauert nicht. Die Zeit kann
alles das verwüſten, Was Men=
ſchenhände zugericht't. Ein je=
der liebe, was er will, Ich liebe
Jeſum, der mein Ziel.

4. Sein Schloß kann keine Macht
zerſtören, Sein Reich vergeht nicht
mit der Zeit, Sein Thron bleibt
ſtets in gleichen Ehren, Von nun
an bis in Ewigkeit. Ein jeder
liebe, was er will, Ich liebe
Jeſum, der mein Ziel.

5. Sein Reichthum iſt nicht
zu ergründen, Sein allerſchönſtes
Angeſicht, Und was von Schmuck
an ihm zu finden, Verbleichet
und veraltet nicht. Ein jeder
liebe, was er will, Ich liebe
Jeſum, der mein Ziel.

6. Er kann mich über alles
heben, Und ſeiner Klarheit ma=
chen gleich; Er wird mir ſo
viel Schätze geben, Daß ich werd
unerſchöpflich reich. Ein jeder
liebe, was er will, Ich liebe
Jeſum, der mein Ziel.

7. Und muß ich auch noch viel
entbehren, So lang ich wandre
in der Zeit, So wird er mir's
doch wohl gewähren Im Reiche
ſeiner Herrlichkeit. Drum lieb
ich billig in der Still Nur Je=
ſum, meines Herzens Ziel.

Ps. 63, 9. Meine Seele hanget dir an;
deine rechte Hand erhält mich.

Mel. Wachet auf, ruft uns die ꝛc.

359. Gib, daß ewig treu
ich bleibe! Dein Sterben in
das Herz mir schreibe Mit
Flammenzügen, tief hinein. Wel=
che Qual hast du gelitten, Im
Staube blutbedeckt gestritten!
Nun kann ich Armer selig sein.
Verlaß mich, Heiland, nicht,
Wenn einst im Tode bricht Die=
ses Auge! Du sankst in Tod,
Vergingst in Noth! Ich hang
an dir, mein Herr und Gott!

2. Hier auf diesen wilden Wel=
len, Wo manches Schifflein kaun
zerschellen, Und untergehn im
Meeresschooß: Laß mein Schiff=
lein sicher schweben; Dir ist die
Wogenbahn gleich eben, — Du
bist so lieb, so treu, so groß!
Laß, wenn die Stürme gehn,
Dein Siegesfähnlein wehn, Star=
ker Heiland! Verlaß mich nicht,
Mein Fels, mein Licht, Wenn
Mast und Anker fast zerbricht.

3. Laß mir nichts am Herzen
hangen; Nimm alle Triebe mir
gefangen, Und ziehe sie in dich
hinein! Fühlt die Seele Angst
und Kummer: So führe mich
beim Todesschlummer In's Leben
aus der tiefsten Pein; Wo fin=
det sonst das Herz In Sünden=
noth und Schmerz Trost und
Ruhe? Du Schmerzensmann!
Ach, sag mir an: Wie ich mich
ganz dir opfern kann?

4. Taufe mich mit Geist und
Feuer, Daß ich dir, meinem Kö=
nig, treuer Fortan in deinem
Dienste sei! Nimm hinweg die
kleinsten Flecken, Laß keinen Scha=
ben sich verstecken, Mach mich
der feinsten Bande frei! Laß
mich in Lust und Schmerz So
fest, wie Stahl und Erz, An dich
glauben; In Freud und Pein
Laß heiß und rein, Wie glühend
Gold, die Liebe sein!

5. Hole bald mich, theure Liebe,
Hinauf zu dir! — Hier ist es
trübe, — Mich tödtet diese Er=
denluft! Eil mit mir zum letzten
Schritte, Vollende mich! der
schwachen Hütte Hast du geweiht
die Sterbegruft. Dann flieg ich
schnell empor, Geh ein durch's
Perlenthor Deines Tempels. Da
schau ich dann Dich selig an,
Wie dich die Liebe schauen kann!

2. Von der Nachfolge Christi.

Joh. 12, 26. Wer mir dienen will, der folge mir nach; und wo ich bin, da soll mein Diener auch sein. Und wer mir dienen wird, den wird mein Vater ehren.

Eigene Melodie.

360. "Mir nach! spricht Christus, unser Held, Mir nach, ihr Christen alle! Verläugnet euch, verlaßt die Welt, Folgt meinem Ruf und Schalle! Nehmt euer Kreuz und Ungemach Auf euch, folgt meinem Wandel nach!

2. Ich bin das Licht, ich leucht euch für Mit heilgem Tugendleben; Wer zu mir kommt und folget mir, Darf nicht im Finstern schweben; Ich bin der Weg, ich weise wohl, Wie man wahrhaftig wandeln soll.

3. In Demuth ist mein Herz und Sinn Durch Liebesgluth gegründet, In Sanftmuth strömt das Wort dahin, Das euch mein Mund verkündet. Mein Geist, Gemüthe, Kraft und Sinn Ist Gott ergeben, schaut auf ihn.

4. Ich zeig euch das, was schädlich ist, Zu fliehen und zu meiden, Und euer Herz voll arger List Zu reinigen und zu scheiden. Ich bin der Seelen Fels und Hort, Und führ euch zu der Himmelspfort.

5. Fällt's euch zu schwer, ich geh voran, Ich fleh euch an der Seite. Ich kämpfe selbst, ich brech die Bahn, Bin alles in dem Streite. Ein böser Knecht, der still darf stehn, Sieht er voran den Feldherrn gehn!

6. Wer seine Seel zu finden meint, Wird sie ohn' mich verlieren; Wer sie hier zu verlieren scheint, Wird sie in Gott einführen. Wer nicht sein Kreuz nimmt und folgt mir, Ist mein nicht werth und meiner Zier."

7. So laßt uns denn dem lieben Herrn Mit unserm Kreuz nachgehen Und wohlgemuth, getrost und gern In allen Leiden stehen. Denn wer nicht kämpft, trägt auch die Kron Des ewgen Lebens nicht davon!

Matth. 10, 38. Wer nicht sein Kreuz auf sich nimmt und folget mir nach, der ist meiner nicht werth.

Mel. Soll ich meinem Gott nicht ꝛc.

361. Lasset uns mit Jesu

ziehen, Seinem Vorbild folgen nach; In der Welt der Welt entfliehen; Auf der Bahn, die er uns brach, Immerfort zum Himmel reisen; Irdisch noch — schon himmlisch sein, Glauben recht und leben rein, Glauben durch die Lieb erweisen! Treuer Jesu, bleib bei mir; Geh voran, ich folge dir!

2. Lasset uns mit Jesu leben, Seinem Vorbild werden gleich! Nach dem Leide folgen Freuden, Armuth hier macht dort einst reich; Thränensaat bringt Heil und Wonne, Hoffnung tröstet mit Geduld, Denn es scheint durch Gottes Huld Nach dem Regen bald die Sonne. Jesu! hier leid ich mit dir, Dort gib deine Freude mir.

3. Lasset uns mit Jesu sterben! Sein Tod wehret unsrem Tod, Rettet uns von dem Verderben, Von der Seelen ewger Noth. Laßt uns sterben, weil wir leben, Sterben unsern Lüsten ab, Dann wird er uns aus dem Grab In das Himmelsleben heben. Jesu! sterb ich, sterb ich dir, Daß ich lebe für und für.

4. Lasset uns mit Jesu leben! Weil er auferstanden ist, Muß das Grab uns wiedergeben. Jesu! unser Haupt du bist, Wir sind deines Leibes Glieder, Wo du lebst, da leben wir; Ach, erkenn uns für und für, Seelenfreund, für deine Brüder! Dir, o Jesu, leb ich hier, Dort auch ewig einst bei dir!

———

Jer. 31, 3. Ich habe dich je und je geliebet, darum habe ich dich zu mir gezogen aus lauter Güte.

Eigene Melodie.

362. Seelenbräutigam, Jesu, Gottes Lamm! Habe Dank für deine Liebe, Die mich zieht mit reinem Triebe Aus der Sünden Schlamm, Jesu, Gottes Lamm!

2. Deine Liebesgluth Stärket Muth und Blut. Wenn du freundlich mich anblickest Und an deine Brust mich drückest, Macht mich wohlgemuth Deiner Liebe Gluth.

3. Wahrer Mensch und Gott, Trost in Noth und Tod! Du bist darum Mensch geboren, Zu ersetzen, was verloren, Durch dein Blut und Tod, Wahrer Mensch und Gott!

Von der Nachfolge Christi.

4. Meines Glaubens Licht Laß verlöschen nicht; Salbe mich mit Freudenöle, Daß hinfort in meiner Seele Ja verlösche nicht Meines Glaubens Licht.

5. So werd ich in dir Bleiben für und für. Deine Liebe will ich ehren Und in mir dein Lob vermehren, Weil ich für und für Bleiben werd in dir.

6. Großer Friedefürst! Wie hast du gebüßt't Nach der Menschen Heil und Leben Und dich in den Tod gegeben, Wie du riefst: „mich dürst't!" Großer Friedefürst!

7. Deinen Frieden gib Aus so großer Lieb Uns, den Deinen, die dich kennen Und nach dir sich Christen nennen; Denen du bist lieb, Deinen Frieden gib!

8. Wer der Welt abstirbt, Und sich treu bewirbt, Dir zu leben und zu trauen, Der wird bald mit Freude schauen, Daß niemand verdirbt, Der der Welt abstirbt.

9. Nun ergreif ich dich, Du mein ganzes Ich: Ich will nimmermehr dich lassen, Sondern gläubig dich umfassen, Weil im Glauben ich Nun ergreife dich.

10. Hier durch Spott und Hohn, Dort die Ehrenkron; Hier im Hoffen und Vertrauen, Dort im Haben und im Schauen; Denn die Ehrenkron Folgt auf Spott und Hohn.

11. Jesu, hilf, daß ich Allhier ritterlich Alles durch dich überwinde, Und in deinem Sieg empfinde, Wie so ritterlich Du gekämpft für mich.

12. Jesu, meine Ruh, Ewge Liebe du! Nichts als du soll mir gefallen, Dein ist all mein Thun und Wallen, Jesu, meine Ruh, Ewge Liebe du!

---

2. Tim. 2, 5. So jemand auch kämpfet, wird er doch nicht gekrönet, er kämpfe denn recht.

Mel. Mir nach! spricht Christus ic.

363. Auf, Christenmensch, auf, auf zum Streit! Auf, auf zum Ueberwinden! In dieser Welt, in dieser Zeit Ist keine Ruh zu finden! Wer nicht will streiten, trägt die Kron Des ewgen Lebens nicht davon.

2. Der Teufel kommt mit seiner List, Die Welt mit Pracht und Prangen, Das Fleisch, durch Lust dich, wo du bist, Zu fällen

und zu fangen; Streit'st du nicht, wie ein tapfrer Held, So bist du hin und schon gefällt.

3. Wer überwindet, und den Raum Der Laufbahn wohl durchmessen, Der wird im Paradies vom Baum Des ewgen Lebens essen. Er wird hinfort von keinem Leid Noch Tod berührt in Ewigkeit.

4. Wer überwindet, und den Lauf Mit Ehren wird vollenden, Dem wird der Herr alsbald darauf Verborgnes Manna senden, Ihm geben einen weißen Stein, Und einen neuen Namen drein.

5. Wer überwind't, bekommt Gewalt, Mit Christo zu regieren, Mit Macht die Völker mannigfalt Nach Gottes Rath zu führen. Wer überwind't, empfäht vom Herrn Zum Siegespreis den Morgenstern.

6. Wer überwind't, soll ewig nicht Aus Gottes Tempel gehen, Vielmehr drin als ein helles Licht Und güldne Säule stehen; Der Name Gottes, unsers Herrn, Wird leuchten vor ihm weit und fern.

7. Wer überwind't, soll auf dem Thron Mit Christo Jesu sitzen; Soll glänzen wie ein Himmels-Sohn, Und wie die Sonne blitzen, Ja, herrschen in der Engel Schaar Mit allen Heilgen immerbar.

8. So streit denn wohl, streit keck und kühn, Daß du mögst überwinden; Streng an die Kräfte, Muth und Sinn, Daß du dies Gut mögst finden! Wer nicht will streiten um die Kron, Bleibt ewiglich in Spott und Hohn.

Ps. 32, 8. Ich will dich unterweisen und dir den Weg zeigen, den du wandeln sollst; ich will dich mit meinen Augen leiten.

Eigene Melodie.

364. Vor Jesu Augen schweben, Ist wahre Seligkeit, Ist ewges Licht und Leben Schon in der Erdenzeit. Nichts können und nichts wissen, Nichts wollen und nichts thun, Als Jesu folgen müssen, Das heißt im Frieden ruhn.

2. Man steht von seinem Schlafe In Christi Freundschaft auf; Man fürchtet keine Strafe Im ganzen Tageslauf; Man ißt und trinkt in Liebe, Und hungerte

wohl auch, Und häll im Gnaden=
triebe Beständig Einen Brauch.

3. Wenn dann der Tag vol=
lendet, So legt man sich zur
Ruh; Von Christo unverwen=
det Thut man die Augen zu,
Und wünschet auch den Träu=
men, Wenn's ja geträumt soll
sein, Nichts anbres einzuräumen,
Als Christi Wiederschein.

4. Man geht in stiller Fassung
Dabei bei Tag und Nacht, Und
ist auf die Verlassung Der gan=
zen Welt bedacht. Man wirket,
spricht und höret, Und zielt auf
Eins nur hin; Und auch kein
Schmerz verstöret Den unver=
wandten Sinn.

5. Gewiß, wer erst die Sünde
In Christi Blut ertränkt, Und
dann gleich einem Kinde Am
Sünderfreunde hängt, Der wird
auch heilig handeln, Und kann
dann anders nicht. Herr Jesu,
lehr uns wandeln In beiner
Augen Licht!

— —

Eph. 6, 11. Ziehet an den Harnisch Got=
tes, daß ihr bestehen könnet gegen die listigen
Anläufe des Teufels.

Mel. Wachet auf, ruft uns die ꝛc.

365. Rüstet euch, ihr
Christenleute! Die Feinde su=
chen euch zur Beute. Ja, Satan
selbst hat eu'r begehrt. Wappnet
euch mit Gottes Worte, Und
kämpfet frisch an jebem Orte,
Damit ihr bleibet unversehrt.
Ist euch der Feind zu schnell:
Hier ist Immanuel! Hosianna!
Der Starke fällt Durch biesen
Held, Und wir behalten mit bas
Feld.

2. Reinigt euch von euren Lü=
sten! Besieget sie, denn ihr seib
Christen Und stehet in des Her=
ren Kraft; Stärket euch in Jesu
Namen, Daß ihr nicht strauchelt,
wie die Lahmen! Wo ist des
Glaubens Ritterschaft? Wer hier
ermüben will, Der schaue auf
das Ziel! Da ist Freude!
Wohlan, so seib Zum Kampf
bereit! So krönet euch die Ewig=
keit.

3. Streitet recht die wenig
Jahre! Bald kommt ihr auf
die Todtenbahre; Kurz, kurz ist
unser Lebenslauf. Wenn Gott
wird die Todten wecken, Und
Christus wird die Welt erschrek=
ken, Dann stehen wir mit Freu=
ben auf. Gott Lob, wir sind
versöhnt! Daß uns die Welt
noch höhnt, Währt nicht lange;

In Ewigkeit Ist uns bereit Die Krone der Gerechtigkeit.

4. Jesu, stärke deine Kinder, Und mach aus ihnen Ueberwinder, Die du erkauft mit deinem Blut! Schaffe in uns neues Leben, Daß wir uns stets zu dir erheben, Wenn uns entfallen will der Muth! Geuß aus auf uns den Geist, Damit du alles seist Unsern Herzen! So halten wir Getreu an dir Jm Tod und Leben für und für.

Matth. 9, 9. Folge mir. Und er stand auf und folgte ihm.

Mel. Seelenbräutigam.

366. Jesu! geh voran Auf der Lebensbahn, Und wir wollen nicht verweilen, Dir getreulich nachzueilen; Führ uns an der Hand Bis in's Vaterland.

2. Soll's uns hart ergehn, Laß uns feste stehn Und auch in den schwersten Tagen Niemals über Lasten klagen; Denn durch Trübsal hier Geht der Weg zu dir.

3. Rühret eigner Schmerz Irgend unser Herz, Kümmert uns ein fremdes Leiden, O so gib Gebuld zu beiden; Richte unsern Sinn Auf das Ende hin!

4. Ordne unsern Gang, Jesu, lebenslang! Führst du uns durch rauhe Wege, Gib uns auch die nöthge Pflege; Thu uns nach dem Lauf Deine Thüre auf.

2. Tim. 2, 3. Leide dich als ein guter Streiter Jesu Christi.

Mel. Ach, was soll ich Sünder rc.

367. Auf, ihr Streiter, durchgedrungen! Auf, und folgt dem Heiland nach, Der durch Marter, Tod und Schmach Sich zum Himmel aufgeschwungen! Unser Haupt hat schon gesiegt; Weh dem Glied, das müßig liegt!

2. Kämpfet fort mit Wachen, Beten! Seid getrost und unverzagt; Christus, der uns Sieg zusagt, Hat der Schlange Kopf zertreten; Folgt ihm nach in seiner Kraft: Er ist's, der den Sieg verschafft.

3. Kein Erlöster müsse sprechen: „Meine Kräfte sind zu schwach, Und durch so viel Ungemach Kann kein blöder Sünder brechen!" Denn der Herr ist's, der uns heilt, Und den Schwachen Kraft ertheilt.

Von der Nachfolge Christi.

4. Sind wir schwach: bei ihm ist Stärke; Sind wir arm: der Herr ist reich! Wer ist unserm König gleich? Unser Gott thut Wunderwerke! Sagt, ob Der nicht helfen kann, Dem die Himmel unterthan?

5. Ja, er kann und will uns schirmen, Darum bringet muthig ein! Höret auf, verzagt zu sein, Wenn die Feinde drohn und stürmen! Jesus ist ein Siegesfürst; Schmach, wenn du geschlagen wirst!

6. Niemand wird in Salem wohnen, Der nicht ritterlich gekämpft; — Wer die Feinde nicht gedämpft, Erntet droben keine Kronen; Nur durch Ringen, Kampf und Streit Gehet es zur Herrlichkeit.

7. Nun, so wachet, kämpft und ringet, Bleibet wacker im Gebet, Bis ihr auf der Höhe steht, Wo man Siegesfahnen schwinget! — Wenn der Erde Werk gethan, Fängt des Himmels Sabbath an.

Joh. 6, 68. Herr, wohin sollen wir gehen? Du hast Worte des ewigen Lebens!

Mel. Bleibet treu, ihr Hochbeglückten.

368. Bei bir, Jesu, will ich bleiben, Stets in deinem Dienste stehn; Nichts soll mich von dir vertreiben, Deine Wege will ich gehn. Du bist meines Lebens Leben, Meiner Seele Trieb und Kraft, Wie der Weinstock seinen Reben Zuströmt Kraft und Lebenssaft.

2. Könnt ich's irgend besser haben Als bei bir, der allezeit So viel tausend Gnadengaben Für mich Armen hat bereit? Könnt ich je getroster werden Als bei bir, Herr Jesu Christ, Dem im Himmel und auf Erden Alle Macht gegeben ist!

3. Ja, Herr Jesu, bei bir bleib ich, So in Freude wie in Leid; Bei bir bleib ich, dir verschreib ich Mich für Zeit und Ewigkeit! Deines Winks bin ich gewärtig, Auch des Rufs aus dieser Welt; Denn der ist zum Sterben fertig, Der sich lebend zu dir hält.

4. Bleib mir nah auf dieser Erden, Bleib auch, wenn mein Tag sich neigt, Wenn es nun will Abend werden Und die Nacht herniedersteigt. Lege segnend dann die Hände Mir auf's müde, schwache Haupt, Sprich dann:

„Kind, hier geht's zu Ende, Aber dort lebt, wer hier glaubt!"

5. Bleib mir dann zur Seite stehen, Wenn mir Grauen macht der Tod, Als das kühle, scharfe Wehen Vor des Himmels Morgenroth. Wird mein Auge dunkler, trüber, Dann erleuchte meinen Geist, Daß ich fröhlich zieh hinüber, Wie man nach der Heimath reist!

---

2. Cor. 5, 6. Wir sind aber getrost allezeit und wissen, daß dieweil wir im Leibe wohnen, so wallen wir dem Herrn.

Eigene Melodie.

369. Auf dieser Erde, Im Pilgerland, Bei Jesu Heerde, An Gottes Hand: Da walle ich Demüthiglich Mit frohem Sinn Zum Kleinod hin, Das Weltgetümmel Lieb ich nicht mehr; Nach Gott und Himmel Verlang ich sehr.

2. Dem zu gefallen, Dem mich zu weihn, Dem hier zu wallen, Des Kind zu sein, Der mir zu Lieb Aus freiem Trieb Am Kreuze starb Und Heil erwarb: Das sei mein Streben, Mein ernster Sinn Durch's ganze Leben, Welch ein Gewinn!

3. Und was zurücke, Das laß ich stehn. Ich eil zum Glücke Auf Salems Höhn. Dort wartet schon Des Menschen Sohn Auf mich mit Huld Und mit Geduld, Umringt mit Heeren Von Seligen, Die ihn verehren Und ihn erhöhn.

4. Wie schön, wie prächtig! Ach, wär ich dort! Das zieht mich mächtig; Ach, auf und fort! Wer bin ich doch, Daß immer noch Mein Herz nicht eilt, Noch stets verweilt? Die Erdenfreuden, Sie sind nur Tand; Ich will die Freuden Vom Himmelsland.

5. Du mußt mich ziehen, Herr Jesu Christ, Weil mein Bemühen Sonst nichtig ist! Durch deine Kraft, Die alles schafft, Zieh du mein Herz Stets himmelwärts! Gieß Freud und Wonne Und Himmelslust, O Lebenssonne, In meine Brust!

Eph. 5, 8. Wandelt wie die Kinder des Lichts.

Mel. Ringe recht, wenn Gottes ic.

370. Großer Heiland, beine Triebe Flöße tief in meinen Sinn! Für ein Tröpflein

Von der Nachfolge Christi.

deiner Liebe Schatz ich tausend Welten hin.

2. Das ist nicht zu viel gesprochen, Wenn dein volles Gnadenlicht Bis in's Herz hindurchgebrochen, Wenn der Mund im Glauben spricht.

3. Denn was helfen tausend Welten? Und was nützt mir ihr Gewinn? Wenn du anfängst mich zu schelten, Ist mein ganzes Glück dahin.

4. Aber wenn ich dich besitze, Sind die Welten alle mein. O wer sagt's, wie viel es nütze, Deiner Huld versichert sein!

5. Darum will ich dich erkennen, — Ueberschwänglich ist dies Licht! Alles will ich Schaden nennen, Seh ich nur dein Angesicht!

Joh. 10, 8. Die Schafe hören seine Stimme, und er ruft seine Schafe mit Namen, und führet sie aus.

Mel. Vor Jesu Augen schweben 2c.

371. Ich höre deine Stimme, Mein Hirt, und allgemach, Wenn auch in Schwachheit, stimme Ich deinen Schritten nach. O laß zu allen Zeiten Mich beine Wege gehn, Und deinem sanften Leiten Mich niemals widerstehn!

2. Dein Stab und Stecken trösten Mich, wenn Gefahr mir drobt; Du zeigest dich am größten Mir in der größten Noth. Will mir die Kraft verschwinden Und aller Muth entfliehn, Weißt du doch Rath zu finden, Mich aus der Angst zu ziehn.

3. Oft denk ich: wie wird's weiter In dieser Leidensnacht? Da wird's auf einmal heiter, Daß mir das Herze lacht. Oft bin ich wie gebunden, Und weiß nicht aus noch ein, — Und doch wird bald gefunden Ein Ausgang aus der Pein.

4. Oft fühl ich mich so traurig, Wenn in der argen Welt Die Zukunft sich so schaurig Mir vor die Seele stellt. Dein Wort, zum Heil beschieden, Spricht dann mir tröstend zu: Da geb ich mich zufrieden, Und finde in dir Ruh.

5. Oft machen mir der Sünden Verborgne Wunden Gram: Da weißt du zu verbinden, Zu heilen wunderfam. Oft sink ich müde nieder, Ermatt in meinem Lauf: Da weckest du mich wieder, Und richtest sanft mich auf.

6. Mein Hirt, mein Gnaden=
spender, Zieh mich dir kräftig
nach! Ich folgte gern behender,
Allein ich bin so schwach. O
komm, mir beizuspringen, Wenn
ich nicht weiter kann! Es wird
mir wohl gelingen, Nimmst du
dich meiner an.

7. Vielleicht ist's nur ein Klei=
nes, So ist die Mühe aus; Du
führst mich dann in deines Und
meines Vaters Haus; Dann wird
dein treues Leiten Durch so viel
Angst und Pein Für alle Ewig=
keiten Mein Dank= und Loblied
sein.

---

3. Von der Heiligung und Gottseligkeit.

Zu f. 10, 42. Eins ist Noth. Maria hat
das gute Theil erwählet, das soll nicht von
ihr genommen werden.

Eigene Melodie.

372. Eins ist Noth! ach,
Herr, dies Eine Lehre mich er=
kennen doch! Alles andre, wie's
auch scheine Ist ja nur ein schwe=
res Joch, Darunter das Herze
sich naget und plaget, Und den=
noch kein wahres Vergnügen er=
jaget; Erlang ich dies Eine, das
alles ersetzt, So werd ich mit
Einem in Allem ergötzt.

2. Seele! willst du dieses fin=
den, Such's bei keiner Creatur;
Laß, was irdisch ist, dahinten,
Schwing dich über die Natur,
Wo Gott und die Menschheit
in Einem vereinet, Wo alle voll=
kommene Fülle erscheinet, Da,
da ist das beste, nothwendigste
Theil, Mein Ein und mein Al=
les, mein seligstes Heil.

3. Wie, dies Eine zu genie=
ßen, Sich Maria dort befliß,
Als sie sich zu Jesu Füßen Vol=
ler Andacht niederließ; Ihr Herz,
das entbrannte, nur einzig zu
hören, Wie Jesus, ihr Heiland,
sie wollte belehren, Ihr Alles
war gänzlich in Jesum versenkt,
Und wurde ihr alles in Einem
geschenkt:

4. Also ist auch mein Verlan=
gen, Liebster Jesu, nur nach dir!
Laß mich treulich an dir han=
gen, Schenke dich zu eigen mir!

Ob viele zum größesten Haufen auch fallen, So will ich bir bennoch in Liebe nachwallen, Denn bein Wort, o Jesu, ist Leben und Geist! Was ist wohl, das man nicht in Jesu genießt?

5. Aller Weisheit höchste Fülle In dir ja verborgen liegt; Gib nur, daß sich auch mein Wille Fein in solche Schranken fügt, Worinnen die Demuth und Einfalt regieret, Und mich zu der Weisheit, die himmlisch ist, führet. Ach, wenn ich nur Jesum recht kenne und weiß, So hab ich der Weisheit vollkommenen Preis!

6. Nichts kann ich vor Gott ja bringen, Als nur dich, mein höchstes Gut! Jesu! es muß mir gelingen Durch dein theures Opferblut; Die höchste Gerechtigkeit ist mir erworben, Da du bist am Stamme des Kreuzes gestorben, Da hab ich die Kleider des Heiles erlangt, Worinnen mein Glaube in Ewigkeit prangt.

7. Nun so gib, daß meine Seele Auch nach deinem Bild erwacht: Du bist ja, ben ich erwähle, Mir zur Heiligung gemacht! Was dienet zum göttlichen Wandel und Leben, Ist in bir, mein Heiland, mir alles gegeben; Entreiße mich aller vergänglichen Lust; Dein Leben sei, Jesu, mir einzig bewußt!

8. Ja, was soll ich mehr verlangen? Mich beströmt die Gnadenfluth! Du bist einmal eingegangen In das Heilige durch bein Blut; Da hast du die ewige Erlösung erfunden, Daß ich nun von Tod und Verdammniß entbunden; Dein Eingang die völlige Freiheit mir bringt, Im kindlichen Geiste das Abba nun klingt.

9. Volle Gnüge, Fried und Freude Jetzo meine Seel ergötzt, Weil auf eine frische Weide Mein Hirt, Jesus, mich gesetzt; Nichts süßeres kann mich im Herzen erlaben, Als wenn ich, mein Jesu, bich immer soll haben, Nichts, nichts ist, das also mich innig erquickt, Als wenn ich dich, Jesu, im Glauben erblickt!

10. Drum auch, Jesu, du alleine Sollst mein Ein und Alles sein; Prüf, erfahre, wie ich's meine, Tilge allen Heuchelschein; Sieh, ob ich auf bösem, betrüglichem Stege, Und leite mich,

Höchster, auf ewigem Wege!
Gib, daß ich nichts achte, nicht
Leben noch Tod, Und Jesum
gewinne; dies Eine ist Noth!

Jes h. 8, 16. 17. Fürchte dich nicht, und
laß deine Hände nicht laß werden, denn der
Herr, dein Gott, ist bei dir, ein starker Heiland.

Mel. Es ist nicht schwer, ein ec.

373. Es kostet viel, ein
Christ zu sein, Und nach dem
Sinn des Geistes ganz zu leben; Denn der Natur geht es
gar sauer ein, Sich immerdar
in Christi Tod zu geben; Und
ist hier gleich Ein Kampf wohl
ausgericht't, Das macht's noch
nicht.

2. Man muß hier stets auf
Schlangen gehn, Die leicht ihr
Gift in unsre Fersen bringen;
Da kostet's Müh, auf seiner
Hut zu stehn, Daß nicht das
Gift kann in die Seele bringen.
Wenn man's versucht, so spürt
man mit der Zeit Die Wichtig-
keit.

3. Doch ist es wohl der Mühe
werth, Wenn man mit Ernst
die Herrlichkeit erwägel, Die
ewiglich ein solcher Mensch erfährt, Der sich hier stets auf's
Himmlische geleget. Es kostet
Müh, die Gnade aber schafft
Uns Muth und Kraft.

4. Du sollst ein Kind des
Höchsten sein, Ein reiner Glanz,
ein Licht im großen Lichte! Wie
wirst du da so stark, so hell
und rein, So herrlich sein, verklärt im Angesichte, Dieweil
dich da die wesentliche Pracht
So herrlich macht!

5. Da wird das Kind den
Vater sehn, Im Schauen wird
es ihn mit Lust empfinden!
Der lautre Strom wird uns
da ganz durchgehn, Und uns
mit Gott zu Einem Geist verbinden. Wer weiß, was da im
Geiste wird geschehn? Wer
mag's verstehn?

6. Da gibt sich ihm die Weisheit ganz, Die es hier stets als
Mutter hat gespüret; Sie kröne
es mit ihrem Perlenkranz, Und
wird als Braut der Seele zu-
geführet. Die Herrlichkeit wird
da ganz offenbar, Die in ihm
war.

7. Was Gott genießt, wird
uns erfreun, Was Gott bereitet, wird uns da gegeben; Des
Himmels Schätze werden unser

Von der Heiligung und Gottseligkeit.

sein; Wie lieblich werden wir mit Jesu leben! Nichts höher wird an Kraft und Würde sein, Als Gott allein.

8. Auf, auf, mein Geist, ermüde nicht, Der Macht der Finsterniß dich zu entreißen! Was sorgest du, daß dir's an Kraft gebricht? Bedenke, was für Kraft uns Gott verheißen! Wie gut wird sich's doch nach der Arbeit ruhn! Wie wohl wird's thun!

Matth. 11, 30. Mein Joch ist sanft, und meine Last ist leicht.

Eigene Melodie.

374. Es ist nicht schwer, ein Christ zu sein, Und nach dem Sinn des reinen Geist's zu leben, Denn der Natur geht es zwar sauer ein, Sich immerdar in Christi Tod zu geben; Doch führt die Gnade selbst zu aller Zeit Den schweren Streit.

2. Du darfst ja nur ein Kindlein sein, Du darfst ja nur die Liebe kindlich lieben; O blöder Geist, schau doch, wie gut er's mein'! Das kleinste Kind kann ja die Mutter lieben; Drum fürchte dich nur ferner nicht so sehr; Es ist nicht schwer!

3. Dein Vater fordert nur das Herz, Daß er es selbst mit seiner Gnade fülle; Der fromme Gott macht dir gar keinen Schmerz; Die Unlust schafft in dir dein eigner Wille: Drum übergib ihn willig in den Tod, So hat's nicht Noth!

4. Wirf nur getrost den Kummer hin, Der nur dein Herz vergeblich schwächt und plaget; Erwecke nur zum Glauben deinen Sinn, Wenn Furcht und Weh dein schwaches Herze naget; Sprich: „Vater, schau mein Elend gnädig an! So ist's gethan!

5. Faß' nur die Seele in Geduld, Wenn du nicht gleich des Vaters Hülfe merkest! Verstehst du's oft, und fehlst aus eigner Schuld, So sieh, daß du dich durch die Gnade stärkest, So gilt dein Fehl und kindliches Versehn Als nicht geschehn.

6. Laß nur dein Herz im Glauben ruhn, Wenn dich will Nacht und Finsterniß bedecken; Dein Vater wird nichts Schlimmes mit dir thun, Vor keinem Sturm und Wind darfst du erschrecken; Ja, siehst du endlich ferner keine Spur, So glaube nur!

7. So wird dein Licht auf's neu entstehn, Du wirst dein Heil mit großer Klarheit schauen; Was du geglaubt, wirst du dann vor dir sehn; Drum darfst du nur dem frommen Vater trauen. O Seele, sieh doch, wie ein wahrer Christ So selig ist!

8. Auf, auf, mein Geist! was säumest du, Dich deinem Gott ganz kindlich zu ergeben? Geh ein, mein Herz, genuß die süße Ruh, In Frieden sollst du vor dem Vater leben! Die Sorg und Last wirf nur getrost und kühn Allein auf ihn!

Pf. 141, 8. Auf dich, Herr, Herr, sehen meine Augen; ich traue auf dich, verstoße meine Seele nicht.

Mel. Werde munter, mein Gemüthe.

375.

Unverwandt auf Christum sehen, Bleibt der Weg zur Seligkeit; Allen, welche zu ihm flehen, Ist gewisses Heil bereit't. Siehet man im Herzen an, Was er für die Welt gethan, Und man glaubt daran mit Beugen, So bekommt man es zu eigen.

2. Bei dem allerersten Ringen Hat die Seele schon Genuß. Will uns gleich das Fleisch verbringen, Wanket unser schwacher Fuß: Wenn nur endlich noch das Licht Durch die Finsternisse bricht! Wenn wir nur den Feind bekriegen, Und nicht ruhen, bis wir siegen!

3. Wenn doch alle Seelen wüßten, Wie so wohl es dem ergeht, Welcher in der Zahl der Christen, Wahrer Glieder Jesu steht! Da geht man in seinem Glück Immer fort und nie zurück; Man ist auf dem Lebenspfade, Und nimmt immer Gnad um Gnade.

4. Aber freilich kann nichts taugen, Als nur das, was Christus thut; Lassen wir ihn aus den Augen, Finden wir was andres gut, So erfahren wir gewiß, Unser Licht sei Finsterniß, Unser Helfen sei Verderben, Unser Leben lauter Sterben.

5. Heiland! wenn wir's hier verfehlen, wenn wir was nicht recht gefaßt, — Wenn wir einen Grund erwählen, Den du nicht geleget hast, Wenn die Seele Schlüsse macht, Woran du nicht hast gedacht: Ist es nur Naturgemächte, — O dann hilf uns bald zurechte!

Von der Heiligung und Gottseligkeit.

6. Heiland, der du uns bewogen, Nur allein auf dich zu sehn, Und bisher bir nachgezogen: Laß es unverrückt geschehn! Gib Begriffe, Grund und Schluß, Richte du allein den Fuß! Ohne dich sei ja nichts rege, — Halt uns fest auf deinem Wege! —

7. Bring uns völlig in die Schranken, Die dein Liebesrath gesetzt! Weder Worte noch Gedanken Werden sonst für gut geschätzt. Herr, nur wer auf deiner Spur Geht als neue Creatur, Kann dich lieben und erhöhen, Und in deine Freud eingehen.

Matth. 6, 33. Trachtet am ersten nach dem Reich Gottes und nach seiner Gerechtigkeit; so wird euch solches alles zufallen.

Mel. Großer Gott, wir loben dich.

376. Seele, was ermüh'st du dich In den Dingen dieser Erden, Die doch bald verzehren sich Und zu Staub und Asche werden? Suche Jesum und sein Licht: Alles andre hilft dir nicht.

2. Sammle den zerstreuten Sinn, Laß ihn sich zu Gott entschwingen; Richt ihn stets zum Himmel hin, Laß ihn in die Gnad einbringen! Suche Jesum und sein Licht: Alles andre hilft dir nicht.

3. Du verlangst oft süße Ruh, Dein betrübtes Herz zu laben, Eil der Lebensquelle zu, Da kannst du sie reichlich haben! Suche Jesum und sein Licht: Alles andre hilft dir nicht.

4. Weißt du nicht, daß diese Welt Ein ganz ander Wesen heget, Als dem Höchsten wohlgefällt, Und dein Ursprung in sich träget? Suche Jesum und sein Licht: Alles andre hilft dir nicht.

5. Du bist ja ein Hauch aus Gott, Und aus seinem Geist geboren, Bist erlöst durch Christi Tod, Und zu seinem Reich erkoren. Suche Jesum und sein Licht: Alles andre hilft dir nicht.

6. Schwinge dich sein oft im Geist Ueber alle Himmelshöhen; Laß, was dich zur Erde reißt, Weit von dir entfernet stehen. Suche Jesum und sein Licht: Alles andre hilft dir nicht.

7. Nahe dich dem lautern Strom, Der vom Thron des

Lammes fließet, Und auf die, so keusch und fromm, Sich in reichem Maaß ergießet. Suche Jesum und sein Licht: Alles andre hilft dir nicht.

8. Laß dir seine Majestät Immerdar vor Augen schweben; Laß mit brünstigem Gebet Sich dein Herz zu ihm erheben! Suche Jesum und sein Licht: Alles andre hilft dir nicht.

9. Geh in Einfalt nur dahin, Du wirst schon das Ziel erblicken; Glaube: Gottes Vatersinn Wird dich ewig dort erquicken. Such nur Jesum und sein Licht: Alles andre hilft dir nicht!

Matth. 12, 20. Das zerstoßene Rohr wird er nicht zerbrechen, — bis daß er ausführe das Gericht zum Siege.

Eigene Melodie.

377. Jesu, hilf siegen, du Fürste des Lebens! Sieh, wie die Finsterniß dringet herein, Wie sie ihr drohendes Heer nicht vergebens Mächtig aufführet, mir schädlich zu sein! Schau, wie sie sinnet auf allerlei Ränke, Daß sie mich sichte, verstöre und kränke!

2. Jesu, hilf siegen! ach, wer muß nicht sagen: Herr, mein Gebrechen ist immer vor mir! Hilf, wenn mich Sünden der Jugend verklagen, Die mein Gewissen mir täglich hält für; Ach, laß mich schmecken dein kräftig Versühnen, Und dies zu meiner Demüthigung dienen!

3. Jesu, hilf siegen! wenn in mir die Sünde, Eigenlieb, Hoffahrt und Mißgunst sich regt, Wenn ich die Last der Begierden empfinde, Und sich mein tiefes Verderben darlegt. Hilf dann, daß ich vor mir selber erröthe, Und durch dein Leiden die Sündenlust tödte.

4. Jesu, hilf siegen und lege gefangen In mir die Lüste des Fleisches und gib, Daß in mir lebe des Geistes Verlangen, Aufwärts sich schwingend durch heiligen Trieb; Laß mich einbringen in's göttliche Wesen, So wird mein Geist, Leib und Seele genesen.

5. Jesu, hilf siegen, damit auch mein Wille Dir, Herr, sei gänzlich zu eigen geschenkt, Und ich mich stets in dein Wollen verhülle, Wo sich die Seele zur Ruhe hinlenkt. Laß mich mir ster-

ben und alle dem Meinen, Daß ich mich zählen darf unter die Deinen.

6. Jesu, hilf siegen und laß mich nicht sinken! Wenn sich die Kräfte der Lügen aufblähn, Und mit dem Scheine der Wahrheit sich schminken, Laß doch viel heller dann deine Kraft sehn. Steh mir zur Rechten, o König und Meister, Lehre mich kämpfen und prüfen die Geister!

7. Jesu, hilf siegen im Wachen und Beten; Hüter, du schläfst ja und schlummerst nicht ein! Laß dein Gebet mich unendlich vertreten, Der du versprochen, Fürsprecher zu sein. Wenn mich die Nacht mit Ermüdung will decken, Wollst du mich, Jesu, ermuntern und wecken.

8. Jesu, hilf siegen, wenn alles verschwindet, Wenn ich mein Nichts und Verderben nur seh; Wenn kein Vermögen zu beten sich findet, Wenn ich bin wie ein verschüchtertes Reh; Herr! ach, dann wollst du im Grunde der Seelen Dich mit dem innersten Seufzen vermählen!

9. Jesu, hilf siegen und laß mir's gelingen, Daß ich das Zeichen des Sieges erlang; So will ich ewig dir Lob und Dank singen, Jesu, mein Heiland, mit frohem Gesang! Wie wird dein Name da werden gepriesen, Wo du, o Held, dich so mächtig erwiesen!

10. Jesu, hilf siegen, wenn's nun kommt zum Sterben; Mach du mich würdig und stetig bereit, Daß ich mich nenne des Himmelreichs Erben Dort in der Ewigkeit, hier in der Zeit. Jesu, dir bleib ich auf ewig ergeben, Hilf du mir siegen, mein Heil, Trost und Leben!

Phil. 2, 12. Schaffet, daß ihr selig werdet, mit Furcht und Zittern.

Mel. Werde munter, mein Gemüthe.

378. Schaffet, schaffet, Menschenkinder, Schaffet eure Seligkeit! Bauet nicht wie freche Sünder, Auf die ungewisse Zeit; Sondern schauet über euch, Ringet nach dem Himmelreich, Und bemühet euch auf Erden, Wie ihr möget selig werden.

2. Selig, wer im Glauben kämpfet! Selig, wer im Kampf besteht Und die Sünden in sich dämpfet! Selig, wer die Welt verschmäht! Unter Christi Kreu-

zesschmach Jaget man dem Frieden nach. Wer den Himmel will ererben, Muß zuvor mit Christo sterben.

3. Werdet ihr nicht treulich ringen, Sondern träg und lässig sein, Eure Neigung zu bezwingen, So kann euch kein Sieg erfreun. Ohne tapfern Streit und Krieg Folget nie ein rechter Sieg; Nur den Siegern reicht zum Lohne Dort der Herr die Ehrenkrone.

4. Mit der Welt sich lustig machen, Findet nicht bei Christen statt; Fleischlich Reden, Scherzen, Lachen Macht des Geistes Kräfte matt. Ach, auf Christi schmaler Bahn Geht der Leichtsinn nimmer an! Himmelwärts gekehrte Herzen Können mit der Welt nicht scherzen.

5. Wollt ihr werden Christi Glieder, Die sein reiner Geist beweget, So schlagt alles in euch nieder, Was sich noch von Sünde regt! Was euch hindert, senkt in's Grab, Was euch ärgert, hauet ab! Denket stets an Christi Worte: Dringet durch die enge Pforte!

6. Zittern will ich vor der Sünde, Und allein auf Jesum sehn, Bis ich seinen Beistand finde, In der Gnade zu bestehn. Ach, mein Jesu, geh doch nicht, Mit mir Armen in's Gericht! Gib mir deines Geistes Waffen, Meine Seligkeit zu schaffen.

7. Amen, es geschehe, Amen! Gott versiegle dies in mir, Auf daß ich in Jesu Namen So den Kampf des Glaubens führ! Er verleihe Kraft und Stärk', Und regiere selbst das Werk, Daß ich wache, bete, ringe, Und empor zum Himmel bringe!

Matth. 24, 13. Wer beharret bis an das Ende, der wird selig.

Mel. Bade munter, mein Gemüthe.

379.
Nicht der Anfang, nur das Ende Krönt des Christen Glaubensstreit. Ach, getreuer Gott! vollende Meinen Lauf in dieser Zeit; Hab ich einmal dich erkannt, So verleih mir auch Bestand, Daß ich, bis ich einst erkalte, Glauben, Lieb und Hoffnung halte.

2. Laß mich einem Felsen gleichen, Der in Sturm und Wellen steht: Laß mich nicht zurücke weichen, Wenn mich Noth und Tod umfäht. Sei mein Anker,

der nicht bricht, Sei mein Stern und helles Licht, Daß ich nie von dir mich scheide Und am Glauben Schiffbruch leide.

3. Es ist gut, ein Christ zu werden, Besser noch, ein Christ zu sein; Doch den besten Ruhm auf Erden Gibt der Herr nur dem allein, Der ein Christ beständig bleibt, Und den Kampf zum Siege treibt; Solchen wird mit ewgen Kronen Christus droben einst belohnen.

4. Laß mich halten, was ich habe, Daß mir nichts die Krone nimmt! Es ist deines Geistes Gabe, Daß mein Glaubensdocht noch glimmt; Lösche nicht dies Fünklein aus, Mach ein helles Feuer draus; Laß es ungestöret brennen, Dich vor aller Welt bekennen.

5. Du hast meinen Grund geleget; Jesus, der mein Grundstein ist, Wird durch keine Macht beweget, Ihn verrücket keine List. Laß mich fest auf ihm bestehn, Nimmermehr zu Grunde gehn, Wenn sich Macht und List bemühen, Mich von Christo abzuziehen.

6. Jesu! hilf mir dir anhangen, Wie das Schaf am Hirten hängt, Stets im Glauben dich umfangen, Wie mich deine Gnad umfängt. Kommt es dann zur letzten Noth, So versiegle mir im Tod, Was ich dir geglaubt auf Erden, Und laß es zum Schauen werden!

Luk. 13, 24. Ringet darnach, daß ihr durch die enge Pforte eingehet.

Eigene Melodie.

380. Ringe recht, wenn Gottes Gnade Dich nun ziehet und bekehrt, Daß dein Geist sich recht entlade Von der Last, die ihn beschwert.

2. Ringe! denn die Pfort ist enge, Und der Lebensweg ist schmal; Hier bleibt alles im Gedränge, Was nicht zielt zum Himmelssaal.

3. Kämpfe bis auf's Blut und Leben, Dring hinein in Gottes Reich; Will der Satan widerstreben, Werde weder matt noch weich.

4. Ringe, daß dein Eifer glühe, Und die erste Liebe dich Von der ganzen Welt abziehe; Halbe Liebe hält nicht Stich!

5. Ringe mit Gebet und Schreien; Halte damit feurig an; Laß

dich keine Zeit gereuen, Wär's auch Tag und Nacht gethan.

6. Hast du kann die Perl errungen, Denke ja nicht, daß du nun Alles Böse schon bezwungen; O es ist noch viel zu thun!

7. Nimm mit Furcht ja deiner Seele, Deines Heils mit Zittern wahr, Denn in dieser Leibeshöhle Schwebst du stündlich in Gefahr.

8. Halte deine Krone feste, Halte männlich, was du hast. Recht beharren, ist das Beste, Rückfall wird zur schweren Last.

9. Laß dein Auge ja nicht gaffen Nach der schnöden Eitelkeit; Bleibe Tag und Nacht in Waffen, Fliehe träge Sicherheit.

10. Laß dem Fleische nicht den Willen, Gib der Lust den Zügel nicht; Willst du die Begierden stillen, So verlischt das Gnadenlicht.

11. Wahre Treu liebt Christi Wege, Siehet beherzt auf ihrer Hut, Weiß von keiner Fleischespflege, Hält kein Unrecht sich zu gut.

12. Wahre Treu kommt dem Getümmel Dieser Welt niemals zu nah; Denn ihr Schatz ist in dem Himmel, Drum ist auch ihr Herz allba.

13. Dies bedenket wohl, ihr Streiter, Streitet recht und fürchtet euch; Gehl doch alle Tage weiter, Bis ihr kommt in's Himmelreich.

14. Eile, wenn du dich erretten, Und nicht mit verderben willt! Mach dich los von allen Ketten, Fleuch, als ein gejagtes Wild!

15. Eile, zähle Tag und Stunden, Bis der Heiland dir erscheint, Und wenn du nun überwunden, Ewig sich mit dir vereint!

1. Thess. 4, 3. Das ist der Wille Gottes, eure Heiligung.

Mel. Es ist gewißlich an der Zeit.

381.

Herr! laß mich beine Heiligung Durch beinen Geist erlangen. Du hast die Sinnesänderung Selbst in mir angefangen; Dein Geist wirkt Heiligung allein, Nur beine Kraft macht Herzen rein, Seit du zu Gott gegangen.

2. Ich kann mich selber vor der Welt Nicht unbefleckt bewahr-

Von der Heiligung und Gottseligkeit.

ren; Ich kann nicht thun, was dir gefällt, Das hab ich oft erfahren. Ich will mich übergeben dir, O mach ein neu Geschöpf aus mir In meinen Gnadenjahren!

3. Ich stehe täglich in Gefahr, Das Kleinod zu verlieren; Die Sünde lockt mich immerdar Und will mich dir entführen. Herr Jesu! nimm dich meiner an, Erhalt mich auf der Lebensbahn, Nur du wollst mich regieren.

4. Die Kraft von deinem theuren Blut Laß innig mich durchdringen, Dein Leben, o du höchstes Gut, Mir in das Herz zu bringen, Damit dein Geist, der ewig frei, Allein mein inn=res Leben sei; Dann wird es mir gelingen.

5. Laß mich in deiner Lieb allein Die Lebensnahrung finden; Vertreib aus mir den Lügenschein Der angewohnten Sünden. Nur die Gemeinschaft mit dem Licht Sei meine Lust und süße Pflicht; Dann wird die Knechtschaft schwinden.

6. Lösch alles fremde Feuer aus, Das in mir will entbrennen; Mach mich zu deinem reinen Haus, Laß nichts mich von dir trennen. Verbinde dich im Geist mit mir, Daß ich als eine Reb an dir, Nach dir mich dürfe nennen.

7. Laß mich in deiner Gegenwart Mit stillem Geist verbleiben; Mach mein Gefühl mir rein und zart, Das Böse abzutreiben; In dir laß mich stets grünend sein, So führst du mich zum Leben ein, Wird gleich mein Leib zerstäuben.

---

1. Thess. 5, 23. Er aber, der Gott des Friedens, heilige euch durch und durch, und euer Geist ganz, sammt der Seele und Leib, müsse behalten werden unsträflich auf die Zukunft unsers Herrn Jesu Christi.

Mel. Es ist gewißlich an der Zeit.

382. O Gott des Friedens, heilge mir Den Geist sammt Leib und Seele, Daß mir der Eingang einst zu dir Und deiner Ruh nicht fehle; Daß Jesus Christus mich alsdann Untadelig erfinden kann, Wann er, der Herr, wird kommen!

2. Du hast ja einen neuen Geist Bereits in mich gegeben; So lasse, wie dein Wort mich heißt, Mich auch im Geiste le=

ben; So müsse meine Seele rein,
Und dieser Leib ein Tempel sein,
Dir, Gott, zum Dienst geheiligt.

3. O selig, die unsträflich sind,
Wann Jesus wird erscheinen;
Wenn er sie recht geheiligt find't,
Die Ihm erkauften Seinen! Wenn
alles ihm an uns gefällt, Und
er sieht, daß wir in der Welt,
Wie er war, auch gewesen!

4. Ich weiß, daß wir die Heiligung
Zu wirken nicht vermögen;
Doch hab ich die Versicherung
Aus deinem Wort dagegen.
Dir, Gott des Friedens,
trau ich nun: Du bist getreu,
du wirst es thun, Daß ich dein
Thun einst rühme.

Phil. 3, 13. Ich schätze mich selbst noch
nicht, daß ich es ergriffen habe.

Mel. Jesu, meine Freude.

383. Gottes liebste Kinder
Gehn als arme Sünder In
den Himmel ein; Und die blinde
Menge Kann im Weltgedränge
Doch so sorglos sein; Ach, die
Welt, Welch Todtenfeld! Wie
viel trägt, Herr, dein Erbarmen!
Trag auch mich, den Armen!

2. Was für rauhe Wege, Wie
viel tausend Schläge Kostet dich
mein Herz! Und wie viele Strick
Der verborgnen Tücke Mehren
noch den Schmerz, Daß ich oft
Fast ausgehofft, Und der Muth
mir will entschwinden Bei so
vielen Sünden!

3. Wie werd ich bestehen, Soll
ich heute gehen Vor dein Angesicht;
Nichts hab ich gelitten,
Schlecht hab ich gestritten, Das
verhehl ich nicht! Laß mich, Gott,
Doch nicht zum Spott Mein'
und deiner Feinde werden! Bestre
mich auf Erden!

4. Was vorhin geschehen, Was
auch sonst versehen, Rechne mir
nicht zu! Nur in deinen Wunden
Hab ich stets gefunden, Jesu,
meine Ruh! Herr, jedoch, Ich
möchte noch, Daß du möchtest
mich erneuen, Ganz dich meiner
freuen!

5. Jesu, wollst mich sichten,
und im Grund vernichten, Was
dir nicht gefällt! Wirst du nicht,
mein Leben, Kraft und Gnade
geben, Läßt mich nicht die Welt!
Nimm mich hin, Gib beinen Sinn
In mein Herz, so will mir
Freuden Ich von hinnen scheiden!

Von der Heiligung und Gottseligkeit.

2 Cor. 6, 4. In allen Dingen laßt uns beweisen als die Diener Gottes.

Mel. Nun ruhen alle Wälder.

384. Ihr, die ihr Gott nun dienet, Der euch mit sich versühnet, B weist auch, wes ihr seid! Im Leiden seid geduldig, Im Wandel lebt unschuldig, Daß ihr Gott mehr, als Menschen scheut.

2. Im Kampf seid heldenmüthig; Seid keusch, gerecht und gütig, Dient Gott im heilgen Geist; Zeigt ungefärbte Liebe In Gottes Kraft und Triebe Und in dem Wort, das Wahrheit heißt.

3. Nehmt, als des Heilands Knechte, Die Waffen in die rechte Und in die linke Hand; Durch Ehre und durch Schande; Der Welt als Unbekannte, Doch Gott und Christus wohl bekannt.

4. Scheint in den Tod gegeben, — Und siehe nun, wir leben! Gezüchtigt, doch nicht todt; Als traurig ob dem Leibe, Doch allezeit in Freude; Die Freude bleibt auch in der Noth.

5. Zählt man euch zu den Armen: Ihr braucht kein Welt-Erbarmen, Ihr seid und machet reich; Ihr scheinet Nichts zu haben, Und habt die größten Gaben, Denn was ihr habt, das bleibet euch.

6. Herr, der du mich versühntest, Und mir im Blute dientest, Pflanz solchen Sinn mir ein; So wart ich dein in Treue; Dir dient man ohne Reue; Wo du bist, wird dein Diener sein!

Rich. 1, 13. Es wird ein Durchbrecher vor ihnen herauffahren; sie werden durchbrechen, und zum Thor aus= und eingehen, und ihr König wird vor ihnen hergehen, und der Herr vorne an.

Mel. O du Liebe meiner Liebe.

385. O Durchbrecher aller Bande, Der du immer bei uns bist, Bei dem Schaden, Spott und Schande Lauter Lust und Himmel ist! Uebe ferner dein Gerichte Wider unsern Adamssinn, Bis uns dein so treu Gesichte Führet aus dem Kerker hin!

2. Ist's doch deines Vaters Wille, Daß du endest dieses Werk! Hiezu wohnt in dir die Fülle, Aller Weisheit, Lieb und Stärk, Daß du nichts von dem verlierest, Was er dir geschenket

hat, Und es von dem Treiben
führest Zu der süßen Ruhestatt.

3. Ach, so mußt du uns vollenden, Willst und kannst ja anders nicht; Denn wir sind in deinen Händen, Dein Herz ist auf uns gericht't, Ob wir auch mit einem Fuße Noch im Netz der Sünde stehn, Und die Welt ob unsrer Buße Nicht versäumet uns zu schmähn.

4. Schau doch aber unsre Ketten, Da wir mit der Creatur Seufzen, ringen, schreien, beten Um Erlösung von Natur, Von dem Joch der Eitelkeiten, Das uns noch so hart bedrückt, Wenn auch unser Geist beizeiten Sich auf etwas Beffres schickt!

5. Ach, erheb die matten Kräfte, Daß sie ganz sich reißen los, Und, durch alle Weltgeschäfte Durchgebrochen, stehen bloß! Weg mit Menschenfurcht und Zagen! Weich, Vernunftbedenklichkeit! Fort mit Scheu vor Schmach und Plagen! Weg des Fleisches Zärtlichkeit!

6. Herr, erlöse deine Kinder, Brich der Sünde Macht entzwei; Denke, daß ein armer Sünder Dir im Tod nichts nütze sei! Heb uns aus dem Staub der Sünden, Wirf die Schlangenbrut hinaus, Laß uns wahre Freiheit finden, Freiheit in des Vaters Haus!

7. Wir verlangen keine Ruhe Für das Fleisch in Ewigkeit; Wie du's nöthig find'st, so thue Noch vor unsrer Abschiedszeit! Aber unser Geist, der bindet Dich im Glauben, läßt dich nicht, Bis er die Erlösung findet, Die dein treuer Mund verspricht.

8. Herrscher, herrsche! Sieger, siege! König, brauch dein Regiment! Führe deines Reiches Kriege! Mach der Sklaverei ein End! Bring zum Frieden unsre Seelen Durch des neuen Bundes Blut; Laß uns länger nicht mehr quälen, Denn du meinst's mit uns ja gut!

9. Haben wir uns selbst gefangen In der Weltgefälligkeit, Ach, so laß uns nimmer hangen In dem Tod der Eitelkeit! Denn die Last treibt uns, zu rufen; Alle flehen wir dich an: Zeig uns nur die ersten Stufen Der gebrochnen Freiheitsbahn!

10. Ach, wie theu'r sind wir erworben, Nicht der Menschen Knecht' zu sein! Drum so wahr du bist gestorben, Mußt du uns

auch machen rein, Rein und frei und ganz vollkommen, Aehnlich deinem heilgen Bild! Der hat Gnad um Gnad genommen, Wer aus deiner Füll sich füllt.

11. Liebe! zeuch uns in dein Sterben, Laß mit dir gekreuzigt sein, Was dein Reich nicht kann ererben; Führ in's Paradies uns ein! Doch wohlan, du wirst nicht säumen; Laß nur uns nicht lässig sein! Werden wir doch als wie träumen, Wann die Freiheit bricht herein!

Röm. 2, 7. Preis und Ehr und unvergängliches Wesen denen, die mit Geduld in guten Werken trachten nach dem ewigen Leben.

Eigene Melodie.

386. Ich will streben Nach dem Leben, Wo ich selig bin. Ich will ringen, Einzubringen, Bis daß ich's gewinn. Hält man mich, so lauf ich fort; Bin ich matt, so ruft das Wort: „Fortgerungen! Durchgedrungen Bis zum Kleinod hin!"

2. Als berufen Zu den Stufen Vor des Lammes Thron Will ich eilen; Das Verweilen Bringt oft um den Lohn. Wer auch läuft, und läuft zu schlecht, Der versäumt sein Kronenrecht. Was dahinten, Das mag schwinden, Ich will nichts davon!

3. Jesu, richte, Mein Gesichte Nur auf jenes Ziel; Lenk die Schritte, Stärk die Tritte, Wenn ich Schwachheit fühl. Lockt die Welt, so sprich mir zu; Schmäht sie mich, so tröste du; Deine Gnade, Führ' gerade Mich aus ihrem Spiel!

4. Du mußt ziehen; Mein Bemühen Ist zu mangelhaft. Wo ihr's fehle, Spürt die Seele; Aber du hast Kraft, Weil dein Blut ein Leben bringt, Und dein Geist das Herz durchbringt. Dort wird's tönen Bei dem Krönen: „Gott ist's, der es schafft!"

4. Von dem himmlischen Sinne in täglicher Buße und Erneuerung.

Pf. 41, 5. Herr, sei mir gnädig, heile meine Seele; denn ich habe an dir gesündiget.

Mel. Wachet auf, ruft uns die ꝛc.

387. O Gott! der du allen gütig, barmherzig, gnädig und langmüthig, Voll Treue, Huld, und Liebe bist, Siehe, wie ich meine Sünde Mit reuendem Gemüth empfinde, Die groß und viel und greulich ist! Sieh, wie mich dieses schmerzt! Ich hab versäumt, verscherzt Deine Gnade, So viel Gedult, So große Huld, Und zwar aus meiner eignen Schuld.

2. Herr, vergib mir dies Verbrechen! Denn willst du unsre Sünden rächen, Wer will vor beinem Zorn bestehn? Du drohst, nach so vielem Locken Ein Herz mit Blindheit zu verstocken, Das nicht auf deinen Wink will sehn. Vergib, o Vater, mir! Ach, mein Herz seufzt zu dir: Gnade, Gnade! Ach, gehe nicht In dein Gericht; Verbirg mir nicht dein Angesicht!

3. Ach, ich bleibe stets im Dunkeln, Wo nicht der Gnade Strahlen funkeln, Die meine Finsterniß vertreibt. Wird mich, Herr, dein Geist nicht lehren, Wird er mein Herz nicht selbst bekehren, So weiß ich, daß es thöricht bleibt. Mein Vater! wo du mich Nicht leitest, irre ich; Jesu Gnade Und deren Schein Soll nur allein Mein Leitstern, meine Weisheit sein.

4. Vater, ohne deine Gnade Bleib ich stets auf der Sünde Pfade, Vor dir stets strafbar, o mein Gott! Wirst du mir nicht neues Leben, Geist, Seligkeit und Kräfte geben, So bleib ich bös, in Sünden todt. Drum ruf ich, Herr, zu dir: Gib deine Gnade mir, Gott der Gnaden! Denn deine Kur Verbessert nur Die so verdorbene Natur.

5. Laß doch alle meine Kräfte, Gedanken, Reden und Geschäfte Durch deine Gnade heilig sein. Und laß meinen bösen Willen Nichtswollen, lieben und erfüllen; Was dieser wirkt, kann nicht gedeihn. Ist etwas recht vor dir, Zu solchem schenke mir Deine

Gnade! Denn was beruht Auf Fleisch und Blut, Ist, guter Gott, vor dir nicht gut.

6. Ach, Herr! es sind Gnadenwerke: Der Liebe Gluth, des Glaubens Stärke, Der Hoffnung Trost; die schenke du! Mein alleiniges Vergnügen, Mein Lebensfunk in letzten Zügen, Mein Ruhm, mein Segen, meine Ruh, Mein Alles soll nur sein, Gott, deine Gnad allein, Deine Gnade! Es bleibt dabei, Daß ich auf's neu Das, was ich bin, aus Gnaden sei.

7. Du allein, Gott aller Gnaden, Wirkst alles Gut's, heilst allen Schaden; Was deine Gnade schafft, ist gut; O laß sie mir Demuth geben, Geduld im Kreuze, Kraft zum Leben, Versöhnlichkeit und sanften Muth, Der Klugheit edle Kunst, Der Andacht heilge Brunst. Ohne Gnade Ist alles Pein; Laß sie allein Mein Leben, meinen Himmel sein.

8. O so gib mir ein Verlangen, An deiner Gnade nur zu hangen, Wie sich ein Schiff am Anker hält! Ach, laß, Herr, bei beinem Fügen An beiner Gnade mir genügen In Schmach und Armuth dieser Welt! Was schwer und bitter ist, Erleichtert und versüßt Christi Gnade. Der hat schon satt, Wer Gnade hat; Sie ist an alles Reichthums Statt.

9. Nun, ich gehe, wo ich gehe, Ich sitze, liege oder stehe, Ich wache oder schlafe ein, Ja, ich lebe oder sterbe, Laß die Barmherzigkeit mein Erbe, Das Gute meine Folge sein! Ich will in dieser Zeit Und in der Ewigkeit Nichts als Gnade! Mein Herze schließt In Jesu Christ, Der aller Gnaden Urquell ist.

Pf. 19, 13. Wer kann merken, wie oft er fehlt? Verzeihe mir die verborgenen Fehler.

Mel. Sieh, hier bin ich, Ehrenkönig.

388. Meine Seele, Voller Fehle, Suchet in dem Dunkeln Licht; Jesu! neige Dich und zeige Mir dein tröstlich Angesicht; Auf mein Flehen Laß dich sehen, Und verbirg dich länger nicht!

2. Ich empfinde: Meine Sünde Sei an allem Kummer Schuld; Ich gestehe Dir's und flehe Um Vergebung und Geduld. Du,

mein Leben, Kannst mir geben Neue Hülfe, neue Halb.

3. Ach, von Herzen Und mit Schmerzen Such ich dich, mein Trost und Heil! Wie so lange Ist es bange Meiner Seele! Komm in Eil, Laß dich nieder, Komme wieder, Meines Herzens bestes Theil!

4. Richtig wandeln, Weise handeln, Wollst du künftig mir verleihn; Gib die Triebe Reiner Liebe Voller in mein Herz hinein. Welch ein Segen Ist zugegen, Wenn es heißt: du mein, ich bein!

5. Lehre, leite, Vollbereite Mich, wie du mich haben willt; Gib mir Klarheit, Geist und Wahrheit, Daß ich gleich sei deinem Bild; Daß man merke, Meine Stärke Sei in dir, und du mein Schild;

6. Bis im Lichte Dein Gesichte Mir sich droben völlig zeigt, Wenn die Deinen Nicht mehr weinen, Und die Klagestimme schweigt. Drum so zeige Mir die Steige, Da man auf zum Himmel steigt!

Phil. 3, 20. Unser Wandel ist im Himmel, von dannen wir auch warten des Heilandes Jesu Christi, des Herrn.

Eigene Melodie.

389. Himmelan, nur himmelan Soll der Wandel gehn! Was die Frommen wünschen, kann Dort erst ganz geschehn, Auf Erden nicht: Freude wechselt hier mit Leid; Richt hinauf zur Herrlichkeit Dein Angesicht!

2. Himmelan schwing deinen Geist Jeden Morgen auf; Kurz, ach, kurz ist, wie du weißt, Unser Pilgerlauf! Fleh täglich neu: Gott, der mich zum Himmel schuf, Präg in's Herz mir den Beruf: Mach mich getreu!

3. Himmelan hat er dein Ziel Selbst hinaufgestellt. Sorg nicht muthlos, nicht zu viel Um den Tand der Welt! Flieh diesen Sinn! Nur was du dem Himmel lebst, Dir von Schätzen dort erstrebst, Das ist Gewinn.

4. Himmelan erheb dich gleich, Wenn dich Kummer drückt, Weil dein Vater, treu und reich, Stündlich auf dich blickt. Was quält dich so? Droben, in dem Land des Lichts, Weiß man von

ben Sorgen nichts; Sei himmlisch froh!

5. Himmelan wallt neben dir Alles Volk des Herrn, Trägt im Himmelsvorschmack hier Seine Lasten gern. O schließ dich an! Kämpfe drauf, wie sich's gebührt; Denke: auch durch Leiden führt Die Himmelsbahn.

6. Himmelan ging Jesus Christ Mitten durch die Schmach; Folg, weil du sein Jünger bist, Seinem Vorbild nach. Er litt und schwieg; Halt dich fest an Gott wie er, Statt zu klagen, bete mehr! Erkämpf den Sieg!

7. Himmelan führt seine Hand Durch die Wüste dich; Ziehet dich im Prüfungsstand Näher hin zu sich In Himmelssinn; Von der Wollust freier stets Und mit ihm vertrauter geht's Zum Himmel hin.

8. Himmelan führt dich zuletzt Selbst die Todesnacht; Sei's, daß sie dir, sterbend jetzt, Kurze Schrecken macht; Harr aus, harr aus! Auf die Nacht wird's ewig hell; Nach dem Tod erblickst du schnell Des Vaters Haus.

9. Hallelujah! himmelan Steig dein Dank schon hier! Einst wirst du mit Schaaren nahn, Und Gott naht zu dir In Ewigkeit. Aller Jammer ist vorbei, Alles jauchzt, verklärt und neu, In Ewigkeit!

10. „Hallelujah" singst auch du, Wenn du Jesum siehst, Unter Jubel ein zur Ruh In den Himmel ziehst. Gelobt sei er! Der vom Kreuz zum Throne stieg, Hilft auch dir zu deinem Sieg; Gelobt sei er!

Spr. 24, 16. Ein Gerechter fällt siebenmal und steht wieder auf.

Mel. Eins ist Noth, ach Herr ic.

390. Herr, wie mancherlei Gebrechen Mußt du stets an mir noch sehn! Täglich hörst du mein Versprechen, Täglich siehst du mein Vergehn. Ach, daß ich doch einmal recht unbewegt stände, Und nicht so viel Straucheln und Fallen empfände! Ach, würd ich im Glauben ein freudiger Held, Ein Sieger im Kampf mit dem Fleisch und der Welt!

2. Noch will Feind, mit Feind verbunden, Meiner Seele Sieger sein; Ist ein Anfall überwunden, Stellt sich bald ein andrer ein. Stets wissen sie

dahin die Waffen zu kehren, Wo ich noch am schwächsten bin, ihnen zu wehren; Und meint ich, ich wäre dem Einen entflohn, So war ich verwundet vom Anderen schon.

3. Dann pflegt sich mein Herz zu scheuen, Zu dem Gnadenstuhl zu gehn; Des Gewissens hartes Dräuen Läßt mich nicht mehr kindlich flehn. Ich schäme mich, weine und bin mir unleidlich, Und denke: dein Rückfall ist schon unvermeidlich! Du kommst nicht zum Siege, der Kampf ist zu hart, Dein Wesen ist schon zu verdorbener Art!

4. Doch zur Welt kann ich nicht treten, Denn sie gibt mir keine Ruh; Darum sag ich dir mit Beten Neue Lieb und Treue zu! Ich spüre auch deine verborgenen Triebe, Es locket mich heimlich die ewige Liebe! Ich wag es von neuem, zum Vater zu gehn, Und wieder um Gnad und Vergebung zu flehn.

5. Nun, mein Vater, dein zu bleiben, Ist mein Wunsch in dieser Welt. Laß mich deinen Geist nur treiben Zu dem, was dir wohlgefällt! Nichts will ich auf eigene Kräfte mehr wagen, Will immer am eignen Vermögen verzagen: Gib du mir aus göttlicher Fülle die Kraft, Dann wird mir die Krone des Sieges verschafft.

6. Will mein Fuß auf's neue gleiten, Regt sich Furcht und Lust in mir: Ach, so warne mich bei Zeiten, Und zeuch mich fein bald zu dir! Laß so, wie ich bin, mich nur ohne Bedenken Mich stets in das Meer der Erbarmung versenken: So werd ich, allstündlich geheiligt und rein, Im Blute des Sohnes dir angenehm sein.

7. Will im Kampf die Kraft verschwinden, Werden meine Hände matt: So laß mich dein Herz nur finden, Das für mich noch Kräfte hat! Ach, gründe, befestige, stärke, vollende Mich unter dem Kampf bis zum seligen Ende, So will ich erhöhen die göttliche Macht, Die mich durch den Tod in das Leben gebracht!

Matth. 26, 41. Wachet und betet, daß ihr nicht in Anfechtung fallet.

Mel. Meinen Jesum laß ich nicht.

391. Mein Erlöser!

schaue doch, Wie mein armer Geist, verstricket Mit geheimen Banden noch, Ganz bedränget und gedrücket; Will ich los, so sinkt mein Herz Bald in Ohnmacht niederwärts.

2. Zwar es hat mich deine Gnad Groben Sünden längst entrissen; Ich hab auch nach deinem Rath Schon zu wandeln mich beflissen, Daß vielleicht ein Andrer wohl Mich für fromm schon halten soll.

3. Aber dein genaues Licht Zeigt mir tiefer mein Verderben, Und wie ich nach meiner Pflicht Muß mir selbst und allem sterben, Und in wahrer Heiligkeit Vor dir leben allezeit.

4. Dies ist auch mein Wille wohl; Aber ach, es fehlt Vollbringen! Was ich auch verrichten soll, Thu ich noch mit Last und Zwingen. Seh ich dann mein Bestes an, So ist's doch nicht rein gethan.

5. Ach, wo ist der neue Geist, Den du willst den Deinen geben, Der den Sünden uns entreißt Und uns bringt dein reines Leben, — Der mit Herzenslust und Kraft Alles in und durch uns schafft?

6. Ach, wann wird mein Herz doch frei Ueber alles sich erheben, Und in reiner Liebestreu Nur von dir abhängig leben, Abgeschieden, willenlos, Von mir selbst und allem bloß?

7. Komm, du lang verlaugte Stund! Komm du Lebensgeist von oben! Ach, wie soll mein froher Mund, Jesu, deine Treue loben, Wenn mich deine Liebesmacht, Dir zu dienen, frei gemacht!

8. Laß dein Evangelium Mir Gefangnem Freiheit schenken; Ich will als dein Eigenthum Mich in dein Erbarmen senken; Ich will hoffen, warten, ruhn; Du wollst alles in mir thun.

9. Eignes Wirken reicht nicht zu: Du mußt selbst die Hand anlegen; Ich will still sein, wirke du, Dämpfe, was sich sonst will regen! Kehr zu meiner Seele ein, So wird mir geholfen sein.

Ps. 51, 6. An dir allein habe ich gesündiget, und übel vor dir gethan.

Mel. Begraben laßt uns nun den ꝛc.

392. An bir hab ich gesündigt, Herr, Und übel oft vor dir gethan; Du siehst die

Schuld, Allwissender, Sieh auch
die Reue gnädig an!

2. Du kennst mein Seufzen,
Gott! mein Flehn, Und meine
Thränen sind vor dir; Wann
lässest du mich Hülfe sehn? Wie
lang entfernst du dich von mir!

3. Geh, Herr, mit mir nicht
in's Gericht, Vergilt mir nicht
nach meiner Schuld. Noch bleibst
du meine Zuversicht, Du Gott
der Langmuth und Geduld!

4. Erfülle selbst, Allgütiger,
Mein Herz vor dir mit Freu=
digkeit, Du warest stets, Erbar=
menber, Und bleibst ein Gott,
der gern erfreut!

5. Dir trau ich; lehre mich,
wie gut, Wie heilig deine Rechte
sind! Laß mich sie thun mit
frohem Muth: Du bist mein
Vater, ich dein Kind!

6. Herr, eile du mir beizu=
stehn, Und leite mich auf ebner
Bahn. Er hört, der Herr, er
hört mein Flehn, Und nimmt
sich meiner Seele an.

Eph. 2, 6. Gott hat uns. sammt ihm, in
das himmlische Wesen versetzt in Christo Jesu.

Mel. Großer Gott, wir loben dich.

393. Himmelan geht
unsre Bahn: Wir sind Gäste nur
auf Erden, Bis wir dort nach
Kanaan Durch die Wüste kom=
men werden. Hier ist unser
Pilgrimsstand, Droben unser
Vaterland!

2. Himmelan schwing dich, mein
Geist! Denn du bist ein himm=
lisch Wesen Und kannst das, was
irdisch heißt, Nicht zu deinem
Ziel erlesen. Ein von Gott er=
leucht'ter Sinn Kehrt zu seinem
Ursprung hin.

3. Himmelan! die Welt kann
dir Nur geborgte Güter geben.
Deine himmlische Begier Muß
nach solchen Schätzen streben,
Die uns bleiben, wenn die Welt
In ihr erstes Nichts zerfällt.

4. „Himmelan!" ruft er mir zu,
Wenn ich ihn im Worte höre:
Das weist mir den Ort der
Ruh, Wo ich einmal hingehöre.
Hab ich dies sein Wort bewahrt,
Halt ich eine Himmelfahrt.

5. Himmelan! denk ich allzeit,
Wenn er seinen Tisch mir bet=
tet, Und mein Geist hier allbe=

teil Eine Kraft des Himmels schmecket: Hier mein Brot im Thränenthal, Dort des Lammes Hochzeitmahl!

6. Himmelan zieht der Magnet, Der im Kreuz verborgen lieget, Wenn mein Fuß auf Dornen geht, Und die Hoffnung mich vergnüget, Daß des Himmels Rosenpfad Keinen sauren Tritt mehr hat.

7. Himmelan! mein Glaube zeigt Mir das schöne Loos von ferne, Daß mein Herz schon aufwärts steigt Ueber Sonne, Mond und Sterne; Denn ihr Licht ist viel zu klein Gegen jenen Glanz und Schein.

8. Himmelan wird mich der Tod In die rechte Heimath führen, Da ich über alle Noth Ewig werde triumphiren; Jesus geht mir selbst voran, Daß ich freudig folgen kann.

9. Himmelan, ach, himmelan! Das soll meine Losung bleiben. Ich will allen eitlen Wahn Durch die Himmelslust vertreiben. Himmelan steh nur mein Sinn, Bis ich in dem Himmel bin!

---

5. Von der Weisheit und Einfalt.

1. Cor. 2, 6. 7. Da wir von reden, das ist dennoch Weisheit bei den Vollkommenen; nicht eine Weisheit dieser Welt, — sondern wir reden von der heimlichen, verborgenen Weisheit Gottes, welche Gott verordnet hat vor der Welt, zu unserer Herrlichkeit.

Mel. Herr Jesu, Gnadensonne.

394. Die Weisheit dieser Erden Ist noch die wahre nicht; Sie wird zur Thorheit werden Im göttlichen Gericht. Herr! mache, dir zum Preise, Mich zu dem Himmel weise Und sende mir dein Licht.

2. Wüßt ich, was Schul und Staaten Auf Erden glücklich macht, Wie wäre mir gerathen, Wenn mein Gewissen wacht, Und ich bin nicht daneben Auf ein unendlich Leben Zu meinem Heil bedacht?

3. Was helfen mir Verdienste Wenn ich ein Sünder bin? Was nützen mir Gewinnste, Wenn ich

nicht ben gewinn, Auf ben wir selig sterben, Mit bem wir ewig erben? Was hat man ohne ihn?

4. Gott nur als Gott erkennen, Das hat noch wenig Lohn! Man soll ihn Vater nennen In Jesu, seinem Sohn. Das sind bie wahren Weisen, Die nur bie Weisheit preisen Von Christi Kreuz und Thron.

5. O Geist der Weisheit! präge Mir meinen Heiland ein, Und richte meine Wege Auf bieses Ziel allein, So geh ich nicht verloren, So sterb ich nicht wie Thoren, So werb ich selig sein!

---

2. Cor. 6, 17. Gehet aus von ihnen, und sondert euch ab, spricht der Herr, Und rühret kein Unreines an; so will ich euch aufnehmen.

Mel. Wie groß ist des Allmächtigen ic.

395. O süßer Stand, o selges Leben, Das aus der wahren Einfalt quillt, Wenn sich bas Herz Gott so ergeben, Daß Christi Sinn es ganz erfüllt; Wenn sich der Geist, nach Christi Bilde, Erhoben hat in Recht und Licht, Und unter sol-

chem klaren Schilde Durch alle falschen Höhen bricht!

2. Was andern schön und lieblich winket, Ist solchem Herzen Thorenspiel. Was manchem ungefährlich bünket, Ist solchem Herzen schon zu viel. Warum? es gilt der Welt absagen; Hier heißt's: rührt kein Unreines an! Der kann das Kleinod nicht erjagen, Der nicht die Weltlust abgethan.

3. Das Himmelsbrot ist viel zu lieblich Dem Herzen, das in Jesu lebt; Was bei dem großen Haufen üblich, Ist ihm ein Greu'l, den es begräbt. Was zu dem Glanz der Welt gehöret, Das ist ihm lauter Seelenpein; Und wenn es sich zu Gott gekehret, So macht es sich vom Eiteln rein.

4. Die Einfalt Christi schließt die Seele Vor allem Weltgetümmel zu; Viel lieber in der stillsten Höhle Sucht sie bei ihrem Gotte Ruh. Wo sich das Heuchelvoll in Lüsten, Mit Wellgenuß und Eitelkeit, Oft unter gutem Schein will brüsten, Da fühlt sie Kampf und harten Streit.

5. Die Einfalt weiß von kei-

ner Zierde, Als die in Christi Gnade liegt; Die reine, himmlische Begierde Hat Stolz und Thorheit schon besiegt. An einem reinen Gotteskinde Glänzt Gottes Name schön und rein; Wie möcht es denn vom eiteln Winde Der Welt noch umgetrieben sein?

6. Von Sorgen, Noth und allen Plagen, Damit die Welt sich selbst ansicht, Vom Neid, womit sich andre tragen, Weiß Christi Sinn und Einfalt nicht. Der Schatz, den sie im Herzen träget, Bewahrt sie wider Eifersucht, Und freut sich, wenn ihr Heiland heget In andern Seelen reife Frucht.

7. O schönes Bild, ein Herz zu schauen, Das sich mit Christi Einfalt schmückt! Geht hin, ihr thörichten Jungfrauen, Schlaft nur, bis euch die Nacht berückt! Was sind die Lampen sonder Oele? Schein, ohne Licht und Christi Sinn! Sucht doch was Beßres für die Seele, Und gebt der Welt das Ihre hin!

8. Ach, Jesu, drücke meinem Herzen Den Sinn der lautern Einfalt ein! Reiß aus, wenn auch mit tausend Schmerzen Der Welt Ihr Wesen, Tand und Schein! Ich will nicht mehr das Bild und Zeichen Des Hochmuths tragen; laß mich nur Der Einfalt Zier und Schmuck erreichen; Das ist die neue Creatur!

Matth. 6, 22. Wenn dein Auge einfältig ist, so wird dein ganzer Leib licht sein.

Mel. Ringe recht, wenn Gottes ꝛc.

396. Heilge Einfalt, Gnadenwunder! Tiefste Weisheit! größte Kraft! Schönste Zierde! Liebeszunder! Werk, das Gott alleine schafft.

2. Alle Freiheit geht in Banden, Aller Reichthum ist nur Wind, Alle Schönheit wird zu Schanden, Wenn wir ohne Einfalt sind.

3. Wenn wir in der Einfalt stehen, Ist es in der Seele licht; Aber wenn wir doppelt sehen, So vergeht uns das Gesicht.

4. Einfalt denkt nur auf das Eine, In dem alles andre steht; Einfalt hängt sich ganz alleine An den ewigen Magnet.

5. Einfalt quillt aus Jesu Wunden Mit dem theuren Sühnungsblut; Wer sie da nicht hat ge-

funben, Der ist fern von biesem Gut.

6. Wem sonst nichts als Jesus schmecket; Wer allein auf Jesum blickt; Wessen Ohr nur Jesus wecket; Wen nichts außer ihm erquickt;

7. Wer nur hat, was Jesus schenket; Wer nur lebt aus seiner Füll! Wer nur geht, wie er ihn lenket; Wer nur kann was Jesus will;

8. Wer nur wallt auf seinem Pfade; Wer nur sieht in seinem Licht; Wer nur stets verlangt nach Gnade, Und mag alles andre nicht;

9. Wer ihn so mit Inbrunst liebet, Daß er seiner selbst vergißt; Wer sich nur um ihn betrübet, Und in ihm nur fröhlich ist;

10. Wer allein auf Jesum trauet; Wer in Jesu alles find't: — Der ist auf den Fels erbauet; Und ein seliges Gnadenkind.

11. Wohl dem, der den Herrn läßt machen! Wohl ihm, Jesus ist sein Hirt; Jesus wartet seiner Sachen, Daß man sich verwundern wird.

---

6. Von der Wachsamkeit und Treue.

Marc. 13, 33. Sehet zu, wachet und betet; denn ihr wisset nicht, wann es Zeit ist.

Eigene Melodie.

397. Mache dich, mein Geist, bereit, Wache, fleh und bete, Daß dich nicht die böse Zeit Unverhofft betrete! Oft schon ist Satans List Ueber viele Frommen Zur Versuchung kommen.

2. Aber wache erst recht auf. Von dem Sündenschlafe: Denn es folget sonst darauf Eine lange Strafe; Und die Noth Sammt dem Tod Möchte Dich in Sünden Unvermuthet finden.

3. Wache auf! sonst kannst du nicht Christi Klarheit sehen; Wache! sonst wird Dir sein Licht Ewig ferne stehen: Denn Gott will Für die Füll Seiner Gnadengaben Offne Augen haben.

4. Wache, daß dich Satans

List Nicht im Schlaf erblicke, Weil er sonst behende ist, Daß er dich umstricke; Und Gott gibt, Die er liebt, Oft in seine Strafen, Wenn sie sicher schlafen.

5. Wache, daß dich nicht die Welt Durch Gewalt bezwinge, Oder, wenn sie sich verstellt, Wieder an sich bringe. Wach und fleh, Daß du nie Falsche Brüder hörest, Weltgunst nie begehrest.

6. Wach und nimm dich wohl in Acht, Trau nicht deinem Herzen! Leicht kann wer es nicht bewacht, Gottes Huld verscherzen; Denn es ist Voller List, Kann bald Schwachheit heucheln, Bald in Stolz sich schmeicheln.

7. Bete aber auch dabei Mitten in dem Wachen; Denn der Herr nur kann dich frei Von dem allen machen, Was dich drückt Und bestrickt, Daß du schläfrig bleibest, Und sein Werk nicht treibest.

8. Ja, er will gebeten sein, Wenn er was soll geben; Er verlanget unser Schrei'n, Wenn wir wollen leben, Und durch ihn Unsern Sinn, Feind, Welt, Fleisch und Sünden Kräftig überwinden.

9. Doch getrost! es muß uns schon Alles glücklich gehen, Wenn wir ihn durch seinen Sohn Im Gebet anflehen: Denn er will Alle Füll Seiner Gunst ausschütten, Wenn wir gläubig bitten.

10. Drum so laßt uns immerdar Wachen, flehen, beten, Weil die Angst, Noth und Gefahr Immer näher treten; Denn die Zeit ist nicht weit, Da uns Gott wird richten Und die Welt vernichten.

Matth. 24, 44. Seid bereit, denn des Menschen Sohn wird kommen zu einer Stunde, da ihr es nicht meinet.

Al. Bleibet treu, ihr Hochbeglückten.

398. Eine von den Lebensstunden Wird die allerletzte sein; Herr, so halt mich dir verbunden, Zeuch mich ganz in dich hinein! Gib, daß ich mich jede Stunde Schicke zu der letzten Zeit; Schmücke mich nach deinem Bunde, Zu der frohen Ewigkeit!

2. Welche Stund im ganzen Leben Ist wohl, da ich sagen kann: Ich darf noch nicht Abschied geben, Jetzo kommt mein

Herr nicht an? Drum, so mache mich beizeiten Mit dem Tode wohl bekannt; Komm, mich selber heimzuleiten In mein liebes Vaterland.

3. Flöße mir nach jenem Leben Eine reine Sehnsucht ein; Laß mich fröhlich Abschied geben, Mir den Tod willkommen sein. Hilf mir, daß ich stündlich sterbe, Daß, kommt nun der Tod herbei, Ich im Tode nicht verderbe, Sondern voller Leben sei.

4. Komm, mir stündlich aufzudecken, Und es werd auch abgethan, Was mich sonst im Tod erschrecken Und das Herz bedrücken kann! Gib mir stündlich Buß und Reue, Auch den rechten Glaubensgeist; Gib mir stündlich wahre Treue, Nur zu thun, was göttlich heißt.

5. Gib mir solche Liebestreue, Dir mit deinen Gaben mehrt, Die sich auch zu leiden freue, Und dich bis zum Tod verehrt. Halt mir stets das Ziel vor Augen, Und thu alles ab von mir, Was nicht dort kann ewig taugen Vor dem Vater und vor dir.

6. Laß mich keine Zeit verschwenden; Hilf mir Seel- und Leibeskraft Recht nach deinem Sinn verwenden, Daß mein Pfund stets Wucher schafft. Laß mich alles fliehn und hassen, Was uns einst im Tode reut, Nichts dagegen unterlassen, Was im Tode noch erfreut.

7. Gib mir stündlich reine Triebe, Gieß die Lieb im Herzen aus; Mache lauter Gegenliebe Und rechtschaffnes Wesen draus. Laß mich stündlich wachen, beten, Und in's Wort des Lebens gehn; Laß mich stündlich niedertreten, Was dir will entgegenstehn.

8. Laß mich, Jesu, nicht verzagen In der letzten Todesnoth; Komm zu heben, komm zu tragen, Hilf mir fröhlich durch den Tod! Ja, dein Geist, den Du beschieden, Sei ein sichres Pfand in mir; Und so nimm mich, Herr, im Frieden Und in wahrer Treu zu dir!

Marc. 13, 37. Was ich euch sage, das sage ich allen: Wachet!

Mel. Fahre fort, fahre fort.

399. Wachet auf, wachet auf! Wachet auf zu dieser

Zeit, Da fast alles will entschlafen; Fliehet doch die Sicherheit; Gott ist auf mit seinen Strafen! Seelen, merket einmal recht darauf; Wachet auf, wachet auf!

2. Laßt nichts ein, laßt nichts ein! Laßt nichts ein von Eitelkeit, Daß ihr nicht bestrickt, beschweret, Sondern frei von Sorgen seid, Und das Eine nur begehret, — Jesu Reich, und außer ihm allein Laßt nichts ein, Laßt nichts ein!

3. Seelen, wacht, Seelen wacht! Wacht doch einmal völlig auf, Eh uns die Gericht erschrecken! Hüter, schaue du darauf, Komm, uns selber recht zu wecken, Daß uns ferner nichts mehr schläfrig macht! Seelen, wacht, Seelen, wacht!

4. Weck uns auf, weck uns auf! Jesu, weck uns auf zum Streit, Laß uns doch viel ernster werden! Dämpf die träge Zärtlichkeit, Hilf durch alle Kampfbeschwerden; Und so fördre stündlich unsern Lauf; Weck uns auf, weck uns auf!

5. Hilf uns doch, hilf uns doch! Hilf, daß wir die Seligkeit Stets mit Furcht und Zittern schaffen! Laß uns nie in Sicherheit, Daß wir uns in nichts vergaffen; Weck und warn uns immer besser noch; Hilf uns doch, hilf uns doch!

6. Treib uns an, treib uns an! Treib uns, daß wir immer flehn, Und an unsrer Kraft verzagen; Laß uns stets die Feinde sehn, Und die Seel in Händen tragen. Hilf uns stündlich fort auf rechter Bahn; Treib uns an, treib uns an!

7. Fort, nur fort, fort, nur fort! Daß wir nie im Fleische ruhn, Daß wir eilen, zu vollenden, Und das Aug in allem Thun Nimmer von dem Kleinod wenden! Jesu, zeuch uns stets nach jenem Port! Fort, nur fort, fort, nur fort!

8. Nimm uns ein, nimm uns ein! Jesu, nimm uns ein und auf, Nimm uns ein in deine Wunden, Und nach wohl vollbrachtem Lauf Nimm uns auf in letzten Stunden, Daß wir in dir völlig sicher sein; — Nimm uns ein, nimm uns ein!

7. Von der Demuth und Geduld.

1. Petr. 5, 5. Gott widerstehet den Hoffärtigen, aber den Demüthigen gibt er Gnade.

Mel. O Gott, du frommer Gott.

400. Hinab geht Christi Weg; Und du und dein Beginnen Willst aus vermessnem Stolz Bis an des Himmels Zinnen? Steigst ungenügsam auf? Dein Heiland stieg herab! Wer mit ihm aufwärts will, Muß erst mit ihm hinab.

2. Darum, mein Sinn, hinab! Verlerne nur dein Steigen! Was leicht ist, hebt sich schnell, Was schwer ist, muß sich beugen. Die Quelle, die sich senkt, Vermehret ihre Hab, Und wird zuletzt zum Strom; Darum, mein Sinn, hinab!

3. Hinab, mein Aug, hinab! Gott selber schaut hernieder Vom Thron auf's Niedrige; Der Stolz ist ihm zuwider. Je höher hier ein Aug, Je näher ist's bem Grab, Und sinkt in Todesnacht. Darum, mein Aug, hinab!

4. Hinab, ihr Händ, hinab! Hier stehen arme Brüder: Neigt euch zur Niedrigkeit, Und labet Christi Glieder! Greift nicht in hohe Lust Nach Ruhm und stolzer Hab! Christ that den Aermsten wohl; Darum, ihr Händ, hinab!

5. Hinab, mein Herz, hinab! So wird Gott in dir wohnen; Der Demuth lohnet er Mit goldnen Himmelskronen. Im Demuthsthale liegt Des heilgen Geistes Gab; O wohl dem, der sie sucht! Darum, mein Herz, hinab!

6. Hinab auch du, mein Leib! Du bist gemacht aus Erden; Durch Demuth sollst auch du Im Geist verkläret werden. O Gott, bereite mich Zum Himmel und zum Grab! Ich sehne mich hinauf, Ich sehne mich hinab!

Luk. 1, 52. Er stößt die Gewaltigen vom Stuhl und erhebet die Niedrigen.

Mel. Ein Lämmlein geht und trägt rc.

401. Gott, der du Niedriges erhebst, Und Arme hulbreich liebest, Der du den Stolzen widerstrebst Und Zorn am Hochmuth übest: Ach, neige gnädig dich zu mir! Die Demuth bleibt allein vor dir, Und frei vor deinem Dräuen. Herr, laß durch Jesu Todespein Auch mich von Herzen niedrig sein, Und deine Allmacht scheuen!

2. Als Sünder kam ich auf die Welt; In Eitelkeit und Plagen Hab ich mein irdisches Gezelt Als Pilger aufgeschlagen. Mit Schmerzen, Reue, Furcht und Graus Geh ich hienieden ein und aus; Wer weiß auf dieser Erde, Welch Elend, Siechthum, Schmerz und Leid Mir armen Sünder sei bereit, Bis ich zu Asche werde?

3. O Gott, laß mich demüthig sein, Mach niedrig meine Augen, Und pflanze mir Gedanken ein, Die dir zur Ehre taugen! Pflanz, Jesu, Niedrigkeit in mich, Die im Gehorsam nur auf dich, Wo du mich brauchest, sehe, Daß ich auch arm, bei schwerer Last, Wohin du mich berufen hast, mit frommem Willen gehe!

4. Laß mich nicht einen Thoren sein, Daß ich zu großen Dingen, Da ich doch immer schwach und klein, Mich such emporzuschwingen! Denn auch die beste Creatur Trägt deine größten Gaben nur In irdenen Gefäßen. Ach, laß, Herr, meinen stolzen Sinn Des, was ich von dir hab und bin, Zu keiner Zeit vergessen!

5. Du, der den Thron des Vaters hat, Flöhst allen Ruhm der Erden; Wir aber werden niemals satt, Vor Sündern groß zu werden. Herr, nimm den Hochmuth von mir hin, Und bilde mich nach deinem Sinn, Mich, der ich Asch und Erbe, Damit in meiner Gnadenzeit Ich ein Gefäß der Herrlichkeit Durch stille Demuth werde!

Röm. 15, 5. Gott der Geduld und des Trostes gebe euch, daß ihr einerlei gesinnt seid unter einander.

Mel. Nun ruhen alle Wälder.

402. Gott Lob, ich kann mich trösten, Auch wenn die Noth am größten, Mit meines Gottes Huld! Sein Zorn führt nicht die Ruthe, Er züchtigt uns zu Gute, Bleibt Gott des Trosts und der Geduld.

2. Wenn andre bei dem Grämen Den Trotz zum Troste nehmen, Die Gottes Feinde sind: So sagt er meiner Seele, Daß

ihr's an Trost nicht fehle: Ich bin dein Vater, du mein Kind!

3. Wie sanft thut das dem Herzen! So stillen sich die Schmerzen, So wird die Last ganz leicht; Man sieget im Gedränge, Man singt auch Lobgesänge; Der Unmuth und der Hochmuth weicht.

4. Herr, wenn dein Trost auf Erden Kann so erquicklich werden, Wie wird's im Himmel gehn? O laß mir diesen offen! Hier tröste mich mit Hoffen, Dort tröste mich auch mit dem Sehn!

Luc. 21, 19. Fasset eure Seelen mit Geduld.

Eigene Melodie.

403. Nichts ist schöner als Geduld. Unter ihren Lorbeerblättern Zittert man vor keinen Wettern, Freut sich nur bei Gottes Huld. Nichts ist schöner als Geduld.

2. Nichts ist seltner als Geduld. Dieses Lamm wird bei viel Heerden Nur umsonst gesuchet werden. Fleisch und Blut ist daran Schuld. Nichts ist seltner als Geduld!

3. Nichts ist schwerer als Geduld; Denn man will nicht gleich die Plagen Mit gelassnem Herzen tragen, Ob man sie gleich wohl verschuld't. Nichts ist schwerer als Geduld!

4. Nichts ist stärker als Geduld. Sie kann auf der Feinde Schanzen Ihre Sieges=Palmen pflanzen; Und lacht bei der Welt Tumult. Nichts ist stärker als Geduld!

5. Nichts ist edler als Geduld. Laß, mein Gott, in allen Leiden Mich in diese Tugend kleiden. Die Geduld hat deine Huld. Nichts ist edler als Geduld!

8. Von der Wahrhaftigkeit.

Eph. 4, 25. Leget die Lügen ab, und redet die Wahrheit, ein jeglicher mit seinem Nächsten.

Mel. Alle Menschen müssen sterben.

404. Jesu, Wahrheit, Licht und Leben! Du bist allen Lügen feind; Ach, du wollst mir Gnade geben, Daß ich sei ein Wahrheitsfreund! Laß die Wahrheit in mir siegen, Wenn mich Satan reizt zum Lügen; Irr ich, hilf mir bald zurecht, Denn wer lügt, ist Satans Knecht.

2. Ach, dein Geist, der Wahrheit liebet, Kehr in meiner Seele ein! Weil ihn Lügen tief betrübet, Ach, so laß es ferne sein. Falsche Zunge sei verflucht, Die nur Schand und Schaden suchet; Falsche Reden ohne Grund Treibe mir aus Herz und Mund.

3. Soll ich schweigen, Herr, so lege Selbst ein Schloß an meinen Mund. Macht mein Wort nicht deine Wege, Deinen Ruhm und Ehre kund: Dann verhindr' es, Herr, und zeige, Daß ich klug sei, wenn ich schweige. Schweigen, und zu rechter Zeit, Uebertrifft Beredtsamkeit.

4. Laß die Falschheit, die dem Herzen Eigen ist, nicht Meister sein! Will ich mit der Wahrheit scherzen, Stimmet Zung und Herz schon ein: Ach, so halte mich zurücke, Und zerreiß des Lügners Stricke; Lenk den Mund, damit er nicht, Was der Argwohn denket, spricht!

5. Andern zu gefallen lügen, Und aus List und Ehrbegier Mit geschmückten Worten trügen, Treib, o Jesu, weit von mir! Laß mich dir an allen Orten Aehnlich sein in That und Worten, Daß Betrug und Heuchelei Nie in meinem Munde sei.

6. Drückt mich, ohne mein Verschulden, Andrer falscher Lügenmund: Hilf es mir getrost erdulden, Gib nur, daß es ohne Grund. Doch soll ich mein Schweigen brechen Und den Lügen widersprechen: Gib, daß ich, wie du gethan, Sie voll Sanftmuth strafen kann.

7. So bleibst du mein Licht und Leben, Meine Wahrheit und mein Schild, Und ich bleibe dir ergeben; Führe mich nur, wie du willt! Falsche Tücke,

Lügen, Trügen wollst du selbst in mir besiegen; Dann bin ich der Wahrheit Kind, Dem der Feind nichts abgewinnt!

Eph. 6, 14. So stehet nun, umgürtet eure Lenden mit Wahrheit.

Mel. Vor Jesu Augen schweben.

405. Wohl dem, der richtig wandelt, Der als ein Wahrheitsfreund In Wort und Werken handelt Und das ist, was er scheint; Der Recht und Treue liebet Und von dem Sinn der Welt, Die Trug und Falschheit übet, Sich unbefleckt erhält!

2. Wohl dem, der Lügen hasset, Und der, so oft er spricht, So seine Reden fasset, Daß er die Wahrheit nicht Mit Vorbedacht verletzet, Und der an jedem Ort Sich dies vor Augen setzet: „Gott merkt auf jedes Wort!"

3. Wohl ihm, daß sein Gemüthe, Herr, deine Rechte übt! Ihn leitet deine Güte, Er wird von dir geliebt; Du wirst ihn einst erhöhen, Wenn bei der Wahrheit Licht Beschämt die Falschen stehen, Geschreckt durch dein Gericht.

4. Herr! drücke dies im Leben Mir tief in's Herz hinein, Damit ich möge streben, Der Lügen Feind zu sein. Erinnre mein Gewissen: Du hassest Heuchelei, Damit ich stets beflissen Der Treu und Wahrheit sei.

5. O laß mich nichts versprechen, Was ich nicht halten kann, Zusagen mich nie brechen, Die ich mit Recht gethan; Nie mich den Stolz verleiten Und nie des Beispiels Macht, Als Wahrheit auszubreiten, Was ich doch selbst erdacht.

6. Doch laß zu allen Zeiten Auch deiner Weisheit Licht, Herr, meine Seele leiten, Damit ich meine Pflicht Mit Klugheit üb und wisse, Wann ich für andrer Wohl Und für mich reden müsse, Und wann ich schweigen soll.

7. Wenn je mich zu bedrücken Des Feindes Anschlag gilt, Der sich bei bösen Tücken In guten Schein verhüllt, So stärke meine Seele, Daß sie nicht unterliegt Und alles dir befehle, Durch den die Unschuld siegt.

8. Ein Herz voll Treu und Glauben, Das, Gott, zu dir sich hält, Das soll mir niemand

Von der Wahrhaftigkeit.

rauben! So kann ich aus der Welt Einst mit der Hoffnung gehen: Ich werde als dein Kind Dich mit den Frommen sehen, Die reines Herzens sind.

— — —

(Vom Eid.)

Matth. 5, 34. u. 37. Ich sage euch, daß ihr allerdings nicht schwören sollt. — Eure Rede sei: Ja, Ja! Nein, Nein! was darüber ist, das ist vom Uebel.

Mel. Herr Jesu Christ, dich zu re.

406. Du bist die Wahrheit, Jesu Christ, In dem kein Trug erfunden ist, Bist unser Heil und unser Hort, Gibst uns dein lautres Wahrheitswort!

2. Du bist's, der uns auf ebner Bahn In alle Wahrheit leiten kann; O laß uns doch, was wir verstehn, Stets mit der Einfalt Augen sehn!

3. Und wenn dein heilger Mund denn spricht Zu deinen Jüngern: „Schwöret nicht!" Wenn du verbietest jeden Eid: So laß uns treu sein jederzeit!

4. Laß uns die Wahrheit reden frei Vor jedermann, wo es auch sei; Und unser Ja und unser Nein Laß lauter und aufrichtig sein!

5. In deinem Reich, Herr Jesu Christ, Der Eidschwur nimmer nöthig ist! Wer in dir lebt, der redet wahr, Und all sein Thun ist rein und klar.

6. O laß uns leben, Herr, in dir, Damit wir reden für und für, Ohn' allen Trug und Heuchelschein, Nur Ja, das Ja, und Nein, das Nein!

7. Denn alles, was darüber ist, Nennst übel du, Herr Jesu Christ! Laß stehn uns in der Wahrheit Licht Und einst vor deinem Angesicht!

9. Von der Genügsamkeit.

Matth. 16, 26. Was hülfe es dem Menschen, so er die ganze Welt gewönne, und nähme doch Schaden an seiner Seele?

Mel. Es ist gewißlich an der Zeit.

407. Ach, treuer Gott! ich ruf zu dir: Hilf, daß mich nicht bethöre Die böse Lust, die strebt in mir Nach Reichthum, Pracht und Ehre. Gib, daß ich an dein Wort mich halt, Und dadurch jede Lockung bald In deiner Kraft besiege.

2. Du, der den Thieren Nahrung schafft Und Futter gibt den Raben, Du läßst auch mich durch deine Kraft Trank, Brot und Kleidung haben. Wenn uns ein mehrer's werden soll, So weißest du als Vater wohl, Ob's deinen Kindern nütze.

3. Wer wenig hat, und das mit Recht, Kann deine Huld behalten; Er bleibt in Demuth, recht und schlecht Und läßt dich ferner walten. Sein Weniges gedeiht ihm mehr, Als reicher Sünder Gut und Ehr, So sie mit Unrecht haben.

4. Ein Trost, der nur auf Reichthum steht, Wird unverhofft zu Schanden, Und wann es an das Scheiden geht, Dann ist erst Noth vorhanden; Denn Geld und Gut errettet nicht Von Gottes ewigem Gericht, Das einst die Sünder schrecket.

5. Ach, meine Seel kann ihre Ruh Im Zeitlichen nicht finden; Was ich da vornehm oder thu, Muß wie ein Rauch verschwinden. Unsterblich ist die Seel; es muß Unsterblich sein, was ohn' Verdruß Sie soll mit Freude laben.

6. Drum selig, wer sein Herz erhebt Gen Himmel von der Erde, Damit er reich, so lang er lebt, An ewgen Schätzen werde; Die fliegen niemals auf im Rauch Und sind in Gott gesichert auch Vor Dieben, Rost und Motten.

7. O höchstes Gut, sei hier und dort Mir Reichthum, Lust und Ehre! Gib, daß in mir sich fort und fort Das Sehnen nach dir mehre, Daß ich dich stets vor Augen hab, Mir selbst und allem sterbe ab, Was mich von dir will ziehen.

8. Hilf, daß ich meinen Wandel führ Bei dir im Himmel

Von der Genügsamkeit.

oben, Wo ich werd ewig sein bei dir, Dich schauen und dich loben; So kann mein Herz zufrieden sein Und findet, Gott, in dir allein Die wahre Ruh und Freude.

Phil. 4, 6. Sorget nichts; sondern in allen Dingen lasset eure Bitte im Gebet und Flehen mit Danksagung vor Gott kund werden.

Mel. Alles ist an Gottes Segen.

408. Nur für dieses Leben sorgen, Machet keinen guten Morgen, Aber manche böse Nacht! Nur um jenes Leben sorgen, Bringt einst einen frohen Morgen, Wenn man aus dem Grab erwacht.

2. Mein Gott! fehlt es mir an Gaben, Wünsch ich, dies und das zu haben: Lehr mich ohne Kummer sein; Lehr mich, dir in Kindesbitten Mein Verlangen auszuschütten; Denn du hörst und hilfst allein.

3. Lehr mich, ohne ängstlich Klagen Dir vergnügten Dank zu sagen Schon für das, was wirklich da. Daß nicht Sorgen mich verstricken Und des Wortes Frucht ersticken, Sage mir: „der Herr ist nah!"

4. Reich an guten Werken werden, Das sei mein Gesuch auf Erden; Andre Sorgen taugen nichts! Laß in sehnlichem Verlangen Mich mit ganzem Herzen hangen An dem Erbtheil jenes Lichts!

5. Da ist Reichthum, der recht wichtig, Da ist Leben, das nicht flüchtig; Jesu, dahin ziehe mich! Um die Güter jenes Lebens Ist das Ringen nicht vergebens, Und die Frucht währt ewiglich.

10. Von der Keuschheit und Mäßigkeit.

Matth. 5, 8. Selig sind, die reines Herzens sind; denn sie werden Gott schauen.

Mel. Habe munter, mein Gemüthe.

407. Heilger Gott, der du begehrest Keuschheit, Zucht und fromme Scheu, Der du hassest und verwehrest Schnöde Lust und Schwelgerei! Ach, ich fleh durch Jesum Christ, Der der Seelen Heiland ist: Mache mich ihm gleich gesinnet, Was der Weltsinn auch beginnet!

2. Tilg in mir die schnöden Triebe, Tödte das verderbte Fleisch; Gib mir deine Furcht und Liebe, Dadurch mach mich rein und keusch. Unterbrich der Lüste Lauf, Zieh mein Herz zu dir hinauf, Daß es nicht am Eitlen klebe, Sich der Wollust nicht ergebe.

3. Meine Seel ist deinem Bilde Gleichgemacht und hochgeschätzt; Dein Sohn hat für sie voll Milde Einst sein Leben eingesetzt. Drum, o Vater, wär ich ja Mir nur selbst zum Fluche da, Wenn ich unkeusch leben wollte, Und dein Bild so schänden sollte!

4. Christus wohnet durch den Glauben Selbst in mir; sein heilger Geist Lässet sich mein Herz nicht rauben, Das er seinen Tempel heißt. Darum steht er mir auch bei, Daß sein Tempel heilig sei, Daß ich ihm, an Seel und Leibe Keusch und rein, geheiligt bleibe.

5. Wer nicht rein, kann Gott nicht sehen, Denn Gott ist das reinste Licht; Der kann nicht vor ihm bestehen, Dem die Reinigkeit gebricht. Soll mich nun der helle Schein Deines Angesichts erfreun, Herr, so reinge Geist und Glieder, Mach mir böse Lust zuwider!

6. Gottes Geist wird schon betrübet Durch ein einzig schandbar Wort, Und wer sich in Lüsten übet, Treibt ihn völlig von sich fort. Wollust machet Sorg und Gram, Bringet uns in Schand und Scham; Die in solchen Sünden sterben, Können nie dein Reich ererben.

7. Darum, Herr der reinen Schaaren, Laß mir deines Geistes Kraft Und die Gnade widerfahren, Die ein reines Herze

Von der Keuschheit und Mäßigkeit.

schafft. Sei du meines Herzens Gast, Mach die Sünde mir verhaßt; Auch entziehe mich bei Zeiten Sündlichen Gelegenheiten.

8. Tödte meines Fleisches Triebe, Und was sonst mein Herz befleckt, Weil dein Sohn am Kreuz voll Liebe Qual und Tod für mich geschmeckt. Treib die Lüste ganz von mir, Daß ich Leib und Seele dir Als dein Heiligthum bewahre Und zu dir im Frieden fahre.

---

2. Mos. 11, 44. Ich bin der Herr, euer Gott. Darum sollt ihr euch heiligen, daß ihr heilig seid; denn ich bin heilig.

Mel. Vor Jesu Augen schweben.

410. Herr, du bist der Gerechte, Ein Brunn der Heiligkeit, Ein Gott, der jedem Knechte Auch Heiligkeit gebeut; Ein Gott, der reine Kinder Und keusche Seelen liebt, Dagegen freche Sünder Dem Satan übergibt.

2. Du hast mich nicht berufen, Des Fleisches Knecht zu sein; Zu Salems goldnen Stufen Geht kein Unheilger ein. Du hast uns dir erlesen, Willst Zucht und Besserung; Du hassest unrein Wesen, Und forderst Heiligung.

3. Als selig willst du preisen, Die reines Herzens sind; Das taugt nur Göttlichweisen, Das taugt nur einem Kind. Du, Weinstock, hilfst den Reben Nach solchem Ziel zu gehn. Wer nicht will göttlich leben, Der wird auch Gott nicht sehn.

4. So hilf mir, Herr, voll Güte Durch deines Geistes Kraft, Und löse mein Gemüthe Aus aller Lüste Haft, Daß ich mein Fleisch wohl dämpfe In recht beherzter Treu, Den Herzensfeind bekämpfe, Und Ueberwinder sei!

5. Laß, Herr, mich einen Spiegel Von deiner Klarheit sein; Drück meiner Stirn dein Siegel Der Brust dein Bildniß ein! Mach rein mich schon auf Erden, Zeig mir des Geistes Spur; Laß mich theilhaftig werden Der göttlichen Natur!

6. O daß mein Herz es wüßte, Was es begreift noch kaum: Wie seine bösen Lüste Sind der verbotne Baum! Wir sind zwar Himmelserben, Doch wer von diesem ißt, Der muß vergehn

und sterben, Weil er dein Heil vergißt.

7. O laß in dir mich finden, Was meine Seele sucht! Denn außer dir sind Sünden, Die dein Gesetz verflucht. Laß mir an dir genügen; Du willst und sollst allein Bis zu den letzten Zügen Mein Gott, mein Alles sein!

11. Von dem Vertrauen auf Gott.

Ps. 37, 5. Befiehl dem Herrn deine Wege, und hoffe auf Ihn; er wird es wohl machen.

Eigene Melodie.

411. Befiehl du deine Wege, Und was dein Herze kränkt, Der allertreusten Pflege Des, der den Himmel lenkt; Der Wolken, Luft und Winden Gibt Wege, Lauf und Bahn, Der wird auch Wege finden, Da dein Fuß gehen kann.

2. Dem Herren mußt du trauen, Wenn dir's soll wohlergehn; Auf sein Werk mußt du schauen, Wenn dein Werk soll bestehn; Mit Sorgen und mit Grämen Und mit selbsteigner Pein Läßt Gott ihm gar nichts nehmen; Es muß erbeten sein.

3. Dein' ewge Treu und Gnade, O Vater! weiß und sieht, Was gut sei oder schade Dem sterblichen Geblüt. Und was du dann erlesen, Das treibst du, starker Held, Und bringst zum Stand und Wesen, Was deinem Rath gefällt.

4. Weg' hast du allerwegen, An Mitteln fehlt's dir nicht; Dein Thun ist lauter Segen, Dein Gang ist lauter Licht. Dein Werk kann niemand hindern, Dein' Arbeit darf nicht ruhn, Wenn du, was deinen Kindern Ersprießlich ist, willst thun.

5. Und ob gleich alle Teufel Hier wollten widerstehn, So wird doch ohne Zweifel Gott nicht zurücke gehn: Was er ihm vorgenommen, Und was er haben will, Das muß doch endlich kommen Zu seinem Zweck und Ziel.

Von dem Vertrauen auf Gott.

6. Hoff, o du arme Seele, Hoff und sei unverzagt! Gott wird dich aus der Höhle, Da dich der Kummer plagt, Mit großen Gnadenrücken; Erwarte nur die Zeit, So wirst du schon erblicken Die Sonn der schönsten Freud.

7. Auf, auf! gib deinem Schmerze Und Sorgen gute Nacht; Laß fahren, was dein Herze Betrübt und traurig macht. Bist du doch nicht Regente, Der alles führen soll: Gott sitzt im Regimente Und führet alles wohl.

8. Ihn, ihn laß thun und walten; Er ist ein weiser Fürst, Und wird sich so verhalten, Daß du dich wundern wirst, Wenn er, wie ihm gebühret, Mit wunderbarem Rath Die Sach hinausgeführet, Die dich bekümmert hat.

9. Er wird zwar eine Weile Mit seinem Trost verziehn, Und thun an seinem Theile, Als hätt' in seinem Sinn Er deiner sich begeben, Und soll'st du für und für In Angst und Nöthen schweben, Als fragt' er nichts nach dir.

10. Wird's aber sich befinden, Daß du ihm treu verbleibst, So wird er dich entbinden, Da du's am mindsten gläubst. Er wird dein Herze lösen Von der so schweren Last, Die du zu keinem Bösen Bisher getragen hast.

11. Wohl dir, du Kind der Treue! Du hast und trägst davon Mit Ruhm und Dankgeschreie Den Sieg und Ehrenkron! Gott gibt dir selbst die Palmen In beine rechte Hand, Und du singst Freudenpsalmen Dem, der dein Leid gewandt.

12. Mach End, o Herr, mach Ende An aller unsrer Noth; Stärk unsre Füß und Hände, Und laß bis in den Tod Uns allzeit deiner Pflege Und Treu empfohlen sein: So gehen unsre Wege Gewiß zum Himmel ein.

Ps. 55, 23. Wirf dein Anliegen auf den Herrn; der wird dich versorgen.

Eigene Melodie.

412. Wer nur den lieben Gott läßt walten, Und hoffet auf ihn allezeit, Den wird er wunderbar erhalten In aller Noth und Traurigkeit. Wer Gott, dem Allerhöchsten, traut, Der hat auf keinen Sand gebaut.

2. Was helfen uns die schweren Sorgen? Was hilft uns unser Weh und Ach? Was hilft es, daß wir alle Morgen Beseufzen unser Ungemach? Wir machen unser Kreuz und Leid Nur größer durch die Traurigkeit.

3. Man halte nur ein wenig stille, Und sei doch in sich selbst vergnügt, Wie unsers Gottes Gnadenwille, Wie sein' Allwissenheit es fügt. Gott, der uns ihm hat auserwählt, Der weiß auch sehr wohl, was uns fehlt.

4. Er kennt die rechten Freudenstunden, Er weiß wohl, wann es nützlich sei. Wenn er uns nur hat treu erfunden, Und merket keine Heuchelei: So kommt Gott, eh wir's uns versehn, Und lässet uns viel Gut's geschehn.

5. Denk nicht in deiner Drangsalshitze, Daß du von Gott verlassen seist, Und daß Gott der im Schooße sitze, Der sich mit stetem Glücke speist. Die Folgezeit verändert viel, Und setzet jeglichem sein Ziel.

6. Es sind ja Gott geringe Sachen, Und ist dem Höchsten alles gleich, Den Reichen klein und arm zu machen, Den Armen aber groß und reich; Gott ist der rechte Wundermann, Der bald erhöhn, bald stürzen kann.

7. Sing, bet, und geh auf Gottes Wegen, Verricht das Deine nur getreu, Und trau des Himmels reichem Segen, So wird er täglich bei dir neu; Denn welcher seine Zuversicht Auf Gott setzt, den verläßt er nicht.

1. Sam. 15, 28. Siehe, hier bin ich: er mache es mit mir, wie es ihm wohlgefällt.

Mel. Nun ruhen alle Wälder.

413. In allen meinen Thaten Lass' ich den Höchsten rathen, Der alles kann und hat: Er muß zu allen Dingen, Soll's anders wohl gelingen, Selbst geben guten Rath und That.

2. Nichts ist es spät und frühe Um alle meine Mühe, Vergeblich alle Kunst; Er mag's mit meinen Sachen Nach seinem Willen machen, Ich stell's in seine Gnad und Gunst.

3. Es kann mir nichts geschehen, Denn was Gott hat ersehen, Und was mir selig ist, Ich nehm es, wie er's gibet,

Was ihm von mir beliebet, Das hab ich auch getrost erkiest.

4. Ich traue seiner Gnaden, Die mich vor allem Schaden, Vor allem Uebel schützt. Leb ich nach seinen Sätzen, So wird mich nichts verletzen, Und gar nichts fehlen, was mir nützt.

5. Er wolle meiner Sünden, In Gnaden mich entbinden, Durchstreichen meine Schuld. Er wird auf mein Verbrechen Nicht stracks das Urtheil sprechen, Und haben noch mit mir Geduld.

6. Leg ich mich späte nieder, Erwach ich frühe wieder, Lieg oder ziehe fort, In Schwachheit und in Banden, Und was mir stößt zuhanden, Da tröstet mich sein heilig Wort.

7. Hat er es dann beschlossen, So will ich unverdrossen An mein Verhängniß gehn; Kein Unfall unter allen Wird mir zu hart je fallen, Ich will mit Gott ihn überstehn.

8. Ihm hab ich mich ergeben, Zu sterben und zu leben, So wie er mir's gebeut. Es sei heut oder morgen, Dafür laß' ich ihn sorgen, Er weiß die beste Stund und Zeit.

9. So sei nun, Seele, seine Und traue dem alleine, Der dich geschaffen hat. Es gehe, wie es gehe, Dein Vater in der Höhe, Weiß allen denen Sachen Rath.

Jof. 24, 16. Das sei ferne von uns, daß wir den Herrn verlassen.

Mel. Mit Ernst, ihr Menschenkinder.

414. Von Gott will ich nicht lassen, Denn er läßt nicht von mir, Führt mich zur rechten Straßen, Wenn ich geh in der Irr. Er reicht mir seine Hand; Den Abend wie den Morgen Will er mich wohl versorgen, Wo ich auch bin im Land.

2. Wenn sich der Menschen Treue Und Wohlthat all verkehrt, So wird mir bald auf's neue Die Huld des Herrn bewährt; Er hilft aus aller Noth, Befreit von Sünd und Schanden, Von Ketten und von Banden, Ja, wenn's auch wär der Tod.

3. Auf ihn will ich vertrauen In meiner schweren Zeit; Mein Helfer läßt sich schauen Und wendet jedes Leid; Ihm sei es heimgestellt! Mein Leib und Seel und Leben Sei Gott dem

Herr n ergeben; Er mach's, wie's ihm gefällt!

4. Es kann ihm nichts gefallen, Denn was uns nützlich ist; Er meint's gut mit uns allen Und schenkt uns Jesum Christ, Den eingebornen Sohn, Durch welchen Gott bescheeret, Was unsre Seelen nähret; Lobt ihn im Himmelsthron!

5. Lobt ihn mit Herz und Munde, Die er uns beide schenkt! Wie selig ist die Stunde, Darin man sein gedenkt! Verderbt wird sonst die Zeit, Die man verlebt auf Erden; Wir sollen selig werden Und sein in Ewigkeit.

6. Darum, ob ich schon dulde Hie Widerwärtigkeit, Wie ich's auch wohl verschulde, Kommt doch die Ewigkeit, Die, aller Freuden voll Und ohne Schrank' und Ende, Durch Christi treue Hände Mir einst sich aufthun soll.

7. Das ist des Vaters Wille, Der uns erschaffen hat: Sein Sohn gibt uns die Fülle Der Wahrheit und der Gnad'; Sein heilger Geist im Fleiß Des Glaubens uns regieret Und nach dem Himmel führet; Ihm sei Lob, Ehr und Preis!

5. Mos, 32, 4. Er ist ein Fels; seine Werke sind unsträflich; denn alles, was er thut, das ist recht.

Eigene Melodie.

415. Was Gott thut, das ist wohlgethan, Es bleibt gerecht sein Wille. Wie er fängt meine Sachen an, Will ich ihm halten stille. Er ist mein Gott, Der in der Noth Mich wohl weiß zu erhalten; Drum laß' ich ihn nur walten.

2. Was Gott thut, das ist wohlgethan; Er wird mich nicht betrügen; Er führet mich auf rechter Bahn, Drum laß' ich mir genügen An seiner Huld, Und hab Geduld; Er wird mein Unglück wenden, Es steht in seinen Händen.

3. Was Gott thut, das ist wohlgethan, Er wird mich wohl bedenken; Mein Arzt, der alles heilen kann, Wird mich mit Gift nicht tränken. Er ist getreu, Und steht mir bei; Auf ihn nur will ich bauen, Und seiner Güte trauen.

4. Was Gott thut, das ist

wohlgethan! Er ist mein Licht, mein Leben, Der mir nichts Böses gönnen kann; Ihm will ich mich ergeben In Freud und Leid; Es kommt die Zeit, Da öffentlich erscheinet, Wie treulich er's gemeint.

5. Was Gott thut, das ist wohlgethan! Muß ich den Kelch gleich schmecken, Der bitter ist nach meinem Wahn, Laß' ich mich doch nichts schrecken, Weil er zuletzt Mich doch ergötzt Mit süßem Trost im Herzen; Da weichen alle Schmerzen.

6. Was Gott thut, das ist wohlgethan! Dabei will ich verbleiben; Es mag mich auf die rauhe Bahn Noth, Tod und Elend treiben: So wird Gott mich Ganz väterlich In seinen Armen halten; Drum laß' ich ihn nur walten.

Ps. 119, 52. Herr, wenn ich gedenke, wie du von der Welt her gerichtet hast, so werde ich getröstet.

Mel. Es ist das Heil uns kommen ꝛc.

416. Gott herrschet und hält bei uns Haus; Was sagst du Mensch dawider? Was schlägst du seinen Willen aus?

Leg in den Staub dich nieder! Schweig still, laß ihn nur Meister sein; Er ist das Haupt, wir insgemein Desselben schwache Glieder.

2. Belegt er dich mit Kreuz und Noth Und greift dir nach dem Herzen: Er schickt das Leben und den Tod, — Laß dich es etwas schmerzen; Doch hüte dich vor Ungeduld, Du möchtest sonst durch große Schuld Dein bestes Heil verscherzen.

3. Er bleibt schon so von Alters her: Jetzt hält er sich verborgen, Als wiss' er nichts um dein Beschwer, Laß' immerhin dich sorgen, Hab gegen dich sich hart gemacht; Dies währt vom Abend in die Nacht, Und wieder an den Morgen.

4. Jetzt ist er wieder gnädig hier, Gibt Endschaft deinen Leiden; Er nimmt das Trauerkleid von dir, Umgürtet dich mit Freuden; Er züchtigt als ein Vater dich, Jedoch will seine Gnade sich Darum nicht von dir scheiden.

5. Wie wohl ist doch der Mensch daran, Der sich in Gottes Wege In tiefster Demuth schicken kann, Ihm aushält alle Schläge! Dies

nimmt der höchsten Kunst den Preis. Herr, gib uns, daß sich aller Fleiß Auf dies zu lernen lege!

Röm. 8, 31. Ist Gott für uns, wer mag wider uns sein?

Mel. Befiehl du deine Wege.

417. Ist Gott für mich so trete Gleich alles wider mich; So oft ich ruf und bete, Weicht alles hinter sich. Hab ich das Haupt zum Freunde Und bin geliebt bei Gott, Was kann mir thun der Feinde Und Widersacher Rott?

2. Nun weiß und glaub ich feste, Ich rühm's auch ohne Scheu, Daß Gott, der Höchst' und Beste, Mein Freund und Vater sei; Und daß in allen Fällen Er mir zur Rechten steh Und dämpfe Sturm und Wellen, Und was mir bringet Weh.

3. Der Grund, drauf ich mich gründe, Ist Christus und sein Blut, Das machet, daß ich finde, Das ewge, wahre Gut. An mir und meinem Leben Ist nichts auf dieser Erd; Was Christus mir gegeben, Das ist der Liebe werth.

4. Mein Jesus ist mein' Ehre, Mein Glanz und helles Licht; Wenn der nicht in mir wäre, Könnt ich bestehen nicht. In ihm kann ich mich freuen, Hab einen Heldenmuth, Darf kein Gerichte scheuen, Wie sonst ein Sünder thut.

5. Nichts, nichts kann mich verdammen, Nichts macht hinfort mir Schmerz! Die Höll und ihre Flammen, Sie ängsten nicht mein Herz; Kein Urtheil mich erschrecket, Kein Unheil mich betrübt, Weil mich mit Flügeln decket Mein Heiland, der mich liebt.

6. Sein Geist wohnt mir im Herzen, Regieret mein'n Sinn, Vertreibt mir Sorg und Schmerzen, Nimmt allen Kummer hin, Gibt Segen und Gedeihen Dem, was er in mir schafft, Hilft mir das Abba schreien Aus aller meiner Kraft.

7. Und wenn an meinem Orte Sich Furcht und Schwachheit find't, So seufzt und spricht er Worte, Die unaussprechlich sind Mir zwar und meinem Munde, Gott aber wohl bewußt, Der an des Herzens Grunde Ersiehet seine Lust.

Von dem Vertrauen auf Gott.

8. Sein Geist spricht meinem Geiste Manch süßes Trostwort zu, Wie Gott dem Hülfe leiste, Der bei ihm suchet Ruh, Und wie er hab erbauet, Ein' eble, neue Stadt, Da Aug und Herze schauet, Was es geglaubet hat.

9. Da ist mein Theil und Erbe Mir prächtig zugericht't, Wenn ich gleich fall und sterbe, Fällt doch mein Himmel nicht. Muß ich auch gleich hier feuchten Mit Thränen meine Zeit, Mein Jesus und sein Leuchten Durch- süßet alles Leid.

10. Die Welt, die mag zer- brechen, Du stehst mir ewiglich; Nicht Haß und Qual der Fre- chen Soll trennen mich und dich; Kein Hunger und kein Dürsten, Nicht Armuth, keine Pein, Kein Zorn von großen Fürsten Soll mir zur Hindrung sein.

11. Kein Engel, keine Freu- den, Kein Thron, noch Herr- lichkeit, Kein Lieben und kein Leiden, Nicht Angst, noch Fähr- lichkeit, Was man nur kann er- denken, Es sei klein oder groß, Der keines soll mich lenken Aus deinem Arm und Schoos.

12. Mein Herze geht in Sprün- gen Und kann nicht traurig sein, Ist voller Freud und Singen, Sieht lauter Sonnenschein: Die Sonne, die mir lachet, Ist mein Herr Jesus Christ, Das, was mich singen machet, Ist, was im Himmel ist.

2 u. L. 22, 42. Nicht mein, sondern dein Wille geschehe.

Mel. Was Gott thut, das ist rc.

418. O reicher Gott voll Gütigkeit, Voll Gnade, voll Erbarmen, Wie groß ist deine Freundlichkeit Bei allen geistlich Armen! Mein Herz ist still, Und spricht: dein Will, O Vater in der Höhe, Dein Wille nur geschehe!

2. Laß leuchten mir dein An- gesicht In meinem dunklen Her- zen, Weil deines theuren Wor- tes Licht Zerstreuet alle Schmer- zen, Und öffne mir Die schöne Thür Der Gnaden und der Wahrheit In lauter froher Klarheit.

3. Wie selig und wie heilig ist, Wer dazu kann gelangen, Daß du, o Mittler Jesus Christ, Den Willen nimmst gefangen, Und bringst den Sinn Zum Va- ter hin, Versöhnt mit deinem

Blute! Da schmeckt man alles Gute.

4. Denn Gott ist nicht ein Menschenkind, Was Böses zu erwählen; Der beste Mensch ist oftmals blind Und kann gar leichtlich fehlen; Wer aber sich Ganz williglich Vergnügt in Gottes Wegen, Der findet lauter Segen.

5. Drum schaff in mir, du heilger Geist, Den wahren Sinn des Sohnes, Und gib mir, der du Tröster heiß'st, Die Einfalt deines Thrones: Daß ich stets frei Vom Wollen sei, Und mich dir übergebe, Daß dein Will in mir lebe.

6. Zerbrich, o Gott, des Teufels List, Der immer will verhindern, Daß nicht, was auch dein Rathschluß ist, Erscheine deinen Kindern! Vertreib den Feind, Der's böse meint; Laß nicht zum Ausbruch kommen, Womit er droht den Frommen!

7. Wenn aber deines Friedens Schein Nun zeiget deinen Willen, So wollest du, ohn' alle Pein, Auch allen Zweifel stillen. Versiegle du Mit tiefer Ruh In dir all unsre Seelen; Dein Wille sei mein Wählen!

Jes. 40, 81. Die auf den Herrn harren, kriegen neue Kraft, daß sie auffahren mit Flügeln wie Adler, daß sie laufen und nicht matt werden, daß sie wandeln und nicht müde werden.

Mel. Bleibet treu, ihr Hochbeglückten.

419. Was von außen und von innen Täglich meine Seele drückt, Und hält mir Gemüth und Sinnen Unter seiner Last gebückt: In dem allen ist dein Wille, Gott, der aller Unruh wehrt, Und mein Herz hält in der Stille, Bis es deine Hülf erfährt.

2. Herr! du bist mein Fels auf Erden, Da ich still und sicher steh; Deine Hülfe muß mir werden, Wenn ich aufwärts zu dir seh; Dein Schutz ist mein Trutz alleine Gegen Sünde, Noth und Spott, Denn mein Leiden ist das deine, Weil ich dein bin, o mein Gott!

3. Auf dich harr ich, wenn das Leiden Nicht so bald zum Ende eilt; Dich und mich kann's nimmer scheiden, Wenn's gleich noch so lang verweilt. Und auch dies mein gläubig Hoffen Hab ich nur allein von dir! Durch dich steht mein Herz dir offen, Daß du solches schaffst in mir.

4. Bei bir ist mein Heil und Ehre, Meine starke Zuversicht; Willst du, daß die Noth sich mehre, Weiß ich doch du läss'st mich nicht. Denket mich der Feind zu fällen Und zu treten unter sich, Will ich auf den Fels mich stellen, Der erhält und schirmet mich.

5. Liebe Seelen, traut beständig Eurem ewig treuen Hort! Er ist Gott und ist lebendig, Bleibt euch nah an jedem Ort. Ist euch irgend Hülfe nöthig: Klopft nur an, er ist zu Haus Und zu jeder Hülf erbötig; Schüttet euer Herz nur aus!

6. Aber wie kann's dem gelingen, Der auf's Fleisch die Hoffnung stellt? Bei den Hohen und Geringen Ist kein Trost, der Probe hält; Traut doch lieber auf den Einen, Welcher Lieb und Allmacht hat; Daß er helfen kann den Seinen, Das beweist er mit der That.

7. Eins mit dir, Gott, meine Feste, Geh ich in der Stille hin, Denn zuletzt kommt doch das Beste, Und das End ist mein Gewinn. Deine Allmacht hilft mir tragen, Deine Lieb versüßet mir Alles Bittre, alle Plagen; Darum bin ich still zu dir.

8. Laß es nur, o Seele, gehen, Wie es geht, und sorge nicht; Endlich wirst du dennoch sehen, Daß Gott übt ein recht Gericht. Hier schon ist er deine Stärke, Daß dir gar nichts schaden kann, Dort vergilt er alle Werke, Die du hier in ihm gethan.

9. Breit, o Herr, doch deine Güte Ueber mich, nimm mich in dich, So wird hinfort mein Gemüthe Stille bleiben ewiglich! Werde alles und in allen! Gib uns, daß wir dir allein Trachten allzeit zu gefallen; So wird alles stille sein!

Ps. 40. 6. Wohl dem, der seine Hoffnung setzt auf den Herrn.

Eigene Melodie.

420. Meine Hoffnung stehet feste, Steht auf den lebendgen Gott. Er ist mir der Allerbeste, Der mir beisteht in der Noth. Er allein Soll es sein, Den ich nur von Herzen mein'.

2. Sagt mir, wer kann doch vertrauen Auf ein schwaches Menschenkind? Wer kann feste

Schlösser bauen In die Luft und in den Wind? Es vergeht, Nichts besteht, Was ihr auf der Erde seht.

3. Aber Gottes Güte währet Immer und in Ewigkeit; Vieh und Menschen er ernähret Durch erwünschte Jahreszeit. Alles hat Seine Gnad Dargereichet früh und spat.

4. Gibt er uns nicht alles reichlich, Und in großem Ueberfluß? Seine Lieb ist unvergleichlich, Wie ein milder Regenguß. Luft und Erd Uns ernährt, Wenn es Gottes Rath begehrt.

5. Danket nun dem großen Schöpfer Durch den wahren Menschensohn, Der uns wie ein freier Töpfer Hat gemacht aus Erd und Thon. Groß von Rath, Stark von That Ist, der uns erhalten hat!

Mich. 7, 7. Ich will auf den Herrn schauen, und des Gottes, meines Heils erwarten.

Mel. Was Gott thut, das ist ꝛc.

421. Auf Gott, und nicht auf meinen Rath Will ich mein Glück stets bauen Und dem, der mich erschaffen hat, Mit ganzer Seele trauen; Er, der die Welt Allmächtig hält, Wird mich in meinen Tagen Als Gott und Vater tragen.

2. Er sah von aller Ewigkeit, Wie viel mir nützen würde, Bestimmte meine Lebenszeit, Mein Glück und meine Bürde. Was zagt mein Herz? Ist auch ein Schmerz, Der zu des Glaubens Ehre Nicht zu besiegen wäre?

3. Gott kennet, was mein Herz begehrt, Und hätte, was ich bitte, Mir gnädig, eh ich bat, gewährt, Wenn's seine Weisheit litte. Er sorgt für mich Stets väterlich; Nicht, was ich mir ersehe, Sein Wille nur geschehe!

4. Ist nicht ein ungeführt Glück Weit schwerer oft zu tragen, Als selbst das widrige Geschick, Bei dessen Last wir klagen? Die größte Noth Hebt einst der Tod; Und Ehre, Glück und Habe Verläßt uns doch im Grabe.

5. An dem, was wahrhaft glücklich macht, Läßt Gott es keinem fehlen; Gesundheit, Ehre, Glück und Pracht Sind nicht das Glück der Seelen. Wer Gottes Rath Vor Augen hat, Dem wird ein gut

Von dem Vertrauen auf Gott.

Gewissen Die Trübsal auch versüßen.

6. Was ist des Lebens Herrlichkeit? Wie bald ist sie verschwunden! Was ist das Leiden dieser Zeit? Wie bald ist's überwunden! Hofft auf den Herrn! Er hilft uns gern: Seid fröhlich, ihr Gerechten, Der Herr hilft seinen Knechten!

Jes. 30, 15. Durch stille sein und hoffen würdet ihr stark sein.
Mel. Werde munter, mein Gemüthe.

422. O mein Herz, gib dich zufrieden! O verzage nicht so bald! Was dein Gott dir hat beschieden, Nimmt dir keiner Welt Gewalt. Keiner hindert, was er will. Harre nur, vertraue still! Geh des Wegs, den er dich sendet! Er begann und er vollendet.

2. Hüllt er dich in Dunkelheiten, So lobsing ihm aus der Nacht; Sieh, er wird dir Licht bereiten, Wo du's nimmermehr gedacht. Häuft sich Noth und Sorg umher, Wird die Last dir allzuschwer, — Faßt er plötzlich deine Hände, Und führt selber dich an's Ende.

3. Wär auch alle Welt dir feindlich, Rottete sich wider dich: — Dank ihm! o der Herr ist freundlich, Seine Huld währt ewiglich. Sind auch Trauer, Angst und Leid Seines Segens dunkles Kleid: Dank ihm; er schickt seinen Segen Auf geheimnißvollen Wegen.

4. Endlich wird dein Morgen grauen; Kennst du nicht sein Morgenroth? Darfst du zagend rückwärts schauen, Wenn dich Gluth und Sturm bedroht? Denn auch Feuerflamm und Wind Boten seines Willens sind; Und kann's nur ein Wunder wenden: Auch ein Wunder kann er senden!

5. O so laß denn alles Bangen! Wirke frisch, halt muthig aus! Was mit ihm du angefangen, Führet er mit dir hinaus. Und ob alles widersteht: In Vertraun und in Gebet Bleib am Werke deiner Hände, So führt er's zum schönsten Ende.

Apost. 14, 22. Und ermahnten sie, — daß wir durch viele Trübsal müssen in das Reich Gottes gehen.

Mel. Wie schön leucht't uns der 2c.

423. Die ihr den Heiland kennt und liebt, Ihn, der uns Seligkeiten gibt, Die noch kein Ohr vernommen, Die noch in jenen ewgen Höhn Kein sterblich Auge je gesehn, Die in kein Herz gekommen: Freut euch! Sein Reich Bleibt euch allen! Bald wird's schallen: Kommt zum Lohne, Nehmt des Kampfes Siegeskrone!

2. Was klagt ihr denn? was zagt das Herz? Kurz ist und leicht der Erde Schmerz Und wirket ewge Freude. Ach, groß und herrlich ist das Ziel, Der Wonne dort unendlich viel, Getrübt von keinem Leide! Traurig, Schaurig Ist's hienieden; Aber Frieden Wohnt dort oben, Wo die Ueberwinder loben.

3. Ein Blick auf jene Herrlichkeit Füllt unser Herz mit Trost und Freud Und tausendfachem Segen; Erquickt uns, wie der Morgenthau Die dürre, fast versengte Au, Wie milder Frühlingsregen. Thränen, Sehnen Aug und Herzen Voller Schmerzen: Glänzt doch immer Uns der ewge Hoffnungsschimmer.

4. Drum sind wir froh; wir gehn im Licht, Und heiter ist das Angesicht Bei aller Noth hienieden. Im Heiligthum des Himmels liebt Uns Jesus Christus, und er gibt Der Seele heilgen Frieden. Wer kennt, Wer nennt, Was wir erben Nach dem Sterben? Was uns gibet Der, der uns zuerst geliebet?

5. Was klagst du denn, der du ihn kennst? Der du dich Christi Jünger nennst? Was ist's, das dich betrübet? Froh kannst und sollst du immer sein Und dich des ewgen Lebens freun, Dich freun, daß er dich liebet! O sei Nur treu! O sei fröhlich, Hoffend selig Schon im Glauben; Gotteskraft sei dir dein Glaube!

(Psalm 23.)

Ps. 80, 2. Du Hirte Israels, höre, der du Joseph hütest wie die Schafe.

Eigene Melodie.

424. Der Herr, mein Hirt! Im Schatten seiner Güte

Von dem Vertrauen auf Gott.

Frohlockt mein Herz, Singt jauchzend mein Gemüthe, Und dankt, weil mir nichts mangeln wird.

2. Er führet mich Auf ewig grüne Weiden. Hier blühen mir Des Geistes reinste Freuden, Und meine Seele sättigt sich.

3. Er tränket sie, Wenn Hitz und Durst sie schwächen, Aus frischem Quell. Aus klaren Lebensbächen, Und meine Seel erschöpft sie nie.

4. Wenn er gebeut, Muß aller Sturm sich legen. Er führet treu Mich, seines Namens wegen, Den Fußsteig der Gerechtigkeit.

5. Mit dir will ich Durch finstre Thäler wallen! Ich fürchte nichts; Du lässest mich nicht fallen! Ich tröste deines Stabes mich!

6. Du rufest mich, Damit ich mich erfrische, Mit Vaterhuld Zum wundervollen Tische; Und meine Feinde quälen sich.

7. Herr, du bist mein, Und dein ist meine Seele! Du salbst mein Haupt Mit deinem Freudenöle! Du schenkst den Becher voll mir ein!

8. Mir folgt dein Heil! So lang ich auf der Erde Noch wallen soll, Und dich verehren werde, Sei deine Vaterhuld mein Theil.

9. Hier ruh ich gern In Gottes Heiligthume, Nur seinem Wort Geweiht und seinem Ruhme; Einst wohn ich ewig bei dem Herrn.

---

2. Sam. 22, 2. Gott ist mein Hort, auf den ich traue.

Eigene Melodie.

425. Auf meinen lieben Gott Trau ich in Angst und Noth. Er kann mich allzeit retten Aus Trübsal, Angst und Nöthen. Mein Unglück kann er wenden; Es steht in seinen Händen.

2. Wenn mich die Sünd ansicht, Will ich verzagen nicht; Auf Christum will ich bauen, Und ihm allein vertrauen; Ihm will ich mich ergeben Im Tod und auch im Leben.

3. Ob mich der Tod nimmt hin: Sterben ist mein Gewinn; Und Christus ist mein Leben; Er wird sein Reich mir geben. Ich sterb heut oder morgen: Dafür lass' ich Gott sorgen.

4. O mein Herr Jesu Christ, Der du aus Liebe bist Am Kreuz für mich gestorben! Du hast das Heil erworben, Und schaffst aus

406 Christensinn und Christenwandel.

kurzen Leiden Den Deinen ewge Freuden.
5. Amen aus Herzensgrund Sprech ich zu aller Stund! Du woll'st, Herr Christ, uns leiten, Uns stärken, vollbereiten, Auf daß wir beinen Namen Ohn' Ende preisen. Amen!

---

12. **Von der Nächstenliebe.**

A. **Von der christlichen Bruderliebe.**

1. Joh. 3, 14. Wer den Bruder nicht liebet, der bleibet im Tode.

Mel. Nun ruhen alle Wälder.

426. Wie steht es um die Triebe Der brüderlichen Liebe, Volk Gottes, unter bir? Mich dünkt, die Gluth verschwindet, Die Christi Geist entzündet, Und Kaltsinn blickt statt dess' herfür.

2. Herr, wende doch in Gnaden Von beinem Reich den Schaden, Den Trennung stiften kann. Die Herzen zieh zusammen, Und zünde neue Flammen Der Liebe in ben Deinen an.

3. So mancher steht getrennet, Der sich doch mit bekennet Zu Christi kleiner Schaar. Geziemt sich das von Brüdern? Von eines Leibes Gliedern? Zeugt nicht die Schrift dawider klar?

4. Urtheilen, Tadeln, Richten Kann leicht das Band vernich- ten, Das uns zusammenhält. Da kann's dem Feind gelingen, Uns in sein Netz zu bringen, Da trifft uns Lästerung der Welt.

5. O barum, Christi Glieder, Ermuntert euch doch wieder! Vergeßt das Lieben nicht! Dies selige Geschäfte Erfordert Gnadenkräfte, Und ist der Christen erste Pflicht.

6. Seht ihr den Schwachen gleiten, So fasset ihn bei Zeiten Mit Liebe wieder an! Mit Liebe reizt den Trägen, Und bringt von Nebenwegen Den Bruder auf die rechte Bahn.

7. Herr, beinen Beistand leiste, Daß wir in einem Geiste, Gesinnt nach Jesu Christ, In Liebe hier auf Erden Recht einig mögen werden, Weil Liebe ja das Beste ist.

8. Regier all unsre Triebe; Durch beinen Geist der Liebe

Von der Nächstenliebe.

Bewahre unser Herz, So wandeln wir als Brüder, Als eines Leibes Glieder, Auf einem Wege himmelwärts.

1. Petr. 3, 17. Habet die Brüder lieb.

Mel. O wie selig sind die Seelen.

427. Brüder, öffnet doch dem Triebe Treuer, zarter Bruderliebe Ganz und kindlich euer Herz! Laßt die Leiden dieser Erden Alle Tage größer werden: Lindert Liebe nicht den Schmerz?

2. Ist sie nicht des Bundes Siegel? Gibt sie nicht der Seele Flügel? Schmelzt nicht ihre Feuergluth Auch die stärksten Höllenketten? Liebe nur kann Seelen retten, Liebe nur gibt Kraft und Muth!

3. Liebt euch! ruft der Sohn der Liebe, Und erwägt es: welche Triebe Senkten mich in Todesschmerz? Gab ich nicht mein Blut und Leben? Bin ich Weinstock, seid ihr Reben, O so seid Ein Geist, Ein Herz.

4. Ja, verbindet euch zum Lieben, Täglich mein Gebot zu üben, Laßt's euch täglich heilig sein! Hört ihr nicht mit mächtgem Reize Jeden Tropfen Blut's vom Kreuze: „Kindlein, liebt euch! liebt euch!" schrei'n?

5. Laßt die Welt am Zorn sich weiden, Laßt sie schelten, hassen, neiden! Licht und Liebe bleibt ihr fern. Wird auch alles kalt und trübe, O so ringt und fleht um Liebe! Sie erhält euch bei dem Herrn.

6. Sucht in Liebe recht zu brennen! Daran soll die Welt erkennen Christi Sinn und Jüngerschaft, Liebe kann für Brüder leiden, Liebe lehrt das Böse meiden, Lieb ist ewge Lebenskraft.

Pf. 133, 1. Siehe, wie fein und lieblich ist es, daß Brüder einträchtig bei einander wohnen.

Mel. Gott sei Dank in aller Welt.

428. Sieh, wie lieblich ist's und fein, Wenn bei Brüdern ohne Schein All ihr Thun einträchtig ist, Ohne Falschheit, Haß und List!

2. Solchen ja verheißt der Herr Reichen Segen mehr und mehr, Lieblich Leben in der Zeit, Fried und Wonn in Ewigkeit.

3. Aber ach, wie ist die Lieb So erloschen, daß ein Trieb Nur noch selten wird gespürt, Der des Andern Seele rührt!

4. Ach, die Meisten gehen hin In der Welt nach ihrem Sinn, Denken an die Andern nicht; — Wo bleibt da die Liebespflicht?

5. O Herr Jesu, Gottes Sohn! Schaue doch von deinem Thron, Schaue die Zerstreuung an, Die kein Mensch mehr bessern kann!

6. Sammle, großer Menschenhirt, Alles, was sich hat verirrt; Laß in deinem Gnadenschein Alles ganz vereinigt sein!

7. Gieß den Balsam deiner Kraft, Der dem Herzen Leben schafft, Mit der Liebe Freudenschein Tief in unser Herz hinein.

8. Bind zusammen Herz und Herz, Laß uns trennen keinen Schmerz; Knüpfe selbst durch deine Hand Gnädig das Geschwisterband!

9. So wie du, Herr Jesu Christ, Eines mit dem Vater bist, Sei vereinigt treu und wahr, Deine ganze Jüngerschaar!

B. Von der allgemeinen Nächstenliebe.

1. Cor. 13, 13. Nun aber bleibet Glaube, Hoffnung, Liebe, diese drei; aber die Liebe ist die größeste unter ihnen.

Mel. Soll ich meinem Gott nicht singen.

429. Unter jenen großen Gütern, Die uns Christus zugetheilt, Ist die Lieb in den Gemüthern Wie ein Balsam, der sie heilt, Wie ein Stern, der herrlich blinket, Wie ein Kleinod, dessen Preis Niemand zu benennen weiß, — Wie die Schönheit, die uns winket, Und die Lust, die Jedermann zwingen und vergnügen kann.

2. Liebe kann uns alles geben, Was auf ewig nützt und ziert, Und zum höchsten Stand erheben, Der die Seelen aufwärts führt. Menschen- oder Engelzungen, Wo sich keine Lieb erweist, Wie beredt man sonst sie preist, Wie beherzt sie angedrungen, Sind ein flüchtiger Gesang, Sind ein Erz- und Schellenklang.

3. Was ich von der Weisheit höre, Der Erkenntniß tiefer Blick,

Von der Nächstenliebe.

Die geheimnißvolle Lehre, Und des Glaubens Meisterstück, So der Berge Grund versetzet, Und was sonst den Menschen ehrt: Das verlieret seinen Werth, Alles wird für nichts geschätzet, Wenn sich nicht dabei der Geist, Der die Liebe wirkt, erweist.

4. Hält ich alle meine Habe Mild den Armen zugewandt, Opfert ich mich selbst dem Grabe, Scheut ich nicht der Flammen Brand, Gäb ich meinen Leib auf Erden Ihnen zu verzehren hin Und behielte meinen Sinn: Würd ich doch nicht besser werden, Bis mich wahre Lieb erfüllt, Die aus Gottes Herzen quillt.

5. Glaubenssieg und Hoffnungsblüthe Führt uns tröstend durch die Welt, Bis das irdische Gebiete Und der Schöpfungsbau zerfällt; Nur der Liebe weite Gränzen Strecken sich in Ewigkeit; Alle, die sich ihr geweiht, Werden unaufhörlich glänzen. Glaub und Hoffnung bleiben hier; Liebe währet für und für.

6. O du Geist der reinen Liebe, Der von Gott du gehest aus, Laß mich spüren deine Triebe, Nimm dir hin mein Herz und Haus! Was in mir sich selbst nur suchet, Es nicht treu mit andern meint, Haß ist, und nur Liebe scheint, Laß mich halten als verfluchet; Lenke meinen ganzen Sinn, Geist der Lieb, zur Liebe hin!

*

1. Joh. 4, 7. Die Liebe ist von Gott; und wer lieb hat, der ist von Gott geboren, und kennet Gott.

Mel. Der Jesu Augen schweben.

430. Nicht Opfer und nicht Gaben, Auch Ruhm und Ehre nicht, Noch, was sonst Sünder haben, Befreit uns vom Gericht. Nur Jesu Liebe bleibet; Sie ist von Ewigkeit; Was außer ihr uns treibet, Verschwindet mit der Zeit.

2. Sie gibt uns Kraft und Leben, Reißt jeden Baum entzwei, Lehrt helfen, trösten, geben, Macht von der Lüge frei. Sie muß gerecht uns machen Und los von Sündenlust, Zum Beten und zum Wachen Bewegen unsre Brust.

3. Sie ist die höchste Zierde, Des Christenthumes Kern; Sie gilt als schönste Würde Und Krone vor dem Herrn. Was hilft's, mit Engelzungen Hoch

reden ohne Herz? Wen Liebe nicht durchdrungen, Der ist ein todtes Erz.

4. Geheimnißvolle Lehren Und starker Glaubenssinn Stehn nicht bei Gott in Ehren, Wenn Liebe nicht darin. Der treibt nur arm Geschwätze, Wer kalt und liebeleer Der größten Weisheit Schätze Darleget um sich her.

5. Der Vater ist die Liebe, Der Sohn ist Lieb allein; Des heilgen Geistes Triebe Sind Liebe heiß und rein. Das ist die Lebensquelle Vom Vater und vom Sohn! Mach unsre Seelen helle Du Strom von Gottes Thron!

———

1. Cor. 13, 1. Wenn ich mit Menschenund mit Engelzungen redete und hätte der Liebe nicht; so wäre ich ein tönendes Erz oder eine klingende Schelle.

Mel. O wie selig sind die Seelen.

431. Liebe, du der Gottheit Spiegel! Liebe, der Erlösung Siegel! Liebe, schönstes Himmelskind! Liebe, Königin der Gaben, Welche Gottes Kinder haben: Selig ist, wer dich gewinnt!

2. Bald mit staunendem Entzücken, Bald mit tiefbeschämten Blicken Schau'n wir dich, du heilig Bild! Weit sind wir von dir verirret, — Neid und Haß hat uns verwirret; Wir sind rauh, und du bist mild.

3. Wir, ein stetes Selbstverzehren, Du, ein stetiges Ernähren, Dem es nie an Kraft gebricht; Wir, versenkt in Nachtgestalten, Die uns hart gefangen halten; Du, ein wundersames Licht!

4. Hülf dem Geist zum Schöpfer bringen, In sein Herz hinein sich schwingen, Wo 'dein hoher Ursprung quillt, Der noch aller Erde Weiten, Ja, den Lauf der Ewigkeiten Einst mit tausend Psalmen füllt.

5. Liebe! die im Gottesflamme Uns aus Sünd und Höllenflamme Mächtiglich herausgeliebt; Die uns Nahrung, die uns Hülle Nun aus Jesu Gottesfülle Reichlich zu genießen gibt: —

6. Liebe! die mit Siegeszeichen In so vielen Schöpfungs=Reichen, Wie ein Held mit Lorbeern, prangt; Liebe! der so manche Seele Hier und dort mit froher Kehle Ihre ewge Rettung dankt: —

7. Liebe! die für Gottes Kinder Wie für noch verlorne Sünder,

Von der Nächstenliebe.

Pflegerin und Freundin ist; Die auch in der Mörderhöhle Gleich dem Samariters-Oele Sich in unsre Wunden gießt:

8. Werde d u in unsrem Wallen Unsres Herzens Wohlgefallen, Unsrer Seele Sonnenstrahl! Zeuch uns hin in deine Schule, Nimm vor Jesu Lehrerstuhle Uns in seine Jüngerzahl!

9. Wer durch Christi Geist und Wunden Gläubig mit ihm selbst verbunden, Uebt auch deinen Heldensinn; Unverdrossen Im Geschäfte, Gibt er Leibs- und Seelenkräfte Gern zu deinem Dienste hin.

10. Laß nach deinen heilgen Lehren Uns die. Gaben andrer ehren; Gott vertheilet frei sein Licht! Laß uns deinen Geist bewahren, Hoch und stürmisch herzufahren, Denn die Liebe bläht sich nicht.

11. Lehr uns unsre Kräfte messen, Unsre Schwachheit nie vergessen; Liebe will in Demuth stehn, Worte, Sitten und Geberden Laß durch dich gemildert werden! Wahre Liebe kann nicht schmähn.

12. Laß uns nicht uns selber leben; Brich die Langsamkeit zum Geben! Liebe hat nicht Eigennutz. Fremder Leidenschaften Glimmen Soll uns nicht sogleich verstimmen; Liebe ist des Friedens Schutz.

13. Lehr uns andrer Thun erklären, Nichts auf Argwohn feindlich kehren! Liebe rückt nicht alles auf. Bei der Einfalt tiefen Schätzen, Findet sie ihr ganz Ergötzen An der Wahrheit freiem Lauf.

14. Beim Vergeben, Glauben, Hoffen Schaut sie schon als eingetroffen, Was die Zukunft erst enthüllt. Wessen sich die Liebe freuet, Was sie wünscht und prophezeiet, Wird zumeist von Gott erfüllt.

15. Liebe ist die Geistesflügel, Liebe sprengt die Seelenriegel, Dringt durch jede Scheidewand, Daß, dem Stückwerk ganz entnommen, Gottes Kinder endlich kommen In ihr freies Vaterland.

16. Liebe! lehr uns weislich handeln, Und in der Gemeinde wandeln, Wie sich's ziemt in Gottes Haus. Liebe! hilf uns auch die Bösen, Die kein Schreckwort kann erlösen, Führen aus dem Tod heraus.

17. Will ein Dunst aus Höllen-

flüften Unfre Heiterkeit vergiften,
Ober droht uns andre Pein:
Dann führ uns, o Geist der
Liebe, Durch's Gericht, — sei's
noch so trübe, — Königlich in
Gott hinein!
18. Laß, o Herr, an jedem Orte
Uns auf deine Geistesworte Als
auf unsern Leitstern sehn: „Las=
set alle eure Dinge, Sei'n es
große, sein's geringe, In der
Liebe nur geschehn!"

Phil. 2, 2. Erfüllet meine Freude, daß
ihr eines Sinnes seid, gleiche Liebe habt,
einmüthig und einhellig seid.
Mel. Bleibet treu, ihr Hochbeglückten.

432. Möcht hier eine
Gotteshütte Bei uns Menschen=
kindern sein! Liebe, komm in
unsre Mitte, Kehr in unserm
Hause ein! Laß den Frieden bei
uns wohnen, Alle eines Sinnes
sein, Die wir hier beisammen
wohnen, Alle deiner, Herr, uns
freun!
2. Laß uns treu und redlich
handeln, Sei du immer uns im
Sinn! Laß uns kindlich vor dir
wandeln! Schenk uns stillen,
sanften Sinn, Daß doch Kein's
das Andre plage, Keines unzu=

frieden sei, Eins das Andre willig
trage, Fern von Zorn, von
Unmuth frei.
3. Ach, wir sind doch alle
Sünder! Keines ist vom Bösen
rein; Sind wir Greise oder Kin=
der, Allen macht die Sünde Pein.
Und doch trägt uns Gottes Güte,
Trägt und duldet liebevoll, Und
er will, daß mein Gemüthe
Seinem Beispiel folgen soll.
4. Eines müssen wir noch ler=
nen: Durch das Leben stille gehn,
Uns von Liebe nie entfernen,
Wenn wir Brüder fehlen sehn.
„Gott, mein Gott, verzeih mir
gerne!" Das, das muß dir tröst=
lich sein. Nun, so merk es dir,
und lerne, Als sein Kind, wie
er, verzeihn!

Röm. 13, 10. So ist nun die Liebe des
Gesetzes Erfüllung.
Eigene Melodie.

433. Heilge Liebe! Him=
melsflamme, Reinen Herzen nur
bewußt! Ausfluß aus dem Opfer=
lamme, Senke dich in unsre Brust.
2. Freude, wie sie Selge füh=
len; Freude, die die Welt nicht
kennt: Komm, uns Durstige zu

Von der Nächstenliebe.

kühlen; Einige, was sich noch trennt!

3. Süße Ruhe, Gottesfriede, Gabe, die uns Jesus gibt: Ach, erquick uns, wir sind müde — Schatz, den unsre Seele liebt!

4. Nachsicht, Langmuth, stilles Dulden, Kehre täglich bei uns ein, Daß dem Bruder seine Schulden, Wir von Herzen gern verzeihn!

5. Schmuck der Frommen, freundlich Wesen, Gottes Ueberschrift und Bild! Laß es Freund und Feinde lesen, Was uns Geist und Seele füllt!

6. Güte, Wohlthun, Herzensmilde, Die gern hilft und sich erbarmt, Decke sanft mit deinem Schilde Den, der auch den Feind umarmt.

7. Fels im Sturme, hoher Glaube, Muth im Kampf und in Gefahr, Mach uns treu; heb aus dem Staube Uns zu jener Siegerschaar!

8. Sanfte Stille, Geisteswehen, Säuseln, wo Jehovah thront — Zeige, wenn uns Spötter schmähen, Uns den Kranz, der Kampf belohnt!

9. Jesusliebe, Bruderliebe Tödt unheilger Lüste Schmerz; Schenk uns deine keuschen Triebe Und ein unbeflecktes Herz.

C. Von der Feindesliebe.

Matth. 5, 44. Liebet eure Feinde, segnet, die euch fluchen, thut wohl denen, die euch hassen, bittet für die, so euch beleidigen und verfolgen.

Mel. O wie selig sind die Seelen.

434. Nur wo Lieb ist, da ist Wahrheit; Ohne sie gibt's keine Klarheit, Finster sind wir ohne sie. Heuchelnd wirst vor Gott du treten, Wenn du nicht bedenkst beim Beten, Daß er dich zum Bruder zieh.

2. Denke nicht, der Herzensprüfer Schau von deinem Wort nicht tiefer Auf des Herzens Sinn und Rath. Hassest du den Feind, so wisse, Daß das Reich der Finsternisse Deinen Geist gebunden hat.

3. Nur die Sünde sollst du hassen, Aber Sünder mild umfassen; Sie zu richten, ziemt dem Herrn. Freut's dich, daß sie sind gebunden? Spottest du ob

ihren Wunden? — Komm und hilf sie heilen gern!

4. Wenn sie deine Liebe schmähen, Zornig aus dem Weg dir gehen, Dann befiehl sie dessen Rath, Der, die Armen, Todten, Blinden Von dem Elend zu entbinden, Tausend Liebeskräfte hat.

5. Glaub's: dein Lieben und Verzeihen Wird zum Frieden dir gedeihen Bei dem Herrn, der Frieden ist. Nenn, o Mensch, nur wenn du liebest, Wenn mit Christo du vergibest, Dich mit seinem Namen: Christ!

6. Selbst die Gabe, die du giebst, Wiegt nicht schwerer als du liebest; Liebe geht den Gaben vor. Schwerer wiegt oft eine Zähre, Die voll Mitleids, Gott zur Ehre Aus dem Auge bringt empor.

7. Wie die Sonn am Himmel stehet, Freud auf Gut und Böse säet, Also sei dein Christenherz! Lern in Liebe Christo gleichen, Lern im Lieben ihn erreichen Unter Freuden, unter Schmerz!

8. In den trübsten Leidensstunden, Ueberdeckt mit Todeswunden, Hing am Kreuze Gottes Sohn, Litt für uns, für seine Feinde, Die er rufet zur Gemeinde, Todesqual und Mörderhohn.

9. Willst mit göttlichen Gefühlen Du in leeren Worten spielen, Und doch Christi Jünger sein? Geh zu ihm und lerne leben, Lern im Leben das Vergeben, Im Vergeben selig sein!

R 3 m. 12, 14. Segnet, die euch verfolgen; segnet und fluchet nicht.

M c L Verzage nicht, o Häuflein klein.

435. Ihr, die ihr mich verfolgt und schmäht, Hört mein inbrünstiges Gebet: Herr! segne, die mir fluchen; Laß, wenn man mich verfolgt und haßt, Mich dieses Joch und diese Last Froh zu ertragen suchen.

2. Du hilfst uns, Herr, aus aller Noth. Wenn der Verfolger Macht mir droht, Lehr mich die Feinde segnen: Und wenn mit überlegter List Ein Judas mich verräth und küßt, Ihm freundlich doch begegnen.

3. Die Unschuld spricht uns Trost in's Herz, Sie weiß den unverdienten Schmerz Zu lindern, zu versüßen. Was ist mein Trost bei Hohn und Spott?

Von der Nächstenliebe.

Im Himmel, du, mein gnäd=
ger Gott! In mir, ein froh
Gewissen.

4. Trug nicht der Heiland
fremde Schuld Mit überschwäng-
licher Geduld? Er schalt nicht,
da er litte. Im Todeskampf,
am Kreuzesflamm War er geduldig wie ein Lamm; „Vergib!" war seine Bitte.

5. Sein heilig Beispiel lehre
mich, Geduld zu üben, brüder-
lich Mit Feinden umzugehen.
Wenn Fleisch und Blut sich in
mir regt, Der Stolz zur Rache
mich bewegt, Laß, Herr, auf
dich mich sehen!

6. Nicht Haß und Feindschaft,
Rache nicht! Vergeben: das
ist meine Pflicht. Herr, hilf
mir sie vollbringen! Verzeihen
lehrt das Christenthum. Laß
mir zu deines Namens Ruhm
Das Thun davon gelingen!

Röm. 12, 20. So deinen Feind hungert,
so speise ihn; dürstet ihn, so tränke ihn. Wenn
du das thust, so wirst du feurige Kohlen auf
sein Haupt sammeln.

Mel. Es glänzet der Christen ꝛc.

436. Verklärter Erlöser,
sei freudig gepriesen Von allen,
die du bis zum Tode geliebt!
Du hast dich als ewige Liebe
bewiesen, Erbarmen und Gnade
an Feinden geübt. Drum sollen
die Deinen Auch liebend erschei=
nen, Als Kinder des Friedens
voll Sanftmuth und Milde,
Nach deinem erhabenen, gött=
lichen Bilde.

2. Nicht Freunden nur sollen
wir Gutes erzeugen, Auch Fein=
den und Hassern mit Liebe
und Huld; Ihr Schmähen er=
wiedern mit Segnen und Schwei=
gen, Ihr Unrecht mit Wohl=
thun und Lammesgeduld. Wir
dürfen dem Triebe Der selbst=
schen Liebe Nicht folgen; wir
müssen den Fleischessinn brechen,
Und nie uns gelüsten, uns sel=
ber zu rächen.

3. Die Gläubigen brauchen
nicht fleischliche Waffen; Sie
schützet und schirmet ihr mächti=
ger Hirt. Sie folgen dem Bei=
spiel von duldenden Schafen,
Und werden so sicher und selig
geführt. Die Zwietracht zu mei=
den, Zu lieben, zu leiden, Sich
gänzlich zu trennen vom welt=
lichen Wesen, Das haben die
Christen sich immer erlesen.

4. Was thaten denn vormals

die gläubigen Zeugen? Sie duldeten Güter-Raub, Marter und Pein, Gefängniß und Foller mit stehendem Schweigen; Sie gingen durch Trübsal zur Herrlichkeit ein. Sie litten mit Freuden Die bittersten Leiden. Nichts konnte die Helden zur Gegenwehr zwingen; Sie wollten die Krone des Lebens erringen.

5. O Heiland, auch uns gib die göttlichen Triebe Der Sanftmuth und Güte zum Dulden in's Herz! Auch gegen die Feinde erfüll uns mit Liebe, Damit wir uns niemals bedienen des Schwerts! Entreiß uns der Erden, Daß himmlisch wir werden, Und wie du mit Wohlthun, mit Lieben und Segnen Dem Unrecht, dem Haß und dem Zorne begegnen.

XXI. Vom Troste in Kreuz und Trübsal.

Trostlieder.

Ebr. 10, 36. Geduld ist euch Noth, auf daß ihr den Willen Gottes thut und die Verheißung empfanget.

Mel. Mit Ernst, ihr Menschenkinder.

437. Geduld ist euch vonnöthen, Wenn Sorge, Gram und Schmerz, Und was euch mehr will tödten, Euch schneidet in das Herz. O auserwählte Zahl! Soll euch der Tod nicht tödten, Ist euch Geduld vonnöthen Auch in der tiefsten Qual.

2. Geduld ist Gottes Gabe Und seines Geistes Gut; Der schenket sie zur Habe, Sobald er in uns ruht. Der edle, werthe Gast Erlöst uns von dem Zagen, Und hilft uns treulich tragen Die allergrößte Last.

3. Geduld kommt aus dem Glauben Und hängt an Gottes Wort; Das läßt sie sich nicht rauben, Das ist ihr Heil und Hort; Das ist ihr hoher Wall, Da hält sie sich geborgen, Läßt Gott, den Vater, sorgen Und fürchtet keinen Fall.

4. Geduld ist wohl zufrieden

Trostlieder.

Mit Gottes weisem Rath; Läßt sich nicht leicht ermüden Durch Aufschub seiner Gnad, Hält frisch und fröhlich aus, Läßt sich getrost beschweren Und denkt: „wer will's ihm wehren? Ist er doch Herr im Haus!"

5. Geduld kann lange warten, Vertreibt die lange Weil In Gottes schönem Garten, Durchsucht zu ihrem Heil Das Paradies der Schrift, Und schützt sich früh und späte Mit eifrigem Gebete Vor Schlangen-List und Gift.

6. Geduld thut Gottes Willen, Erfüllet sein Gebot Und weiß sich wohl zu stillen Bei aller Feinde Spott. Es lache, wem's beliebt, Wird sie doch nicht zu Schanden; Es ist bei ihr vorhanden Ein Herz, das nichts drauf gibt.

7. Geduld dient Gott zu Ehren Und läßt sich nimmermehr Von seiner Liebe kehren; Und stäupt er noch so sehr, So ist sie doch bedacht, Des Heilgen Hand zu loben, Spricht: „Gott, der hoch erhoben, Hat alles wohl gemacht!"

8. Geduld erhält das Leben, Vermehrt der Jahre Zahl, Dämpft und vertreibt daneben Viel Angst und Herzensqual; Ist wie ein schönes Licht, Davon, wer an ihr hanget, Mit Gottes Hülf erlanget Ein fröhlich Angesicht.

9. Geduld ist mein Verlangen Und meines Herzens Lust, Nach der ich oft gegangen; Das ist dir wohl bewußt, Herr, voller Gnad und Huld! Ach, gib mir und gewähre Mein Bitten, ich begehre Nichts andres als Geduld.

10. Geduld ist meine Bitte, Die ich sehr oft und viel Aus dieser Leibeshütte Zu dir, Herr, schicken will. Kommt dann der letzte Zug, So gib durch deine Hände Auch ein geduldig Ende, So hab ich alles gnug.

Jak. 1, 12. Selig ist der Mann, der die Anfechtung erduldet; denn nachdem er bewähret ist, wird er die Krone des Lebens empfangen, welche Gott verheißen hat denen, die ihn lieb haben.

Mel. Was Gott thut, das ist wohlgethan.

438. Ein Christ kann ohne Kreuz nicht sein: Drum laß dich's nicht betrüben, Wenn Gott versucht mit Kreuz und Pein Die Kinder, die ihn lieben.

Je lieber Kind, Je ernster sind Des frommen Vaters Schläge; Schau, das sind Gottes Wege!

2. Ein Christ kann ohne Kreuz nicht sein, Gott will's nicht anders haben! Auch dieses Lebens Noth und Pein Sind deines Vaters Gaben. Soll's denn so sein, So geh es ein! Es kommt von Liebeshänden; Gott wird nichts Böses senden.

3. Ein Christ kann ohne Kreuz nicht sein: Das Kreuz lehrt fleißig beten, Zieht ab vom eitlen Trug und Schein, Und lehrt zu Jesu treten. Drum wirf's nicht hin Mit sprödem Sinn, Wenn's nun zu dir gekommen; Es soll der Seele frommen.

4. Ein Christ kann ohne Kreuz nicht sein: Das muß uns immer wecken, Wir schliefen sonst in Sünden ein; Wie müßten wir erschrecken, Wenn unbereit Die Ewigkeit Und der Posaune Schallen Uns würde überfallen!

5. Ein Christ kann ohne Kreuz nicht sein: Es lehrt die Sünde hassen Und unsern lieben Gott allein Mit rechter Lieb umfassen. Die Welt vergeht Und Gott besteht; Bedenk's, und laß dich üben, Das ewge Gut zu lieben!

6. Auch ich will ohne Kreuz nicht sein; Was Gott schickt, will ich tragen; Schickt's doch der liebste Vater mein, Sind's doch nur kurze Plagen Und wohlgemeint! Wer gläubig weint, Lebt dort in steten Freuden; Ich will mit Christo leiden!

2. Cor. 6, 10. Als die Traurigen; aber allezeit fröhlich.

Eigene Melodie.

439. Warum sollt ich mich denn grämen? Hab ich doch Christum noch! Wer will mir den nehmen? Wer will mir den Himmel rauben, Den mir schon Gottes Sohn Beigelegt im Glauben?

2. Nackend lag ich auf dem Boden, Als ich kam, Als ich nahm Meinen ersten Odem; Nackend werd ich auch hinziehen, Wann ich werd Von der Erd Als ein Schatten fliehen.

3. Gut und Blut, Leib, Seel und Leben Ist nicht mein; Gott allein Ist es, der's gegeben. Will er's wieder zu sich kehren, Nehm er's hin! Ich will ihn Dennoch fröhlich ehren.

4. Schickt er mir ein Kreuz zu

tragen, Dringt herein Angst und Pein: Sollt ich drum verzagen? Der es schickt, der wirds es wenden; Er weiß wohl, Wie er soll All mein Unglück enden.

5. Gott hat mich in guten Tagen Oft ergötzt; Sollt ich jetzt Nicht auch etwas tragen? Fromm ist Gott, und schärft mit Maßen Sein Gericht, Kann mich nicht Ganz und gar verlassen.

6. Satan, Welt und ihre Rotten Können mir Nichts mehr hier Thun, als meiner spotten. Laß sie spotten, laß sie lachen! Gott, mein Heil, Wird in Eil Sie zu Schanden machen.

7. Unverzagt und ohne Grauen Soll ein Christ, Wo er ist, Stets sich lassen schauen. Wollt ihn auch der Tod aufreiben, Soll der Muth Dennoch gut Und fein stille bleiben.

8. Kann uns doch der Tod nicht tödten, Sondern reißt Unsern Geist Aus viel tausend Nöthen, Schließt das Thor der bittern Leiden, Und macht Bahn, Da man kann Gehn zu Himmelsfreuden.

9. Da will ich mit süßen Schätzen Einst mein Herz Nach dem Schmerz Ewiglich ergötzen. Hier ist kein recht Gut zu finden; Was die Welt In sich hält, Muß wie Rauch verschwinden.

10. Was sind dieses Lebens Güter? Eine Hand Voller Sand, Kummer der Gemüther. Dort, dort sind die edeln Gaben, Wo mein Hirt, Christus, wird Mich ohn' Ende laben.

11. Herr, mein Hirt, Brunn aller Freuden! Ich bin dein, Du bist mein; Niemand kann uns scheiden. Ich bin dein, weil du dein Leben Und dein Blut Mir zu Gut In den Tod gegeben.

12. Du bist mein, weil ich dich fasse, Und dich nicht, O mein Licht, Aus dem Herzen lasse. Laß mich, laß mich hingelangen, Wo du mich, Und ich dich Ewig werd umfangen.

Ps. 46, 11. Seid stille und erkennet, daß ich Gott bin.

Mel. Jesu, meine Freude.

440. Meine Seel ist stille Zu Gott, dessen Wille Mir zu helfen steht. Mein Herz ist vergnüget Mit dem, was Gott füget, Nimmt's an, wie es geht. Geht die Bahn Nur himmelan,

Und bleibt Jesus ungeschieden,
So bin ich zufrieden.

2. Meine Seele hanget An dir und verlanget, Gott, bei dir zu sein, Will dich wirken lassen, Will nur dich umfassen, Nur in dir sich freun; Von der Welt, Ehr, Lust und Geld, Dessen viele so beflissen, Mag sie nichts mehr wissen.

3. Nein, ach, nein! nur einer, Sag ich, und sonst keiner Wird von mir geliebt: Jesus, der Getreue, Dessen ich mich freue, Der sich ganz mir gibt! Er allein, Er soll es sein, Dem ich wieder mich ergebe, Dem ich einzig lebe!

4. Gottes Güt' erwäge, Meine Seel, und lege Dich in seinen Schooß; Lerne ihm vertrauen, So wirst du bald schauen, Wie die Ruh so groß, Die da fleußt Aus stillem Geist; Wer sich weiß in Gott zu schicken, Den kann er erquicken.

5. Still, o meine Seele! Was dich immer quäle, Senk in Jesu Brust. Werde stark durch Hoffen; Was dich je betroffen, Trage du mit Lust; Fasse dich Ganz inniglich Durch Gedulb und Glauben feste: Endlich kommt das Beste.

6. Amen, es geschiehet! Wer zu Jesu fliehet, Wird deß Zeuge sein: Wie Gott seinen Kindern Pflegt das Kreuz zu lindern Und ein froh Gedeihn Aufbewahrt, Bis, wer da harrt, Endlich aus dem schweren Leibe Uebergeht in Freude.

Jac. 5, 7. So seid nun geduldig, lieben Brüder, bis auf die Zukunft des Herrn.

Mel. Nun ruhen alle Wälder.

441. Mein Herz, gib dich zufrieden, Und bleibe ganz geschieden Von Sorge, Furcht und Gram; Die Noth, die jetzt dich drücket, Hat Gott dir zugeschicket; Sei still, und halt dich wie ein Lamm!

2. Mit Sorgen und mit Zagen, Mit unmuthvollem Klagen Häufst du nur deine Pein. Durch Stillesein und Hoffen Wird, was dich jetzt betroffen, Erträglich, sanft und lieblich sein.

3. Kann's doch nicht ewig währen; Oft hat Gott unsre Zähren Auf einmal abgewischt! Wenn's bei uns hieß: wie lange Wird mir so angst und bange? So hat er Leib und Seel erfrischt.

Trostlieder.

4. Gott pflegt es so zu machen;
Nach Weinen schafft er Lachen,
Nach Regen Sonnenschein; Nach
rauhen Wintertagen Muß uns
der Lenz behagen; Er führt
aus Höll in Himmel ein.

5. Indeß ist abgemessen Die
Last, die uns soll pressen, Damit wir werden klein. Was
aber nicht zu tragen, Darf sich
nicht an uns wagen, Und soll's
auch noch so wenig sein.

6. Denn es sind Liebesschläge,
Wenn ich es recht erwäge, Womit er uns belegt; Nicht Schwer-
ter, sondern Ruthen Sind's, damit Gott zum Guten Die Seinen hier zu Zeiten schlägt.

7. Er will uns dadurch leh-
ren, Wie wir ihn sollen ehren
Mit Glauben und Geduld;
Und sollt er auch in Nöthen
Uns lassen gar ertödten, Soll
uns doch trösten seine Huld.

8. Denn was will uns auch
scheiden Von Gott und seinen
Freuden, Dazu er uns ersehn?
Man lebe oder sterbe, So bleibet uns das Erbe Des Himmels
dennoch ewig stehn!

9. Ist Christus unser Leben,
So muß uns, seinen Reben, Der
Tod sein ein Gewinn! Er mag

die Leibeshöhle Zerbrechen, doch
die Seele Fliegt auf zum Bau
des Himmels hin.

10. Drum gib dich ganz zufrieden, Mein Herz, und bleib
geschieden Von Sorge, Furcht
und Gram! Vielleicht wird
Gott bald senden, Die dich
auf ihren Händen Hintragen
zu dem Bräutigam.

---

2. Petr. 2, 9. *Der Herr weiß die Gottlosen aus der Versuchung zu erlösen.*

Mel. Es ist nicht schwer, ein Christ ꝛc.

442. Er wird es thun,
der fromme, treue Gott! Er kann
ja nicht ohn' alles Maaß versuchen; Er bleibet noch ein Vater in der Noth, Sein Segens-
mund wird seinem Kind nicht fluchen. Er höre nur, wie er so freundlich spricht: „Verzage nicht!"

2. Bedenke wohl, daß du beru-
fen bist, In Gottes Reich durch
Trübsal einzugehen! Du glaubest
ja, du seist ein wahrer Christ,
So muß man auch von dir die
Probe sehen. So lang es geht
nach deinem Fleisch und Blut,
Steht's noch nicht gut.

3. Du hast genug von Christen-

kreuz gehört, So hast du auch genug davon gesprochen; Doch haftet mehr, was die Erfahrung lehrt, Drum komm getrost zum Kreuz herangekrochen! Wer dieses faßt, dem wird zuletzt zu Theil Kraft, Trost und Heil.

4. Dein Jesus selbst geht dir zum Beispiel vor. Er mußte ja auf Erden vieles leiden; Dann hob er sich zur Herrlichkeit empor, Und wohnet nun in ewgen Himmelsfreuden. Wer treulich kämpft, bringt auch den guten Lohn Mit ihm davon.

5. Drum hoffe nur auf den, der Vater heißt! Er ist dir treu, auch mitten in dem Jammer. Dein Seelenfreund ist nah mit seinem Geist, Und tritt mitleidig ein in deine Kammer; Da sieht er wohl, was deinem Herzen fehlt, Und was dich quält.

6. Und also bricht das Herz ihm gegen dir; Er spricht: „Ich muß mich über dich erbarmen! Du liebes Kind, hast niemand außer mir, Drum halt ich dich in meinen Liebesarmen; Sei gutes Muths, die Hülfestund ist nah, Dein Trost ist da!"

7. Dir sei gedankt, du auserwählter Freund, Daß du dein Auge richtest auf die Deinen! Denn wenn uns jetzt der arge Friedensfeind So hat gefaßt, daß wir verloren scheinen, So stürzest du ihn nieder in den Grund Zur rechten Stund.

8. Gib, daß auch wir, die du so innig liebst, Dich mögen stets in Lieb und Hoffnung ehren, Weil du ja nicht von Herzen uns betrübst, Und unser Leid in Freude willst verkehren. So sei dir denn Lob, Ruhm und Dank geweiht In Ewigkeit!

Pal. 7, 13. Der Herr sprach zu ihr: Weine nicht!

Mel. Dies ist der Tag, den Gott ꝛc.

443. O süßes Wort, das Jesus spricht Zur armen Wittwe: „weine nicht!" Es komme nie aus meinem Sinn, Zumal wenn ich betrübet bin.

2. Es wird geredet nicht in's Ohr Leis', sondern unter freiem Thor, Laut, daß es höret jedermann Und sich darüber freuen kann.

3. Er redet's aber zu der Zeit, Da Tod und Leben war im Streit; Drum soll es auch erquicken mich In Tod und Leben kräftiglich.

Trostlieder.

4. Wenn Noth und Armuth mich ansicht, Spricht doch mein Jesus: weine nicht! Gott ist dein Vater, trau nur Ihm, Erhört er doch der Raben Stimm!

5. Bin ich sehr kraftlos, krank und schwach, Und ist nichts da denn Weh und Ach, So tröstet Jesus mich und spricht: Ich bin dein Arzt, drum weine nicht!

6. Raubt mir der Feind mein Gut und Hab, Daß ich muß fort mit meinem Stab, Sagt Jesus wieder: weine nicht! Denk, was dem Hiob dort geschicht!

7. Vertreibt mich des Verfolgers Hand, Gönnt er mir keinen Sitz im Land, Ruft Jesus in mein Herz und spricht: Dein ist der Himmel, weine nicht!

8. Wenn um mich Band und Ketten schon, Wenn Feind und falsche Freunde drohn, Spricht Jesus: weine nicht! Und glaub, Dir kann nicht schaden Asch und Staub.

9. Reißt mir der Tod das Liebste hin, Sagt Jesus: weine nicht! ich bin, Der's wieder gibt; gedenke dran, Was ich zu Naim hab gethan!

10. Muß ich selbst ringen mit dem Tod, Ist Jesus da, ruft in der Noth: Ich bin das Leben, weine nicht! Wer an mich glaubt, wird nicht gericht't.

11. O süßes Wort, das Jesus spricht In allen Nöthen: „weine nicht!" Ach, klinge stets in meinem Sinn, So fähret alles Trauern hin!

Pf. 62. 2. Meine Seele ist stille zu Gott, der mir hilft.

Mel. Großer Gott, wir loben dich.

444. Meine Seele senket sich Hin in Gottes Herz und Hände, Und erwartet ruhiglich Seiner Wege Ziel und Ende, Lieget still und willenlos In des liebsten Vaters Schooß.

2. Meine Seele murret nicht, Ist mit allem wohl zufrieden; Was der eigne Wille spricht, Ist zum Tode schon beschieden; Was die Ungedulb erregt, Ist in Christi Grab gelegt.

3. Meine Seele sorget nicht, Will vielmehr an nichts gedenken, Was gleich spitzen Dornen sticht Und den Frieden nur kann kränken. Sorgen kommt dem Schöpfer zu; Meine Seele sucht nur Ruh.

4. Meine Seele grämt sich nicht,
Liebt hingegen Gott im Leiden;
Kummer, der das Herze bricht,
Trifft und ängstet nur die Heiden.
Wer Gott in dem Schooße liegt,
Bleibt in aller Noth vergnügt.

5. Meine Seele klaget nicht,
Denn sie weiß von keinen Nö=
then, Hängt an Gottes Ange=
sicht Auch alsdann, wenn er
will tödten. Wo sich Fleisch und
Blut beklagt, Wird der Freuden=
geist verjagt.

6. Meine Seel ist still zu Gott,
Und die Zunge bleibt gebun=
den! Also hab ich allen Spott,
Alle Schmerzen überwunden,
Bin, gleich wie ein stilles
Meer, Voll von Gottes Preis
und Ehr.

Offenb. 3, 19. Welche ich lieb habe, die
strafe und züchtige ich.

Mel. O daß ich tausend Zungen hätte.

445. Je größer Kreuz,
je näher Himmel! Wer ohne
Kreuz, ist ohne Gott; Bei dem
verlarvten Weltgetümmel Ver=
gißt man Hölle, Fluch und Tod.
O selig ist der Mensch geschätzt,
Den Gott in Kreuz und Trüb=
sal setzt!

2. Je größer Kreuz, je beßre
Christen; Gott prüft uns mit
dem Probestein. Wie mancher
Garten muß gleich Wüsten ohn'
einen Thränenregen sein! Das
Gold wird auf dem Feuerheerd,
Ein Christ in mancher Noth
bewährt.

3. Je größer Kreuz, je stärker
Glaube; Die Palme wächset bei
der Last; Die Süßigkeit fleußt
aus der Traube, Wenn du sie
wohl gekeltert hast; Im Kreuze
wächset uns der Muth, Wie
Perlen in gesalzner Fluth.

4. Je größer Kreuz, je mehr
Gebete; Geriebne Kräuter duf=
ten wohl; Wenn um das Schiff
kein Sturmwind wehte, So
fragte man nicht nach dem
Pol; Wo kämen Davids Psal=
men her, Wenn er nicht auch
versuchet wär?

5. Je größer Kreuz, je mehr
Verlangen; Im Thale steiget man
bergan; Wer durch die Wüsten
oft gegangen, Der sehnet sich nach
Canaan; Das Täublein findet
hier nicht Ruh, So fleucht es
nach der Arche zu.

6. Je größer Kreuz, je lieber
Sterben; Man freut sich dann
auf seinen Tod, Denn man ent=

gehet dem Verderben, Es stirbt auf einmal alle Noth. Das Kreuze, das die Gräber ziert, Bezeugt, man habe triumphirt.

7. Gekreuzigter! laß mir dein Kreuze Je länger und je lieber sein; Daß mich die Ungeduld nicht reize, So pflanz ein solches Herz mir ein, Das Glaube, Lieb und Hoffnung hegt, Bis dort mein Kreuz die Krone trägt.

Luf. 6, 21. Selig seid ihr, die ihr hier weinet; denn ihr werdet lachen.

Mel. Werde munter, mein Gemüthe.

446. Meine Sorgen, Angst und Plagen Laufen mit der Zeit zu End; Alles Seufzen, alles Klagen, Das der Herr alleine kennt, Wird, Gott Lob! nicht ewig sein; Nach dem Regen wird ein Schein Von viel tausend Sonnenblicken Meinen matten Geist erquicken.

2. Meine Saat, die ich gesäet, Wird zur Freude wachsen aus; Wenn die Dornen abgemähet, Träget man die Frucht zu Haus. Wenn ein Wetter ist vorbei, Wird der Himmel wieder frei; Nach dem Kämpfen, nach dem Streiten, Kommen die Erquickungszeiten.

3. Wenn man Rosen will abbrechen, Muß man leiden in der Still, Daß uns auch die Dornen stechen; Es geht alles, wie Gott will. Er hat uns ein Ziel gezeigt, Das man nur im Kampf erreicht; Will man hier das Kleinod finden, So muß man erst überwinden.

4. Unser Weg geht nach den Sternen, Der mit Kreuzen ist besetzt; Hier muß man sich nicht entfernen, Ob er gleich mit Blut benetzt. Zu dem Schloß der Ewigkeit Kommt kein Mensch hin ohne Streit; Die in Salems Mauern wohnen, Zeigen ihre Dornenkronen.

5. Es sind wahrlich alle Frommen, Die des Himmels Klarheit sehn, Aus viel Trübsal hergekommen; Darum siehet man sie stehn Vor des Lammes Stuhl und Thron, Prangend in der Ehrenkron, Und mit Palmen ausgezieret, Weil sie glücklich triumphiret.

6. Gottes Ordnung stehet feste, Und bleibt ewig unverrückt: Seine Freund und Hochzeitsgäste Werden nach dem Streit erquickt. Israel erhält den Sieg Nach geführtem Kampf und Krieg; Ka=

naan wird nicht gefunden,
Wenn man nichts hat über-
wunden.

7. Darum trage deine Leiden,
Meine Seel, und dulde dich!
Gott bleibt dennoch dir zur
Seiten, Das Gewitter leget sich;
Nach dem Blitz und Donner-
schlag Folgt ein angenehmer
Tag: Auf den Abend folgt der
Morgen, Und die Freude nach
den Sorgen.

Ps. 42, 12. Was betrübst du dich, meine
Seele, und bist so unruhig in mir? Harre
auf Gott; denn ich werde ihm noch danken,
daß er meines Angesichtes Hülfe und mein
Gott ist.

Eigene Melodie.

447. Schwing dich auf
zu deinem Gott, Du betrübte
Seele! Warum liegst du, Gott
zum Spott, In der Schwer-
muthshöhle? Merkst du nicht
des Feindes List? Er will durch
sein Kämpfen Deinen Trost den
Jesus Christ Dir erworben,
dämpfen.

2. Schüttle deinen Kopf und
sprich: Fleuch, du alte Schlange,
Was erneust du deinen Stich,
Machst mir angst und bange?
Ist dir doch der Kopf zerknickt,

Und ich bin durch's Leiden
Meines Heilands hingerückt In
den Saal der Freuden!

3. Wirfst du mir die Sünden
für? Wo hat Gott befohlen, Daß
mein Urtheil ich bei dir Ueber
mich soll holen? Wer hat dir
die Macht geschenkt, Andre zu
verdammen, Der du selbst doch
liegst versenkt In den Höllen-
flammen?

4. Hab ich was nicht recht gethan, Ist mir's leid von Herzen, Dafür nehm ich gläubig
an Christi Blut und Schmerzen; Denn das ist das Lösegeld Meiner Missethaten, Dadurch ist der ganzen Welt Und
auch mir gerathen.

5. Stürme, Teufel und du
Tod! Was könnt ihr mir
schaden? Deckt mich doch in
meiner Noth Gott mit seinen
Gnaden, Der Gott, der mir
seinen Sohn Selbst geschenkt
aus Liebe, Daß nicht ewig Spott
und Hohn Dort mich einst betrübe.

6. Was ist unter'm Himmelszelt, Was im tiefsten Meere,
Was ist Gutes in der Welt,
Das nicht mir gut wäre? Wenn
erglänzt das Sonnenlicht? Wo-

zu ist gegeben Luft und Wasser? Dient es nicht Mir und meinem Leben?

7. Meine Seele lebt in mir Durch die süßen Lehren, So die Christen mit Begier Alle Tage hören. Gott eröffnet früh und spat Meinen Geist und Sinne, Daß sie seines Geistes Gnad Freudig werden inne.

8. Ich bin Gottes, Gott ist mein! Wer ist, der uns scheide? Dringt das liebe Kreuz herein Mit dem bittern Leide, — Laß es bringen: kommt es doch Von geliebten Händen; Schnell zerbricht des Kreuzes Joch, Wenn es Gott will wenden.

9. Kinder, die der Vater soll Ziehn zu allem Guten, Die gerathen selten wohl Ohne Zucht und Ruthen. Bin ich denn nun Gottes Kind, Warum will ich fliehen, Wenn er mich von meiner Sünd Will auf's Gute ziehen?

10. Es ist herzlich gut gemeint Mit der Christen Plagen: Wer hier zeitlich wohl geweint, Darf nicht ewig klagen; Wem das Kreuz hier recht bewußt, Hat in Gottes Garten Ewiglich vollkommne Lust Endlich zu gewarten.

11. Gottes Kinder säen zwar Traurig und mit Thränen, Aber endlich bringt das Jahr, Wonach sie sich sehnen. Ja, es kommt die Erntezeit, Da sie Garben machen; Da wird all ihr Gram und Leid Lauter Freud und Lachen!

12. Ei so faß, o Christenherz, Alle deine Schmerzen, Wirf sie fröhlich hinterwärts! Laß des Trostes Kerzen Dich erleuchten mehr und mehr! Gib dem großen Namen Deines Gottes Preis und Ehr: Er wird helfen! Amen.

Röm 8. 17. Sind wir Kinder, so sind wir auch Erben, nämlich Gottes Erben und Miterben Christi; so wir anders mit leiden, auf daß wir auch mit zur Herrlichkeit erhoben werden.

Mel. O wie selig sind die Seelen.

448. Endlich bricht der heiße Tiegel, Und der Glaub empfäht sein Siegel, Gleich dem Gold im Feu'r bewährt; Zu des Himmels höchsten Freuden Werden nur durch tiefe Leiden Gottes Lieblinge verklärt.

2. Unter Leiden prägt der Meister In die Seelen, in die Geister Sein allgeltend Bildniß ein.

Wie er dieses Leibes Töpfer,
Will er auch des künftgen
Schöpfer Auf dem Weg der
Leiden sein.

3. Leiden bringt empörte Glieder Endlich zum Gehorsam wieder, Macht sie Christo unterthan, Daß er die gebrochnen Kräfte Zu dem Heiligungsgeschäfte Sanft und still erneuern kann.

4. Leiden sammelt unsre Sinne, Daß die Seele nicht zerrinne In den Bildern dieser Welt, — Ist gleich einer Engelwache, Die im innersten Gemache Des Gemüthes Ordnung hält.

5. Leiden stimmt des Herzens Saiten Für den Psalm der Ewigkeiten, Lehrt mit Sehnsucht dorthin sehn, Wo die selgen Palmenträger Mit dem Chor der Harfenschläger Preisend vor dem Throne stehn.

6. Leiden fördert unsre Schritte, Leiden weiht die Leibeshütte Zu dem Schlaf in kühler Gruft; Es gleicht einem frohen Boten Jenes Frühlings, der die Todten Zum Empfang des Lebens ruft.

7. Leiden macht im Glauben gründlich, Macht gebeugt, barmherzig, kindlich; Leiden, wer ist deiner werth? Hier heißt man dich eine Bürde, Droben bist du eine Würde, Die nicht jedem widerfährt!

8. Brüder, solche Leidensgnade Wird in mannigfachem Grade Jesu Jüngern kund gemacht, Wenn sie mancher Schmerz durchwühlet, Wenn sie manchen Tod gefühlet, Nächte seufzend durchgewacht!

9. Wenn auch die gesunden Kräfte Zu des guten Herrn Geschäfte Wurden willig sonst geweiht: O so ist's für sie kein Schade, daß sie ihres Führers Gnade Läutert in der Prüfungszeit.

10. Im Gefühl der tiefsten Schmerzen Dring das Herz zu seinem Herzen Immer liebender hinan, Und um Eins nur fleht es sehnlich: Mache deinem Tod mich ähnlich, Daß ich mit dir leben kann!

11. Endlich mit der Seufzer Fülle Bricht der Geist durch jede Hülle, Und der Vorhang reißt entzwei, Wer ermisset dann hienieden, Welch ein Meer voll Gottesfrieden Droben ihm bereitet sei!

12. Nun ist er bei jenen Schaa-

ren, Die zu Jesu heimgefahren, Die sein ewges Licht umfließt. Alle, die uns droben kennen, Die uns Brüder, Schwestern nennen, Sei'n durch ihn von uns gegrüßt!

13. Jesu, laß zu jenen Höhen Heller stets hinauf uns sehen, Bis die letzte Stunde schlägt, Da auch uns nach treuem Ringen Heim zu dir auf lichten Schwingen Eine Schaar der Engel trägt!

Röm. 8, 85. Wer will uns scheiden von der Liebe Gottes? Trübsal oder Angst oder Verfolgung oder Hunger oder Blöße oder Fährlichkeit oder Schwert?

Mel. Herzlich thut mich verlangen.

449. Ich bin bei Gott in Gnaden Durch Christi Blut und Tod. Was kann mir dabei schaden? Was acht ich alle Noth? Ist er auf meiner Seiten, Gleichwie er's wahrlich ist: Laß immer mich bestreiten Der Welt und Hölle List!

2. Was wird mich können scheiden Von Gottes Lieb und Treu? Verfolgung, Armuth, Leiden, Und Trübsal mancherlei? Laß Schwert und Blöße walten! Man mag durch tausend Pein Mich für ein Schlachtschaf halten: Der Sieg bleibt dennoch mein.

3. Ich kann um dessen willen, Der mich geliebet hat, G'nug meinen Unmuth stillen, Und fassen Trost und Rath. Denn er ist mein Vertrauen; Ich bin der Hoffnung voll, Die weder Kampf noch Grauen Mir ewig rauben soll.

4. Daß weder Tod noch Leben, Noch eines Engels Macht, Wie hoch sie möchte schweben, Kein Fürstenthum, kein' Pracht, Nichts dessen, was zugegen, Nichts, was die Zukunft trägt, Nichts, was da hoch gelegen, Nichts, was die Tiefe hegt, —

5. Noch sonst, was je geschaffen, Von Gottes Liebe mich, Soll scheiden oder raffen; Denn diese gründet sich Auf Jesu Tod und Sterben. — Ihn fleh ich gläubig an, Der mich, sein Kind und Erben, Nicht lassen will noch kann.

Ps. 80, 6. Sein Zorn währt einen Augenblick, und er hat Lust zum Leben; den Abend lang währet das Weinen, aber des Morgens die Freude.

Mel. Allein Gott in der Höh sei Ehr.

450. Ach, treuer Gott, barmherzigs Herz, Deß Güte

sich nicht wendet! Ich weiß, dies Kreuz und diesen Schmerz Hast du mir zugesendet; Ich weiß, Herr, daß du mir die Last. Aus Liebe zugetheilet hast; Wie könntest du mich hassen?

2. Denn das ist allzeit dein Gebrauch: Wer Kind ist, muß was leiden, Und wen du liebst, den stäupst du auch, Schickst Trauern vor den Freuden, Führst uns in Tiefen, thust uns weh, Und führst uns wieder in die Höh; Und so geht eins um's andre.

3. Doch, liebster Vater, wie so schwer Ist's der Vernunft, zu denken, Daß du, wenn du auch schlägest sehr, Nur wollest Gnade schenken! Wie macht doch Kreuz so lange Zeit! Wie ungern will sich Lieb und Leid Zusammen lassen reimen!

4. Was ich nicht kann, das gib du mir, O höchstes Gut der Frommen! Gib, daß mir nicht des Glaubens Zier Durch Trübsal werd entnommen. Erhalte mich, o starker Hort! Befestge mich in deinem Wort, Behüte mich vor Murren.

5. Bin ich ja schwach, laß deine Treu Mir an die Seite treten;

Hilf, daß ich unverdrossen sei Im Rufen, Seufzen, Beten. So lang ein Herz noch hofft und glaubt Und im Gebet beständig bleibt, So lang ist's unbezwungen.

6. Greif mich auch nicht zu heftig an, Damit ich nicht vergehe! Du weißt wohl, was ich tragen kann, Und wie es um mich stehe. Ich bin ja weder Stahl noch Stein, Und weht ein Lüftlein nur herein, So fall ich hin und sterbe.

7. Ach, Jesu! der du worden bist Mein Heil mit deinem Blute: Du weißest wohl, was Trübsal ist, Und wie dem sei zu Muthe, Den Kreuz und großes Unglück plagt; Drum wirst du, was mein Herz dir klagt, Gar gern zu Herzen fassen.

8. Sprich meiner Seele herzlich zu Und tröste sie auf's beste, Denn du bist ja der Müden Ruh, Der Schwachen Thurm und Feste, Ein Schatten vor der Sonnengluth, Die Hütte, da man sicher ruht Im Sturm und Ungewitter.

9. Ach, laß mich schauen, wie so schön Und lieblich sei das Leben, Das denen, die durch

Trübsal gehn, Du dermaleins wirst geben; Ein Leben, gegen welches hier Die ganze Welt mit ihrer Zier Durchaus nicht zu vergleichen!

10. Daselbst wirst du in ewiger Lust Gar liebreich mit mir handeln, Mein Kreuz, das mir und dir bewußt, In Freud und Ehr verwandeln; Da wird mein Trauern Sonnenschein, Mein Aechzen lauter Jauchzen sein; Das glaub ich, hilf mir! Amen.

Jes. 25, 9. Siehe, das ist unser Gott, auf den wir harren und er wird uns helfen.

Mel. Herr Jesu Christ, dich zu rc.

451. Von dir, o Vater, nimmt mein Herz Glück, Unglück, Freuden oder Schmerz, Von dir, der nichts als lieben kann, Voll Dank und voll Vertrauen an.

2. Nur du, der du allweise bist, Nur du weißt, was mir heilsam ist; Nur du siehst, was mir jedes Leid Für Heil bringt in der Ewigkeit.

3. Ist alles dunkel um mich her, Die Seele müd und freudenleer: Bist du doch meine Zuversicht, Bist in der Nacht, o Gott, mein Licht!

4. Verzag, o Herz, verzage nie! Gott legt die Last auf, Gott kennt sie. Er weiß den Kummer der dich quält, Und geben kann er, was dir fehlt.

5. Wie oft, Herr weint' ich, Und wie oft Half deine Hand mir unverhofft! Am Abend weint' ich, und darauf Ging mir ein froher Morgen auf.

6. Oft sah ich keinen Ausgang mehr; Dann weint' ich laut und klagte sehr: Wo bist du, Gott? wie schauest du Denn meinem Elend schweigend zu?

7. Dann hörtest du, o Herr, mein Flehn, Und eiltest bald, mir beizustehn! Du öffnetest die Augen mir: Ich sah mein Glück und dankte dir.

8. Sagt's, alle, die Gottt je geprüft, Die ihr zu ihm um Hülfe rieft: Sagt's, Fromme, ob er das Gebet Geduldig Leidender verschmäht?

9. Die Stunde kommt früh oder spät, Wo Dank und Freud aus Leid entsteht, Wo Pein, die Stunden nur gewährt, In Freudenjahre sich verkehrt.

10. Du erntest deiner Leiden Lohn Vielleicht in diesem Leben schon. Vielleicht, daß, eh du ausgeweint, Dir Gott mit seiner Hülf erscheint.

11. Wenn niemand dich erquicken kann, So schaue deinen Heiland an; Schütt aus dein Herz in seinen Schooß, Denn seine Huld und Macht ist groß.

12. Einst hat auch er, der Menschenfreund, Im Thränenthale hier geweint; Auf deine Thränen giebt er Acht, Und dir zu helfen hat er Macht.

13. Und helfen will er, zweifle nicht! Hör, was sein treuer Mund verspricht: „Nicht lassen will ich, Seele, dich; Sei gutes Muths, und glaub an mich!"

Röm. 8, 87. Jn dem allen überwinden wir weit, um des willen, der uns geliebet hat.

Mel. Jesu, hilf siegen, du Fürste rc.

452. Christen erwarten in allerlei Fällen Jesum mit seiner allmächtigen Hand; Mitten in Stürmen und tobenden Wellen Sind sie gebauet auf felsiges Land. Wenn sie die Nächte der Trübsal bedecken, Kann doch ihr Grauen sie wenig erschrecken.

4. Jauchzen die Feinde zur Rechten und Linken, Drohet und hauet ihr blinkendes Schwert, Lassen doch Christen die Häupter nicht sinken, Denen sich Jesus im Herzen verklärt. Wüthen die Feinde mit Schnauben und Toben, Schauen sie dennoch voll Trostes nach oben.

3. Geben die Felder den Samen nicht wieder, Bringen die Gärten und Fluren nichts ein; Schlagen die Schloßen die Früchte darnieder, Brennen die Berge vom hitzigen Schein: Kann doch ihr Herze den Frieden erhalten, Weil es den Schöpfer in allem läßt walten.

4. Viele verzehren in ängstlichen Sorgen Kräfte, Gesundheit, die Kürze der Zeit, Da doch im Rathe des Höchsten verborgen, Wann und wo jedem sein Ende bereit. Sind es nicht alles vergebliche Schmerzen, Die ihr euch machet, ihr thörichten Herzen?

5. Zweifel und Sorgen verderben die Frommen; Glauben und Hoffen bringt Ehre bei Gott. Seele, verlangst du zur Ruhe zu kommen: Hoffe, dem höllischen Feinde zum Spott! Ob auch die

göttliche Hülfe verborgen: Traue dem Höchsten und meide die Sorgen!

6. Gutes und alle erbetenen Gaben Folgen dir, bis man dich legt in's Grab; Ja, du wirst selber den Himmel noch haben; Ei, warum sagst du den Sorgen nicht ab? Werde doch in dir recht ruhig und stille! Das ist des Vaters, des Ewigen Wille.

7. Freue dich, wenn du, statt freundlichen Blicken, Mancherlei Jammer erduldest und Noth! Wisse, was Gott will erhöhn und erquicken, Muß erst mit Jesu durch Trübsal und Tod. Willst du mitleben, so mußt du mitsterben; Anders kann keiner den Himmel ererben.

8. Völlige Wonne, verklärete Freude, Himmlische Güter, undenkliches Heil Werden dir dort auf der ewigen Weide Unter den Engeln und Menschen zu Theil, Wenn Christus prächtig am Ende wird kommen, Um sich zu sammeln die Heerde der Frommen.

9. Seine allmächtige Stärke beweiset In den Ohnmächtigen mächtige Kraft; Dann wird alleine sein Name gepreiset, Wenn er den Zagenden Freudigkeit schafft. Darum, o Jesu, gib, daß ich dir traue, Wenn ich die Hülfe nicht sichtbarlich schaue!

(Psalm 126.)

Ps. 126, 1. Wenn der Herr die Gefangenen Zions erlösen wird, so werden wir sein wie die Träumenden.

Mel. Werde munter, mein Gemüthe.

453. Wenn der Herr einst die Gefangnen Ihrer Bande ledig macht, O dann schwinden die vergangnen Leiden, wie ein Traum der Nacht! Dann wird unser Herz sich freun, Unser Mund voll Lachens sein; Jauchzend werden wir erheben Ihn, der Freiheit uns gegeben.

2. Herr! erhebe beine Rechte, Richt auf uns den Vaterblick; Rufe die zerstreuten Knechte In das Vaterhaus zurück! Ach, der Pfad ist steil und weit; Kürze unsre Pilgerzeit, Führ uns, wenn wir treu gestritten, In des Friedens stille Hütten.

3. Ernten werden wir mit Freuden, Was wir weinend ausgesät; Jenseits reift die Frucht der Leiden, Und des Sieges Palme weht. Unser Gott auf seinem Thron, Er, er selbst ist unser

Lohn; Die ihm lebten, die ihm starben, Bringen jauchzend ihre Garben.

Offenb. 7, 17. Das Lamm mitten im Stuhl wird sie weiden und leiten zu den lebendigen Wasserbrunnen; und Gott wird abwischen alle Thränen von ihren Augen.

Mel. Wie groß ist des Allmächtigen 2c.

454. Gekreuzigter! zu beinen Füßen Hebt aus dem Staube sich empor Mein Herz, wenn es von Gram zerrissen; Es sucht dein Herz, dein Aug und Ohr: Dein Herz, die Ruhestatt der Armen, Die niemand sonst erquicken kann, Dein Herz, das zärtlich, voll Erbarmen Den Leidenden ist zugethan.

2. Du, unser heilger Blutsverwandter, Der einst so heiß für uns geweinet; O bu, mit jeder Noth bekannter, Erfahrner Arzt und Seelenfreund: Eröffne du dein Herz dem Matten Als eine stille Felsenkluft, Wo Kühlungen ihn sanft umschatten, Wenn oft ein Schmerz den andern ruft!

3. Wie sich aus deinen Todeswunden Dein Blut zu meinem Heil ergießt: Das sei's in meinen bängsten Stunden, Was mir den Leidenskelch versüßt; Das gib als Balsam deinem Kranken, Den Frieden Gottes flöß ihm ein; Und wenn des Glaubens Grund will wanken, So müss' ihm das zur Stütze sein.

4. Dein Aug mit jenem Blick voll Gnade, Das du dem Petrus zugewandt, Daß er, verirrt auf dunklem Pfade, Dich, guter Hirte, wiederfand, — Dein Aug begegne meinem Sehnen, Das aufwärts seine Seufzer schickt! Denn milder fließen meine Thränen, Wenn du mich, Jesu, angeblickt.

5. O du, mein freundlichster Regierer, Seitdem ich wall im Pilgerstand, Sei ferner noch mein treuer Führer Bis zu dem schönen Heimathland! Halt mir dein Ohr für alles offen, Was ich dir klag im Kämmerlein, Und laß mich stets voll Demuth hoffen, Daß es soll Ja und Amen sein.

6. Du sahest segnend auf die Deinen, Herr, einst vom blutgen Kreuz herab; So sieh auch mich an und die Meinen In jeder Stunde bis zum Grab! Wie wird uns sein, befreit vom Staube, Der oft den Geist mit Angst

Trostlieder.

beschwert, Wann endlich Hoffnung, Lieb und Glaube Die kühnsten Bitten sieht erhört!

Ps. 89, 8 Nun, Herr, wes soll ich mich trösten? Ich hoffe auf dich.
R. L. O wie selig sind die Seelen.

455. Fortgekämpft und fortgerungen, Bis zum Ziele durchgedrungen Muß es, bange Seele, sein! Durch die tiefsten Dunkelheiten Kann dich Jesus hinbegleiten; Muth spricht er den Schwachen ein.

2. Bei der Hand will er dich fassen, Scheinst du gleich von ihm verlassen, Glaube nur und zweifle nicht! Bete, kämpfe sonder Wanken; Bald wirst du voll Freude danken, Bald umgibt dich Trost und Licht.

3. Bald wird dir sein Antlitz scheinen; Hoffe, harre bei dem Weinen, Nie gereut ihn seine Wahl. Er will dich im Glauben üben; Gott, die Liebe, kann nur lieben; Wonne wird bald deine Qual.

4. Wend von aller Welt die Blicke; Schau nicht seitwärts, nicht zurücke, Nur auf Gott und Ewigkeit. Nur zu beinem Jesus wende Aug und Herz und Sinn und Hände, Bis er himmlisch dich erfreut.

5. Aus des Jammers wilden Wogen Hat dich oft herausgezogen Seiner Allmacht treue Hand. Nie zu kurz ist seine Rechte; Wo ist einer seiner Knechte, Der bei ihm nicht Rettung fand?

6. Schließ dich ein in deine Kammer, Geh und schütte beinen Jammer Aus in Gottes Vaterherz. Kannst du gleich ihn nicht empfinden, Worte nicht, nicht Klage finden: Klag ihm schweigend beinen Schmerz.

7. Kräftig ist dein tiefes Schweigen, Gott wird sich als Vater zeigen, Glaube nur, daß er dich hört; Glaub, daß Jesus dich vertreten, Glaube, baß, was er gebeten, Gott, sein Vater, ihm gewährt.

8. Drum so will ich nicht verzagen, Mich vor Gottes Antlitz wagen, Flehen, ringen fort und fort. Ja, ich werd ihn überwinden, Was ich bitte, werb ich finden; Er gelobt's in seinem Wort!

Klagel. Jer. 3, 31. Der Herr verstößt
nicht ewiglich.
Mel. Werde munter, mein Gemüthe.

456. Weg, mein Herz,
mit dem Gedanken, Als ob du
verstoßen wärst! Bleib in Gottes Wort und Schranken, Wo
du anders reden hörst. Bist du
bös' und voller Schuld: Gott ist
treu und groß von Huld; Hast
du Zorn und Tod verdienet:
Sinke nicht! Gott ist versühnet.

2. Denn er spricht: So wahr
ich lebe, Will ich keines Menschen
Tod, Sondern daß er sich ergebe
Mir aus seiner Sündennoth.
Christi Freud ist's, wenn auf
Erd Ein Verirrter wiederkehrt;
Er will nicht, daß seiner Heerde
Nur ein Glied entzogen werde.

3. Kein Hirt kann so fleißig
gehen Nach dem Schaf, das
sich verläuft. Sollt'st du Gottes
Herze sehen, Wie sich da das
Mitleid häuft, Wie es dürstet,
wie es brennt Nach dem, der sich
abgetrennt Von ihm und von all
den Seinen, Müßtest du vor
Liebe weinen.

4. Aller Engel Heer hoch droben, Dem der Himmel schweigen
muß, Wenn sie ihren Schöpfer
loben, Jauchzet über unsre Buß;
Aber was gesündigt ist, Gott bedeckt es und vergißt, Wie wir
ihn beleidigt haben: Alles, alles
ist vergraben.

5. Kein See kann sich so ergießen, Kein Grund mag so
grundlos sein, Kein Strom so
gewaltig fließen: Gegen Gott ist
alles klein, Gegen Gott und seine
Huld, Die er über unsre Schuld
Alle Tage lässet schweben Durch
das ganze Sündenleben.

6. Nun so ruh und sei zufrieden, Seele, die du traurig bist!
Warum willst du dich ermüden,
Da der Trost vorhanden ist?
Deiner Sünd ist viel, doch nicht
So viel, daß das volle Licht
Seiner Gnaden hier auf Erden
Dadurch könnt erlöschet werden.

7. Mein Gott, öffne mir die
Pforten Solcher Gnad und
Freundlichkeit! Laß mich schmecken aller Orten Deiner Liebe
Süßigkeit! Liebe mich und treib
mich an, Daß ich auch, so gut
ich kann, Wieder dich umfang
und liebe, Und dich niemals mehr
betrübe.

Ps 85, 9. Sprich zu meiner Seele: Ich bin deine Hülfe.

Mel. Jesu, meine Freude.

457. Seele, sei zufrieden! Was dir Gott beschieden, Das ist alles gut. Treib aus deinem Herzen Ungeduld und Schmerzen, Fasse frischen Muth! Ist die Noth Dein täglich Brot, Mußt da weinen mehr als lachen: Gott wird's doch wohl machen.

2. Scheint der Himmel trübe, Stirbt der Menschen Liebe Dir auch ganz dahin; Kommt das Mißgeschicke Fast all Augenblicke Und quält deinen Sinn: Nur Geduld! Des Himmels Huld Sieht auf alle deine Sachen; Gott wird's doch wohl machen.

3. Ungeduld und Grämen Kann nichts von uns nehmen, Macht nur größern Schmerz; Wer sich widersetzet, Wird nur mehr verletzet; Drum Geduld, mein Herz! Wirf, mein Sinn, Die Sorgen hin! Drücket gleich die Last den Schwachen: Gott wird's doch wohl machen.

4. Wer ein Christ will heißen, Muß sich auch befleißen, Alles auszustehn. Mag in Ungewittern Erd und Himmel zittern, Ja, zu Grunde gehn: Der steht fest, Den Gott nicht läßt; Drum laß alle Wetter krachen! Gott wird's doch wohl machen.

5. Auf die Wasserwogen Folgt ein Regenbogen, Und die Sonne blickt; So muß auf das Weinen Lauter Freude scheinen, Die das Herz erquickt. Laß es sein, Daß Angst und Pein Mit dir schlafen, mit dir wachen: Gott wird's doch wohl machen.

6. Kronen sollen tragen, Die des Kreuzes Plagen In Geduld besiegt. Fröhlich ausgehalten Und Gott lassen walten, Das macht recht vergnügt. Drum nimm dir, O Seele, für, Aller Noth getrost zu lachen! Gott wird's doch wohl machen.

7. Also soll es bleiben: Ich will mich verschreiben, Gott getreu zu sein. Beides, Tod und Leben, Bleibet ihm ergeben; Ich bin sein, er mein. Denn mein Ziel Ist: wie Gott will: Drum sag ich in allen Sachen: Gott wird's doch wohl machen!

Pred. Sal. 7, 15. Am guten Tage sei guter Dinge, und den bösen Tag nimm auch für gut; denn diesen schaffet Gott neben jenem.

Mel. Nun ruhen alle Wälder.

458. Ich hab in guten Stunden Des Lebens Glück empfunden Und Freuden ohne Zahl; So will ich denn gelassen Mich auch im Leiden fassen; Ist wohl ein Leben ohne Qual?

2. Ja, Herr, ich bin ein Sünder, Und stets strafst du gelinder, Als es der Mensch verdient. Sollt ich, beschwert mit Schulden, Kein zeitlich Weh erdulden, Das doch zu meinem Besten dient?

3. Dir will ich mich ergeben, Nicht meine Ruh, mein Leben Mehr lieben als den Herrn; Dir, Gott, will ich vertrauen Und nicht auf Menschen bauen; Du hilfst und du errettest gern.

4. Laß du mich Gnade finden Und alle meine Sünden Erkennen und bereu'n. Jetzt hat mein Geist noch Kräfte; Sein Heil laß mein Geschäfte, Dein Wort mir Trost und Leben sein.

5. Wenn ich in Christo sterbe, Bin ich des Himmels Erbe: Was schreckt mich Grab und Tod? Auch auf des Todes Pfade Vertrau ich deiner Gnade; Du, Herr, bist bei mir in der Noth.

6. Ich will dem Kummer wehren, Dich durch Geduld verehren, Im Glauben zu dir flehn. Ich will den Tod bedenken; Du Herr, wirst alles lenken, Und was mir gut ist, wird geschehn.

Matth. 6, 25. Sorget nicht für euer Leben, was ihr essen und trinken werdet; auch nicht für euern Leib, was ihr anziehen werdet. Ist nicht das Leben mehr, denn die Speise? Und der Leib mehr, denn die Kleidung?

Mel. Wach auf, mein Herz, und singe.

459. Ich will nicht alle Morgen Mein Herz mit schweren Sorgen Und kummervollem Zagen Zu Gottes Unehr plagen.

2. Es ist ihm größre Ehre, Wenn ich dem Kummer wehre Und ruhig im Gemüthe Mich tröste seiner Güte.

3. Es läßt sich nicht erringen, Nichts durch's Gebet erzwingen; Es läßt sich nicht erlaufen, Nicht durch's Geschenk erkaufen.

4. Beim Glauben, Warten,

Trostlieder.

Hoffen Steht uns der Himmel offen, Die ganze Gottesfülle Genießt man in der Stille.

5. Sieh wie in deinem Garten Die Blumen ruhig warten, Der Sonne stille halten Und so sich froh entfalten:

6. So wächst man in der Liebe Durch sanfte Glaubenstriebe, Wird stark in Gottes Frieden, Und darf sich nicht ermüden.

7. Des Geistes Gottes Treiben Lehrt uns bei Christo bleiben, Gott herzhaft Vater nennen Und immer besser kennen.

8. So geht man hin im Frieden, Nimmt an, was Gott beschieden, Und geht auf Pilgerwegen Dem frohen Ziel entgegen.

9. Ach, wären wir dort oben, Daß wir ihn könnten loben Mit den verklärten Zungen, Mehr als wie hier gesungen!

10. Doch wollen wir uns rüsten Im Geist mit frommen Christen Daß uns sein Lob auf Erden Das süßste möge werden.

———

Pf. 116, 7. Sei nun wieder zufrieden, meine Seele; der Herr thut dir Guts.

Eigene Melodie.

460. Gib dich zufrieden und sei stille In dem Gotte deines Lebens! In ihm ruht aller Freuden Fülle, Ohn' ihn mühst du dich vergebens; Er ist dein Quell und deine Sonne, Scheint täglich hell zu deiner Wonne; Gib dich zufrieden!

2. Er ist voll Lichtes, Trost und Gnaden, Ungefärbten, treuen Herzens. Wo er steht, thut dir keinen Schaden Auch die Pein des größten Schmerzens. Kreuz, Angst und Noth kann er bald wenden, Ja, auch den Tod hat er in Händen; Gib dich zufrieden!

3. Wenn gar kein Finger mehr auf Erden, Dessen Treue du darfst trauen, Alsdann will er dein Treuster werden, Und zu deinem Besten schauen. Er weiß dein Leid und heimlich Grämen, Auch weiß er Zeit, dir's zu benehmen; Gib dich zufrieden!

4. Er hört die Seufzer deiner Seelen Und des Herzens stille Klagen, Und was du keinem darfst erzählen, Magst du Gott gar kühnlich sagen; Er ist nicht

fern, steht in der Mitten, Hört bald und gern der Armen Bitten. Gib dich zufrieden!

5. Was sorgst du für dein armes Leben, Wie du's halten willst und nähren? Der dir das Leben hat gegeben, Wird auch Unterhalt bescheeren. Er hat die Hand voll aller Gaben, Davon sich See und Land muß laben; Gib dich zufrieden!

6. Sprich nicht: ich sehe keine Mittel; Wo ich such, ist nichts zum Besten; Denn das ist Gottes Ehrentitel: Helfen, wenn die Noth am größten. Wenn ich und du ihn nicht mehr spüren, Schickt er sich an, uns wohl zu führen; Gib dich zufrieden!

7. Bleibt gleich die Hülfe etwas lange, Wird sie dennoch endlich kommen; Macht dir das Harren angst und bange, Glaube mir, es ist dein Frommen. Was langsam schleicht, faßt man gewisser, Und was verzeucht, ist desto süßer; Gib dich zufrieden!

8. Es kann und mag nicht anders werden: Alle Menschen müssen leiden. Was lebt und webet auf der Erden, Kann das Unglück nicht vermeiden. Des Kreuzes Stab schlägt unsre Lenden Bis in das Grab, da wird sich's enden; Gib dich zufrieden!

9. Es ist ein Ruhetag vorhanden, Da uns unser Gott wird lösen; Er wird uns reißen aus den Banden Dieses Leibes und vom Bösen. Es wird zu uns der Tod auch bringen Und aus der Qual uns sämmtlich bringen; Gib dich zufrieden!

10. Er wird uns bringen zu den Schaaren Der Erwählten und Getreuen, Die hier mit Frieden abzufahren, Sich auch nun in Friede freuen, Da sie den Grund, der nicht kann brechen, Den ewgen Mund selbst hören sprechen: „Gib dich zufrieden!"

Joh. 2, 4. Meine Stunde ist noch nicht gekommen.
Mel. Gott des Himmels und der Erden.

461. „Meine Stund ist noch nicht kommen!" — Herz, das soll die Antwort sein, Wenn du ängstlich und beklommen Fragst nach Rettung aus der Pein. Halte nur ein wenig an! — Wohl geharrt, ist wohlgethan.

2. Wenn der Leiden große Menge Dich nicht ruhn läßt Tag und Nacht, Wenn du recht in das Gedränge Durch den Drang der Noth gebracht: Halte dich an dieses Wort, Und dann leide ruhig fort.

3. Alle Schläuche, alle Krüge Müssen erst geleeret sein, Und bis auf die letzten Züge Ausgeschöpft der Freudenwein. — Wissen wir erst keinen Rath Hilft der Herr mit Rath und That.

4. Wird man täglich, stündlich weher, Alles Trostes ganz beraubt, Kommt uns auch der Tröster näher, O viel näher, als man glaubt; Denn es bricht ihm ja sein Herz Ueber uns und unsern Schmerz.

5. Hat man's doch mit keinem harten, Unbarmherzgen Herrn zu thun! Kann man in Geduld nur warten Und im stillen Glauben ruhn, So erkennt, erfährt man dies: Seine Stunde kommt gewiß!

6. Fragst du, Herz: wann kommt die Stunde? — Dann, wann dir's am meisten frommt! Trau dem Wort aus seinem Munde, Bis einst seine Stunde kommt; Leide, glaube, hoffe still, Bis sich's herrlich enden will.

7. O du Stunde der Genesung Und du Ende aller Noth! O du Stunde der Erlösung Von dem letzten Feind, dem Tod: Du wirst dann nach allem Leid Zeigen seine Herrlichkeit!

———

Pf. 34, 20. Der Gerechte muß viel leiden; aber der Herr hilft ihm aus dem allem.

Eigene Melodie.

462. O leibe, leide gern! Es ist der Will des Herrn, Daß du hier leidest viel, Und leidest, wie er will.

2. Nur leiden, wie Gott will, Ist unsers Hierseins Ziel. Das führt in Gottes Reich, Und macht uns Jesu gleich.

4. Denn Leiden machen rein; Und jede heiße Pein Bringt Guts in dich hinein, Macht kindlich dich und klein.

4. Und klein und kindlich sein, Das ist, das ist allein, Was Gott gefällig ist. Wohl dir, wenn du es bist!

5. So nahst als Kind du ihm. Er hört des Kindes Stimm,

Läßt ohne Segen nicht Dich aus dem Angesicht.

6. Wer leibet, ist vom Herrn Und seiner Gnad nicht fern. Sie strömt mit Fried und Ruh Durch's Leiden selbst ihm zu.

7. So leibe, leibe gern! Es ist der Will des Herrn. O leibe, wie er will, Wie Jesus — ruhig, still!

---

1. Petr. 5, 7. *Alle eure Sorgen werfet auf ihn; denn er sorget für euch.*

Eigene Melodie.

463. Wirf Sorgen und Schmerz In's liebende Herz Des mächtig dir helfenden Jesus!

2. Wenn Kummer dich quält, Wenn alles dir fehlt: So flehe zu deinem Erbarmer!

3. Er leichtert die Last, Voll Mitleid, und faßt Und hebt dich mit mächtigen Händen!

4. Mild ist er und weich. Sein Segen macht reich. Sein Wort gibt dir himmlischen Frieden!

5. Er schützt dich und wacht; Drum laß dich die Nacht Des Leidens und Todes nicht schrecken.

6. Hab ihn zum Gewinn! Das Leben fließt hin Zum Ziel deiner ewigen Ruhe.

7. So leibe jetzt gern! Beim freundlichen Herrn Erquicken dich Ströme der Wonne.

Pf. 27, 1. *Der Herr ist mein Licht und mein Heil; vor wem sollte ich mich fürchten?*

Mel. Soll ic getreu, Sein Herr ec.

464. Gott ist mein Licht! Verzage nicht, mein Herz, In banger, dunkler Zeit! Die Sonne sinkt, Die Nacht bringt Furcht und Schmerz. Mein Licht strahlt allezeit! Es schimmert an dem Tag der Freuden; Es leuchtet durch die Nacht der Leiden: Gott ist mein Licht!

2. Gott ist mein Heil! O Seele, fürchte nichts! Dein Helfer ist getreu. Er läßt dich nicht, Sein Vaterwort verspricht's. Er steht dir mächtig bei. Er will mich bis in's Alter tragen, Kein wahres Gut mir je versagen: Gott ist mein Heil!

3. Sein ist die Kraft! Er spricht und es geschieht, Gebeut und es steht da. Und wenn mein Blick Noch keine Hoffnung sieht, Ist schon die Rettung nah. Wo schwache Menschen nichts vermögen, Da kommt uns stärkend

Trostlieder.

Gott entgegen. Sein ist die Kraft!

4. Sein ist das Reich! Er herrscht im Weltgebiet Mit Weisheit, Huld und Macht. Die Sterne ziehn; Der Strom der Zeiten flieht, Von seinem Arm bewacht. Und alles lenket er im Stillen Zum Ziel nach seinem heilgen Willen. Sein ist das Reich!

5. Gott ist mein Schild! Mein Schirm in der Gefahr, Die er nur wenden kann. Er deckt mein Haupt Und ohn' ihn fällt kein Haar. Er nimmt sich aller an. Ob Tausende, die mit mir wallen, Zur Rechten oder Linken fallen — Er ist mein Schild!

6. Gott ist mein Lohn! Drum geh ich unverzagt Die Bahn, die er mir zeigt. Der Gang sei schwer — Er wird mit Gott gewagt, Der dort die Palme reicht. Froh wird gekämpft, um Sieg gerungen, Voll Muth der Widerstand bezwungen. Gott ist mein Lohn!

---

1. Theff. 5, 16. Seid allzeit fröhlich.
Mel. Großer Gott, wir loben dich.

465. Ich will fröhlich

sein in Gott. Fröhlich, fröhlich, immer fröhlich; Denn ich weiß in aller Noth, Daß ich schon in Gott bin selig. Weil der Freudenquell ist mein, So kann ich wohl fröhlich sein.

2. Aber, ach, ich Menschenherz, Kann ich auch von Freude sagen, Da doch die unzählig sind, Die bald hier, bald dort mich plagen? Doch, weil Gott der Helfer mein, Wohl mir, ich kann fröhlich sein!

3. Will die Sünde quälen mich, Jesus hat sie schon gebüßet; Findet Kreuz und Trübsal sich, Jesus hat auch das versüßet; Ist der Sündentilger mein, Wohl mir, ich kann fröhlich sein!

4. Stürmet Satan auf mich los, Will die Hölle mich verschlingen; So bin ich in Christi Schooß; Daraus wird mich niemand bringen. Ist der Schlangentreter mein, Sollt ich da nicht fröhlich sein?

5. Hätt ich gleich gar keinen Freund, Ei, was könnte mir das schaden? Wär die ganze Welt mir feind, Jesus kann mich wohl berathen; Dieser Menschenfreund ist mein! Mit ihm will ich fröhlich sein!

6. Bin ich elend und nicht reich, Mangeln mir die hohen Gaben, Bin ich dem Geringsten gleich, Und hab nicht, was andre haben, So ist Gott, der Reichste, mein, Drum kann ich auch fröhlich sein!

7. Daß mein Feind mich sonst beschwert, Und mich will zum Spotte machen, Ist des Trauerns gar nicht werth; Ich muß seiner Thorheit lachen; Denn weil Gott, die Ehre, mein, kann ich dennoch fröhlich sein.

8. Will der Tod mich raffen hin, Gott, der stillet bald sein Wüthen; Ist denn sterben mein Gewinn, Ei, so bin ich wohl zufrieden, Gott, des Todes Gift, ist mein; In ihm kann ich fröhlich sein.

9. Herz und Muth sind fröhlich nun, Fröhlich, Jesu, ist die Seele! Gib, daß fröhlich alles Thun Dich zum Zweck und Ziel erwähle! Laß mich, o mein Sonnenschein, Ohne dich nicht fröhlich sein!

10. Laß mich üben Traurigkeit, Wo zu trauern sich gehöret, Sonsten aber Fröhlichkeit, Die sonst nichts, als dich, begehret, Du bist meine Freud allein, Durch dich kann ich fröhlich sein!

11. Laß mich fröhlich leben hier, Fröhlich sein in allen Leiden, Hilf mir fröhlich sterben dir, Gib mir bald die Himmelsfreuden; So bleibst du die Freude mein, Da, da will ich fröhlich sein!

---

2 Cor. 5, 6. Wir sind getrost allezeit.
Mel. Jesu, meine Freude.

466. Wie getrost und heiter, Du Gebenedeiter, Machst du meinen Geist! Alle, die dir trauen, Führst du zu den Auen, Wo du sie erfreust! Niemals wird Bei dir, o Hirt, Freund und Tröster meiner Seelen, Mir Erquickung fehlen!

2. Deinem Rath ergeben, Freu ich mich zu leben. Was du willst, ist gut. Nichts vermag ich Schwacher, Du, mein Seligmacher, Rüstest mich mit Muth. Wenn die Welt Erbebt und fällt, Wenn Gericht und Hölle schrekken, Willst du mich bedecken.

3. Ich kann ohne Grauen Gräber vor mir schauen: Mein Erlöser lebt! Ich weiß, wem ich glaube, Weiß, daß aus dem Staube Mich sein Arm erhebt.

Trostlieder.

Todestag, Dein Schrecken mag Eines Freulers Herz erschüttern: Was brauch ich zu zittern?

4. Auch in mir ist Sünde, Doch ich überwinde Sie, mein Hort, durch dich. Sink ich oft noch nieder: Du erhebst mich wieder, Du begnadigst mich. Deine Huld tilgt meine Schuld. Nie entziehst du deinem Knechte Der Erlösten Rechte.

5 Daß ich Gott erkenne Und ihn Vater nenne, Und mich ewig sein, Daß ich hier am Grabe Trost und Hoffnung habe, Dank ich dir allein. Daß dein Geist Mich unterweist, Und mich führt auf deinem Pfade, Das ist deine Gnade.

6. Der du Blut und Leben Für mich hingegeben, Daß in meiner Noth Ich nicht hülflos bliebe: Groß ist deine Liebe, Stärker als der Tod! Herr, und ich, Ich sollte mich Deiner Huld nicht dankbar freuen? Dir mein Herz nicht weihen?

7. Würdig dir zu leben, Dies sei mein Bestreben, Meine Lust und Pflicht. Was die Welt vergnüget, O mein Heil, das gnüget Meiner Seele nicht. Hab ich dich, Wie gern will ich Das, wonach die Heiden trachten, Reich in dir, verachten!

8. Macht ein Gut der Erde, Daß ich glücklich werde Durch Zufriedenheit? Sind nicht auch die Ehren, Die die Welt bethören, Traum und Eitelkeit? Du erfreust Des Menschen Geist. Herr, du willst die dich verehren, Ewig wieder ehren?

9. Deinen hohen Frieden Schmeck ich schon hienieden, Und was hoff ich dort? Unbegränzte Zeiten, Voller Seligkeiten, Hoff ich auf dein Wort. Die sind mein Durch dich allein; Bleib ich dir getreu im Glauben, Wer kann sie mir rauben?

10. Voll von deiner Güte, Jauchzet mein Gemüthe, Gott, mein Heiland, dir. Dieser Geist der Freuden Stärke mich im Leiden, Weiche nie von mir? Laß mich so Beherzt und froh Einst durch's Thal des Todes bringen, Dort dein Lob zu singen!

XXII. Vom äußeren Leben des Christen.

1. Vom christlichen Hausstande.

Luc. 19, 5. 6. Jesus sprach: Zachäus, steig eilend hernieder; denn ich muß heute in deinem Hause einkehren. Und er stieg eilend hernieder und nahm ihn auf mit Freuden.

Eigene Melodie.

467. O selig Haus, wo man dich aufgenommen, Du wahrer Seelenfreund, Herr Jesu Christ! Wo unter allen Gästen, die da kommen, Du der gefeiertste und liebste bist; Wo aller Herzen dir entgegenschlagen, Und aller Augen freudig auf dich sehn; Wo aller Lippen dein Gebot erfragen, Und alle deines Winks gewärtig stehn.

2. O selig Haus, wo Mann und Weib in einer, In deiner Liebe Eines Geistes sind, Als beide Eines Heils gewürdigt, keiner Im Glaubensgrunde anders ist gesinnt; Wo beide unzertrennbar an dir hangen In Lieb und Leid, Gemach und Ungemach, Und nur bei dir zu bleiben stets verlangen An jedem guten, wie am bösen Tag!

3. O selig Haus, wo man die lieben Kleinen Mit Händen des Gebets an's Herz dir legt, Du Freund der Kinder, der sie als die Seinen Mit mehr als Mutterliebe hegt und pflegt; Wo sie zu deinen Füßen gern sich sammeln, Und horchen deiner süßen Rede zu, Und lernen früh dein Lob mit Freuden stammeln, Sich deiner freun, du lieber Heiland du!

4. O selig Haus, wo Knecht und Magd dich kennen, Und wissend, wessen Augen auf sie sehn. Bei allem Werk In Einem Eifer brennen: Daß es nach deinem Willen mag geschehn; Als deine Diener, deine Hausgenossen, In Demuth willig, und in Liebe frei, Das Ihre schaffen, froh und unverdrossen, In kleinen Dingen zeigen große Treu.

5. O selig Haus, wo du die Freude theilest, Wo man bei keiner Freude dein vergißt! O selig Haus, wo du die Wunden heilest, Und aller Arzt und aller

Tröster bist, Bis jeder einst sein Tagewerk vollendet, Und bis sie endlich alle ziehen aus Dahin, woher der Vater dich gesendet, In's große, freie, schöne Vaterhaus!

Jos. 24, 15. Ich und mein Haus wollen dem Herrn dienen.

Mel. Wie schön leucht't uns ic.

468. Ich und mein Haus, wir sind bereit, Dir, Herr, die ganze Lebenszeit Mit Seel und Leib zu dienen. Du sollst der Herr im Hause sein; Gib deinen Segen nur darein, Daß wir dir willig dienen! Eine Kleine, Fromme, reine Hausgemeine Mach uns allen! Dir nur soll sie wohlgefallen.

2. Es wirke durch dein kräftig Wort Dein guter Geist stets fort und fort An unser aller Seelen; Es leucht uns wie das Sonnenlicht, Damit's am rechten Lichte nicht Im Hause möge fehlen. Reiche Gleiche Seelenspeise Auch zur Reise Durch dies Leben Uns, die wir uns dir ergeben!

3. Gieß deinen Frieden auf das Haus, Und alle, die drin wohnen, aus, Im Glauben uns verbinde; Laß uns in Liebe allezeit Zum Dulden, Tragen sein bereit, Voll Demuth, sanft und linde. Liebe Uebe Jede Seele, Keinem fehle, Dran man kennet Den, der sich den Deinen nennet.

4. Laß unser Haus gegründet sein Auf beine Gnade ganz allein Und beine große Güte. Auch laß uns in der Nächte Grau'n Auf beine treue Hülfe schaun Mit kindlichem Gemüthe; Selig, Fröhlich, Selbst mit Schmerzen, In dem Herzen Dir uns lassen, Und dann in Geduld uns fassen.

5. Gibst du uns ird'sches Glück in's Haus, So schließ den Stolz, die Wellust aus, Des Reichthum's böse Gäste; Denn wenn das Herz an Demuth leer, Und voll von eitler Wellust wär, So fehlte uns das Beste: Jene Schöne, Tiefe, stille Gnadenfülle, Die mit Schätzen Einer Welt nicht zu ersetzen.

6. Und endlich stehn wir allermeist, Daß in dem Haus kein andrer Geist, Als nur dein Geist regiere. Der ist's, der alles wohl bestellt, Der gute Zucht und Ordnung hält, Der alles lieblich ziere. Sende, Spende Jhn uns allen, Bis wir wallen Heim,

448 Vom äußeren Leben des Christen.

und droben Dich in beinem Hause
loben!

---

1. Mof. 18, 19. Er wird befehlen seinen
Kindern und seinem Hause nach ihm, daß sie
des Herrn Wege halten, und thun, was recht
und gut ist.

Mel. Herr Jesu Christ, dich zu uns ꝛc.

469. Wohl einem Haus,
wo Jesus Christ Allein das All
in allem ist! Ja, wenn er nicht
darinnen wär, Wie finster wär's,
wie arm und leer!

2. Wohl, wenn der Mann, das
Weib, das Kind Im rechten
Glauben einig sind, Zu dienen
ihrem Herrn und Gott Nach
seinem Willen und Gebot!

3. Wohl, wenn ein solches
Haus der Welt Ein Vorbild vor
die Augen stellt, Daß ohne Gottesdienst im Geist Das äußre
Werk nichts ist und heißt.

4. Wohl, wenn das Räuch-
werk im Gebet Beständig in die
Höhe geht, Und man nichts
treibet fort und fort, Als Gottes Werk und Gottes Wort!

5. Wohl, wenn im äußerlichen
Stand Mit fleißiger, getreuer
Hand Ein jegliches nach seiner

Art Den Geist der Eintracht
offenbart!

6. Wohl, wenn die Eltern
gläubig sind, Und wenn sie Kind
und Kindeskind Versäumen nicht
am ewgen Glück! Dann bleibet
ihrer keins zurück.

7. Wohl solchem Hause! denn
es gedeihet: Die Eltern werden
hocherfreut, Und ihren Kindern
sieht man's an, Wie Gott die
Seinen segnen kann.

8. So mach ich benn zu dieser Stund Sammt meinem
Hause diesen Bund: Mich
alles Volk auch von ihm fern,
— Ich und mein Haus stehn
bei dem Herrn!

(Psalm 128.)

Ps. 128, 1. Wohl dem, der dem Herrn
fürchtet und auf seinen Wegen gehet.

Mel. Christus, der ist mein Leben.

470. Wohl dem, der
Gott verehret, Oft betend vor
ihm steht, Auf seine Stimme
höret, In seinen Wegen geht!

2. Er nähret sich vom Segen,
Der auf der Arbeit ruht; Gott
ist auf seinen Wegen: Wohl
dir, du hast es gut!

3. Die Gattin, deine Freude,
Wird wie ein Weinstock sein,
Mit Frucht und Zierrath beide,
Dich und dein Haus, erfreun.

4. Gleich jungen Oelbaums
Sprossen, Hast du auch jung
und frisch Zu deinen Festgenossen Die Kinder um den Tisch.

5. Seht, wie hier in der Stille,
Der Mann, der Gott verehrt,
Genießt des Segens Fülle! Gott gibt, was er begehrt.

6. Aus Zion fließt ihm Leben,
Aus Salem Friede zu, Und Erd und Himmel geben Sein Lebenlang ihm Ruh.

7. Wer ganz auf Gott vertrauet,
Ihm bleibet treu gesinnt, Der sieht sein Haus gebauet Von Kind zu Kindeskind.

8. Gott segnet ohn' Ermüden
Den, der sich zu ihm kehrt. Das Volk hat ewgen Frieden, Das unsern Gott verehrt!

---

2. Vom christlichen Ehestande.

A. Brautstand.

Jes. 62, 5. Wie sich ein Bräutigam freuet über der Braut, so wird sich dein Gott über dir freuen.

Mel. Großer Gott, wir loben dich.

471. Freund der Seelen,
Bräutigam, Der mich je und je geliebet, Und in reiner Liebesflamm Mir sein Herz zu eigen gibet; Ach, wie sollt ich nicht allein, Jesu, Dir verbunden sein!

2. Nimm mein Herz und alles hin, Ich bin deine, du bist meine, Schreibe dich in meinen Sinn, Du, mein Jesus, nur alleine; Ich im Glauben deine Braut, Dir, mein Bräutigam, vertraut.

3. Doch weil du mir auch noch hier Einen Bräutigam ersehen, Nehm ich ihn allein von dir; Denn vom Herren ist's geschehen, Der die Herzen also lenkt, Und ein Herz dem andern schenkt.

4. Laß mein erstes Opfer sein Das Gebet vor deinem Throne, Daß dein heller Gnadenschein Unter uns im Segen wohne; Denn der Eh'stand muß allein Durch's Gebet geheiligt sein.

5. Der du selbst die Liebe bist,
Laß mich ihn auch also lieben,
Daß sein Bild zu aller Frist
In mein Herze sei geschrieben,

Und auch nicht ein Wink geschieht, Der nicht stets auf Liebe sieht.

6. Neige du sein Herz zu mir, Wie du liebest die Gemeine, Daß auch dies Geheimniß hier In uns beiden recht erscheine. Laß ihn mein, ich seine sein, Schlage Händ und Herzen ein.

7. Hast du diesen Stand gestift't, Ei, so laß ihn also führen, Daß man nichts an uns antrifft, Was kann deine Huld verlieren; Bringt die Eh auch Weh mit sich: Wunderlich, nur seliglich!

8. Nun so tret ich zum Altar, Es geschieht in Jesu Namen! Stelle dich zum Segen dar, Sprich zu unserm Ja dein Amen. Unser Eh'stand grüne hier, Bis er dorten blüh vor dir!

B. Ehestand.

Matt. 10, 6. 7. Vom Anfang der Creatur hat sie Gott geschaffen ein Männlein und Fräulein; darum wird der Mensch seinen Vater und Mutter lassen und seinem Weibe anhangen.

Mel. Wie schön leucht't uns ꝛc.

472. Wie schön ist's doch, Herr Jesu Christ, Im Stande, da dein Segen ist, Im Stande heilger Ehe! Wie steigt und neigt sich deine Gab Und alles Gut so mild herab Aus deiner heilgen Höhe, Wenn sich An dich Junge halten Gleich den Alten, Die im Orden Eines Lebens einig worden.

2. Wenn Mann und Weib sich wohl verstehn Und unverrückt zusammengehn Im Bunde reiner Treue, Da blüht das Glück von Jahr zu Jahr, Da sieht man, wie der Engel Schaar Im Himmel selbst sich freue. Kein Sturm Kein Wurm Kann zerschlagen, Kann zernagen, Was Gott gibet Dem Paar, das in ihm sich liebet.

3. Der Mann wird einem Baume gleich, An Aesten schön, an Zweigen reich; Das Weib gleich einem Reben, Der seine Träublein trägt und nährt Und sich je mehr und mehr vermehrt Mit Früchten, die da leben. Wohl dir, O Zier, Manneswonne, Hausessonne, Ehrenkrone! Gott denkt dein auf seinem Throne.

4. Sei guten Muths! nicht Menschenhand Hat aufgerichtet solchen Stand: Es ist Gott, unser Vater; Der hat uns je und je

gelebt Und bleibt, wenn Sorge uns betrübt, Der beste Freund und Rather. Anfang, Ausgang Aller Sachen, Die zu machen, Wir gedenken, Wird er wohl und weislich leuten.

5. Zwar bleibt's nicht aus, es kommt ja wohl Ein Stündlein, da man liebevoll Die Thränen lässet fließen; Doch wer sich still und in Gedult Ergibt, beß Leib wird Gottes Huld In großen Freuden schließen. Wage, Trage Nur ein wenig! Unser König Wird behende Machen, daß die Angst sich wende.

6. Wohl denn, mein König, nah herzu! Gib Rath in Kreuz, in Nöthen Ruh, In Aengsten Trost und Freude! Deß sollst du haben Ruhm und Preis; Wir wollen singen bester Weis' Und danken alle beide, Bis wir Bei dir, Deinen Willen Zu erfüllen, Deinen Namen Ewig loben werden. Amen!

durch reine Triebe Den Eh'stand eingeweiht; Beim ersten Hochzeitsfeste Hast du die Braut geführt, Und auf das Allerbeste Mit deinem Bild geziert.

2. Du wollst auch diesen Zweien, Die deine Hand vereint, Den Eh'stand benedeien, Holdsel'ger Menschenfreund! Herr, wohn auch ihrem Feste Wie dort in Cana bei, Daß sie und ihre Gäste Dein Segenswort erfreu.

3. Ihr Herz wollst du erfüllen Mit deinem Gnadenschein, Daß sie nach deinem Willen Fruchtbare Pflanzen sei'n. Laß sie die Kinder ziehen In deiner Furcht und Lehr, Damit sie ewig blühen Zu deines Namens Ehr.

4. Auf allen ihren Wegen Gib ihnen, Herr, Gedeihn, Und kehr mit deinem Segen In ihrem Hause ein. Die schönste Hochzeitsgabe Sei du, dein Fried und Wort, Daß sie, Eins bis zum Grabe, Sich freuen hier und dort.

Joh. 2, 2. Jesus und seine Jünger waren auch auf die Hochzeit geladen.

Mel. Vor Jesu Augen schweben.

473. O wesentliche Liebe, Du Quell der Heiligkeit! Du hast

1. Mos. 2, 18. Gott sprach: Es ist nicht gut, daß der Mensch allein sei, Ich will ihm eine Gehülfin machen, die um ihn sei.

Mel. Wie soll ich dich empfangen.

474. Herr, binde du zusammen Dies neuverlobte Paar, Und gib ihm heilge Flammen Vom himmlischen Altar, Daß sie sich treu vereinen, Wie dort beim Abendmahl Dein treuer Mund die deinen Dem Vater anbefahl!

2. Zween Bäume sein's, die streben Vereint zum Himmel hin; Zwo trautverschlungne Reben Am Weinstock, ewig grün; Zween der lebendgen Steine, Draus Christus auferbaut Die heilige Gemeine, Sei'n Bräutigam und Braut!

3. Vom Bund, den sie geschlossen, Komm, o Herr Jesu Christ, Ein Leben hergeflossen, Das unverwelklich ist, Das edle Frucht dir trage Im Sturm und Sonnenschein, Damit am jüngsten Tage Sie dir zur Rechten sei'n!

Eph. 5, 22. 25. Die Weiber seien untertan ihren Männern, als dem Herrn. Ihr Männer, liebet eure Weiber, gleichwie Christus auch geliebet hat die Gemeine, und hat sich selbst für sie gegeben.

Mel. Wie schön leucht't uns ꝛc.

475. Herr, der da sein wird, ist und war, Blick an voll Gnaden dieses Paar, Das sich auf dich verbindet! Kein Heil erblüht in dieser Zeit, Kein Lieben währt in Ewigkeit, Wenn's deine Hand nicht gründet. Laß dies Bündniß Sein geschrieben Bei den Lieben, Die du kennest, Und einst vor den Himmeln nennest.

2. Fromm ist die Weisheit, keusch dein Geist, Der Seelen rührt und unterweist, Die Kindschaft zu erlangen. O halt auch diese Seelen keusch, Damit sie, fern vom Weltgeräusch, Das Heil in dir empfangen! Kindlich, Gründlich, Voll Vertrauen Laß sie bauen Ihre Hütte, Dich als Heilsgott in der Mitte!

3. Ach, gründe, Vater, selbst ihr Haus, Und führ sie gnädig ein und aus An beiner Hand wie Kinder! Laß alle, die barinnen sind, Den Mann, die Mutter und das Kind, Gedeihn als Ueberwinder, Die sich Treulich Um dich reihen, Und gedeihen Zu dem Sohne, Dir zum Lob vor seinem Throne!

3. Von der Kinderzucht.

Matth. 19, 13. 14. Da wurden Kindlein zu ihm gebracht, daß er die Hände auf sie legete und bettete, die Jünger aber fuhren sie an. Aber Jesus sprach: Lasset die Kindlein und wehret ihnen nicht, zu mir zu kommen; denn solcher ist das Himmelreich.

Mel. Herr Jesu Christe, dich zu uns ꝛc.

476. Ihr Eltern, hört, was Christus spricht: „Den Kindlein sollt ihr wehren nicht, Daß sie sich meinen Armen nahn, Denn ich will segnend sie empfahn."

2. Auch ihrer ist das Himmelreich, Und was ist dem auf Erden gleich? Mit aller Weltlust, Pracht und Ehr' Hat's bald ein End und ist nicht mehr.

3. Das Himmelreich sich nie verliert, Darein uns Jesus Christus führt Durch seine Lehr, dies ewge Wort, Das uns macht selig hier und dort.

4. Habt ihr sie lieb mit treuem Sinn, So führet sie zu Jesu hin; Wer dies nicht thut, ist ihnen feind, Wie groß auch seine Liebe scheint.

5. Was hülft den Kindern großes Geld, Wenn nicht ihr Herz ist gut bestellt? Wer sie zu Gott recht führen läßt, Der thut für sie das Allerbest'.

Ebr. 2, 13. Siehe da, ich und die Kinder, welche mir Gott gegeben hat.

Mel. Werde munter, mein Gemüthe.

477. Sorge, Herr, für unsre Kinder, Sorge für ihr wahres Heil! Sind sie gleich vor dir nur Sünder, Haben sie an dir doch Theil: Denn durch deines Sohnes Blut Sind sie dein erworbnes Gut; Darum leite deine Gnade Sie auf ihrem Lebenspfade.

2. Der du sie bisher erhalten Bei so manchem Unglücksfall, Wollest über sie nun walten Immerdar und überall. Bricht Gefahr für sie herein, Wollst du ihr Beschützer sein; Wenn in Noth sie zu dir flehen, Laß sie deine Hülfe sehen.

3. Dringt auf sie von allen Seiten Der Verführer Schaar heran: Laß doch ihren Fuß nicht gleiten, Halte sie auf rechter Bahn. Regt in ihrer eignen Brust Sich mit Macht die böse Lust! Gib dann, daß sie muthig

kämpfen, Und den Reiz der Sünde dämpfen.

4. Herr, erhalte deinem Reiche Unsre Kinder stets getreu! O daß keines von dir weiche Und dereinst verloren sei! Immer geh ihr frommer Sinn Und ihr Streben darauf hin, Christo ganz sich zu ergeben, Und zur Ehre dir zu leben.

5. Gönne mir die Himmelsfreude, Daß ich einst am jüngsten Tag, Nach so manchem Kampf und Leide, Mit Frohlocken sprechen mag: Liebster Vater, siehe hier Meine Kinder all mit mir! Ihrer keines ist verloren! Alle sind aus dir geboren!

Eph. 6, 4. Ihr Väter, reizet eure Kinder nicht zum Zorn, sondern ziehet sie auf in der Zucht und Vermahnung zum Herrn.

Mel. Dies ist der Tag, den Gott re.

478. Hilf, Gott, daß unsre Kinderzucht Geschehe stets mit Nutz und Frucht, Und aus dem Mund der Kinder dir Ein Lob ertöne für und für!

2. Laß Christenkinder insgemein Den Eltern stets gehorsam sein, Und meiden allen Lügenhang, Den Eigensinn und Müßiggang.

3. Laß unsern Kindern mangeln nicht Heilsame Lehr und Unterricht, Damit durch's Wort aus deinem Mund Ihr Glaub erhalte festen Grund.

4. Behüte sie vor Aergerniß, Mach sie des rechten Wegs gewiß, Wenn ihnen ein Verführer naht Mit giftgem Reiz zur Missethat.

5. Nimm ihre Seelen, Herr, in Acht; Beschirme sie mit deiner Macht, Damit sie dich verlassen nie; Dein Engel lagre sich um sie.

6. O Geist der Gnad und des Gebets, Gieß dich in ihre Herzen stets; Furcht Gottes gib in ihren Sinn, Die aller Weisheit Anbeginn!

7. Erleuchte sie mit deinem Schein; Laß sie zum Lernen willig sein, An Gnad und Weisheit immerdar Zunehmen lieblich, Jahr für Jahr.

8. Regiere sie ohn' Unterlaß, Damit sie zum vollkommnen Maß Des Lebens Christi wachsen fort, Und Früchte bringen durch sein Wort.

9. Vollende sie in dieser Zeit

Zum Erbtheil in der Ewigkeit, O Herr, der so erbarmend du Den Kindern sprichst den Himmel zu! zugleich Dich preisen dort in deinem Reich.

11. Gott, Vater, Sohn und heilger Geist, Von dem ein Meer der Gnade fleußt: Du Gott der Kinder, nimm uns ein, Dein selig Kindervolk zu sein!

10. Und schließt sich einst ihr Erdenlauf, So nimm sie selig zu dir auf, Damit sammt ihnen wir

---

4. Kinderlieder.

Jes. 40, 11. Er wird seine Heerde weiden, wie ein Hirte; er wird die Lämmer in seine Arme sammeln und in seinem Busen tragen.

Eigene Melodie.

479. Weil ich Jesu Schäflein bin, Freu ich mich nur immerhin Ueber meinen guten Hirten, Der mich wohl weiß zu bewirthen, Der mich liebet, der mich kennt und bei meinem Namen nennt.

2. Unter seinem sanften Stab Geh ich aus und ein, und hab unaussprechlich süße Weide, Daß ich keinen Mangel leide; Und so oft ich durstig bin, Führt er mich zum Brunnquell hin.

3. Sollt ich denn nicht fröhlich sein, Ich beglücktes Schäfelein? Denn nach diesen schönen Tagen Werd ich endlich heimgetragen In des Hirten Arm und Schooß; Amen, ja mein Glück ist groß!

Ps. 71, 5. Du bist meine Zuversicht, Herr, Herr, meine Hoffnung von meiner Jugend an.

Mel. Jesu, meine Freude.

480. Schöpfer meines Lebens! Laß mich nicht vergebens Auf der Erde sein! Gieße deine Liebe, Deines Geistes Triebe In mein Herz hinein, Daß dein Bild, So rein und mild, Schöner stets bei deiner Pflege An mir leuchten möge!

2. Einmal nur erblühet, Ach, und bald entfliehet Meine Frühlingszeit. Sorglos sie verträumen Und dein Heil versäumen, Bringt viel bittres Leid; Wirst du nicht Mein Lebenslicht, Werd ich dir

nicht neu geboren, Ist sie mir verloren.

3. Dir allein zu leben, Und mit bir zu streben Nach der Heiligung, — Thorheit zu verlassen, Sündenlust zu hassen, Bin ich nie zu jung. Mache dies Mir recht gewiß, Eh ich um verlorne Tage Einst vergeblich klage!

4. Dort in deinen Höhen Werben viele flehen, Schön, wie Himmelsglanz, Die hier Kinder waren, Und in frühen Jahren Dir sich weihten ganz; Drum sind sie Nun auch so früh Zu der Schaar der selgen Frommen Und zu dir gekommen.

5. Jesu, Freund der Sünder, Der auch für die Kinder Einst auf Erden kam, — O wie sanft und stille War dein Herz und Wille, Allem Bösen gram! Herr, auch wir, Wir sollen dir Nach Gedanken und Geberden Gleich gestaltet werden.

6. Selig, wer dich liebet! Selig, wer sich übet, Gottes Kind zu sein! Diese heilgen Triebe Gieß durch deine Liebe Unsern Herzen ein, Daß bein Bild, So rein und mild, Dort im schönen Himmelssaale Ewig an uns strahle!

1. Joh. 2, 1. Meine Kindlein, solches schreibe ich euch, auf daß ihr nicht sündiget. Und ob jemand sündiget, so haben wir einen Fürsprecher bei dem Vater, Jesum Christum, der gerecht ist.

Mel. Lobe den Herren, den mächtigen 2c.

481. Blühende Jugend, du Hoffnung der künftigen Zeiten! Höre doch einmal, und laß dich in Liebe bedeuten! Fliehe den Tand, Folge der winkenden Hand, Die dich zu Jesu will leiten!

2. Opfre die frische, die schöne, lebendige Blüthe, Opfre die Kräfte der Jugend mit frohem Gemüthe Jesu dem Freund, Der es am treulichsten meint, Ihm, deinem König voll Güte!

3.. Liebevoll suchet der Hirte sich Lämmer auf Erden; Jugend, du sollst ihm zur Lust und zum Ehrenschmuck werden! Komm doch heran, Segen von ihm zu empfahn; Werde die Zier seiner Heerden!

4. Jesum genießen, nur das ist für Freude zu achten; Kindlich und selig die ewige Liebe betrachten, Das ist genug; Aber der Lüste Betrug Lässet die Seele verschmachten.

5. Gott und dem Heiland als

Werkzeug zur Ehre gereichen, Das ist mit irdischer Herrlichkeit nicht zu vergleichen. Jugend, ach, du Bist ihm die nächste dazu; Laß deine Zeit nicht verstreichen!

6. Gnade bei Menschen kann niemand gesegneter finden, Als wer von Jugend auf alle Begierde der Sünden flieht und verflucht, Und bei dem Heiland sich sucht Freuden, die nimmer verschwinden.

7. Denk, was für Reichthum und Ehre wird dem widerfahren, Der sich von Kind an und bis zu den spätesten Jahren Jesu vertraut, Den man im Alter noch schaut, Heilig mit silbernen Haaren!

8. Blühende Jugend, o denk! an die bitteren Leiden Deines Erbarmers, die Sünd und die Weltlust zu meiden! Dann geht dein Lauf freudig zum Himmel hinauf Zu den unsterblichen Freuden!

Luk. 2, 49. Wisset ihr nicht, daß ich sein muß in dem, das meines Vaters ist?

Mel. Mein Vater, sieh, ich bringe dir.

482. Ich bin ein Kindlein, arm und klein, Und meine Kraft ist schwach; Ich möchte gerne selig sein, Und weiß nicht, wie ich's mach'.

2. Mein Heiland! du warst mir zu Gut Ein armes, kleines Kind, Und hast mich durch dein theures Blut Erlöst von Tod und Sünd.

3. Mein liebster Heiland, rath mir nun, Was ich zur Dankbarkeit Dir soll für deine Liebe thun, Und was dein Herz erfreut!

4. Ach, nimm mein ganzes Herz dir hin, Nimm's, liebster Jesus, an! Ich weiß ja, daß ich deine bin, Du guter, lieber Mann!

5. Bewahre mir mein Herzelein Vor allem, was befleckt; Du hast's gewaschen; halt es rein, Verhüllt und zugedeckt!

6. Holst du mich bald aus dieser Zeit, Was ist es dann nunmehr? Dann komm ich in die Ewigkeit, Dort wird mir's nimmer schwer.

7. Und soll ich länger unten sein, Nehm ich an Jahren zu, So zeuch mich in dein Herz hinein, Daß ich viel Gutes thu!

8. Und schließ ich endlich mei-

nen Lauf Im Glauben seliglich, So hebe mich zu dir hinauf, Und nimm und küsse mich!

2 B. Mos. 6, B. 3. Ehre Vater und Mutter, das ist das erste Gebot, das Verheißung hat, auf daß dir's wohl gehe und du lange lebest auf Erden.

M. L. Frühmorgens, da die Sonn x.

483. Ihr Kinder, lernt von Anfang gern Der Weisheit Grund, die Furcht des Herrn! Was ihr beizeiten lernt und thut, Kommt jetzt und ewig euch zu gut.

2. Hört die Verheißung, welche Gott als Vater legt auf sein Gebot, Wenn er den Himmelsweg euch weist, Und euch gehorsam werden heißt:

3. „Ehr' deine Eltern spät und früh; Dank' ihnen ihre Lieb und Müh, Dann wird's dir wohl auf Erden gehn, Dann wirst du Gottes Himmel sehn."

4. So war auf seiner Erdenbahn Den Eltern Jesus unterthan. Er, dessen Stuhl die Himmel sind, War einst gehorsam als ein Kind.

5. Des Vaters Segen baut ein Haus, Wo Kinder froh gehn ein und aus; Der Fluch der Mutter reißt es ein, Denn Gott will selbst der Rächer sein.

6. Ein Kind, das seinen Vater schmäht, Und trotzig von der Mutter geht, Wird gleich dem Baume früh entlaubt, Und ruft sich Noth und Tod auf's Haupt.

7. Doch o wie süß, wenn Vatermund Und Mutterfreude geben kund: „Die liebste Blume, die ich find, Ist unser treues, frommes Kind!

8. Den Vater lieb von Herzensgrund Und ehre ihn mit That und Mund; Vergiß nicht, wie du lange Frist Der Mutter sauer worden bist!

9. Gott, sende deinen Segensstrahl Eltern und Kindern allzumal; Halt sie verbunden in der Zeit, Verbunden in der Ewigkeit!

Luk. 2, 51. 52. Und er ging mit ihnen hinab und kam gen Nazareth, und war ihnen unterthan. Und Jesus nahm zu an Weisheit, Alter und Gnade bei Gott und den Menschen.

M. L. Herr Jesu Christ, dich zu x.

484. Nun hilf uns, o Herr Jesu Christ, Der du einst

hier gewesen bist Ein freundliches und frommes Kind, Ohn' alle Schuld, ohn' alle Sünd'!

2. Wir Kinder bitten Eines nur; Versag's nicht, Herr, der Creatur: — Hilf uns in deinem Willen ruhn; Lehr uns nach deinem Vorbild thun!

3. Gib deinen Geist in unsre Brust, Hilf lernen uns mit Kindeslust, Damit wir legen rechten Grund, Und ewig stehn in deinem Bund.

Spr. 8, 17. Ich liebe, die mich lieben und die mich frühe suchen, finden mich.

Mel. Werde munter, mein Gemüthe.

485. Lieblich ist die Morgenstunde, Wenn man sie mit Gott beginnt! Freud im Herzen, Dank im Munde Ziemet einem Christenkind, Das nach einer sanften Nacht, In des Schöpfers treuer Wacht, Ohne Gram und ohne Sorgen Aufgewacht zum hellen Morgen.

2. Lasset uns gen Himmel schauen, Wo die Sonne glänzend steht Und auf Berge, Thal und Auen Licht und Leben niedersä't: Aber mehr, denn Sonnenlicht, Strahlet Christi Angesicht; Heil und Friede, Gnad und Wahrheit Leuchten hier in ewger Klarheit.

3. Wie die Frühlingsblumen blühen In der Sonne mildem Glanz, Also will er uns erziehen Sich zu einem Blumenkranz; Segnend lockt und rufet er Alle Kindlein zu sich her; Alle sollen ihn erkennen, Heiland ihn und Bruder nennen.

4. Heut auch will er uns begleiten, Auch zur Schule mit uns gehn, Will das Herz zur Weisheit leiten, Und uns treu zur Seite stehn, Daß uns diesen ganzen Tag Keine Sünde fällen mag, Daß wir unter seinem Segen Abends uns zur Ruhe legen.

5. O wie wird durch seine Gnade Alles Lernen süß und leicht, Wenn er auf dem Jugendpfade Freundlich uns die Hände reicht! O wie selig ist ein Kind, Das mit ihm den Tag beginnt, Das Verstand, Gemüth und Triebe Heiligt durch des Mittlers Liebe!

6. Komm denn, Herr des ewgen Lebens, Tritt in unsern Kreis hinein; Hilf, und laß uns nicht vergebens Deines Wortes

Vom äußeren Leben des Christen.

Schüler sein! Nimm des treuen Lehrers wahr, Segne deiner Kinder Schaar! So wird alles wohl gedeihen, Und dein Herz sich unser freuen.

1. Joh. 4. Ich habe keine größere Freude, denn die, daß ich höre meine Kinder in der Wahrheit wandeln.
Mel. Vor Jesu Augen schweben.

486. Was ist des Kindes Leben, Das einen Jesus hat! Wenn er, in's Herz gegeben, Dort Platz gefunden hat: Wie wohl ist's solchem Kinde, Wie ruhet es in ihm! Gebrochen ist die Sünde, Es folgt des Hirten Stimm.

2. Was hat ein Kind gefunden, Das seinen Jesus kennt! Wie selig sind die Stunden, Da er's beim Namen nennt! Es darf in's Auge sehen, Voll Wahrheit und voll Gnad, Es darf vertraulich flehen, Weil es Vergebung hat.

3. Die Arbeit ist so fröhlich, Die es mit Jesu thut; Die Liebe macht so selig, Sie gibt so guten Muth. Gibt's Unrecht auch zu tragen, So duldet es mit ihm; Ihm darf es alles klagen, Es leert sein Herz nur ihm.

4. Ein Kind ist ohne Sorgen, Es ruht am Vaterherz, Am Abend wie am Morgen Blickt es gern himmelwärts. Dem Vater zu gefallen, Ist seine Sorg allein; So lang es hier muß wallen, Möcht es daheim nur sein.

5. Das Kind umschweben Geister, Die vor dem Vater stehn, Gesandt vom Herrn und Meister, Stets auf das Kind zu sehn. Sie folgen seinem Tritte Nach unsers Heilands Rath; Sie leiten seine Schritte Nach Gottes heilger Stadt.

6. Das ist des Kindes Leben! Man lebt's in Jesu nur; Das kann nur Jesus geben, Man hat's nicht von Natur; Vom Fleisch wird Fleisch geboren, Der Geist gebieret Geist. O selig, wer, erkoren, Ein Kindlein Gottes heißt.

(**Schlummerlied.**)

Ps. 91, 11. Er hat seinen Engeln befohlen, daß sie dich behüten.

Eigene Melodie.

487. Schlafe, Kindlein, hold und süß, Wie im Engelparadies; Schlaf in stiller, sanfter Ruh, Schließ die kleinen Aeuglein zu.

2. Draußen stehn die Lilien weiß, Haben allerschönsten Preis; Droben in der lichten Höh Stehn die Englein, weiß wie Schnee.

3. Kommt, ihr Englein, weiß und fein! Wiegt mir sanft mein Kindelein; Wiegt sein Herzchen fromm und gut, Wie der Wind der Lilie thut.

4. Schlafe, Kindlein, schlafe, nun! Sollst in Gottes Frieden ruhn; Denn die lieben Engelein Wollen deine Wächter sein!

(Schlummerlied.)

Matth. 18, 10. Sehet zu, daß ihr nicht jemand von diesen Kleinen verachtet. Denn ich sage euch: Ihre Engel sehen allezeit das Angesicht meines Vaters im Himmel.

Mel. Frühmorgens, da die Sonn ꝛc.

488. Schlaf sanft und wohl, schlaf, liebes Kind, Dieweil die Engel bei dir sind; Sie sehen Gottes Angesicht, Sie wachen hier und schlummern nicht.

2. Du schläfst und liegest weich dabei, Dein Heiland lag auf Stroh und Heu, Im finstern Stall, auf Holz und Stein; Du liegst in deinem Wiegelein.

3. Dir störet niemand Schlaf und Ruh, Ihm setzten tausend Feinde zu; Du lebst ohn' Mangel und Verdruß, Da er das Elend leiden muß.

4. Was Jesus ist und heißt und thut, Das ist und thut er dir zu gut; Dein großes Elend macht allein, Daß er ein Kind wie du, mußt sein.

5. Sei, wie das traute Jesuskind, Gerecht, getreu und fromm gesinnt, Dies Kindlein ging die Tugendbahn Und war den Eltern unterthan.

6. Dein Gott verkläre für und für Sein liebes Jesuskind in dir, Daß deine Seel erkennt und faßt, Was du am Kindlein Jesus hast.

7. Wer es mit diesem Kinde hält, Dem ist das Himmelreich bestellt, Der nimmt, er sei klein oder groß, Mit ihm dort gleiches Erb und Loos.

8. Bald weckt uns der Posaunen Ton, Bald steiget Christus auf den Thron, Und wer mit ihm hier in Gefahr, Verachtet, arm und elend war.

9. Schlaf, liebes Kind, schlaf unbetrübt; Wenn Gott Verstand und Jahre gibt, So wachs' im Geiste Tag und Nacht, Bis dich Gott ewig selig macht.

5. Für Wittwen.

1. Tim. 5, 5. Das ist eine rechte Wittwe, die einsam ist, die ihre Hoffnung auf Gott stellet, und bleibet am Gebet und Flehen Tag und Nacht.

Mel. Nun ruhen alle Wälder.

489. Auf Gott nur will ich sehen, Er hört der Wittwen Flehen, Sieht ihre Thränen an; In jedem Schmerz und Leide Ist Gott mir Trost und Freude, Mein Fels, den ich umfassen kann.

2. Wie viel, die in der Kammer Dir klagten ihren Jammer, O Gott, erhörtest du! Dein väterlicher Segen hieß sie: auf ihren Wegen war Friede, Sicherheit und Ruh.

3. Wo seit viel tausend Jahren Betrübte Wittwen waren, Die hast du treu gepflegt, Wenn sie dich nicht verließen, Und gläubig dir zu Füßen Des Kummers schwere Last gelegt.

4. In dir will ich mich stärken: Dein Aug wird auf mich merken Und auf mein Flehn dein Ohr. Bei Tag und Nacht mit Flehen Will, Herr, vor dir ich stehen Und seufzen still zu dir empor.

5. Ich will mein Joch nun tragen; Dir, Vater, darf ich sagen, Was je mein Herz bedrückt; Bist du nicht in der Nähe, Du, den ich zwar nicht sehe, Und den mein Glaube doch erblickt?

6. Ja, bis zum letzten Schritte, Ja, wenn ich mehr noch bitte, Seh ich mit Lust auf dich. Dir, Heiland, zu gefallen, Unsträflich hier zu wallen, Sei mein Bestreben, stärke mich!

7. Mit Ernst und frohen Muthes Will ich nach Kräften Gutes Vor deinen Augen thun; Will mich der Welt entziehen, Lärm, Tand und Thorheit fliehen Und nur in deinem Schooße ruhn.

8. Dann eilen meine Tage Mit jeder Noth und Plage Leicht, wie ein Traum, dahin; Dann leg ich froh die Glieder Auf's Sterbebette nieder, Wenn ich zum Himmel reifer bin.

9. Dann find ich, den ich liebte, Deß Tod mich einst betrübte, In meines Schöpfers Hand! Wo Freudenquellen fließen, Werd ich ihn dann umschließen Im thränenfreien Vaterland.

10. Fort auf dem heißen Pfade!

Für Wittwen. Für Hochbetagte.

Mich kühlt des Vaters Gnade; Er träget meine Noth. Nicht ewig werd ich weinen; Ich komme zu den Meinen, Bald seh ich sie bei meinem Gott.

11. Kommt her, ihr meine Waisen, Den Herrn mit mir zu preisen, der uns erhalten kann! Dir, Gott, will ich sie bilden; Schau, Herr, mit deiner milden Erbarmung deine Schafe an!

6. Für Hochbetagte.

Ps. 71, 9. Verwirf mich nicht in meinem Alter; verlaß mich nicht, wenn ich schwach werde.

Mel. Christus, der ist mein Leben.

490. Verwirf mich nicht, im Alter, Verlaß mich nicht, mein Gott! Bist du nur mein Erhalter, So werd ich nie zu Spott.

2. Wie oft hab ich erfahren, Der Vater sei getreu; Ach, mach in allen Jahren Mir dieses täglich neu.

3. Wenn ich Berufsgeschäfte Von außen schwächlich thu, Leg deines Geistes Kräfte Dem innern Menschen zu.

4. Wenn dem Verstand und Augen Die Schärfe nun gebricht, Daß sie nicht viel mehr taugen, Sei Jesus doch mein Licht.

5. Will mein Gehör verfallen, So laß dies Wort allein Mir in dem Herzen schallen: „Ich will dir gnädig sein!"

6. Wenn mich die Glieder schmerzen, So bleibe du mein Theil Und mach mich an dem Herzen Durch Christi Wunden heil.

7. Sind Stimm und Zunge blöde, So schaffe du, daß ich Im Glauben stärker rede: „Mein Heiland, sprich für mich!"

8. Wann Händ und Füße beben, Als zu dem Grabe reif, Gib, daß ich nur das Leben, Das ewig ist, ergreif.

Jes. 46, 4. Ich will euch tragen bis in das Alter und bis ihr grau werdet. Ich will es thun, ich will heben und tragen und erretten.

Mel. Mein Leben ist ein Pilgrimstand.

491. Mein Alter tritt mit Macht herein: Der Augen

Licht verliert den Schein, Das Haupt bückt sich hinab zum Grabe, Das Haar wird weiß, die Füße schwer; Erwäg ich dann, wie ich bisher, Gerechter Gott, gelebet habe, So werd ich angst= und schreckenvoll Und weiß nicht, wo ich bleiben soll.

2. Der Tod ruft selbst mir öfters zu: „Wohin, verwegner Sünder, du? Wann wirst du andern Sinnes werden? Wie lang gehst du dem Eitlen nach, Dem Traum, der Schmink, dem Ungemach, Dem Schatten dieser falschen Erden? Merkst du nicht, daß den Flüssen gleich Die Jahrszeit unvermerkt hinschleich?"

3. „Bedenke, daß du jetzo schon Wirst vor den strengen Richterthron Des großen Gottes kommen müssen, Der dir all deine Werk und Wort, Ja auch des Herzens tiefsten Ort Wird richtig aufzudecken wissen. Hast du auf den hier nicht gesehn, Wie wirst du dort vor ihm bestehn?"

4. Dies, großer Gott, ach, alles dies Hält mein Herz mehr als für gewiß. Und wünschet sehnlich, daß mein Leben Dir recht zu Dienst und Willen sei; Sieh aber, wie ich mich dabei Umsonst bemühe zu erheben: Der schwere Weltsinn hält mich an, Daß Ich nicht aufwärts kommen kann.

5. Ach, liebster Jesu, eigner Hort, Hilf du mit deiner Hülf mir fort Und biete mir die Hand der Gnaden. Du hast zuvor durch deinen Tod Mich meiner schweren Todesnoth Und des zukünftgen Fluchs entladen; Gib, o mein Leben, nimmermehr, Daß ich mir selbst mein Heil zerstör!

6. Laß von der Welt Betrug und Schein Mich gänzlich abgewendet sein. Und dir, mein Heiland jest anhangen; Entbind mich bald der großen Last, Womit der Leib die Seel umfaßt Und wie im Kerker hält gefangen; Und setze sie rein, froh und frei, Dem Chor der heilgen Engel bei.

7. Da werd ich dir, mein Heil hiefür Und, großer Himmelsvater, dir Nebst deinem heilgen Geist lobsagen! O du, der beinen Schutz und Port, O Jesu, nimm in Acht mein Wort Und laß mich so in dir betagen! Mein Morgen war der Welt gemein, Der Abend soll dein eigen sein!

7. Für Gesunde und Kranke.

A. Dank für die Gesundheit.

Ps. 86, 12. 13. Ich danke dir, Herr, mein Gott, von ganzem Herzen und ehre deinen Namen ewiglich. Denn deine Güte ist groß über mich.

Mel. Schwing dich auf zu deinem ꝛc.

492. Wer wohl auf ist und gesund, Hebe sein Gemüthe Und erhebe seinen Mund Zu des Höchsten Güte. Laßt uns danken Tag und Nacht Mit gesunden Liedern Unsrem Gott, der uns bedacht Mit gesunden Gliedern.

2. Ein gesundes, frisches Blut Hat ein fröhlich Leben; Gibt uns Gott dies eine Gut, Ist uns gnug gegeben Hier in dieser armen Welt, Da die schönsten Gaben Und das güldne Himmelszelt Wir noch künftig haben.

3. Hätt' ich aller Ehren Pracht, Säß im höchsten Stande, Wär ich mächtig aller Macht Und ein Herr im Lande, Reich an allem, was ergötzt: Wozu würd es nützen, Wenn ich doch unausgesetzt Müßt in Schmerzen sitzen?

4. Aber nun gebricht mir nichts Auch im Mißgeschicke; Ich erfreue mich des Lichts Und der Sonnenblicke; Mein Gesicht sieht überall, Mein Gehör, das höret, Wie der Vögel süßer Schall Ihren Schöpfer ehret.

5. Händ und Füße, Herz und Geist Sind bei guten Kräften Mein Vermögen sich erweist Freudig in Geschäften, Die mein Herrscher mir bestellt In der Welt zu treiben, Alsolang es ihm gefällt, Daß ich hier soll bleiben.

6. Ist es Tag, so sinn und thu Ich, was mir gebühret; Kommt die Nacht und süße Ruh, Die zum Schlafe führet, Schlaf und ruh ich unbewegt, Bis die Sonne wieder Mit den hellen Strahlen regt Meine Augenlieder.

7. Habe Dank, du milde Hand, Die du von dem Throne Deines Himmels mir gesandt Diese schöne Krone Deiner Gnade, die noch grünt, Die ich all mein' Tage Niemals hab um dich verdient, Und doch freudig trage!

8. Gib, so lang ich in mir hab Ein lebendig Hauchen, Daß ich solche theure Gab Auch wohl möge brauchen. Hilf, daß mein

gesunder Mund Und die frohen Sinnen Dir, mein Gott, zu jeder Stund Alles Lieb's beginnen!

9. Halte mich bei Stärk und Kraft, Wann ich nun alt werde, Bis mein Stündlein hin mich rafft In das Grab der Erde. Gib mir eine Lebenszeit Ohne sondres Leiden, Und dort in der Ewigkeit Die vollkommnen Freuden.

B. In Krankheit.

Joh. 11, 3. Herr, siehe, den du lieb hast, er liegt krank.

Mel. Christus, der ist mein Leben.

493. Wenn ich mich im Erkranken Zu Bette legen muß, So leg ich in Gedanken Dir, Jesu, mich zu Fuß.

2. Herr, bet ich, ist's dein Wille, So hilf und heile du! Wo nicht, so schweig ich stille, Du führst mich himmelzu.

3. Das Blut aus deinen Wunden Wasch meine Seele rein; Dies laß in letzten Stunden Mir noch zur Tröstung sein!

4. Laß mir nur deine Gnade! Daran genüget mir; Der Bund im Wasserbade Gibt mir ein Recht zu dir.

5. Da lieg ich als ein Sünder, Und nehm an dir noch Theil; Denn du bist der Erfinder Von unserm ewgen Heil.

6. Den Geist, der uns lehrt beten, Und Glauben in uns schafft, Den laß auch mich vertreten, Der geb mir Glaubenskraft!

7. Ist mir denn nun vergeben, So geh ich alles ein; Läss'st du mich hier nicht leben, So wird's dort besser sein.

8. Heilt dein Wort nicht die Glieder, So heill's die Seele doch; Die geb ich dir jetzt wieder; Ich sterb, und lebe noch.

9. Dein Wort vom Auferstehen Ist mir ein Honigseim; Dein Ruf wird einst geschehen: „Steh auf, und gehe heim!"

C. Dank für die Genesung.

Hesek. 33, 11. So wahr als ich lebe, spricht der Herr Herr, ich habe keinen Gefallen am Tode des Gottlosen, sondern daß sich der Gottlose bekehre von seinem Wesen und lebe.

Mel. Wie groß ist des Allmächtigen ꝛc.

494. So wahr der Allerhöchste lebet, Will er den Tod des Sünders nicht, Deß Herz zerknirscht vor Ihm erbebet Und sich sein eigen Urtheil spricht. Er züchtigt uns zu seiner Ehre Und unsrem Heil mit Vatertreu Nur, daß man sich zu ihm bekehre, Zum bessern Leben tüchtig sei.

2. Liebreicher Gott! ich selber sehe Dein wahres Wort an mir erfüllt; Wenn ich mit Reu um Gnade flehe, Wird meiner Seelen Angst gestillt. Da meine Werke nichts verdienen, Bleibt deiner Gnade ganz der Preis; Die ist so herrlich mir erschienen, Daß ich es nicht zu zählen weiß.

3. Ich sah die Welt und alles schwinden, Und meine Kräfte starben schon; Ich fühlte tief die Macht der Sünden Und sah schon deinen Richterthron; Da rührte dich mein ängstlich Sehnen, Mein Jammer brach dein Vaterherz; Es galten für mich Jesu Thränen, Und mich erbat sein Blut und Schmerz.

4. Bald kam dein großer Trost hernieder, Der führte mich vom Tod herauf, Und stärkte mich vollkommen wieder Zu einem neuen Lebenslauf. Du sprachest freundlich mit mir Müden, Und ich vernahm dein Gnadenwort: „Nun gehe hin, Mein Kind, im Frieden, Doch sündige nicht mehr hinfort!"

5. O welcher Seligkeiten Menge Erweckte dieses Heil in mir! Mein Herz ward für den Dank zu enge Und brannt und wallte nur von Dir. Wie, Herr, vergelt ich dir die Tage, Die deine Huld mir nun gewährt, Und wo sich meine Pein und Plage In Ruhe, Kraft und Ruhm verkehrt?

6. Ich weihe, was ich von dir habe, Mein Herz dir ganz zum Opfer ein; Es wird ja, Schöpfer, deine Gabe In deinen Augen theuer sein. Nun weiß ich, was es heiße: leben, Da ich, was sterben sei, erfuhr; Nun wird mir stets im Sinne schwe-

ben, Was ich dir in der Prüfung schwur.

7. Es ist genug, daß ich vor Zeiten Nach meines Fleisches Lüsten ging, Und an den flüchtigen Eitelkeiten Mehr als an dir, o Vater, hing. Ich bin ja darum nur genesen, Daß ich ble Seele bessern kann; Drum fang ich, Herr, ein ander Wesen Mit deiner Gnade Beistand an!

8. Für Dienstboten.

Eph. 6, 5. Ihr Knechte seid gehorsam euren Herren mit Furcht und Zittern in Einfältigkeit eures Herzens, als Christo.

Mel. Nun ruhen alle Wälder.

495. Gott! deinen weisen Willen Soll jeder hier erfüllen! Laß ihn mir heilig sein; Du hast auch mich auf Erden Zum Menschen lassen werden; Dir will ich meine Kräfte weihn.

2. Ich soll hier andern dienen, Und dien ich treulich ihnen, So folg ich dir, mein Gott. Laß meiner Herrschaft Willen Mich gern und treu erfüllen, Als beinen Willen, dein Gebot.

3. Lehr ohne bittre Klagen Des Lebens Last mich tragen Und immer auf dich sehn. Im Reden und im Schweigen Will ich als Christ mich zeigen Und auf dem Pfad der Tugend gehn.

4. Die Herrschaft will ich ehren Und ihren Nutzen mehren, Sie, wo ich kann, erfreun; Nie beln Gebot verletzen, Mich ihr nicht widersetzen Und jeden Fehler gleich bereun.

5. Ich will sie redlich lieben, Mit Vorsatz nie betrüben, Nie träg und müßig sein; Ich will sie nicht belügen, Recht thun, und nie betrügen Und mich vor deinem Auge scheun.

6. In meinem Dienst auf Erden Stets tüchtiger zu werden, Sei Freude mir und Pflicht. Ich bin ja, wo ich wandle, Bei allem, was ich handle, O Herr, vor deinem Angesicht.

7. Du bist stets der Gerechte, Der Herr der Herrn und Knechte Und beider Trost und Heil: De Niedrigste auf Erden Kan groß im Himmel werden, Ha Reichen gleich, Gott, an di Theil.

8. Laß mich dies recht ermessen; Nie meine Pflicht vergessen, Und meines Rufs mich freun; So wirst du, Herr der Welten, Es reichlich mir vergelten, Und ich werd ewig glücklich sein.

9. Berufslieder.

Luk. 16, 10. Wer im Geringsten treu ist, der ist auch im Großen treu; und wer im Geringsten unrecht ist, der ist auch im Großen unrecht.

Mel. Mein Vater, steh, ich bringe ꝛc.

496. Zur Arbeit winkt mir mein Beruf; Du, dessen Güte mir Die Kräft' in Seel und Gliedern schuf, Ich fange an mit dir!

2. O stärke mich zu muntrem Fleiß, Gib Lust und Kraft dazu! Zum Nutzen mir, und dir zum Preis Gedeihe, was ich thu.

3. Herr! ohne dich ist kein Gedeihn, Vergeblich Müh und Schweiß; Laß deinen Segen mit mir sein, Dann bringet Frucht mein Fleiß.

4. Gefahr für Leib und Seele droht Der träge Müßiggang; Zur Arbeit rief uns dein Gebot, Aus Gnade, nicht aus Zwang.

5. Auch reize mich kein falscher Trieb Zur Regsamkeit dahin! Wenn ich vor dir ein Schuldner blieb, Was wäre mein Gewinn?

6. O daß, vom Joch der Trägheit frei, Mein Fleiß auch andern gern Zum Nutzen, nie zum Schaden sei! Wir dienen einem Herrn.

7. Kein Raum sei schnöder Weichlichkeit In meinem Thun vergönnt, Dem Sinn, der Müh und Lasten scheut, Und nur nach Freuden rennt.

8. Nie will ich wie der faule Knecht Vergraben, Herr, mein Pfund; Dem Faulen wird mit vollem Recht Die Zornesruthe kund.

9. Mein Fleiß sei auch im Kleinen treu, Mein Werk in Gott gethan, Daß dermaleins ich fähig sei, Auch Größres zu empfahn!

Col. 3, 17. Alles, was ihr thut mit Worten oder mit Werken, das thut alles in dem Namen des Herrn Jesu.

Mel. O Gott, du frommer Gott.

497. Komm Segen aus der Höh, Gib, Herr, mir Lieb und Stärke, Daß ich nur wachsam geh An jedes meiner Werke! Arbeitsam sein ist süß; Nur hilf auch du dabei, Daß Martha dieser Leib, Der Geist Maria sei.

2. Laß alles freundlich sein, Voll Demuth, was ich sage, Es sei groß oder klein; Und daß ich lieber trage, Als meinen Nächsten werd Aus eigner Schuld zur Last; Auf daß du Ruhm dabei Von deinem Kinde hast.

3. Wo meine Füße gehn, Was meine Händ arbeiten, Da will ich auf dich sehn, Als ständ'st du mir zur Seiten. Dein Geist regiere mich, Bis alles, was du willt, In meinem Herzen ist Und durch mein Thun erfüllt!

10. Von der christlichen Obrigkeit.

Spr. 20, 28. Fromm und wahrhaftig sein behüten den König, und sein Thron bestehet durch Frömmigkeit.

Mel. Allein Gott in der Höh sei Ehr.

498. Der Thron der Weltbeherrscher ist Ein Schemel deinen Füßen! Sie sind nur Fleisch, du aber bist Gott, dem sie dienen müssen. Das Reich ist dein, und dein die Welt; Du, der sie schuf und sie erhält, Du bist allein ihr Herrscher.

2. O starker Gott! regiere sie, Daß sie getreu dir dienen; Verlaß mit deiner Huld sie nie, Noch ihr Geschlecht nach ihnen. Die Furcht vor dir, Barmherzigkeit Und Weisheit und Gerechtigkeit Sei ihres Hauptes Krone.

3. Ach, laß dein Wort auch auf dem Thron, Jehovah, Glauben finden; Laß Fürsten auch auf deinen Sohn Fest ihre Hoffnung gründen! Herr, sie sind Sterbliche, wie wir, Laß sie doch nicht ihr Theil bloß hier In dieser Welt empfangen!

4. Erhör, o Vater, dies Gebet, Sei gnädig uns und ihnen! So weit dein Reich, die Erde, geht, Soll, Herr, dir alles dienen. Führt uns dein Geist die schmale

Bahn, So werden Fürst und Unterthan In beinem Schatten wohnen.

Röm. 13, 1. Jedermann sei unterthan der Obrigkeit, die Gewalt über ihn hat. Denn es ist keine Obrigkeit, ohne von Gott; wo aber Obrigkeit ist, die ist von Gott verordnet.

Mel. All Ernst, ihr Menschenkinder.

499. Jehovah, Herr und König Der Fürsten und der Herrn! Dir sind wir unterthänig, Du waltest nah und fern. Du, Herr im Himmelszelt, Läss'st unter beinem Leiten Bestehn die Obrigkeiten, Zu herrschen in der Welt.

2. Es zeugen deine Knechte, Daß keine Obrigkeit, Als nur durch deine Rechte Und deine Macht gebeut. Du hast sie hoch geschätzt; Wer ihr zuwider lebet, Der trotzt und widerstrebet Dem, was du selbst gesetzt.

3. Du Gott der Ordnung, lehre Mich selbst durch beinen Geist, Daß ich erkenn und ehre, Was Gottes Ordnung heißt! Sie tragen ja dein Bild; Gib, daß ich Demuth übe, Und sie mit Ehrfurcht liebe, — So wird dein Wort erfüllt.

4. Verleihe deine Güte, Und sende Recht und Licht; Gib ihnen in's Gemüthe Viel Weisheit zum Gericht! Du herrschest selbst im Land; Das Herz der Obrigkeiten Kannst du wie Bäche leiten; Es steht in beiner Hand.

5. Laß uns durch ihr Regieren Und bei Gerechtigkeit Ein ehrbar Leben führen; Gib auch Zufriedenheit. Laß sie die Pfleger sein Der gläubigen Gemeinde, Und als getreue Freunde Ihr heilge Sorgfalt weihn!

6. Lehr Hohe bein Erbarmen; Bring ihnen das Geschrei Der Wittwen, Waisen, Armen Und Unterbrückten bei. Hilf ihnen thun dein Recht, Halt sie in beinen Schranken; Gib himmlische Gedanken Dem fürstlichen Geschlecht?

7. Verschone ihre Mängel! Laß alles heilsam gehn, Laß beine heilgen Engel Als Hüter um sie stehn. Herr Gott, du segnest gern! O walte du hienieden! Gib beinem Volke Frieden Durch Jesum, unsern Herr.t

11. Krieg und Friede.

Ps. 85, 3. 5. Herr, der du bist vormals gnädig gewesen deinem Lande: tröste uns, Gott, unser Heiland und laß ab von deiner Ungeduld über uns.

Mel. Es ist das Heil uns kommen ꝛc.

500. Herr, der du vormals hast dein Land Mit Gnaden angeblicket, Und, wenn du Strafen ihm gesandt, Es wiederum erquicket; Der du die Sünd und Missethat, Die alles Volk begangen hat, Uns väterlich verziehen:

2. Willst du, o Vater, uns denn nicht Nun einmal wieder laben? Und sollen wir an deinem Licht Nicht wieder Freude haben? Ach, geuß von deines Himmels Haus, Herr, deine Güt' und Segen aus Auf uns und unsre Häuser!

3. Ach, daß ich hören sollt das Wort Erschallen bald auf Erden: Daß Friede sollt an jedem Ort, Wo Christen wohnen, werden! Ach, daß uns Gott doch sagte zu Des Krieges Schluß, der Waffen Ruh Und alles Unglücks Ende!

4. Ach, kehrte doch die böse Zeit Sich um zu guten Tagen, Damit wir in dem großen Leid Nicht möchten ganz verzagen! Doch ist ja Gottes Hülfe nah, Und seine Gnade stehet da All denen, die ihn fürchten.

5. Wenn wir nur fromm sind, wird sich Gott Schon wieder zu uns wenden, Den Krieg und alle andre Noth Nach Wunsch und also enden, Daß seine Ehr in unsrem Land Und allenthalben werd erkannt, Ja, stetig bei uns wohne.

6. Die Güt' und Treue werden schön Einander grüßen müssen; Das Recht wird durch die Lande gehn Und wird den Frieden küssen; Die Treue wird mit Lust und Freud Auf Erden blühn, Gerechtigkeit Wird von dem Himmel schauen.

7. Der Herr wird uns viel Gutes thun: Das Land wird Früchte geben, Und die in seinem Schooße ruhn, Die werden davon leben; Gerechtigkeit wird wohl bestehn Und stets in vollem Schwange gehn, Zur Ehre seines Namens.

Krieg und Friede. In allgemeiner Noth. 473

Pf. 174, 14. Er schafft deinen Grenzen Frieden.
Mel. Nun danket alle Gott.

501. Herr Gott! dich loben wir Für deine großen Gnaden, Daß du das Vaterland Von Kriegeslast entladen, Daß du uns blicken läss'st Des goldnen Friedens Zier; Drum jauchzet alles Volk: Herr Gott, dich loben wir!

2. Herr Gott! dich loben wir, Die wir in bangen Tagen Der Waffen schweres Joch Und frechen Grimm getragen; Jetzt rühmet unser Mund Mit herzlicher Begier: Gott Lob, wir sind in Ruh! Herr Gott, wir danken dir!

3. Herr Gott! dich loben wir, Daß du uns zwar gestrafet, Jedoch in deinem Zorn Nicht gar hast weggeraffet. Es hat die Vaterhand Uns deine Gnadenthür Jetzt wieder aufgethan; Herr Gott, wir danken dir!

4. Herr Gott! wir danken dir, Daß du nicht Land und Leute, Und unsern Fürstenstamm Dem Feinde gabst zur Beute, Daß dein Arm mit ihm war; Gib ferner Gnad allhier, Daß auch die Nachwelt sing: Herr Gott, wir danken dir!

5. Herr Gott! wir danken dir, Und bitten, Du wollst geben, Daß wir auch künftig stets In guter Ruhe leben. Krön uns mit deinem Gut, Erfülle für und für, O Vater, unsern Wunsch, Herr Gott, wir danken dir!

---

12. In allgemeiner Noth.

2. Chron. 20, 9. Wenn ein Unglück über uns kommt, und wir schreien zu dir in unserer Noth, so wollst du hören und helfen.
Mel. Herr Jesu Christ, dich zu uns w.

502. Wenn wir in höchster Noth und Pein Und wissen nicht wo aus noch ein Und finden weder Hülf noch Rath, Obgleich wir sorgen früh und spat:

2. So ist dies unser Trost allein, Daß wir zusammen insgemein Anrufen dich, o treuer Gott, Um Rettung aus der Angst und Noth.

3. Wir heben unser Aug und

Herz Zu dir in wahrer Reu und Schmerz, Und bitten um Begnadigung Und aller Strafen Änderung;

4. Die du verheißest gnädiglich Allen, die darum bitten dich Im Namen des Herrn Jesu Christ, Der unser Heil und Mittler ist.

5. Drum kommen wir, Herr, unser Gott, Und klagen dir all unsre Noth, Weil wir jetzt stehn verlassen gar In großer Trübsal und Gefahr.

6. Sieh nicht an unsre Sünden groß, Sprich uns davon aus Gnaden los, Steh uns in unsrem Elend bei, Mach uns von allen Plagen frei.

7. Alsdann von Herzen wollen wir Mit hohen Freuden danken dir, Gehorsam sein nach deinem Wort, Dich allzeit preisen hier und dort.

---

2. Sam. 22, 7. Wenn mir angst ist, so rufe ich den Herrn an und schreie zu meinem Gott: so erhöret er meine Stimme.

Mel. Herzlich thut mich verlangen.

503. In tiefen Aengsten schreien Wir, dich Erbarmer an,

Dich, der allein befreien, Allein erhören kann. Hast du denn ganz verborgen Dein Vaterangesicht? Kommt uns in finstern Sorgen Nicht mehr ein Strahl vom Licht?

2. Die Noth von so viel Seiten Beraubt uns aller Ruh, Wir sehn dem Sturm der Zeiten Mit bangem Herzen zu. Die Hülfe im Gedränge, Wonach das Auge thränt, Verzieht sich in die Länge Und ist noch nicht ersehnt.

3. Wir fallen, müd im Herzen, Nachts auf die Lagerstatt, Und träumen, was mit Schmerzen Uns Tag's gefoltert hat; Erwachen wir, so beben Wir vor der neuen Last. Wie qualvoll ist dies Leben! Herr, wir erliegen fast.

4. Willst du noch länger schweigen Zu unserm Kummerstand? Nicht uns Verlassnen zeigen Die Allmacht deiner Hand? Laß endlich dich bewegen! Errett uns dir zum Ruhm! Kehr doch den Fluch in Segen, Das Leid in Freuden um!

5. Verdienen wir als Sünder Die Ruth, ach, so vergib, Hab uns und unsre Kinder In Christ

dennoch lieb! Gib uns, daß wir dich ehren, Den Sinn, der dir gefällt! Komm, komm, uns zu erhören, Erbarmer aller Welt!

13. Jahreswechsel.

A. Jahresschluß.

Ps. 90, 4. 5. Tausend Jahre sind vor dir wie der Tag, der gestern verflossen ist und wie eine Nachtwache. Du lässest sie dahin fahren wie einen Strom.

Mel. Werde munter, mein Gemüthe.

504. Abermal ein Jahr verflossen, Näher zu der Ewigkeit! Wie ein Pfeil wird abgeschossen, So vergehet meine Zeit. O Jehovah Zebaoth! Unveränderlicher Gott! Ach, was soll, was soll ich bringen, Deiner Langmuth Dank zu singen?

2. Ich erschrecke, mächtig Wesen! Ich versink in Angst und Noth: Denn mein Beten, Singen, Lesen, Ach, das ist so träg und todt. Heilger, Heilger, Heiliger! Großer Seraphinen-Herr! Wehe mir, ich muß vergehen! Denn wer kann vor dir bestehen?

3. Aber du bist auch sanftmüthig, O getreues Vaterherz! In dem Mittler bist du gütig, Der gefühlt des Todes Schmerz. Steh ich nicht in deiner Hand Angezeichnet als ein Pfand, Das du ewig willst bewahren Vor des bösen Feindes Schaaren?

4. Auf, mein Herz, gib dich nun wieder Ganz dem Friedefürsten dar! Opfre dem der Seele Lieder, Welcher krönet Tag und Jahr! Fang ein neues Leben an, Das zum Ziel dich führen kann, Wo du durch ein selig Sterben Wirst die Lebenskron ererben.

5. Soll ich denn in dieser Hütten Längerhin mich plagen noch, So wirst du mich überschütten Mit Gebuld, das weiß ich doch. Trag auf deinem Herzen mich, Jesus Christus! dir will ich Mich von Neuem heut verschreiben, Dir auf ewig treu zu bleiben.

6. In dem Abend und dem Morgen, Gott, mein Heil, besuche mich! Laß der Heiden Nahrungssorgen Nimmer scheiden mich und dich; Prüf mich jeden Augenblick; Gib, daß ich mein

Haus beschick, Daß ich wache, daß ich flehe, Ehe denn ich schnell vergehe!

---

1. Mof. 32, 10. Ich bin zu geringe aller Barmherzigkeit und aller Treue, die du an deinem Knechte gethan haft.

M e L Befiehl du deine Wege.

505. Durch Trauern und durch Plagen, Durch Noth und Angst und Pein, Durch Hoffnung und durch Klagen, Durch Sorgen groß und klein, Bin ich, Gott Lob! gedrungen; Dies Jahr ist hingelegt. Dir, Gott, sei Dank gesungen! Dein Lob mein Herz bewegt.

2. Der du mich hast erbauet, In dir besteht mein Heil; Dir ist mein Glück vertrauet, Du bist und bleibst mein Theil. Du hast mich wohl erhalten, Du bist mein Trost, mein Hort; Dich laff' ich ferner walten: Herr führ mich fort und fort.

3. Mein Gott und meine Liebe, Was du willst, will auch ich; Gib, daß ich nichts verübe, Was irgend wider dich. Dir ist mein Will ergeben, Ja, er ist nicht mehr mein, Dieweil mein ganzes Leben Dir eigen wünscht zu sein.

4. Nach dir soll ich mich schicken, Und, Herr, ich will's auch thun. Soll mich die Armuth drücken? Ich will dabei beruhn. Soll ich denn Krankheit leiden? Ich will gehorsam sein. Soll ich von bannen scheiden? Herr, dein Will ist auch mein.

5. Nun ist das Jahr beschlossen: Laß deine Gnade heut Sein auf mich ausgegossen, So wird mein Herz erneut. Laff' ich die alten Sünden, So werd ich, Gott, bei dir Auch neuen Segen finden; Dein Wort verspricht es mir.

---

1. Sam. 7, 12. Da nahm Samuel einen Stein und stellte ihn — und hieß ihn Eben Ezer und sprach: Bis hieher hat uns der Herr geholfen.

M e L Frühmorgens, da die Sonn rc.

506. Das alte Jahr ist nun dahin; Dir, höchster Gott, ist unser Sinn Für alle deine Gütigkeit Mit hohem Preis und Dank bereit.

2. Du hast uns das vergangne Jahr Aus Noth gerissen und Gefahr, In Gnaden unser stets verschont, Und nie nach Werken uns gelohnt.

3. Den edlen Schatz, dein wer-

Jahreswechsel.

thes Wort, Haſt du verliehen dieſem Ort, Die Seelen uns dadurch ernährt, Auch unſerm Leib ſein Theil beſcheert.

4. All unſers Glaubens Bitt und Flehn Haſt du erhört und vorgeſehn, Oft mehr verliehn, als wir begehrt: Dafür ſei ſtets von uns verehrt!

5. Wir bitten ferner, frommer Gott, Steh uns noch bei in aller Noth, Verzeih uns unſre Sünd und Fehl, Hilf an dem Leib, hilf an der Seel!

6. Dein Wort, der Seelen Arzenei, Laß ferner bei uns wohnen frei; Gib treue Lehrer, die mit Wort Und Wandel leuchten dieſem Ort.

7. Gib unſrer Obrigkeit auch Gnad, Wend ab den Krieg, gib Friedensrath, Daß wir und ſie in ſtiller Ruh All unſer Leben bringen zu.

8. Feucht auch das Land, gib Sonnenſchein, Laß wachſen Gras, Getreid und Wein, Daß Menſch und Thier von deiner Gab Auch fernerhin zu leben hab.

9. Gib, was uns dient zu jeder Zeit, Nicht Ueberfluß, noch Dürftigkeit, Damit nicht unſer Herz beſchwert, Noch auch durch Geiz verführet werd.

10. Hält'ſt du uns auch, o Gott, erſehn Mit Tod aus dieſer Welt zu gehn, So laß uns nicht; hilf, ſteh uns bei, Ein ſelig Stündlein uns verleih!

11. Nimm auf die Seel in deine Hand, Den Leib bedeck kühler Sand, Bis du ſie beide bringſt zur Freud, Da ſie dich ſchaun in Ewigkeit.

B. Neujahr.

2. Sam. 7, 18. Wer bin ich, Herr Herr, und was iſt mein Haus, daß du mich bis hieher gebracht haſt.

Mel. Wach auf, mein Herz, und ſinge.

507. Nun laßt uns gehn und treten Mit Singen und mit Beten Zum Herrn, der unſerm Leben Bis hieher Kraft gegeben.

2. Wir gehn dahin und wandern Von einem Jahr zum andern; Wir leben und gedeihen Vom alten zu dem neuen.

3. Denn wie von treuen Müttern In ſchweren Ungewittern Die Kindlein hier auf Erden Mit Fleiß bewahret werden:

4. Also auch und nicht minder
Läßt Gott ihm seine Kinder,
Wenn Noth und Trübsal blitzen,
In seinem Schooße sitzen.

5. Ach, Hüter unsers Lebens!
Fürwahr es ist vergebens Mit
unserm Thun und Machen, Wo
nicht bein' Augen wachen.

6. Gelobt sei beine Treue, Die
alle Morgen neue! Lob sei ben
starken Händen, Die alles Herz-
leid wenden!

7. Laß ferner bich erbitten, O
Vater, und bleib mitten In
unserm Kreuz und Leiden Ein
Brunnen unsrer Freuden.

8. Gib uns und allen benen,
Die sich von Herzen sehnen Nach
bir und beinen Hulden, Ein
Herz, sich zu gebulben.

9. Schleuß zu bie Jammer-
pforten, Und laß an allen Orten
Auf so viel Blutvergießen Die
Friedensströme fließen.

10. Sprich beinen milben Se-
gen Zu allen unsern Wegen;
Laß Großen und auch Kleinen
Die Gnadensonne scheinen.

11. Sei der Verlassnen Vater,
Der Irrenden Berather, Der
Unversorgten Gabe, Der Armen
Gut und Habe.

12. Hilf gnädig allen Kranken,
Gib fröhliche Gedanken Den
hochbetrübten Seelen, Die sich
mit Schwermuth quälen.

13. Unbenblich, was bas Meiste: Füll uns mit beinem Geiste,
Der uns hier herrlich ziere, Und
bort zum Himmel führe.

14. Das wolleft bu uns allen
Nach beinem Wohlgefallen, Du,
unsers Lebens Leben, Zum neuen
Jahre geben!

Spr. 6, 1. 2. Mein Kind, beine Gebote behalte meine Gebote; benn sie werden bir langes Leben und gute Jahre und Frieden bringen.

Mel. Wie groß ist des Allmächtigen Güte.

508. Kommt, laßt uns
knien und niederfallen Vor bem,
der uns geschaffen hat! Ihm
müsse Ruhm und Preis erschallen
Für alle seine Wunderthat! Er
lässet Jahr und Monden eilen;
Sie fliehn, er macht sie wieder
neu, Und wenn sich ihre Stun-
ben theilen, Bleibt er boch ewig
fromm und treu.

2. Herr, beine Güte, Treu und
Gnabe Ist ewig, wie bu selber
bist; Du leitest uns auf rechtem
Pfabe, Und zeigst uns, was uns
heilsam ist. Du wachst für unser

Jahreswechsel.

Wohl und Leben Von unsrer Mutter Leibe an; Du hast uns väterlich gegeben, Was Seel und Leib beglücken kann.

3. Entzeuch mir doch, um Jesu willen, Dein Herz im neuen Jahre nicht; Laß diesen Trost mein Herze stillen, Daß mein Versöhner für mich spricht! Vergib, o Herr, mir alle Sünde, Und stehe mir in Gnaden bei, Daß ich dich treuer such und finde; Schaff mich im neuen Jahre neu!

4. Gib mir des Lebens Glück und Freuden, Wenn es dein Rath für nützlich hält; Und schickest du mir Kreuz und Leiden, So zeuch dadurch mich von der Welt. Laß mich ja nicht nach Gütern schmachten, Die, wie die Lust der Welt, vergehn; Laß mich nach jenen Schätzen trachten, Die ewig, wie mein Geist, bestehn.

5. Und soll ich meinen Lauf vollenden, So führe mich zum Himmel ein, Und laß in deinen treuen Händen Mein Kleinod beigelegt mir sein. Erhöre mich um Jesu willen, Und eil uns allen beizustehn! Ja, Amen, Herr, du willst erfüllen! Was wir in Christi Namen flehn.

Jes. 43, 19. Siehe, ich will ein neues machen, jetzt soll es aufwachsen, daß ihr erfahren werdet, daß ich Weg in der Wüste mache und Wasserströme in der Einöde.

Mel. Wie schön leucht't uns ꝛc.

509. Steig auf mit Gott, du junges Jahr, Mit deinen Sternen mild und klar, Steig auf am Himmelsbogen! Aus deiner Lichter hellem Chor Tritt schon mein Morgenstern hervor! Der oft mein Herz gezogen: Christus, Jesus, Stern der Sterne, Nah und ferne! Licht vom Morgen! Ja, du bleibest nicht verborgen.

2. O geh uns auf am dunkeln Ort, Erleuchte siegreich fort und fort Die Finsterniß hier innen! In uns ist lauter Todesnacht; Nur wo dein Lebensglanz erwacht, Da werden licht die Sinnen. Dann, dann Bricht an Eine Quelle Selger Helle; Dann geht's heiter Auf dem Himmelspfade weiter.

3. So werd es Morgen! und so bleib An deinem auserwählten Leib Es jedem Gliede Morgen! Ja, deine Kinder nah und fern, Bestrahle sie, du Morgenstern! Vernichte Gram und Sorgen. Binde, Gründe, Herzensprüfer, Fester, tiefer All

die Deinen: Hilf den Großen und den Kleinen.

4. Was herrschen und gehorchen soll, Das werde beines Glanzes voll, So freun sich Volk und Fürsten. Nur deine Klarheit leite sie, So werden unsre Herzen nie Umsonst nach Frieden dürsten. Laß sich friedlich Nationen Um die Kronen Frommer Richter Reihn im Segen deiner Lichter!

5. Und du erscheinst, ja du erscheinst! Ein langes Harren galt es einst: Nun gilt's noch kurzes Wachen. O wann du kommst, so komm auch mir Zur Seligkeit, so zeuch zu dir Erbarmungsvoll mich Schwachen! Kindlich Möcht ich Dann dir nahen Und empfahen Eine Krone, Ach, zum unverdienten Lohne!

6. Nur daß ich dein sei, Gottes Sohn, Nur daß du sei'st mein Schild und Lohn, Nur daß ich in dir lebe; Nur daß ich dir, dem ich geglaubt, Zu jeder Stunde Herz und Haupt Mit Freud entgegenhebe! Frühe Ziehe Mich auch heute; Segne, leite, Was ich thue; Gib an deiner Brust uns Ruhe.

Pſ. 84, 4. Preiſet mit mir den Herrn, und laſſet uns mit einander ſeinen Namen erhöhen.

Mel. Alle Menſchen müſſen ſterben.

510. Auf, ihr Gottes Hausgenoſſen, Laßt im neuen Jahre nun, Weil das alte hingefloſſen, Uns erhöhn des Höchſten Thun! Laßt uns Gottes Lob erhöhen, Und vor seinem Antlitz ſtehen Als ein Volk in Ewigkeit Ihm zu Lieb und Dank bereit!

2. Gib, o Herr, uns neuen Segen, Neues Heil und neues Glück! Wie der Himmel gibt den Regen Und die Sonne goldnen Blick: Also laß uns deine Gaben Neu im Segen wieder haben, Und, was Seel und Leib erfreut, Nehmen mit Zufriedenheit!

3. Nimm hinweg die alten Sünden, Gib uns einen neuen Geiſt, Daß wir neue Kraft empfinden, Dir zu dienen allermeiſt, — Auf des Glaubens Bahn zu wandeln, Und nach deinem Wort zu handeln, Daß das Gute täglich neu, Und das Böse ferne sei.

4. Deines Wortes Licht und Klarheit Laß bei uns nicht untergehn, Daß wir feſt in deiner Wahrheit, Als auf einem Felſen

stehn. Wehre denen, die sich rüsten, Zu vertilgen deine Christen, Oder gute Furcht und Ehr Hindern wider deine Lehr!

5. Herr, laß Hagel, Krieg und Seuchen, Zwietracht und des Leichtsinns Tand Gnadenvoll von hinnen weichen, Fern von unsrem Vaterland! Laß uns hören in den Landen: Gott sei noch bei uns vorhanden, Und kein Elend sei so schwer, Das nicht abzutreiben wär!

6. Denen bald die Zeit verflossen, Daß sie müssen sterben gehn, — Laß, o Jesus, aufgeschlossen Deinen Thron der Gnade stehn! Wenn sie durch des Todes Leiden Nun von hinnen sollen scheiden, Steh du ihnen gnädig bei, Daß ihr Ende selig sei!

7. Hast du, Herr, auch uns erlesen Zu dem Tod in diesem Jahr, O so nimm, daß wir genesen, Unsrer Seelen gnädig wahr! Nimm uns bälder nicht von hinnen, Ehe wir mit hellen Sinnen Ewig sind geworden dein! Dann wird Sterben Freude sein,

Ps. 90, 2. Herr Gott, du bist unsre Zuflucht für und für.

Mel. Wachet auf, ruft uns die Stimme.

511. Gott, du führest unsre Stunden, Das alte Jahr ist schnell entschwunden; Nun schenkst du uns ein neues Jahr. Doch du Lenker unsrer Zeiten, Du König aller Ewigkeiten, Du bleibst die Liebe immerdar! Dich, Vater, preisen wir; Du bleibest für und für Unsere Zuflucht. Herr, was dein Rath Beschlossen hat, Das reifet stets zu heilger That.

2. Du hast dieses kurze Leben Uns Sündern einmal nur gegeben Zur Aussaat für die Ewigkeit. Lehr uns nützen unsre Tage, Damit uns keiner dort verklage Am großen Abschluß aller Zeit! Wer nicht nach heilger Pflicht Hier sät, der erntet nicht. Lehr uns eilen! In Freud und Glück, Im Mißgeschick Schau nur auf dich, Herr, unser Blick!

3. Ja, auf dich nur laß uns blicken! Du wirst uns stärken, uns erquicken, Auch auf der steilsten Dornenbahn. O laß froh uns weiter gehen, Bis wir am selgen Ziele stehen, Und leite mild uns himmelan! Der alles

wohlgemacht, Du hast auch uns bedacht, Ewger Vater! Der uns erkor, Neigt uns sein Ohr; Drum stehen kindlich wir empor.

4. Herr, laß uns im Glauben wandern Von einem Jahre zu dem andern! Wir wissen, daß du bei uns bist. Du, den Gott uns auserlesen, Bist selbst ein Pilger hier gewesen; Wir traun auf dich, Herr Jesu Christ! Gib Glauben, Muth und Kraft Zu treuer Pilgerschaft, Treuer Heiland! Wir sind ja dein! Du sollst es sein, Dem wir uns hier und droben weihn!

Ps. 102, 28. Du bleibest, wie du bist, und deine Jahre nehmen kein Ende.
Mel. Es ist gewißlich an der Zeit.

512. Dich, Ewiger, dich bet ich an, Unwandelbares Wesen, Dich, den kein Wechsel treffen kann! Wir werden, sind gewesen. Wir blühen und vergehn durch dich. Nur du bist unveränderlich, Du warst und bist und bleibest.

2. Herr, ewig währet deine Treu, Mit Huld uns zu begegnen, Und jeden Morgen wird sie neu, Mit Wohlthun uns zu segnen! Zur Buße treibe sie mich an, Zur Buße, ohne die ich kann Ja nimmer selig werden.

3. Du hast auch im verflossnen Jahr Mich väterlich geleitet, Und, wenn mein Herz voll Sorgen war, Mir Trost und Heil bereitet. Mit Dank und Rührung preis ich dich! Auf's neue übergeb ich mich, O Gott, in deine Hände!

2 u L. 2, 21. Und da acht Tage um waren, daß das Kind beschnitten würde, da ward sein Name genannt Jesus.
Mel. Großer Gott, wir loben dich.

513. Jesus soll die Losung sein, Da ein neues Jahr erschienen; Jesu Name soll allein Denen zum Paniere dienen, Die in seinem Bunde stehn Und auf seinen Wegen gehn.

2. Jesu Name, Jesu Wort Soll bei uns in Zion schallen, Und so oft wir an den Ort, Der nach ihm benannt ist, wallen, Mache seines Namens Ruhm Unser Herz zum Heiligthum.

3. Unsre Wege wollen wir Nur in Jesu Namen gehen. Geht uns dieser Leitstern für, So wird alles wohl bestehen, Und durch seinen Gnadenschein Alles voller Segen sein.

Jahreszeiten.

4. Alle Sorgen, alles Leid Soll sein Name uns versüßen; Dann wird alle Bitterkeit Uns zu Honig werden müssen; Jesu Nam ist Sonn und Schild, Welcher allen Kummer stillt.

5. Jesus aller Bürger Heil, Unsrem Ort ein Gnadenzeichen, Unsres Landes bestes Theil, Dem kein Kleinod zu vergleichen, Jesus sei uns Schutz und Trost! So ist uns gar wohl geloost.

14. Jahreszeiten.
A. Frühling und Sommer.

Hohel. 2, 11. 12. Siehe, der Winter ist vergangen, der Regen ist weg und dahin. Die Blumen sind hervorgekommen im Lande, der Lenz ist herbei gekommen und die Turteltaube läßt sich hören in unserm Lande.

Mel. Alle Menschen müssen sterben.

514. Gott, du lässest Treu und Güte Täglich über uns aufgehn, Zierst die Erde neu mit Blüthe, Schmückest Thal und Berge schön, Daß sich in dem holden Maien Wald und Flur und Ströme freuen; Wo das Aug sich wendet hin, Sieht es deinen Segen blühn.

2. Deines Frühlings milde Zeiten Haben diese Welt verjüngt; Alles muß dein Lob verbreiten, Nachtigall und Lerche singt; Ja, kein Gras ist so geringe, Das, o Schöpfer aller Dinge, Nicht erzählte deine Treu, Und wie groß dein Wohlthun sei!

3. Soll der Mensch denn stille schweigen, Den du noch viel höher krönst, Den du dir erwählst zu eigen, Dessen Herz du dir versöhnst? Den du durch dich selbst erneuest, Den du inniglich erfreuest, Daß er wieder dich erfreu Und dein schöner Garten sei?

4. Auf ihr Schwestern und ihr Brüder, Stimmet an den Freudenklang! Opfert eurem Schöpfer wieder zarter Liebe Lobgesang, Daß er durch die Wolken bringe, Und vor unserm Gott erklinge, Der vom Himmel segnend blickt, Und das Jahr mit Gütern schmückt!

Pf. 40, 6. Herr, mein Gott, groß sind deine Wunder, und deine Gedanken, die du an uns beweisest.

Eigene Melodie.

515. Unbegreiflich Gut,

Wahrer Gott alleine! Herr, der Wunder thut, Heilig großer Gott! Starker Zebaoth! Dich, o Herr, ich meine.

2. Ehrerbietigkeit Meiner Seele schenke, Auch zu dieser Zeit, Da das Herze singt Und die Zunge klingt, Alles zu dir lenke.

3. Stimmet mit mir an, Himmel, Luft und Erde, Rufet jedermann, Ruft, daß überall Mit dem hellsten Schall Gott gepriesen werde!

4. Gott, das helle Licht Deiner Sonnenstrahlen Rühret mein Gesicht; Gib, daß ich dich seh, Deine Macht versteh, So die Werk abmalen!

5. Herr, des Himmels Glanz Leuchtet wie ein Spiegel Deiner Ehre ganz. Laß mich klar und rein, Wie dein Himmel sein Durch der Gnade Siegel!

6. Gott, die Luft erschallt Von so vielen Kehlen, Echo wiederhallt; Ich auch singe dir, Laß das Echo mir, Deinen Gruß nicht fehlen!

7. Herr, das Weltgebäu Preiset deinen Namen; Alles ist hier neu, Alles steht in Pracht, Alles grünt und lacht, Bringet seinen Samen.

8. Gott, wie rühmen dich Berge, Fels und Klippen! Sie ermuntern mich; Drum an diesem Ort, O mein Fels und Hort! Jauchzen meine Lippen.

9. Herr, wie rauscht dahin Wasser in den Gründen! Es erfrischt den Sinn; Laß in deinem Wort Dich mich immerfort, Lebensquelle, finden!

10. Gott, die Heerden ziehn, Zeugen deiner Milde Fröhlich durch das Grün. Leit als Hirte du Mich zur Freud und Ruh Deiner Lichtgefilde.

11. Weisheit hat gemacht Diese Wunderdinge; Und der Erde Pracht Ist ganz voller Güt'. Auf, auf, mein Gemüth, Hallelujah singe!

Pf. 111, V. 3. Groß sind die Werke des Herrn; wer ihrer achtet, der hat eitel Lust daran. Was er erdacht, das ist löblich und herrlich.

Eigene Melodie.

516. Geh aus, mein Herz, und suche Freud In dieser lieben Sommerzeit An deines Gottes Gaben! Schau an der schönen Gärten Zier, Und siehe, wie sie mir und dir Sich ausgeschmücket haben.

Jahreszeiten.

2. Die Bäume stehen voller Laub, Das Erdreich becket seinen Staub Mit einem grünen Kleide; Narzissen und die Tulipan, Die ziehen sich viel schöner an Als Salomonis Seide.

3. Die Lerche schwingt sich in die Luft, Das Täublein fleucht aus seiner Kluft Und macht sich in die Wälder; Die hochbegabte Nachtigall Ergötzt und füllt mit ihrem Schall Berg, Hügel, Thal und Felder.

4. Die Glucke führt ihr Völklein aus, Der Storch baut und bewohnt sein Haus, Das Schwälblein speist die Jungen; Der schnelle Hirsch, das leichte Reh Ist froh und kommt aus seiner Höh In's tiefe Gras gesprungen.

5. Die unverdroßne Bienenschaar Zeucht hin und her, sucht hier und dar Die edle Honigspeise; Der süße Weinstock steht im Saft Und wirkt täglich neue Kraft In seinem schwachen Reise.

6. Der Weizen wächset mit Gewalt; Darüber jauchzet Jung und Alt Und rühmt die große Güte Deß, der so überfließend labt Und mit so manchem Gut begabt Das menschliche Gemüthe.

7. Ich selber kann und mag nicht ruhn, Des großen Gottes großes Thun Erweckt mir alle Sinnen; Ich singe mit, wenn alles singt, Und lasse, was dem Höchsten klingt, Aus meinem Herzen rinnen.

8. Ach, denk ich, bist du hier so schön, Und läss'st du's uns so lieblich gehn Auf dieser armen Erden, Was will doch wohl nach dieser Welt Dort in dem reichen Himmelszelt Und Paradiese werden!

9. Welch hohe Lust, welch heller Schein Wird wohl in Christi Garten sein! Wie muß es da wohl klingen, Da so viel tausend Seraphim Mit unverdroßner Wonnestimm Ihr Hallelujah singen!

10. O, wär ich da! o stünd ich schon, Du reicher Gott, vor beinem Thron Und trüge meine Palmen! So wollt ich nach der Engel Weis' Erhöhen deines Namens Preis Mit tausend schönen Psalmen.

11. Doch will, so lang auf Erden noch Ich trage dieses Leibes Joch Ich auch nicht stille schweigen; Mein Herze soll sich fort und fort An diesem und

an allem Ort Zu beinem Lobe neigen.

12. Hilf nur und segne meinen Geist Mit Segen, der vom Himmel fleußt, Daß ich bir stetig blühe! Gib, daß der Sommer beiner Gnad In meiner Seele früh und spat Viel Glaubensfrucht erziehe.

13. Mach in mir beinem Geiste Raum; Laß mich als einen guten Baum Am Lebenswasser grünen: So will ich bir und beiner Ehr Allein, und keinem andern mehr, Hier und bort ewig dienen.

Ps. 104, 24. Herr, wie sind beine Werke so groß und viel! Du hast sie alle weislich geordnet und die Erde ist voll beiner Güter.

Eigene Melodie.

517. Herr! bir ist niemand zu vergleichen, Kein Lobe kann beine Größ erreichen, Kein noch so feuriger Verstand. Pracht, Majestät und Ruhm umgeben Dich, aller Wesen Quell und Leben; Licht ist dein strahlenvoll Gewand. In hohen, unermeßnen Fernen, Wohin kein sterblich Auge schaut, Hast du weit über allen Sternen Dir beinen höchsten Sitz erbaut.

2. Wie bist bu, wenn bu, Gott der Götter, Herabfährst, wenn bu in dem Wetter Einhergehst, uns so fürchterlich! Du kommst, und Wolken sind bein Wagen, Dein Wagen donnert, willig tragen Die Fittige des Sturmes bich. Die Engel fliegen gleich den Winden Vor bir voran, Herr Zebaoth! Wie Flammen, die sich schnell entzünden, Sind beiner Allmacht Diener, Gott!

3. Als bu allmächtig sprachst: „es werde!" Da gründetest bu fest die Erde, Vor Alters war die Tief ihr Kleid. Auf allen Bergen standen Wasser, Du schaltst sie, ba entflohn bie Wasser, Durch beines Donners Kraft zerstreut. Der Berge Gipfel, Herr, erschienen, Erhoben durch bein mächtig Wort, Die Thäler sanken unter ihnen An den für sie bestimmten Ort.

4. Wie wimmelt's in den weiten Meeren Von großen und von kleinen Heeren! Herr, beine Weisheit hat kein Ziel! Und wer mißt beine Huld und Stärke? Mit Staunen seh ich beine Werke, Wie schön sind sie, wie groß und viel! Herr, alles wartet auf der Erde, Im Meer und in der

Jahreszeiten.

Luft auf dich, Daß es von dir gefälligt werde; Du segneft, fie erquicken fich.

5. Dein Odem tödtet und beseelet; Die Welt, die deine Huld erzählet, Erneuert fich auf dein Gebot. Dein Ruhm ift ewig, beine Stärke Schuf und bewahret beine Werke; Sie find bein Wohlgefallen, Gott! Du schauft die Erd an, fie erzittert! Du lafteft an der Berge Höhn, Und Berg und Fels, durch dich zerfplittert, Sind Flammen, dampfen und vergehn!

6. Erheb, erheb, o meine Seele, Gott, meinen Schöpfer, und erzähle, Verkündige fein Lob der Welt! Ihm finge beine Jubellieder; Der Fromme halle fie ihm wieder, Dem Mächtigen, der uns erhält! Frohlockt ihm, alle feine Heere, Ihm weihet euren Lobgefang! Der Herr ift würdig, Preis und Ehre Zu nehmen, Lob und Ruhm und Dank!

(Gewitter.)

Pf. 29, 3. 4. Der Gott der Ehren donnert. Die Stimme des Herrn gehet mit Macht; die Stimme des Herrn gehet herrlich.

Mel. Herr, dir ift niemand ꝛc.

518. Wer barf bein Herrschen, Gott, verneinen, Der bu die Blitze läffeft fcheinen Aus beinem bunkeln Wolkenfitz? Des Donners nahes, fernes Grollen, Und beines Wagens furchtbar Rollen Erwiebern Hagel, Sturm und Blitz. Von deinem Sitze fliegen Pfeile Nach allen Seiten flammend hin, Und Seraphinen thun in Eile Nach beinem unumschränkten Sinn.

2. Wenn's in den Wolken tobt und wettert, Wenn Schlag auf Schlag herunterschmettert, Dann bebt die Welt von deiner Macht. Doch darf des Christen Herz nicht zittern, Froh fiehet es auch in Gewittern Den reinen Spiegel beiner Pracht. Indeß der Blick zum Himmel schauet, Wohnt Fried und Andacht in der Bruft, Denn feine Seel ift dir vertrauet, Und bu bift feines Geiftes Luft.

3. Dein Blitz erinnert treue Seelen, Die niemals bir bas Herz verhehlen, Herr, an bein allburchbringend Wort. O laß mich nichts vor ihm verftecken! Denn blitzend würdeft bu's entbecken, Und richten am geheimften Ort. Du wolleft felber mich burchbringen Mit beiner

Wahrheit hellem Blitz! Dann darf ich stets mit Freude bringen Zu beiner Gnade heilgem Sitz.

4. O mache dir mein Herz zu eigen, Daß sich bei mir in Wahrheit zeigen Dein Sinn und Bild im Herzensgrund. Damit man, Herr, bein göttlich Wesen In meinem Wandel möge lesen, Versiegle mich in beinen Bund. Gieß bei der Gnade sanftem Leuchten Dein Lebenswasser in mich aus, Mich tief im Grunde zu befeuchten Zu Früchten für bein Vaterhaus.

5. Dein Geist, als Strahl von beinem Sitze, Mein Wesen allezeit durchblitze, Und leuchte mir, o Gottes Sohn! So lang ich soll im Fleische leben, Laß täglich segnend mich durchbeben Den Feuerstrahl von beinem Thron! So preiset bich mein Herz, o Retter, Im Morgenroth und in der Nacht, Und ruht im Sonnenschein und Wetter Getrost in beiner Liebesmacht.

B. Erntelieder.

Ps. 136, 26. Danket dem Gott vom Himmel; denn seine Güte währet ewiglich.

Mel. Lobe den Herren, den mächtigen rc.

519. Schauet den Segen! den hat uns die Liebe gegeben! Schauet, dem Himmel entsprossen bies fröhliche Leben, Das uns bewegt; — Ihn, der bas Weltenheer trägt, Lasset uns kindlich erheben!

2. Segnend regiert er noch heut, wie in vorigen Tagen; Still hat das Körnlein erquickende Früchte getragen; Heiter und frisch führt er die Kinder zum Tisch, Wendet die Sorgen und Klagen.

3. Lieblich und herrlich, — so waren die Felder zu sehen. Rühmet und preiset! — wer hörte das heimliche Flehen? Wer schmückt das Feld, Das mir in Schwachheit bestellt? Das ist von oben geschehen!

4. Wer hat das Seufzen gestillet, die Klagen vernommen? Wer ist als Tröster in Stunden der Trübsal gekommen? — Was wir begehrt, Hat uns der Vater gewährt, Danket ihm herzlich, ihr Frommen!

Jahreszeiten.

5. Wer hat zum Himmel die Pforten uns offen gehalten? Wer mit Erbarmen gekrönet die Jungen und Alten? Danket dem Herrn; Kommet von nah und von fern; Preiset sein herrliches Walten!

---

1. Mos. 8, 22. So lange die Erde stehet, soll nicht aufhören Samen und Ernte, Frost und Hitze, Sommer und Winter, Tag und Nacht.

Mel. Bleibet treu, ihr Hochbeglückten.

520. Herr, die Erde ist gesegnet Von dem Wohlthun deiner Hand. Güt' und Milde hat geregnet, Dein Geschenk bedeckt das Land. Auf den Hügeln, In den Gründen Ist dein Segen ausgestreut. Unser Warten ist gekrönet, Unsre Herzen sind erfreut.

2. Aller Augen sind erhoben, Herr, zu dir in jeder Stund, Daß du Speise gibst von oben, Und versorgest jeden Mund. Und du öffnest deine Hände, Dein Vermögen wird nicht matt; Deine Hülfe, Gab und Spende Machet alle froh und satt.

3. Du gedenkst in deiner Treue An dein Wort zu Noah's Zeit, Daß dich nimmermehr gereue Deine Huld und Freundlichkeit. Und so lang die Erde stehet, Ueber der dein Auge wacht, Soll nicht enden Saat und Ernte, Frost und Hitze, Tag und Nacht.

4. Gnädig hast du ausgegossen, Deines Ueberflusses Horn; Ließest Gras und Kräuter sprossen, Ließest wachsen Frucht und Korn. Mächtig hast du abgewehret Schaden, Unfall und Gefahr, Und das Gut steht unversehret, Und gesegnet ist das Jahr.

5. Herr! wir haben solche Güte Nicht verdient, die du gethan; Unser Leben und Gemüthe klagt uns vieler Sünden an. Ach, gib, daß auch das Gefilde Für dich rühre unser Herz, Daß der Reichthum deiner Milde Uns bewege himmelwärts!

6. Hilf, daß wir dies Gut der Erden Treu verwalten immerfort! Alles soll geheiligt werden Durch Gebet und Gottes Wort. Was wir wirken und vollenden Sei gesät in deinen Schoos; — Dann wirst du die Ernte senden Unaussprechlich reich und groß.

3. Was Gott thut, das ist wohlgethan! Wer darf sein Walten richten, Wenn er, noch eh man ernten kann, Den Segen will vernichten? Weil er allein Der Schatz will sein, Nimmt er uns andre Güter, Zum Heile der Gemüther.

4. Was Gott thut, das ist wohlgethan! Es geh nach seinem Willen; Läßt es sich auch zum Mangel an: Er weiß das Herz zu stillen. Wer als ein Christ Genügsam ist, Der kann bei kleinern Gaben Doch Freud und Nahrung haben.

5. Was Gott thut, das ist wohlgethan! Das Feld mag traurig stehen: Wir gehn getrost auf seiner Bahn; Was gut ist, wird geschehen. Sein Wort verschafft Uns Lebenskraft, Es nennt uns Gottes Erben; Wie können wir verderben?

6. Was Gott thut, das ist wohlgethan! Laßt in Geduld uns fassen: Er nimmt sich unser gnädig an Und wird uns nicht verlassen. Er, unser Gott, Weiß, was uns Noth, Und wird es gern uns geben; Kommt, laßt uns ihn erheben!

C. Herbst und Winter.

P s. 145, 16. Du thust keine Hand auf und erfüllest alles, was lebet, mit Wohlgefallen.

M e L. Verzage nicht, o Häuflein klein.

524. Des Jahres schöner Schmuck entweicht, Die Flur wird kahl, der Wald erbleicht, Der Vöglein Lieder schweigen, — Ihr, Gotteskinder, schweiget nicht, Und laßt hinauf zum ewgen Licht Des Herzens Opfer steigen.

2. Gott ließ der Erde Frucht gedeihn, Wir greifen zu, wir holen ein, Wir sammeln seinen Segen. — Herr Jesu, Laß uns gleichen Fleiß An beiner Liebe Ruhm und Preis Mit Herzensfreude legen.

3. Der Weinstock gibt die süße Kost, Aus voller Kelter fließt der Most, Die Herzen zu erfreuen. — Du rechter Weinstock, höchstes Gut, Laß beine Reben durch dein Blut Sich freudiglich erneuen!

4. Was Gottes Hand für uns

gemacht, Das ist nun alles heimgebracht, Hat Dach und Raum gefunden. — So sammle dir zur Gnadenzeit, O Seele, was dein Herr dir beut, Für deine Kreuzesstunden.

5. Denn wie die Felder öde stehn, Die Nebel kalt darüber wehn Und Reif entfärbt die Matten: So endet alle Lust der Welt, Des Lebens Glanz und Kraft zerfällt; Schnell wachsen seine Schatten.

6. Es braust der Sturm, der Wald erkracht, Der Wandrer eilt, um noch vor Nacht Zu flüchten aus den Wettern. — O Jesu, sei uns Dach und Thurm, Wenn oft des Lebens rauher Sturm Uns will zu Boden schmettern!

7. Es fällt der höchsten Bäume Laub, Und mischt sich wieder mit dem Staub, Von dannen es gekommen. — Ach, Mensch, sei noch so hoch und werth: Du mußt hinunter in die Erd, Davon du bist genommen!

8. Doch wie der Landmann seine Saat Ausstreuet, eh der Winter naht, Um künftig Frucht zu sehen: So, treuer Vater, bedeckst du Auch unsern Leib mit Erde zu, Daß er soll auferstehen.

9. Indeß, wie über Land und Meer Der Störche Zug, der Schwalben Heer Der Sonn entgegenstreben: So laß zu dir die Seelen fliehn, Zu deinem Paradiese ziehn, An deiner Sonne leben!

Ps. 147, 16—18. Er gibt Schnee wie Wolle; er streuet Reif wie Asche. Wer kann bleiben vor seinem Frost? Er spricht, so zerschmelzet es; er läßt seinen Wind wehen, so thauet es auf.

Eigene Melodie.

525. In der stillen Einsamkeit Findest du dein Lob bereit; Großer Gott, erhöre mich! Meine Seele suchet dich!

2. Der du alle Sterne führst Und der Jahre Lauf regierst, Unveränderlich bist du, Nimmer still, und doch in Ruh.

3. Diese kalte Winterluft Kräftig in die Herzen ruft: "Seht, wo ist der Sommer hin? Nur der Herr erwecket ihn!"

4. Gleich wie Wolle fällt der Schnee Und bedecket Land und See; Wehet aber Gottes Wind, So zerfließet er geschwind.

5. Reif, wie Asche, nah und fern Streuet uns die Hand des Herrn; Wer kann bleiben vor

dem Frost, Wenn er weht von Nord und Ost?

6. O Beherrscher der Natur! Allem zeigst du Zeit und Spur! Frühling, Sommer, Herbst und Eis Nahn und fliehn auf dein Geheiß.

7. Folgte beines Worts Befehl Auch so willig meine Seel! O daß, Jesu, beine Lieb In mir lenkte jeden Trieb!

8. Friert da draußen alles ein, Soll mein Herz doch brennend sein; Leuchte, o mein Heil, in mir, O so glüht und lebt es dir!

15. Morgenlieder.

Ps. 57, 8. Mein Herz ist bereit, Gott, mein Herz ist bereit, daß ich singe und lobe.

Eigene Melodie.

526. Wach auf, mein Herz, und singe Dem Schöpfer aller Dinge, Dem Geber aller Güter, Dem frommen Menschenhüter!

2. Heunt, als die dunklen Schatten Mich ganz umgeben hatten, Bedecktest du mich Armen Mit göttlichem Erbarmen.

3. Du sprachst: „mein Kind, nun schlafe, Ich hüte meine Schafe; Schlaf wohl, laß dir nicht grauen, Du sollst die Sonne schauen."

4. Dein Wort, das ist geschehen, Ich kann das Licht noch sehen, Von Noth bin ich befreiet, Dein Schutz hat mich erneuet.

5. Du willst ein Opfer haben, Hier bring ich meine Gaben: In Demuth fall ich nieder, Und bring Gebet und Lieder.

6. Die wirst du nicht verschmähen; Du kannst in's Herz mir sehen, Und weißt wohl, daß zur Gabe Ich ja nichts Beßres habe.

7. So wollst du nun vollenden Dein Werk an mir, und senden, Der mich an diesem Tage Auf seinen Händen trage.

8. Sprich Ja zu meinen Thaten, Hilf selbst das Beste rathen; Den Anfang, Mitt' und Ende, Ach, Herr, zum Besten wende!

9. Den Segen auf mich schütte, Mein Herz sei deine Hütte, Dein Wort sei meine Speise, Bis ich gen Himmel reise.

Morgenlieder.

Pf. 17, 5. Erhalte meinen Gang auf deinen Fußsteigern, daß meine Tritte nicht gleiten.

Eigene Melodie.

527. Gott des Himmels und der Erden, Vater, Sohn und heilger Geist, Welcher Tag und Nacht läßt werden, Und die Sonn uns scheinen heißt, Und mit starker Hand die Welt Und was drinnen ist, erhält:

2. Gott, ich danke dir von Herzen, Daß du mich in dieser Nacht Vor Gefahr, Angst, Noth und Schmerzen Hast behütet und bewacht, Daß des bösen Feindes List Mein nicht mächtig worden ist.

3. Laß die Nacht auch meiner Sünden, Herr, wie diese Nacht, vergehn; O Herr Jesu, laß mich finden Deine Wunden offen stehn, Da alleine Hülf und Rath Ist für meine Missethat!

4. Hilf, daß ich auch diesen Morgen Geistlich auferstehen mag, Und für meine Seele sorgen, Daß, wenn einst dein großer Tag Uns erscheint und dein Gericht, Ich davor erschrecke nicht.

5. Führe mich, o Herr, und leite Meinen Gang nach deinem Wort; Sei und bleibe du auch heute Mein Beschützer und mein Hort. Nirgends, als in dir allein, Kann ich recht bewahret sein.

6. Meinen Leib und meine Seele Sammt den Sinnen und Verstand, Großer Gott, ich dir befehle Unter deine starke Hand; Herr, mein Schild, mein' Ehr und Ruhm, Nimm mich auf, dein Eigenthum!

7. Deinen Engel zu mir sende, Der des bösen Feindes Macht, List und Anschlag von mir wende, Und mich halt in guter Acht; Der mich endlich auch zur Ruh Trage nach dem Himmel zu.

Pf. 63, 2. Gott, du bist mein Gott, frühe wache ich zu dir; es dürstet meine Seele nach dir.

Mel. Frühmorgens, da die Sonn rc.

528. Des Morgens, wenn ich früh aufsteh, Und Abends dann zu Bette geh, Sehn meine Augen, Herr, auf dich; Herr Jesu, dir befehl ich mich!

2. Nur in der Kraft der Wunden dein, Da kann ich ruhn und sicher sein Mit Leib und Seele, Hab und Gut; Mein Schatz ist, Herr, dein theures Blut.

3. Denn, o Herr Christ, am

Kreuzesstamm Dein heilig Blut die Sünd hinnahm; Drum ich wach oder schlafe ein, Wollst du, Herr, mir im Herzen sein!

4. Dein Engel halte mich bewacht, Darum ich Tod und Höll nicht acht! Denn wo ich bin, bist du bei mir, Mein Glück und Kreuz kommt nur von dir.

5. Todt und lebendig bin ich dein, Mein Herz will keines andern sein. Dir geb ich's heut, und einst im Tod; Nimm mich zu dir, mein Herr und Gott!

Joh. 8, 12. Ich bin das Licht der Welt; wer mir nachfolgt, der wird nicht wandeln in Finsterniß, sondern das Licht des Lebens haben.

Eigene Melodie.

529. Morgenglanz der Ewigkeit, Licht vom unerschöpften Lichte! Schick uns diese Morgenzeit Deine Strahlen zu Gesichte, Und vertreib durch deine Macht Unsre Nacht.

2. Deiner Gnade Morgenthau Fall auf unser matt Gewissen; Laß die dürre Lebensau Lauter süßen Trost genießen, Und erquick uns, deine Schaar, Immerdar.

3. Gib, daß deiner Liebe Gluth Unsre todten Werke tödte, Und erweck uns Herz und Muth Bei erstandner Morgenröthe, Daß wir, eh wir gar vergehn, Recht aufstehn!

4. Ach, du Aufgang aus der Höh, Gib, daß auch am jüngsten Tage Unser Leichnam aufersteh, Und, befreit von aller Plage, Einst in reiner Himmelszier Steh vor dir!

5. Leucht uns selbst in jene Welt, Du verklärte Gnadensonne! Führ uns durch das Thränenfeld In das Land der süßen Wonne, Wo die Lust, die uns erhöht, Nie vergeht.

Joh. 1, 9. Das war das wahrhaftige Licht, welches alle Menschen erleuchtet, die in diese Welt kommen.

Mel. O Gott, du frommer Gott.

530. O Jesu, süßes Licht! Nun ist die Nacht vergangen; Nun hat dein Gnadenglanz Auf's neue mich umfangen; Nun ist, was an mir ist, Vom Schlummer aufgeweckt, Und hat sich, Herr, nach dir Verlangend ausgestreckt.

Morgenlieder.

2. Was soll ich bir benn nun, Mein Gott, zum Opfer schenken? Ich will mich ganz und gar In beine Gnade senken, Mit Leib und Seel und Geist An diesem ganzen Tag; Das soll mein Opfer sein, Weil ich sonst nichts vermag.

3. Drum siehe da, mein Gott, Da hast du meine Seele! Sie sei dein Eigenthum, Daß sie nur dich erwähle In deiner Liebe Kraft; Da hast du meinen Geist: Darinnen wollst du dich Verklären allermeist.

4. Da sei benn auch mein Leib Zum Tempel dir ergeben; Wähl ihn zur Wohnung bir, O du, mein Heil und Leben! Ja, wirk und leb in mir, Beweg und rege mich, Bis Seele, Geist und Leib Mit dir vereinigt sich.

5. Mein Jesu, schmücke mich Mit Weisheit und mit Liebe, Mit Keuschheit, mit Gebuld, Durch beines Geistes Triebe; Kleib mit der Demuth mich Und mit der Sanftmuth an: So bin ich wohlgeschmückt Und köstlich angethan.

6. O daß mir diesen Tag Stets vor den Augen schwebe, Daß dein' Allgegenwart Mich wie die Luft umgebe, Damit mein ganzes Thun Durch Herz, durch Sinn und Mund Dich lobe inniglich, Mein Gott, zu aller Stund!

7. Ach, segne, was ich thu, Ja, rebe und gebenke; Durch deines Geistes Kraft Es also führ und lenke, Daß alles nur gescheh Zu beines Namens Ruhm Und daß ich unverrückt Verbleib dein Eigenthum.

---

1. Thess. 5, 8. Wir aber, die wir des Tages sind, sollen nüchtern sein, angethan mit dem Krebs des Glaubens und der Liebe und mit dem Helm der Hoffnung zur Seligkeit.

Mel. Nun sich der Tag geendet hat.

531. Dein treues Aug hat mich bewacht, Und beine Liebeshand Hat allen Schaden dieser Nacht Von mir hinweggewandt.

2. Hab Dank, o Jesu, habe Dank Für beine Liebestreu! Hilf, daß ich dir mein Lebenlang Von Herzen dankbar sei!

3. Gebenke, Herr, auch heut an mich An diesem ganzen Tag, Und wende von mir gnädiglich, Was dir mißfallen mag!

4. Laß treu mich nützen meine Kraft Und meine Gnadenzeit, Und bild mich in der Pilgerschaft Zur selgen Ewigkeit.

5. Erhör, o Jesu, meine Bitt Und nimm mein Seufzen an; Ach, gehe mit mir Schritt vor Schritt Auf meiner Lebensbahn!

6. Gib beinen Segen diesen Tag Zu meiner Pflicht und That, Damit ich fröhlich sagen mag: Wohl dem, der Jesum hat!

Röm. 13, 12. Die Nacht ist vergangen, der Tag aber herbeigekommen; so laßt uns ablegen die Werke der Finsterniß, und anlegen die Waffen des Lichts.

Mel. Hoch über Erde, Well und Zeit.

532. O Jesu, meines Lebens Licht, Nun ist die Nacht vergangen; Mein Geistesaug zu dir sich richt't, Dein'n Anblick zu empfangen.

2. Du hast, da ich nicht sorgen kount, Mich vor Gefahr bedecket, Und auch, vor andern, mich gesund Nun aus dem Schlaf erwecket.

3. Mein Leben schenkst du mir auf's neu; Es sei auch dir verschrieben, Mit neuem Ernst, mit neuer Treu Dich diesen Tag zu lieben.

4. Dir, Jesu, ich mich ganz befehl, Im Geist dich mir verkläre; Dein Werkzeug nur sei meine Seel; Den Leib bewahr und nähre.

5. Durchdring mit deinem Lebenssaft Herz, Sinne und Gedanken; Bekleide mich mit deiner Kraft, In Proben nicht zu wanken.

6. Mein treuer Hirte! sei mir nah, Steh immer mir zur Seiten, Und wenn ich irre, wollst du ja Mich wieder zu bir leiten.

7. Sei du alleine meine Lust, Mein Schatz, mein Trost, mein Leben; Kein andres Theil sei mir bewußt; Dir bleib ich ganz ergeben.

8. Zeig mir in jedem Augenblick, Wie ich dir soll gefallen; Zeuch mich vom Bösen stets zurück; Regiere mich in allem.

9. Gib, daß ich meinen Wandel führ Im Geist, in beinem Lichte, Und als ein Frembling lebe hier Vor beinem Angesichte.

10. Ach, halt mich fest mit beiner Hand, Daß ich nicht fall, noch weiche; Zeuch stets mich

durch der Liebe Band, Bis ich mein Ziel erreiche!

Pf. 59, 17. Ich will von deiner Macht singen und des Morgens rühmen deine Güte.

Mel. Hoch über Erde, Welt und Zeit.

533. Mein erst Gefühl sei Preis und Dank, Erheb ihn, meine Seele! Der Herr hört deinen Lobgesang, Lobsing ihm, meine Seele!

2. Mich selbst zu schützen ohne Macht, Lag ich und schlief im Frieden. Wer schafft die Sicherheit der Nacht und Ruhe für die Müden?

3. Wer wacht, wenn ich von mir nichts weiß, Mein Leben zu bewahren? Wer stärkt mein Blut in seinem Kreis Und schützt mich vor Gefahren?

4. Wer lehrt das Auge seine Pflicht, Sich sicher zu bedecken? Wer ruft dem Tag und seinem Licht, Uns wieder aufzuwecken?

5. Du bist es, Gott und Herr der Welt, Und dein ist unser Leben; Du bist es, der es uns erhält, Und mir's jetzt neu gegeben.

6. Gelobet seist du, Gott der Macht, Gelobt sei deine Treue, Daß ich nach einer sanften Nacht, Mich dieses Tags erfreue!

7. Laß deinen Segen auf mir ruhn, Mich deine Wege wallen, Und lehre du mich selber thun Nach deinem Wohlgefallen.

8. Nimm meines Lebens gnädig wahr! Auf dich hofft meine Seele; Sei mir ein Retter in Gefahr, Ein Vater, wenn ich fehle.

9. Gib mir ein Herz voll Zuversicht, Erfüll mit Lieb und Ruhe, Ein weises Herz, das seine Pflicht Erkenn und willig thue.

10. Daß ich als dein gehorsam Kind Dir zu gefallen strebe, Gottselig, züchtig, fromm gesinnt, Durch deine Gnade lebe.

11. Daß ich, dem Nächsten beizustehn, Nie Fleiß und Arbeit scheue, Mich gern an andrer Wohlergehn Und ihrer Tugend freue.

12. Daß ich das Glück der Lebenszeit In deiner Furcht genieße, Und meinen Lauf mit Freudigkeit, Wenn du gebeutst, beschließe.

16. Mittagslieder.

Ps. 145, 15. Aller Augen warten auf dich,
und du giebst ihnen ihre Speise zu seiner Zeit.

Mel. Dies ist der Tag, den Gott ꝛc.

534. Herr Gott, Vater im Himmelreich! Wir deine Kinder allzugleich, Wir bitten dich aus Herzensgrund: Speis' uns, o Herr, zu dieser Stund.

2. Eröffn' uns deine milde Hand, Behüt' uns, Herr, vor Sünd und Schand, Bewahr uns auch vor theurer Zeit; Gib Frieden uns und Einigkeit, —

3. Damit wir leben seliglich, Und einst im Himmel schauen dich. Das sei heut und zu aller Frist Amen im Namen Jesu Christ!

Ps. 111, 5. Er giebt Speise denen, so ihn fürchten.

Mel. Schmücke dich, o liebe Seele.

535. Speise, Vater, deine Kinder, Tröste die betrübten Sünder, Sprich den Segen zu den Gaben, Die wir jetzo vor uns haben, Daß sie uns zu diesem Leben Stärke, Kraft und Nahrung geben, Bis wir endlich mit den Frommen Zu der Himmelsmahlzeit kommen.

Luk. 14, 15—15. Labe die Armen, so bist du selig. — Da aber solches hörte einer, der mit zu Tische saß, sprach er zu ihm: Selig ist, der das Brod isset im Reiche Gottes.

Mel. Bleibet treu, ihr Hochbeglückten.

536. Irdisch Brod und himmlisch Leben Gibst du uns, Herr Jesu Christ! Lehr uns freudig dich erheben, Der du unser alles bist. Dankbar sind dir unsre Herzen, Du hast uns gesättigt nun, Laß in Arbeit, Freud und Schmerzen Uns in deiner Liebe ruhn!

17. Abendlieder.

Luk. 24, 13—35. Und siehe, zween aus ihnen giengen an demselben Tage in einen Flecken, — des Name heißt Emmaus u. s. w.

Mel. Werde munter, mein Gemüthe.

537. Abend ist es; Herr, die Stunde Ist noch wie in Emmaus, Daß aus deiner Jünger Munde Jene Bitte fließen muß: Bleib bei uns im Erdenthal! Halt in uns dein Abendmahl, Und dein Friedensgruß erfülle

Herz um Herz mit heilger Stille.

2. Hingesunken ist die Sonne. Deine Leuchte sinket nicht; Herrlichkeit und ewge Wonne Sind vor deinem Angesicht. Weithin schimmert Stern an Stern; Aber du, o Glanz des Herrn, Ueberstrahlest alle Sterne In der weiten Himmelsferne!

3. Selig, wem du aufgegangen, Wem du in der armen Welt, Wo nur eitle Lichter prangen, Friedlich seinen Geist erhellt! Wenn die Tage nun entflohn, Blickt er auf zu deinem Thron, Und auch auf den dunkeln Wegen Strahlt ihm Gottes Heil entgegen.

4. Selig, wer am letzten Tage Nimmer fürchten muß die Nacht; Wenn kein Schrecken, keine Klage, Kein Gewissensblitz erwacht; Wenn der Morgenstern ihm winkt, Während er am Abend sinkt, Wenn der Geist dem Geiste zeuget, Daß nun erst die Sonne steiget!

5. Herr, die Nacht, die nun erschienen, Mahnet mich an diesen Tag: Ob ich mit getrosten Mienen Vor dein Antlitz treten mag? Wandelt ich im Licht vor dir? Oder war es Nacht in mir? Wer den Tag zum Schlaf genommen, Solchem kann kein Schlummer frommen.

6. Ist mein Lauf in dir gewesen, O dann schlaf ich friedlich ein; Meine Glieder wirst du lösen, Und des Hauptes Hüter sein. Dann zum neuen Tageslauf Wach ich neuerleuchtet auf, Bis mein letzter Tag sich hebet, Und im ewgen Licht verschwebet.

7. Müde bin ich, Herr, entbinde Mich von dieses Tages Last! Wär ich müde nur der Sünde. Die du schwer gebüßet hast! Aber wer gesündigt hat, Ist zuerst durch Sünden matt; Wer dir lebt im Geist und Frieden, Wird am Abend kaum ermüden.

8. Droben wird man nimmer schlafen, Aber von der Arbeit ruhn. O wie wohl wird deinen Schafen Dort die süße Ruhe thun, Wenn das Tagewerk gethan, Wenn der Sabbath kommt heran, Der den Auserwählten allen Ruft in deine Tempelhallen!

9. Sterblich bin ich; darum thue Bald ich diese Augen zu; Denken laß mich, wenn ich ruhe, An die große Sabbathruh: Daß

je treuer hier der Fleiß, Desto schöner dort der Preis; Daß die Trägen und die Lauen Drüben keinen Sabbath schauen.

10. Um das Höchste will ich beten: Jesus, gib mir deinen Geist! Ach, was hab ich mehr vonnöthen, Als daß du mein Leben seist? Ja, dann wird es lieblich sein! Wachend, schlafend bin ich dein. Also mit der Schaar der Frommen Laß auch mich zur Ruhe kommen.

Luk. 24, 29. Und sie nöthigten ihn und sprachen: Bleibe bei uns, denn es will Abend werden und der Tag hat sich geneiget.

Eigene Melodie.

538. Bleibe bei uns, denn es will Abend werden, Der Tag hat sich geneiget! Schon senkt die Nacht herunter sich auf Erden Und alles ruht und schweiget. Ihr Tage und Nächte, Lobet den Herrn! Ihr Sterne des Himmels, Lobet den Herrn! Lobet und preiset ihn hoch, Alle ihr Werke des Herrn!

2. Bleibe bei uns, denn dunkel wird's auf Erden! Nachtthau hernieder steiget. Müd ist das Herz, und buhlet viel Beschwerden, Wenn sich dein Trost nicht zeiget. Ihr thauenden Lüfte, Lobet den Herrn! Ihr Wolken des Himmels, Lobet den Herrn! Alle ihr Engel des Herrn, Lobet und preiset den Herrn!

3. Bleibe bei uns; dann mag es Abend werden! Laß nur dein Licht uns scheinen! Der du im Himmel wohnest und auf Erden, Gern bleibst du bei den Deinen! Ihr Diener des Herrn, Lobet den Herrn! Ihr Priester des Herrn, Lobet den Herrn! Alles was lebt und liebt! Lobet und preiset den Herrn!

4. Bleibe bei uns, bis daß von dieser Erden Wir einstens müssen scheiden! Herr, sieh auf uns, damit wir selig werden, Eingehn in deine Freuden! Ihr Wunder der Liebe, Preiset den Herrn! Ihr seine Erkornen, Preiset den Herrn! Lobet und preiset den Herrn An dem Altare des Herrn!

5. Bleibe bei uns, denn es will Abend werden; Der Tag hat sich geneiget! Bei Tag und Nacht im Himmel und auf Erden Sich seine Hoheit zeiget. Dir, Gott, sei die Ehre, Vater und Sohn

Und heiligem Geiste Auf ewgem Thron: Wie er von Anbeginn war, So jetzo und immerdar!

Klagl. Jer. 6, 57. Nahe dich zu mir, wenn ich dich anrufe, und sprich: Fürchte dich nicht.

Eigene Melodie.

539. Der Tag ist hin, mein Jesu, bei mir bleibe! O Seelenlicht, der Sünden Nacht vertreibe; Geh auf in mir, Glanz der Gerechtigkeit, Erleuchte mich, o Herr, denn es ist Zeit!

2. Lob, Preis und Dank sei dir, mein Gott, gesungen; Dir sei die Ehr, wenn alles wohl gelungen Nach deinem Rath, ob ich's gleich nicht versteh; Du bist gerecht, es gehe, wie es geh.

3. Nur Eines ist, das mich empfindlich quälet: Beständigkeit im Guten mir noch fehlet; Das weißt'st du wohl, o Herzenskündiger, Ich strauchle noch wie ein Unmündiger.

4. Vergib es, Herr, mir sagt es mein Gewissen: Welt, Teufel, Sünd hat mich von dir gerissen; Es ist mir leid, ich stell mich wieder ein, Hier ist mein Herz! ich bein, Herr, und du mein!

5. Israels Schutz, mein Hüter und mein Hirte! Zu meinem Trost dein sieghaft Schwert umgürte, Bewahre mich durch deine große Macht, Und halt um mich mit treuen Augen Wacht.

6. Du schlummerst nicht, wenn matte Glieder schlafen; Ach, laß die Seel im Schlaf auch Gutes schaffen; O Lebenssonn, erquicke meinen Sinn! Dich laß' ich nicht, mein Fels! — der Tag ist hin.

Pf. 180, 4. Siehe, der Hüter Israels schläft noch schlummert nicht.

Mel. Bleibet treu, ihr Hochbeglückten.

540. Herr und Gott der Tag und Nächte, Der du wachst im Himmelszelt, Und voll Gnaden deine Rechte Ausstreckst über diese Welt: Sieh, wie deines Kindes Seele, Da der Tag sich nun geneigt, Sich nach deines Worts Befehle Dankend vor dir niederbeugt.

2. Vater! ich bin zu geringe Aller Treu und Gütigkeit, Die du, Wesen aller Dinge, Mir in meiner Lebenszeit Und auch heute hast erwiesen; O daß ich recht dankbar wär! Herr, dein Name

sei gepriesen; Dein Herz ferner zu mir kehr!

3. Sieh nicht an der Sünden Menge, Ach, gedenke nicht der Schuld, Die du könnteſt rächen ſtrenge; Habe doch mit mir Geduld! Reinige, Herr, mein Gewiſſen; Leib und Seel dir heilig ſei! Dein Geiſt mache mich gefliſſen, Dir zu dienen ohne Scheu.

4. Laß mich nicht dahinten bleiben, Laß mich nicht zurücke ſehn; Dein Geiſt müſſe ſtets mich treiben, Unverrückt voranzugehn, Jenes Kleinod zu erfaſſen, Das mein Heiland mir erwarb, Als er dort am Kreuz, verlaſſen, Unter tauſend Qualen ſtarb.

5. Drauf will ich mich ſchlafen legen, Laß mich dir empfohlen ſein; Vater! gönne mir den Segen, Halte Leib und Seele rein. Ja, dein Engel mich bewahre, Deine Gnade ſei mein Schild, Bis ich hin zum Heiland fahre, Und erwach nach ſeinem Bild!

Jeſ 12, 2. Siehe, Gott iſt mein Heil; ich bin ſicher und fürchte mich nicht.

Mel. Alle Menſchen müſſen ſterben.

541. Gott, du läſſeſt

mich erreichen Wiederum die Ruhezeit; Das iſt mir ein neues Zeichen Deiner Lieb und Gütigkeit. Laß auch jetzt mein armes Singen durch die Abendwolken bringen, Und bleib auch in dieſer Nacht Gnädig auf mein Heil bedacht.

2. Neige dich zu meinen Bitten, Stoß mein Opfer nicht hinweg! Hab ich gleich oft überſchritten Deiner Wahrheit heilgen Steg, So verfluch ich nun die Sünden, Will mich nur mit dir verbinden. Reiße nur aus meiner Bruſt Jede Wurzel böſer Luſt!

3. Herr es ſei mein Leib und Leben, Und was du mir ſonſt vertraut, Deiner Allmacht übergeben, Die vom hohen Himmel ſchaut. Laß um mich und um die Meinen Einen Strahl der Gottheit ſcheinen, Der, was beinen Namen trägt, Als dein Gut zu ſchützen pflegt.

4. Laß uns milbiglich bethauen Deines Segens Ueberfluß; Schirme mich vor Angſt und Grauen Wende Schaden und Verdruß, Brand und andre Jammerfälle; Zeichne dieſes Hauſes Schwelle,

Abendlieder.

Daß uns hier kein Todesschlag
Des Verderbers treffen mag.

5. Wirke stets in meinen Sinnen, Steh mir auch im Dunkeln bei, Daß im Schlafe mein Beginnen Niemals dir zuwider sei. Schaffe, daß ich schon auf Erden Mög ein Geistestempel werden, Der nur dir, und nicht der Welt, Ewig Licht und Feuer hält!

6. Geht ihr meine müden Glieder, Geht und sinket nun zur Ruh; Reget ihr euch morgen wieder, Schreib ich's nur dem Schöpfer zu. Er wird treulich Wache halten; Wenn ihr aber müßt erkalten, Soll auf Jesum es allein Selig eingeschlafen sein.

Pf. 112, 4. Den Frommen gehet das Licht auf in der Finsterniß von dem Gnädigen, Barmherzigen und Gerechten.

Eigene Melodie.

542. Nun ruhen alle Wälder, Vieh, Menschen, Städt und Felder, Es schläft die ganze Welt; Ihr aber, meine Sinnen, Auf, auf! ihr sollt beginnen, Was eurem Schöpfer wohlgefällt.

2. Wo bist du, Sonne, blieben? Die Nacht hat dich vertrieben, Die Nacht, des Tages Feind.

Fahr hin! ein' andre Sonne, Mein Jesus, meine Wonne, Gar hell in meinem Herzen scheint.

3. Der Tag ist nun vergangen Die gülbnen Sternlein prangen Am blauen Himmelssaal. Also werd ich auch stehen, Wenn mich wird heißen gehen Mein Gott aus diesem Jammerthal.

4. Der Leib eilt nun zur Ruhe, Legt Kleider ab und Schuhe, Das Bild der Sterblichkeit; Das zieh ich aus, dagegen Wird Christus mir anlegen Das Kleid der Ehr und Herrlichkeit.

5. Das Haupt, die Füß und Hände Sind froh, daß nun zum Ende Die Arbeit kommen sei. Herz, freu dich! du sollst werden Vom Elend dieser Erden Und von der Sünden Arbeit frei.

6. Nun geht, ihr matten Glieder, Geht hin und legt euch nieder, Des Bettes ihr begehrt. Es kommen Stund und Zeiten, Da man euch wird bereiten Zur Ruh ein Bettlein in der Erd.

7. Die Augen stehn verdrossen, Im Nu sind sie geschlossen; Wo bleibt dann Leib und Seel? Nimm sie zu deinen Gnaden, Sei gut für allen Schaden Du Aug und Wächter Israel!

8. Breit aus die Flügel beide,
O Jesu, meine Freude, Und nimm
dein Küchlein ein! Will mich der
Feind verschlingen, So laß die
Engel singen: „Dies Kind soll
unverletzet sein!"

9. Auch euch, ihr meine Lieben,
Soll heute nicht betrüben Ein
Unfall noch Gefahr; Gott laß'
euch selig schlafen, Stell euch
die güldnen Waffen Um's Bett
und seiner Engel Schaar.

Ps. 36, 8. Wie theuer ist deine Güte,
Gott, daß Menschenkinder unter dem Schatten
deiner Flügel trauen.
Eigene Melodie.

543. Werde munter,
mein Gemüthe, Und ihr Sinnen,
geht herfür, Daß ihr preiset
Gottes Güte, Die er hat gethan
an mir, Da er diesen ganzen Tag
Vor so mancher schweren Plag
Durch sein gnadenreiches Walten
Hat beschirmet und erhalten.

2. Lob und Dank sei dir ge-
sungen, Vater der Barmherzig-
keit, Daß mir heut mein Werk
gelungen, Daß du mich vor allem
Leid Und vor Sünden mancher
Art So getreulich hast bewahrt,
Auch die Feind hinweg getrieben
Daß ich unversehrt geblieben.

3. Herr, ich bin von dir gewi-
chen, Doch ich stell mich wiede-
ein; Denn dein Sohn hat aus-
geglichen Meine Schuld durch
seine Pein. Ich verleugne nicht
die Schuld: Aber deine Gnad
und Huld Ist viel größer als
die Sünde, Die ich in und an
mir finde.

4. O du Licht der frommen
Seelen, O du Glanz der Herrlichkeit! Dir will ich mich ganz
befehlen Diese Nacht und alle
Zeit. Bleibe doch, mein Gott,
bei mir, Weil es nunmehr dunkel
hier, Daß ich nimmer mich betrübe; Tröste mich mit deiner
Liebe!

5. Laß mich diese Nacht empfinden Eine sanfte, süße Ruh!
Alles Uebel laß verschwinden,
Decke mich mit Segen zu! Leib
und Seele, Muth und Blut,
Weib und Kind und Hab und
Gut, Freunde, Feind und Hausgenossen Sei'n in deinen Schutz
geschlossen!

6. Ach, bewahre mich vor Schrecken, Schütze mich vor Ueberfall;
Laß mich Krankheit nicht aufwecken, Treibe weg des Krieges
Schall; Wende Feu'r und Was-
sersnoth, Pestilenz und schnellen

Tod; Laß mich nicht in Sünden sterben, Noch an Leib und Seel verderben!

7. O du großer Gott, erhöre, Was dein Kind gebeten hat; Jesu, beß ich stets begehre, Bleibe du mein Schutz und Rath; Und mein Hort, du werther Geist, Der du Freund und Tröster heißt, Höre doch mein sehnlich Flehen! Amen, ja es soll geschehen.

Ps. 121, 8. Der dich behütet, schläft nicht.
Mel. Jesu, meine Freude.

544. Hirte deiner Schafe, Der von keinem Schlafe Etwas wissen mag! Deine Wundermilde Diente mir zum Schilde Den vergangnen Tag; Sei die Nacht Auch auf der Wacht, Und laß mich von deinen Schaaren Um und um bewahren!

2. Decke mich von oben Vor der Feinde Toben Mit der Vaterhuld! Ein versöhnt Gewissen Sei mein Ruhekissen; Ach, vergib die Schuld! Jesus Christ Mein Mittler ist; Er hat das, was ich verschuldet, Williglich erdulbet.

3. Laß auch meine Lieben Keine Noth betrüben, Sie sind mein und dein. Schließ uns mit Erbarmen In den Vaterarmen Wohlgeborgen ein! Du bei mir Und ich bei dir! Also sind wir ungeschieden, Und ich schlaf im Frieden.

4. Komm, verschließ die Kammer Und laß allen Jammer Ferne von uns sein! Sei du Schloß und Riegel, Unter deine Flügel Nimm dein Küchlein ein; Deck uns zu Mit Schutz und Ruh, So wird uns kein Grauen wecken, Noch der Feind uns schrecken.

5. Wie? wenn ich mein Bette Heut zum Grabe hätte? Jetzo roth — bald todt? Drum, hast du's beschlossen, Sterb ich unverdrossen, Herr, auf dein Gebot! Nichts will ich, Herr, wider dich! Lieg ich nur an Jesu Wunden, Sterb ich alle Stunden.

6. Nun wohlan, ich thue In vergnügter Ruhe Meine Augen zu; Seele, Leib und Leben Hab ich dir ergeben, Treuer Hüter, du! Gute Nacht! Nimm mich in Acht! Und erleb ich je den Morgen, Wirst du weiter sorgen.

Pf. 4, 9. Ich liege und schlafe ganz mit
Frieden; denn allein du, Herr, hülfst mir, daß
ich sicher wohne.

Eigene Melodie.

545. Nun sich der Tag geendet hat, Und keine Sonne scheint, Schläft alles, was da müd und matt, Und was zuvor geweint.

2. Nur du, mein Gott, wachst über mir; Du schläfst und schlummerst nicht. Die Finsterniß ist nicht bei dir, Denn du bist selbst das Licht.

3. Gedenke, Herr, nun auch an mich In dieser dunkeln Nacht, Und schirme du mich gnädiglich Mit deiner Engel Wacht!

4. Zwar fühl ich meine Sündenschuld, Sie klagt vor dir mich an; Doch denk an deines Sohnes Huld, Der für mich g'nug gethan.

5. Ihn setz ich dir zum Bürgen ein, Wenn ich muß vor Gericht. Ich kann ja nicht verloren sein In solcher Zuversicht.

6. Darauf schließ ich die Augen zu, Und schlafe fröhlich ein. Mein Gott bewachet meine Ruh; Wer wollte traurig sein?

7. Weicht, nichtige Gedanken, hin! Wo habt ihr euren Lauf? Ich baue jetzt in meinem Sinn Gott einen Tempel auf.

8. Soll diese Nacht die letzte sein In diesem Jammerthal, So führ mich, Herr, in Himmel ein Zur auserwählten Zahl.

9. Und also leb und sterb ich dir, O Herr, Gott Zebaoth! Im Tod und Leben hilf du mir Aus aller Angst und Noth!

Pf. 63, 7. Wenn ich mich zu Bette lege,
so denke ich an dich.

Eigene Melodie.

546. Der lieben Sonne Licht und Pracht Hat nun den Lauf vollführet, Die Welt hat sich zur Ruh gemacht; Thu, Seel, was dir gebühret! Trill an die Himmelsthür, Und bring ein Lied herfür; Laß deine Augen, Herz und Sinn Auf Jesum sein gerichtet hin!

2. Ihr hellen Sterne, leuchtet wohl, Und gebet eure Strahlen! Ihr macht die Nacht des Lichtes voll; Doch noch zu tausend Malen Scheint heller in mein Herz Die ewge Himmelskerz, Mein Jesus, meiner Seele Ruhm,

Mein Schutz, mein Schatz, mein Eigenthum.

3. Der Schlaf wird liegen diese Nacht Auf Menschen und auf Thieren; Doch Einer ist, der droben wacht, Bei dem kein Schlaf zu spüren. Dein Aug, o Gottes Sohn, Glänzt stets auf mich vom Thron; Drum soll mein Herz auch wachend sein, Damit du wachest nicht allein!

4. Verschmähe nicht dies arme Lied, Das ich dir, Jesu, singe; In meinem Herzen ist kein Fried, Als bis ich dir es bringe! Ich bringe, was ich kann, Ach, nimm es gnädig an; Es ist doch herzlich gut gemeint, O Jesu, meiner Seele Freund!

5. Mit dir will ich zu Bette gehn, Dir will ich mich befehlen; Du wirst, mein Hüter, auf mich sehn, Und rathen meiner Seelen. Ich fürchte keine Noth, Nicht Hölle, Welt und Tod; Denn wer mit Jesu schlafen geht, Mit Freuden wieder aufersteht.

6. Ihr Höllengeister, fort mit euch! Hier habt ihr keine Stätte; Dies Haus gehört in Jesu Reich, Er schirmt auch dieses Bette. Der Engel starke Wacht Hält es in guter Acht, Ihr Heer und Lager ist sein Schutz, Drum sei auch allen Teufeln Trutz!

7. So will ich ruhig schlafen ein, Umfaßt von Jesu Armen. Dein Heil soll meine Decke sein, Mein Bette dein Erbarmen. Mein Schirm sei deine Brust, Mein Traum die süße Lust, Die aus dem Wort des Lebens fließt, Und die dein Geist in's Herz ergießt.

8. So oft mir eine Ader schlägt, Soll dich mein Geist umfangen; So vielmal sich das Herz bewegt, Soll dies sein mein Verlangen, Daß ich mit lautem Schall Mög rufen überall: „O Jesu, du bist ewig mein! O Heiland, ich bin ewig dein!"

9. Nun, matter Leib, schick dich zur Ruh, Und schlaf fein sanft und stille! Ihr müden Augen, schließt euch zu, Denn das ist Gottes Wille! Schließt aber dies mit ein: „Herr Jesu, ich bin dein! So sei der Schluß mit Gott gemacht; — Nun, treuer Jesu, gute Nacht!

Ps. 17, 1. 2. Das ist ein köstliches Ding —, des Morgens deine Gnade, und des Nachts deine Wahrheit verkündigen.

Mel. Nun ruhen alle Wälder.

547. Wenn ich mich schlafen lege, Mein Heiland, und erwäge, Was du an mir gethan, So preist dich mein Gemüthe, Und du, voll Gnad und Güte Nimmst auch des Nachts dich meiner an.

2. Ich gehe nun zu Bette; Du weißt, was ich gern hätte: Im Traum dein heilges Bild! Im Schlafen beine Nähe; Und wenn ich dich nicht sehe, Sei doch mein Herz von dir erfüllt.

3. Schließ diese Nacht mich Armen Aus ewigem Erbarmen In deine Obhut ein, Gib, daß kein Feind mich schrecke; Dein Heil sei meine Decke, Dein Licht In Finsterniß mein Schein!

———

Hohel. 5, 2. Ich schlafe, aber mein Herz wachet.

Mel. Herzlich thut mich verlangen.

548. Herr! es gescheh dein Wille; Mein Leib eilt nun zur Ruh, Es fallen in der Stille Die müden Augen zu. Erlaß mir Schuld und Strafe, Daß ich von Sünden rein, Zum Tode wie zum Schlafe Bereitet möge sein.

2. Laß, fern von Schreckensbildern Und wilder Träumerei, Die Seele nichts sich schildern, Das ihrer unwerth sei; Laß frei von eitlen Sorgen Den Tag mich wiedersehn, Und auf den Kampfplatz morgen Mit neuen Kräften gehn.

3. Doch, wenn der Todesschlummer Für mich in dieser Nacht Den Freuden sammt dem Kummer Ein schnelles Ende macht, Dann stärk mich, wenn das Schrecken Der letzten Stunde droht; Du wirst mich auferwecken, Ein Schlaf nur ist mein Tod.

4. Drum fahr ich hin mit Freuden Zu Jesu, meinem Herrn! Die Welt und ihre Leiden, O Gott, verlaß' ich gern. Wohl dem, der bis an's Ende Sich als ein Christ erweist; Mein Gott, in deine Hände Befehl ich meinen Geist!

Abendlieder.

(Am Schluß der Woche, auch des Jahres.)

Pf. 43, 3. Sende dein Licht und deine Wahrheit, daß sie mich leiten, und bringen zu deinem heiligen Berge und zu deiner Wohnung.

Mel. Sei Lob und Ehr dem Höchsten ꝛc.

549. Gott Lob! ein Schritt zur Ewigkeit Ist abermals vollendet; Zu dir im Fortgang dieser Zeit Mein Herz sich sehnlich wendet, O Quell, daraus mein Leben fließt Und alle Gnade sich ergießt Zu meiner Seele Leben.

2. Ich zähle Stunden, Tag und Jahre, Und wird mir fast zu lange, Bis es erscheine, daß ich gar, O Leben, dich umfange, Damit, was sterblich ist an mir, Verschlungen werde ganz in dir, Und ich unsterblich werde.

3. Vom Feuer deiner Liebe glüht Mein Herz, das du entzündet; Du bist's, mit dem sich mein Gemüth Aus aller Kraft verbindet. Ich leb in dir, und du in mir, Doch möcht ich, o mein Heil, zu dir, Noch immer näher bringen.

4. O daß du selber kämest bald! Ich zähl die Augenblicke; Ach, komm, eh mir das Herz erkalt' Und sich zum Sterben schicke! Komm doch in deiner Herrlichkeit; Schau her, die Lampe steht bereit, Die Lenden sind umgürtet.

5. Doch sei bir ganz anheimgestellt Die rechte Zeit und Stunde, Wiewohl ich weiß, daß bir's gefällt, Wenn ich mit Herz und Munde Dich kommen heiße und darauf Von nun an richte meinen Lauf, Daß ich bir komm entgegen.

6. Ich bin vergnügt, daß mich nichts kann Von deiner Liebe trennen, Und daß ich frei vor jedermann Dich meinen Freund darf nennen, Und daß du dort o Lebensfürst, Dich ganz mit mir vereinen wirst Und mir dein Erbe schenken.

7. Drum preis' ich dich aus Dankbarkeit, Daß sich die Woch (das Jahr) geendet, Und also auch von dieser Zeit Ein neuer Schritt vollendet; Ach, führ mich eilig weiter fort, Bis ich gelange an die Pfort Jerusalems dort oben.

8. Wenn auch die Hände lässig sind, Und meine Kniee wanken, So beut mir deine Hand geschwind Und halt mich in den Schranken Des Glaubens, daß

in dir mein Herz Sich stärke, unb ich himmelwärts Ohn' Unterlaß aufsteige.

9. Geh, Seele, frisch im Glauben dran Und sei nur unerschrocken; Laß dich nicht von der rechten Bahn Die Luft der Welt ablocken. So dir der Lauf zu langsam däucht, So eile, wie ein Adler fleucht, Mit Flügeln süßer Liebe.

10. O Jesu! meine Seele ist Zu dir schon aufgeflogen: Du hast, weil du voll Liebe bist, Mich ganz zu dir gezogen. Fahr hin, was heißet Stund und Zeit, Ich bin schon in der Ewigkeit, Weil ich in Jesu lebe!

XXIII. Von den letzten Dingen.

1. Vorbereitung auf den Tod.

1. Sam. 20, 3. Es ist nur ein Schritt zwischen mir und dem Tode.

Eigene Melodie.

550. Wer weiß, wie nahe mir mein Ende? Hin geht die Zeit, her kommt der Tod. Ach, wie geschwinde und behende Kann kommen meine Todesnoth! Mein Gott, ich bitt durch Christi Blut: Mach's nur mit meinem Ende gut!

2. Es kann vor Nacht leicht anders werden, Als es am frühen Morgen war; Dieweil ich leb auf dieser Erden, Schweb ich in steter Todsgefahr. Mein Gott, ich bitt durch Christi Blut: Mach's nur mit meinem Ende gut!

3. Herr! lehr mich stets mein End bedenken, Und wenn ich dann einst sterben muß, Die Seel in Jesu Wunden senken, Und ja nicht sparen meine Buß. Mein Gott, ich bitt durch Christi Blut: Mach's nur mit meinem Ende gut!

4. Laß mich bei Zeit mein Haus bestellen, Daß ich bereit sei für und für, Und sage stets in allen Fällen: Herr, wie du willst, so schick's mit mir! Mein Gott, ich bitt durch Christi Blut: Mach's nur mit meinem Ende gut!

5. Mach mir stets süße deinen Himmel, Und bitter diese schnöde Welt, Und gib, daß mir im

Weltgetümmel Die Ewigkeit sei vorgestellt! Mein Gott, ich bitt durch Christi Blut: Mach's nur mit meinem Ende gut!

6. Ach, Vater, deck all meine Sünde Mit dem Verdienste Jesu zu, Damit ich hier Vergebung finde, Und dort die langgewünschte Ruh. Mein Gott, ich bitt durch Christi Blut: Mach's nur mit meinem Ende gut!

7. Ich weiß, in Jesu Blut und Wunden Hab ich mir recht und wohl gebett't; Da find ich Trost in Todesstunden, Und alles, was ich gerne hätt. Mein Gott, ich bitt durch Christi Blut: Mach's nur mit meinem Ende gut!

8. Nichts ist, das mich von Jesu scheide, Nichts, es sei Leben oder Tod! Ich leg die Hand in seine Seite, Und sage: mein Herr und mein Gott! Mein Gott, ich bitt durch Christi Blut: Mach's nur mit meinem Ende gut!

9. So komm mein End heut oder morgen: Ich weiß, daß mir's mit Jesu glückt; Ich bin und bleib in deinen Sorgen, Mit Jesu Blut schön ausgeschmückt. Mein Gott, ich bitt durch Christi Blut: Mach's nur mit meinem Ende gut!

10. Ich leb indeß in dir vergnüget, Und sterb ohn alle Kümmerniß! Es gehe, wie mein Gott es füget; Ich glaub und bin es ganz gewiß: Durch deine Gnad und Christi Blut Machst du's mit meinem Ende gut.

Ps. 90, 12. Lehre uns bedenken, daß wir sterben müssen, auf daß wir klug werden.

Mel. Werde munter, mein Gemüthe.

551. Ach, Herr, lehre mich bedenken, Daß ich einmal sterben muß; Lehre mich die Sinne lenken Auf den letzten Lebensschluß; Stelle mir mein Ende für, Und erwecke die Begier, Mich bei noch gesunden Zeiten Auf das Grab wohl zu bereiten.

2. Endlich muß ein Licht verbrennen, Endlich läuft der Zeiger aus; Also muß ich wohl bekennen, Daß auch dies mein Erdenhaus Endlich noch zerfallen muß. Fest besteht der strenge Schluß: Menschen, als des Todes Erben, Müssen auch des Todes sterben.

3. Wenn wir kaum geboren werden, Ist vom ersten Lebenstritt Bis in's kühle Grab der

Erben Nur ein kurz gemeſſner Schritt. Ach, mit jedem Augenblick Gehet unſre Kraft zurück, Und wir ſind mit jedem Jahre Reifer zu der Todtenbahre.

4. Drum, mein Gott, lehr mich bedenken, Daß ich niemals ſicher bin! Will die Welt mich anders lenken, Ach, ſo ſchreib in meinen Sinn: Du mußt ſterben, Menſchenkind! Daß mir alle Luſt zerrinnt, Die mir ſonſt in eiteln Sachen kann den Tod geringe machen.

5. Laß mich nicht die Buße ſparen, Bis die Krankheit mich ergreift, Sondern bei geſunden Jahren, Ehe ſich die Sünde häuft, Laß mich täglich Buße thun, Daß das allerletzte Nun Mich befrei von aller Sünde Und mit dir verſöhnet finde.

6. Nun, mein Gott, du wirſt es machen, Daß ich fröhlich ſterben kann. Dir befehl ich meine Sachen; Nimm dich meiner Seelen an! Deines Sohnes theures Blut Komme mir alsdann zu gut, Daß mein letztes Wort auf Erden Jeſus: Jeſus! möge werden.

P ſ. 90, 10. Unſer Leben — fähret ſchnell dahin, als flögen wir davon.

M e l. Jeſus, meine Zuverſicht.

552. Meine Lebenszeit verſtreicht, Stündlich eil ich zu dem Grabe, Und wie wenig iſt's vielleicht, Das ich noch zu leben habe! Denk, o Menſch, an deinen Tod, Säume nicht, denn Eins iſt Noth!

2. Lebe, wie du, wenn du ſtirbſt, Wünſchen wirſt, gelebt zu haben! Güter, die du hier erwirbſt, Würden, die dir Menſchen gaben, Nichts wird dich im Tod erfreun: Dieſe Güter ſind nicht dein.

3. Nur ein Herz, das Jeſum liebt, Nur ein ruhiges Gewiſſen, Das vor Gott dir Zeugniß gibt, Wird dir deinen Tod verſüßen: Dieſes Herz, von Gott erneut, Gibt im Tode Freudigkeit.

4. Wenn in deiner letzten Noth Freunde hülflos um dich beben, Dann wird über Welt und Tod Dich dies reine Herz erheben; Dann erſchreckt dich kein Gericht, — Gott iſt deine Zuverſicht!

5. Daß du dieſes Herz erwirbſt, Fürchte Gott, und bet und wache. Sorge nicht, wie früh du ſtirbſt; Deine Zeit iſt Gottes Sache.

Vorbereitung auf den Tod.

Lerne nur den Tod nicht scheun,
Lerne seiner dich erfreun.

6. Ueberwind ihn durch Vertraun; Sprich: ich weiß, an wen ich glaube, Und ich weiß, ich werd ihn schaun, Denn er weckt mich aus dem Staube. Er, der rief: es ist vollbracht! Nahm dem Tode seine Macht.

7. Tritt im Geist zum Grab oft hin, Siehe dein Gebein versenken; Sprich: Herr, daß ich Erde bin, Lehre du mich selbst bedenken; Lehre du mich's jeden Tag, Daß ich weiser werden mag!

Pf. 27, 27. Bleibe fromm und halte dich recht; denn solchem wird es zuletzt wohl gehen.

Mel. Sei Lob und Ehr dem Höchsten ꝛc.

553. Wenn meine letzte Stunde schlägt, Mein Herz hört auf zu schlagen; Wenn man in's stille Grab mich legt Nach all den lauen Tagen: Was wär ich dann, was hält ich dann, Wär mir die Thür nicht aufgethan Zum selgen Himmelreiche?

2. Wie flieht der eitlen Freuden Schwarm, Wenn sich der Tod läßt schauen! Sie überlassen, schwach und arm, Den Menschen seinem Grauen. Das Blendwerk irdscher Eitelkeit Verschwindet vor der Wirklichkeit Im Angesicht des Todes.

3. In unverhüllter Schreckgestalt Tritt vor uns unsre Sünde, Und von den Augen fällt alsbald Der Selbstverblendung Binde; Wir sind dann ganz auf uns beschränkt, Und alles in und an uns lenkt Den Blick auf unser Elend.

4. Wenn du dann nicht mein eigen bist In meiner letzten Stunde, Wenn du dann nicht, Herr Jesu Christ, Mich labst mit froher Kunde, Daß du für den, der an dich glaubt, Dem Tode seine Macht geraubt, So muß ich ja verzagen.

5. Nun aber, weil du mein, ich dein, Kann ich getrost entschlafen; Dein heiliges Verdienst ist mein, Schützt mich vor allen Strafen; Du hast ja meinen Tod gebüßt, Und dadurch meinen Tod versüßt Zu einem selgen Heimgang.

6. Drum bei dem letzten Glockenklang Sei du mir, Herr, zur Seite, Und gib mir bei dem Todesgang Dein freundliches Geleite, Damit die letzte Erden-

noth Nicht eine Krankheit sei zum Tod, Vielmehr zum ewgen Leben!

---

1. Petr. 1, 24. Alle Herrlichkeit des Menschen ist wie des Grases Blume. Das Gras ist verdorret und die Blume abgefallen.

Eigene Melodie.

554. Ach, wie nichtig, ach, wie flüchtig Ist der Menschen Leben! Wie ein Nebel bald entstehet Und auch wieder bald vergehet, So ist unser Leben; sehet!

2. Ach, wie nichtig, ach, wie flüchtig Sind der Menschen Tage, Wie ein Strom beginnt zu rinnen Und mit Laufen nicht hält innen, So fährt unsre Zeit von hinnen.

3. Ach, wie nichtig, ach, wie flüchtig Ist der Menschen Freude! Wie sich wechseln Stund und Zeiten, Licht und Dunkel, Fried und Streiten, So sind unsre Fröhlichkeiten.

4. Ach, wie nichtig, ach, wie flüchtig Ist der Menschen Schöne! Wie ein Blümlein bald vergehet, Wenn ein rauhes Lüftlein wehet, So ist unsre Schöne; sehet!

5. Ach, wie nichtig, ach, wie flüchtig Ist der Menschen Dichten! Der die Künste liebgewonnen Und manch schönes Werk ersonnen, Ist er je dem Tod entronnen?

6. Ach, wie nichtig, ach, wie flüchtig Sind der Menschen Schätze! Es kann Gluth und Fluth entstehen, Daduch, eh wir's uns versehen, Alles muß zu Trümmern gehen.

7. Ach, wie nichtig, ach, wie flüchtig Ist der Menschen Prangen! Der in Purpur, hoch vermessen, Ist gleich wie ein Gott gesessen, Dessen wird im Tod vergessen.

8. Ach, wie nichtig, ach, wie flüchtig Sind der Menschen Sachen! Alles, alles, was wir sehen, Das muß fallen und vergehen; — Wer Gott hat, bleibt ewig stehen!

Ps. 39, 16. Ich bin beides, dein Pilgrim und dein Bürger, wie alle deine Väter.

Eigene Melodie.

555. Mein Leben ist ein Pilgrimsland, Ich reise nach dem Vaterland, Nach dem Jerusalem

Vorbereitung auf den Tod.

das droben Gott selbst als eine feste Stadt Auf Bundesblut gegründet hat, Da werd ich meinen Gott stets loben. Mein Leben ist ein Pilgrimstand, Ich reise nach dem Vaterland.

2. So schnell ich Land und Sand verlaß, Läuft schnell des Lebens Stundenglas, Und was vorbei ist, kommt nicht wieder. Ich eile zu der Ewigkeit, Herr Jesu, mach mich nur bereit, Und öffne meine Augenlider, Daß ich, was zeitlich ist, veracht, Und nur nach dem, was ewig, tracht.

3. Kein Reisen ist ohn Ungemach, Der Lebensweg hat auch sein Ach, Man wandelt nicht auf weichen Rosen. Der Weg ist eng, der Feinde viel, Die mich abwenden von dem Ziel, Ich muß mich oft in Dornen stoßen. Ich muß durch dürre Wüsten gehn, Und kann oft keinen Ausweg sehn.

4. Der Sonne Glanz mir oft gebricht, Der Sonne, die mit Gnadenlicht In unverfälschte Herzen strahlet. Wind, Regen stürmen auf mich zu, Mein matter Geist find't nirgends Ruh; Doch alle Müh ist schon bezahlet, Wenn ich das goldne Himmelsthor Mir stell in Glaub und Hoffnung vor.

5. Israels Hüter, Jesu Christ, Der du ein Pilgrim worden bist, Da du mein Fleisch hast angenommen, Zeig mir im Worte deine Tritt, Laß mich bei einem jeden Schritt Zu deinem Heil stets näher kommen. Mein Leben fleucht, ach, eile du, Und fleuch mit Gnad und Hülf herzu.

6. Durch deinen Geist mich heilig leit, Gib in Gedulb Beständigkeit, Vor Straucheln meinen Fuß beschütze. Ich falle stündlich, hilf mir auf, Ach, zeuch mich, daß ich dir nachlauf, Sei mir ein Schirm in Trübsalshitze. Laß beinen süßen Gnadenschein In Finsterniß nie ferne sein.

7. Wenn mir mein Herz, o Gnadenfüll, Vor Durst nach dir verschmachten will, So laß mich dich zum Labsal finden. Und wenn ich schließ die Augen zu, So bring mich zu der stillen Ruh, Wo Streit und Mühe ganz verschwinden, Ja, laß mich sein in Abrams Schooß, Dein Liebling und bein Hausgenoß.

8. Bin ich in diesem fremden Land Der blinden Welt gleich unbekannt; Dort sind die Freunde, die mich kennen, Dort werd ich mit der Himmelsschaar Dir jauchzend dienen immerbar, Und in der reinsten Liebe brennen. Mein Heiland, komm, o bleib nicht lang, Hier in der Wüste wird mir bang!

2. Sterbelieder.

Pf. 119, 19. Ich bin ein Gast auf Erden; verbirg deine Gebote nicht vor mir.

Mel. Herzlich thut mich verlangen.

556. Ich bin ein Gast auf Erden, Und hab hier keinen Stand; Der Himmel soll mir werden, Da ist mein Vaterland. Hier muß ich Arbeit haben, Hier geh ich ab und zu; Dort wird mein Gott mich laben Mit seiner ewgen Ruh.

2. Was ist mein ganzes Wesen Von meiner Jugend an, Als Müh und Noth gewesen? So lang ich denken kann, Hab ich so manchen Morgen, So manche liebe Nacht Mit Kummer und mit Sorgen Des Herzens zugebracht.

3. Ich habe mich ergeben In alles Glück und Leid; Was will ich besser leben In dieser Sterblichkeit? Es muß ja durchgedrungen, Es muß gelitten seyn!

Wer nicht hat wohl gerungen, Geht nicht zur Freude ein.

4. So will ich zwar nun treiben Mein Leben durch die Welt, Doch denk ich nicht zu bleiben In diesem fremden Zelt. Ich wandre meine Straße, Die zu der Heimath führt, Da mich in vollem Maaße Mein Vater trösten wird.

5. Die Heimath ist dort oben, Wo aller Engel Schaar Den großen Herrscher loben, Der sein wird, ist und war, Deß Machthand alles träget Und für und für erhält, Auch alles hebt und leget, Nach dem's ihm wohlgefällt.

6. Zu ihm steht mein Verlangen, Da wollt ich gerne hin! Die Welt bin ich durchgangen, Daß ich's fast müde bin. Je länger ich hier walle, Je wenger sind ich Freud, Die meinem Geist gefalle; Das Meist ist Herzeleid.

Sterbelieder.

7. Die Herberg ist zu böse, Der Trübsal ist zu viel; Ach, komm, mein Gott, und löse Mein Herz, wann dein Herz will! Komm, mach ein selig Ende An meiner Wanderschaft, Und was mich kränkt, das wende Durch deines Armes Kraft!

8. Wo ich gewohnt indessen, Ist nicht mein rechtes Haus; Wann mein Ziel ausgemessen, So trei ich bald hinaus; Was ich allhier gebrauchet, Das leg ich alles ab, Und wenn ich ausgehauchet, So gräbt man mir ein Grab.

9. Du aber, meine Freude, Du meines Lebens Licht, Du ziehst mich, wenn ich scheide, Hin vor dein Angesicht, In's Haus der ewgen Wonne, Da ich stets freudenvoll Gleich als die helle Sonne Mit andern leuchten soll.

10. Da will ich immer wohnen, Und nicht nur als ein Gast, Bei denen, die mit Kronen Du ausgeschmücket hast; Da will ich herrlich singen Von deinem großen Thun, Und, frei von schnöden Dingen, In meinem Erbtheil ruhn.

———

1. Petr. 1, 8. Ihr werdet euch freuen mit unaussprechlicher und herrlicher Freude.

Mel. Werde munter, mein Gemüthe.

557. Freu dich sehr, o meine Seele, Und vergiß all Noth und Qual, Weil dich Christus nun, dein Herre, Ruft aus diesem Jammerthal! Aus Trübsal und großem Leid Sollst du fahren in die Freud, Die kein Ohr je hat gehöret, Die in Ewigkeit auch währet.

2. Tag und Nacht hab ich gerufen Zu dem Herren, meinem Gott, Weil mich stets viel Kreuz betroffen, Daß er mir hülf aus der Noth. Wie sich sehnt ein Wandersmann Nach dem Ende seiner Bahn, So ist dies mein täglich Bitten, Daß ich gern hätt ausgestritten.

3. Denn gleichwie die Rosen stehen Unter einer Dornenschaar, Also auch die Christen gehen Durch viel Angst, Noth und Gefahr. Wie die Meereswellen sind Und der ungestüme Wind: Also ist allhier auf Erben Unsre Wallfahrt voll Beschwerden.

4. Welt und Teufel, Sünd und Hölle, Unser eigen Fleisch und Blut Plagen stets hier unsre

Seele, Lassen uns bei keinem Muth; Wir sind voller Angst und Plag', Reich an Kreuz sind unsre Tag'. Gleich, wenn wir geboren werden, Find't sich Jammer g'nug auf Erden.

5. Wenn die Morgenröth aufgehet Und der Schlaf sich von uns wend'l, Sorg und Kummer uns umfähet, Müh sich find't an allem End. Thränen sind hier unser Brot Um das Früh- und Abendbrot. Wenn die Sonn aufhört zu scheinen, Hört nicht auf das bittre Weinen.

6. Drum, Herr Christ, du Morgensterne, Der du ewiglich aufgehst, Sei du jetzt von mir nicht ferne, Weil dein Blut mich hat erlöst! Hilf, daß ich mit Fried und Freud Mög von hinnen fahren heut! Ach, sei du mein Licht und Straße, Mich mit Beistand nicht verlasse!

7. In dein' Seite will ich fliehen Auf dem bittern Todesgang; Durch dein' Wunden will ich ziehen In mein himmlisch Vaterland. In das schöne Paradies, Das dein Mund dem Schächer wies, Wirst du mich, Herr Christ, einführen, Mich mit ewger Klarheit zieren.

8. Ob mir schon die Augen brechen, Ob mir das Gehör verschwind't, Meine Zung nichts mehr kann sprechen, Mein Verstand sich nicht besinnt: Bist du doch mein Licht, mein Hort, Bist mein Leben, Weg und Pfort; Du wirst selig mich regieren, Und die Bahn zum Himmel führen.

9. Freu dich sehr, o meine Seele, Und vergiß all Noth und Qual, Weil dich nun Christus, dein Herre, Ruft aus diesem Jammerthal! Seine Freud und Herrlichkeit Sollst du sehn in Ewigkeit, Und dort mit den Engelchören Triumphiren ohn' Aufhören.

Pf. 27, 9. Laß mich nicht und thue nicht von mir die Hand ab, Gott, mein Heil.

Mel. Schwing dich auf zu deinem Gott.

558. Liebster Jesu! laß mich nicht, Wenn es kommt zum Scheiden; Sei du meine Zuversicht, Und dein bittres Leiden Laß mir Trost und Leben sein. Wenn ich werde sterben. — Also schlaf ich selig ein, Und kann nicht verderben.

2. Führe mich die Himmelsbahn, Laß dein Wort mich leiten;

Sterbelieder.

Nimm dich meiner Seele an, Hilf mir muthig streiten! Stärke mich durch dein Verdienst, Wenn die Glieder beben! — Dann wird sterben mein Gewinnst, Und du bist mein Leben.

3. Wenn der Satan mich verklagt, Wollst du mich vertreten; Wenn mich mein Gewissen nagt, Wirst du für mich beten. Wenn der schwere Kampf angeht, Wirst du mich nicht lassen; Wenn die Noth am höchsten steht, Will ich dich umfassen.

4. Wenn mir angst und bange ist, Sei du selbst mein Tröster! Rette mich, Herr Jesu Christ! Ich bin dein Erlöster. Wenn ich nicht mehr beten kann, Auch nicht mehr kann lallen, Nimm die letzten Seufzer an, — Laß mich ja nicht fallen!

5. Wenn mein Ohr nicht weiter hört, Höre du mein Aechzen! Wenn die Todesnoth sich mehrt, Will ich nach dir lechzen. Wenn mein armes Herze bricht, Laß auch deines brechen; Wenn mein Mund kein Wort mehr spricht, Wollst du für mich sprechen.

6. Hilf mir in der letzten Noth, Hilf mir vor Gerichte; Bringe mich nach meinem Tod Vor dein Angesichte! Senkt man mich in's Grab hinein, Decke meine Glieder; Bricht der jüngste Tag herein, Wecke du mich wieder.

7. Allen, die mich hier geliebt Und sich nach mir sehnen, Die mein Sterben hier betrübt, Wische ab die Thränen; Laß dein mildes Gnadenlicht Ihnen trostreich scheinen! — Ach, Herr Jesu, laß mich nicht; Hilf mir und den Meinen!

Luk. 23, 66. Vater, ich befehle meinen Geist in deine Hände.

Mel. Es ist gewißlich an der Zeit.

559. Wenn mein Stündlein vorhanden ist, Zu fahren meine Straße, So leit du mich, Herr Jesu Christ, Mit Hülf mich nicht verlasse; Herr! meine Seel an meinem End Befehl ich dir in deine Händ, Du wirst sie wohl bewahren.

2. Die Sünde wird mich kränken sehr Und das Gewissen nagen, Denn sie ist viel, wie Sand am Meer; Doch will ich nicht verzagen, Will denken in der letzten Noth, Herr Jesu Christ, an deinen Tod, Der wird mich wohl erhalten.

3. Ich bin ein Glied an deinem Leib, Des tröst ich mich von Herzen; Von dir ich ungeschieden bleib In Todesnoth und Schmerzen. Wenn ich gleich sterb, so sterb ich dir: Ein ewig Leben hast du mir Durch deinen Tod erworben

4. Weil du vom Tod erstanden bist, Werd ich im Grab nicht bleiben; Mein höchster Trost dein' Auffahrt ist, Kann Todesfurcht vertreiben; Denn wo du bist, da komm ich hin, Daß ich stets bei dir leb und bin; Drum fahr ich hin mit Freuden.

5. So fahr ich hin zu Jesu Christ, Mein Arme sich ausstrecken; So schlaf ich ein und ruhe fein, Kein Mensch kann mich aufwecken, Als Jesus Christus, Gottes Sohn, Der öffnet mir die Thüre schon, Führt mich zum ewgen Leben.

Röm. 8, 23. Wir sehnen uns bei uns selbst nach der Kindschaft und warten auf unseres Leibes Erlösung.

Mel. Herzlich thut mich verlangen.

560. Abschied will ich dir geben, Du arge, falsche Welt! Dein sündlich böses Leben Durchaus mir nicht gefällt; Im Himmel ist gut wohnen, Hinauf steht mein Begier: Da wird Gott ewig lohnen Dem, der ihm dient allhier.

2. Rath mir nach deinem Herzen, O Jesu, Gottes Sohn! Soll ich hier dulden Schmerzen, Hilf mir, Herr Christ, davon! Verkürz mir alles Leiden, Stärk meinen blöden Muth; Laß selig mich abscheiden, Schenk mir dein ewig Gut!

3. In meines Herzens Grunde Dein Nam und Kreuz allein Funkelt all Zeit und Stunde; Drauf kann ich fröhlich sein. Erschein mir in dem Bilde Zum Trost in meiner Noth, Wie du dich, Herr, so milde Geblutet hast zu Tod.

4. Schließ meine Seel aus Gnaden In dich, o Jesu, ein, Und laß sie, los von Schaden, Bei dir auch ewig sein. Der ist wohl hier gewesen, Wer kommt in's Himmelsschloß; Ewig ist der genesen, Wer bleibt in deinem Schooß.

5. Herr, meinen Namen schreibe In's Buch des Lebens ein; Laß mich an deinem Leibe Ein Glied

mit jenen sein, Die hoch im Himmel grünen Und vor dir leben frei, So will ich ewig rühmen, Daß treu dein Herze sei!

Jes. 40, V. 8. Alles Fleisch ist Heu und alle seine Güte, wie eine Blume auf dem Felde. Das Heu verdorret, die Blume verwelket; aber das Wort unseres Gottes bleibet ewiglich.

Eigene Melodie.

561. Alle Menschen müssen sterben, Alles Fleisch vergeht wie Heu; Was da lebet, muß verderben, Soll es anders werden neu. Dieser Leib, er muß verwesen, Wenn er anders soll genesen, Zu der großen Herrlichkeit, Die den Frommen ist bereit.

2 Drum so will ich dieses Leben, Wann es meinem Gott beliebt, Auch ganz willig von mir geben, Bin darüber nicht betrübt; Denn in meines Jesu Wunden Hab ich schon Erlösung funden, Und mein Trost in Todesnoth Ist des Herren Jesu Tod.

3. Christus ist für mich gestorben, Und sein Tod ist mein Gewinn; Er hat mir das Heil erworben, Drum fahr ich mit Freuden hin, Hin aus diesem Weltgetümmel, In den schönen Gotteshimmel, Wo ich werde allezeit Schauen Gottes Herrlichkeit.

4. Da wird sein das Freudenleben, Wo viel tausend Seelen schön Sind mit Himmelsglanz umgeben, Stehen da vor Gottes Thron; Wo die Seraphinen prangen Und das hohe Lied anfangen: „Heilig, heilig, heilig heißt Gott, der Vater, Sohn und Geist!"

5. Wo die Patriarchen wohnen, Die Propheten allzumal, Wo auf ihren Ehrenthronen Sitzet der zwölf Boten Zahl, — Wo in so viel tausend Jahren Alle Frommen hingefahren, — Wo dem Herrn, der uns versöhnt, Ewig Hallelujah tönt.

6. O Jerusalem, du schöne, Ach, wie helle glänzest du! Ach wie lieblich Lobgetöne Hört man da in stolzer Ruh! O der großen Freud und Wonne! Jetzo gehet auf die Sonne, Jetzo gehet an der Tag, Der kein Ende nehmen mag.

7. Ach, ich habe schon erblicket Diese große Herrlichkeit; Jetzo werd ich schön geschmücket Mit dem weißen Himmelskleid; Mit der gülbnen Ehrenkrone Steh

ich da vor Gottes Throne, Schaue solche Freude an, Die kein Ende nehmen kann!

7. Ach, laß mich, gleich den Reben, An bir sein alle Zeit, Und ewig bei dir leben In deiner Himmelsfreud!

Phil. 1, 21. Christus ist mein Leben und Sterben ist mein Gewinn.

Eigene Melodie.

562. Christus, der ist mein Leben, Und Sterben mein Gewinn; Ihm will ich mich ergeben, Im Frieden fahr ich hin.

2. Mit Freud fahr ich von bannen, Zu Christ, dem Bruder mein, Daß ich mög zu ihm kommen, Und ewig bei ihm sein.

3. Nun hab ich überwunden Kreuz, Leiden, Angst und Noth; Durch seine heilgen Wunden Bin ich versöhnt mit Gott.

4. Wenn meine Kräfte brechen, Mein Odem geht schwer aus, Und ich kein Wort kann sprechen, Herr, nimm mein Seufzen auf!

5. Wenn Sinnen und Gedanken Vergehen wie ein Licht, Das hin und her muß wanken, Weil ihm das Oel gebricht:

6. Alsdann fein sanft und stille, Herr, laß mich schlafen ein, Wie es dein Rath und Wille, Und dir befohlen sein.

Röm. 14, 8. Leben wir, so leben wir dem Herrn; sterben wir, so sterben wir dem Herrn. Darum, wir leben oder sterben, so sind wir des Herrn.

Eigene Melodie.

563. Auf meinen Jesum will ich sterben, Der neues Leben mir gebracht, Der mich zu Gottes Kind und Erben Durch sein unschuldig Blut gemacht. Mein Jesus ist mein Trost allein, Auf Jesum schlaf ich selig ein!

2. Auf meinen Jesum will ich sterben, In seinen Wunden stirbt sich's gut; Er läßt mich nimmermehr verderben, Ich bin erkauft mit seinem Blut. Mein Jesus ist mein Trost allein, Auf Jesum schlaf ich selig ein.

3. Auf meinen Jesum will ich sterben; Brich immerdar, mein Herze, brich! Ich fürchte mich nicht vor dem Sterben, Mit seinem Blute stärkt er mich. Mein Jesus ist mein Trost allein, Auf Jesum schlaf ich selig ein.

4. Auf meinen Jesum will ich sterben, Er bleibt, wenn alles

Sterbelieder.

mich verläßt; Der durch sein Blut mich wollt erwerben, An dessen Kreuze halt ich fest. Mein Jesus ist mein Trost allein, Auf Jesum schlaf ich selig ein.

5. Auf meinen Jesum will ich sterben; Herr Jesu, nimm die Seele hin! Darf ich mit dir den Himmel erben, So ist das Sterben mein Gewinn. Mein Jesus ist mein Trost allein, Auf Jesum schlaf ich selig ein.

6. Auf meinen Jesum will ich sterben; Wenn mir das Aug im Tode bricht, Und meine Lippen sich entfärben, So bleibt er meines Lebens Licht. Mein Jesus ist mein Trost allein; Auf Jesum schlaf ich selig ein.

7. Auf meinen Jesum will ich sterben; Mit Leib und Seele bin ich dein; Herr Jesu, laß mich nicht verderben, Ach, laß mich ewig selig sein; Mein Jesus ist mein Trost allein; Auf Jesum schlaf ich selig ein.

8. Auf meinen Jesum will ich sterben; Ach, Jesu, hilf in letzter Noth! Laß mich mit dir den Himmel erben; Versüße mir den bittern Tod! Du bist mein höchster Trost allein; Auf dich nur schlaf ich selig ein.

Phil 1, 23. Ich habe Lust, abzuscheiden, und bei Christo zu seyn.

Eigene Melodie.

564. Herzlich thut mich verlangen Nach einem selgen End, Weil ich hier bin umfangen Mit Trübsal und Elend; Ich habe Lust zu scheiden Von dieser bösen Welt, Sehn mich nach ewgen Freuden; O Jesu, komm nur bald!

2. Du hast mich ja erkaufet Von Sünde, Tod und Höll; Auf dich bin ich getaufet; Drauf ich mein Hoffen stell; Wovor sollt mir denn grauen, Es sei Tod oder Sünd? Weil ich auf dich kann bauen, Bin ich ein selig Kind.

3. Obgleich süß ist das Leben Der Tod sehr bitter mir, Will ich mich doch ergeben, Zu sterben willig dir. Ich weiß ein besser Leben, Da meine Seel fährt hin, Das mir wird Jesus geben; Sterben ist mein Gewinn.

4. Der Leib zwar in der Erden Von Würmern wird verzehrt, Doch auferwecket werden, Durch Christum schön verklärt, Wird leuchten als die Sonne, Und leben ohne Noth In Him-

niclsfreud und Wonne; Was
schadet mir der Tod?

5. Ob mich die Welt auch bringet, Länger zu leben hier, Und
mir vor Augen bringet Ehr,
Gut und alle Zier: Doch ich
das gar nicht achte; Es währt
nur kurze Zeit; Das Himmlisch'
ich betrachte, Das bleibt in
Ewigkeit.

6. Gott geb euch seinen Segen,
Ihr Vielgeliebten mein! Ihr sollet meinetwegen Nicht allzutraurig sein. Beständig bleibt im
Glauben! Wir werd'n in kurzer
Zeit Einander wieder schauen
Dort in der Ewigkeit.

7. Nun ich mich völlig wende
Zu dir, Herr Christ, allein: Gib
mir ein selig Ende, Send mir
die Engel dein; Führ mich in's
ewge Leben, Das du erworben
hast, Als du dich hingegeben
Für meine Sündenlast!

8. Hilf mir, daß ich nicht weiche Von dir, Herr Jesu Christ;
Dem schwachen Glauben reiche
Die Hand zu aller Frist; Hilf
ritterlich mir ringen, Halt mich
durch deine Macht, Daß ich mag
fröhlich singen: Gott Lob, es ist
vollbracht!

2. Petr. 1, 14. Ich weiß, daß ich meine Hütte bald ablegen muß, wie mir denn auch unser Herr Jesus Christus eröffnet hat.

Mel. Christus, der ist mein Leben.

565. Herr, meine Lebenshütte Sinkt nach und nach
zu Grab; Gewähre mir die Bitte,
Und brich sie stille ab.

2. Gib mir ein ruhig Ende;
Der Augen matten Schein, Und
die gefaltnen Hände Laß sanft
entseelet sein.

3. Laß meine letzten Züge Nicht
zu gewaltsam gehn, Und gib,
daß ich so liege, Wie die Entschlafenen.

4. Doch es gescheh dein Wille;
Ich scheide gleich dahin, In
Kämpfen oder stille: Wenn ich
nur selig bin.

5. Bleibst du mir in dem Herzen, Dein Name mir im Mund,
So sind mir auch die Schmerzen
Im Sterben noch gesund.

6. Dein Blut hat mich gereinigt; Trennt Leib und Seele sich,
So werden sie vereinigt Zum
Seligsein durch dich.

7. Nach deiner Gnade Größe
Nimm nur den Geist zur Hand,
Es reiße oder löse Der Tod des
Leibes Band.

8. Ich werde auferstehen, Da geht's zum Himmel ein; Ich werde Jesum sehen, Und er mir gnädig sein.

———

Luk. 2, 29. 30. Herr, nun lässest du deinen Diener in Frieden fahren, wie du gesagt hast; denn meine Augen haben deinen Heiland gesehen.

Mel. Christus, der ist mein Leben.

566. Wie Simeon verschieden, Das liegt mir oft im Sinn; Ich führe gern im Frieden Aus diesem Leben hin.

2. Ach, laß mir meine Bitte, Mein treuer Gott, geschehn: Laß mich aus dieser Hülle In deine Wohnung gehn!

3. Dein Wort ist uns geschehen, An diesem nehm ich Theil: Wer Jesum werde sehen, Der sehe Gottes Heil.

4. Ich seh ihn nicht mit Augen, Doch an der Augen Statt Kann nun mein Glaube taugen, Der ihn zum Heiland hat.

5. Ich hab ihn nicht in Armen, Wie jener Fromme, da; Doch ist er voll Erbarmen Auch meiner Seele nah.

6. Mein Herz hat ihn gefunden, Es rühmt: Mein Freund ist mein! Auch in den letzten Stunden Ist meine Seele sein.

7. Ich kenn ihn als mein Leben; Er wird mir nach dem Tod Bei sich ein Leben geben, Dem nie der Tod mehr droht.

8. Mein Glaube darf ihn fassen, Sein Geist gibt Kraft dazu: Er wird auch mich nicht lassen, Er führt mich ein zur Ruh.

9. Wenn Aug und Arm erkalten, Hängt sich mein Herz an ihn. — Wer Jesum nur kann halten, Der fährt im Frieden hin.

3. Begräbnißlieder.
A. Für Erwachsene.

Joh. 8, 51. Wahrlich, wahrlich, ich sage euch: So Jemand mein Wort wird halten, der wird den Tod nicht sehen ewiglich.

Mel. Großer Gott, wir loben dich.

567. Geht nun hin und grabt mein Grab, Denn ich bin des Wanderns müde! Von der Erde scheid ich ab, Denn mir ruft des Himmels Friede, Denn mir ruft die süße Ruh Von den Engeln droben zu.

2. Geht nun hin und grabt mein Grab! Meinen Lauf hab ich vollendet, Lege nun den Wanderstab Hin, wo alles Jrdsche endet; Lege selbst mich nun hinein In das Bette ohne Pein.

3. Was soll ich hienieden noch In dem dunklen Thale machen? Denn wie mächtig, stolz und hoch Wir auch stellen unsre Sachen, Muß es doch wie Sand zergehn, Wenn die Winde drüber wehn.

4. Darum, Erde, fahre wohl, Laß mich nun im Frieden scheiden! Deine Hoffnung, ach, ist hohl, Deine Freuden selber Leiden, Deine Schönheit Unbestand, Eitel Wahn und Trug und Tand.

5. Darum letzte gute Nacht, Sonn und Mond und liebe Sterne! Fahret wohl mit eurer Pracht, Denn ich reis' in weite Ferne, Reise hin zu jenem Glanz, Worin ihr verschwindet ganz.

6. Die ihr nun in Trauer geht, Fahret wohl, ihr lieben Freunde! Was von oben niederweht, Tröstet ja des Herrn Gemeinde; Weint nicht ob dem eiteln Schein, Droben nur kann's ewig sein!

7. Weinet nicht, daß nun ich will Von der Welt den Abschied nehmen; Laß ich aus dem Jrrthum will, Aus den Schatten, aus den Schemen, Aus dem Eiteln, aus dem Nichts, Hin in's Land des ewgen Lichts!

8. Weinet nicht! mein süßes Heil, Meinen Heiland, hab ich funden, Und ich habe auch mein Theil An den warmen Herzenswunden, Woraus einst sein heilig Blut Floß der ganzen Welt zu gut.

9. Weint nicht! mein Erlöser lebt; Hoch vom finstern Erdenstaube Hell empor die **Hoffnung** schwebt, Und der Himmelsheld, der **Glaube**, Und die enge **Liebe** spricht: Kind des Vaters, zittre nicht!

Röm. 5, 1. Wir rühmen uns der Hoffnung der zukünftigen Herrlichkeit, die Gott geben soll.

Mel. Gott ist getreu, Sein ic.

568. Es ist vollbracht!

Gott Lob, es ist vollbracht! Mein Heiland nimmt mich auf. Fahr hin, o Welt! Ihr Freunde, gute Nacht! Ich ende meinen Lauf Bei Jesu Kreuz mit tausend

Freuden Und sehne mich von hier zu scheiden. Es ist vollbracht!

2. Es ist vollbracht! Mein Jesus hat auf sich Genommen meine Schuld; Gebüßt hat er Am Kreuzesstamm für mich, O unermeßne Huld! Und ich hab in des Heilands Wunden Die rechte Freistatt nun gefunden. Es ist vollbracht!

3. Es ist vollbracht! Weg Krankheit, Schmerz und Pein, Weg Sorg und Ueberdruß; Sein Golgatha Soll mir ein Thabor sein, Mein matter, müder Fuß Wird hier auf diesen Friedenshöhen Frei von der Erde Banden gehen. Es ist vollbracht!

4. Es ist vollbracht! Hier bin ich frei von Noth, Wie wohl, wie wohl ist mir! Hier speiset mich Der Herr mit Himmelsbrot Und zeigt mir Salems Zier; Hier hör ich mit der Selgen Singen Den süßen Ton der Engel klingen. Es ist vollbracht!

5. Es ist vollbracht! Der Leib mag immerhin Raub der Verwesung sein: Ich weiß ja, daß Ich Staub und Asche bin; Doch Jesus ist ja mein, Der wird mich sanft im Grabe decken Und einst in Klarheit auferwecken. Es ist vollbracht!

6. Es ist vollbracht! Gott Lob, es ist vollbracht! Mein Heiland nimmt mich auf. Fahr hin, o Welt! Ihr Lieben, gute Nacht! Ich ende meinen Lauf Und alle Noth, die mich getroffen; Wohl mir, ich seh den Himmel offen! Es ist vollbracht!

1. Thess. 4, 14. So wir glauben, daß Jesus gestorben und auferstanden ist, also wird Gott auch, die da entschlafen sind durch Jesum, mit ihm führen.

Mel. Wie schön leucht't uns der ic.

569. Hier schlaf ich ein in Jesu Schoos, Dort wach ich auf zum schönern Loos, Das mir bei ihm beschieden. Der Geist ruht sanft in Gottes Hand, Das Sterbgebein, mit ihm verwandt, Schläft hoffnungsvoll im Frieden. So, wie Er hie In der Erde Lag, so werde Ich auch liegen, Dann erstehen durch sein Siegen.

2. Er, den der Streich des Todes traf, Vollführt in meinem letzten Schlaf Die ewgen Friedsgedanken. Die Sünde muß im Tod vergehn, Ein heilger

Leib wird auferstehn, Der nicht mehr darf erkranken. Lichthehr, Wie er Aus der Erde Wiederkehrte, Werd ich stehen, Und mit ihm gen Himmel gehen.

3. Mit bir, Herr Jesu, schlaf ich ein, Mit dir will ich begraben sein, Und mit dir auferstehen; Mit dir will ich, in Aehnlichkeit Des Leibes, den dir Gott bereit't, In's Vaterhaus eingehen. Mit dir Wird mir Frieb und Freube, Frei vom Leibe, Dort gegeben; Mit dir werd ich ewig leben!

Röm. 12, 15. Weinet mit den Weinenden.

A c l. Christus, der ist mein Leben.

570.

Die Liebe darf wohl weinen, Wenn sie ihr Fleisch begräbt; Kein Christ muß fühllos scheinen, So lang er hie noch lebt.

2. Doch lässet gleich der Glaube Sein Aug gen Himmel gehn: Was uns der Tod hier raube, Soll herrlich auferstehn.

3. So ist's uns um die Herzen, Die Gnade macht uns so; Uns ist noch wohl in Schmerzen, Im Trauern sind wir froh.

4. Was tröstet uns? das Hoffen; Wie gut ist's, Christi sein! Man sieht den Himmel offen, Und nicht das Grab allein.

5. Herr Jesu, unser Leben! In Thränen dankt man dir, Daß du uns Trost gegeben; Denn davon leben wir.

6. Was wir in Schwachheit säen, Das wird in Herrlichkeit Auf dein Wort auferstehen; Das ist's, was uns erfreut.

7. Herr, bild aus unsrem Staube Den neuen Leib, der dort, Nicht mehr dem Tod zum Raube, Dich schauet immerfort!

Ebr. 13, 14. Wir haben hier keine bleibende Stadt, sondern die zukünftige suchen wir.

Eigene Melodie.

571.

Aller Gläubgen Sammelplatz Ist da, wo ihr Herz und Schatz, Wo ihr Heiland Jesus Christ, Und ihr Leben hier schon ist.

2. Eins geht da, das Andre dort In die ewge Heimath fort, — Und der Herr, in seinem Licht, Fraget uns darüber nicht.

3. Hätt er uns darob gefragt: Ach, was hätten wir gesagt?

Begräbnißlieder.

Heiß mit Thränen bäten wir:
„Laß die theure Seele hier!"
4. Doch der Herr kann nichts versehn; Und wenn es nun doch geschehn, Haben wir sonst nichts zu thun, Als zu schweigen und zu ruhn.
5. Manches Herz, das nicht mehr da, Geht uns freilich innig nah; Doch, o Liebe, wir sind dein, Und du willst uns alles sein!

Jes. 57, 2. Die richtig vor sich gewandelt haben, kommen zum Frieden und ruhen in ihren Kammern.

Mel. Herr, ich habe mißgehandelt.

572. Ruhet wohl, ihr Todtenbeine, In der stillen Einsamkeit! Ruhet, bis das End erscheine, Da der Herr euch zu der Freud Rufen wird aus euren Grüften Zu den freien Himmelslüften.
2. Nur getrost, ihr werdet leben, Weil das Leben, euer Hort, Die Verheißung hat gegeben, Durch sein theuer werthes Wort: Die in seinem Namen sterben, Sollen nicht im Tod verderben.
3. Und wie sollt im Grabe bleiben, Der ein Tempel Gottes war? Den der Herr ließ einverleiben Seiner auserwählten Schaar, Die er selbst durch Blut und Sterben Hat gemacht zu Himmelserben?
4. Nein, die kann der Tod nicht halten, Die des Herren Glieder sind! Muß der Leib im Grab erkalten, Da man nichts als Asche find't: — Wenn des Herren Hauch drein bläset, Grünet neu, was hier verweset.
5. Jesus wird, wie er erstanden, Auch die Seinen einst mit Macht Führen aus des Todes Banden, Führen aus des Grabes Nacht Zu dem ewgen Himmelsfrieden, Den er seinem Volk beschieden.
6. Ruht, ihr Todten, sanft im Kühlen, Ruht noch eine kurze Zeit! Es läßt sich schon nahe fühlen Die so frohe Ewigkeit. Da sollt ihr mit neuem Leben Euch vor Jesu Thron erheben.

Joh. 6, 47. Wer an mich glaubet, der hat das ewige Leben.

Mel. Christus, der ist mein Leben.

573. Ich weiß, an wen ich glaube, Und daß mein Hei-

land lebt, Der aus dem Todesstaube Den Geist zu sich erhebt.

2. Ich weiß, an wem ich hange,
Wenn alles wankt und weicht,
Der, wenn dem Herzen bange,
Die Rettershand mir reicht.

3. Ich weiß, wem ich vertraue,
Und, wenn mein Auge bricht, Daß
ich ihn ewig schaue, Ihn selbst
von Angesicht.

4. Er trocknet alle Thränen So
tröstend und so mild, Und mein
unendlich Sehnen Wird nur
durch ihn gestillt.

5. Ich weiß, beim Auferstehen
Wenn ich verkläret bin, Werd
ich mit Jesu gehen Durch Ewigkeiten hin.

1. Cor. 15, 43. 44. Es wird gesäet in
Schwachheit und wird auferstehen in Kraft. Es
wird gesäet ein natürlicher Leib und wird auferstehen ein geistlicher Leib.

Eigene Melodie.

574. Begraben laßt uns
nun den Leib, Doch nicht, daß
er im Grabe bleib: Fest glauben
wir, er wird erstehn Und in ein
neues Leben gehn.

2. Gleichwie er vor der Erden
war, Wird er zur Erde offenbar; Doch herrlich soll er auferstehn, Wenn Gottes Stimme
wird ergehn.

3. Die Seel auf ewig lebt in
Gott, Der sie von aller Sündennoth Aus lauter väterlicher
Gnad Durch seinen Sohn erlöset hat.

4. Sein Jammer, Trübsal und
Elend Jetzt kommen ist zum selgen End; Er hat getragen
Christi Joch, Hier starb er und
dort lebt er noch.

5. Die Seele lebt ohn' alle
Klag, Der Leib schläft bis zum
jüngsten Tag, An welchem Gott
ihn schön verklärt, Und ihm die
Herrlichkeit gewährt.

6. Hier war er in der Angst
und Pein; Dort wird er ganz
genesen sein, In ewger Himmelsfreud und Wonn Beim
Vater leuchten als die Sonn.

7. Nun lassen wir ihn hier
in Ruh, Gehn wieder unsern
Häusern zu, Und schicken uns
mit allem Fleiß: Der Tod
kommt uns auf gleiche Weis'.

8. Das helf uns Christus, der
uns tröst', Und uns durch sein
Blut hat erlöst Von's Teufels
Macht uud ewger Pein: Ihm
sei Lob, Preis und Ehr allein!

Begräbnißlieder. 533

B. Für Kinder.

Hiob 1, 21. Der Herr hat es gegeben, der Herr hat es genommen; der Name des Herrn sei gelobet.

Eigene Melodie.

575. Wenn kleine Himmelserben In ihrer Unschuld sterben, So büßt man sie nicht ein; Sie werden nur dort oben Vom Vater aufgehoben, Damit sie unverloren sei'n.

2. Der Unschuld Glück verscherzen, Stets kämpfen mit den Schmerzen, Mit so viel Seelennoth, Im Angstgefühl der Sünden Das Sterben schwer empfinden: Davor bewahrt ein früher Tod.

3. Ist einer alt an Jahren, So hat er viel erfahren, Das ihn noch heute kränkt, Und unter so viel Stunden Oft wenige gefunden, Daran er mit Vergnügen denkt.

4. Wie leicht geht auch bei Kindern Von uns erwachs'nen Sündern Das fremde Feuer an! Sind sie der Erd entrissen, Dann können wir erst wissen, Daß sie die Welt nicht fällen kann.

5. O wohl auch diesem Kinde!

Es starb nicht zu geschwinde. Zeuch hin, du liebes Kind! Du gehest ja nur schlafen, Und bleibest bei den Schafen, Die ewig unsers Jesu sind.

1 Mos. 22, 2. Und er sprach: Nimm Isaak, deinen einzigen Sohn, den du lieb hast, und gehe hin und opfere ihn.

Eigene Melodie.

576. Du bist zwar mein und bleibest mein; Wer will mir's anders sagen? Doch bist du nicht nur mein allein: Der Herr von ewgen Tagen, Der hat das meiste Recht an dir, Der fordert und erhebt von mir Dich, o mein Sohn, mein Wille, Mein Herz und Wunsches Fülle!

2. Ach! gält es Wünschen, wollt ich dich, Du Kleinod meiner Seelen, Vor allem Weltgut williglich Mir wünschen und erwählen. Ich wollte sagen: „bleib bei mir, Du sollst sein meines Hauses Zier, An dir will ich mein Lieben Bis in mein Sterben üben."

3. So sagt mein Herz und meint es gut; Gott aber meint's

noch beſſer! Groß iſt die Lieb in meinem Muth; In Gott iſt ſie noch größer. Ich bin ein Vater und nichts mehr, Gott iſt der Väter Haupt und Ehr, Ein Quell, daraus die Jungen Und Alten ſind entſprungen.

4. Ich ſehne mich nach meinem Sohn, Und der mir ihn gegeben, Will, daß er nah an ſeinem Thron Im Himmel ſolle leben. Ich ſprach: „ach weh! mein Licht verſchwind't!" Gott ſpricht: „willkomm, du liebes Kind, Dich will ich bei mir haben Und ewig reichlich laben."

5. O ſüßer Rath, o ſchönes Wort, Und heilger, als wir denken! Bei Gott iſt ja kein böſer Ort, Kein Unglück und kein Kränken, Nicht Angſt, nicht Mangel, nicht Verſehn, Bei Gott kann keinem Leids geſchehn, Wen Gott verſorgt und liebet, Wird nimmermehr betrübet.

6. Wir Menſchen ſind ja auch bedacht, Die Unſrigen zu zieren. Wir gehn und ſorgen Tag und Nacht, Wie wir ſie wollen führen In einen feinen, ſelgen Stand, Und iſt doch ſelten ſo bewandt, Mit dem, wohin ſie kommen, Wie wir's uns vorgenommen.

7. Wie manches junge fromme Blut Wird jämmerlich verführet Durch bös Exempel, daß es thut, Was Chriſten nicht gebühret! Da hat's denn Gottes Zorn zu Lohn, Auf Erden nichts als Spott und Hohn; Der Vater muß mit Grämen Sich ſeines Kindes ſchämen.

8. Ein ſolches darf ich ja nun nicht An meinem Sohn erwarten; Der ſteht vor Gottes Angeſicht Und geht in Chriſti Garten; Hat Freude, die ihn recht erfreut, Und ruht von allem Herzeleid; Er ſieht und hört die Schaaren, Die uns allhier bewahren.

9. Er ſieht und hört der Engel Mund, Sein Mund hilft ſelber ſingen; Lernt alle Weisheit aus dem Grund, Und ſpricht von ſolchen Dingen, Die unſer keins noch ſieht und weiß, Die auch durch unſern Fleiß und Schweiß Wir, weil wir ſind auf Erden, Nicht ausſtudiren werden.

10. Ach, dürft ich doch von ferne ſtehn Und nur ein wenig hören, Wenn deine Sinnen ſich erhöhn Und Gottes Namen ehren, Der heilig, heilig, heilig iſt, Durch den auch du geheiligt biſt:

Begräbnißlieder. 535

Ich weiß, ich würde müssen Vor Freuden Thränen gießen!"

11. Ich würde sprechen: „bleib allhier; Nun will ich nicht mehr klagen: Ach, mein Sohn, wärst du noch bei mir! Nein, sondern: komm, du Wagen Eliä, hole mich geschwind Und bring mich dahin, wo mein Kind Und so viel liebe Seelen So schöne Ding erzählen."

12. Nun, es sei Ja und bleibe so, Dich will ich nicht beweinen: Du lebst und bist von Herzen froh, Siehst lauter Sonnen scheinen, Die Sonnen ewger Freud und Ruh; Hie leb und bleib nur immerzu; Ich will, will's Gott, mit andern Auch bald hinüber wandern!

Marc. 5, 39. Das Kind ist nicht gestorben, sondern es schläft.

Mel. Gott ist getreu, Sein x.

577. Zeuch hin, mein Kind! Gott selber fordert dich Aus dieser argen Welt. Ich weine zwar, Dein Tod betrübet mich; Doch, weil es Gott gefällt, So unterlass' ich alles Klagen, Und will mit stillem Geiste sagen: Zeuch hin, mein Kind!

2. Zeuch hin, mein Kind! Der Schöpfer hat dich mir Nur in der Welt geliehn. Die Zeit ist aus; Darum befiehlt er die Nun wieder heimzuziehn. Zeuch hin! Gott hat es so versehen; Was Gott beschließt, das muß geschehen. Zeuch hin, mein Kind!

3. Zeuch hin, mein Kind! Im Himmel findest du, Was dir die Welt versagt; Denn nur bei Gott Ist wahre Freud und Ruh, Kein Schmerz, der Seelen plagt. Hier müssen wir in Aengsten schweben, Dort kannst du ewig fröhlich leben. Zeuch hin, mein Kind!

4. Zeuch hin, mein Kind! Die Engel warten schon Auf deinen zarten Geist. Nun siehest du, Wie Gottes lieber Sohn Dir selbst die Krone weist. Nun wohl, dein Seelchen ist entbunden, Du hast durch Jesum überwunden. Zeuch hin, mein Kind!

C. Bei Einweihung eines Gottesackers.

Joh. 5, 28. Es kommt die Stunde, in welcher alle, die in den Gräbern sind, werden seine Stimme hören.

Mel. Wachet auf, ruft uns ꝛc.

578. Friedhof, den wir ernst betreten, Nimm unter flehenden Gebeten Nun diesen ersten Todten auf, Daß von allem Leib und Jammer Er ruh in stiller Grabeskammer Nach hier vollbrachtem Pilgerlauf! Der Tod war hier sein Loos; Nun öffnet ihren Schooß Ihm die Erde. Komm, Sterbgebein! Sink sanft hinein In Gottes mildem Gnadenschein!

2. Heilig sei uns nun die Erde, Die, daß sie Gottes Acker werde, Wir still in Christi Namen weihn, Wo wir hinter Särgen gehen, — Einst auf bemoosten Hügeln stehen, Wo Gräber sich an Gräber reihn. Doch über Grab und Zeit Schaut in die Ewigkeit Unser Glaube, Wo Freund mit Freund Sich neu vereint, Wo Gottes ewge Sonne scheint.

3. Laßt, o laßt's uns ernst bedenken: In kurzem wird man hier versenken Auch unser sterbliches Gebein! Ach, des neuen Friedhofs Thore, Sie öffnen sich dem Trauerchore, Und Freunde tragen uns hinein. Die Stunde nahet bald, Sie kommt für Jung und Alt. Ewger Vater! Dann rufest du Zur Grabesruh; Dann führ uns auch dem Himmel zu!

4. Schlummert alle sanft im Grabe Nach abgelegtem Pilgerstabe, Ihr, die der Tod einst hier vereint! Möge jeder Ruh empfinden, Und einen gnädgen Richter finden, Wann jener große Tag erscheint! O Jesu, du allein Kannst unsre Hoffnung sein! Hallelujah! Führ uns durch Noth, Führ uns durch Tod Hinauf zum ewgen Morgenroth!

4. Von der Auferstehung der Todten.

Joh. 6, 40. Das ist aber der Wille des, der mich gesandt hat, daß wer den Sohn siehet und glaubet an ihn, habe das ewige Leben, und ich werde ihn auferwecken am jüngsten Tage.

Mel. Herzlich thut mich verlangen.

579. Ich geh zu deinem Grabe, Du großer Siegesfürst, Weil ich die Hoffnung habe, Daß du mir zeigen wirst, Wie man kann fröhlich sterben Und fröhlich auferstehn, Und mit den Himmelserben In's Land des Lebens gehn.

2. Du liegest in der Erde Und hast sie eingeweiht, Wenn ich begraben werde, Daß sich mein Herz nicht scheut, Auch in den Staub zu legen, Was Staub und Asche ist, Weil du ja allerwegen Der Herr der Erde bist.

3. Du schläfst in deinem Grabe, Daß ich auch meine Ruh An diesem Orte habe, — Drückst mir die Augen zu; Nun soll mir gar nicht grauen, Wenn mein Gesicht vergeht: Ich werde den wohl schauen, Der mir zur Seite steht.

4. Dein Grab war wohl versiegelt, Doch brichst du es entzwei; Wenn mich der Tod verriegelt, So bin ich dennoch frei; Du wirst den Stein schon rücken, Der auch mein Grab bedeckt; Dann werd ich dich erblicken, Der mich vom Tod erweckt.

5. O meines Lebens Leben! O meines Todes Tod! Dir will ich mich ergeben Auch in der letzten Noth! Dann schlaf ich ohne Kummer In deinem Frieden ein, Und wach ich auf vom Schlummer, Wirst du mein Loblied sein!

---

2. Cor. 5, 1. Wir wissen aber, so unser irdisches Haus dieser Hütte zerbrochen wird, daß wir einen Bau haben, von Gott erbauet, ein Haus, nicht mit Händen gemacht, das ewig ist, im Himmel.

Mel. Wenn kleine Himmelserben.

580. Was haben wir zu sorgen, Wenn heut uns oder morgen Des Leibes Hütte bricht? Sie muß zerbrochen werden, Ist nur aus schwacher Erden, Und währet in die Länge nicht.

2. Wir wissen, daß wir haben Ein Haus, gar reich an Gaben, Im Himmel prächtig stehn, Gebaut durch Gottes Stärke, Nicht

durch der Hände Werke, Das nimmer, nimmer wird vergehn.

3. Das ist ein Bau voll Leben, Wo wir in Freuden schweben, Die noch kein Ohr gehört, Kein Aug hat wahrgenommen, Die in kein Herz gekommen, Und die kein Mund je hat gelehrt.

4. Nach der Behausung sehnen Wir uns aus diesen Thränen, Und uns verlangt allein, Mit dem, was Jesus droben Den Seinen aufgehoben, Auf ewig überkleib't zu sein.

5. Gott aber, der beizeiten Uns dazu will bereiten, Schenk uns des Glaubens Kleid, Daß wir nicht nackend gehen, In Sünden häßlich stehen, Gehöhnt in alle Ewigkeit!

6. Wird dann dies Haus von Erden Einst abgebrochen werden, So führt der Herr uns aus, Und läßt uns auf dem Wagen Der heilgen Engel tragen In seines Vaters Freudenhaus.

7. Da wollen wir, von Leben Und Lust erfüllt, erheben Der Stimm und Saiten Klang, Und singen: ihm gehöre Macht, Weisheit, Herrschaft, Ehre, Und aller Liebe Preisgesang!

1. Cor. 15, 53. Dies Verwesliche muß anziehen das Unverwesliche und dies Sterbliche muß anziehen die Unsterblichkeit.

Eigene Melodie.

581. Auferstehn, ja auferstehn wirst du, Mein Staub nach kurzer Ruh; Unsterblich Leben Wird, der dich schuf, dir geben, Hallelujah!

2. Wieder aufzublühn werd ich gesät! Der Herr der Ernte geht Und sammelt Garben, Uns ein, uns ein, die starben; Gelobt sei Gott!

3. Tag des Danks, der Freudenthränen Tag, Du meines Gottes Tag! Wenn ich im Grabe Genug geschlummert habe, Erweckst du mich!

4. Wie den Träumenden wird's dann uns sein: Mit Jesu gehn wir ein Zu seinen Freuden! Der müden Pilger Leiden Sind dann nicht mehr.

5. Ach, in's Allerheiligste führt mich Mein Mittler dann, lebt ich Im Heiligthume Zu seines Namens Ruhme! Dann schau ich ihn!

5. Vom Weltenbe und Weltgericht.

Matth. 25, 6. Zur Mitternacht aber ward ein Geschrei: Siehe, der Bräutigam kommt; gehet aus ihm entgegen.

Eigene Melodie.

582. Wachet auf! ruft uns die Stimme Der Wächter sehr hoch auf der Zinne, Wach auf, du Stadt Jerusalem! Mitternacht heißt diese Stunde! So rufen sie mit hellem Munde: Wo seid ihr klugen Jungfrauen? Wohlauf, der Bräutigam kömmt! Steht auf, die Lampen nehmt! Hallelujah! Macht euch bereit Im Hochzeitkleid: Geht ihm entgegen, es ist Zeit.

2. Zion hört die Wächter singen, Das Herz will ihr vor Freuden springen! Sie wacht, und stehet eilends auf. Ihr Freund kommt vom Himmel prächtig Von Gnaden stark, von Wahrheit mächtig; Ihr Licht wird hell, ihr Stern geht auf. Nun komm von deinem Thron, Herr Jesu, Gottes Sohn! Hosianna! Wir folgen all zum Freudensaal, Und halten mit das Abendmahl.

3. Gloria sei dir gesungen Von Menschen- und von Engelzungen, Mit Cymbeln und mit Harfenton! Von zwölf Perlen sind die Thore An deiner Stadt; wir stehn im Chore Der Engel hoch um deinen Thron. Kein Auge sahe sie, Ein Ohr vernahm sie nie, Solche Freude; Drum jauchzen wir, Und singen dir Das Hallelujah für und für!

Luk. 21, 28. Sehet auf und hebet euere Häupter auf, darum, daß sich eure Erlösung nahet.

Mel. Herzlich thut mich verlangen.

583. Ermuntert euch, ihr Frommen, Zeigt eurer Lampen Schein! Der Abend ist gekommen, Die finstre Nacht bricht ein. Es hat sich aufgemachet Der Bräutigam mit Pracht; Auf, betet, kämpft und wachet! Bald ist es Mitternacht.

2. Macht eure Lampen fertig, Und füllet sie mit Oel; Seid eures Heils gewärtig, Bereitet Leib und Seel! Ein Ruf ist ausgegangen. Der Bräutigam ist nah! Auf, eilt ihn zu empfangen, Und singt Hallelujah!

3. Er wird nicht lang verzie-

hen, Drum schlaft nicht wieder ein; Man sieht die Bäume blühen; Der schönste Frühlingsschein Verheißt Erquickungszeiten: Die Abendröthe zeigt Den schönen Tag von weitem, Der bald am Himmel steigt.

4. Begegnet ihm auf Erden, Ihr, die ihr Zion liebt, Mit freudigen Geberden, Und seid nicht mehr betrübt! Bald kommen Freudenstunden, Bald wird der Jubel laut, Wo dem, der überwunden, Die Krone wird vertraut.

5. Die ihr Geduld getragen Und mit gestorben seid, Sollt dann nach Kreuz und Plagen Mit leben sonder Leid, Ja, ewiglich regieren, Und vor des Lammes Thron Mit Jauchzen triumphiren In eurer Siegeskron.

6. Hier sind die Siegespalmen, Hier ist das weiße Kleid; Hier singt man Freudenpsalmen Im Frieden nach dem Streit. Hier sind die reichen Garben, Hier grünet das Gebein Der Sieger, die da starben, Im ewgen Frühlingsschein.

7. Hier ist die Au der Freuden, Wo der getreue Hirt Selbst seine Schafe weiden Und herrlich tränken wird. Hier sind die goldnen Gassen Der hohen Friedensstadt, Die Glanz ohn' alle Maßen Und Gott zur Sonne hat.

7. O Jesu, meine Wonne, Komm bald und mach dich auf! Geh auf, verlangte Sonne, Und förbre deinen Lauf! O Jesu, mach ein Ende, Und führ uns aus dem Streit; Wir heben Haupt und Hände Nach der Erlösungszeit!

Offenb. 20, 12. Die Todten wurden gerichtet, nach der Schrift in den Büchern, nach ihrem Werken.

Eigene Melodie.

584. Es ist gewißlich an der Zeit, Daß Gottes Sohn wird kommen, Als Richter hoch in Herrlichkeit Den Bösen und den Frommen; Dann wird das Lachen werden theu'r, Wenn alles wird vergehn im Feu'r, Wie Petrus davon schreibet.

2. Posaunen wird man hören gehn In aller Welten Ende; Drauf ringsum werden auferstehn Die Todten gar behende; Die aber noch am Leben sind, Die wird des Herren Wort geschwind Verwandeln und erneuen.

3. Ein Buch wird abgelesen bald, Darinnen steht geschrieben, Was alle Menschen jung und alt, Auf Erden je getrieben, Woraus gewißlich jederman Wird hören, was er hat gethan In seinem ganzen Leben.

4. O weh dem Menschen, welcher hat Des Herren Wort verachtet, Und nur auf Erden früh und spat Nach großem Gut getrachtet! Er wird fürwahr gar schlimm bestehn, Und mit dem Satan müssen gehn Von Christo in die Hölle.

5. O Jesu, hilf zur selben Zeit Durch deine heilgen Wunden, Daß ich im Buch der Seligkeit Werd eingezeichnet funden! Daran ich dann auch zweifle nicht, Denn du hast ja den Feind gerich't Und meine Schuld bezahlet.

6. Derhalben mein Fürsprecher sei, Wenn du nun wirst erscheinen, Und ließ mich aus dem Buche frei, Darinnen stehn die Deinen, Auf daß ich sammt den Brüdern mein Mit dir geh in den Himmel ein, Den du uns hast erworben.

7. O Jesu Christ, du machst es lang Mit deinem jüngsten Tage! Den Menschen wird auf Erden bang Von vieler Noth und Plage; Komm doch, komm doch, du Richter groß, Und mach uns bald in Gnaden los Von allem Uebel! Amen.

Ebr. 9, 28. Zum andern Mal wird er (Christus) ohne Sünde erscheinen denen, die auf ihn warten, zur Seligkeit.

Mel. Was Gott thut, das ist wohlgethan

585. Wir warten dein, o Gottes Sohn, Und lieben dein Erscheinen; Wir wissen dich auf deinem Thron, Und nennen uns die Deinen. Wer an dich glaubt, Erhebt sein Haupt, Und siehet dir entgegen, Du kommst uns ja zum Segen.

2. Wir warten deiner mit Geduld In unsern Leidenstagen; Wir trösten uns, daß du die Schuld Für uns am Kreuz getragen. So können wir Nun gern mit dir Uns auch zum Kreuz bequemen, Bis du's hinweg wirst nehmen.

3. Wir warten dein; du hast uns ja Das Herz schon hingenommen. Du bist zwar unserm Geiste nah, Doch wirst du sicht-

bar kommen; Da willst uns du Bei bir auch Ruh, Bei bir auch Freude geben, Bei bir ein herrlich Leben.

4. Wir warten dein, du kommst gewiß, Die Zeit ist bald vergangen; Wir freuen uns schon über dies Mit kindlichem Verlangen. Was wird geschehn, Wenn wir dich sehn, Wenn du uns heim wirst bringen, Wenn wir dir ewig singen!

Offenb. 14, 11. 12. Der Rauch ihrer Qual wird aufsteigen von Ewigkeit zu Ewigkeit. — Hier ist Geduld der Heiligen; hier sind, die da halten die Gebote Gottes und den Glauben an Jesum.

Eigene Melodie.

586. O Ewigkeit, du Donnerwort! Du Schwert, das durch die Seele bohrt! O Anfang sonder Ende! O Ewigkeit, Zeit ohne Zeit! Vielleicht schon morgen oder heut Fall ich in beine Hände. Mein ganz erschrocknes Herz erbebt, Daß mir die Zung am Gaumen klebt.

2. Kein Elend ist auf dieser Erd, Das, wenn's auch noch so lange währt, Sich mit der Zeit nicht wende. Die Ewigkeit nur hat kein Ziel, Man mag da denken, was man will: Sie hat und kennt kein Ende. Wie selbst der Sünder=Heiland spricht: „Ihr Wurm und Feuer stirbet nicht."

3. O Ewigkeit, du machst mir bang! Denn ewig, ewig ist zu lang; Hier gilt fürwahr kein Scherzen! Drum, wenn ich diese lange Nacht Mit all der großen Pein betracht, Erschreck ich recht von Herzen. Nichts ist für Sünder weit und breit So schrecklich, als die Ewigkeit!

4. Ach, Gott, wie bist du so gerecht! Wie strafest du den bösen Knecht Mit ewiger Qual und Schmerzen! Den Sinn, dem Sünde wohlgefällt, Nimmt er mit in die andre Welt. O Mensch, faß' es zu Herzen! Hier, hier nur ist die Gnadenzeit, Dort strafet Gott, wie er gedräut.

5. Wach auf, o Mensch, vom Sündenschlaf! Ermuntre dich, verlornes Schaf Und beßre bald dein Leben! Wach auf! denn es ist hohe Zeit, Dich übereilt die Ewigkeit, Dir beinen Lohn zu geben. Vielleicht ist heut bein letzter Tag; Wer weiß doch, wie er sterben mag?

6. Ach, laß die Wollust dieser

Welt, Pracht, Hoffart, Reichthum, Ehr und Geld Nicht länger dich bestegen! Schau an die große Sicherheit, Die falsche Welt, die böse Zeit In Satans Stricken liegen! Vor allen Dingen habt in Acht Die ewig, ewig lange Nacht!

7. O Ewigkeit, du Donnerwort! Du Schwert, das dem das Herz durchbohrt, Der hier in Sünden wandelt: Wer denkt es ganz, das ewge Leid, Das Gott dem Sünder hat gebräut, Der gottlos lebt und handelt?. — Ach, segn' uns, Gott, mit Jesu Heil! Sei jetzt und ewig unser Theil!

---

6. **Von der Herrlichkeit des ewigen Lebens.**

Ebr. 4, 1. 9. So lasset uns nun fürchten, daß wir die Verheißung, einzukommen zu seiner Ruhe, nicht versäumen. — Ebr. die wir glauben, gehen in die Ruhe.

Eigene Melodie.

587. Wo findet die Seele die Heimath, die Ruh? Wer deckt sie mit schützenden Fittigen zu? Ach, bietet die Welt keine Freistatt ihr an, Wo Sünde nicht herrschen, nicht anfechten kann? Nein! Nein! Nein! Nein! Hier ist sie nicht; Die Heimath der Seele ist droben im Licht.

2. Verlasset die Erde, die Heimath zu sehn, Die Heimath der Seele, so herrlich, so schön! Jerusalem droben, von Golde erbaut, Ist dieses die Heimath der Seele, der Braut? Ja! Ja! Ja! Ja! Dieses allein kann Ruhplatz und Heimath der Seele nur sein.

3. Wie selig die Ruhe bei Jesus im Licht! Tod, Sünde und Schmerzen, die kennt man dort nicht. Das Rauschen der Harfen, der Engel Gesang Bewillkommt die Seele mit lieblichem Klang. Ruh! Ruh! Ruh! Ruh! Himmlische Ruh Im Schooße des Mittlers, ich eile dir zu!

3. Wirst du hier in Babel vom Jammer gedrängt, Die Harfen, die hier an die Weiden gehängt, Die wirst du noch schlagen mit fröhlichem Muth, Wenn Gott dir die Thore von Zion aufthut. Amen! Amen! Das wirst du sehn, Daß Salem in feurigen Mauern wird stehn.

5. Bei aller Verwirrung und Klage allhier Ist mir, o mein Je'u, so wohl stets bei dir! Im Kreise der Deinen sprichst „Friede!" du aus, Da bin ich mit deiner Gemeine zu Haus. Heim! Heim! Heim! Heim! Ach, ja nur heim! O komme, mein Heiland, und hole mich heim!

Ebr. 4, 9. Darum ist noch eine Ruhe vorhanden dem Volk Gottes.

Eigene Melodie.

588. Es ist noch eine Ruh vorhanden; Auf, müdes Herz, und werde licht! Du seufzest hier in deinen Banden, Und deine Sonne scheinet nicht. Sieh auf das Lamm, das dich mit Freuden Dort wird vor seinem Stuhle weiden, Wirf hin die Last und eil herzu! Bald ist der schwere Kampf vollendet, Bald, balb der saure Lauf geendet, Dann gehst du ein zu deiner Ruh.

2. Die Ruhe hat Gott auserkoren, Die Ruhe, die kein Ende nimmt; Es hat, da noch kein Mensch geboren, Die Liebe sie uns schon bestimmt; Das Gotteslamm, es wollte sterben, Uns diese Ruhe zu erwerben, Es ruft, es locket weit und breit: „Ihr müden Seelen und ihr Frommen, Versäumet nicht, heut einzukommen Zu meiner Ruhe Lieblichkeit!

3. So kommet denn, ihr matten Seelen, Die manche Last und Bürde drückt! Eilt, eilt aus euren Kummerhöhlen, Geht nicht mehr seufzend und gebückt! Ihr habt des Tages Last getragen, Dafür läßt euch der Heiland sagen: Ich selbst will eure Ruhstatt sein! Ihr seid sein Volk, er will euch schützen; Will auch die Hölle auf euch blitzen; Seid nur getrost und gehet ein!

4. Was mag wohl einen Kranken laben Und einen müden Wandersmann? Wenn jener nur ein Bettlein haben Und sanft auf solchem ruhen kann, Wenn dieser sich darf niedersetzen, An einem frischen Trunk ergötzen, Wie sind sie beide so vergnügt; Doch dies sind kurze Ruhestunden; Es ist noch eine Ruh erfunden, Wo man auf ewig stille liegt.

5. Da wird man Freudengarben bringen; Denn unsre Thränensaat ist aus. O welch ein Jubel wird erklingen, Welch Lob-

Von der Herrlichkeit des ewigen Lebens.

getön im Vaterhaus! Schmerz, Seufzen, Leid wird ferne weichen, Es wird kein Tod uns mehr erreichen, — Wir werden unsern König sehn; Er wird am Brunnquell uns erfrischen, Die Thränen von den Augen wischen; — Wer weiß, was sonst noch wird geschehn!

6. Da ruhen wir und sind im Frieden Und leben ewig sorgenlos. Ach, fasset dieses Wort, ihr Müden, Legt euch dem Heiland in den Schoos! Ach, Flügel her! wir müssen eilen, Und uns nicht länger hier verweilen, Dort wartet schon die frohe Schaar. Fort, fort, mein Geist, zum Jubiliren! Auf gürte dich zum Triumphiren, Auf, auf, es kommt das Ruhejahr!

Offenb. 14, 13. Selig sind die Todten, die in dem Herrn sterben.
Mel. Wachet auf, ruft uns die Stimme.

589. Selig sind des Himmels Erben, Die Todten, die im Herren sterben, Zur Auferstehung eingeweiht! Nach den letzten Augenblicken Des Todesschlummers folgtEntzücken,Folgt Wonne der Unsterblichkeit. Im Frieden ruhen sie, Los von der Erde Müh. Hosianna! Vor Gottes Thron, Zu seinem Sohn Folgt ihnen ihrer Werke Lohn.

2. Dank, Anbetung, Preis und Ehre Sei dir durch alle Himmelsheere, O Weltversöhner, Jesu Christ! Ihr, der Ueberwinder Chöre, Bringt Dank, Anbetung, Preis und Ehre Dem Lamme, das geopfert ist! Er sank, wie wir, in's Grab! Laßt nun vom Weinen ab, Ihr Erlösten! Nicht Schmerz, nicht Pein, Nur Wonne allein Wird an des Lammes Throne sein.

3. Nicht der Mond, nicht mehr die Sonne Scheint uns alsdann; er ist uns Sonne, Der Sohn, die Herrlichkeit des Herrn! Heil, nach dem wir weinend rangen, Nun bist du hell uns aufgegangen, Nicht mehr im Dunkeln, nicht von fern! Nun weinen wir nicht mehr; Das Alte ist nicht mehr; Hallelujah; Er ging voran Des Todes Bahn! Wir folgen ihm einst hinmelan!

Jes. 65, 18. Sie werden sich ewiglich freuen und selig sein über dem, das ich schaffe.
Eigene Melodie.

590. Unter Lilien jener

35

Freuden — Sollst du weiden;
Seele, schwinge dich empor! Als
ein Adler fleuch behende! Jesu
Hände Oeffnen schon das Perlenthor.

2. Laßt mich gehen, laßt mich
fahren Zu den Schaaren Derer, die des Lammes Thron
Nebst dem Chor der Cherubinen
Schon bedienen Mit dem reinsten Jubelton!

3. Löse, erstgeborner Bruder,
Doch die Ruder Meines Schiff-
leins; laß mich ein In den sichern
Friedenshafen, Zu den Schafen,
Die der Furcht entrücket sein!

4. Nichts soll mir am Herzen
kleben, Süßes Leben, Was die
Erde in sich hält! Sollt ich in
der Wüste weilen, Und nicht
eilen! Nein, ich eil in's Himmelszelt!

5. Selger Heiland! gib Vertrauen, Ohne Grauen, Glauben, der durch alles bringt!
Nach dir sehnt sich meine Seele
In der Höhle, Bis sie sich von
hinnen schwingt.

6. O wie bald kannst du es
machen, Daß mit Lachen Unser
Mund erfüllet sei; Du kannst
durch des Todes Thüren Träu-
mend führen, Und machst uns
auf einmal frei.

7. Du hast unsre Schuld getragen; Furcht und Zagen Muß
nun ferne von mir gehn. Tod,
dein Stachel liegt darnieder!
Meine Glieder Werden fröhlich
auferstehn!

8. Gottes Lamm! dich will ich
loben Hier und droben; Du
bist meiner Seele Zier! Du
hast dich zum ewgen Leben Mir
gegeben; Hole mich, mein Gott,
zu dir!

Offenb. 22. 8. 5. Seine Knechte werden
ihm dienen; — und sie werden regieren von
Ewigkeit zu Ewigkeit.

Mel. O Ewigkeit, du Donnerwort.

591. O Ewigkeit, du
Freudenwort, Das mich erquicket fort und fort! O Anfang
sonder Ende! O Ewigkeit,
Freud ohne Leid! Ich weiß
vor Herzensfröhlichkeit Nichts
von dem Weltelende, Weil mir
versüßt die Ewigkeit, Was uns
betrübet in der Zeit.

2. Kein Glanz ist in der armen Welt, Der endlich mit der
Zeit nicht fällt, Und gänzlich muß
vergehen; Die Ewigkeit nur hat
kein Ziel, Ihr Licht, ihr selges

Freudenspiel Bleibt unverändert stehen; Ja, Gott in seinem Worte spricht: Sie kennet die Verwesung nicht.

3. O Ewigkeit, du währest lang! Und wenn mir ist auf Erden bang, Weiß ich, daß das aufhöret. Drum, wenn ich diese lange Zeit Erwäge, sammt der Seligkeit, Die ewig nichts zerstöret: So acht ich alles Leiden nicht, Das mich nur kurze Zeit anficht.

4. Was ist doch aller Christen Qual, Die Pein der Märtrer allzumal, So vieles Kreuz und Leiden? Wenn man es gleich zusammenträgt Und alles auf die Wage legt, So wird's sich's schnell entscheiden: Des ewgen Lebens Herrlichkeit, Die überwiegt dies alles weit.

5. Im Himmel lebt der Selgen Schaar Bei ihrem Gott unwandelbar Mit stetem Freudenliebe; Sie wandeln in dem ewgen Licht, Sie schauen Gottes Angesicht, Ihr Erb ist goldner Friede, Weil Jesus sie, wie er verheißt, Mit Lebensbrot und Manna speißt.

6. Ach, wie verlanget doch in mir Mein mattes, armes Herz nach dir, Du unaussprechlich Leben! Wann werd ich doch einmal dahin Gelangen, wo mein schwacher Sinn Sich übet hinzustreben? Ich will der Welt vergessen ganz, Mich strecken nach des Himmels Glanz!

7. Fahr hin, du schnöde Sucht und Pracht, Du Putz und eitle Kleidertracht, Fahr hin, du sündlich's Wesen! Fahr hin, du falsche Liebesbrunst, Du armer Stolz und Goldesdunst, Und was die Welt erlesen! Fahr hin, du machst mir schlechten Muth! Die Ewigkeit, die ist mein Gut!

8. O Ewigkeit, du Freudenwort, Das mich erquicket fort und fort! O Anfang sonder Ende! O Ewigkeit, Freud ohne Leid! Ich weiß von keiner Traurigkeit, Wenn ich zu dir mich wende. Erhalt mir Jesu, diesen Sinn, Bis ich bei dir im Himmel bin!

Offenb. 21, 1. Und ich sah einen neuen Himmel und eine neue Erde.

We L. Wie schön leucht't uns ic.

592. Mein Geist, o Gott wird ganz entzückt, Wenn er nach jenem Himmel blickt,

Den du für uns bereitet, Wo deine milde Vaterhand Aus neuen Wundern wird erkannt, Die du daselbst verbreitet. Mächtig Fühl ich Mich erhoben, Dich zu loben, Der zum Leben, Das dort ist, mich will erheben.

2. Was sind die Freuden dieser Zeit, Herr, gegen jene Herrlichkeit, Die wir im Himmel finden? Du stellst uns hier auf Erden zwar Viel Wunder deiner Güte dar, Zum fröhlichen Empfinden; Doch hier Sind wir, Bei den Freuden, Noch mit Leiden Stets umgeben; Dort nur ist vollkommnes Leben.

3. Dort ist kein Tod mehr und kein Grab, Dort wischest du die Thränen ab Von deiner Kinder Wangen; Dort ist kein Leid mehr, kein Geschrei, Denn du, o Herr, machst alles neu, Das Alte ist vergangen! Hinfort Sind dort Von Gerechten, Gottes Knechten, Keine Plagen Mehr zur Prüfung zu ertragen.

4. In unsers Gottes Heiligthum Schallt seines Namens hoher Ruhm Von lauter frohen Zungen; Hier strahlt die Herrlichkeit des Herrn, Hier schaut man sie nicht mehr von fern, Hier wird sie ganz besungen. Freundlich Giebt sich Den Erlösten, Sie zu trösten, Der zu kennen, Den sie hier schon Vater nennen.

5. Vor seinem Antlitz wandeln sie, Auf ewig frei von aller Müh, Und schmecken seine Güte! Hier stört den Frieden ihrer Brust Und ihre tausendfache Lust Kein feindliches Gemüthe. Kein Neid, Kein Streit Hemmt die Triebe Reiner Liebe Unter Seelen, Die nun ewig nicht mehr fehlen.

6. Gott, welche Schaar ist dort vereint! Die Frommen, die ich hier beweint, Die find ich droben wieder Dort sammelt deine Vaterhand Sie, die dein Lieben hier verband, Herr, alle deine Glieder. Ewig Werd ich, Frei von Mängeln, Mit den Engeln Freundschaft pflegen. O ein Umgang voller Segen!

7. Dort ist mein Freund, des Höchsten Sohn, Der mich geliebt; wie glänzt sein Thron In jenen Himmelshöhen! Da werd ich dich, Herr Jesu Christ, Der du die Lebenssonne bist, Mir zum Entzücken sehen! Da wird, Mein Hirt, Von den Freuden Nichts mich scheiden, Die du droben Deinen Freunden aufgehoben.

Von der Herrlichkeit des ewigen Lebens. 549

8. Wie herrlich ist die neue Welt, Die Gott den Frommen vorbehält, Wenn sie im Glauben sterben! O Jesu, Herr der Herrlichkeit! Du hast die Stätt auch mir bereit't, Hilf mir sie auch ererben! Laß mich treulich darnach streben, Dir zu leben Auf der Erde, Daß ich dort dein Erbe werde!

Offenb. 21, 7. Wer überwindet, der wird es alles ererben; und ich werde sein Gott sein und er wird mein Sohn sein.

Mel. Wie schön leucht't uns ꝛc.

593. Wie wird mir dann, o dann mir sein, Wenn ich, mich ganz des Herrn zu freun, In ihm entschlafen werde, Von keiner Sünde mehr entweiht, Erhaben über Sterblichkeit, Nicht mehr ein Mensch von Erde! Freu dich, Seele! Stärke, tröste Dich, Erlöste, Mit dem Leben, Das dein Gott dir dann wird geben!

2. Ich freue mich, und bebe doch: So beugt mich meines Elends Joch, Die Sterblichkeit darnieder. Der Herr erleichtert, was mich drückt, Mein banges Herz, durch ihn erquickt, Glaubt, und erhebt sich wieder. Jesus Christus! Laß mich streben, Dir zu leben, Dir zu sterben, Deines Vaters Reich zu erben.

3. Verachte denn des Todes Graun, Mein Geist! er ist ein Weg zum Schaun, Der Weg im finstern Thale. Er sei bir nicht mehr fürchterlich, Er führt zum Heiligthume dich, Zum ewgen Freudenmahle. Gottes Ruh ist Unvergänglich, Ueberschwänglich; Die Erlösten Wird sie unaussprechlich trösten.

4. Herr, Herr, ich weiß die Stunde nicht, Die mich, wenn nun mein Auge bricht, Zu deinen Todten sammelt. Vielleicht umgibt mich ihre Nacht, Eh ich dies Flehen noch vollbracht, Mein Lob dir ausgestammelt. Vater, Vater! Ich befehle Meine Seele Deinen Händen; Laß mich nur im Frieden enden!

5. Vielleicht sind meiner Tage viel; Ich bin vielleicht noch fern vom Ziel, An dem die Krone pranget; Dann sei ein jeder Tag geweiht Dem Ringen um die Seligkeit, Nach der mein Herz verlanget. Laß mich, Vater, Reiche Saaten Guter Thaten Einst

Freuden Aus der Fremde hartem Stand; Hol mich heim nach vielem Leiden In das rechte Vaterland, Wo dein Lebenswasser quillt, Das den Durst auf ewig stillt!

5. O der auserwählten Stätte Voller Wonne, voller Zier Ach! daß ich doch Flügel hätte, Mich zu schwingen bald von hier Nach der neuerbauten Stadt, Welche Gott zur Sonne hat!

6. Soll ich aber länger bleiben Auf dem ungestümen Meer Wo mich Sturm und Wellen treiben Durch so mancherlei Beschwer: Ach, so laß in Kreuz und Pein Hoffnung meinen Anker sein!

7. Laß mir nur dein Antlitz winken, Dann ist Wind und Meer gestillt! Christi Schifflein kann nicht sinken, Wär das Meer auch noch so wild; Ob auch Mast und Segel bricht, Läßt doch Gott die Seinen nicht.

Offenb. 21, 10. 11. Und der Engel führte mich hin im Geiste auf einen großen und hohen Berg, und zeigte mir die große Stadt, das heilige Jerusalem, herniederfahren aus dem Himmel von Gott, und hatte die Herrlichkeit Gottes.

Eigene Melodie.

596. Jerusalem, du hochgebaute Stadt, Wollt Gott, ich wär in dir! Mein sehnlich Herz so groß Verlangen hat Und ist nicht mehr bei mir. Weit über Thal und Hügel, Weit über flaches Feld Schwingt es hinauf die Flügel Und eilt aus dieser Welt.

2. O schöner Tag und noch viel schönre Stund! Wann wirst du kommen schier, Da ich mit Lust, mit freiem Freudenmund Die Seele geb von mir In Gottes treue Hände, Zum auserwählten Pfand, Daß sie mit Heil anlände In jenem Vaterland?

3. Im Augenblick wird sie erheben sich Bis an das Firmament, Wenn sie verläßt so sanft, so wunderlich Die Stätt der Element, Fährt auf Eliä Wagen, Mit großer Engelschaar, Die sie in Händen tragen, Umgeben ganz und gar.

4. O Ehrenburg, sei nun gegrüßet mir, Thu auf die Gnadenpfort! Wie große Zeit hat mich verlangt nach dir, Eh ich bin kommen fort Aus jenem bösen Leben, Aus jener Nichtigkeit, Und mir Gott hat gegeben Das Erb der Ewigkeit!

5. Was für ein Volk, was für

Von der Herrlichkeit des ewigen Lebens.

ein' eble Schaar kommt dort gezogen schon? Was in der Welt von Auserwählten war, Von aller Welt die Kron, Die Jesus mir, der Herre, entgegen hat gesandt, Da ich noch war so ferne In meinem Thränenland.

6. Propheten groß, und Patriarchen hoch, Und Christen allzumal, Die weiland trugen dort des Kreuzes Joch Und der Tyrannen Qual, Schau ich in Ehren schweben, In Freiheit überall, Mit Klarheit hell umgeben, Mit sonnenlichtem Strahl.

7. Wenn dann zuletzt ich angelanget bin Im schönen Paradeis, Von höchster Freud erfüllet wird der Sinn, Der Mund voll Lob und Preis. Das Halleluja reine Man singt in Heiligkeit, Das Hosianna feine Ohn' End in Ewigkeit.

8. Mit Jubelklang, mit Instrumenten schön In Chören ohne Zahl, Daß von dem Schall und lieblichen Getön Sich regt der Freudensaal, Mit hunderttausend Zungen, Mit Stimmen noch viel mehr, Wie von Anfang gesungen Des Himmels heilig Heer!

Offenb. 7, 9–17. Siehe, eine große Schaar, welche Niemand zählen konnte, aus allen Heiden und Völkern und Sprachen, vor dem Stuhl stehend und vor dem Lamm, angethan mit weißen Kleidern und Palmen in ihren Händen, schrieen mit großer Stimme und sprachen: Heil sei dem, der auf dem Stuhl sitzt, unserem Gott und dem Lamm u. s. w.

Mel. Gott des Himmels und der rc.

597. Wer sind die vor Gottes Throne? Was ist das für eine Schaar? Träget jeder eine Krone, Glänzen wie die Sterne klar; Hallelujah singen all, Loben Gott mit hohem Schall.

2. Wer sind die, so Palmen tragen, Wie ein Sieger in der Hand, Wenn er seinen Feind geschlagen, Hingestrecket in den Sand? Welcher Streit und welcher Krieg Hat erzeuget diesen Sieg?

3. Wer sind die in reiner Seide, Welche ist Gerechtigkeit, Angethan mit weißem Kleide, Das verstäubet keine Zeit Und veraltet nimmermehr? — Wo sind diese kommen her?

4. Es sind die, so wohl gerungen Für des großen Gottes Ehr, Haben Welt und Tod bezwungen, Folgend nicht dem Sündenheer, — Die erlanget

in dem Krieg Durch des Herren Arm den Sieg.

5. Es sind Zweige eines Stammes, Der uns Huld und Heil gebracht, — Haben in dem Blut des Lammes Ihre Kleider hell gemacht; Nun sind sie erlöst vom Leid Und geschmückt im Ehrenkleid.

6. Es sind die, so stets erschienen Hier als Priester vor dem Herrn, Tag und Nacht bereit, zu dienen, Leib und Seel geopfert gern; Nunmehr stehn sie all herum Vor dem Stuhl im Heiligthum.

7. Wie ein Hirsch am Mittag lechzet Nach dem Strom, der frisch und hell: So hat ihre Seel geächzet Nach dem rechten Lebensquell, Wo ihr Durst gestillet ist; Denn sie sind bei Jesu Christ.

8. Dahin streck auch ich die Hände, O Herr Jesu, zu dir aus! Mein Gebet ich zu dir wende, Der ich noch in deinem Haus Hier auf Erden steh im Streit: Treibe, Herr, die Feinde weit!

9. Hilf mir in dem Kampfe siegen Wider Sünde Höll und Welt; Laß mich nicht darnieder liegen, Wenn ein Sturm mich überfällt. Führe mich aus aller Noth, Du, mein Fels, mein Herr und Gott!

10. Gib, daß ich sei neugeboren, An dir als ein grünes Reis Wachse, und sei auserkoren Zu des ewgen Vaters Preis; Daß ich mich bewahre rein, Meide jeden falschen Schein;

11. Daß mein Theil sei bei den Frommen, Welche, Herr, dir ähnlich sind Und auch ich, der Noth entnommen, Als ein treues Gotteskind Dann, genahet zu dem Thron, Nehme den verheißnen Lohn.

12. Welches Wort faßt diese Wonne, Wenn ich mit der Heilgen Schaar In dem Strahl der reinen Sonne Leuchte wie die Sterne klar! Amen, Lob sei dir bereit, Dank und Preis in Ewigkeit!

Schlußlieder.

Jes. 6, 1—11. Ich sahe den Herrn sitzen auf einem hohen und erhabenen Stuhl; und sein Saum füllete den Tempel. Seraphim standen über ihm, ein jeglicher hatte sechs Flügel; mit zween deckten sie ihr Antlitz, mit zween deckten sie ihre Füße und mit zween flogen sie. Und einer rief zum andern und sprach: Heilig, heilig, heilig ist der Herr Zebaoth, alle Lande sind seiner Ehre voll.

Eigene Melodie.

598. Die heiligen Seraphim Erheben ihre Stimm' Mächtig und froh vor ihm. Ihr heiliges Chor, voll Glanz und Licht, Singt mit bedecktem Angesicht: Heilig, heilig ist Gott! Heilig ist Gott, Der Herre Zebaoth!

2. Und Jesu Brautgemein', Sein Fleisch und sein Gebein Singt fröhlich Amen brein. Ihr Lied, das hier und droben tönt, Ist: Dank sei dem, der uns versöhnt! Ehre dem Gotteslamm Am Kreuzesstamm! Ehre Gott und dem Lamm!

3. Auf die Erscheinungszeit Des Herrn der Herrlichkeit Seid wacker und bereit! Was Sündern wird zum Schrecken sein, Deß freut sich seine Brautgemein' Und singt: Hallelujah! Der Herr ist nah! Amen, Hallelujah!

Offenb. 1, 4. 5. Gnade sei mit euch und Friede von dem, der da ist und der da war und der da kommt; und von den sieben Geistern, die da sind vor seinem Stuhl; und von Jesu Christo, welcher ist der treue Zeuge, — der uns geliebet hat und gewaschen von den Sünden mit seinem Blut.

Eigene Melodie.

599. Jehovah! Jehovah! Jehovah! Deinem Namen Sei Ehre, Macht und Ruhm! Amen! Amen! Bis einst der Tempel dieser Welt Auf dein Wort in Staub zerfällt, Soll in unsern Hallen Das Heilig! Heilig! Heilig! erschallen. Hallelujah! Hallelujah!

2. Sohn Gottes! Sohn Gottes! Sohn Gottes! Deinen Namen Preist unser Lobgesang! Amen! Amen! Du kamst aus Lieb zu uns herab, Siegtest über

Tob und Grab, Alle zu erlö=
sen, O Heiland, Heiland, Hei=
land, vom Bösen! Sei hochge=
lobt! Sei hochgelobt!

3. Geist Gottes! Geist Gottes!
Geist Gottes! Deinen Namen
Erhebet unser Lied! Amen!
Amen! Du heiligst, führst in's
Vaterland, Bist des Gnadener=
bes Pfand. Deiner die Erlös=
ten, Du Heilger, Heilger, Heil=
ger, sich trösten, Hallelujah! Hal=
lelujah!

(2. Corinther 13, 13.)

1. Joh. 8. Gnade, Barmherzigkeit, Friede von Gott, dem Vater, und von dem Herrn Jesu Christo, dem Sohne des Vaters, in der Wahrheit und in der Liebe, sei mit euch.

Eigene Melodie.

600. Die Gnade un=
sers Herrn Jesu Christi Und
die Liebe Gottes Und die Ge=
meinschaft des heiligen Gei=
stes Sei mit uns allen, mit
uns allen, Amen! Amen!
Amen!

Anhang

einiger

Gebete

für die

häusliche Andacht.

———•○❈○•———

Morgen-Gebet am Sonntage.

Herr, frühe wollest du meine Stimme hören, frühe will ich mich zu dir schicken und aufmerken, gnädiger Gott! Du bist würdig zu nehmen Preis und Ruhm und Ehre: deine Güte reicht, so weit der Himmel ist, und deine Wahrheit, so weit die Wolken gehen. Ich komme in dieser Frühstunde zu dir mit demüthigem Dank, daß du diese Nacht mich (und die Meinigen) behütet, und deine Güte und Treue wiederum an mir lassen neu werden. Begleite und beschütze mich auch heute auf allen meinen Wegen. Laß diesen Tag sonderlich einen Erbauungs= und Erquickungstag für meine Seele sein. Du hast nach deiner erbarmenden Liebe diesen Tag von leiblicher Arbeit frei gemacht, daß du dein Werk in mir haben mögest. O darum erleuchte, heilige und lehre meine Seele, daß ich Schätze möge sammeln, welche mich in Noth und Tod, in Kreuz und Leiden erquicken können, welche weder Motten noch Rost fressen, und da die Diebe nicht nach graben noch stehlen. Ich freue mich deß, daß mir verheißen ist, daß wir werden in's Haus des Herrn gehen. Mein Gott, das soll heute meine Lust sein, dein Wort zu hören, in dir mich zu erbauen, dir zu Ehren Lob= und Danklieder anzustimmen, eifrig zu beten, und mein Herz dir zu schenken. Wie lieblich sind deine Wohnungen, Herr Zebaoth! meine Seele freuet sich in dem lebendigen Gott. Laß mich aber kein vergeßlicher Hörer sein, sondern ein Thäter des Wortes werden. Oeffne mir selbst das Herz, daß ich den Samen des Wortes mit Freuden aufnehme; schließ hernach mein Herz zu, daß mir ihn der Satan nicht wiederum raube. Laß mich heute im Glauben, in der Liebe, in der Verleugnung meiner selbst, im Absterben der Welt einen festen Grund legen, auf daß ich die ganze künftige Woche daran denke, es ausübe, und davon gute

Früchte bringe. Bewahre mich vor Verführungen, daß ich nicht die Stunden der Welt überlasse, welche dir geheiliget sind; daß ich nicht ihrer sündlichen Gesellschaft die Zeit, die ich dir zu Ehren hinbringen soll, aufopfere, und eben damit einen Fluch auf mich lade, welcher mich die ganze Woche über noch drücken könnte. Ach, laß meinen öffentlichen und häuslichen Gottesdienst, mein Beten, mein Hören, mein Lesen und Singen dir gefallen. Sei du selber, o Jesu, meine Stärke, daß ich zunehme an dem inwendigen Menschen; ja wohne du durch den Glauben in mir, bis ich droben mit dir unzertrennlich vereinigt werde. Heiliger Geist, du Himmelslehrer, mächtiger Tröster und Bekehrer, komm und laß die Seele mein deine ewige Wohnung sein! Amen.

Abend-Gebet am Sonntage.

Dir sei allein Preis und Lob gebracht, o heiliger Herr und Gott, der du mir heute dein Licht hast lassen helle werden und so viel Gnad an Seel und Leib gegönnet. Ach, bewahre du selber in meinem Herzen, was dein Geist durch dein Wort in mich gepflanzet hat, damit ich viel Früchte bringe in Geduld zum ewigen Leben. Vergib mir alles, worin ich deinem vollkommenen Willen nicht nachgelebet haben mag. Du wollest, o Herr, aus Gnaden wachen über alles, was du mir gegeben und in deiner heiligen Ordnung anvertrauet hast. Sei mein Licht in meiner Seele, wenn es dunkel wird, und meine Kraft bei aller Schwachheit, mein Schutz, Heil und Leben. In dein liebevolles Herz, Herr Jesu, ergebe ich mich ein, du einiges Heil meiner Seelen. Setze beinen heiligen Willen in mir doch beständig fort, und laß mich auch im Schlafe nicht von dir geschieden sein. Erinnere mich des gehörten Wortes stetiglich, daß alle meine Sinnen und Gedanken zu dir gerichtet bleiben, damit es immerfort Sonntag und ein heller Schein deines Lichts in meinem Gemüthe bleibe, der du meine einige Ruhe und Seligkeit sein willst ewiglich. Amen, durch deinen heiligen Geist! Amen.

Morgen-Gebete auf alle Tage der Woche.

Am Montage.

Barmherziger, ewiger Gott und Vater, wir danken dir, daß du uns diese Nacht so gnädiglich behütet und uns wieder den Tag hast erleben lassen, und bitten dich, du wollest uns nun auch diesen Tag behüten und uns deine Gnade erzeigen, daß wir denselben ganz in deinem Dienste mögen zubringen, also, daß wir nichts denken, reden noch thun, als was dir wohlgefällig ist und zu deiner Ehre, zu unserer Seligkeit und zur Erbauung unseres Nächsten gereicht. Und wie, du, Herr, jetzt wunderbarlich deine Sonne aufgehen und scheinen lässest, zu erleuchten diese Erde, also wollest du auch durch das Licht deines heiligen Geistes unsern Verstand und unsere Herzen erleuchten, damit wir auf den rechten Weg deiner Gerechtigkeit geführet werden und stets in allen Dingen den festen Vorsatz haben, zu wandeln in deiner Furcht, dir zu dienen und dich zu ehren, und all unser Gut und unsere Wohlfahrt allein von deinem göttlichen Segen zu erwarten. Verleihe uns denn deine Gnade, daß wir auch bei unserer Arbeit für den Leib und das zeitliche Leben allezeit am ersten nach deinem Reiche und nach deiner Gerechtigkeit trachten, und nicht zweifeln, es werde uns alles andere auch zufallen. Behüte uns an Leib und Seele und stärke uns gegen alle Anfechtungen und gegen alles Böse. Nimm uns jetzt und alle künftigen Tage unseres Lebens in deinen heiligen Schutz, und bestätige und vermehre in uns täglich deine Gnade, bis du uns wirst gebracht haben zu der vollkommenen Vereinigung mit deinem Sohne Jesu Christo, unserm Herrn, der da ist unsere wahrhaftige Sonne und unser Licht und Leben ohne Aufhören bis in Ewigkeit! Amen.

Am Dienstage.

Barmherziger, gnädiger Gott, du Vater des ewigen Lichtes und Trostes, deß Güte und Treue alle Morgen neu ist, dir danke ich, daß du mich in sanfter Ruhe gnädiglich behütet hast und das liebliche Tageslicht wiederum für mich anbrechen ließest. Laß mich nun auch in deiner Gnade und Liebe dieses Tages gebrauchen und erleuchte mich mit dem himmlischen Lichte, welches mir in meinem Herrn Jesus aufgegangen ist. Bewahre in meinem Herzen den Glauben, welchen du darin angezündet, mehre und stärke denselben sammt der Liebe und Demuth, daß ich in den heiligen Fußtapfen meines Erlösers wandle, und die Ehrfurcht vor dir in allem meinem Thun mich begleite. Erwecke in mir eine heilige Begierde nach deiner Gerechtigkeit, bewahre mich vor der Sünde, behüte mich vor Versuchung und lehre mich thun nach deinem Wohlgefallen. Dein guter Geist führe mich auf ebener Bahn. Sei du mein Schutz und mein Trost in allen Widerwärtigkeiten; dir befehle ich meine Gedanken, mein Herz und all mein Vornehmen. Segne mein Thun und laß es zu deines Namens Ehre gereichen und zum Besten meines Nächsten. Deine Güte möge mich geleiten, halte deine Hand über mir. Behüte meinen Ausgang und Eingang. Herr, segne und behüte mich; laß dein Angesicht über mich leuchten und gib mir deinen Frieden! Amen.

Am Mittwoch.

O allmächtiger Gott, dir befehle ich heute diesen Tag und allezeit Leib und Seele, Gut und Blut, Weib und Kind, Vater und Mutter, und alle meine Gedanken und Reden, mein Herz, Sinne und Anschläge. Ich befehle dir zu wiederholtem Male meinen Mund und alle meine Worte. Ich befehle dir alle meine Werke, daß sie zu deines Namens Ehre gereichen und zu Nutz meines Nächsten. Mache mich heute zum Gefäß deiner Barmherzigkeit, zum Werkzeug deiner Gnade. Segne alles mein Thun und laß meinen Beruf glücklich fortgehen und wehre allen denen, die ihn hindern! Amen.

Am Donnerstage.

O Herr Jesu Christe, du einiger Heiland der Welt, zu dir erhebe ich mein Herz, Muth und Sinn und danke dir abermal, daß du mich durch deine unerschöpfliche Barmherzigkeit und Liebe in dieser Nacht wider des bösen Feindes List und Gewalt frisch und gesund behütet hast. Herr Jesu Christe, du bist mein Gut und mein Erbtheil, mein Heil steht in deinen Händen: ich weiß auch von keinem Helfer weder im Himmel noch auf Erden, als von dir allein. Darum bitte ich dich um deiner unaussprechlichen Marter und Angst, und um deines allerschmählichsten bittern Todes willen, den du, lieber Herr Jesu Christe, für mich armen Sünder aus großer Liebe hast gelitten, du wollest mir gnädig und barmherzig sein und mich heute diesen Tag, und die ganze Zeit meines Lebens, segnen, behüten und bewahren vor allem Uebel, von dieser mühseligen, elenden Zeit an, bis du mich zur ewigen Freude und Seligkeit abforderst. Alles um deines allerheiligsten Namens willen!" Amen.

Am Freitage.

Herr Jesus Christus, der du bist das ewige, wahrhaftige Licht, welches vertreibet die Finsterniß der Nacht und die Schatten des Todes! Deinen Namen will ich rühmen, dir will ich Lobsingen und danken, daß du mich in dieser Nacht so gnädiglich behütet und aus der Finsterniß an das Licht gebracht hast. Ich bitte dich nun, mein Herr und mein Heiland, du wollest an diesem Tage deine Barmherzigkeit über mich lassen aufgehen und hervorbrechen wie die schöne Morgenröthe, und zu mir kommen wie der Frühregen. Erleuchte meine blinde Seele und mein verdunkeltes Herz mit deinem Glanze, auf daß ich dich immer mehr erkenne, der du bist der rechte Morgenstern und das wahrhaftige Licht, welches erleuchtet die Menschen zum ewigen Leben. Behüte mich auch heute vor allem Uebel. Sei mir gnädig, Herr, denn auf dich harre ich; meine Seele wartet auf dich von einer Morgenwache bis zur andern. Sei du meine Kraft frühe, dazu mein Heil zur Zeit der Trübsal. Beschirme mich an Leib und Seele, daß mir kein Uebel begegne und keine Plage sich zu mir nahe. Treibe von mir alle Versuchung und Anfechtung, stehe du mir bei

wider die Boshaftigen, tritt zu mir wider die Uebelthäter und
schütze mich, daß mich die Hand der Widerwärtigen nicht berühre.
O Herr, unser Gott, segne unsere Arbeit und fördere das Werk
unserer Hände; lehre uns halten deine Gebote und behüte uns,
daß wir heute nicht wider dich sündigen! Amen.

Um Samstage.

Lobe den Herrn, meine Seele, und was in mir ist, seinen
heiligen Namen; lobe den Herrn, meine Seele, und vergiß nicht,
was er dir Gutes gethan hat! O ewiger Gott, wie unerforsch=
lich ist deine Weisheit, wie groß deine Güte und Gnade, wie
überschwenglich deine Barmherzigkeit und Langmuth, wie unbe=
greiflich deine Allmacht und Liebe! Herr, ich bin zu gering aller
Wohlthat, die du an mir gethan hast! Sei gelobet, mein Gott
und Vater, daß du mich an's Licht gerufen, mich zu deinem
Ebenbilde gemacht, und mir eine vernünftige Seele gegeben hast;
sei gepriesen, daß du dich auch meiner erbarmt, mir deinen Sohn
geschenkt, und ihn auch für mich zu einem Fürsprecher und Er=
löser, Heiland und Mittler gemacht hast. Auch ich bin versöhnt
und erlöst durch das Leiden und Sterben deines Sohnes, auch
ich bin ein Erbe aller himmlischen Güter, und dein heiliger Geist
versiegelt mich auf den Tag der Erlösung. Sei gelobet in Ewig=
keit, daß du mich armen, verderbten Menschen aus meinem Elende
gerissen, durch das Wort des Evangeliums berufen, meine finstere
Seele erleuchtet, mein krankes Herz geheilt, und mich zu einem
neuen Menschen, zu einem Erben des ewigen Lebens gemacht hast.
Mein Gott! Wie hast du mich von meiner Kindheit an bis auf
diesen Tag mächtig erhalten, väterlich versorgt, wunderbar ge=
führt! Aus so mancher Noth hast du mich errettet, vor manchem
Unglück behütet, in manchem Kummer getröstet. Wenn ich irrete,
hast du mir zurecht geholfen, wenn ich sündigte, hattest du Ge=
duld mit mir, mein Gebet hast du erhört und meine Arbeit ge=
segnet. Habe Dank für alle Gaben deiner Güte, für Freunde
und Geliebte, die du mir gegeben, für den Stand, den du mir

angewiesen, für jedes Gute, das du durch mich geschehen ließest; habe Dank auch für die Ruhe der vergangenen Nacht, und für den Tag, den du mir wieder schenkest. Wie viele Menschen, wie viele Arme und Elende, Verlassene und Tiefbetrübte sind auf dieser Erde, denen du mich vorgezogen hast! Womit habe ich deine Liebe verdient? O laß dein Angesicht leuchten über mich und über alle, die dich anrufen, segne sie und mich nach deiner Güte. Laß mich allezeit erkennen, wie du zu rühmen und zu loben bist, und meine Seele nicht müde werden, dich zu preisen und dir zu danken. Dir, Gott Vater, Sohn und heiliger Geist, sei Ehre und Anbetung in alle Ewigkeit! Amen.

Abend-Gebete auf alle Tage der Woche.
Am Montage.

Herr Gott, himmlischer Vater, wir danken dir, daß du uns diesen Tag und alle Zeit unseres Lebens bis auf diese Stunde so gnädiglich behütet und uns so viele und große Wohlthaten erzeiget hast. Und weil du nach deiner göttlichen Weisheit die Nacht hast erschaffen dem Menschen zur Ruhe, gleichwie du den Tag verordnet hast zur Arbeit, so bitten wir dich, du wollest uns deine Gnade verleihen, daß, wenn auch unser Leib ruhet, doch unsere Herzen in deiner Liebe wacker bleiben und wir deine Güte und Gnade nimmermehr vergessen. Und wie der Leib seine äußerliche Ruhe empfähet, so verleihe auch unserem Gemüthe die innere geistliche Ruhe, und stille unser Herz und Gewissen durch deine Barmherzigkeit und Gnade in Christo Jesu, unserem Herrn. Wollest uns auch, getreuer Gott, unbefleckt an Leib und Seele bewahren und uns behüten vor aller Gefahr, auf daß auch unser Schlaf zu deiner Ehre gereichen möge. Und da auch dieser Tag nicht vorüber gegangen ist ohne vielfache Uebertretung, weil wir arme und elende Sünder sind, so bitten wir dich, daß, gleichwie die Nacht mit Finsterniß alles verbirgt, du auch also wollest alle unsere Sünden bedecken durch deine Barmherzigkeit, damit wi nicht um unserer Sünden willen verstoßen werden von deinen Angesicht. Gib auch Ruhe und Trost allen Kranken und Nothleidenden, allen Betrübten und Verfolgten. Erquicke alle angefochtene Seelen, und laß uns alle erfahren, daß du nahe bist denen, die dich anrufen durch Jesum Christum. Amen.

Am Dienstage.

O Herr Jesu Christe, du geduldiges Lamm Gottes und heiliges Sühnopfer für alle meine Sünde, nicht allein für meine, sondern auch für der ganzen Welt! Dir danke ich abermals von Grund meines Herzens, daß du mich an Leib und Seele durch deinen gnädigen Schutz diesen Tag väterlich behütet hast. Und ich bitte dich, du wollest mir alle meine Sünden, so ich heute diesen Tag aus Schwachheit meiner verderbten Natur und Anreizung des bösen Geistes gethan habe, welche mein Herz und Gewissen beschweren und drücken, gnädiglich verzeihen. Und weil ich mich nun zur Ruhe im Schlaf will niederlegen, wollest du deine Gnadenflügel über mich ausbreiten und verleihen, daß ich darunter in Friede und Ruhe diese Nacht mit dem Leibe schlafe, mit der Seele aber allezeit zu dir wache, deiner herrlichen Zukunft zum jüngsten Gericht wahrnehme, und mit herzlicher Begier auf dich warte, bis ich bereinst gar zu dir seliglich von hinnen fahre. Dazu hilf mir, o treuer Gott, mit deinem lieben Sohne und heiligen Geist, hochgelobet in Ewigkeit! Amen.

Am Mittwoch.

Ich danke dir, mein himmlischer Vater, durch Jesum Christum, deinen lieben Sohn, daß du mich diesen Tag gnädiglich behütet hast, und bitte dich, du wollest mir vergeben alle meine Sünde, wo ich Unrecht gethan habe, und mich auch diese Nacht gnädiglich behüten; denn ich befehle mich, meinen Leib und Seele und alles in deine Hände. Dein heil. Engel sei mit mir, daß der böse Feind keine Macht an mir finde. Amen.

Am Donnerstage.

Heiliger und gerechter Gott, wir sollen in täglicher Buße uns immerdar zu dir wenden, und deine Gnade also von neuem suchen. Darum erinnere du mich selber durch den Geist deiner Zucht, worin ich etwa diesen Tag über oder sonst von dir abgewichen sei. Laß mich stets mit dem verlorenen Sohn wieder zu dir nahen mit zerknirschtem Herzen, und komme mir mit deiner Erbarmung zuvor in allem meinem Elend, damit mich die Finsterniß nicht ungewaffnet überfalle. Nimm mich von neuem auf in deine heilige Fürsorge wider alle meine Feinde, vornehmlich die unsichtbaren, und habe zugleich Dank für die heutige Bewahrung und Hülfe in meinem Beruf. Laß mich dir all das Meine anvertrauen, in beine Macht mich ergeben, in dir sanft ruhen, und mit guten Gedanken und Begierden wieder aufwachen zu einem hellen und fröhlichen Tag deiner Gnade in Christo Jesu, meinem Herrn und Heiland. Amen.

Am Freitage.

Barmherziger Gott und gnädiger Vater, ich danke dir von ganzem Herzen, daß du mich heute diesen Tag bis auf gegenwärtige Stunde vor allem Unglück Leibes und der Seele gnädig behütet hast, und bitte dich um Jesu Christi, deines lieben Sohnes, willen, du wollest mir aus Gnaden vergeben alle meine Sünden, so ich heute diesen Tag abermal mit Gedanken, Worten und Werken wider dich gethan habe, und wollest derselbigen in Ewigkeit nicht gedenken. Und weil ich mich nun will zur Ruhe legen, so wollest du mich heute diese Nacht vor allem Uebel Leibes und der Seele auch väterlich behüten, daß ich, vor des Teufels List und Gewalt, vor bösen, unnützen Träumen behütet, sicher ruhen und schlafen und zu deinem Lobe frisch und gesund wieder erwachen möge. Nun, in deine göttliche Hand befehle ich mich ganz und gar. Du hast mich erlöset, du getreuer Gott! Amen.

Am Samstage.

Gnädiger und barmherziger Gott, ich komme am Schlusse dieses Tages vor dein heiliges Angesicht mit Loben und Danken, daß du mich die vergangenen Tage dieser Woche so gnädiglich erhalten und die Arbeit meiner Hände so reichlich gesegnet hast. Du hast meinen Eingang und Ausgang bewahret, auf meinen Wegen mich behütet und mir an Leib und Seele ohne mein Verdienst viel Gutes erwiesen. Herr, wer bin ich und was ist mein Haus, daß du mich bis hieher gebracht hast! Du hast diese ganze Woche nicht mit mir gehandelt nach meinen Sünden und mir nicht vergolten nach meinen Missethaten; und wenn du mich gezüchtiget und mich mit Leiden und Widerwärtigkeiten heimgesuchet, so hast du mich doch nicht dem Tode übergeben, sondern es ist mir zu Nutz geschehen, auf daß ich in dir geheiliget werden möchte. Dafür lobe und preise ich dich von Grund meines Herzens, und bitte dich im Namen Jesu Christi, du wollest mir um seinetwillen alle Sünde und allen Ungehorsam gnädiglich vergeben.

Ach, gnädiger Gott, laß mich den bevorstehenden Sonntag in deiner Furcht und in deiner Gnade hinbringen. Gib mir deinen heiligen Geist, daß ich den ganzen Tag dir weihe und ihn allein zu deinem Dienste anwende. Wecke mich recht auf zum Lob, zum Gebet und Gesang bei dem Gottesdienste. Erhalte mein Herz in steter Andacht, damit keine irdischen Sorgen in dasselbe einschleichen. Wenn dein Wort gepredigt wird, so öffne mir das Herz, daß ich darauf achten, solches in mein Herz fassen und als einen theuren Schatz darin bewahren möge, damit das Wort mich ändere, belehre, heilige und zu einem neuen Menschen mache, auf daß ich wie an Jahren, also auch an dem inwendigen Menschen im Glauben und in der Frömmigkeit wachsen und eine neue Creatur, ja ein lebendiges Glied an dem Leibe meines Jesu werden möge. So laß mich einen Sabbath nach dem andern feiern, bis du mich in den Himmel zu dem ewigen Sabbath durch Jesum, meinen einigen Erlöser und Seligmacher, einführen wirst, und ich einst eingehe in die ewige Ruhe, welche verheißen ist allen Kindern Gottes, durch die Gnade unseres Herrn Jesu Christi. Amen.

Gebete für die Festzeiten.

Auf Advent.

Sei willkommen, Herr Jesu Christe, der du dich durch deine wunderbare Zukunft uns armen, verlorenen Menschen so nahe thust und deine ewige Erlösung uns anbietest! Siehe, die Tochter Zion, eine jede gedemüthigte und gläubig hungrige Seele soll dich mit Freuden empfangen als ihren Bräutigam, und mein Herz soll dir auch entgegengehen. Komm herein, du Gesegneter deines himmlischen Vaters, stehe nicht draußen vor meines Herzens Thüre. Ach, klopfe nicht vergeblich an mit deinem Worte, sondern thue du dir selbst auf. Wecke mich mit den klugen Jungfrauen aus aller Sicherheit, Trägheit, Fleischeslust, Weltliebe und Eitelkeit auf, daß ich dir munter und begierig entgegengehe. O Herr Jesu, du kommst ja so sanftmüthig und armselig zu mir, wie sollte ich denn nicht Lust zu dir gewinnen? Du bist von Herzen demüthig, warum sollte ich mich schämen, dir mein Elend zu klagen und aller Strafen schuldig zu geben? Bist du doch dazu erschienen, unsere Sünde wegzunehmen. O so komm und hebe auf die Feindschaft, die zwischen Gott und mir ist durch den Fall, und versöhne mich in Buße wieder bei dem Vater. Komme in mein Herz und bringe mit den Geist der Gnaden und des Gebets, der mich vertrete. Komm und schenke mir deine ganze Erlösung, um welcher willen du gekommen bist. Erfülle nun an mir die Frucht deiner Zukunft, löse auf meine böse Natur von den Banden der Eitelkeit und Sünden, und bringe sie unter dein sanftes Joch. Komm, meine Seele wartet dein, als eine Braut ihres Bräutigams. Bringe mit deine süße Liebe, deine tiefe Demuth, deine große Geduld, deine Sanftmuth und Freundlichkeit, deine Lammesnatur und Abgeschiedenheit von der Welt.

Komm, o Herr, mit deiner Gnadengegenwart zu mir, so werde ich vor deiner Zukunft nicht erschrecken, sondern mein Haupt getrost emporheben und dir entgegenkommen. Nun, mein Geist spricht: Komm! und du antwortest mir auch in Gnaden: Ja, ich komme bald. Amen, ja so komm, Herr Jesu, alle Augenblicke, und bleibe bei mir ewiglich unverrückt! Amen.

Auf Weihnachten.

Herr Jesu Christe, mein Heiland, deß Güte nicht zu zählen, ich bete dich an als die allertheuerste Gabe des himmlischen Vaters, die er mir und aller Welt mit dir geschenkt hat, daß er dich in der Fülle der Zeit zu uns armen Sündern als den Sohn der Liebe aus seinem Schoos vom Himmel auf die Erde gesendet, und von der Jungfrau Maria hat lassen geboren werden. Nun bist du ganz unser mit deiner Gottheit und Menschheit. Einen solchen Heiland sollen wir haben, der uns tiefgefallene Sünder von allen unsern Sünden und dem damit verbundenen Elend des Leibes und der Seele in Zeit und Ewigkeit vollkommen erlösete. Nun können wir mit Freuden ausrufen: Alles und in allem Christus! Denn du bist das wahre Lebensbrod, so kann meine Seele nicht hungern. Du bist der Brunnen des lebendigen Wassers, so kann meine Seele nicht dursten. Du bist mein Licht, so kann sie nicht in Finsterniß bleiben. Du bist meine Freude, wer kann mich betrüben? Du bist meine Gerechtigkeit, wer kann mich verdammen? Du bist meine Heiligung, wer kann mich verwerfen? Du bist meine Erlösung, wer kann mich gefangen halten? — Ach, sende doch einen Strahl von deiner Herrlichkeit aus deiner Krippe in mein finsteres Herz, daß ich dich in völligem Glauben erkennen lerne. Dann wäre mir kein Unfall zu groß und kein Kreuz zu schwer. Denn du bist in mir alles und in dir ist alles mein. Laß mich nur stets in deiner Liebe ruhen; dir im Glauben gehorsam und in meinem letzten Stündlein nur in dir erfunden werden: alles um deines Namens willen, du Seligmacher aller in sich selbst verlornen Sünder! Amen.

Gebet für die Festzeiten.

Auf Neujahr.

Sei hochgelobet, du süßester Heiland, für deine heilbringende Erlösung. Du ließest dich einen Jesum nennen, und versprachst damit, dein Volk selig zu machen von ihren Sünden. Herr, dir sei Dank, daß du diesen deinen heilvollen Namen wieder ein Jahr über an uns bewiesen, und uns aus so mancher Noth errettet, und vor mancher Versuchung und Gefahr kraft deines Namens bewahret hast. Sei auch ferner unser lebendiger Jesus, unser Heiland in der That und Wahrheit. Erlöse uns vor allen Dingen von unsern geistlichen Feinden, und von den Sünden, als dem ärgsten und gefährlichsten Schaden. Dein Blut tilge die Ungerechtigkeit des alten Menschen, und erneuere uns im Geiste unseres Gemüthes, daß wir dich, Herr Jesu, mit aller deiner Gnade und Kraft anziehen und in dir mit der neuen Zeit neue Menschen werden mögen. Siehe, unser Herz sehnet sich nach deiner neuen Schöpfung, darin du alles neu machen willst. Ach, so schaffe in uns einen neuen gewissen Geist, damit das Alte alles vergehe, das uns geplagt und beunruhigt, auch dich an deinem Segen gehindert hat. O Jesu, erneuere nun mit diesem Wechsel des Jahres dein Gedächtniß in uns, daß du nun von neuem uns vor Augen gemalt werdest durch den Glauben, den Gott selber wirket. Werde uns, was dein Name mit sich bringt, nämlich lauter Heil und Seligkeit. Schenke uns zum neuen Jahr neue Gerechtigkeit, neue Heiligkeit, neue Weisheit, neue Erlösung. Ach, werde uns alles in allem, denn in dir liegt alles, was wir bedürfen. Werde unserer Obrigkeit das rechte Gesetzbuch in deinem heiligen Namen, der da ist Gottes Wort; sei ihr gerades Scepter, daß dein Wille nur durch sie geschehe, und ihr Schirm und Schutz, Lohn und Krone. Sei du allen Lehrern das wahrhafte Licht, das allen Menschen vorleuchte und die Irrigen zurechtweise, die Unwissenden lehre, die Schwachen stärke, die Traurigen tröste. Allen Gemeinden werde mit deinem heiligen Namen ein Tempel, darin sie in Einigkeit des Geistes versammelt werden, zur gemeinsamen Besserung. Dein Name sei und bleibe der Armen Schatz, der Kranken Heilung, der Elenden Zuflucht, der Verlassenen Rath und Trost, der Wittwen Versorger, der Waisen Vater, ja allen alles. Wir empfehlen uns dir ganz mit allem, was wir sind und haben auf ewig! Amen.

Zum Charfreitage.

O du unschuldiges Lamm Gottes, der du unser aller Sünden am Stamme des Kreuzes getragen hast, erbarme dich unser jetzt und immerdar. Wir arme, fluchwürdige Sünder wollen uns in tiefer Demuth beugen vor deinem heiligen und gnädigen Angesicht. Wir wollen dich anschauen, wie du da um unsrer Sünden willen und um uns zu erlösen am Stamme des Kreuzes hängest, und dir unser Bekenntniß zu Füßen legen.

Ach ja, du unschuldiges Lamm, du leidest nicht deiner Sünden wegen; wir, wir mit unsern Sünden sind die Ursache deiner Pein und deiner Schmerzen. Wir haben mißgehandelt! Wir haben gesündiget und dadurch die ewige Strafe verdient. Wir haben gesündiget, o Herr, durch's Vergessen deiner heiligen und gerechten Wege. Wir haben gesündiget durch falsche Liebe der Welt und durch sündliche Liebe unserer selbst, indem wir nicht dich, sondern die Creaturen hochgeschätzet. Wir haben gesündiget mit unserem Willen, da wir ihn dir entgegengesetzt, da wir nach dem Gutdünken unseres Herzens und nicht nach dem Wink deiner heiligen Augen gewandelt haben. Wir haben gesündiget, indem wir der Zucht deiner Gnade und des heiligen Geistes widerstanden, indem wir so viele theure Mittel der Gnade versäumet und gering geachtet, und nicht die Frucht davon gebracht haben, wozu du uns dieselben gegeben hattest. Wir haben gesündiget, Herr, mit unseren gottlosen Thaten, mit unsern unnöthigen und sündlichen Worten, mit unseren eiteln Begierden, die uns von dir abgewendet haben. Alle diese und unzählig andere unbenannte und uns unbekannte Sünden sind es, die du getragen hast. Ja, meine und der ganzen Welt Sünde trugest du, o Lamm Gottes: darum eben

Gebete für die Festzeiten.

drückte dich das Leiden so schwer, daß du in der großen Angst deines Herzens ausrufen mußtest: Mein Gott, mein Gott, warum hast du mich verlassen! So littest du, daß wir nicht ewig von Gott und seinem freudevollen Anblick dürften verlassen sein.

O Jesu, du Sohn Gottes des Allerhöchsten, selbst ewiger Gott von Ewigkeit zu Ewigkeit! Wer kann diese Wundergeheimnisse deines Leidens ergründen und diese unerforschliche Menschenliebe begreifen, daß du, der ewige Sohn Gottes selber, daß du um unseretwillen ein so tiefes und entsetzliches Leiden hast über dich genommen, um dadurch für uns eine vollkommene und ewige Versöhnung und Erlösung zu stiften! O laß dies Leiden uns auf's neue tief in's Herz eingedrückt werden, damit wir deine Liebe recht verehren, und nicht nur mit den Lippen und äußerlichen Geberden, sondern im Geist und in der Wahrheit dir dafür Dank sagen, die Ehre geben und unser Herz und alles, was wir haben, fortan nicht mehr uns, oder irgend einer Creatur, sondern dir allein gehöre.

Segne, o Herr Jesu, alle die Deinigen. Ach, laß doch keinen verloren werden. Halte fest, die du erkaufet hast mit deinem Blute, und laß unsre Seelen dir doch theuer sein in deinen Augen. Stehe bei allen bedrückten und verlassenen Herzen. Ja, Herr, segne dein ganzes Zion, die Heerde deiner Weide. Deine Liebe, o Herr, sei stets uns nahe, damit wir einst in die ewige Freude gelangen mögen. Erhöre, o Herr, erhöre unsere Bitte! Amen.

Auf Ostern.

Herr Jesu Christe, du starker Löwe vom Stamm Juda, du unüberwindlicher Held, du mächtiger Siegesfürst, du Sündentilger, Ueberwinder des Todes, du Schlangentreter und Zerstörer der Hölle! Ich sage dir herzlichen Dank für deine sieghafte, fröhliche Auferstehung, dadurch du dem Tode die Macht genommen und ewiges, unvergängliches Wesen wieder an's Licht gebracht. Du hast dich bewiesen als ein allmächtiger Herr, der da hat die Schlüssel der Hölle und des Todes, der da aufschließt und Niemanchem zuschließt. Du warest todt, und siehe, nun lebest du von Ewigkeit zu Ewigkeit. Du hast dein Volk vom Tode errettet und aus der Hölle erlöset. Tod, wo ist dein Stachel? Hölle, wo ist dein Sieg? Dir sei Dank, daß du uns den Sieg gegeben hast. Du hast den Tod verschlungen ewiglich, und alle unsere Thränen von unseren Augen abgewischet. Der Stein, den die Bauleute verworfen haben, ist zum Eckstein worden; und das ist vom Herrn geschehen, und ist ein Wunder vor unsern Augen. Man singet mit Freuden in den Hütten der Gerechten: Die rechte Hand des Herrn ist erhöhet; die rechte Hand des Herrn behält den Sieg! Ich werde nicht sterben, sondern leben, und des Herrn Werk verkündigen. Du bist wahrhaftig die Auferstehung und das Leben. Wer an dich glaubt, wird leben, ob er gleich stirbt.

Laß uns auch, Herr, mit dir durch wahre Buße auferstehen. Laß uns Theil haben an der ersten Auferstehung, auf daß der andere Tod an uns nicht Macht habe. Stehe du in uns auf, lebe du in uns, siege und überwinde du in uns die Welt, Sünde, Tod, Teufel und Hölle. Tröste unsere Seele in Angst und Traurigkeit durch dein Wort und den Geist des Friedens. Erwecke auch am jüngsten Tage durch die Kraft deiner Auferstehung meinen Leib zum ewigen Leben. Ja, Herr, da wirst du sagen: Wachet auf und rühmet, die ihr schlafet unter der Erde! Denn mein Thau ist ein Thau eines grünen Feldes. Alsdann wird mein nichtiger, verweslicher, sterblicher Leib anziehen Unverweslichkeit, Unsterblichkeit, Kraft und Ehre, und wird ähnlich sein deinem verklärten Leibe; denn unser Leben ist in dir verborgen. Wenn du aber, unser Leben, wirst offenbar werden, so werden wir auch mit dir offenbar werden in der Herrlichkeit. Amen.

Auf Himmelfahrt.

O Heiland, der du aus Liebe zu uns dich aller deiner Herrlichkeit entäußert, und Knechtsgestalt angenommen hattest, und gehorsam worden warest bis zum Tode am Kreuz, dem aber auch Gott einen Namen gegeben hat, der über alle Namen ist, o laß die Kraft deiner Herrlichkeit unsern Herzen bekannt werden, damit auch wir in deinem Namen uns beugen und dir, unserm Könige, dienen und anhangen. Wir danken dir, Herr Jesu, daß du durch deine Himmelfahrt uns den Weg zum Himmel gebahnt, und deines Vaters Herz uns aufgeschlossen hast. Du sitzest zur Rechten der Kraft Gottes, damit dir alle Herzen als ihrem rechtmäßigen Könige unterthan werden sollen. Siehe, hier sind Herzen, worüber du als Herr, als triumphirender König, herrschen und regieren solltest; ach, sende einen Blick deiner Freundlichkeit auf uns herab.

O Herr, vergib um deiner Liebe willen, daß wir so oft von dir und von deiner Auffahrt zur Herrlichkeit gehört, und noch so wenig ihre Kraft in unseren Herzen erfahren haben. O daß wir dir die Ehre geben und uns deinem allmächtigen Scepter unterwerfen möchten!

Verherrlichter Jesus, verherrliche dich an unseren Herzen. Werde erkannt in deiner Größe, werde geehrt und geliebt von uns, und ziehe ein in unsere Herzen. Laß sie deine Werkstatt sein; schleuß sie auf, daß wir mögen ermuntert werden, dir getrost nachzuwandeln, wie du uns vorangegangen bist und das Ziel erreicht hast. Erhöre unser schwaches Seufzen, o großer Hoherpriester zur Rechten Gottes; erwirb uns kraft deiner Verdienste ein kräftiges Ja und Amen!

Auf Pfingsten.

Großer und erhabener Gott, du Vater in der Höhe, der du auch verheißen hast: zu wohnen bei denen, die eines bemüthigen Herzens sind und sich fürchten vor deinem Worte: o schaffe in uns solch demüthig Herz, gib uns heilige Furcht vor deinen Geboten. Was hülfe uns das Leben der Natur, wenn wir nicht deines göttlichen Lebens durch den Geist Jesu Christi sollen theilhaftig werden?

Herr, du weißt, welche zerstreute Herzen wir haben: o rühre und erwecke uns! Du weißt, wie wir noch widerstreben deinem

Worte, und wie wir uns von Natur nicht unter dein Scepter beugen wollen: — Darum, o Herr, beweise deine Macht; sende deinen Geist aus der Höhe, daß er unter uns wirke, dir unsere Herzen unterthan und uns tüchtig mache, ganz mit dir, unserm Heil, vereinigt zu leben und deiner Gnade uns gänzlich zu überlassen. O komm, heiliger Geist, und entzünde unsere Herzen zu heiliger Liebe; komm, du Geist der Kraft, und errege unsere Seelen, daß sie hungern und dürsten nach dir, dem rechten und wahren Führer, daß ihnen geholfen werde durch deine allvermögende Gnade.

Mache dich auf, du Geist des Lebens, daß wir durch dich beginnen zu leben; ergieße dich über uns und schaffe uns zu Menschen nach dem Herzen Gottes, erneuert zum Bilde Christi und von einer Klarheit zur anderen übergehend.

O Geist, der du die Tiefe der Gottheit erforschest, laß uns erfahren, was wir an unserm Gott und Heiland haben, damit wir durch seine lebendigmachende Erkenntniß in der Liebe brünstig gemacht, und durch dieselbe ihm unbeweglich anzuhangen kräftig gestärkt werden.

Komm, du Strom der Ewigkeit, der von dem Throne Gottes mächtig hervorbricht und überströme unsere Herzen; tilge in uns alles Wesen der Welt, alles was im Paradiese Gottes nicht bestehen kann. Komm und gieße dich aus in tausend Herzen, die bis dahin ohne Leben und Gnade gewesen sind. Laß dir Kinder geboren werden, wie der Thau aus der Morgenröthe. Laß den Thau deiner Gnaden auf die dürren Herzen reichlich niederfallen, daß noch viele mögen erwecket, viele zum Himmelreich geboren werden. O Gott, du höchstes Gut, erbarme dich über uns und erhöre uns um dein selbst willen, nicht um unseres armen Gebetes willen; erhöre uns um Jesu Christi willen. Er, unser Mittler, vereinige sein kräftiges Gebet mit unseren schwachen Seufzern, und du, o Herr, versiegle es mit einem ewigen Ja und Amen!

Gebet eines Täuflings vor der h. Taufe.

O du gnädiger und barmherziger Gott und Vater, deinem heiligen Namen sei Lob, Preis und Ehre, daß du bis hieher geholfen, und diesen theuren Segenstag mich hast erleben lassen. Lobe den Herrn, meine Seele, und was in mir ist, seinen heiligen Namen! Große Dinge hast du an mir gethan, o getreuer Gott! Du hast mich gerufen mit einem heiligen Rufe und mich eingeladen, mich taufen zu lassen auf den Namen des Vaters, des Sohnes und des heiligen Geistes, um durch solche Taufe einverleibt zu werden der Gemeine, die da selig wird, und die dein lieber Sohn sich durch sein theures Blut erworben hat. O Herr, mein Gott, so mache mir diesen Tag zu einem Segenstag auf Zeit und Ewigkeit; siehe nicht an meine große Unwürdigkeit, gedenke nicht meiner Sünden und Thorheiten, sondern wende deine Augen allein auf das theure Verdienst Jesu Christi. Er hat auch für mich sein Blut vergossen, um seinetwillen sei mir gnädig, in ihm sieh mich an als dein Kind, das in seiner Armuth vor dich kommt und gerne reich werden möchte durch die Güte deines Heils. Ja, du willst, o mein Gott, daß mir nun heute zugeeignet werde der ganze Reichthum deiner Gnade, der da ist in Vergebung der Sünde und in der Gabe des heiligen Geistes, worin ich deines lieben Sohnes selber theilhaftig bin. Du willst mich aufnehmen in deinen Gnadenbund und durch das heilige Bundeszeichen es göttlich an und in mir versiegeln, daß ich dein Kind und dein Erbe sein soll. Und so laß mir denn alles gelten, was Jesus am Kreuze erworben hat; seine Gerechtigkeit, sie ist heute mein schönster Schmuck; in diesem Festkleide prange ich heute vor dir, so tief ich's auch fühle, daß ich nicht werth bin, von dir auf- und angenommen zu werden. Aber meine Seele verlangt nach dir, so mein Herr und mein Gott, und ich erkenne es und bekenne es heute von ganzem Herzen, daß kein anderer Name gegeben ist, darin ich selig werden kann, denn allein der theure Jesusname. Und darum, treuester Herr Jesu, nimm mich auf in deine Gemeinschaft; gib du mir, mein Heiland, den ganzen Segen deines Verdienstes und erneuere mich im Geiste meines Gemüthes, gib mir das neue Leben in dir, wenn ich heute die Gnadengabe der heiligen Taufe empfange. Und dazu taufe du mich selbst, nicht allein mit dem Wasser, sondern mit dem heiligen Geiste und mit Feuer, und laß mir so die Taufe wahrhaft ein Bad der Wiedergeburt sein. Dann ist dein Tod mein Tod und dein Leben mein Leben! Also laß es sein, mein treuester Heiland! Sprich du dazu ein Amen! für die Ewigkeit, und gib mir darin die Kraft, dir allein zur Ehre zu leben, zu leiden und zu sterben, damit ich in meiner Todesstunde freudig und getrost sprechen möge: Herr Jesu, dir leb ich, dir leid ich, dir sterb ich, dein bin ich todt und lebendig, mach mich, o mein Jesu, ewig selig! Amen.

Dank-Gebet nach empfangener Taufe.

Lobe den Herrn, meine Seele, und was in mir ist, seinen heiligen Namen! Lobe den Herrn, meine Seele, und vergiß nicht, was er dir Gutes gethan hat, der dir alle deine Sünden vergibt und heilet alle deine Gebrechen, der dein Leben vom Verderben erlöset, der dich krönet mit Gnade und Barmherzigkeit! So rufe ich heute mit David aus, mein gnädiger Gott und Vater, der du so Großes an mir gethan und mein armes Herz so selig gemacht hast! Ja, Herr, mein Gott, du bist barmherzig, gnädig, geduldig und von großer Güte und Treue. Du handelst nicht mit mir nach meinen Sünden und vergiltst mir nicht nach meiner Missethat. Wie sich ein Vater über Kinder erbarmt, so erbarmest du dich über mich; und so ferne der Morgen ist vom Abend, so fern läßt du meine Uebertretungen von mir sein. Du hast Großes an mir gethan, des bin ich fröhlich! Du bist mein Gott; ich will dich preisen; du bist meines Vaters Gott; ich will dich erheben! Auf deinen heiligen Namen, o du dreieiniger Gott, bin ich getauft, dein Kind und Erbe bin ich geworden, mein Him-

Dank-Gebet nach empfangener Taufe.

lischer Vater; ich bin ein Glied deines Leibes geworden, du mein treuer Heiland, Jesus Christ; du hast mich mit himmlischem Trost getröstet, o heiliger Geist! Ach, ich kann keine Worte finden, dir meinen Dank auszudrücken, wie sich's gebührt, mein Herr und mein Gott! Jeder Pulsschlag sei ein Dank, jeder Odem Lobgesang! O hilf mir nun, daß mein ganzes Leben dir ein Dankopfer sei. Nimm dazu meinen Willen und alle meine Gedanken, Wünsche und Begierden so gefangen, daß ich stets dir lebe, als dein Eigenthum, und stehe mir bei durch deinen heiligen Geist, alles, was ich heute gelobet habe, treulich zu halten und von dem Bunde, den ich mit dir geschlossen, niemals abzufallen. Kämpfe du selbst in mir den Kampf des Glaubens, du treuer Hirte deiner Schafe, damit ich alles wohl ausrichte und das Feld behalte. Herrscher, herrsche! Sieger siege! König, brauch dein Regiment! Hilf mir, du holdseliger Freund der Seele, daß ich halte, was ich habe und niemand mir die Krone raube. Und wenn ich dennoch in irgend einer Weise dir untreu werden sollte, o so laß, du treuer Hoherpriester, deinen Geist mich strafen, und ruhe dann nicht, bis ich in aufrichtiger Herzensbuße zu dir eile, der du mein alleiniger Fürsprecher bei dem Vater bist, nur so laß mich Gnade finden vor deinem königlichen Throne, so oft mir Hülfe Noth sein wird. Stelle dann wieder, o mein Friedefürst, meine Füße auf den Weg des Friedens und laß mich wandeln vor deinem Angesicht, daß ich auf's neue dir diene im heiligen Schmuck.

Nun, Herr, mein Gott, höre mein Gebet, der du so gerne thust über Bitten und Verstehen. Heiliger Vater, erbarme dich über mich! O du gnadenreicher Heiland, bedecke mich mit deinem heiligen Verdienst! O heiliger Geist, laß dein Licht mir leuchten und leite mich in alle Wahrheit! Dreieiniger Gott, leite mich nach deinem Rath und nimm mich endlich mit Ehren an! Amen.

———

Gebet zur Vorbereitung auf das heilige Abendmahl.

O barmherziger Gott, ewiger Vater, groß sind meine Sünden, viel und mannigfaltig ist meine Missethat, meine Uebertretungen sind unzählig, denn all mein Dichten und Trachten von Jugend auf war zum Bösen geneigt. Ach, Herr, wer kann merken, wie oft er fehle? Verzeihe mir auch die verborgenen Fehler. Siehe, ich erkenne meine Missethat und meine Sünde ist immer vor mir. An dir allein, o Herr, habe ich gesündigt und übel vor dir gethan, auf daß du Recht behaltest in deinen Worten. Ich bitte dich aber, du wollest, nach deiner unaußsprechlichen Mildigkeit mit mir nicht in's Gericht gehen, denn vor dir ist kein Lebendiger gerecht. Wenn du, Herr, willst Sünde zurechnen, wer wird bestehen? Denn siehe, auf tausend Fragen können wir dir nicht Ein Wort antworten, denn alle unsere Gerechtigkeit ist vor dir wie ein beflecktes Kleid. Deßhalb erbarme dich mein, o Gott, nach deiner Güte, und tilge meine Sünde, nach deiner großen Barmherzigkeit. Wasche mich von meiner Missethat und reinige mich von allen meinen Sünden um deines Namens willen. Herr, sei mir gnädig, heile meine Seele, denn ich habe an dir gesündigt. Gedenke, Herr, an deine Barmherzigkeit und an deine Güte, welche von der Welt her gewesen ist. Gedenke doch nicht der Sünden meiner Jugend und meiner Uebertretungen; gedenke aber mein nach deiner großen Barmherzigkeit um deiner Güte willen. O gütiger Gott, ich bekenne vor dir, daß nicht meine Werke noch mein Verdienst können austilgen meine Sünde oder deine Gnade erwerben, sondern solches vermag allein das heilige, bittere Leiden unseres Herrn und Heilandes Jesu Christi, der sein Blut für uns vergossen hat zur Vergebung der Sünden und unsere Seelen gereinigt. In diesem Glauben rufe ich voll Vertrauen und Hoffnung zu dir, du wollest meine Uebertretungen aus Gnaden vergeben, meine Sünde zudecken, und meine Missethat mir nicht zurechnen. Verzeihe mir auch die verborgenen Fehler, auf daß meine betrübte Seele und die Gebeine, welche sehr erschrocken sind, wiederum erfreuet, getröstet und erquicket werden, denn bein ist die Barmherzigkeit und bei dir ist Gnade und viel Vergebung. O Herr, erhöre die Stimme meines Flehens und verachte nicht das Rufen meines Herzens zu dir, um Jesu Christi, meines Herrn und Heilandes, willen! Amen.

Sündenbekenntniß vor dem heiligen Abendmahle.

Allmächtiger, barmherziger Vater! Ich armer, elender Mensch bekenne dir alle meine Sünde und Missethat, die ich begangen mit Gedanken, Worten und Werken, damit ich dich jemals erzürnt und deine Strafe zeitlich und ewiglich verdient habe. Sie sind mir aber alle herzlich leid und reuen mich sehr, und ich bitte dich um deiner unergründlichen Barmherzigkeit und um des unschuldigen bittern Leidens und Sterbens deines lieben Sohnes Jesu Christi willen, du wollest mir armen sündhaften Menschen gnädig und barmherzig sein, mir zu meiner Besserung deines Geistes Kraft verleihen und mir alle meine Sünden vergeben! Amen.

Gebet vor dem heiligen Abendmahle.

Herr Jesu Christe, mein getreuer Hirt und Bischof meiner Seele, der du gesagt hast: Ich bin das Brot des Lebens; wer von mir isset, den wird nicht hungern, und wer an mich glaubet, den wird nimmermehr dürsten: Ich komme zu dir und bitte dich bemüthiglich, du wollest mich durch wahren Glauben bereiten und zum würdigen Gaste machen dieser himmlischen Mahlzeit. Du wollest mich, dein armes Schäflein, heute weiden auf deiner grünen Aue, und zum frischen Wasser des Lebens führen. Du wollest meine Seele erquicken und mich auf rechter Straße führen um deines Namens willen. Du wollest mich würdig machen zu deinem Tisch, und mir voll einschenken den Becher deiner Liebe und Gnade.

Seufzern. Herr hilf mir! Herr, stehe mir bei! Rufe in meiner Seele! ich bin bei dir in der Noth, ich will dich herausreißen. Ach, Herr, gib, daß mein Glaube nicht aufhöre, und meine Hoffnung nicht sinke; du hast mich ja noch nie verlassen, ach, so verlaß mich auch jetzt nicht; hilf deinem Kinde, komm zu mir, nach dir schmachtet mein Herz und Auge! Amen.

Gebet bei einem Gewitter.

Allmächtiger Gott, Schöpfer und Herr des Himmels und der Erde! Groß und herrlich bist du in allen deinen Werken: groß und herrlich, wenn deine Sonne uns leuchtet; groß und herrlich, wenn schwarze Wolken deinen Himmel trüben. Du neigest den Himmel, und fährst herab auf dunkeln Wetterwolken. Du donnerst und schleuderst deine Blitze, daß sie wie Feuerflammen auf uns herabfahren. Hagel, Blitze und Sturmwinde sind deine Boten, die deine Befehle ausrichten. Herr, wer kann deiner Macht widerstehen? In einem Augenblick vermagst du uns und alles, was wir besitzen, in Staub und Asche zu verwandeln. Vor dir muß sich der schwache Sterbliche im Gefühl seiner gänzlichen Unmacht beugen, vor dir der verstockte Sünder unter den Schrecken seines Gewissens zittern. Aber du bist der Allgütige, Gnädige und Barmherzige. Deine Donner und Blitze erschüttern, aber sie befruchten auch den Erdboden, deine Sturmwinde schrecken uns, aber reinigen und erfrischen die schwüle Luft, und geben uns eine erquickende Kühle. Wer unter deinem Schirme sitzet, du Höchster, und in dem Schatten deiner Allmacht ruhet, der spricht zu dir: Herr, meine Zuversicht und meine Burg, mein Gott, auf den ich hoffe! Auch im grauenvollen Dunkel bist du bei uns. So breite denn auch in diesen Augenblicken die Flügel deiner Allmacht über uns aus, sei unser Schirm und Schild und wende alle drohende Gefahr von uns ab. Bewahre unser Leben, beschütze unser Eigenthum, und behüte gnädig die Früchte und

Gewächse des Landes. Gib, daß der Anblick deiner furchtbaren Größe, du majestätischer, heiliger Gott, bleibende, heilsame Eindrücke bei allen zurücklasse, die sich jetzt im Staub vor dir beugen müssen. Herr Gott, du bist unsere Zuflucht für und für. Wir werfen uns in deine Vaterarme; auf dich stehet unsere Hoffnung. Erbarme dich unser! Amen.

Gebete in Krankheit.

1.

Mein getreuer Gott und Vater! Du hast mir diese Krankheit als einen Boten zugeschickt, und willst mich durch sie zur Buße ermahnen lassen. Siehe, Herr, ich erkenne deinen gnädigen Willen und lehre mich zu dir mit geängstetem Geiste und mit zerschlagenem Herzen. Mein Gott, zu dir sende ich mein armes Gebet und rufe dich an im Namen Jesu Christi. O Vater der Barmherzigkeit und Gott alles Trostes, vergib mir doch alle meine Missethat und Sünde, und laß mein Schreien und Flehen vor dich kommen. Gefällt es dir, und ist es mir gut und heilsam, daß ich noch länger leben soll, so richte mich wieder auf von meinem Siechbette, und hilf mir, daß ich dann in Gesundheit ein neues, christliches Leben führen, dir nach Kräften dienen und den Meinigen, wie auch meinen Nächsten nützlich sein möge. Soll aber diese Krankheit mein Ende bringen, ach, Herr, so laß es doch ein seliges Ende sein; so behüte mich, Herr, vor einem bösen, unbußfertigen Tode, und verleihe mir dort oben das ewige Erbe im Himmel durch Jesum Christum! Amen.

2.

O Herr, himmlischer Vater, du bist ein treuer Gott, und lässest niemand über sein Vermögen versucht werden, sondern schaffest, daß die Versuchung also ein Ende gewinne, daß wir sie ertragen mögen. Ich bitte dich in meinen großen Nöthen und Schmerzen, laß mir das Kreuz nicht zu schwer werden, stärke mich, daß ich's mit Geduld ertragen möge, und an deiner Barmherzigkeit nimmermehr verzage. O Christe, des lebendigen Gottes Sohn, der du des Kreuzes Pein für mich gelitten hast, und endlich für meine Sünden gestorben bist, zu dir rufe ich aus Grund meines Herzens, erbarme dich über mich armen, sündigen Menschen. Vergib mir alle meine Missethat, die ich wider dich in meinem ganzen Leben gethan habe. Laß mich im Glauben nicht sinken. O Gott heiliger Geist, du wahrer Tröster in aller Noth, erhalte mich in der Geduld und rechten Anrufung, heilige mich mit wahrer Zuversicht, und weiche nicht von mir in meiner letzten Noth. Leite mich aus diesem Jammerthal in das rechte Vaterland. Amen.

Kurze Gebete, einem Sterbenden vorzusprechen.

Herr Jesu, dein bitteres Leiden und Sterben komme mir zu Hülfe in dieser meiner Todesstunde und vor deinem Gericht. Amen.

Vater, ich befehle meinen Geist in deine Hände; du hast mich erlöset und wirst mich auch jetzt erlösen, o Herr, du getreuer Gott. Amen.

Herr, ich leide Noth, lind're mir's. Ach, Herr, wie so lange? Wende dich, Herr, zu mir und errette meine Seele, erzeige mir deine Gnade, und hilf mir. Erquicke mich mit deinem Wort, und sei durch deine Kraft mächtig in meiner Schwachheit. Amen.

Ach, Gott, sei mir armen Sünder gnädig, und nimm weg alle meine Schuld; das Blut deines lieben Sohnes, meines Heilandes, wasche mich rein von allen Sünden. Amen.

O Lamm Gottes, unschuldig Am Stamm des Kreuzes geschlachtet. Allezeit erfunden geduldig, Wiewohl du wurdest verachtet. All Sünd hast du getragen, Sonst müßten wir verzagen. Erbarm dich unser, o Jesu! Amen.

Fürbitte für einen Sterbenden.

Herr Gott, himmlischer Vater, du hast uns durch deinen Sohn Christum zugesagt: Wo zwei unter euch eins werden auf Erden, was es ist, um das sie bitten wollen, das soll ihnen widerfahren von meinem Vater im Himmel. Auf solche deine Zusage bitten wir für diesen unseren sterbenden Mitbruder; denn er ist ja im Namen Jesu getauft, und hat dich, ewiger Gott, und deinen Sohn Jesum Christum, vor uns öffentlich bekannt. Darum wollest du ihn gnädig annehmen, ihm seine Sünden vergeben, in dieser letzten Anfechtung ihn väterlich behüten, und ihn ewig selig machen, um deiner Barmherzigkeit willen, durch Jesum Christum, unseren Heiland. Amen.

Segenswünsche für Sterbende.

Leide geduldig als ein treuer Nachfolger des Herrn, der für dich gelitten hat; stirb getrost in der Zuversicht auf ihn, der für dich gestorben ist. Kämpfe bis an's Ende den guten Kampf des Glaubens; sei getreu bis an den Tod: so wird dir Jesus Christus die Krone des Lebens geben. Amen.

Der Herr, unser Gott, erbarme sich dein, und lasse dich nicht verzagen! Er lasse über dir leuchten sein Angesicht, und schenke dir seinen Frieden! Er segne deinen Ausgang aus der Zeit und deinen Eingang in die Ewigkeit! Amen.

Sei getrost und unverzagt! Der Herr ist dein Hirte, dir wird nichts mangeln. Er führe dich an seiner Hand im dunkeln Thale, und leite dich zu dem lebendigen Wasserbrunnen, wo Gott abwischen wird alle Thränen von deinen Augen! Amen.

Der Friede Jesu sei mit dir unter jedem Kampfe deiner Leiden! Der Friede Jesu sei mit dir in der Stunde deines Todes! Der Friede Jesu beselige deine vollendete Seele in Ewigkeit! Amen.

Es segne dich der allmächtige Gott, der Himmel und Erde gemacht hat. Das Blut des ewigen Hohenpriesters thue dir auf die Thore des Heiligthums! Amen.

Gebet der Umstehenden, wenn der Kranke verschieden ist.

Herr, allmächtiger Gott und Vater, verleihe diesem unserm verschiedenen Mitbruder um deines lieben Sohnes Jesu Christi willen die ewige Freude und Ruhe, laß ihm leuchten dein Himmelslicht, und nimm ihn auf zur Schaar aller heiligen lieben Erzväter, Propheten, Apostel, Märtyrer und aller gläubigen Christen, erwecke ihn auch am jüngsten Tage und gib ihm die ewige Herrlichkeit, um deines Namens Ehre willen. Uns aber laß an diesem Tode lernen, daß wir auch einmal also sterben und die Welt verlassen müssen, damit wir uns in Zeiten durch Buße, Glauben und Vermeidung aller Sünde und Eitelkeit der Welt dazu bereiten mögen. Tröste du, o Gott, alle durch diesen Tod Betrübten, sei du Vater, Versorger, Pfleger, Helfer und Beistand. Erhöre uns, Herr unser Gott, und zieh uns alle durch treuen Kampf in dein Himmelreich, wo du der Deinen Gott bist ewiglich! Amen.

Verzeichniß der Liederdichter.

Die Zahlen bezeichnen die Nummern der von jedem aufgenommenen Lieder.

Aemilie Juliane, Gräfin von Schwarzburg-Rudolstadt, letzte Gräfin von Barby, geb. 1637, starb 1706. — Nr. 550.

Alberti, Heinr., geb. in Sachsen 1604, starb als Organist in Königsberg 1669. — Nr. 527. (Auch die Melodie von ihm.)

Albertini, Joh. Baptist von, geb. 1769 in Neuwied, starb als Bischof der Brüdergemeinde in Berthelsdorf bei Herrnhut 1831. — Nr. 299.

Albinus, Joh. Georg, geb. bei Weißenfels 1624, starb als Prediger in Naumburg 1679. — Nr. 581.

Allendorf, Joh. Conr. Ludw., geb. bei Marburg 1693, starb als Prediger in Halle 1773. — Nr. 590. 594.

Altenburg, Mich., geb. in Thüringen 1583, starb als Prediger in Erfurt 1640. Wahrscheinlich von ihm Nr. 177. Gustav Adolph's, des Schwedenkönigs, Kriegslied im dreißigjährigen Krieg, das A. (oder des Königs Feldprediger, Dr. Jak. Fabricius) in Verse gebracht hat. Melodie von A.

Anna Sophia, Landgräfin von Hessen-Darmstadt, geb. in Marburg 1638, starb als Aebtissin zu Queblinburg 1683. — Nr. 205.

Annoni, Hieronymus, Prediger im Kanton Basel, starb 1770. — Nr. 255.

Anton Ulrich, Herzog von Braunschweig und Lüneburg, geb. 1633, studirte zu Helmstädt und war erst Bischof in Halberstadt, starb als regierender Herzog 1714. — Nr. 333.

Arends, Wilh. Erasmus, st. als Prediger in Halberstadt 1721. — Nr. 365.

Arndt, Ernst Moritz, geb. 1769 zu Schoritz auf der Insel Rügen; war zuletzt Professor der Geschichte in Bonn; bekannt durch seine volksthümlichen Schriften von 1813 u. d. folg. Jahren. — Nr. 249. 487. 567.

Arnold, Gottfr., geb. 1666 in Annaberg, zuerst Professor der Geschichte in Gießen, starb als Prediger in Perleberg 1714. — Nr. 38. 196. 385.

Bähr, Christ. Aug., geb. 1795 bei Guben in Preußen, starb als Prediger in Welzsdorf bei Zittau 1846. — Nr. 176. 520.

Barth, Dr. Christ. Gottlob, geb. 1799 in Stuttgart, Pfarrer in Möttlingen, lebte zuletzt als Privatgelehrter in Calw. Seine Jugendschriften und sonstigen Arbeiten, namentlich auch für die Mission, sind bekannt. — Nr. 187. 189.

Baumann, Gottlob, geb. 1794 in Besigheim, seit 1839 Pfarrer in Kemnath bei Stuttgart. — Nr. 222.

Baumeister, starb als Bischof

590 Verzeichniß der Liederdichter.

der Brüdergemeinde. — Nr. 569. (B. 2 v. A. Knapp.)

Bernstein, Christl. Anbr., geb. in Domnitz (Sachsen), starb daselbst als Pfarrer 1699. — Nr. 183.

Bickel, Joh. Dan. Carl, geb. 1727 in Nassau, starb 1809 als Superintendent u. Consistorialrath in Mosbach. — Nr. 211.

Bienemann, Dr. Casp. (Melissander), geb. 1540 in Nürnberg, starb als General-Superintendent in Altenburg 1591. — Nr. 340.

Birken, Sigm. von (Betulius), geb. 1626 bei Eger in Böhmen, starb 1681 als gekrönter Dichter in Nürnberg. — Nr. 361.

Bogatzky, Carl Heinrich von, geb. 1690 zu Jankowe in Niederschlesien. Studirte zuerst Rechtswissenschaft, dann Theologie. Er konnte wegen Kränklichkeit kein Amt übernehmen und lebte, nachdem er seine Güter zum B.sten des hallischen Waisenhauses verkauft hatte, zu Halle, wo er 1774 starb. — Nr. 172. 398.

Böhmer, Dr. Just. Henning, geb. 1674 in Hannover, starb als berühmter Rechtsgelehrter in Halle 1749. — Nr. 131.

Böhmische Brüder. Aus ihnen entsprang die Brüdergemeinde, ihre Lieder übersetzte Mich. Weiß. — Nr. 484.

Breithaupt, Dr. Joach. Just., geb. 1658 zu Nordheim (Hannover), Professor in Halle, Prälat und Consistorialrath in Magdeburg, st. 1732. — 418.

Bruhn, Dav., geb. 1727 zu Memel, starb als Prediger in Berlin 1782. — Nr. 405.

Bruiningk, Heinr. v., geb. zu Riga 1738, starb als Prediger und Mitglied der Unitäts-Direktion in Herrnhut 1785. — Nr. 86. (S. v. Wobeser.)

Buchfelder, Just., reformirter Prediger in Embden um 1650. — Nr. 229.

Bürde, Sam. Gottlieb, geb. 1753 zu Breslau, st. daselbst als Kammerdirektor. — Nr 337. 514. (?

Canitz, Friedr. Rud. Luhm. v., geb. in Berlin 1654, Geh. Staatsrath und Verf. geistreicher Gedichte, st. ebendaselbst 1699. — Nr. 54L.

Clausnitzer, Tobias, geb. 1618 bei Meißen, schwedischer Feldprediger, starb als Pfarrer in Weyben 1684. — Nr. 4.

Cramer, Dr. Joh. Anbr., geb. 1723 in Jöstadt im Erzgebirge, Hofprediger in Kopenhagen, st. als Professor in Kiel 1788. — Nr. 517.

Crasselius, Barthol. geb. 1667 bei Glaucha, Prediger in Nidda, dann in Düsseldorf, starb 1724. — Nr. 15. 330.

Croneck, Joh. Friedr. v., geb. 1731 in Anspach, st. daselbst als Hof- u. Regierungsrath 1758. — Nr. 548.

Dach, Simon, geb. 1605 in Memel, starb als Professor der Poesie u. gekrönter Dichter in Königsberg 1659. — Nr. 42. 416. 449. 580.

Dann, Christ. Adam, geb. in Tübingen 1758, starb als Pfarrer in Stuttgart 1837. — Nr. 454.

David, Christ., geb. 1690 in Mähren; ein Zimmermann und Mitbegründer der Brüdergemeinde, gest. 1751 in Herrnhut. — Nr. 27;

Decius, Nikolaus, im Jahre 1524; war erst Mönch und soll als Prediger in Stettin an Gift gestorben sein. — Nr. 14. 100. (B. 2 und 3 späterer Zusatz.)

Dentke, Dav., geb. in Zittau 1603, starb als Hof- und Consistorialrath in Hannover 1680. — Nr. 231. 244. 407. 478.

Deßler, Wolfgang Christoph, geb. 1660 in Nürnberg, wo er zuerst Goldschmied war und als Conrektor 1722 starb. — Nr. 310.

Dieterich, Joh. Sam., geb. in Berlin 1721, starb daselbst als Ober-Consistorialrath 1797. — Nr. 592. (Nach A. Fritsch.)

Döring, Carl Aug., geb. bei Magdeburg 1783, starb 1844 als Prediger in Elberfeld. — Nr. 511.

Drese, Adam, geb. um 1630. Kapellmeister in Weimar, dann in Arnstadt, wo er 1718 starb. — Nr. 362. (Auch die Melodie von ihm.)

Eber, Dr. Paul, geb. 1511 zu Kitzingen, starb als Pfarrer und Superintendent in Wittenberg 1569. — Nr. 502.

Edeling, Christ. Ludw., war zuerst Zinzendorf's Hofmeister und starb als Oberpfarrer in Schwanebeck 1742. — Nr. 452.

Fabricius, Dr. Friedr., geb. 1642 in Stettin, st. als Prediger zu Wittenberg 1703.—Nr. 409.

Feldhoff, Aug., geb. 1800 in Elberfeld, starb als Prediger in Wupperfeld bei Elberfeld 1846. — Nr. 156.

Feneberg, Joh. Mich. Nath., geb. 1751 in Oberdorf, st. als Pfr. in Döhringen 1812. — Nr. 432.

Flemming, Dr. Paul, geb. 1609 im sächsischen Erzgebirge, begleitete als Arzt eine deutsche Gesandtschaft nach Persien und dichtete vorher noch Nr. 413, er starb in Hamburg 1640.

Flittner, Joh., geb. 1618 zu Suhl, Prediger in Wolgast, starb in Stralsund 1678. — Nr. 234.

Frank, Joh., geb. 1618, starb in seiner Vaterstadt Guben (Lausitz) als Bürgermeister; er war einer der besten geistl. Liederdichter. — Nr. 235. 274. 300. 501.

Frank, Mich., geb. 1609 in Sachsen, erst Bäcker, dann Lehrer in Koburg, st. 1667. — Nr. 554.

Frank, Salomo, geb. 1669 in Weimar, starb als Oberconsistorialsekretär 1725. — Nr. 117. 119. 292. 341. 563.

Francke, Dr. Aug. Herm., geb. in Lübeck 1663, der berühmte Stifter des Hallischen Waisenhauses, Prof.

der Theologie, starb in Halle 1727. — Nr. 419. 549.

Freylinghausen, Johann Anast., geb. im Wolfenbüttelschen 1670, Franke's Schwiegersohn, st. als Pfarrer und Director des Hallischen Waisenhauses 1739. — Nr. 45. 47. 166. 441. 540.

Freystein, Dr. Joh. Burkh., Hof- und Justizrath in Dresden, starb um 1720. — Nr. 397.

Garve, Carl Bernh., geb. 1763 in Hannover, starb als Prediger der Brüdergemeinde in Herrnhut 1841. — Nr. 120. 193. 206. 259. 263. (V. 3 geänd.) 289. 496.

Gellert, Christ. Fürchtegott, geb. 1715 zu Hahnichen im Erzgebirge, starb 1769 als Professor der Philosophie in Leipzig, ein hochverdienter, frommer Mann. — Nr. 23. 30. 61. 134. 291. 392. 421. 458. 533. 552.

Georgi, Dav. Samson, geb. in Neuffen 1697, st. 1758 als Decan in Backnang. — Nr. 210.

Gerhardt, Paul, geb. in Gräfenhaynichen 1606, bis 1666 Prediger in Berlin, wo er wegen öffentlicher Bekämpfung der reformirten Lehre entlassen wurde, starb als Archidiaconus in Lübben (Lausitz) 1676. Einer der vorzüglichsten Liederdichter. Nr. 31. 34. 50. 64. 66. 68. 81. 91. 93. 95. 151. 162. 319. 411. 417. 437. 439. 447. 450. 456. 460. 472. 492. 500. 507. 516. 526. 542. 556. 576.

Gesenius, Dr. Just., geb. 1601 zu Eßbeck in Hannover, starb 1671 als Hofprediger und Generalsuperintendent in Hannover. — Nr. 104. 197.

Gotter, Ludw. Andr., geb. 1661 in Gotha, starb als Hof- und Assistenzrath in Gotha 1735. — Nr. 225. 321. 332. 378.

Göz, Christ. Gottlieb, geb. 1746 in Hengen, starb als Prediger in Plieningen bei Stuttgart 1803. — Nr. 508.

Graf, Simon, geb. 1603 in Siebenbürgen, starb als Pfarrer in Schanbau (Sachsen) 1659. — Nr. 557. 562.

Graumann (Polianber), Dr. Joh., geb. 1487 zu Neustabt in Baiern, starb als Prediger in Königsberg 1541, wo er die Reformation einführte. — Nr. 317. (B. 1—4. B. 5 später hinzu.)

Grebing, Joh. Ernst, geb. 1676 in Weimar, starb als Pfarrer in Altheim bei Hanau 1748. — Nr. 108.

Gregor, Christian, geb. 1723 in Schlesien, Musikbirektor und Organist in Herrnhut, starb als Mitglied der Unitäts-Direktion in Berthelsdorf 1801. — Nr. 309. 598.

Gryphius (Greiff), Andr., geb. 1616 zu Glogau, starb daselbst als Landschafts-Syndikus 1664. — Nr. 568.

Günther, Cyriacus, geb. 1649 bei Gotha, starb als Lehrer am Gymnasium daselbst 1704. — Nr. 327.

Hahn, Mich., geb. 1758 in Altdorf (Württemberg), ein sehr begabter und frommer Landmann, starb daselbst 1819. — Nr. 9. 381.

Harttmann, Carl Friedr., geb. 1743 in Abelberg, nahm als Prediger seine Entlassung und st. in Tübingen 1815. — Nr. 431. 448.

Hahn, Luise von, geb. 1724 in Idstein, starb als Chorpflegerin in Herrnhut 1782. — Nr. 479.

Häußer-Schweizer, Meta, geb. 1797, Gattin eines Arzt s im Canton Zürich. — Nr. 142.

Hecker, Heinr. Corn., geb. in Hamburg 1699, starb als Pfarrer in Meuselwitz bei Altenburg 1744. — Nr. 67. 201.

Heermann, Joh., geb. 1585 in Schlesien, Prediger in Köben, starb in Lissa 1647. — Nr. 109. 127. 170. 233. 329. 353. 535.

Heinrich XXII., Graf von Reuß. — Nr. 271.

Helb, Heinr., geb. in Gubrau, wo er als Advocat 1643 starb. — Nr. 51.

Helmbolb, Ludw., geb. 1532 in Thüringen, starb als Superintenbent zu Mühlhausen 1598. — Nr. 414. 476.

Hengstenberg, Karl, lebte in Wetter an der Ruhr in der Grafschaft Mark. — Nr. 464.

Hense, Joh. Dan., geb. in Westphalen, starb 1753 als Prediger in Fischbeck (Schaumburg). — Nr. 304. 390.

Herberger, Valerius, geb. 1562 zu Fraustabt in Polen, starb als Prediger baselbst 1627. Ein treuer Seelsorger in Kriegs- und Pestzeit. — Nr. 560.

Hermann, Nikol., starb als Kantor in Joachimsthal 1561. — Nr. 69. 559.

Hermann, Dr. Joh. Gottfr., geb. in Sachsen 1707, starb als Oberhofprediger in Dresden 1791. — Nr. 21.

Hermes, Dr. Joh. Aug., geb. 1736 in Magbeburg, starb als Superintendent in Queblinburg 1822. — Nr. 101.

Herrnschmibt, Dr. Joh. Dan., geb. 1675 in Bopfingen (Württemberg), Prediger baselbst, bann Professor in Halle und starb in Glaucha als Pfarrer 1723. — Nr. 19. 33. 36. 442.

Herwig, Sophie, starb frühe in Eßlingen 1835. — Nr. 359.

Herzog, Dr. Joh., geb. in Dresden 1647, starb als Doktor der Rechte in Jena 1699. — Nr. 545.

Heunisch, Casp. — Nr. 591.

Hiller, Friebr. Conr., geb. 1662, starb als Kanzleiabvocat in Stuttgart 1726. — Nr. 572. 595.

Hiller, Philipp Friedr., geb. 1699 zu Mühlhausen an der Enz in Württemb., st. als Pfarrer in

Verzeichniß der Liederdichter. 593

Steinheim 1769. Seine Lieder sind trefflich, viele voll Kraft und Leben. — Nr. 11. 17. 26. 48. 54. 55. 77. 88. 97. 98. 102. 111. 130. 144. 158. 159. 253. 258. 276. 277. 278. 298. 302. 307. 312. 323. 324. 334. 338. 342. 356. 382. 384. 386. 387. 394. 401. 402. 408. 410. 490. 499. 547. 565. 566. 570. 585.

Hippel, Theod. Gottl. von, geb. 1741 in Ostpreußen, st. 1796 als Geh. Kriegsrath und erster Bürgermeister von Königsberg. — Nr. 435.

Höfel, Dr. Job., geb. in Franken 1600, starb als frommer Rechtsconsulent in Schweinfurt 1683. — Nr. 443.

Hoffmann, Gottfr., geb. in Schlesien 1658, starb 1712 als Rektor in Zittau. — Nr. 577.

Homburg, Ernst Christoph, geb. 1605 bei Eisenach, starb als Rechtsconsulent in Naumburg 1681. — Nr. 89. 136.

Hosch, Wilh. Ludw., geb. 1750, starb als Prediger in Aibtlingen 1811. — Nr. 459.

Huber, Joh. Ludw., geb. in Großheppach, Oberamtmann in Tübingen, starb 1800 in Stuttgart. — Nr. 521.

Hundeiker, Elias Gerh. Jul., Prediger in Preußen, Sterbjahr unbekannt. — Nr. 578.

Jäger v. Jägersberg, Christoph Adam, geb. 1684, gräfl. Stolberg-Wernigerodischer Hofmeister, ein frommer, vielgeprüfter Mann, starb 1759. Von ihm wahrscheinlich Nr. 313.

Ingolstetter, Andr., geb. 1633, ein gelehrter Kaufmann und Rathsherr in Nürnberg, starb 1711. — Nr. 400.

Jorissen, Matthias, Prediger in Soest, dann deutsch-reform. Prediger im Haag (Holland). Er hat die Psalmen trefflich in Liedern übersetzt, die früher auch in der Crefelder Mennoniten-Gemeinde im Gebrauch waren, starb im Anfang dieses Jahrhunderts. — Nr. 470.

Josephsohn, Ludw., geb. 1809, Prediger in Elberfeld. — Nr. 59.

Kahser, Nikol., war um 1780 Prediger in Hof. — Nr. 293.

Kern, Gottl. Christ., geb. 1792 in Söhnstetten, Professor in Schönthal und zuletzt Pfarrer in Dürmenz-Mühlacker (Württembg.), starb 1835. — Nr. 295.

Keymann, Christ., geb. 1607 in Böhmen, starb als Rektor in Zittau 1662. — Nr. 349.

Klopstock, Friedr. Gottl., geb. 1724 in Queblinburg, der berühmte Dichter des „Messias" und der Oden, starb als königl. dänischer Legationsrath 1803 in Hamburg. — Nr. 281. 286. 561. 589. 593.

Knapp, M. Albert, geb. 1798 in Tübingen, wo sein Vater Oberjustizrath war, Stadtpfarrer zu St. Leonhard in Stuttgart, unter den jetzigen christl. Dichtern besonders ausgezeichnet, voll Geist und eigenthümlicher Kraft, der sich, auch durch die Herausgabe seines trefflichen Evangelischen Lieberschaßes und seines Evangelischen Gesangbuches, um die Gesangbuchssache überhaupt die wesentlichsten Verdienste erworben hat. Insbesondere aber sind ihm diejenigen, welche sich des gegenwärtigen Gesangbuches bedienen, zum innigsten Danke verpflichtet für die wahrhaft brüderliche Hülfe, die er durch Rath und That bei der Bearbeitung desselben erwiesen hat, welcher Dank dem theuren Manne hier mit Freuden öffentlich dargebracht wird. Nr. 207, 216 und 217 wurden überdies von ihm eigens für dieses Gesangbuch gedichtet. — Nr. 58. 79. 115. 126. 141. 145. 148. 160. 165 (nach einem älteren Liebe). 185. 188. 190. 194. 195. 207. 216. 217. 221. 223. 357. 474. 475. 480. 483. 485. 509. 537.

Köbner, Jul., noch vor 20 Jahren Prediger der Baptisten-Gemeinde in Hamburg. — Nr. 273.

Knoll, Christoph, geb. 1563 in Schlesien, starb 1621 als Prediger in Sprottau. Nr. 564. (In der Pestzeil gedichtet.)

Knorr von Rosenroth, Christian, geb. 1636 in Schlesien, Geh. Rath und erster Minister in Sulzbach, starb 1689. — Nr. 529.

Krummacher, Dr. Friedr. Adolph, geb. 1767 in Westphalen, starb als Prediger in Bremen 1845. — Nr. 80. 192.

Kunth, Joh. Sigm., geb. 1700, starb als Superintendent in Baruth (Lausitz) 1779. — Nr. 588.

Küster, Sam. Christian, geb. 1762 zu Dom Havelberg, starb als Superintendent in Berlin. — Nr. 212.

Lackmann, Peter, st. 1713 als Oberpfarrer zu Oldenburg in Holstein. — Nr. 41.

Lampe, Dr. Friedr. Adolph, geb. 1683 in Detmold, erst Prediger, dann Professor, zuletzt wieder Prediger, starb in Bremen 1729; er war einer der tüchtigsten und tiefsinnigsten Gottesgelehrten unter den Reformirten. — Nr. 44. 125. 285. 555.

Lange, Ernst, geb. 1650, starb als Bürgermeister in Danzig 1727. — Nr. 429.

Lange, Dr. Joach., geb. 1670 in Gardelegen (Preußen), starb als Professor der Theologie in Halle 1744. — Nr. 530.

Lange, Dr. Joh. Christ., geb. in Leipzig 1669, erst Professor, st. als Hofprediger zu Idstein 1756. — Nr. 49.

Laurentii, Laurentius, geb. in Holstein 1660, starb als Kantor und Musikdirektor in Bremen 1722. — Nr. 65. 129. 226. 583.

Lavater, Joh. Kasp., geb. 1741 in Zürich, daselbst Prediger,

wurde er von einem französischen Soldaten erschossen am 2. Jan. 1801; als hochbegabter, frommer Mann hinlänglich bekannt. — Nr. 294. 451. 455. 489. 495.

Lehmus, Joh. Adam, geb. 1707 in Rothenburg, starb daselbst als Superintendent 1788. — Nr. 75. 124.

Lehr, Leop. Franz Friedr., geb. bei Frankfurt a. M. 1709, Prediger in Köthen, st. in Magdeburg 1744. Ein besonders frommer Mann. — Nr. 240.

Liebich, Ehrenfried, geb. in Schlesien 1713, bis in's 16. Jahr Müller, starb als Prediger in Lomnitz und Erdmannsdorf 1780. — Nr. 25. 153. 339. 522.

Lobestein, Jodocus, geb. 1620, Prediger in Utrecht, starb 1677. — Nr. 76, a. d. Holländ. von B. Crasselius übersetzt; nach Andern von Gottfried Arnold.

Ludämilia Elisabeth, Gräfin zu Schwarzburg-Rudolstadt, geb. 1640. Sehr fromm und gelehrt, starb 1672. — Nr. 239. 465.

Luise Henriette, Churfürstin von Brandenburg, geb. als Prinzessin von Oranien im Haag 1617. Eine gottselige Frau, Gemahlin des großen Churfürsten Friedr. Wilhelm, starb 1667. — Nr. 133. 238.

Luther, Dr. Martin, geb. den 10. Nov. 1483 zu Eisleben, Professor und Prediger in Wittenberg, starb den 18. Febr. 1546 zu Eisleben. Der große Reformator, Vater des deutschen geistlichen Liedes und Gesanges. — Nr. 40. 62. 169. 175. 260. 314 (nach Ambrosius)

Marot, Sam., geb. 1770 zu Magdeburg, war Ober-Consistorialrath und Prediger in Berlin. — Nr. 264.

Marperger, Dr. Bernhard Walth., geb. in Hamburg 1681, st.

Verzeichniß der Liederdichter.

als Oberhofprediger in Dresden 1746. — Nr. 236.

Menken, Dr. Gottfr., geb. 1768 in Bremen, gest. daselbst 1831. Prediger und ebenso großer als frommer Schriftforscher. — Nr. 423.

Mennonitische Verfasser. Von ihnen sind: — Nr. 208. 209. 261. 262. 265. 266. 267. 269. 369. 406.

Mentzer, Joh., geb. 1658 zu Jahma (Lausitz), starb 1734 als Prediger zu Chemnitz. — Nr. 107. 322. (Das letztere Lied verfaßte er, als sein Haus abgebrannt war.)

Meyfart, Dr. Joh. Matth., geb. 1590 in Thüringen, starb als Professor und Pfarrer in Erfurt 1636. — Nr. 596.

Möckel, Joh. Friedr., geb. 1661 in Kulmbach, starb 1729 als Prediger zu Steppach. — Nr. 531.

Moser, Joh. Jak. von, geb. 1701 in Stuttgart, Landschafts-Consulent, als solcher längere Zeit willkürlich von Herzog Karl von Württemberg gefangen gehalten, st. 1785 in Stuttgart. — Nr. 167.

Müller, Mich., geb. 1673 in Blankenburg, starb als Candidat und Hauslehrer zu Schaubeck (Württemberg) 1704. — Nr. 74. 428 theilweise mit J. C. Nehring.

Münter, Dr. Balthasar, geb. 1735 in Lübeck, starb als Prediger in Kopenhagen 1793. — Nr. 272 (geänd.) 498.

Muthmann, Joh., geb. 1685, starb 1747 als Prediger in Pöseneck (Sachsen). — Nr. 24.

Nachtenhöfer, Caspar Friedrich, geb. 1624 in Halle, starb 1685 als Prediger in Koburg. — Nr. 60.

Neander (Neumann), Joach., geb. 1610 in Bremen, Rektor in Düsseldorf, starb als Prediger in Bremen 1680. er ist der beste geistl. Liederdichter unter den Reformirten, voll Tiefe und Innigkeit. Im „Harfenspiel" stehen seine Lieder, die Tersteegen herausgab. — Nr. 28. 150. 227. 232 301. 316. 320. 328. 420. 466. 504. 515. 525. 539.

Nehring, Joh. Christian, geb. in Gotha, starb als Prediger in Morl bei Halle 1736. Mit Mich. Müller zusammen Nr. 428.

Neumann, Casp., geb. 1648 in Breslau, starb als Pred. und Professor der Theologie daselbst 1715. — Nr. 130. 287 (B. 2—6).

Neumark, Georg, geb. 1621 in Thüringen, starb 1681 als Archiv-Sekretair und Bibliothekar in Weimar. — Nr. 412. 504.

Neumeister, Erdmann, geb. 1671 bei Weißenfels, st. als Hauptpastor in Hamburg 1756. — Nr. 280.

Neunherz, Joh., geb. 1655 in Schlesien, starb 1737 zu Hirschberg als Oberpfarrer. — Nr. 135.

Nicolai, Dr. Philipp, geb. 1556 in Waldeck, starb 1608 als Prediger zu Hamburg. — Nr. 347. 582.

Niemeyer, Dr. Aug. Herm., geb. 1754 zu Halle, Urenkel von A. H. Francke. Professor der Theologie und Direktor des Waisenhauses zu Halle, starb 1828 als Kanzler der Universität in Halle. — Nr. 573 (B. 5 von A. Knapp).

Olearius (Oelschläger), Dr. Joh., geb. 1611 zu Halle, starb als Oberhofprediger und Generalsuperintendent zu Weißenfels 1684. — Nr. 114. 296.

Oswald, Heinr. Sigm., um 1800 Geheimerrath in Breslau. — Nr. 146.

Pauli, Joach., um 1760 Prediger in Berlin. — Nr. 171.

Pfeffel, Gottlieb Conrad, geb. zu Colmar (Elsaß) 1736, Rechtsgelehrter, besonders bekannt als Dichter, widmete sich der Erziehung.

38*

obgleich seit seinem 21. Jahre erblindet, starb als Consistorial-Präsident in Colmar 1809. — Nr. 599 (B. 2 und 3 späterer Zusatz).

Pfeiffer, Christoph, um 1720 Pfarrer zu Ditmannsdorf in Schlesien. — Nr. 203.

Pfeil, Christoph Carl Ludwig von, geb. 1712 zu Grünstadt in der Pfalz, Preuß. Minister und Gesandter bei dem schwäbischen und fränkischen Kreise, starb 1784 zu Deufstätten bei Dinkelsbühl. Ein sehr frommer und begabter Mann. Nr. 173. 469.

Pressovius, Christ., wurde 1691 Prediger in Germendorf bei Zehdenick (Brandenburg). — Nr. 246.

Puchta, Dr. Christ. Rud. Heinr., geb. 1808 zu Carolsburg (Baiern), 1839 Professor in Speher, seit 1842 Pfarrer in Eyb bei Anspach, zuletzt Pfarrer in Augsburg, ein geistvoller Dichter. — Nr. 344.

Rambach, Dr. Joh. Jac., geb. zu Halle 1693, erlernte zuerst bei seinem Bater das Tischlergewerbe, studirte nachher unter Franke Theologie und starb 1735 als Professor derselben und Superintendent in Gießen. — Nr. 20. 22. (B. 7 und 8 v. A. Knapp). 43. 78. 82. 84. 143. 147. 152. 270. 283. 303.

Ramler, Carl Wilh., geb. 1725 zu Colberg (Pommern), Prof. am Cadettenhaus in Berlin, starb daselbst 1798. Berühmt von ihm die Cantate: Der Tod Jesu. — Nr. 116.

Reiber, Reinhard Gottlob, geb. 1744 in Schlesien, starb als Pfarrer zu Dirsdorf. — Nr. 256.

Reuß-Ebersdorf, Gräfin Benigna von, Zinzendorf's Schwägerin. — Nr. 497.

Richter, Dr. Christ. Friedr., geb. in Sorau (Lausitz) 1676, st. als Arzt des Waisenhauses in Halle 1711. — Nr. 71. 311. 350. 373. 374.

Rieger, Magdal. Sibylla, Tochter des Prälaten Weissensee, geb. 1707 in Maulbronn, starb als Gattin des Oberamtmanns Rieger in Stuttgart 1786. — Nr. 388.

Ringwaldt, Barth., geb 1530 zu Frankfurt a. d. Oder, st. als Pfarrer zu Lengfeld (Brandenburg) 1598. — Nr. 230. 584.

Rinkart, Martin, geb. 1586 zu Ellenburg (Sachsen), starb als Archidiaconus daselbst 1649. Zu dem Dankfest wegen des westphälischen Friedens dichtete er Nr. 315.

Rist, Johann, geb. bei Altona 1607, starb als Prediger zu Wedel 1667. Gekrönter Dichter. — Nr. 73. 118. 288. 297. 326. 543. 586.

Robigast, Sam., geb. 1649 in Thüringen, starb 1708 als Rector in Berlin. — Nr. 415.

Rothe, Joh. Andr., geb. 1688 in Schlesien, starb 1758 als Prediger zu Berthelsdorf und war längere Zeit in genauer Verbindung mit Zinzendorf. — Nr. 248. 375. 518. 575.

Rothen, Joh., Lehrer in Basel, geb. 1805; lebt noch. — Nr. 430.

Ruben, Joh. Christoph, lebte um 1700 in Hessen-Darmstadt. — Nr. 488.

Rutilius, Mart., geb. 1550 zu Düben (Sachsen), starb 1618 als Prediger in Weimar. — Nr. 39.

Sacer, Dr. Friedr. Wilh., geb. 1635 in Naumburg, starb als Kammerconsulent in Wolfenbüttel 1699. — Nr. 56. 138. 505.

Sack, Dr. Friedr. Ferd. Ad., geb. in Berlin 1788, st. als Preuß. Hof- und Domprediger und Ober-Consistorialrath auf einer Reise in Bonn 1842. — Nr. 275.

Schade, Joh. Casp., geb. 1666 in Kühndorf, starb als Pre-

Verzeichniß der Liederdichter.

biger in Berlin 1698. — Nr. 242. 440.

S ch a l l i n g , Martin, geb. in Straßburg 1532, starb als Prediger zu Nürnberg 1608. — Nr. 346.

S ch e f f l e r , Dr. Joh., auch A n g e l u s S i l e s i u s genannt, geb. 1624 zu Breslau, Arzt in Diensten des deutschen Kaisers Ferdinand des Dritten, Leibarzt des Herzogs von Würtlemberg Oels, st. als bischöfl. Breslauischer Rath 1677; seine tiefsinnigen Lieder gehören zu den besten. — Nr. 83. 87. 105. 200. 348. 351. 354. 358. 360. 363.

S ch e l l , Dr. Christ. Ludw., geb. 1709, starb 1761 als Hofrath und Bibliothekar in Hannover. — Nr. 245.

S ch e n k , Hartmann, geb. bei Eisenach 1634, starb als Prediger in Ostheim 1681. — Nr. 13.

S ch e n k , Heinr. Theob., starb 1727 als Prediger in Gießen. — Nr. 597.

S ch i r m e r , Mich., geb. 1606 zu Leipzig, starb als Conrektor am grauen Kloster in Berlin 1673. — Nr. 149.

S ch l e g e l , Dr. Joh. Adolph, geb. 1721 in Meißen, starb als General-Superintendent von Calenberg (Hannover) 1793. — Nr. 257. 279.

S ch l o s s e r , Ludw. Heinr., geb. 1663 in Darmstadt, starb als Prediger zu Frankfurt a. M. 1723. — Nr. 477.

S ch m i d t , Joh. Eusebius, geb. in Thüringen 1669, st. als Prediger bei Gotha 1745. — Nr. 174.

S ch m o l k e (Schmolck), Benjamin, geb. 1672 zu Brauchitschdorf (Schlesien), starb als Oberpfarrer in Schweidnitz 1737, dichtete über 1000 geistl. Lieder, als frommer ausgezeichneter christlicher Sänger und Schriftsteller allgemein bekannt. Sieben Jahre vor seinem Ende wurde seine rechte Seite durch Schlaganfälle gelähmt und später erblindete er. — Nr. 1. 8. 57. 94. 96. 122. 128. 202. 224. 331. 379. 393. 403. 438. 445. 457. 471. 513. 523. 544. 551. 579.

S ch n e e s i n g (Chiomusus), Joh., geb. in Frankfurt a. M., lebte zur Zeit der Reformation und starb 1567 als Pfarrer bei Gotha. — Nr. 241.

S ch ö n e r , Joh. Gottfr., geb. 1749 bei Schweinfurt, starb 1818 als Prediger in Nürnberg. — Nr. 282. 389. 503.

S ch r ö d e r , Joh. Heinr., geb. 1666 im Hannoverischen, starb als Prediger in Meseberg bei Magdeburg 1728. — Nr. 372. 377.

S ch u b a r t , Christ. Friedr. Dan., geb. 1739 in Obersontheim (Schwaben), erst Prediger, dann Organist und Musikdirektor in Ludwigsburg, auf Hohenasperg gefangen gehalten, zuletzt in Stuttgart angestellt, starb 1791. — Nr. 335.

S ch ü tz , Dr. Joh. Jak., geb. 1640 in Frankfurt a. M., st. daselbst als Rechtsconsulent 1690. Er dichtete einzig das Lied Nr. 318.

S ch w e r i n , Otto v., geb. zu Stettin 1616, starb als Minister in Berlin 1679. — Nr. 491.

S c r i v e r , Christ., geb. 1629 in Rendsburg, starb als Hofprediger und Kirchenrath in Quedlinburg 1693. — Nr. 546.

S p a n g e n b e r g , Aug. Gottlieb, geb. 1704 in Klettenburg, Bischof der Brüdergemeinde, st. in Berthelsdorf 1792; er war Zinzendorfs Gehülfe. — Nr. 396.

S p e n e r , Dr. Philipp Jak., geb. 1635 in Rappoltsweiler im Elsaß, er starb als Probst und erster Prediger zu St. Nicolai in Berlin 1705, ein sehr frommer und verdienstvoller Theologe. — Nr. 139.

S p e r a t u s , Dr. Paul, geb. 1484 aus dem schwäb. Geschlechte der von Spretten, auf Luthers Empfehlung Hofprediger des Herzogs Albrecht von Preußen, wo er mit Graumann die Reformation einführte, starb als Bischof zu Liebmühl in Preußen 1554. — Nr. 243.

Spitta, Carl Joh. Philipp, geb. 1801 in Hannover, war Superintendent in Willingen; gehörte zu den besten Liederdichtern der Neuzeit. — Nr. 10. 155. 164. 182. 237. 368. 371. 461. 467. 468. 553.

Stegmann, Dr. Josua, geb. 1588 in Franken, starb 1632 als Professor der Theologie und Superintendent in Rinteln (Hessen). — Nr. 7.

Eller, Dr. Rub., geb. 1800 in Fraustadt (Posen), war Superintendent in Schleubitz in Preußen. — Nr. 12. 184.

Storr, Dr. Joh. Christ., geb. 1712 in Heilbronn, st. als Stiftsprediger und Consistorialrath in Stuttgart 1773. — Nr. 306.

Strauß, Viktor Friedr. v., geb. 1809, war Geheimer Kabinetsrath in Bückeburg. — Nr. 422. 524.

Stübner, Conr. Gerh., Candidat des Predigtamtes um's Jahr 1727. — Nr. 268.

Tabbel, Christ. Ludw., geb. 1700 in Roſtock, ſt. 1775 als Kanzleidirektor daſelbſt. — Nr. 121.

Terſteegen, (auch ter Steegen), Gerhard, geb. 1697 zu Meurs bei Crefeld, ſtudirte erſt, wurde Kaufmann und dann, um ſtill für ſich leben zu können, Bandmacher, zuletzt Privatmann und ſo Seelſorger für Tauſende. Sein Wirken an Hoch- und Niedriggeſtellten, eine ächte innere Miſſion, iſt ein ungemein geſegnetes geweſen. Obgleich ſchwächlich am Körper, leiſtete er dennoch in hingebender, ſelbſtverläugnender Liebe Unglaubliches. Seine Perſon, wie ſeine Schriften waren unter den Mennoniten bekannt, hochgeachtet und innig geliebt, wie er denn nicht nur mit Mitgliedern der Crefelder Mennoniten-Gemeinde enge verbunden war, ſondern auch mit mehreren unſerer Glaubensgenoſſen aus der Pfalz, von denen einige ihn an ſeinem Wohnorte beſuchten. Der treffliche, fromme Mann, ein wahres Licht in dem Herrn, hat ein einziges Mal die Kanzel beſtiegen und zwar in dem Gotteshauſe der eben genannten Gemeinde. Er predigte in Crefeld am 25. Auguſt 1751 über 2. Petr. 3, 11 zur tiefen Rührung ſeiner Zuhörer. „Unter ſeinen 111 geiſtl. Liedern befinden ſich mehrere Stücke erſten Ranges, von unnachahmlicher Tiefe, Klarheit und Einfalt." Er ſt. in Mülheim a. d. Ruhr 1769. — Nr. 2. 16. 18. 63. 92. 137. 154. 179. 181. 305. 308. 345. 355. 391. 510. 532.

Thebeſius, Adam, geboren 1596 bei Dresden, ſtarb als Prediger in Liegnitz 1652. — Nr. 99.

Thilo, Valentin, geb. in Königsberg 1607, ſtarb als Profeſſor der Redekunſt und königl. poln. geh. Sekretair in Königsberg 1662. — Nr. 53.

Tholuck, Dr. Friedr. Auguſt Gottgetreu, geb. zu Breslau 1799, war Conſiſtorialrath und Profeſſor der Theologie in Halle. — Nr. 290 (P. 1 und 1. Hälfte des 2. Verſes).

Tieß, Chriſt. Friedrich, ein Preuße, gab 1836 eine Lieberſammlung heraus. — Nr. 290 (2. Hälfte des 2. Verſes. — Schluß).

Titius (Tietze), Chriſtoph, geb. 1641 bei Breslau, ſtarb als Prediger in Hersbruck bei Jena 1703. — Nr. 37.

Wegelin, Joſua, erſt Prediger in Augsburg, dann in Preßburg (Ungarn) um's Jahr 1640. — Nr. 140.

Wegleiter, Dr. Chriſtoph, geb. 1659 in Nürnberg, ſt. 1706

Verzeichniß der Liederdichter.

als Professor der Theologie und Prediger an der Stadtkirche zu Altdorf. — Nr. 5. 352.

Weihe, Friedr. Aug., geb. 1721 bei Halberstadt, st. als Prediger in Gobfeld bei Minden. — Nr. 161.

Weingärtner, Sigism., zu Anfang des 16. Jahrh. Prediger in oder bei Heilbronn. — Nr. 425.

Weiß, Mich., geb. zu Neiße, Prediger zu Landskron und Fulneck in Böhmen, übersetzte im Jahre 1531 die Lieder der Böhmischen Brüder in's Deutsche. — Nr. 574 (in dieser Fassung bearbeitet von A. Stier).

Weissel, Georg, geb. 1590 zu Domnau (Preuß.), st. als Prediger in Königsberg 1635. — Nr. 46. 52.

Weissensee, Philipp Heinr., geb. 1673 in Pichberg (Württemberg), starb als Prälat und Consistorialrath in Denkendorf (Württemberg) 1767. — Nr. 336.

Wenigt, Joh. Ernst, Prediger zu Cobstedt und Grabsleben (Henneberg), starb 1745. — Nr. 163.

Menzel, Dr. Joh. Christoph, geb. bei Eisenach 1659, starb als Direktor des Gymnasiums in Zittau 1723. — Nr. 228.

Wessenberg, Ignaz Heinr., Freiherr von Ampringen, geb. 1774 in Dresden, früher Bisthumsverweser in Constanz, später Privatmann daselbst. — Nr. 157.

Wiesenmeyer, Burkh., ist unbekannt. — Nr. 506.

Wilhelm II, Herzog zu Sachsen-Weimar, geb. 1598, starb 1662. — Nr. 3.

Winkler, Dr. Joh. Joseph, geb. 1670 zu Lucau in Meißen, starb als Oberdomprediger und Consistorialrath in Magdeburg 1722, ein tiefsinniger Mann. — Nr. 380. 395. 444.

Wobeser, Ernst Wenzeslaus Wilh. von, geb. 1727 zu Luckenwalde (Brandenburg). Bis 1764 Major beim Fürsten zu Neuwied, starb als Mitglied der Brüdergemeinde zu Herrnhut 1795. Mit Heinr. v. Bruiningk Verfasser von Nr. 86.

Wolf, Dr. Jak. Gabriel, geb. 1684 zu Greifswalde, st. als Hofrath und Professor der Rechte in Halle 1754. — Nr. 376.

Woltersdorf, Ernst Gottlieb, geb. 1725 zu Friedrichsfelde bei Berlin, starb 1761 als Prediger in Bunzlau, wo er 1754 ein Waisenhaus stiftete, dessen Direktor er war. „Ein von der Liebe Jesu Christi tief durchdrungener Mann, innig, feurig, voll barmherziger Liebe; dabei ein geistvoller Dichter." — Nr. 6. 29. 112. 199. 254. 284. 370. 481.

Zeller, Christ. Heinrich, geb. 1779 auf Hohen-Entringen bei Tübingen, seit 1820 Gründer und Inspektor des vielgesegneten Armenkinder- und Armen-Schullehrer-Instituts in Beuggen am Rhein, oberhalb Basel. Ein vortrefflicher Mann, der auch Manchem unter den Mennoniten besonders lieb und theuer war, sowohl durch persönlichen Umgang, als auch durch sein herrliches „Monatsblatt". — Nr. 186. 453. 486.

Zinzendorf u. Pottendorf, Nikolaus Ludw. Graf von, geb. den 26. Mai 1700 in Dresden, wo er von seiner frommen Großmutter, Henriette Cathar. v. Gersdorf, mit großer Sorgfalt erzogen wurde. 1722 gründete er die Brüdergemeinde in Herrnhut und war von 1739 an ihr Bischof. Er starb den 9. Mai 1760 zu Herrnhut. Auch unter den Mennoniten hochgeachtet und geliebt als auserwähltes Rüstzeug im Reiche Gottes.— Nr. 90. 168. 178. 180. 204. 219. 247. 250. 364. 366. 482. 571.

Zinzendorf, Christ. Renatus Graf v., geb. 1727 in Herrnhut, zweiter Sohn und Gehülfe d. s Vorigen, st. in London 1752. — Nr. 85. 106. 110. 113.

Melodien-Register.

Die Zahl vor der Melodie bezieht sich auf das lithographirte Melodienbuch; die zunächst hinter der Melodie stehende Zahl bezeichnet das Stammlied, während die nachfolgenden Zahlen die Nummern der Lieder angeben, welche nach derselben Melodie gesungen werden. Die unter den Buchstaben a. b. u. s. w. zusammengestellten Melodien haben gleiches Maaß.

1. Ach Gott und Herr. 39.
2. Ach, mein Herr Jesu, dein Nahesein. 309. 250.
3. a. Ach, was bin ich, mein Erretter. 227.
113. b. Unter Lilien jen. Fr. 590.
4. Ach, was soll ich Sünder machen 234. 71. 218. 367.
5. Ach, wie nichtig, ach 554.
6. a. Allein Gott in der Höh 14. 68. 129. 226. 230. 232. 296. 450. 498.
31. b. Es ist das Heil uns 243. 46. 49. 238. 327. 416. 500.
32. c. Es ist gewißlich an der Zeit. 584. 30. 40. 139. 140. 166. 184. 197. 246. 288. 340. 361. 382. 407. 512. 559.
104. d. Sei Lob u. Ehr 318. 111. 228. 231. 239. 244. 268. 277. 282. 323. 549. 553.
7. Allein zu bir, Herr 241.
8. a. Alle Menschen müssen sterben. 561. 6. 9. 75. 82.

84. 89. 135. 137. 147. 160. 165. 187. 193. 214. 256. 257. 265. 286. 293. 404. 510. 514. 541.
134. b. Womit soll ich bich wohl loben. 321.
9. a. Alles ist an Gottes Segen 35. 167. 181. 408.
96. b. O wie seelig sind die Seelen. 350. 144. 292. 354. 427. 431. 434. 448. 453.
10. Auf dieser Erbe. 369.
11. Auferstehn, ja auferst. 581.
12. Auf meinen lieben Gott. 425. 233.
13. a. Auf meinen Jesum will ich sterben. 563.
88. b. O daß ich tausend Z. h. 322. 248. 270. 294. 302. 324. 351. 445. 522.
123. c. Wer nur den lieben Gott l. w. 412. 21. 60. 196. 245. 252. 334.
125. d. Wer weiß, wie nahe m. m. E. 550. 117. 198. 255. 276. 358.

Melobien-Register. 601

14. a. Begraben laßt uns nun
   b. L. 574. 103. 279. 392.
20. b. Christi Blut und 247.
21. c Dies ist der Tag 61.
   66. 168. 443. 478. 534.
37. d. Frühmorgens, da die
   Sonn aufgeht. 127. 247.
   333. 483. 486. 506. 528.
50. o. Herr Jesu Christ, dich
   zu u. w. 3. 16. 27. 105.
   114. 169. 337. 406. 451.
   469. 476. 484. 502.

15. a. Befiehl du deine Wege.
   411. 56. 185. 207. 251.
   271. 417. 505.
53. b. Herzlich thut mich verlangen. 564. 34. 86. 88.
   93. 290. 449. 503. 548.
   556. 560. 579. 583.
115. c. Vor Jesu Augen schweben. 364. 371. 405. 410.
   430. 473. 486.
130. d. Wie soll ich dich empfang.
   50. 205. 249. 267. 474.

16. Bleibe bei uns, denn 538.

17. a. Bleibet treu, ihr. 269.
   344. 368. 398. 419. 432.
   520. 536. 540.
89. b. O du Liebe m. L. 87. 10.
   90. 155. 178. 204. 385.

18. Christus, der ist mein Leben
   562. 7. 11. 79. 122. 191.
   259. 295. 338. 470. 490.
   493. 565. 566. 570. 579.
19. Christ, unf. Herr zum 260.
22. Du bist zwar mein 576.
23. Der Tag ist hin 539.

24. Die Gnade unsers 600.
25. Die heil. Seraphim. 598.
26. Ein feste Burg 175. 176.
27. Eins ist Noth. 372. 390.
28. Ein Lämmlein geht und
   trägt b. S. 81. 291. 401.
29. Erleucht mich, Herr 229.
30. Es glänzet der Christen inw. L. 311. 313. 436.

33. a. Es ist noch eine Ruh
   vorhanden. 588. 594.
131. b. Wie wohl ist mir o 310.
34. Es ist nicht schwer, ein C.
   z. f. 374. 278. 373. 442.
34. Der Herr ist gut, in 22.
35. Fahre fort, f. f. 174. 399.

36. a. Fröhlich soll mein 64.
109. b. Süß ist's für ein 188.
119. c. Warum sollt ich mich
   b. g. 439. 64. 153.

38. a. Gehaus, mein Herz 516.
114. b. Verzage nicht, o Häuflein
   klein. 177. 435. 524.

39. Gelobet seist du, J. C. 62.
40. a. Gott des Himmels und
   der Erde. 527. 1. 8. 26.
   130. 348. 461. 595. 597.
68. b. Komm, o komm 150. 202.

41. und 199. Gott ist getreu.
   25. 132. 464. 568. 577.
42. a. Gott sei Dank in 51.
   28. 77. 102. 157. 216. 428.
136. b. Aller Gläubgen 571.
66. c. In der stillen Einf. 525.

43. a. Großer Gott, w. l. b.
325. 54. 57. 192. 224.
280. 343. 376. 393. 444.
465. 471. 513. 567.
63. b. Jesus, meine Zuversicht.
133. 134. 186. 552.
79. c. Meinen Jesum laß ich
nicht. 349. 96. 391.
44. Gib dich zufrieden. 460.
45. a. Heilge Liebe 433.
07. b. Ringe recht, wenn 380.
36. 220. 273. 370. 396.
46. Heiligster Jesu, Heilg. 76.
47. Herr, dir ist niemand zu
vergleichen. 517. 518.
48. Herr Gott, dich lob. w. 314.
49. Herr, ich habe mißgehan=
delt. 235. 41. 73. 161.
225. 572.
51. Herr Jesu, Gnadensonne.
332. 104. 125. 394.
52. Herzlich lieb hab ich 346.
54. Himmelan, nur him. 389.
55. Hoch über Erde, Welt und
Zeit. 146. 532. 533.
56. Ich bete an die Macht b. L.
355. 154. 283.
57. Ich will streben 386.
58. Jehovah, Jehovah, J 599.
59. Jerusalem, du hochg. 569.
60. Jesu, hilf siegen, du Fürste
377. 45. 97. 223. 336. 452.
61. Jesu, meine Freude. 300.
129. 194. 201. 209. 213.
312. 339. 345. 383. 440.
457. 466. 480. 544.
62. Jesus ist das schönste 308.
64. Ihr Augen weint. 116.
118. 119.

65. Ihr Kinder des Höchst. 183.
67. Kehre wieder, kehre w. 237.
69. Liebster Jesu, wir sind hier.
4. 13. 212. 263.
70. Lobe den H., o meine 33.
71. Lobe den H., den mächtigen
König der Ehren. 316. 58.
63. 142. 481. 519.
72. Mache dich, mein 397. 173.
73. Macht hoch die Thür 52.
74. Marter Gottes, wer kann
110. 85. 357.
75. Mein Heiland nimmt die
Sünder an. 240. 352.
76. Mein Leben ist ein Pil=
grimsland 555. 491.

77. a. Mein Vater, sieh, ich b. b.
242. 31. 74. 159. 258.
319. 482. 496.
87. b. Nun sich der Tag 545.
67. 69. 180. 521. 531.

78. Meine Hoffnung steh. f. 420.
80. Mir nach, spricht Ch. u. H.
360. 59. 70. 80. 254. 363.
81. Mit Ernst, ihr Menschenk.
53. 138. 156. 162. 179.
342. 414. 437. 499.
82. Morgenglanz, der 529.
83. Nichts ist schöner, als 403.
84. Nun danket alle Gott.
815. 65. 299. 501.
92. b. O Gott, du frommer
Gott. 329. 19. 29. 99.
341. 400. 497. 530.
103. c. Seht, welch ein Mensch
ist das. 94.

85. Nun lob, mein Seel, den
Herren. 317. 326.

Melodien-Register. 603

86. a. Nun ruhen alle Wälder.
542. 42. 48. 55. 91. 98.
106. 219. 253. 301. 331.
356. 384. 402. 413. 426.
441. 458. 489. 495. 547.
122. b. Wenn kleine Himmels=
erben. 575. 580.

90. O Ewigkeit, du Donner=
wort. 586. 591.
91. O freuet euch alle, der 72.
93. O Lamm Gottes 100.
94. O leibe, leibe gern. 462.

95. a. O selig Haus, wo 467.
106. b. So führst du doch recht
selig, Herr 38. 24. 44.
98. Ruft getrost, ihr W. 215.
99. Schlafe Kindlein, hold 487.
100. Schmücke dich, o liebe Seele.
274. 78. 112. 143. 146.
199. 284. 535.
101. Schwing dich auf zu d. G.
447. 83. 492. 558.
102. Seelenbräutigam. 362.
47. 264. 366.
105. Sieh, hier bin ich, Ehr.
328. 92. 189. 307. 388.
107. Sollt es gleich bisweilen
scheinen. 37. 200. 335.
108. Sollt ich meinem Gott
n. s. 32. 120. 121. 124.
152. 361. 429.
110. Stärk uns, Mittler 272.
111. Umgürte die, o Gott 210.
112. Unbegreiflich Gut. 515.
116. Wach auf du Geist der
erst. Z. 172. 101. 330.

117. Wach auf, mein Herz, u. s.
526. 297. 459. 507.
118. Wachet auf, ruft uns die
Stimme. 582. 18. 115.
126. 141. 164. 190. 222.
262. 281. 289. 305. 359.
365. 387. 511. 578. 589.
120. Was Gott thut, das 415.
131. 206. 217. 298. 418.
421. 438. 523. 585.
121. Weil ich Jesu Schäfl. 479.
124. Wer sich auf seine Schwach=
heit steu'rt. 236.
126. Werde munter mein Ge=
müthe. 543. 43. 95. 107.
108. 109. 128. 151. 170.
171. 203. 287. 375. 378.
379. 409. 422. 446. 453.
456. 477. 485. 504. 537.
551. 557.
127. und 140. Wie groß ist des
Allmächtgen Güte. 23. 5.
72 (B. 4—6). 113. 275.
304. 395. 454. 494. 508.
128. Wie herrlich ist's, ein 303.
129. und 141. Wie schön leucht't
uns 347. 12. 15. 17. 136.
145. 149. 163. 182. 195.
206. 211. 221. 261. 266.
285. 306. 353. 423. 468.
472. 475. 509. 569. 592.
593.
132. Wirf Sorgen und S. 463.
133. Wo findet die Seele 587.
135. Wunderbarer König. 320.
2. 20. 156.
137. Der Herr, mein Hirt. 424.
138. Der lieben Sonne Licht 546.

Lieder-Verzeichniß.

	Nro.
Abend ist es; Herr, die	537
Abermal ein Jahr verflossen	504
Abschied will ich bir geben	560
Ach, bleib mit beiner Gnade	7
Ach, Gott! es hat mich ganz	226
Ach, Gott und Herr, Wie	39
Ach, Gott, verlaß mich nicht	341
Ach, Herr, lehre mich	551
Ach, mein Herr Jesu! bein	309
Ach, mein Jesu, welch	225
Ach, sagt mir nichts von.	358
Ach, sieh ihn bulden, bluten	101
Ach, treuer Gott barmh.	450
Ach, treuer Gott ich ruf	407
Ach, was bin ich, mein	227
Ach, was sind wir ohne.	41
Ach, was soll ich Sünder	234
Ach, wie heilig ist der Ort	224
Ach, wie nichtig, ach, wie	554
Ach, wohin, wenn schwer	265
Allein Gott in der Höh.	14
Allein zu bir, Herr Jesu	241
Alle Menschen müssen	561
Aller Gläubgen	571
Alles ist an Gottes Segen	35
Allgenugsam Wesen	345
Amen! beines Grabes	120
An bein Bluten und	148
An dir hab ich gesündigt	392
Auf, Christenmensch, auf.	363
Auf Christi Himmelfahrt.	140
Auf dieser Erbe	369
Auferstehn, ja auferstehn.	581

	Nro.
Auf Gott nur will ich sehen	489
Auf Gott und nicht auf.	421
Auf, ihr Gottes Hausgen.	510
Auf, ihr Streiter	367
Auf meinen Jesum will ich	563
Auf meinen lieben Gott.	425
Auf, Seele, auf und säume	74
Aus des Todes Banden.	129
Aus Gnaden soll ich selig	245
Aus tiefer Noth schrei ich	40
Befiehl du beine Wege.	411
Begraben laßt uns nun.	574
Bei dir, Jesu, will ich.	368
Beschränkt, ihr Weisen.	352
Beschwertes Herz, leg ab	5
Belgemeine, heilge dich.	173
Bleibe bei uns, denn es.	538
Bleibet treu, ihr	269
Blühende Jugend, bu	481
Bringet her bem Herrn, ihr	193
Bringt her bem Herrn Lob	327
Brüder öffnet boch bem.	427
Brunn alles Heils, bich.	16
Christen erwarten in	452
Christi Blut u. Gerechtigkeit	247
Christ, unser Herr, zum.	260
Christus, der ist mein Leben	562
Dank, ewig Dank sei	294
Das alte Jahr ist nun.	506
Das große Fest der Seligkeit	261
Das ist eine selge Stunde	6

Lieder-Verzeichniß. 605

	Nro.
Das ist mein Ruhm und	251
Dein Tisch hat mir das	298
Dein treues Aug hat mich	531
Dein Wort, o Herr, ist	206
Denk ich der Dornenkrone	88
Der am Kreuz ꝛc. Er allein	108
Der am Kreuz ꝛc. Meine	107
Der du zum Heil erschienen	185
Der Herr fährt auf gen	138
Der Herr hat mich erkaufet	271
Der Herr ist gut, in	22
Der Herr, mein Hirt	424
Der im Heiligthum du	222
Der lieben Sonne Licht	546
Der Schächer, fluchbeladen	98
Der Tag ist hin, mein Jesu	539
Der Thron der Weltbeherr.	498
Des Jahres schöner Schmuck	524
Des Morgens, wenn ich	528
Dich Ewiger, bich bet ich	512
Die Beschwerden dieser	307
Die Buße kniet voll wahrer	266
Die Ernt ist da, es winkt	521
Die Gnade sei mit allen	11
Die Gnade unsers Herrn	600
Die Gnade wird doch ewig	258
Die heiligen Seraphim	598
Die Himmel rühmen	198
Die ihr den Heiland kennt	423
Die Liebe darf wohl weinen	570
Die Seele Christi heilge	105
Die Seele ruht in Jesu	594
Die Sünden sind vergeben	253
Die Weisheit dieser Erden	394
Dies ist der Tag, den	61
Dies ist die Nacht, da	60
Dir, dir, Jehovah, will	330
Du bist die Wahrheit, Jesu	406
Du bist zwar mein und	576

	Nro.
Du Glanz vom ewgen	48
Du großer Schmerzensmann	99
Du, Jesu, bist mein	49
Du kennst, o Herr, die	207
Du labest, Herr, zu deinem	275
Du Lebensbrot, Herr Jesu	288
Du, meine Seele, singe	34
Du meines Lebens Leben	86
Durch Trauern und durch	505
Du sollst glauben und du	256
Du wesentliches Wort	65
Ein Christ kann ohne	438
Ein feste Burg ist unser	175
Ein Herz und eine Seele	182
Ein Lämmlein geht und	81
Eine Heerde und Ein Hirt	192
Eine von den Lebensstunden	398
Einer ist der gute Hirte	75
Einer ist's, an dem wir	190
Eines wünsch ich mir vor	357
Einiger Mittler und ewiger	97
Eins ist Noth! ach Herr	372
Endlich bricht der heiße	448
Erhalt uns, Herr, bei	169
Erleucht mich, Herr, mein	229
Ermuntert die Herzen	313
Ermuntert euch, ihr	583
Er wird es thun, der	442
Es glänzet der Christen	311
Es ist das Heil uns kommen	243
Es ist etwas, des	306
Es ist gewißlich an der Zeit	584
Es ist nicht schwer, ein	374
Es ist noch eine Ruh	588
Es ist vollbracht, er ist	117
Es ist vollbracht! Gott Lob	568
Es kostet viel, ein Christ	373
Ewge Liebe, mein Gemüthe	43

Lieder=Verzeichniß.

	Nro.		Nro.
Fahre fort, fahre fort	174	Gott ist gegenwärtig	2
Finsterniß entsteht auf Erden	90	Gott ist getreu! er selbst	24
Fortgekämpft und fortger.	455	Gott ist getreu! Sein Herz	25
Frag beinen Gott, hör	196	Gott ist mein Licht	464
Freu dich Seele, rühm	286	Gott Lob! ein Schritt zur	548
Freu dich sehr, o meine	557	Gott Lob! ich kann mich	402
Freuet euch, als Jesu Gäste	293	Gott sei Dank in aller	51
Freuet euch, erlöste Brüder	71	Gott Vater, aller Dinge	221
Freund der Seelen	471	Gott Vater in bem Himmel	337
Friedhof, ben wir ernst	578	Gott will's machen, daß bie	36
Fröhlich soll mein Herze	64	Großer Gott, ber bu im	344
Frommes Lamm, burch	84	Großer Gott, wir fallen	18
Frühmorgens, ba bie Sonn	127	Großer Gott, wir loben	325
Für uns ging der Herr in	85	Großer Heiland, beine	370
Gebuld ist euch vonnöthen	437	Großer Hirte beiner Heerd.	167
Geh aus, mein Herz, unb	516	Großer König, ben ich ehre	354
Geht hin, ihr gläubigen	21	Großer Mittler, der zur	147
Geht nun hin und grabt	567	Größter Morgen, ber bie	124
Geist der Kraft, ber Zucht	152	Guter Sämann, beine	209
Geist des Glaubens, Geist	155	Hallelujah! Lob, Preis	15
Geist des Lebens! heilge	160	Hallelujah, schöner Morgen	1
Geist vom Vater und vom	157	Hallelujah! wie lieblich	145
Gekreuzigter! zu beinen	454	Heiland, beine Menschenliebe	78
Gelobet seist bu, Jesu Christ	62	Heil ber Erbe, Preis ber	57
Gib, baß ich ewig treu bir	359	Heil, Jesus Christus ist	126
Gib bich zufrieden unb sei	460	Heilge Einfalt, Gnadenw.	396
Gott! bein Erbarmen	277	Heilge Liebe! Himmelsfl.	433
Gott! beinen weisen Willen	495	Heilger Gott, ber bu	409
Gott, ber bu Niebriges	401	Heilger Tisch, ben Jesus	292
Gott, ber segnend	263	Heiligster Jesu	76
Gott bes Himmels und	527	Heil sei bir, bu ewges	115
Gott, bu führest unsre	511	Heil uns! bes Vaters	80
Gott, bu lässest mich	541	Herr, binde bu zusammen	474
Gott, bu lässest Treu	514	Herr, bein Wort, bie eble	204
Gottes liebste Kinder	383	Herr, ber ba sein wirb	475
Gottes Stabt steht fest	164	Herr, ber bu als ein stilles	279
Gottes Winbe wehen	194	Herr, ber bu einst gekommen	180
Gott, gib mir beinen Geist	334	Herr, ber bu priesterlich	217
Gott herrschet und hält	416	Herr, ber bu vormals	500

Lieder-Verzeichniß.

	Nro.
Herr des Todes, Fürst	128
Herr, die Erde ist gesegnet	520
Herr! dir ist niemand zu	517
Herr, du bist der Gerechte	410
Herr, du wollst uns	281
Herr, erhalte die Gemeine	218
Herr! es gescheh dein Wille	548
Herr, gib mir beinen	159
Herr Gott! dich lob. wir für	501
Herr Gott, dich lob.w.! Herr	314
Herr Gott, Vater im	534
Herr, hier stehet unser Hirt	212
Herr höre! Herr erhöre	331
Herr, ich habe mißgehandelt	235
Herr Jesu Christ, dein	114
Herr Jesu Christ, dich zu	3
Herr Jesu Christ, du	230
Herr Jesu Christe, Gottes	12
Herr Jesu, beiner Glieder	139
Herr Jesu! dich zu loben	191
Herr Jesu, Gnadensonne	332
Herr! laß mich deine	381
Herr, leite unsre Lehrerwahl	208
Herr, meine Lebenshütte	565
Herr und Gott der Tag	540
Herr von unendlichem	324
Herr, wie du willst, so	340
Herr, wie mancherlei	390
Herzlich lieb hab ich dich	346
Herzlich thut mich verlangen	564
Herz und Herz vereint	178
Hier liegt, den meine Seele	70
Hier schlaf ich ein in Jesu	569
Hilf Gott, daß unsre	478
Himmelan geht unsre Bahn	393
Himmelan, nur himmelan	389
Himmel, Erde, Luft und	28
Hinab geht Christi Weg	400
Hirte beiner Schafe	544

	Nro.
Hoch über Erde, Welt und	146
Höchster Tröster, komm	153
Hüter! ist die Nacht	187
Jauchzet, ihr Himmel	63
Ich bete an die Macht	355
Ich bin bei Gott in Gnaden	449
Ich bin ein Gast auf Erden	556
Ich bin ein Kindlein, arm	482
Ich bin getauft auf beinen	270
Ich bin, Herr, zu bir	273
Ich bin im Himmel	804
Ich geh zu beinem Grabe	579
Ich glaube Herr, hilf	255
Ich hab in guten Stunden	458
Ich habe nun den Grund	248
Ich höre beine Stimme	371
Ich komme Herr und suche	291
Ich singe dir mit Herz	31
Ich steh an beiner Krippe	68
Ich und mein Haus, wir	468
Ich weiß, an wen ich 2c. Ich	249
Ich weiß, an wen ich 2c. Und	573
Ich weiß von keinem andern	252
Ich will dich lieben, meine	351
Ich will fröhlich sein in	465
Ich will nicht alle Morgen	459
Ich will streben Nach	386
Ich will von meiner	238
Ich will zu Jesu Tische	276
Ich wünsch mir alle	106
Je größer Kreuz, je näher	445
Jehovah, Herr und König	499
Jehovah! Jehovah! J.	599
Jerusalem! du hochgebaute	596
Jesu Christ, mein Licht	305
Jesu, beine tiefen Wunden	109
Jesu, der du bist alleine	181
Jesu, der du Thor und	130

Lieder-Verzeichniß.

Nro.

Jesu, geh voran 366
Jesu, Herr der Herrlichkeit 83
Jesu, hilf beten und bete 336
Jesu, hilf siegen, du Fürste 377
Jesu, meine Freude . . . 300
Jesu, meines Lebens Leben 89
Jesu, Seelenfreund der . 9
Jesu, Wahrheit, Licht und 404
Jesus Christus gab sich . 77
Jesus Christus hat vollbracht 102
Jesus Christus herrscht . . 144
Jesus ist das schönste Licht 308
Jesus ist kommen! Grund 45
Jesus lebt, mit ihm auch ich 134
Jesus, meine Zuversicht . 133
Jesus nimmt die Sünder an 280
Jesus, schau hernieder . . 213
Jesus soll die Losung sein 518
Jesus, unser Friede . . . 312
Ihr Augen, weint 116
Ihr, die ihr Gott nun dienet 384
Ihr, die ihr mich verfolgt 435
Ihr Eltern hört, was . . 476
Ihr Kinder des Höchsten . 183
Ihr Kinder lernt von . . . 483
Immanuel! der Herr ist. 67
In allen meinen Thaten . 413
In der stillen Einsamkeit 525
In Gottes Reich geht . . 268
In tiefen Aengsten schreien 503
Irdisch Brot und himmlisch 536
Ist Gott für mich, so trete 417

Kehre wieder, kehre . . . 237
Komm du sanfter 161
Komm, Gottes Geist, komm 163
Komm, mein Herz, in Jesu 284
Komm, o komm, du Geist 150
Komm, Segen aus des Höh 497
Komm vom höchsten Throne 156

„Kommt her zu mir!" du
Kommt, Kinder, laßt uns
Kommt, laßt uns knien und
Kommt, Menschen laßt . . .
Kommt und laßt uns beten
König, dem kein König . . 1
König der Könige, sei uns
Köstlicher Eckstein in Zion 2

Lamm, das gelitten, und 1
Laß mich zu allen Zeiten 3
Laß, o Helfer unsrer Seelen
Lasset uns mit Jesu ziehen 3
Liebe, die du mich zum . 34
Liebe, du der Gottheit . . 48
Lieblich ist die Morgenstunde 48
Liebster Jesu, laß mich nicht 55
Liebster Jesu, wir sind hier
Lobe den Herren, den . . 31
Lobe den Herren, o meine 35
Lobt Gott, ihr Christen . 69

Mache dich, mein Geist . 397
Macht hoch die Thür, die 52
Man lobt dich in der Stille 326
Marter Gottes, wer kann 110
Mein Alles, was ich liebe 356
Mein Alter tritt mit Macht 491
Meine Hoffnung stehet feste 420
Meine Lebenszeit verstreicht 552
Meinen Jesum laß ich nicht 349
Mein Erlöser! schaue doch 391
Mein erst Gefühl sei Preis 593
Meine Seele senket sich . 444
Meine Seele, Voller Fehle 988
Meine Seel ist stille . . . 440
Meine Sorgen, Angst und 446
Meine Stund ist noch . . 461
Mein Fels hat überwunden 125
Mein Geist, o Gott wird 592

Lieder-Verzeichniß.

Lied	Nro.
Mein Heiland nimmt die	240
Mein Herz, gib dich...	441
Mein Jesu, der du vor.	283
Mein Jesu, der mich selig	111
Mein Jesus lebt! Es wich	132
Mein Leben ist ein ...	555
Mein Vater, sieh, ich bringe	242
Mir ist Erbarmung ...	302
„Mir nach!" spricht ...	360
Mit Ernst, ihr Menschenk.	53
Möcht hier eine Gotteshütte	432
Morgenglanz der Ewigkeit	529
Nach bir, o Gott....	333
Nicht der Anfang, nur das	379
Nicht Opfer und nicht..	430
Nichts ist schöner, als ..	403
Nun danket alle Gott ..	315
Nun danket all und bringet	319
Nun Gott Lob! es ist..	13
Nun hilf uns, o Herr Jesu	484
Nun ist der Strick zerrissen	301
Nun laßt uns gehn und	507
Nun lob, mein Seel, den	317
Nun, o Herr Jesu, ist's.	103
Nun ruhen alle Wälder .	542
Nun sich der Tag geendet	545
Nur für dieses Leben sorgen	408
Nur wo Lieb ist, da ist .	434
O auferstandner Siegesf.	131
O, daß ich tausend Zungen	322
O drückten Jesu	113
O bu allersüßte Freude .	151
O bu Liebe meiner Liebe	87
O Durchbrecher aller Bande	385
O Ewigkeit, du Donnerw.	586
O Ewigkeit, du Freudenw.	591
O Fels des Heils	285
O freuet euch alle — der.	72
O Geist, den wir empfangen	158
O Gott, der du allen gütig	367
O Gott des Friedens ..	382
O Gott, bu bist mein..	323
O Gott, bu frommer Gott	329
O Gott, du gabst der Welt	29
O Gottes Lamm! mein .	254
O Gottes Sohn, Herr .	244
O Gott! o Geist! o Licht	154
O Haupt voll Blut und	93
O heilger Geist, kehr bei	149
O heilige Dreieinigkeit..	27
O Herr, der einst umnachtet	219
O Jerusalem, du schöne .	595
O Jesu, dir sei ewig Dank	296
O Jesu, Herr der	211
O Jesu, Jesu, Gottes Sohn	353
O Jesu meines Lebens .	532
O Jesu, meine Wonne .	297
O Jesu, süßes Licht ...	530
O Lamm Gottes, unschuldig	100
O leide, leide gern ...	462
O Liebe du! für mich..	299
O Liebesgluth, die Erd .	44
O mein Herz, gib dich .	422
O Mensch, der Himmel ist	246
O Mensch, ermuntre deinen	228
O reicher Gott, voll ...	418
O selig Haus, wo man .	467
O süßer Stand, o selges	395
O süßes Wort, das Jesus	443
O Traurigkeit, O Herzeleid	118
O Vater der Barmherzigkeit	231
O Vater, der die arge Welt	166
O Welt sieh hier dein..	91
O wesentliche Liebe ...	473
O wie freun wir uns der	10
O wie selig sind die Seelen	350
O wundergroßer Siegesheld	136

39

Lieder-Verzeichniß.

	Nro.
Prediger der süßen Lehre	199
Ringe nicht, wenn Gottes	380
Ruft getrost, ihr Wächterst.	215
Ruhet wohl, ihr Todtenbein	572
Rüstet euch, ihr Christenl.	365
Schaffet, schaffet	378
Schaff in mir, Gott, ein	239
Schauet an die selgen . .	165
Schauet den Segen, den	519
Schlafe, Kindlein, hold .	487
Schlaf sanft und wohl .	488
Schmücke dich, o liebe Seele	274
Schöpfer meines Lebens .	480
Schweiget, bange Zweifel	257
Schwing dich auf zu deinem	447
Seele, geh nach Golgatha	96
Seelenbräutigam	362
Seele, sei zufrieden . . .	457
Seele, was ermüdst du .	376
Sehr, welch ein Mensch ist	94
Selig sind des Himmels .	589
Setze dich, mein Geist, ein	92
Sei Lob und Ehr dem .	318
Sei mir tausendmal gegrüß.	95
Siegesfürst undEhrenkönig	137
Sieh, dein König kommt	54
Sieh, ein weites Todtenfeld	186
Sieh, hier bin ich, Ehrenk.	328
Sieh, hier sind wir, heilger	189
Sieh, o Vater, gnädig . .	262
Siehuns, deineGäste, nahen	289
Sieh, wie lieblich ist's und	428
So führst du doch recht	38
So lange Jesus bleibt . .	168
So lang ich hier noch walle	838
Soll es gleich bisweilen	37
Soll ich meinem Gott .	32
Sorge, Herr, für unsre .	477

	Nro.
So ruhest du, O meine Ruh	119
So wahr der Allerhöchste	494
Speise, Vater, deine Kinder	535
Sprich, Herr, Ja und Amen	209
Stärk uns, Mittler, dein	272
Steig auf mit Gott, du .	509
Stell, o Herr, nach deinem	216
Such, wer da will, ein .	46
Sünder! freue dich von .	112
Süß ist's für ein ewges .	188
Theures Wort aus Gottes	202
Thut euch auf, ihr	141
Thut mir auf die schöne .	8
Traurend und mit bangem	135
Treuer Meister, deine . .	200
Ueberwinder, nimm die .	121
Umgürte die, o Gott, mit	210
Unbegreiflich Gut	515
Unter jenen großen Gütern	429
Unter Lilien jener Freuden	590
Unumschränkte Liebe . . .	20
Unverwandt auf Christum	375
Urquell aller Seligkeit . .	335
Verklärter Erlöser, sei .	436
Verwirf mich nicht im Alter	490
Verzage nicht, du Kleine .	176
Verzage nicht, o Häuflein	177
Voller Ehrfurcht, Dank .	287
Von des Himmels Thron	264
Von dir, o Vater, nimm	451
Von Gnad und Wahrheit	56
Von Gott will ich nicht .	414
Vor Jesu Augen schweben	364
Wach auf, du Geist der	172
Wach auf, mein Herz, die	123
Wach auf, mein Herz und	526
Wachet auf! ruft uns die	582

Lieder-Verzeichniß. 611

	Nro.		Nro.
Wachet auf, wachet auf	399	Wie getrost und heiter	466
Wächter Zions, tritt im	214	Wie groß ist des Allmächtgen	23
Warum soll ich mich denn	499	Wie herrlich ist dein Ruhm	19
Was freut mich noch, wenn	17	Wie herrlich ist's, ein Schäfl.	309
Was Gott thut, das ist	415	Wie könnt ich sein vergessen	295
Was Gott thut, das rc. So	523	Wie lieblich klingt's den	55
Was haben wir zu sorgen	580	Wie schön ist's doch, Herr	472
Was ist des Kindes Leben	486	Wie schön leucht'l uns der	347
Was ist des Menschen Leben	259	Wie Simeon verschieben	566
Was uns mit Frieden	250	Wie soll ich dich empfangen	50
Was von außen und von	419	Wie steht es um die Triebe	426
Was willst du, armes Leben	42	Wie unaussprechlich gut	282
Weg, mein Herz, mit dem	456	Wie wird mir dann	593
Weichl, ihr Berge, fall	26	Wie wohl ist mir, o Freund	310
Weil ich Jesu Schäflein bin	479	Willkommen, Held im	122
Wen hast du bir gelaben	290	Wirf Sorgen und Schmerz	463
Wenn das Herz voll Angst	343	Wir kommen, deine Huld	522
Wenn der Herr einst die	459	Wir Menschen sind zu dem	197
Wenn ich mich im Erkranken	493	Wir sind vereint, Herr	184
Wenn ich mich schlafen lege	547	Wir singen dir, Immanuel	66
Wenn ich, o Schöpfer	30	Wir warten dein, o Gottes	585
Wenn kleine Himmelserben	575	Wo findet die Seele die	587
Wenn meine letzte Stunde	553	Wohl dem, der Gott	470
Wenn mein Stündlein	558	Wohl dem, der Jesum	205
Wenn mich die Sünden	104	Wohl dem, der richtig	405
Wenn wir in höchster Noth	502	Wohl einem Haus, wo	469
Wer darf dein Herrschen	518	Womit soll ich dich wohl	321
Werde Licht, du Volk der	73	Wort des höchsten Mundes	201
Werde munter, mein	549	Wo soll ich fliehen hin	233
Wer ist wohl, wie du	47	Wo soll ich hin? wer	232
Wer nur den lieben Gott	412	Wunderbarer König	320
Wer sich auf seine Schw.	236		
Wer sich dünken läßt, zu	220	Zeuch ein zu deinen Thoren	162
Wer sind die vor Gottes	597	Zeuch hin, mein Kind	577
Wer war in seiner Jugend	79	Zeuch, König, in die Herzen	59
Wer weiß, wie nahe mir	550	Zion, gib dich nur zufrieden	171
Wer wohlauf ist und gesund	492	Zion klagt mit Angst und	170
Wes ist das Fest? zu wem	195	Zur Arbeit winkt mir mein	496

39*

Verzeichniß der Bibelstellen
über den Liedern.

Kap.	Vers.	Nr. d. Lied.	Verf. d. Lied.	Kap.	Vers.	Nr. d. Lied.	Verf. d. Lied.
Erstes Buch Mose.				**Zweites Buch d. Chronik.**			
1	26. 27	348	Scheffler.	20	9	502	Eber.
2	18	474	Knapp.	**Hiob.**			
8	21	226	Laurentii.	1	21	575	Rothe.
—	22	520	Puchta.	19	25	133	L. Henriette, Churfürstin.
18	19	469	v. Pfeil.				
22	2	576	Gerhardi.	**Psalm.**			
28	17	224	Schmolke.	4	9	545	Herzog.
32	10	505	Sacer.	8	2	19	Herrnschmidt.
—	26	349	Keymann.	13	6	330	Crasselius.
Zweites Buch Mose.				17	5	527	Alberti.
4	13	208		18	2. 3	346	Schalling.
31	13	10	Spitta.	19	2	28	Neander.
Drittes Buch Mose.				—	2—15	198	
				—	13	388	Sib. Rieger.
11	44	410	Hiller.	22	27	18	Tersteegen.
26	2	5	Wegleiter.	23	1—6	305	
Viertes Buch Mose.				—	5	292	Sal. Franck.
6	24—26	16	Tersteegen.	24	9	52	Weissel.
14	21	195	Knapp.	25	1—2	333	Anton Ulrich, Herzog.
24	17	74	Müller.				
Fünftes Buch Mose.				—	5	342	Hiller.
5	12	1	Schmolke.	—	8	22	Rambach.
32	3	318	Schütz.	26	8-	221	Knapp.
—	4	415	Robigast.	27	1	464	Hengstenberg
Josua.				—	9	558	
24	15	468	Spitta.	29	1, 2	327	Günther.
—	16	414	Helmbold.	—	3. 4	518	Rothe.
Erstes Buch Samuel.				30	6	450	Gerhardi.
7	12	506	Wiesenmeyer.	31	20	23	Gellert.
20	3	550	Aem. Jul. Grä- fin v. Rudolstadt.	32	5	231	Denicke.
				—	8	364	Zinzendorf.
Zweites Buch Samuel.				33	1	72	
				—	4	51	Held.
7	18	507	Gerhardi.	34	2	326	Rist.
15	26	413	Flemming.	—	4	510	
22	3	425	Weingärtner.	—	20	462	
—	7	503	Schöner.	35	3	457	Schmolke.

Verzeichniß der Bibelstellen.

Kap.	Vers.	Nr. d. Lied.	Verf. d. Lied.	Kap.	Vers.	Nr. d. Lied.	Verf. d. Lied.
Psalm.				Psalm.			
36	8	543	Rist.	95	2	287	Nach. Neumann.
37	4	357	Knapp.	96	7. 8	319	Gerhardt.
—	5	411	Gerhardt.	98	3	194	Knapp.
—	37	553	Spitta.	—	4	193	Garve.
38	22	341	Sal. Franck.	102	2. 3	230	Ringwaldt.
39	8	455	Lavater.	—	28	512	
—	13	555	Lampe.	103	1	317	Graumann.
40	5	420	Neander.	—	2	295	Kern.
—	6	515	Neander.	—	13	321	Gotter.
—	11	24	Muthmann.	—	15	42	Dach.
41	5	387	Hiller.	104	24	517	Cramer.
42	12	447	Gerhardt.	106	1	297	Rist.
43	3	549	Francke.	110	1	146	Oswald.
46	11	440	Schabe.	—	4	139	Hiller.
47	6	136	Homburg.	111	2. 3	516	Gerhardt.
50	23	296	Olearius.	—	5	535	Heermann.
51	6	392	Nach Gellert.	112	4	542	Gerhardt.
—	11	238	Luis. Henriette, Churfürstin.	116	7	460	Gerhardt.
				118	14	323	Hiller.
—	12—14	239	Ludämilia E. z.Gräfin.	—	15. 16.	121	Zabbel.
				—	24	61	Gellert.
55	23	412	Neumark.	119	18	3	Wilhelm II., Herzog.
57	8	526	Gerhardt.				
—	8—10	316	Neander.	—	19	556	Gerhardt.
59	17	533	Gellert.	—	49. 50	206	Garve.
62	2	444	Winkler.	—	52	416	Dach.
63	2	528		—	94	338	Hiller.
—	7	546	Scriver.	—	103	199	Woltersdorf.
—	9	359	Soph.Hertwig.	—	105	204	Zinzendorf.
65	12 u. 14	521	Huber.	—	111	205	Anna Sophia, Lbgr. v.Hessen.
71	5	480	Knapp.				
—	9	490	Hiller.	—	116	169	Luther.
73	25	17	Hiller u. Knapp.	120	4	540	Freylingshauf.
—	25. 26	345	Tersteegen.	121	3	544	Schmolke.
80	2	424		124	7	301	Neander.
84	2. 3	8	Schmolke.	126	1	453	Zeller.
85	2. 5	500	Gerhardt.	—	3	64	Gerhardt.
86	12. 13	492	Gerhardt.	128	1	470	Joriffen.
87	1—3	164	Spitta.	130	1	40	Luther.
89	3	258	Hiller.	133	1	428	Müller u. Nehring.
90	2	511	Döring.	136	3. 4	315	Rinkart.
—	4. 5	504	Neander.	—	26	519	
—	10	552	Gellert.	139	7	235	Joh. Franck.
—	12	551	Schmolke.	141	8	375	Rothe.
91	1. 2	175	Luther.	143	2	228	Menzel.
—	11	487	Arndt.	145	1	32	Gerhardt.
92	2. 3	547		—	15	534	
95	1	66	Gerhardt.	—	16	524	Strauß.

Verzeichniß der Bibelstellen.

Kap.	Vers.	Nr. d. Lied.	Verf. d. Lied.	Kap.	Vers.	Nr.d.Lied.	Verf. d. Lied.
Psalm.				**Jesaias.**			
146	1. 2	33	Herrnschmidt.	49	14—16	170	Herrmann.
—	2	34	Gerhardt.	—	16	168	Zinzendorf.
147	1	325		50	6	93	Gerhardt.
—	5	30	Gellert.	53	4	99	Thibesius.
—	14	501	Joh. Frauk.	—	5	84	Rambach.
—	16—18	525	Neander.	—	7	81	Gerhardt.
148	1—5	320	Neander.	—	7	110	L. R. Zinzendorf.
150	6	322	Menzer.	—	11	89	Homburg.
Sprüche Salomo's.				54	4	171	Pauli.
3	1. 2	508	Göz.	—	10	28	Hiller.
—	6	6	Woltersdorf.	55	1	276	Hiller.
8	17	485	Knapp.	—	3	44	Lampe.
9	5	278	Hiller.	—	7	277	Hiller.
10	22	35		57	2	572	F. C. Hiller.
16	33	209		58	1	215	
20	28	498	Münter.	60	1	73	Rist.
23	26	242	Schade.	62	5	471	Schmolke.
24	16	390	Hense.	—	6	214	
Prediger.				—	11	59	Josephson.
7	15	458	Gellert.	63	9	87	Schefiler.
Hohesied.				65	18	590	Allendorf.
2	11. 12	514	Bürde (?).	**Jeremias.**			
5	2	548	v. Cronegk.	5	24	522	Liebich.
6	2	352	Weyleiler.	14	7	39	Rutilius.
8	6	108	Greding.	17	14	95	Gerhardt.
Jesaias.				29	13. 14	328	Neander.
6	1—3	598	Gregor.	30	21	340	Bienemann.
—	3	314	Luther.	31	3	362	Drese.
9	6	67	Hecker.	—	20	324	Hiller.
12	2	541	v. Canitz.	—	25	291	Gellert.
21	11	187	Barth.	46	27	176	Bähr.
25	9	451	Lavater.	**Klagel. Jeremiä.**			
30	15	422	Strauß.	1	12	91	Gerhardt.
33	22	57	Schmolke.	3	26. u. 22	523	Schmolke.
35	10	594	Allendorf.	—	31	456	Gerhardt.
38	17	332	Goller.	—	57	539	Neander.
40	6. 8	561	Albinus.	**Hesekiel.**			
—	11	479	Louise v. Hayn.	16	6	227	Neander.
—	31	419	Franke.	33	11	494	
43	11. 12	232	Neander.	34	26	161	Weibe.
43	19	509	Knapp.	36	26	155	Spilla.
45	22	233	Herrmann.	37	5	186	Zeller.
—	24	251		**Hosea.**			
46	4	491	v. Schwerin.	13	14	120	Garve.
48	18	312	Hiller.	14	10	36	Herrnschmidt.
49	6	191		**Joel.**			
—	13	63	Tersteegen.	3	2	153	Liebich.

Verzeichniß der Bibelstellen. 615

Kap.	Vers.	Nr. d. Lied.	Verf. d. Lied.	Kap.	Vers.	Nr. d. Lied.	Verf. d. Lied.
Amos.				**Matthäus.**			
8	11	196	Arnold.	24	44	398	Bogatzky.
Jona.				25	6	582	Nicolai.
4	2	20	Rambach.	26	26. 27	283	Rambach.
Micha.				—	36	85	C. R. Zinzendorf.
2	13	385	Arnold.	—	41	391	Tersteegen.
7	7	421	Gellert.	27	29	88	Hiller.
Zephanja.				—	45	90	Zinzendorf.
3	16. 17	373	Richter.	—	50	117	S. Frank.
Zacharia.				—	51. 52	103	
1	3	237	Spitta.	28	6	128	Knapp.
9	9	54	Hiller.	—	19. 20	267	
13	6	109	Heermann.	—	20	7	Stegmann.
Matthäus.				**Markus.**			
3	13	260	Luther.	5	39	577	Hoffmann.
—	17	308	Tersteegen.	9	24	255	Annoni.
5	6	274	Joh. Frank.	10	6. 7	472	Gerhardt.
—	8	409	Fabricius.	—	14	80	Krummacher.
—	34. 37	406		13	33	397	Frehstein.
—	44	434		—	37	399	
6	6	343		16	6	128	Schmolke.
—	10	167	v. Moser.	—	16	261	
—	22	396	Spangenberg.	**Lukas.**			
—	19. 20	335	Schubart.	1	52	401	Hiller.
—	25	459	Hosch.	—	68	62	Luther.
—	33	376	Wolf.	2	12	68	Gerhardt.
8	11	185	Knapp.	—	14	14	Decius.
9	2	253	Hiller.	—	16	70	
—	9	366	Zinzendorf.	—	21	513	Schmolke.
—	38	172	Bogatzky.	—	29. 30	566	Hiller.
10	16	165	Knapp.	—	49	79	Knapp.
—	32	263	Garve.	—	49	482	Zinzendorf.
—	38	361	v. Birken.	—	51. 52	484	Böhm.Brüder.
11	6	56	Sacer.	3	4	53	Thilo.
—	28	265		5	31. 32	290	Tholuck u.Tietz.
—	30	374	Richter.	6	21	446	
12	20	377	Schröber.	7	13	443	Höfel.
16	26	407	Denicke.	8	5. 11.15	203	Pfeiffer.
18	10	488	Ruben.	9	62	174	Schmidt.
—	17. 18	217	Knapp.	10	2	190	Knapp.
19	13. 14	476	Helmbold.	—	20	304	Hense.
—	29	188	Knapp.	—	42	372	Schröber.
21	5	50	Gerhardt.	11	1—5	344	Puchta.
—	21	256	Reiber.	—	9. 10	337	Bürbe.
22	8	275	Sack.	—	28	13	H. Schenk.
24	13	379	Schmolke.	12	32	177	Altenburg.
—	14	189	Barth.	13	24	380	Winkler.
				14	13—15	536	

Verzeichniß der Bibelstellen.

Kap.	Vers	Nr. d. Lied.	Verf. d. Lied.	Kap.	Vers	Nr. d. Lied.	Verf. d. Lied.
Lukas.				**Johannes.**			
14	17	293	Kayser.	12	26	360	Scheffler.
—	23	166	Gerollingshausen.	13	34	178	Zinzendorf
15	2	240	Lehr.	14	6	49	J. E. Lan|
16	10	496	Garve.	—	15	354	Scheffler.
18	13	234	Flittner.	—	19	124	Lehmus.
19	5. 6	467	Spitta.	—	21	351	Scheffler.
—	10	71	Richter.	—	23	9	Nach Hahn
21	19	403	Schmolke.	—	26	163	Wenigk.
—	28	583	Laurentii.	—	27	310	Deßler.
—	33	200	Scheffler.	15	5	12	Stier.
22	42	418	Breithaupt.	—	7	97	Hiller.
—	44	83	Nach Scheffler.	—	13	107	Menzer.
23	42. 43	98	Hiller.	—	26	158	Hiller.
—	46	559	N. Hermann.	16	7	145	Knapp.
24	13—35	537	Knapp.	—	13. 14	160	Knapp.
—	29	538		17	9. 10	336	Weissensee.
—	32	135	Neunherz.	—	19	105	Scheffler.
—	34	127	Heermann.	—	22	180	Zinzendorf.
—	36	309	Gregor.	—	24	140	Wegelin.
				—	26	350	Richter.
Johannes.				19	5	94	Schmolke.
1	1. 3	29	Woltersdorf.	—	30	102	Hiller.
—	9	530	Joach Lange.	20	22	159	Hiller.
—	14	65	Laurentii.	21	12	284	Woltersdorf
—	29	100	Drciue.				
—	41	248	Rothe.	**Apostelgeschichte.**			
2	2	473		1	24	207	Knapp.
—	4	461	Spitta.	2	4	156	Feldhoff.
3	3. 5	268	Stübner.	—	24	129	Spener.
—	18	183	Bernstein.	—	27	119	Sal. Frank.
5	28	576	Hundeiker.	—	38	266	
6	35	288	Rist.	3	15	122	Schmolke.
—	40	579	Schmolke.	4	12	46	Wetssel
—	47	673	Niemeyer.	—	32	182	Spitta
—	51	289	Garve.	5	30. 31	123	Laurentii.
—	54	285	Lampe.	10	33	4	Clausnitzer.
—	55	286	Klopstock.	—	36	307	Hiller.
—	68	368	Spitta.	—	38	78	Rambach.
8	12	529	Knorr v. R.	14	22	423	Menken.
—	51	567	Arndt.	17	27. 28	2	Tersteegen.
10	3	371	Spitta.	20	28	212	Küster.
—	9	282	Schöner.	**Römer.**			
—	12	75	Lehmus.	2	7	386	Hiller.
—	16	192	Krummacher.	3	23. 24	259	Garve.
—	27. 28	303	Rambach.	—	24	243	Speratus.
11	3	493	Hiller.	4	5	246	Pressovius.
—	16	86	v. Wobeler u. v. Bruiningk.	—	25	118	Rist.
				5	1	250	Zinzendorf.

Verzeichniß der Bibelstellen. 617

Kap.	Vers.	Nr. d. Lied.	Verf. d. Lied.
Römer.			
5	2	568	Gryphius.
—	8	112	Woltersdorf.
—	12	225	Goiter.
6	3	270	Rambach.
—	8	132	
8	11	134	Gellert.
—	14	162	Gerhardt.
—	15	150	Neander.
—	17	448	Hartmann.
—	23	560	Herberger.
—	26	149	Schirmer.
—	29	313	Jäger v. J.
—	31	417	Gerhardt.
—	32	43	Rambach.
—	35	449	Dach.
—	37	452	Ebeling.
11	33. 34	38	Arnold.
12	14	435	Hippel.
—	15	570	Hiller.
—	20	436	
13	1	499	Hiller.
—	10	433	
—	12	532	Tersteegen.
14	8	563	Sal. Franck.
15	5	402	Hiller.
16	17	218	

Erster Corintherbrief.

2	6. 7	394	Hiller.
—	9	353	Heermann.
3	11	252	Bogatzky.
6	11	273	Köbner.
10	12	220	
—	13	25	Liebich.
11	26—28	279	Schlegel.
12	11	157	Wessenberg.
13	1	431	Hartmann.
—	13	429	Ernst Lange.
15	43. 44	574	Weiß.
—	53	581	Klopstock.
—	55. 57	125	Lampe.

Zweiter Corintherbrief.

1	20	201	Hecker.
5	1	580	Dach.
—	5	151	Gerhardt.
—	6	466	Neander.
—	6	369	
—	15	306	Storr.

Kap.	Vers.	Nr. d. Lied.	Verf. d. Lied.
Zweiter Corintherbrief.			
5	20	211	Bickel.
—	21	119	G. v. Zinzendorf.
6	4	384	Hiller.
—	10	439	Gerhardt.
—	17	395	Winkler.
8	9	69	Nic. Hermann.
9	15	294	Lavater.
Galater.			
2	20	299	v. Albertini.
3	13	92	Tersteegen.
—	26. 27	262	
5	22	152	Rambach.
Epheser.			
1	3. 4	21	J.G.Hermann.
—	22	138	Sacer.
2	6	393	Schmolke.
—	8	245	Scheidt.
—	11. 12	41	Lackmann.
4	8	141	Knapp.
—	15	181	Tersteegen.
—	25	404	Hiller.
—	30	154	Tersteegen.
5	9	370	Woltersdorf.
—	14	229	Buchfelder.
—	19	31	Gerhardt.
—	22. 25	475	Knapp.
—	25—27	219	Zinzendorf.
6	2. 3	483	Knapp.
—	4	478	Denicke.
—	5	495	Lavater.
—	11	365	Arends.
—	14	405	Bruhn.
—	18	339	Liebich.
Philipper.			
1	6	244	Denicke.
—	21	562	Graf.
—	23	564	Knoll.
2	2	432	Feneberg.
—	8	104	Gesenius.
—	12	378	Goiter.
3	14	179	Tersteegen.
—	9	247	Zinzendorf.
—	13	383	
—	20	389	Schöner.
4	4	300	Joh. Franck.
—	6	408	Hiller.

Verzeichniß der Bibelstellen.

Kap.	Vers.	Nr. d. Lied.	Verf. d. Lied.
Coloffer.			
1	18	131	Böhmer.
2	3. 9	356	Hill r.
3	3. 4	311	Richter.
—	17	497	Reuß, Gräfin.
Erster Thessalonicherbrief.			
4	3	381	Hahn.
—	14	569	Baumeister.
5	8	531	Möchel.
—	16	465	Ludämilla, Gräfin.
—	17. 18	334	Hiller.
—	23	382	Hiller.
Erster Brief an Timotheus.			
1	13	302	Hiller.
—	15	55	Hiller.
2	1—4	331	Schmolk.
3	13	216	Knapp.
4	14	213	
5	5	489	Lavater.
Zweiter Brief an Timotheus.			
1	10	130	Neumann.
—	12	249	Arndt.
2	3	367	
—	5	363	Scheffler.
—	11	101	Hermes.
—	19	236	Marperger.
4	2. 5	210	Georgii.
Brief an Titus.			
2	11	60	Nachtenhöfer.
Erster Brief Petri.			
1	8	557	Graf.
—	24	554	Mich. Frank.
2	6	223	Knapp.
—	17	427	
—	21	77	Hiller.
—	24	106	C. R. Zinzendorf.
3	21	271	Heinrich, G. v. R.
—	22	137	Terfteegen.
5	5	400	Ingolstetter.
—	7	463	
Zweiter Brief Petri.			
1	14	565	Hiller.
2	9	442	Herrnschmidt.
Erster Brief Johannis.			
1	7	114	Olearius.
2	1	481	Woltersdorf.
—	15—17	358	Scheffler.
3	14	426	
—	16	116	Ramler.
—	18	183	
—	19—21	257	Schlegel.
—	23	264	Marot.
4	7	430	Rothen.
—	9	355	Terfteegen.
—	19	111	Hiller.
5	7	27	David.
Zweiter Brief Johannis.			
3		600	
Dritter Brief Johannis.			
4		486	Zeller.
Ebräerbrief.			
1	1. 2	197	Gesenius.
—	3	48	Hiller.
—	8	144	Hiller.
—	9	47	Freylinghausen.
2	13	477	Schlosser.
—	16. 17	280	Neumeister.
4	1. 3	587	
—	9	588	Kunth.
5	7	82	Rambach.
7	25	148	Knapp.
8	1	147	Rambach.
9	28	585	Hiller.
10	23	241	Schneesing.
—	36	437	Gerhardt.
—	37. 38	37	Titius.
12	2	76	Lobestein.
—	2	115	Knapp.
13	13	96	Schmolk.
—	14	571	Zinzendorf.
Jakobi.			
1	12	438	Schmolk.
—	17	329	Heermann.
—	21	202	Schmolk.
5	7	441	Freylinghausen.
—	11	254	Woltersdorf.
Offenbarung Johannis.			
1	4. 5	599	Pfeffel.
—	8	45	Freylinghausen.
2	10	272	Münter.
3	11	269	
—	19	445	Schmolk.
—	20	281	Klopstock.
5	5	142	Meta Häußer.

Verzeichniß der Bibelstellen.

Kap.	Vers.	Nr. d. Lied.	Verf. d. Lied.	Kap.	Vers.	Nr. d. Lied.	Verf. d. Lied.
Offenbarung Johannis.				Offenbarung Johannis.			
5	12	298	Hiller.	21	1	592	Dieterich.
7	9—7	597	H. T. Schenk.	—	2	595	F. C. Hiller.
—	11. 12	15	Craffellus.	—	3	222	Baumann.
—	17	454	Dann.	—	7	593	Klopstock.
8	4. 5	173	v. Pfeil.	—	10. 11	596	Meyfart.
14	11. 12	586	Rist.	22	3. 5	591	Heunisch.
—	13	589	Klopstock.	—	13. 16. 17	347	Nicolai.
15	4	184	Stier.	—	16	58	Knapp.
19	16	143	Rambach.	—	21	11	Hiller.
20	12	584	Ringwaldt.				

Buchdruckerei der „Pfälzischen Post", J. W. Hoffmann in Kaiserslautern.

www.ingramcontent.com/pod-product-compliance
Lightning Source LLC
Chambersburg PA
CBHW021227300426
44111CB00007B/456